典当纠纷实用案例裁判与述评（下）

林　晨　金赛波　主编

Dian & Dang(Pawn)：New Development and Case Comments on Chinese Traditional Mortgage & Pledge

简 目

一 典当法律关系的性质

1. 典当的法律性质

2. 典当合同的法律属性

3. 典当纠纷的法律适用

二 典当合同的成立生效和效力

1. 典当与信用贷款

2. 典当与保证贷款

3. 当物未移转占有的动产质押典当合同

4. 未办理财产权利质押登记的典当合同

5. 未办理不动产抵押登记的典当合同

6. 抵(质)押权被确认无效或被撤销的典当合同

7. 设立动产抵押的典当合同

8. 典当行对外借贷

9. 典当合同与股票质押

10. 典当合同与让与担保

11. 刑民交叉的典当纠纷

三　典当经营规则——当票、当金、当物

1. 当票的性质

2. 当票的证明力

3. 当金的认定

4. 当物的限制

5. 第三人提供的当物

6. 收当赃物的风险

7. 当物毁损灭失的风险

四　典当经营规则——赎当、续当、绝当

1. 赎当的性质

2. 抽当的效力

3. 续当的认定和后果

4. 转当的认定与效力

5. 绝当的法律后果

6. 绝当后保证人的责任

五 典当经营规则——利息、综合费、违约金

1. 当期内利息、综合费的司法保护幅度

2. 利息、综合费的预扣

3. 当期外利息、综合费的保护幅度和期限

4. 违约金、律师费的保护范围

目　　录
（下　册）

三　典当经营规则——当票、当金、当物

1. 当票的性质

2. 当票的证明力

3. 当金的认定

4. 当物的限制

5. 第三人提供的当物

6. 收当赃物的风险

7. 当物毁损灭失的风险

四　典当经营规则——赎当、续当、绝当

1. 赎当的性质

2. 抽当的效力

3. 续当的认定和后果

4. 转当的认定与效力

5. 绝当的法律后果

6. 绝当后保证人的责任

五 典当经营规则——利息、综合费、违约金

1. 当期内利息、综合费的司法保护幅度

2. 利息、综合费的预扣

3. 当期外利息、综合费的保护幅度和期限

4. 违约金、律师费的保护范围

三

典当经营规则——当票、当金、当物

1. 当票的性质

【问题提示】典当行未出具当票给当户，典当法律关系是否能够成立？

【案例一】南宁市广泰典当有限责任公司诉戴斌、何采芹借款合同纠纷案（2014年6月5日）

【法律点】典当法律行为是要式法律行为，出具当票是典当法律关系成立的标志。典当行在典当期间没有向当户出具当票，双方交易的履行行为不符合典当法律行为的特征，典当法律关系未成立，当事人不具有典当法律关系的权利和义务，故双方之间应成立借款合同法律关系，而非典当合同法律关系。

【关键词】当票　典当法律行为　要式法律行为　未出具当票

广西壮族自治区南宁市青秀区人民法院
民事判决书

（2014）青民二初字第476号

原告：南宁市广泰典当有限责任公司。

法定代表人：黎红菊。

委托代理人：李静国。

被告：戴斌。

被告：何采芹。

原告南宁市广泰典当有限责任公司诉被告戴斌、何采芹借款合同纠纷一案，本院于2014年3月13日受理后，依法由审判员覃斯适用简易程序于2014年5月8日公开开庭进行了审理。原告的法定代表人黎红菊及其委托代理人李静国、被告何采芹到庭参加了诉讼。被告戴斌经本院依法送达开庭传票传唤无正当理由拒不到庭,本院依法缺席审理。本案现已审理终结。

原告南宁市广泰典当有限责任公司诉称,2012 年 11 月 5 日,原告与两被告签订了一份抵押(典当)借款合同,合同编号为 20121102005 号,被告以下资产:1. 房屋坐落于青秀区××路××号,建筑面积 28.91m²,套内建筑面积 26.12m²,房屋所有权证号:邕房权证字第 02159×××号。2. 车辆号牌号码:桂 A12××;品牌:奥迪型号:WAURGB4H 数量:一台。车辆识别代号/车驾号:WAURGB4H2BN025××,发动机号码:CMD0026××,行驶证编号:4501002724××。随车手续:机动车行驶证一本,车钥匙两把,由甲方保存。3. 车辆号牌号码:桂 A682××;品牌:帕纳美拉型号:4WP0AA2××数量:一台。车辆识别代号/车驾号:WP0AA2973CL0119××,发动机号码:M4640VC018××,行驶证编号:4501003112××。随车手续:机动车行驶证一本,车钥匙两把,由甲方保存。4. 车辆号牌号码:桂 A222××,品牌:雷克萨斯型号:JTHFG2××数量:一台。车辆识别代号/车驾号:JTFG2523A25019××,发动机号码:3GR02798××,行驶证编号:450100141113;机动车登记证书编号:4500062334××。随车手续:机动车登记证书一本,机动车行驶证一本,机动车购置税完税证明一本,车钥匙两把,由甲方保存。5. 抵押南宁市卓立餐饮有限公司经营权。(公司名称:南宁市卓立餐饮有限公司,注册号:4501002001761××,地址:南宁市青秀区民族大道 41 号国际贸易中心一层作为当物,向原告抵押典当借款(当金)100 万元,双方约定当金月利率为 1%,月综合费用率为 3%。当金每月息费合计 4 万元,借款期限 30 天。时间从 2012 年 11 月 2 日起至 2012 年 12 月 1 日止,我公司依约将 100 万元当金款以转账方式支付给被告。并到南宁市房屋产权交易中心办理了房屋抵押物登记手续(登记号为:邕房他证字第 2782××号)和南宁市公安局交通警察支队办理车辆桂 A222××抵押登记手续。2013 年 7 月 1 日,两被告因无能力偿还债务,委托原告通过变卖上述第 2 项资产共计所得柒拾叁万元来偿还原告当金及综合管理费和利息(综合管理费和利息从 2012 年 12 月 2 日起至 2013 年 7 月 1 日止。上述第 3、5 项资产因不能办理相关抵押手续退还两被告),截至 2013 年 7 月 2 日,两被告尚欠原告当金伍拾伍万元。上述事实有抵押(典当)借款合同、房屋他项权证、委托书、机动车登记证书抵押证明、转账凭证、借款借据等文据为证,事实清楚、证据确凿。原告认为:截至 2013 年 7 月 1 日,被告未在五日内赎当或再办理续当。经原告数次催收,被告分文未还本息。至此,根据原、被告双方签订的《抵押(典当)借款合同》第七条及《典当管理办法》第四十条关于绝当的规定,被告的典当属于绝当。综上所述,被告逾期不赎当也不办理续当的行为已违约,为维护原告的合法权益,根据《典当管理办法》第四十三条之规定,原告特向贵院提起诉讼,请求判令:1. 判令两被告立即偿还原告当金55万元及综合管理费82,500元和利息27,500元(综合管理费和利息从2013年7月2日起暂计至2013年12月1日止,实际金额按照合同约定当金月利率1%,月综合费用率3%方式计至判决履行之日止)。2. 判令原、被告之间的抵押(典当)借款合同合法有效,若被告不归还借款,请求依法处理抵押物,并将所得价款优先偿还我公司。3. 判令被告抵押物价款低于借款本金、综合费、利息、违约金及甲方实现债权、抵押权等的全部费用,被告仍负清偿责任。4. 判令被告支付本案的诉讼费用及追偿债权所需的费用。

被告何采芹辩称,被告何采芹承认涉案的债务关系。典当合同是戴斌本人签订的,被告何采芹也签字确认了,原告已向被告何采芹、戴斌放款。被告何采芹、戴斌就一套房子和三辆车办理了抵押登记手续,被告何采芹、戴斌曾陆续还款70多万元,所还款项包含利息和综合管理费。被告何采芹不清楚戴斌最后一次还款的时间。戴斌因涉嫌合同诈骗被羁押在柳州第一看守所,无法应诉。

被告戴斌未提交书面答辩意见,亦未到庭参加诉讼。

经审理查明,原告为具有合法经营资质的典当行。2012年11月5日,原告(甲方、抵押权人)与被告戴斌(乙方、抵押人)签订一份《抵押(典当)借款合同》(编号为20121102005),约定:"一、乙方自愿将其所拥有的房屋、车辆抵押给甲方,以其作为借款抵押物。1. 房屋坐落于青秀区××路××号房,建筑面积28.91m²,套内建筑面积26.12m²,房屋所有权证号:邕房权证字第021592××号。2. 车辆号牌号码:桂A122××,品牌:奥迪,型号:WAURGB××,数量:壹台,车辆识别代号/车驾号:WAURGB4H2BN0258××,发动机号码:CMD0026××,行驶证:4501002724××。随车手续:机动车行驶证一本,车钥匙两把,由甲方保存。3. 车辆号牌号码:桂A682××,品牌:帕纳美拉,型号:4WP0AA2××,数量:壹台,车辆识别代号/车驾号:WP0AA2973CL0119××,发动机号码:M4640VC018××,行驶证:4501003112××。随车手续:机动车行驶证一本,车钥匙两把,由甲方保存。4. 车辆号牌号码:桂A222××,品牌:雷克萨斯,型号:JTHFG2××,数量:壹台,车辆识别代号/车驾号:JTFG2523A25019××,发动机号码:3GR02798××,行驶证:4501001411××。机动车登记证书编号:4500062334××。随车手续:机动车行驶证一本,车钥匙两把,由甲方保存。5. 抵押南宁市卓立餐饮有限公司经营权。公司名称:南宁市卓立餐饮有限公司,注册号:4501002001761××,地址:南宁市青秀区民族大道×号国际贸易中心×

层,手续:营业执照副本一本、税务登记证副本一本、组织机构代码证副本壹本。餐饮设备清单附后。二、乙方向甲方典当当金为100万元。借款期限30天,时间从2012年11月2日起至2012年12月1日止。三、抵押借款利息和费用:利息按月利率1%计算,应付利息10,000元,综合费用(包括服务费、保管费和保险费等)按月综合费用率3%计算,应付综合费用30,000元,两项合计每月息费款共计40,000元。四、乙方按月交纳利息和综合费用,即每月1日前支付本月的利息和综合费用。借期在十五日内,利息和综合费用按半个月计算;借期在十五日以上(含十五日),利息和综合费用按整月计算。如借款人未能履行此约定,贷款人有权单方提前终止合同并向借款人追索借款本金、利息、综合费用及违约金。乙方的还款方式为先还利息和综合费用,后还当金。……七、抵押期限或者续当期限届满后,抵押人应当在五日内赎当或者办理续当,逾期不赎当也不办理续当的,视为绝当。……九、违约责任。1. 乙方于典当期限或者续当期限届满至绝当后来赎当的,除须偿还当金本息、综合费用外,还应按当金本金和利息、综合费用的0.5%按日支付给甲方滞纳金。2. 乙方违反本合同第七、八条款,自愿承担相应的违约责任,按借款本金的20%向甲方支付违约金,并赔偿由此给甲方造成的全部经济损失。十、费用承担。1. 乙方应支付的本金息费、违约金、滞纳金计算至甲方收到乙方的全部欠款为止。2. 本合同项下的抵押登记费、评估费、鉴定费、公证费等费用由乙方承担。3. 变卖或拍卖抵押物所需的变卖中介费、拍卖费、广告及公告费、过户费、诉讼费、办案费、财产保全费及执行费、甲方律师费、运输费、甲方差旅费、电讯费、保管费、代垫费、各种税费等实现债权及抵押权的全部费用由乙方承担,也可在变卖或拍卖抵押物的所得款中扣取。”原告分别于2012年11月2日、2012年11月5日通过其法定代表人黎红菊的账号向被告戴斌的账号分两笔转入款项50万元、46万元,合计96万元。庭审过程中,原告陈述称因双方约定由原告在发放借款时预收典当期限即2012年11月2日至2012年12月1日的综合管理费和利息合计4万元,故仅向被告戴斌转款96万元。被告戴斌分别于2012年11月2日、2012年11月5日出具了两份《收款收据》,载明其收到原告的典当放款合计100万元。原告未向被告戴斌出具《当票》。后原、被告双方到房地产权交易中心办理房产当物的抵押登记手续,办理了房屋他项权证,并对权属于被告戴斌所有的号牌为桂A222××雷克萨斯牌小轿车办理了抵押登记。庭审过程中,原告认可被告戴斌用于抵押的其余两辆小轿车中号牌为桂A122××奥迪牌小轿车办理了抵押登记但已经由原告变卖,号牌为桂A682××的帕纳美拉牌小轿车未办理抵押登记手续。2013年6月26日,被告戴斌出具一份《委托书》,载明:“现本人全权委托南宁市广泰典当有限责任公司变卖我名下的车辆号牌号码:桂 A122××,品牌:奥迪,型号:WAURGB××,数量:一台。车辆识别代号/车架号:WAURGB4H2BN0258××,发动机号码:CMD00026××,行驶证编号:4501002724××。所得款项用于偿还南宁市广泰典当有限责任公司债务。多还少补。"庭审过程中,原告认可号牌为桂 A122××奥迪牌小轿车已经由原告变卖,所得价款 73 万元用于清偿涉案典当借款合同的部分借款本金及 2013 年 7 月 2 日之前的利息和综合管理费。典当期间,被告戴斌偿还了自 2012 年 12 月 2 日至 2013 年 1 月 1 日的综合管理费和利息合计 4 万元。因此在本案中,原告所主张的借款本金仅为剩余的 55 万元,利息和综合管理费亦主张自 2013 年 7 月 2 日起计至还清之日止的部分。之后被告戴斌未偿还前述剩余本金,典当期限届满后,被告戴斌并未续当或赎当。原告为此诉至本院,提出诉请如前。被告何采芹则答辩如前。庭审过程中原告当庭撤回第三项诉讼请求,并表示其所主张的诉讼请求中并不包含要求确认对号牌为桂 A122××奥迪牌小轿车享有优先受偿权。经本院释明,如本院认为原、被告之间的法律关系并非典当合同关系而是借款合同关系的情况下,原告依旧坚持其诉讼请求。

另查明,被告戴斌与何采芹于 2012 年 1 月 17 日登记成为夫妻。

本院认为,关于原、被告之间存在何种法律关系的问题。虽原、被告之间签订了书面的《抵押(典当)借款合同》,但原告并未向被告开具《当票》。对此本院认为,典当法律行为是典当行与当户之间交付当物、当金,支付当金利息、典当综合费用,赎回当物,以及处理绝当物品的合法民事行为。由此可知,典当法律行为是当户提交当物,典当行发放当金的法律行为。参照《典当管理办法》第三十条"当票是典当行与当户之间的借贷契约,是典当行向当户支付当金的付款凭证。典当行和当户就当票以外事项进行约定的,应当补充订立书面合同,但约定的内容不得违反有关法律、法规和本办法的规定"之规定,应当认为典当法律行为是要式法律行为,而出具当票是典当法律关系成立的标志。本案中,原告在典当期间没有向被告戴斌出具当票,原、被告交易的履行行为不符合典当法律行为的特征,典当法律关系未成立,当事人不具有典当法律关系的权利和义务,故原、被告之间应成立合法有效的借款合同法律关系,而非典当合同法律关系,且本案应适用与借款合同法律关系有关的法律进行处理。本案中,原告与被告戴斌之间签订的《抵押(典当)借款合同》主体适格,系双方当事人的真实意思表示,内容未违反法律、行政法规的强制性规定,应为有效合同。关于借款本金的数额问题。虽被告戴斌向原告出具的两份《收款收据》载明其已收到原告发放的 100 万元借款本金,但从原告提交的两份《中国光大银行个人转付回单》来看,原告实际仅向被告戴斌交付了 96 万元的借款本金,结合原告于庭审中"因双方约定由原告在发放借款时预收典当期限即 2012 年 11 月 2 日至 2012 年 12 月 1 日的综合管理费和利息合计 4 万元,故仅向被告戴斌转款 96 万元”的陈述,应当认定原告事实上仅向被告戴斌转入了 96 万元,而根据《中华人民共和国合同法》第二百条之规定,“借款的利息不得预先在本金中扣除。利息预先在本金中扣除的,应当按照实际借款数额返还借款并计算利息”。本案应当认定借款本金为 96 万元。原告依约向被告戴斌发放了借款 96 万元,借款期限届满后,经原告确认,被告戴斌支付了自 2012 年 12 月 2 日至 2013 年 1 月 1 日的综合管理费和利息合计 4 万元,又委托原告变卖了号牌为桂 A122 × × 奥迪牌小轿车并将所得价款 73 万元用于清偿部分借款本金及 2013 年 7 月 2 日之前的利息和综合管理费,被告戴斌尚余借款本金 55 万元及 2013 年 7 月 3 日之后的利息和综合管理费未予偿付,本院对此予以确认。现借款期限已届满,原告请求被告戴斌偿还借款本金 550,000 元,于法有据,本院予以支持。关于原告主张的利息和综合费用的问题。因被告戴斌在借款期限届满后并未支付利息和综合费用,而合同中双方亦约定了被告戴斌应以支付综合费用和利息为借款的对价,故原告请求其支付自 2013 年 7 月 3 日起至还清之日止的利息及相应的综合费用,应予支持。根据《最高人民法院关于人民法院审理借贷案件的若干意见》第六条之规定,“民间借贷的利率可以适当高于银行的利率,各地人民法院可根据本地区的实际情况具体掌握,但最高不得超过银行同类贷款利率的四倍(包含利率本数)。超出此限度的,超出部分的利息不予保护”。则本案中利息和综合费用的计算应以借款本金 550,000 元为基数,按中国人民银行规定的同期贷款利率的四倍分段计付。关于抵押的问题。虽然根据《抵押(典当)借款合同》第一条的约定,被告戴斌将坐落于南宁市青秀区 × × 路 × × 号房产、号牌为桂 A222 × × 雷克萨斯牌小轿车、号牌为桂 A122 × × 奥迪牌小轿车、号牌为桂 A682 × × 的帕纳美拉牌小轿车及南宁市卓立餐饮有限公司的经营权为其向原告的借款提供抵押,而原告所提交的证据中仅能证实前述房产和号牌为桂 A222 × × 雷克萨斯牌小轿车办理了抵押登记,且原告亦确认号牌为桂 A122 × × 奥迪牌小轿车已经被变卖用于清偿(原告亦放弃确认对该抵押物享有优先受偿权),同时号牌为桂 A682 × × 的帕纳美拉牌小轿车及南宁市卓立餐饮有限公司的经营权均未办理抵押登记手续,根据《中华人民共和国担保法》第四十一条之规定,“当事人以本法第四十二条规定的财产抵押的,应当办理抵押物登记,抵押合同自登记之日起生效”。及第四十二条之规定,“办理抵押物登记的部门如下:……(四)以航空器、船舶、车辆抵押的,为运输工具的登记部门;(五)以企业的设备和其他动产抵押的,为财产所在地的工商行政管理部门”。原告对于号牌为桂 A682 × × 的帕纳美拉牌小轿车及南宁市卓立餐饮有限公司的经营权,因未进行抵押登记,故原告对以号牌为桂 A682××的帕纳美拉牌小轿车及南宁市卓立餐饮有限公司的经营权折价或者以拍卖、变卖该财产的价款,不享有优先受偿权。因被告戴斌提供了自己名下的坐落于青秀区××路××号、号牌为桂 A222××雷克萨斯牌小轿车,并办理的抵押登记,故原告对前述抵押财产折价或者以拍卖、变卖该财产的价款享有优先受偿权。关于原告主张的要求被告何采芹对被告戴斌共同偿还借款本金、利息及综合费用的问题。根据《最高人民法院关于适用〈中华人民共和国婚姻法〉若干问题的解释(二)》第二十四条之规定,"债权人就婚姻关系存续期间夫妻一方以个人名义所负债务主张权利的,应当按夫妻共同债务处理"。被告戴斌与何采芹于2012年1月17日登记成为夫妻,而前述借款行为发生在二被告夫妻关系存续期间,故被告何采芹应与被告戴斌共同承担上述债务。关于原告要求被告支付其追偿债权所需费用的问题,因原告并未举证证实其在追偿债权过程中支出的费用,故本院对此诉请不予支持。

综上所述,依照《中华人民共和国合同法》第一百九十六条、第一百九十八条、第二百条、第二百零五条、第二百零六条、第二百零七条,《中华人民共和国担保法》第三十三条、第四十一条、第四十二条,《中华人民共和国民事诉讼法》第六十四条、第一百四十四条,《最高人民法院关于人民法院审理借贷案件的若干意见》第六条,《最高人民法院关于适用〈中华人民共和国婚姻法〉若干问题的解释(二)》第二十四条及《最高人民法院关于民事诉讼证据的若干规定》第二条之规定,判决如下:

一、被告戴斌、何采芹共同向原告南宁市广泰典当有限责任公司偿还借款本金550,000元;

二、被告戴斌、何采芹共同向原告南宁市广泰典当有限责任公司支付利息和综合费用(利息和综合费用的计算:自2013年7月3日起至还清之日止,以借款本金550,000元为基数,按中国人民银行规定的同期贷款利率的四倍分段计付);

三、为实现上述第一、二项债务,原告南宁市广泰典当有限责任公司有权对权属于被告戴斌的位于南宁市青秀区××路××号房产折价或者以拍卖、变卖该财产的价款享有优先受偿权;

四、为实现上述第一、二项债务,原告南宁市广泰典当有限责任公司有权对权属于被告戴斌的号牌为桂 A222××雷克萨斯牌小轿车折价或者以拍卖、变卖该财产的价款享有优先受偿权;

五、驳回原告南宁市广泰典当有限责任公司的其他诉讼请求。

本案案件受理费5200元,由被告戴斌、何采芹共同负担4550元,由原告南宁市广泰典当有限责任公司负担650元。

上述债务,义务人应于本案判决生效之日起十日内履行完毕,如果未按本判决指定的期间履行给付金钱义务,应当依照《中华人民共和国民事诉讼法》第二百五十三条之规定,加倍支付迟延履行期间的债务利息。权利人可在本案生效判决规定的履行期限最后一日起两年内向本院或与本院同级的被执行的财产所在地人民法院申请执行。

如不服本判决,可在判决书送达之日起十五日内,向本院或南宁市中级人民法院递交上诉状,并按对方当事人的人数提交副本,上诉于南宁市中级人民法院,同时在上诉期届满之日起七日内预交上诉案件受理费(开户名称:南宁市中级人民法院,开户银行:中国农业银行古城支行南宁市竹溪分理处,账号:010201040000228),逾期未预交又不提出缓交申请的,则按自动撤回上诉处理。

审 判 员 覃 斯

二〇一四年六月五日

书 记 员 胡艳杰

【案例二】济南九鼎典当有限公司诉济南龙祥包装印刷有限公司、赵学峰、陈兴山企业借贷纠纷案

(2015年5月20日)

【法律点】当票是典当法律关系成立的标志。典当行与当户交易期间未出具当票,其交易的履行行为不符合典当法律行为的特征,且交易双方均为企业,其签订的借款合同中约定的是借款本金而非当金,故此双方之间应认定为企业借贷关系而非典当合同关系。

【关键词】当票　成立标志　履行行为　典当特征　企业借贷关系

山东省平阴县人民法院
民事判决书

(2015)平商初字第105号

原告:济南九鼎典当有限公司。

法定代表人:朱士明。

委托代理人:谢良辉、张吉方。

被告:济南龙祥包装印刷有限公司。

法定代表人:赵洪花。

被告:赵学峰。

被告:陈兴山。

三被告共同委托代理人:孙刚岱,平阴金研法律服务所法律工作者。

原告济南九鼎典当有限公司(以下简称九鼎典当公司)与被告济南龙祥包装印刷有限公司(以下简称龙祥包装公司)、赵学峰、陈兴山企业借贷纠纷一案,本院于2015

年3月27日受理后,依法组成合议庭,于2015年5月8日公开开庭进行了审理。原告九鼎典当公司的委托代理人谢良辉、张吉方、被告龙祥包装公司、赵学峰及陈兴山的共同委托代理人孙刚岱到庭参加诉讼。本案现已审理终结。

原告济南九鼎典当有限公司诉称,2014年7月16日,被告龙祥包装公司向原告九鼎典当公司典当借款100万元,被告赵学峰、陈兴山为该笔借款提供连带责任保证;被告龙祥包装公司以其所有的设备一宗为该笔借款提供抵押担保;赵学峰、陈兴山以其在龙祥包装公司的股权为该笔借款提供质押担保。该笔借款到期后,被告龙祥包装公司未归还借款及利息。为维护原告的合法权益,现起诉来院,要求被告龙祥包装公司归还借款100万元及利息;被告赵学峰、陈兴山承担连带清偿责任;对龙祥包装公司抵押的设备及赵学峰、陈兴山出质的股权优先受偿。

被告济南龙祥包装印刷有限公司辩称,借款属实,但因公司经营恶化,现无力偿还,待经营好转后清偿借款,该笔借款有本公司的设备抵押,不要求赵学峰、陈兴山承担连带责任。

被告赵学峰、陈兴山均辩称,龙祥包装公司借款属实,二人仅是以在龙祥包装公司的股权为该笔借款提供质押担保,不同意承担连带清偿责任。

经审理本院认定,2014年4月18日,质权人九鼎典当公司(甲方)与出质人赵学峰(乙方)、股权所在公司龙祥包装公司(丙方)签订济南九鼎典质字(2014)第8-1号《股权质押合同》,约定乙方自愿以其在龙祥包装公司的股权为下列债权作质押:甲方为丙方发放的当金100万元及综合费用、利息、主张债权发生的律师费、评估费、处置费、诉讼费、执行费等一切费用;月综合费用、月利率、借款期限以借款合同载明为准,依次顺延(时间为2014年4月15日至2015年4月15日)。质押标的为乙方在丙方投资的股权196万元及其派生的权益,若丙方不能如期归还借款本金及费用,甲方有权依法处分质押股权及派生权益。同日,质权人九鼎典当公司与另一出质人陈兴山签订济南九鼎典质字(2014)第8-2号《股权质押合同》,约定质押标的为陈兴山在龙祥包装公司的股权104万元及其派生的权益,其他约定同济南九鼎典质字(2014)第8-1号《股权质押合同》。

同日,济南市工商行政管理局平阴分局分别为赵学峰、陈兴山的上述出质行为办理股权出质登记手续,质权登记编号分别为370124220140007、370124220140008,出质股权数额分别为196万元、104万元。

2014年7月16日,出借人九鼎典当公司(甲方)与借款人龙祥包装公司(乙方)、担保人赵学峰、陈兴山(丙方)签订《借款合同》,约定乙方向甲方借款100万元,按月利率1.8%计息,借款期限五个月,自2014年7月16日起至2014年12月15日止;甲方于本合同签订当日通过孙可民账户将本金100万元汇入乙方指定银行账户;乙方按月支付利息,于借款到期日前归还本金及剩余利息;乙方如果不能按期支付利息、偿还本金,逾期未偿还部分按每日2‰向甲方支付违约金,直至借款全部收回为止;如乙方不能按期偿还本金和利息,丙方自愿以其个人全部财产承担无限连带责任担保,担保范围为借款本金、利息、逾期还款违约金及甲方追讨该笔借款而产生的任何费用。合同签订当日,被告龙祥公司收到原告九鼎典当公司借款本金100万元。

2014年7月16日,济南市工商行政管理局平阴分局为龙祥包装公司的一宗机械设备办理了编号为济工商平阴抵登字(2014)第019号动产抵押登记,抵押权人为九鼎典当公司,担保数额为100万元,担保的范围为借款本金利息及相关费用,债务人履行债务的期限为2014年7月16日至2016年7月16日。被告龙祥包装公司认可上述抵押设备系为涉案借款提供担保。

被告龙祥公司按合同约定支付利息至2015年1月15日,借款本金100万元及之后利息被告龙祥公司未有支付,原告九鼎典当公司于2015年3月27日起诉来院。

以上事实有当事人陈述及原告九鼎典当公司提交的《借款合同》一份、收到条一份、《股权质押合同》两份、股权出质设立登记通知书两份、动产抵押登记书一份等予以证实。

本院认为,根据《典当管理办法》第三条第一款的规定,"本办法所称典当,是指当户将其动产、财产权利作为当物质押或者将其房地产作为当物抵押给典当行,交付一定比例费用、取得当金,并在约定期限内支付当金利息、偿还当金、赎回当物的行为"。当票是典当法律关系成立的标志,本案中,原告九鼎典当公司与被告龙祥包装公司交易期间并未出具当票,其交易的履行行为不符合典当法律行为的特征,且双方签订的《借款合同》中约定的是借款本金而非当金,故此双方之间应认定为企业借贷关系而非典当合同关系。原告九鼎公司作为具备金融从业资质的非银行机构与被告龙祥包装公司、赵学峰、陈兴山签订的《借款合同》合法有效。原告九鼎典当公司分别与被告赵学峰、陈兴山签订的《股权质押合同》系各方真实意思表示,为有效合同。现被告龙祥包装公司欠原告九鼎典当公司借款本金100万元,事实清楚,其理应归还。原告九鼎典当公司主张的逾期违约金按每日2‰计算过高,应以中国人民银行同期流动资金贷款利率的四倍为限,超出部分不予支持。

关于被告赵学峰、陈兴山的担保责任,本院认为,《借款合同》中未有约定保证人的保证方式,被告赵学峰、陈兴山依法应当承担连带保证责任。因该合同未约定保证期间，被告赵学峰、陈兴山的保证期间应为主债务履行期届满之日起六个月内，本案中主债务履行期届满之日为2014年12月15日，原告于2015年3月27日起诉来院未超保证期间，故被告赵学峰、陈兴山应依约承担连带清偿责任。

被告龙祥包装公司设立的济工商平阴抵登字（2014）第019号动产抵押登记及被告赵学峰、陈兴山设立的编号为370124220140007、370124220140008的股权质押登记合法有效。被告龙祥包装公司的该笔借款发生在《股权质押合同》及动产登记约定的债务履行期限内，原告九鼎典当公司作为他项权利人有权先对动产登记所涉动产的拍卖价款优先受偿。对涉案动产拍卖价款未清偿部分，原告九鼎典当公司可对赵学峰、陈兴山的质押股权的拍卖价款优先受偿。亦可要求被告赵学峰、陈兴山对上述动产拍卖价款未清偿部分承担连带清偿责任。被告赵学峰、陈兴山承担赔偿责任后，有权向被告龙祥包装公司追偿。

依照《中华人民共和国合同法》第二百零五条、第二百零六条、第二百零七条，《中华人民共和国物权法》第一百七十六条，《中华人民共和国担保法》第十九条、第二十六条、第三十一条、第三十三条、第五十七条之规定，判决如下：

一、被告济南龙祥包装印刷有限公司于本判决生效后十日内归还原告济南九鼎典当有限公司借款本金100万元；

二、被告济南龙祥包装印刷有限公司于本判决生效后十日内支付原告济南九鼎典当有限公司借款利息（以100万元为基数，自2015年1月16日起至借款付清之日止，按中国人民银行同期流动资金贷款利率的四倍计算）；

三、原告济南九鼎典当有限公司有权对济工商平阴抵登字（2014）第019号动产抵押登记项下的动产的拍卖价款在以上第一、二项判决载明的数额范围内优先受偿。

四、原告济南九鼎典当有限公司有权对编号为370124220140007、370124220140008的股权质押登记项下的股权的拍卖价款在第三项判决未清偿的范围内优先受偿；

五、被告赵学峰、陈兴山对以上第三项判决未清偿的范围内承担连带清偿责任。被告赵学峰、陈兴山承担偿还责任后，有权向被告济南龙祥包装印刷有限公司追偿。

如被告济南龙祥包装印刷有限公司、赵学峰、陈兴山未按本判决指定的期间履行给付金钱义务，应当依照《中华人民共和国民事诉讼法》第二百五十三条之规定，加倍支付迟延履行期间的债务利息。

案件受理费14，340元，财产保全费5000元，共计19，340元，由被告济南龙祥包装印刷有限公司、赵学峰、陈兴山负担。

如不服本判决，可以在判决书送达之日起十五日内，向本院递交上诉状，并按对方当事人的人数提出副本，上诉于山东省济南市中级人民法院。

审　判　长　夏　民

审　判　员　赵新丽

人民陪审员　闫允政

二〇一五年五月二十日

书　记　员　张卡利

【案例三】福建嘉德典当有限责任公司诉陈章、刘天天典当纠纷案（2014年6月30日）

【法律点】 1. 在典当法律关系中，当户应将当物质押或抵押给典当行以获取当金，故典当法律关系是复合法律关系，即借贷关系与担保关系混合在一起，彼此有机结合，无主次之分。在适用法律时，典当纠纷既应适用《中华人民共和国合同法》关于借款合同的规定，以及《中华人民共和国物权法》《中华人民共和国担保法》关干动产质押、权利质押或不动产抵押的规定，但同时也应遵循商务部等行业主管部门针对典当所作的特别规定。

2. 典当行虽未向当户出具当票，但双方签订的典当借款合同对当金、当期、综合费率及利息、续当、赎当、绝当等事项均作出了具体约定的，亦可证明双方存在典当关系。

【关键词】 当票　典当关系　复合法律关系　借贷关系　担保关系

福建省福州市中级人民法院
民事判决书

(2014)榕民初字第307号

原告：福建嘉德典当有限责任公司。

法定代表人：刘乃航。

委托代理人：马晓鲁。

被告：陈章。

被告：刘天天。

两被告共同委托代理人：黄宏起、陈栋，福建知信衡律师事务所律师。

原告福建嘉德典当有限责任公司（以下简称嘉德典当）因与被告陈章、刘天天典当纠纷一案,向本院提起诉讼。本院受理后,依法组成合议庭对本案公开开庭进行了审理。原告委托代理人马晓鲁、两被告共同委托代理人黄宏起到庭参加了诉讼。本案现已审理终结。

原告嘉德典当诉称:2012 年 2 月 15 日,原告与两被告签订《房地产抵押典当借款合同》,约定:被告自愿将位于"福州市晋安区新店镇秀峰路×号冠茂芳洲苑×号楼×复式单元,建筑面积 269.8 平方米房产"作为当物向原告借款;该房产典当借款金额为 300 万元,借款用途为资金周转;典当期限自 2012 年 2 月 15 日起至 2012 年 8 月 14 日止,月综合费率为 2.7%,月利率为 0.3%,以当金数额为基数,从原告发放当金之日起算;被告必须按月向原告支付典当期限内的利息,支付日期为每届满 30 日的次日,综合费应当在当月利息支付日与利息同时支付。2012 年 2 月 23 日,原告与被告陈章再次签订《房地产抵押典当借款合同》,在上述借款基础上追加借款 100 万元,利息与综合费均与上述借款相同。

为确保上述借款合同的履行,原告与被告陈章签订了《房地产抵押合同》,约定:被告陈章自愿将位于"福州市晋安区新店镇秀峰路×号冠茂芳洲苑×号楼×复式单元,建筑面积 269.8 平方米房产"的所有权连同该房屋占用范围的土地使用权抵押予原告以担保上述《借款合同》的履行;两被告不履行借款合同项下到期债务的,原告有权处分抵押财产,并就抵押财产优先受偿。

2012 年 2 月 20 日,原告与被告陈章办理了抵押房产的抵押登记。2012 年 2 月 22 日,原告依约向两被告发放借款 300 万元;2012 年 2 月 23 日,原告依约向被告陈章发放借款 100 万元。

典当期限到期后,两被告以资金不足为由拒绝偿还当金,自 2013 年 10 月起被告陈章拒付利息及综合费。

原告认为,原告与两被告签订的两份《借款合同》及《抵押合同》系各方真实意思表示,合法有效;目前,两被告逾期偿付本息、综合费的这些行为已构成根本性违约,原告有权要求被告承担违约责任;鉴于被告陈章已为该借款提供抵押物作为担保,则原告有权要求实现抵押权,就抵押物优先受偿。

原告嘉德典当请求:1. 判令两被告立即向原告偿还借款本金 300 万元,综合费、利息(暂计至 2014 年 2 月 21 日综合费及利息 45 万元,暂计至 2014 年 2 月 21 日利息、综合费与本金合计 345 万元);2. 判令被告陈章立即向原告偿还借款本金 100 万元,综合费、利息(暂计至 2014 年 2 月 21 日综合费及利息 15 万元,暂计至 2014 年 2 月 21 日利息、综合费与本金合计 115 万元);3. 确认原告有权以被告提供抵押担保的

"福州市晋安区新店镇秀峰路×号冠茂芳洲苑×号楼×复式单元"折价或以拍卖、变卖该抵押物所得的价款优先受偿;4. 本案诉讼费用由两被告承担。

原告向本院提交了下列证明资料:

1.《房地产抵押典当借款合同》,拟证明:两被告自愿将位于"福州市晋安区新店镇秀峰路×号冠茂芳洲苑×号楼×复式单元,建筑面积269.8平方米房产"作为当物向原告借款,双方就还款事宜、违约责任、争议解决方式等进行约定;

2.《房地产抵押典当借款合同》,拟证明:被告陈章向原告追加借款100万元,双方就还款事宜、违约责任、争议解决方式等进行约定;

3.《房地产抵押合同》,拟证明:被告陈章以其所有的位于"福州市晋安区新店镇秀峰路×号冠茂芳洲苑×号楼×复式单元,建筑面积269.8平方米房产"作为抵押以担保借款合同项下本息及其他息费,双方就担保范围、抵押权的实现等进行约定;

4. 转账凭条,拟证明:原告已依约向两被告发放借款;

5.《房屋所有权证》《房屋他项权证》,拟证明:原告与被告陈章已办理抵押房产的抵押登记。

被告陈章、刘天天辩称:1. 本案法律关系不应为典当关系,应当是借款合同关系。根据《典当管理办法》第三条对典当的界定,典当系指当户将其动产、财产权利作为当物质押或者将其房地产作为当物抵押给典当行,交付一定比例费用,取得当金,并在约定期限内支付当金利息、偿还当金、赎回当物的行为;此外,《典当管理办法》第三十条第一款还规定:"当票是典当行与当户之间的借贷契约,是典当行向当户支付当金的付款凭证。"根据上述规定,判断典当行与其客户之间是否存在典当关系,应当考察当事人之间是否具有以下行为:一是典当行是否向当户签发了当票;二是当户是否向典当行交付了当物;三是典当行是否向当户发放了当金;四是典当行向当户收取的费用性质上是否是综合费。虽然本案合同名称写有典当字样,但合同不具有典当法律特征,原告未出具当票,也未实际占有、使用、收益抵押房屋。讼争合同标的是借款而非当金,故本案合同属于借款合同。2. 原告主张的综合费无事实和法律依据,应予以驳回。本案应定性为借款合同纠纷,而非典当纠纷,原告无权主张综合费。3. 被告陈章自2012年3月22日至2013年10月23日共偿还原告234万元,应从本金中抵扣。4. 原告主张抵押房屋优先受偿权无法律依据。

两被告向本院提交了下列证明资料:银行对账单,拟证明2012年3月22日至2013年10月23日期间由被告陈章向原告偿付借款共计234万元。

经法庭质证和审查,被告对原告提交的证明资料真实性均无异议,本院予以确认。

被告提交的证明资料中，原告对2013年1月5日汇款30万元有异议，认为汇款记录中并未体现该款项汇至原告指定的刘秋婷账户，后被告向本院确认其汇给原告款项系216万元（原统计款项中遗漏了2012年4月23日所汇的12万元款项），不包括上述争议的30万元；经审查，被告提交的证明资料中体现被告汇给原告指定的刘秋婷账户款项共计216万元，该部分款项对应的转账记录，可作为认定本案事实的依据。

根据本案现有证据，本院确认如下事实：

2012年2月15日，借款人（甲方）陈章、刘天天与贷款人（乙方）嘉德典当签订《房地产抵押典当借款合同》，主要约定：甲方将其自有的房地产作为当物抵押给乙方取得当金，并在约定期限内支付当金利息、综合费、偿还当金、赎回当物；当物为晋安区新店镇秀峰路×号冠茂芳洲苑×号楼×复式单元，建筑面积269.8平方米房产（产权证号：榕房R字第1056074号），房屋评估为300万元；房产典当借款金额为300万元，借款用途为资金周转；典当期限自2012年2月15日起至2012年8月14日止；月综合费率为2.7%，月利率为0.3%，以当金数额为基数，从乙方发放当金之日起算；甲方必须按月向乙方支付典当期限内的利息，支付日期为每届满30日的次日，综合费应当在当月利息支付日与利息同时支付；甲方如未按期支付利息及综合费，甲方应每日按当金的万分之五向乙方支付逾期违约金；甲方如逾期偿还乙方本金，除按合同约定的利率、费率支付利息及综合费外，还应根据逾期天数每日将所欠当金的万分之五向乙方支付逾期违约金；合同还约定了当物担保的债权范围及处置当物后清偿顺序、续当、赎当、绝当、违约责任等其他事项。

2012年2月15日当日，原告嘉德典当与被告陈章签订《房地产抵押合同》，将上述晋安区新店镇秀峰路×号冠茂芳洲苑×号楼×复式单元（产权证号：榕房R字第1056074号）作为抵押物抵押给原告，担保主债权金额为300万元，并办理了抵押登记。

2012年2月22日，原告委托案外人刘秋婷向被告陈章账户汇款300万元，履行了出借款项的义务。

2012年2月23日，原告与被告陈章签订《房地产抵押典当借款合同》，被告陈章向原告借款100万元，双方约定当物为上述同一房产，当期自2012年2月22日起至2012年8月21日止。但双方未再签订《房地产抵押合同》，亦未就该借款办理房产抵押登记。

2012年2月23日，原告委托案外人刘秋婷向被告陈章账户汇款100万元，履行了出具款项的义务。

在借款期间,被告陈章共向原告指定收款人刘秋婷的账户汇入款项共计人民币216万元,分别为:2012年3月22日汇款12万元、2012年4月23日汇款12万元、2012年5月25日汇款12万元、2012年8月7日汇款24万元、2012年8月28日汇款12万元、2012年9月27日汇款12万元、2012年10月23日分三次共汇12万元、2012年11月27日汇款12万元、2012年1月5日分两次共汇款12万元、2013年2月5日汇款12万元、2013年3月8日汇款12万元、2013年5月24日汇款12万元、2013年7月15日汇款24万元、2013年10月23日汇款36万元。

经审理,本案争议焦点为:1. 本案系典当纠纷还是普通的借款合同纠纷?2. 被告所应承担的债务金额是多少?3. 原告是否有权对讼争抵押物行使抵押权。本院认为:

一、关于本案系典当纠纷还是普通的借款合同纠纷问题

关于典当制度,我国现行法律、行政法规并无专门规定,《最高人民法院关于贯彻执行〈中华人民共和国民法通则〉若干问题的意见》第一百二十条仅作简单之规定,其具体规则主要依据商务部、公安部于2005年颁布施行的《典当管理办法》。《典当管理办法》第三条第一款明确规定:“本办法所称典当,是指当户将其动产、财产权利作为当物质押或者将其房地产作为当物抵押给典当行,交付一定比例费用,取得当金,并在约定期限内支付当金利息、偿还当金、赎回当物的行为。”在典当法律关系中,当户应将当物质押或抵押给典当行以获取当金,故典当法律关系是复合法律关系,即借贷关系与担保关系混合在一起,彼此有机结合,无主次之分。在适用法律时,典当纠纷仍应适用《中华人民共和国合同法》关于借款合同的规定,以及《中华人民共和国物权法》《中华人民共和国担保法》关于动产质押、权利质押或不动产抵押的规定,但同时其还应遵循商务部等行业主管部门针对典当所作的特别规定。因此,较之普通的借款合同关系,典当关系有其特殊性,故《最高人民法院民事案件案由规定》将“典当纠纷”规定为单独的案由。

本案中,原告嘉德典当于2012年2月15日与两被告签订《房地产抵押典当借款合同》、于2012年2月23日与被告陈章签订《房地产抵押典当借款合同》,上述两份《房地产抵押典当借款合同》对当金、当期、综合费率及利息、续当、赎当、绝当等事项均作了具体约定,原告虽未向被告出具当票,但讼争的两份《房地产抵押典当借款合同》,亦可证明双方存在典当关系。对于将房地产作为当物抵押给银行,《典当管理办法》仅要求双方应办理抵押登记,并未要求典当行应占有、使用该抵押物,且抵押权的设立并不以转移物的占有为其成立要件。因此,被告以原告未交付当票,讼争房屋并未转移占有为由,主张本案纠纷系普通的借款合同纠纷而非典当纠纷的辩解不能成立,本院不予采纳。另,典当亦应适用《中华人民共和国合同法》关于借款合同的一般规定,故被告的上述抗辩亦无实质意义。

二、关于被告所应承担的债务金额问题

(一)被告应承担债务本金问题

本案讼争的《房地产抵押典当借款合同》《房地产抵押合同》,系当事人真实的意思表示,除约定的综合费、违约金利率过高外,其余内容未违反法律、行政法规的禁止性规定,各方均应按有效约定履行。原告嘉德典当于 2012 年 2 月 22 日向陈章支付当金 300 万元、于 2012 年 2 月 23 日支付当金 100 万元,分别履行上述两份《房地产抵押典当借款合同》项下嘉德典当的合同义务,而被告在合同约定的典当期限届满后未赎当也未续当构成违约,应承担还款责任并支付逾期利息。因此,原告诉请被告陈章、刘天天偿还借款本金(当金)300 万元,诉请被告陈章偿还借款本金(当金)100 万元,于法有据,本院予以支持。

(二)被告应承担的债务利息(含约定利息及综合费)问题

《典当管理办法》第三十八条第一款规定:"典当综合费用包括各种服务及管理费用",该条第三款规定:"房地产抵押典当的月综合费率不得超过当金的 27‰。"本案双方法律关系虽为典当法律关系,但其本质为借贷关系和不动产抵押担保关系的结合,在不动产抵押情况下,典当行并未实际占有使用讼争不动产,且其亦未举证证明对讼争不动产存在额外之服务和管理之支出,因此,双方约定的综合费,本质上仍属借款(当金)之利息。该利息实际月利率高达 3%(约定的月综合费率 2.7% + 约定的月利率 0.3%),明显过高,为防止典当行以典当的名义从事高利放贷,维护公平合理的金融市场交易秩序,基于公平原则,以及贯彻 2013 年 9 月全国法院商事审判工作座谈会中关于"借款人向典当公司借款,在合同约定的利息之外,同时约定了其他合理费用的,应予保护,但总额也应不超过中国人民银行公布的同期同类贷款基准利率的四倍为限"的会议精神,本院参照《最高人民法院关于人民法院审理借贷案件的若干意见》第六条关于民间借贷利率的法律保护标准的规定,将讼争利息(包括约定的利息及综合费用)的利率标准依法调整为中国人民银行同期同类贷款利率的四倍。

被告陈章已向原告偿还 216 万元,该金额系对应其向原告所借的两笔当金(300 万元和 100 万元),分别偿还了 162 万元和 54 万元。双方并未约定该款项系归还本金,且被告陈章各月归还金额基本均为 12 万元(个别月份存在数月合计支付情况),可认定系支付约定之综合费及利息[(当金 300 万元 + 当金 100 万元)×3%(月综合费率 2.7% + 约定的月利率 0.3%) = 12 万元]。因原告所收取的上述款项系其出借的当金之利息(包括综合费及约定利息),已超过银行同期同类贷款利率的四倍,对于超过部分本院不予保护,故被告所还款项在优先偿还利息后尚有余额之部分可抵偿本金。被告关于其已还款项均应抵扣其所借本金的抗辩意见,缺乏依据,本院不予采纳。

综上,被告陈章、刘天天应向原告偿还当金 300 万元,并应按照中国人民银行同期同类贷款利率的四倍标准,向原告支付从其收到该款项的当日(2012 年 2 月 22 日)至本判决确定还款之日止的利息,上述款项应按先息后本的顺序扣减被告陈章已付的 162 万元(已还款 162 万元先充抵上述应付总利息,有剩余款项的再充抵应付本金);被告陈章应向原告偿还当金 100 万元,并应按照中国人民银行同期同类贷款利率的四倍标准,向原告支付从其收到该款项的当日(2012 年 2 月 23 日)至本判决确定还款之日止的利息,上述款项应按先息后本的顺序扣减被告陈章已付的 54 万元(已还款 54 万元先充抵上述应付总利息,有剩余款项的再充抵应付本金)。

三、关于原告是否有权对讼争抵押物行使抵押权问题

原、被告双方就首笔 300 万元当金部分之相应典当物,专门订立书面的抵押合同,并办理了不动产抵押登记,抵押权已依法设立,故原告有权以被告陈章提供抵押担保的房产(即福州市晋安区新店镇秀峰路 × 号冠茂芳洲苑 × 号楼 × 复式单元房产)与被告陈章协议折价或拍卖、变卖所得价款,在担保范围内行使优先受偿权。对于次笔 100 万元当金部分约定之相应典当物,虽系上述同一房产,但双方并未订立书面抵押合同,亦未办理抵押登记,故该抵押权并未依法设立,对于该 100 万元当金及其利息,原告无权对讼争房地产行使优先受偿权。

另,本院注意到,对于次笔 100 万元当金之典当业务,原告未办理抵押物抵押登记手续,但鉴于双方在《房地产抵押典当借款合同》已明确约定当物为讼争房地产,且讼争房地产亦已在双方另笔(首笔 300 万元)典当业务中办理抵押登记,原告未及时办理当物登记,系丧失该部分当金对当物的优先受偿权,并不属于《典当管理办法》第二十六条第四项所禁止的发放信用贷款之情形。因典当属特许经营行业,为维护典当行业正常经营秩序,典当行应严格按照规范从事典当业务,亦应避免本案中存在对于部分业务未办理当物抵押登记之情形出现。

综上,依照《中华人民共和国合同法》第二百零六条、第二百零七条,《中华人民共和国物权法》第一百八十七条、第一百九十五条第一款之规定,判决如下:

一、被告陈章、刘天天应于本判决生效之日起十日内共同偿还原告福建嘉德典当有限责任公司当金 300 万元,并按中国人民银行同期同类贷款利率的四倍标准,向原告福建嘉德典当有限责任公司支付从2012年2月22日至本判决确定还款之日止的利息，上述款项应扣减被告陈章已付的162万元（已还款162万元先行充抵上述应付总利息，有剩余款项的再行充抵应付本金）；

二、被告陈章应于本判决生效之日起十日内偿还原告福建嘉德典当有限责任公司当金100万元，并应按照中国人民银行同期同类贷款利率的四倍标准，向原告福建嘉德典当有限责任公司支付从2012年2月23日至本判决确定还款之日止的利息，上述款项应扣减被告陈章已付的54万元（已还款54万元先行充抵上述应付总利息，有剩余款项的再行充抵应付本金）；

三、原告福建嘉德典当有限责任公司有权以被告陈章提供抵押担保的房产即福州市晋安区新店镇秀峰路×号冠茂芳洲苑×号楼×复式单元房产（产权证号：榕房R字第1056074号）与被告陈章协议折价或拍卖、变卖所得价款，对上述第一项判决确定的债权行使优先受偿权；

四、驳回原告福建嘉德典当有限责任公司的其他诉讼请求。

如果未按本判决确定的期限履行给付金钱义务，应当依照《中华人民共和国民事诉讼法》第二百五十三条之规定，加倍支付迟延履行期间的债务利息。

本案案件受理费43,600元，由原告福建嘉德典当有限责任公司负担1600元，被告陈章、刘天天共同负担31,500元，被告陈章负担10,500元。

如不服本判决，可在判决书送达之日起十五日内，向本院递交上诉状，并按对方当事人的人数提出副本，上诉于福建省高级人民法院。

审　判　长　陈光卓
代理审判员　陈贤东
人民陪审员　徐苏琳
二〇一四年六月三十日
书　记　员　卓垚磊

2. 当票的证明力

【问题提示】当票中记载的有关典当事项与典当合同约定的内容不一致时，如何判断当票的证明力？

【案例四】唐山众力典当有限责任公司诉邵然典当纠纷案（2016年7月20日）

【法律点】当票是典当行与当户之间的借贷契约，是认定典当借款的重要依据。在当票（续当凭证）与其他书面典当合同有关当金利率、综合费率的记载不一致时，而当票（续当凭证）有关费率的约定又不违反相关规定的，应当以当票（续当凭证）的最新记载为准。

【关键词】当票　续当凭证　房地产抵押典当合同　当金利率　综合费率

河北省唐山市丰南区人民法院
民事判决书

（2016）冀0207民初1270号

原告：唐山众力典当有限责任公司。

法定代表人：董志军，职务董事长。

委托代理人：吴福星，系原告唐山众力典当有限责任公司工作人员。

被告：邵然。

原告唐山众力典当有限责任公司诉被告邵然典当纠纷一案，本院受理后，依法适用简易程序，公开开庭进行了审理。原告唐山众力典当有限责任公司的委托代理人吴福星到庭参加诉讼,被告邵然经本院依法传唤,无正当理由拒不到庭,本院依法缺席审理,本案现已审理终结。

原告唐山众力典当有限责任公司诉称,2015 年 3 月 16 日,原告与被告签订《房地产抵押典当合同》,原告为被告提供当金 60 万元,典当期限为两个月,自 2015 年 3 月 16 日起至 2015 年 5 月 15 日止,约定月综合费用为当金的 2%,当金月利率为 1%。原告于 2015 年 3 月 16 日将当金全部转入被告指定账户,开户行为农业银行,户名邵然,卡号 62×××65。合同到期后,被告又续当至 2015 年 8 月 15 日。自 2015 年 8 月 16 日起,被告没有办理续当,也没有偿还当金。2016 年 3 月 10 日,被告称用在原告处抵押的房产,位于唐山市路北区祥丰里时代景苑×-×-×[唐山房权证路北(机)字第××号]住房一套向平安普惠申请贷款,所得贷款用于偿还原告借款和支付利息、服务及管理费。原告为配合被告办理贷款,将该房产解押。由于被告的原因,平安普惠的贷款办不下来。现合同期限已届满,原抵押物已经解押,被告违约,原告为维护自己的合法权益向法院提起诉讼,请求:1. 判令被告偿还当金 60 万元;2. 判令被告立即支付所欠利息、服务及管理费 12.24 万元(服务及管理费月率为 2%,利息月率为 1%,从 2015 年 8 月 16 日至 2016 年 3 月 11 日)。庭审中,原告表明所诉利息、服务及管理费要求计算至判决生效之日。

被告邵然既未做出答辩,也未向本院提交证据。

经审理查明,2015 年 3 月 16 日,被告邵然与原告唐山众力典当有限责任公司在唐山市丰南区签订了众力房典字(2015)第 1 号《房地产抵押典当合同》一份。该合同约定,被告邵然为取得周转资金愿以其合法拥有的坐落于唐山市路北区祥丰里时代景苑×-×-×房产典当给原告,作为当金、利息和相关费用的担保;双方一致同意该房产估价 100 万元;原告向被告提供当金 60 万元;典当期限为两个月,自 2015 年 3 月 16 日起至 2015 年 5 月 15 日止;约定月综合费用标准为当金的 2%;当金月利率为 1%,按月付息,每月 15 日为计息日,自实际提款日起按实际用款天数计算;合同签订之日,原、被告双方负责到房产登记部门申请办理房地产抵押登记。绝当的,被告应当自典当期限届满之日起,按照当票约定的典当综合费率及利率支付逾期典当综合费和利息。该合同和当票互为补充,具有同等的法律效力。被告邵然在合同上签字捺印;原告唐山众力典当有限责任公司盖章,其法定代表人董志军签印。该合同后附《抵押物清单》一份,载明抵押人邵然,抵押物为唐山市路北区祥丰里时代景苑×-×-×房产,房屋所有权证号为唐山房权证路北(机)字第××号,国有土地使用证号为冀唐国用(2014)第 802 号,抵押期间抵押人按合同规定继续使用抵押物,并负责保养和维护。

当日,原、被告双方到唐山市住房和城乡建设局房屋产权监理处办理了房屋抵押登记。

同日,原告唐山众力典当有限责任公司委托其员工耿浩由其个人账号 62 × × × 76 向被告邵然账号 62 × × ×65 转账发放当金 60 万元。被告邵然向原告出具收条一张,载明:今收到唐山众力典当有限责任公司 600,000 元。上述款项已全部转入借款人指定的收款账户:开户行:62284806260958125 × ×,户名:邵然,卡号:中国农行,经借款人共同确认,上述款项均已全部收到。借款人邵然,2015 年 3 月 16 日。

2015 年 3 月 18 日,原告向被告邵然出具 1301005035 号当票,该当票载明典当行唐山众力典当有限责任公司,当户邵然,当物住宅楼,典当金额 60 万元,月费率为 2.7%、月利率为 0.3%,典当期限由 2015 年 3 月 16 日起至 2015 年 5 月 15 日止,原告向被告邵然收取了 2015 年 3 月 16 日至 2015 年 5 月 15 日的综合费用 32,940 元(月费率 2.7% ÷30 天 ×600,000 元 ×61 天 =32,940 元),被告邵然签字,原告典当公司盖章。

2015 年 5 月 15 日,第一次典当期满。2015 年 5 月 25 日,被告邵然经原告同意办理了续当,原告向被告出具 1301005039 号续当凭证。该凭证载明月费率为 2.7%、月利率为 0.3%,续当期限自 2015 年 5 月 16 日起至 2015 年 6 月 14 日止。原告向被告邵然收取了第一次典当期间的当金利息 3660 元(0.3% ÷30 天 ×600,000 元 ×61 天 =3660 元)和本次续当期间的综合费用 16,200 元(月费率 2.7% ÷30 天 ×600,000 元 ×30 天 =16,200 元)。

2015 年 6 月 14 日,第一次续当期限届满。2015 年 8 月 4 日,被告邵然征得原告同意后办理了第二次续当。原告向被告出具 1301005044 号续当凭证,该凭证载明月费率为 1.2%、月利率为 0.3%,续当期限自 2015 年 6 月 15 日起至 2015 年 8 月 13 日止。原告向被告邵然收取了第一次续当期间的当金利息 1800 元(0.3% ÷30 天 × 600,000 元 ×30 天 =1800 元)和本次续当期间的综合费用 14,400 元(月费率 1.2% ÷ 30 天 ×600,000 元 ×60 天 =14,400 元)。

第二次续当期限届满后,被告邵然没有按约定向原告归还当金,也未再申请续当。2016 年 3 月 10 日,被告邵然请求原告解除对其唐山市路北区祥丰里时代景苑 × - × - × 房产抵押,以便被告向平安普惠银行贷款偿还所欠原告的借款、利息及服务管理费,并承诺如贷款办不下来,被告将于 2016 年 3 月 11 日与原告重新办理房产抵押登记。当日,原告在被告邵然签写《承诺书》后到唐山市住房和城乡建设局房屋产权监理处解除了房屋抵押登记。但被告邵然因个人问题没有申请到贷款,也未配合原告再次办理房产抵押登记手续。直至原告唐山众力典当有限责任公司诉至本院,被告邵然再无偿还当金及利息、综合费用的行为。

另查明，原告唐山众力典当有限责任公司的典当经营许可证号编码13051A10005，特种行业许可证号公特字第2014001号。

上述事实，有原告陈述，原告提供的众力房典字(2015)第1号房地产抵押典当合同原件、抵押物清单原件、房屋所有权证复印件、国有土地使用证复印件、邵然身份证复印件、唐山市住房和城乡建设局房屋产权监理处收据原件、转账交易流水打印件、耿浩身份证复印件、耿浩证明原件、收条原件、1301005035当票原件、1301005039续当凭证原件、1301005044续当凭证原件、邵然承诺书原件等在案佐证。

本院认为，典当是指当户将其动产、财产权利作为当物质押或者将其房地产作为当物抵押给典当行，交付一定比例费用，取得当金，并在约定期限内支付当金利息、偿还当金、赎回当物的行为。可见典当法律关系是一种复合法律关系，包含借款关系与担保关系，彼此之间有机结合，没有主次之分。典当关系的成立须具备两个成立要件：一是当户交付当物，二是典当行交付当金，两者缺一不可。本案中，被告邵然将其独有的坐落于唐山市路北区祥丰里时代景苑×-×-×房产抵押于原告，并在唐山市住房和城乡建设局房屋产权监理处办理了房屋抵押登记，原告向被告支付了当金60万元并出具了当票，原、被告之间的典当法律关系成立并生效。虽然在第一次典当期限和第一次续当期限届满后，原、被告双方是在超出《典当管理办法》规定的五日宽限期后才达成续当合意，但该两次续当均系双方真实意思表示，且不违反法律、法规的强制性规定，应属有效。在第二次续当期限届满并经过五日宽限期后，被告并未回赎当物，原、被告之间的典当进入绝当期，原告依法享有典当房屋的抵押权。此时，原、被告经协商一致再次达成合意，原告为配合被告邵然向平安普惠银行贷款偿还原告当金60万元而解除对当物房屋的抵押登记，被告却在因个人原因无法取得平安普惠银行贷款的情况下违反约定拒绝与原告重新办理该房屋(原当物)抵押登记。至此，原告虽不能再就原抵押房屋取得优先受偿权，但并不影响其据原典当借款关系要求被告偿还当金的权利。故原告唐山众力典当有限责任公司诉请被告偿还当金60万元的请求本院予以支持。

关于原告诉请被告邵然支付当金利息及服务管理费的问题。本案中原、被告双方签订了《房地产抵押典当合同》，原告亦向被告出具了当票、续当凭证，但上述书面凭证中关于当金利率、综合费率的记载并不一致。参照《典当管理办法》第三十条“当票是典当行与当户之间的借贷契约”的规定，可见当票本身就是一种合同，是认定典当借款的重要依据，且当事人双方已按照当票约定实际履行，故关于当金利率、综合费率的约定在不违反《典当管理办法》第三十七条、第三十八条规定(典当当金利率按中国人民银行公布的银行机构六个月期法定贷款利率及典当期限折算后执行；房地产抵押典当的月综合费率不得超过当金的27‰）的前提下应当以当票记载为准。而续当凭证亦为当票，最后一期续当凭证是当事人双方就当金利率、综合费率问题达成之最新合意，应以其约定为准，即月当金利率为0.3%，月综合费率为1.2%。最后一期续当凭证载明续当期限至2015年8月13日届满，而原告在庭审中自认被告已将2015年8月13日前的当金利息及综合费用交清，对此本院不予干涉。自2015年8月14日至18日为双方续当期限届满后的五日宽限期，在此期限内，原告请求的自2015年8月16日至18日的当金利息、综合费用本院以本金60万元为基数，按照月当金利率0.3%，月综合费率1.2%予以支持。自2015年8月19日起，原、被告之间的典当已进入绝当期，此时，双方虽在《房地产抵押典当合同》中约定"绝当的，被告应当自典当期限届满之日起按照当票约定的典当综合费率及利率支付逾期典当综合费和利息"，但参照《典当管理办法》第四十三条第一项"当物估价金额在3万元以上的……拍卖收入在扣除拍卖费用及当金本息后，剩余部分应当退还当户，不足部分向当户追索"的规定，在绝当后典当行是不能收取综合费的。故，原告所诉2015年8月19日后的当金利息、综合费用，本院仅对当金利息以月利率0.3%为限予以支持。

综上，依据《中华人民共和国合同法》第八条、第一百九十六条、第二百零五条、第二百零六条、第二百零七条之规定，判决如下：

一、被告邵然于本判决生效之日起七日内偿还原告唐山众力典当有限责任公司当金人民币60万元，并按月综合费率1.2%向原告支付自2015年8月16日起至2015年8月18日止的综合费用，按月利率0.3%支付自2015年8月16日至本判决生效之日止的当金利息。

二、驳回原告唐山众力典当有限责任公司的其他诉讼请求。

如被告未按本判决书指定的期间履行给付义务的，应当依照《中华人民共和国民事诉讼法》第二百五十三条之规定，加倍支付迟延履行期间的债务利息。

案件受理费5510元、保全费4130元，由被告邵然负担。

如不服本判决，可在判决书送达之日起15日内，向本院递交上诉状，并按对方当事人的人数提出副本，上诉于河北省唐山市中级人民法院。如在上诉期满后七日内未交纳上诉案件受理费，按未上诉处理。

审 判 员 肖 梅

二〇一六年七月二十日

书 记 员 石 慧

【案例五】景泰县大富豪典当有限公司诉景泰创意农业发展有限公司典当纠纷案（2014 年 12 月 15 日）

【法律点】当票与典当(抵押)借款合同均属于典当行与当户之间签订的契约,在当票与典当(抵押)借款合同约定事项不一致时,视为对典当(抵押)借款合同相应事项的变更,应以当票约定认定相关事实。

【关键词】当票　典当(抵押)借款合同　合同变更　土地转让协议　合同中止履行

甘肃省白银市中级人民法院
民事判决书

(2014)白中民二终字第 58 号

上诉人(原审原告):景泰创意农业发展有限公司(以下简称创意公司)。住所地,景泰县××镇××村。

法定代表人:张钰莲,经理。

委托代理人:张志鹏、揭益民,甘肃得舍律师事务所律师。

被上诉人(原审被告):景泰县大富豪典当有限公司(以下简称大富豪公司)。住所地,景泰县××镇××街。

法定代表人:高政礼,总经理。

委托代理人:尚可臻,白银经纬律师事务所律师。

上诉人景泰创意农业发展有限公司因典当纠纷一案,不服景泰县人民法院作出(2014)景民二初字第 28 号民事判决向本院提出上诉。本院依法组成合议庭,公开开庭审理了本案。上诉人景泰创意农业发展有限公司法定代表人张钰莲、委托代理人张志鹏、揭益民,被上诉人景泰县大富豪典当有限公司委托代理人尚可臻,到庭参加了诉讼。现本案已审理终结。

原审认定:2011 年 5 月 31 日,原告景泰创意农业公司(甲方)与被告景泰大富豪典当公司(乙方)签订 JTXDFH2011 地借字第(012)号典当(抵押)借款合同和(2011)地抵字第(012)号典当(抵押)合同。其中典当(抵押)借款合同约定,甲方自愿以位于景泰县草窝滩镇青崖子使用面积 500,250 平方米的土地,土地使用权证号为(2010)第 11106 号作为当物向乙方借款,双方确认该土地每平方米估价为 25 元;该土地典当借款金额(当金)为 400 万元,借款用途为企业发展基金;典当期限自 2011 年 5 月 31 日起至 2012 年 5 月 30 日止,如签发当票或借据,典当期限以当票或借据上记载的内容为准;月综合费率为 2.70%,月利率为 0.96%,合计费率为 3.66%,从乙方发放当金之日起算;双方同意乙方一次性预收典当期限内 30 天综合费 10.8 万元;利息和综合费用不受典当期限及续当期限的影响,典当期限及续当期限届满,利息和综合费仍按照本合同约定的标准连续计算,直至乙方债权获得完全清偿之时;乙方收取甲方费用未明确注明收费性质的,均视为收取本合同项下的利息和综合费,不发生偿还乙方当金的法律效力;在前期典当或续当期限内以及前期典当或续当期限届满之日起五日内,甲方可向乙方申请续当,经乙方同意续当的,甲方应结清前次典当或续当期限内的利息和综合费以及其他相关费用,并按照乙方的要求办理续当手续,包括但不限于对续当之前发生的债权进行对账;若甲方与乙方未在合同中约定由甲方指定的第三方处置当物的,或者甲方指定的第三方未在绝当或乙方决定提前收回贷款之日起六个月内处置完毕的,乙方有权单方委托资产评估机构对当物进行评估,并决定以拍卖方式处置当物;当物担保的范围为当金 400 万元及利息、综合费、违约金、赔偿金和其他相关的费用及实现债权而发生的费用(包括但不限于律师费、诉讼费、仲裁费、财产保全费、差旅费、执行费、评估费、拍卖费、过户税费等),续当所产生的利息、综合费、违约金、赔偿金及续当期限届满后(含绝当后)所产生的利息、综合费、违约金、赔偿金,其他相关的费用及实现债权而发生的费用(包括但不限于律师费、诉讼费、仲裁费、财产保全费、差旅费、执行费、评估费、拍卖费、过户税费等);乙方应按本合同约定如期发放当金,否则,应根据违约金额和天数,每日付给甲方千分之五的违约金。上述合同还就绝当、绝当后处置当物所得价款清偿乙方债权的顺序等进行了约定。同时,双方在典当(抵押)合同中以上述当物为抵押物,约定抵押权的存续期间为合同担保的债权的诉讼时效期间,诉讼时效期间中断,抵押权存续期间随之中断;甲方应在合同签订之日起两日内办妥抵押登记手续,抵押物有关登记文件的正、副本由乙方保存;乙方在行使抵押权时,有权依据合同约定的方式处置抵押物,并以所得价款优先受偿。乙方依据合同约定方式处分抵押物时,甲方应给予配合。合同签订当日,原告向被告出具息、费预交声明及董事会决议,表示自愿预交合同约定的综合费用及利息,由被告到期后自动收取;如果形成绝当,自愿放弃担保物的使用权,由被告委托拍卖处置实现债权等。后原告就合同项下的当物在景泰县国土资源局进行了抵押登记,办理了景他项(2011)009 号他项权证。被告自 2011 年 6 月 7 日至 2012 年 4 月 5 日,通过签发当票的方式,先后五次向原告支付当金 110 万元。每张当票均载明典当金额、当物、典当期限及综合费用等,其中典当金额 10 万元至 50 万元不等,典当期限除一笔当金不足 30 日外其余均为 30 日,当物及息、费符合合同约定。前述当票当期届满后,原告先后多次续当。2012 年 9 月 15 日,原、被告双方签订续当合同,就原告当金累计金额 110 万元再次续当至 2012 年 10 月 4 日。后又经过数次续当至 2012 年 11 月 10 日,并按约定交纳了续当期间相应的息、费。2012 年 11 月 11 日后原告再未续当,也未赎当。2012 年 11 月 16 日,甘肃得舍律师事务所张志鹏律师即本案原告委托代理人致函被告,称其所受景泰创意农业公司委托,全权代理景泰创意农业公司与景泰大富豪典当公司抵押典当借款合同纠纷,敦请被告履行 2011 年 5 月 31 日双方签订的抵押典当借款合同、土地抵押合同及土地转让协议,尽快付清剩余款 290 万元,并承担每日 5‰的违约金;在景泰大富豪典当公司付清剩余款 290 万元前,景泰创意农业公司拒绝支付 110 万元贷款利息。

另查明,2011 年 5 月 31 日,原、被告签订土地转让协议,约定原告将位于景泰县草窝滩镇青崖子村、土地使用权证号为(2010)第 11106 号、土地面积 500, 250 平方米的土地及地上附着物永久性转让给被告,转让价值为 400 万元;被告必须在签约后五日内一次性付清转让金,同时该宗土地及地上附着物的所有权归被告所有;原告必须于 2012 年 5 月 30 日前通过相关部门将该宗土地及其附着物手续办理完毕,并过户给被告;本合同的生效条件为,鉴于双方签订典当合同(合同号 012),若原告以典当合同履行义务,本合同不发生法律效力。否则,本合同即发生法律效力。本院还查明,在前述典当合同履行期间,被告除按约收取原告息费及违约金外,另收取原告续当手续费 750 元、未注明收费性质 300 元。

原审认为:原告景泰创意农业公司与被告景泰大富豪典当公司签订的典当(抵押)借款合同、典当(抵押)合同合法有效,应受法律保护。本案争议的焦点之一是如何认定当票与典当(抵押)借款合同之间的关系。本案原、被告于 2011 年 5 月 31 日签订的地借字第(012)号典当(抵押)借款合同与其后签发的当票就当金、典当期限的约定不一致。在涉案合同履行期间,被告均按照当票约定发放当金,原告亦按照当票的约定对已发放的当金多次续当。《典当管理办法》第三十条第一款规定:“当票是典当行与当户之间的借贷契约,是典当行向当户支付当金的付款凭证。”由此可见,当票与典当(抵押)借款合同均属于当户与典当行之间的借贷契约,在当票与典当(抵押)借款合同约定事项不一致时,视为对典当(抵押)借款合同相应事项的变更,应以当票约定履行相应的义务。因此,原告以双方签订的地借字第(012)号典当(抵押)借款合同约定的典当期限违法,被告未按典当(抵押)借款合同约定发放借款违约,要求被告继续履行合同的理由不能成立。本案争议的焦点之二是双方于2011年5月31日签订的土地转让协议是否有效。该协议实际上属于双方为保障同日签订的典当(抵押)借款合同的履行所签订,并以原告是否履行典当(抵押)借款合同为生效要件。由于该协议变相将涉案当物作为转让标的,一旦原告不履行地借字第(012)号典当(抵押)借款合同,涉案当物即归被告所有。因此该协议属无效协议。本案争议的焦点之三是原告在涉案典当(抵押)借款合同履行期间出具的息费预交声明是否有效。虽然《典当管理办法》第三十七条第二款规定“典当当金利息不得预扣”。但该规定属管理性规定,且原告声明愿意预交。因此,该声明有效,涉案当金应以当票记载为准。综上,原告要求被告继续履行典当(抵押)借款合同,发放借款(当金)293.8430万元,承担每日5‰违约责任的请求不能成立,不予支持。依据《中华人民共和国合同法》第七十七条第一款之规定,判决:驳回原告景泰创意农业发展有限公司的诉讼请求。本案案件受理费30,864元,由原告景泰创意农业发展有限公司负担。

上诉人创意公司诉请:1. 撤销(2014)景民二初字第28号民事判决书;2. 判令被上诉人继续履行典当(抵押)借款合同,向上诉人发放借款(当金)2,938,430万元,并按每日5‰承担违约金;3. 本案一、二审诉讼费用由被上诉人承担。其事实和理由:1. 一审判决认定:“当票与典当(抵押)借款合同均属当户与典当行之间的借贷契约,在当票与典当(抵押)借款合同约定事项不一致时,视为对典当(抵押)借款合同相应事项的变更,应以当票约定履行相应的义务。”这一认定违背了本案基本事实,割裂了当票与典当(抵押)借款合同的内在联系,违反《合同法》的相关规定,是完全错误的认定。2011年5月31日,被上诉人与上诉人签订第(012)号《典当(抵押)借款合同》,约定上诉人向被上诉人借款400万元,借款期限自2011年5月31日至2012年5月31日,借款月综合费率为2.7%,月利率为0.96%,合计借款利息高达每月3.66%。上诉人以其位于景泰县草窝滩镇青崖子,土地使用权证号景国用(2010)第11106号,使用面积500,250m^2,估价12,506,250元的农用土地抵押给被上诉人作为债权担保,并同时签订《典当(抵押)合同》。400万元的借款数额是根据抵押土地的价值及上诉人的生产经营所需,由双方协商合同确认的。在该合同"第一条定义经双方充分协商一致,本合同项下的下列词语采下列含义:1.1'本合同'由《房地产抵押典当借款合同》、当票、续当凭证及其附件,双方达成的《房地产抵押合同》以及任何补充协议、对账单,甲方出具的并由乙方接受的任何承诺、声明、授权、证明、确认书、第三方履约保函、乙方通知等共同组成,组成各部分互为补充,均具有同等法律效力"。本案的具体情况是先有借款合同确定双方的权利义务,以后在(012)号合同生效后的实际履行过程中,被上诉人从2011年6月7日到2012年4月5日,分五次向上诉人发放借款共110万元(减去预扣的利息和综合费38,430元,实际借款1,061,570元)。《典当(抵押)借款合同》和当票在内容上互为补充,具有同等法律效力,也就是说《典当(抵押)借款合同》上没有约定的事项以当票为准,如(012)号合同第五条"典当期限如签发当票或借据,典当期限以当票或借据上记载的内容为准"。尽管《典当管理办法》第三十条规定:"当票是典当行与当户之间的借贷契约,是典当行向当户支付当金的付款凭证。"但当票不能脱离合同而独立存在,其变更的只有借款期限,其他事项只能以也必须以(012)号合同为准。为了履行012号借款合同,本案中全国统一当票和续当凭证记录了被上诉人发放借款的时间和数额,以及收取利息和综合费的数额,但无论是当票还是续当凭证,都没有超出(012)号合同借款的总金额,与012号借款合同既不冲突也不矛盾,上诉人在当票上签字及接受借款,是双方履行合同义务的记录和凭证,没有任何有关借款总金额已发生变更的意思表示,有效的合同变更必须要有明确的合同内容的变更,根据《中华人民共和国合同法》第七十八条的规定"当事人对合同变更的内容约定不明确的,推定为未变更"。即便双方协商变更借款数额,也应在变更主合同的同时一并变更本案的从合同——《典当(抵押)合同》,这样上诉人即使无法从被上诉人处获得足额资金,仍然可以抵押土地从第三方获得所需借款,被上诉人当庭承认从未就《典当(抵押)合同》的变更进行过协商,由此也可反证012号合同除了借款期限,其他内容包括借款数额没有发生变更。而且就在双方2012年9月15日对已发放的110万元借款签订的《续当合同》:"六、续当期限内,原《典当(抵押)借款合同》继续有效。"证明双方对借款数额400万元的合同约定并未发生变更。2.被上诉人一审当庭辩称(012)号合同是最高额抵押合同,由此证明(012)号合同确定的借款数额400万元并未因当票而发生变更,假如确如被上诉人所称,就根本不需以当票的方式变更合同,更不需在2012年9月15日又另外签订一份借款数额为40万元的(104)号《典当(抵押)借款合同》。被上诉人在起诉前,从未以任何方式告知上诉人借款数额已减少不足400万元的事实,上诉人也曾多次向被上诉人要求足额发放借款,2012年

11 月 16 日还委托律师致函被上诉人,“敦请贵方全面履行合同,尽快付清剩余的 290 万元,并承担日 5‰的违约金至付款日。”被上诉人一审当庭承认收到律师函,但并没有对上诉人的权利主张回复。正是由于被上诉人违约在先,导致上诉人资金严重不足,无法实现合同目的,生产经营极为困难,根据《中华人民共和国合同法》第一百零七条之规定,被上诉人履行合同义务不符合合同约定,应承担继续履行、采取补救措施或赔偿损失等违约责任。上诉人的主张合法有据,应予支持。3. 一审判决还有诸多公然颠倒事实和法律的内容。如“本案争议的焦点之二是双方于 2011 年 5 月 31 日签订的土地转让协议是否有效”。这个争议焦点完全是无中生有,因原《典当(抵押)借款合同》没有被上诉人何时发放借款的条款,上诉人才当庭举证《土地转让协议》,在该协议“三、付款方式及交付期:1. 乙方(被上诉人)在签约后五日内一次性全额付清转让金”。证明该条款正是对 012 号借款合同中被上诉人发放借款期限的补充条款,《土地转让协议》中关于涉案当物作为转让标的的条款无效,但上述付款条款应是有效的,一审判决却没有对此问题作出认定。本案争议焦点之三是被上诉人在涉案典当(抵押)借款合同履行期间出具的息费预交声明是否有效。事实上的庭审争议焦点是被上诉人“是否预扣利息和综合费”,一审判决称:典当当金利息不得预扣是《典当管理办法》的管理性规定,那么《合同法》第二百条“借款的利息不得预先在本金中扣除。利息预先在本金中扣除的,应当按照实际借款数额返还借款并计算利息”又是什么规定呢?被上诉人声明愿意预交是“由贵公司到期后自动收取”,并没有同意在发放本金的时候就把息费预先扣除,预扣的实质并没有改变。一审判决又说:“涉案当金应以当票记载为准。”被上诉人填写的六张全国统一当票,前五张每张都清楚地记录着发放当金的当天就扣交了上诉人 15 天到 30 天的利息和综合费,预先在本金中扣除利息的行为一目了然。当票上的实付金额都小于典当金额,只有最后一张 40 万元的当票上,没有了收取利息和综合费的记录(实际上上诉人以另一种形式还是被预扣了利息和综合费),实付金额与典当金额相符。被上诉人发放的借款本金实际是 1,417,960 元,应以当票记载的实付金额为准,一审判决认定的借款本金因违背事实而根本性错误。一审判决认定第(104 号)合同的 40 万元借款续当至 2012 年 11 月 1 日,实际是续当至 2012 年 11 月 10 日。

被上诉人大富豪公司辩称:1. 关于典当抵押借款合同与当票的法律属性及相互关系。本案所涉抵押借款合同共有四份。分别为:(1)XTXDFH2011 地借字第 12 号典当(抵押)借款合同;(2)XTXDFH2011 地抵字第 012 号典当(抵押)合同(以下简称 12 号合同);(3)XTXDFH2011 地借字第 104 号典当(抵押)借款合同;(4)XTXDFH2011 地借字第104号典当(抵押)合同(以下简称104号合同)。上述合同均系当事人真实意思表示,不违反法律行政法规的强制性规定,合法有效,应当受到法律的充分保护。本案所涉当票共有六份。《典当管理办法》第三十条第一款规定:"当票是典当行与当户之间的借贷契约,是典当行向当户支付当金的付款凭证。"可见,当票也属于合同范畴,同时是付款凭证。当票是上诉人与答辩人达成合意后形成的借贷合同,是答辩人向上诉人支付当金150万元的凭证。012号、104号合同是双方借贷关系的基础与依据。该合同在实际履行过程中,双方协商达成新的合意,即双方确认以当票记载的内容履行借贷权利义务—分期分批支付当金,时间跨度为2011年6月7日开始到2012年9月15日,分六批支付当金150万元。合同与当票的关系是合同变更关系。《中华人民共和国合同法》第七十七条规定:"当事人协商一致,可以变更合同。"对此,原审法院作出了准确认定。原审认定:"当票与典当(抵押)借款合同均属于当户与典当行之间的借贷契约,在当票与典当(抵押)借款合同约定的事项不一致时,视为对典当(抵押)借款合同相应事项的变更,应以当票约定履行相应义务。"上诉人虽然认可当票与典当(抵押)借款合同"有其内在的联系和统一性",但没有认识到其内在的联系性是合同变更法律关系。只是想当然的认为当票"只是履行借款合同的方式",这是对当票法律概念的曲解。2. 关于上诉人上诉称原审"公然颠倒事实与法律"及其他问题的答辩。(1)原审判决文书所归纳的争议焦点是完全准确的,是本案问题的关键,根本不存在"公然颠倒事实与法律"的问题,称"公然"未免措辞过激。(2)上诉人在《息费预交声明》上亲笔签名并盖有手印,是民事法律行为,预扣利息及费用行为的合法性毋庸置疑。综上,答辩人认为,原审认定事实清楚,证据确实充分,属于公正判决。上诉人的上诉理由均不能成立。为此,请依法审查。驳回上诉,维持原判。

二审中,双方均未向法庭提供新的证据。上诉人提出一审判决认定第(104号)合同的40万元借款续当至2012年11月10日,而一审写为2012年11月1日。经查,一审误写,应予纠正,除此,一审认定的本案事实有相应证据支持,应予确认。

本院认为:本案争议的焦点问题是被上诉人大富豪公司中止履行合同的理由是否成立。2011年5月31日,被上诉人大富豪公司与上诉人创意公司签订第(012)号《典当(抵押)借款合同》,约定创意公司向大富豪公司借款400万元。合同履行过程中,大富豪公司依约向创意公司分六次支付当金150万元[其中(012)合同项下付110万元;(104)合同项下为40万元],且每次发放当金及续当时,创意公司按约支付费息。2012年11月5日双方将六次支付的当金合计后,以150万元为典当金额续当至2012年11月10日,期满后创意公司再未续当。

创意公司称因大富豪公司未足额发放400万元当金,导致创意公司资金严重不足,无法实现合同目的,生产经营极为困难,才停止向大富豪公司支付费、息。但是,根据双方履行合同的实际情形,大富豪公司分批向创意公司发放当金,创意公司相应支付本次当金和上次当金的费息后,大富豪公司继续发放当金。2012年11月10日续当期满,因创意公司再未续当,即未向大富豪公司支付已发当金的费息,大富豪公司亦未再发放当金。据此,应当认定是创意公司违约在先。创意公司的上述观点正好印证了大富豪公司停止发放当金的理由正当,即创意公司不能支付已收到当金的费息,大富豪公司处于融资安全考虑便不再发放当金。根据《中华人民共和国合同法》第六十八条的规定,"应当先履行债务的当事人,有确切证据证明对方有下列情形之一的,可以中止履行:(一)经营状况严重恶化"。大富豪公司中止履行合同亦符合法律规定。故,创意公司主张大富豪公司应发放当金400万元的理由不能成立。原审认定事实清楚,适用法律正确,审判程序合法,应予维持。依据《中华人民共和国民事诉讼法》第一百七十条第一款第一项之规定,判决如下:

驳回上诉,维持原判。

二审案件受理费30,864元,由上诉人景泰创意农业发展有限公司负担。

本判决为终审判决。

审　判　长　高登云

审　判　员　栾春鹏

审　判　员　金思刚

二〇一四年十二月十五日

书　记　员　张丽丽

3. 当金的认定

【问题提示】当户对实际发放的当金数额提出异议的,应如何认定?

【案例六】温岭市宝利特典当有限责任公司诉黄杨典当纠纷案(2013年8月6日)

【法律点】当票是典当行与当户之间的借贷契约,是典当行向当户支付当金的付款凭证。当户主张实际发放的当金数额与当票明确载明的当金数额不一致,但其既未在接受当票时提出异议,诉讼中也未能提供有效证据推翻该当票的证明力,当金按当票记载的数额认定。

【关键词】付款凭证　实际发放数额　当票的证明力

浙江省台州市中级人民法院

民事判决书

(2013)浙台商终字第320号

上诉人(原审被告):黄杨。

委托代理人:陈林辉。

委托代理人:潘素君。

被上诉人(原审原告):温岭市宝利特典当有限责任公司。

法定代表人:陈华根。

委托代理人:沈心淮。

委托代理人:葛文咸。

上诉人黄杨为与被上诉人温岭市宝利特典当有限责任公司(以下简称宝利特公司)典当纠纷一案,不服浙江省温岭市人民法院(2013)台温商初字第430号民事判决,向本院提起上诉。本院于2013年6月6日受理后,依法组成合议庭,于2013年7月2日公开开庭进行了审理。上诉人黄杨及其委托代理人陈林辉,被上诉人宝利特公司的委托代理人沈心准、葛文咸到庭参加诉讼。本案现已审理终结。

原审法院审理认定:2012年6月1日,被告黄杨以资金周转需要为由,以车辆质押典当形式向原告申请当金460,000元。双方于当日签订了典当借款合同、汽车质押典当合同各一份,并于同日对被告黄杨所有的牌号为浙J×××××的车辆办理质押登记手续。合同约定:当金月利率为0.5%,综合费率为月利率4.2%,如逾期按月利率0.8%加收逾期罚息;当期自2012年6月1日至2012年12月1日,具体当金与期限以当票为准。合同生效后,经原告审查同意,2012年6月1日向被告发放当金460,000元,综合费用9660元,实付金额450,340元,当票约定典当期限自2012年6月1日起至2012年6月16日止。典当期限届满后,被告未办理续当手续。绝当后,当金本息、综合费用经原告催讨无果。

原告宝利特公司于2013年3月18日向原审法院提起诉讼称:2012年6月1日,被告黄杨以资金周转需要为由,以车辆质押典当形式向原告申请当金460,000元。双方于当日签订了典当借款合同、汽车质押典当合同各一份,同时办理车辆质押登记。合同约定:当金月利率为0.5%,综合费率为月利率4.2%,如逾期按月利率0.8%加收逾期罚息;当期自2012年6月1日至2012年12月1日,具体当金与期限以当票为准;同时双方也约定因违约而引起诉讼的,被告承担原告的损失,包括律师代理费。合同生效后,经原告审查同意,2012年6月1日向被告发放当金460,000元,当票约定典当期限自2012年6月1日起至2012年6月16日止。典当期限届满后,被告未偿付当金本金及利息、综合费用,逾期综合费用和利息、逾期罚息,也未申请办理续当手续。请求判令:1. 被告黄杨偿还原告当金460,000元,支付自2012年6月1日起至判决确定的履行日止按月利率0.5%计算的利息及从2012年6月16日起至判决确定履行之日按月利率4.2%计算的综合费用以及自2012年6月16日起至判决确定的履行日止按月利率0.8%计算的逾期罚息,并承担律师代理费24,000元;2. 依法确认原告对被告黄杨所有的牌号为浙J×××××的车辆享有优先受偿的权利。

被告黄杨在原审中答辩称:实际收到只有448,700元,而非460,000元,综合费用过高。

原审法院审理认为:原告宝利特公司与被告黄杨之间签订的车辆质押典当合同系

双方当事人真实意思表示,且原告已发放当金,原、被告之间的典当关系应认定有效。双方当事人应当按照合同约定享有权利、承担义务。根据《典当管理办法》第三十条第一款的规定:当票是典当行与当户之间的借贷契约,是典当行向当户支付当金的付款凭证。现当票表明原告已实际支付给被告当金450,340元,被告未能提供证据推翻当票的证明力,对其提出的仅收到448,700元的辩称,不予采纳。故本案当金应为450,340元,典当期限内综合费用为9457.14元(450,340元×4.2%×0.5个月)。根据《典当管理办法》第三十七条第一款的规定,“典当当金利率,按中国人民银行公布的银行机构6个月期法定贷款利率及典当期限折算后执行”。现原、被告约定当金月利率为0.5%,符合法律法规规定,予以支持。同时,原告要求被告按照合同约定按月利率0.8%支付逾期罚息,不违反法律规定,予以准许。《典当管理办法》第四十三条规定,当物估价金额在3万元以上的,典当行可以按《中华人民共和国担保法》的有关规定处理,也可以双方事先约定绝当后由典当行委托拍卖行公开拍卖。根据双方签订的汽车质押典当合同,原告负有在绝当后将当物委托拍卖及时清结当金及相关费用的权利和义务。虽然《典当管理办法》对委托拍卖的期限没有规定,但是为了防止损失扩大,有必要予以合理限定,因此,依法确定绝当之后六个月产生的综合费用由被告负担,计113,485.68元(450,340元×4.2%×6个月),其余部分由原告自负。原告要求被告支付律师代理费24,000元,但是原、被告在合同中未对律师代理费的承担作出约定,故对原告的该主张,不予支持。为此,依照《中华人民共和国合同法》第一百零七条,《中华人民共和国担保法》第六十三条第一款、第六十七条,《典当管理办法》第三十条第一款、第三十七条、第三十八条、第四十条、第四十三条第一项的规定,该院于2013年5月8日作出如下判决:一、被告黄杨在本判决发生法律效力之日起十日内支付给原告温岭市宝利特典当有限责任公司当金450,340元及利息、逾期罚息(利息自2012年6月1日起至判决确定履行之日止按月利率0.5%计算、逾期罚息自2012年6月17日起按月利率0.8%计算至判决确定的履行之日止),并支付综合费用122,942.82元。二、原告温岭市宝利特典当有限责任公司对被告黄杨所有的牌号为浙J×××××的车辆折价或拍卖、变卖所得的价款在上述借款本息范围内享有优先受偿权。三、驳回原告温岭市宝利特典当有限责任公司的其他诉讼请求。如果未按本判决指定的期间履行给付金钱义务,应当依照《中华人民共和国民事诉讼法》第二百五十三条的规定,加倍支付迟延履行期间的债务利息。一审案件受理费10,920元,由原告温岭市宝利特典当有限责任公司负担685元,由被告黄杨负担10,235元。

上诉人黄杨不服原审法院上述民事判决,向本院提起上诉称:一审认定事实不清,判决错误。首先,一审法院未查清本案款项实际交付的具体经过,在被上诉人自认448,700元通过银行汇给上诉人且无其余1640元现金交付依据的情况下,仍作出"实付金额450,340元"的事实认定是错误的。其次,一审法院遗漏审查(2012)台温商初字第1318号案件中被上诉人员工潘玲云曾于2012年8月21日针对上诉人就本案同一借款行为已以民间借贷纠纷起诉的事实,从而将双方的民间借贷行为错误认定为典当关系,错误适用《典当管理办法》第三十八条、第四十条和第四十三条第一项的规定,其判决支付综合费用无法律依据。最后,退一步讲,即便一审法院认定系上诉人与被上诉人之间构成典当关系,也因被上诉人员工潘玲云于2012年8月21日恶意起诉而不应由上诉人对之后的损失承担责任,一审法院"确定绝当之后六个月产生的综合费用由被告负担"违反诚信原则和公平原则。综上,一审判决对于应当审查的事实未予查清,导致事实认定错误,且对本案定性及适用法律均存在不当,最终作出错误判决,故请求二审法院依法予以纠正。上诉请求:撤销原审判决第一、二项,改判驳回上诉人的诉讼请求。

被上诉人宝利特公司答辩称:1. 一审法院认定事实清楚,证据确凿充分,上诉人于2012年6月1日与被上诉人签订了典当借款合同及汽车质押典当合同一份,并于当日由被上诉人将当金交付给上诉人,以上事实有被上诉人在一审中提供的证据为凭,并且上诉人在一审中对于被上诉人提供的证据表示无异议。2. 一审中上诉人也到庭参加诉讼,在庭审中上诉人进行了质证、辩论,因此,一审法院的判决也是通过充分的审理作出认定和判决的。3. 一审法院程序合法,适用法律正确,上诉人与被上诉人签订汽车质押典当合同和典当借款合同,双方属于典当关系。综上,请求驳回上诉,维持原判。

二审期间,双方当事人均未提供新的证据。

本院经审理查明的事实与原审法院认定的事实一致。

本院认为:双方当事人之间的典当关系有典当借款合同、汽车质押典当合同及当票为凭,应当认定为有效。虽然上诉人认为在(2012)台温商初字第1318号案件中被上诉人的员工潘玲云就本案款项曾以民间借贷的案由提起过诉讼,但被上诉人否认该案中潘玲云的行为系代表公司,上诉人对此也没有证据能予以证明,故在被上诉人提供的证据能确定双方系典当法律关系的情形下,上诉人认为其与被上诉人之间系民间借贷关系的主张本院不予采纳。本案当票明确载明被上诉人向上诉人实际发放当金450,340元,对此,上诉人在接受当票时并无异议,诉讼中上诉人也未能提供有效证据推翻该当票的证明力,故本案当金应按450,340元予以认定。当票明确载明典当期限为2012年6月1日起至2012年6月16日止,故本案典当期限应当据此予以认定。典当期限届满,上诉人未依约归还典当本息,应当承担典当合同约定的违约责任。关于本案当物绝当后被上诉人委托拍卖的合理期限问题,原审法院基于公平原则,为了防止上诉人损失扩大,将该合理期限确定为六个月并无不当,应予支持。本案当物以质押形式交付于被上诉人,被上诉人保管当物会产生相应的保管、维护费用,因此,被上诉人按约定收取综合管理费用未超过《典当管理办法》规定的收费标准,可以予以支持。综上,原审法院关于本案法律关系及对上诉人违约责任的认定和调整并无不当,应当予以支持。上诉人的上诉请求和理由均不能成立,依法应予驳回。依照《中华人民共和国民事诉讼法》第一百七十条第一款第一项的规定,判决如下:

驳回上诉,维持原判。

二审案件受理费4375元,由上诉人黄杨负担。上诉人黄杨已预交诉讼费10,920元,应当予以退还6545元。

本判决为终审判决。

审　判　长　钱为民
审　判　员　胡精华
代理审判员　洪海波
二〇一三年八月六日
书　记　员　项海英

【案例七】东莞市兴业典当有限公司诉贲国扬、莫丹玲典当纠纷案（2015年10月21日）

【法律点】 1. 当户主张当票中记载的当金数额为实际交付金额，但与其自身出具的收款证明和其他相关的典当合同约定不一致，且与合同的实际履行情况相矛盾，则当票中记载的当金数额无法采信。

2. 虽然当票上记载的典当期限已届满，但当户仍按月向典当行支付数额固定的息费款项，典当行又未提出反对意见，其行为符合房地产典当借款合同中关于续当的约定，应视为双方进行了事实上的续当。

【关键词】 实付金额　当票　收款证明　典当借款合同　格式合同　事实上的续当

广东省东莞市中级人民法院
民事判决书

（2014）东中法民一终字第1918号

上诉人（原审被告）：贲国扬。

上诉人（原审被告）：莫丹玲。

上列两上诉人共同委托代理人：莫金安，北京市惠诚（东莞）律师事务所律师。

上列两上诉人共同委托代理人：梁嘉茵，北京市惠诚（东莞）律师事务所律师。

被上诉人（原审原告）：东莞市兴业典当有限公司。住所地，广东省东莞市。

法定代表人：尹明枢，总经理。

委托代理人：李腾，广东南天星律师事务所律师。

上诉人贲国扬、莫丹玲因与被上诉人东莞市兴业典当有限公司（以下简称兴业公司）典当纠纷一案，不服广东省东莞市第二人民法院（2014）东二法朗民一初字第642

号民事判决,向本院提起上诉。本院受理后依法组成合议庭审理了本案,现已审理终结。

2014 年 4 月 11 日,兴业公司向原审法院提起诉讼,请求法院判令:1. 贲国扬向兴业公司返还借款本金 280,000 元及利息(自 2013 年 6 月 26 日起至借款还清之日止,每月按所欠当金的 2.7% 向兴业公司支付利息,所欠当金为 280,000 元,暂计至 2014 年 4 月 7 日共计:280,000 ×2.7%/30 ×311 天 =78,372 元);2. 莫丹玲对贲国扬的上述债务承担连带责任;3. 兴业公司对贲国扬、莫丹玲位于东莞市常平镇紫荆花园黄金海岸 ×座 ×层 ×房屋享有第二顺序优先受偿权(他项权证编号为:粤房地他项权证莞字第 2700157194 号);4. 本案诉讼费由贲国扬、莫丹玲连带承担。

原审法院经审理查明:2011 年 12 月 23 日,贲国扬(甲方)与兴业公司(乙方)双方签订《房地产典当借款合同》,主要内容为约定由贲国扬以位于东莞市常平镇紫荆花园黄金海岸 ×座 ×层 ×房的房屋作为当物向兴业公司借款 280,000 元,典当期限自 2011 年 12 月 23 日起至 2013 年 12 月 22 日止,如签发当票,典当期限以当票上记载的内容为准。双方一致确认,本合同项下的月综合费率为 2.7%,月利率为 0%,合计为 2.7%。关于续当,合同约定:在前次典当或续当期限内以及前次典当或续当期限届满之日起五日内,甲方可向乙方申请续当,经乙方同意续当的,甲方应结清前次典当或续当期限内的利息和综合费以及乙方垫付的费用,并按照乙方的要求办理续当手续,包括但不限于对续当之前发生的债权进行对账。甲方在超过规定的五日期限向乙方申请续当的,经乙方同意的,仍然成立续当。除双方另有约定外,续当利息和综合费的支付标准和方式同第五条。保证条款:保证人对甲方依本合同的全部债务对乙方承担无限连带责任保证。同日,兴业公司与贲国扬双方签订《房地产抵押合同》约定由贲国扬以位于东莞市常平镇紫荆花园黄金海岸 ×座 ×层 ×房的房屋作为上述《房地产典当借款合同》的抵押担保,担保范围包括:1. 当金及利息、综合费、违约金、赔偿金和乙方代垫的费用及实现债权而发生的费用(包括但不限于律师费、诉讼费、仲裁费、财产保全费、差旅费、执行费、评估费、拍卖费、过户税费等);2. 续当所产生的利息、综合费、违约金、赔偿金及续当期限届满后(含绝当后)所产生的利息、综合费、违约金、赔偿金,乙方代垫的费用及实现债权而发生的费用(包括但不限于律师费、诉讼费、仲裁费、财产保全费、差旅费、执行费、评估费、拍卖费、过户税费等)。无论续当是加重当户息、费率负担还是减轻当户息、费率负担的,均属于担保范围。当户不续当的,典当期限届满后(含绝当后)所产生的息、费均属于当物的担保范围。合同中同时约定,乙方无须先向甲方追偿或起诉或处置当物,即有权直接要求保证人承担连带保证责任。

2012 年 1 月 5 日,案涉房屋在房产行政部门办理抵押权他项权证(证号:粤房地他项权证莞字第 2700157194 号),权利人为兴业公司,登记权利为第二顺序抵押权人。2012 年 1 月 6 日,兴业公司向贲国扬签发当票,当票上填写的典当金额为 280,000 元,综合费用为 45,360 元,实付金额 234,640 元,典当期限自 2012 年 1 月 6 日至 2012 年 7 月 5 日,月费率为 2.7%。当日,贲国扬出具收款证明,内容为确认收到兴业公司所借出的款项 280,000 元。

贲国扬提交的记录显示,贲国扬于 2012 年 2 月 5 日至 2014 年 3 月 7 日向叶达锋、兴业公司、东莞市大朗云大建材贸易部、东莞市大朗全记机械设备贸易部付款,其中有 11 个月付款数额为 9800 元/月(部分月份分几笔支付,但月总额为 9800 元),其余的为:2012 年 3 月 5 日 7500 元,2012 年 4 月 6 日、2012 年 6 月 4 日、2012 年 7 月 5 日为 9898 元,2012 年 4 月 24 日为 20,260 元,2012 年 8 月 5 日为 7000 元,2013 年 6 月 20 日为 15,786 元,2013 年 8 月 25 日为 2000 元,2013 年 9 月 1 日为 2800 元,2013 年 12 月 10 日为 2000 元,2013 年 12 月 12 日为 3000 元,2014 年 1 月 6 日为 5000 元,2014 年 3 月 7 日为 10,000 元。根据贲国扬提交的还款记录及银行账户明细,兴业公司部分予以确认贲国扬共向兴业公司支付 181,794 元。

双方对以下问题存在争议:

实际借款的数额。兴业公司提交收款证明,称实际向贲国扬支付 280,000 元,贲国扬则确认收到 280,000 元,但认为根据当票的记载,兴业公司预先扣减综合费用 45,360 元,实际收到 234,640 元。

双方是否存在续当的合意。贲国扬主张双方在典当期限届满后不存在续当的行为,贲国扬在典当届满后归还的款项不属于综合管理费。至于为何届满后仍按照原来固定数额支付,是因为应兴业公司的要求归还。兴业公司认为在原典当期限届满后贲国扬未归还当金又未处理抵押物且双方以按照典当期限内的综合管理费数额每月固定支付典当期限届满后的综合管理费的事,可以说明双方存在续当的合意。

实际付款的数额。兴业公司不确认 2012 年 4 月 24 日的 20,260 元为归还案涉的借款,该笔款项为用于归还其他借款;不确认 2013 年 6 月 20 日的款项中全部用于归还本案借款,只有部分共 3800 元为本案还款,该笔借款其余部分实际是为贲国扬套现。

原审法院认定上述事实的证据有:兴业公司提交的当票,《房地产抵押合同》《房地产典当借款合同》《收款证明》《房地产他项权证》,贲国扬、莫丹玲提交的还款记录、银行明细以及原审法院庭审笔录等。

原审法院认为:本案为典当纠纷,兴业公司与贲国扬之间形成典当法律关系为不争的事实,原审法院予以确认。针对双方争议的问题,原审法院分析如下:

关于实际借出款项问题。兴业公司提交收款证明,该收款证明款项数额部分为手写体并非打印体,不属于贲国扬所提出的格式化文件,更不属于合同法上所指向的“格式合同”,贲国扬主张收款证明为格式合同于法无据,原审法院不予采信。虽然当票上填写实付金额为234,640元,但与兴业公司提交的收款证明上的金额相矛盾,且贲国扬在典当期间仍然向兴业公司支付综合管理费,若如贲国扬所称已预先扣减综合管理费的,则无法解释在典当期间贲国扬仍然每月向兴业公司支付综合管理费,而只需在典当期满归还当金即可。故此,对于当金的数额,应当认定为280,000元。

关于双方是否存在续当的合意问题。固然双方在原典当期限届满后并没有签发续当的当票,但双方签订的《房地产典当借款合同》中对典当期限约定期限自2011年12月23日至2013年12月22日。另外,在当票中约定的典当期满后,兴业公司完全可以行使合同约定的绝当方式要求贲国扬一次性归还当金以快速实现其债权,但兴业公司并没有行使,而不立即行使抵押权将抵押物做绝当处理显然对贲国扬是有利的,贲国扬既没有赎当也没有对继续保持对典当物的所有权提出反对意见且仍然按原数额按月向兴业公司支付款项,又未承担相对于典当期限内典当人义务之外的额外违约责任,即双方对于典当期限内的条件以及权利义务在典当期限届满后未作出改变,贲国扬亦未能证明双方改变原来合同为按月归还本金的合意,可以判断出双方通过由贲国扬继续支付综合管理费以获得兴业公司暂缓处理抵押物的对价而达成续当的合意。

关于实际付款的数额。兴业公司不确认2012年4月24日的20,260元为归还案涉的借款,认为该笔款项为用于归还其他借款;不确认2013年6月20日的款项中全部用于归还本案借款,认为只有部分共3800元为本案还款,该笔借款其余部分实际是为贲国扬套现。原审法院认为,该两笔款项与其他的款项数额明显不同,且贲国扬无法解释清楚为何该两笔数额上精确到个位数,若如贲国扬所称用于归还案涉款项,则在综合管理费上可以抵扣数月贲国扬无须急于支付,而事实上贲国扬在支付上述两笔款项的下一月,仍然继续按照9800元/月支付。因此,原审法院认为,该两笔款项与本案无关。

根据以上的分析,兴业公司要求贲国扬归还借款本金280,000元的请求,原审法院予以支持。兴业公司要求贲国扬支付的利息,非要求支付综合管理费或支付违约金,原审法院根据兴业公司的诉讼请求予以审查,因贲国扬未按照合同约定的2013年12月22日前归还本金,造成兴业公司一定的损失,贲国扬应当予以赔偿,计算方法为以280,000元为本金,按照中国人民银行公布的同期同类贷款基准利率,自2013年12月23日计算至付清之日止。对于超出上述请求的数额,原审法院不予支持。莫丹玲作为约定的保证人,依法应当承担连带担保责任。对于兴业公司提出对贲国扬位于东莞市常平镇紫荆花园黄金海岸×座×层×房屋享有第二顺序优先受偿权的请求,原审法院予以支持。

综上所述,原审法院依照《中华人民共和国合同法》第八条、第六十条第一款、第一百零七条,《中华人民共和国民事诉讼法》第六十四条第一款、第一百四十二条、第二百五十三条,《最高人民法院关于民事诉讼证据的若干规定》第五条第二款之规定,于二〇一四年七月四日判决:一、贲国扬在判决生效之日起五日内,归还东莞市兴业典当有限公司借款本金280,000元及支付利息(以280,000元为本金,按照中国人民银行公布的同期同类贷款基准利率,自2013年12月23日起支付至付清之日止)。二、莫丹玲对上述贲国扬的责任承担连带清偿责任。三、确认东莞市兴业典当有限公司对位于东莞市常平镇紫荆花园黄金海岸×座×层×房屋享有第二顺序的优先受偿权。四、驳回东莞市兴业典当有限公司的其他诉讼请求。一审受理费3338元,已由兴业公司预交,由贲国扬、莫丹玲承担。

贲国扬、莫丹玲不服原审判决,向本院提起上诉称:1. 原审认定当金数额为280,000元错误,贲国扬实际只收到当金234,640元。(1)兴业公司在签发当票时存在预扣的六个月综合费的行为。《房地产典当借款合同》第6.2条的约定说明兴业公司早就有预扣综合费的故意。后来兴业公司于2012年1月6日向贲国扬签发当票并转账220,000元,现金支付14,640元(支付当金时一次性扣除六个月综合费),实际上贲国扬只是收到234,640元当金。无论从《房地产典当借款合同》第6.2条的双方约定还是兴业公司有预扣六个月综合费的行为看来,兴业公司向贲国扬实付金额为234,640元而不是280,000元。此外,在典当行业行规里往往存在预扣综合费及利息的行为,当户也就是本案的贲国扬为了顺利拿到借款只能接受兴业公司预扣六个月综合费45,360元的条件。(2)《房地产典当借款合同》《房地产抵押合同》《当票》《收款证明》是格式化合同及字条,双方对实际收到的当金存在争议,应采纳贲国扬实际收到234,640元的意见。《房地产典当借款合同》《房地产抵押合同》《当票》《收款证明》是兴业公司事先草拟好的,是一份格式化合同和字条。兴业公司声称是向贲国扬支付280,000元的当金,但实际上从兴业公司提供的《网上银行客户回单》上显示转账的金额只有220,000元,并不是兴业公司主张的280,000元,现双方对这份格式化合同及字条上具体收到的当金存在争议。根据《中华人民共和国合同法》第四十一条的规定,对格式条款的理解发生争议的,应当按照通常理解予以解释。对格式条款有两种以上解释的,应当做出不利于提供格式条款一方的解释。2. 原审认定贲国扬与兴业公司达成续当的合意错误。(1)原审认定典当期限为2011年12月23日至2013年12月22日判断出贲国扬与兴业公司达成续当的合意是错误的,本案典当期限只有六个月,超出时间部分无效,无效的典当期限不能视为双方达成续当的合意。根据《典当管理办法》第三十六条及《房地产典当借款合同》第五条的规定,典当期限是六个月,典当时间应以当票上2012年1月6日至2012年7月5日为准,超出部分(2012年7月6日至2013年12月22日)约定无效,原审不能认定无效的典当期限视为双方达成续当的合意。(2)原审认定兴业公司暂缓处理抵押物判断出双方达成续当的合意是错误的,本案是兴业公司不便处理抵押物,兴业公司由于自身的原因不处理抵押物不能视为双方达成续当的合意。典当期限届满,贲国扬向兴业公司明确表示无力赎当,也不办理续当的手续,因为贲国扬自知续当只会更加不合理的增加自身的负担,贲国扬实属无奈之下便向兴业公司提出两个方案:一是由兴业公司通过拍卖抵押物的方式受偿,二是通过贲国扬每月逐步偿还当金的方式来抵销债务。兴业公司考虑到自己享有的是第二受偿权,银行才是第一受偿权人,倘若通过拍卖抵押物的方式抵债操作起来极其不便、手续麻烦、拍卖耗时长。后来兴业公司口头同意贲国扬每月逐步偿还的要求,有时只要贲国扬手头上宽裕一点便向兴业公司归还部分当金,有时也会根据兴业公司的指示向兴业公司汇款转账部分当金。(3)原审认定综合费为每月9800元及认定贲国扬在典当期限届满后是继续支付综合费错误,典当期届满后贲国扬是向兴业公司归还当金而不是继续支付综合费,贲国扬归还当金的行为不能视为双方达成续当的合意。3. 原审认定贲国扬于2012年4月24日归还的20,260元和于2013年6月20日归还的15,786元与本案无关错误。(1)贲国扬归还当金的数额精确到个位或与之前归还的数额明显不同不能证明该两笔还款与本案无关。(2)贲国扬支付两笔款项后不影响贲国扬继续向兴业公司归还当金,只是说明贲国扬在该时间段有归还当金的能力及提前归还当金的行为。(3)法律并无规定贲国扬典当期内不能提前归还当金,兴业公司也没有拒绝领取贲国扬提前归还的当金。(4)兴业公司以其与贲国扬存在其他借款关系和套现为由否认贲国扬的上述两笔借款的理由是不成立。根据"谁主张谁举证的原则",贲国扬对归还当金的事实作了充分的举证,兴业公司也应对其主张提出相应的借款凭证予以证明其说法。4. 原审未认定贲国扬有归还当金及归还当金的数额错误。(1)典当期限届满,贲国扬无需继续向兴业公司支付综合费,贲国扬向兴业公司支付的当金应在总欠款中予以扣除。《房地产典当借款合同》第6.2

条的约定,贲国扬每月仅需要支付综合费7560元,典当期六个月综合费合计45,360元(签发当票时兴业公司已预扣六个月综合费45,360元)。典当期届满后,双方没有续当的合意也没有办理续当的行为,典当期届满后五天即发生绝当。典当关系终止,贲国扬无需继续向兴业公司支付综合费,贲国扬向兴业公司支付的当金应在总欠款中予以扣除。(2)贲国扬尚欠兴业公司当金为65,960元,请二审法院予以查明。贲国扬自2012年2月5日至2014年3月7日,一共向兴业公司归还当金214,040元,综合费在兴业公司签发当票时已预扣,则贲国扬剩余65,960元当金未归还。5. 原审适用法律错误,本案案由是典当纠纷,应优先适用《典当管理办法》的相关规定。据此,贲国扬、莫丹玲请求本院:(1)依法改判原审判决第一项为:贲国扬、莫丹玲仅需向兴业公司归还当金65,960元。(2)一、二审诉讼费由兴业公司承担。

被上诉人兴业公司口头答辩称:1. 贲国扬已经收到了兴业公司支付的280,000元,由于当票是固定格式,典当协会要求兴业公司必须按格式书写,因此出现了实收款项234,640元的瑕疵,因此兴业公司出具了收据显示贲国扬实际收到了280,000元。事实上按照兴业公司向法庭出具的流水也可知,兴业公司按照约定支付典当费用,如果贲国扬是一次性预付了六个月的典当费用,其根本不可能在接下来的六个月每个月支付典当费用。2. 兴业公司与贲国扬已经形成了续当协议,在第一次典当协议到期后,贲国扬说没有筹到资金归还因此续当,因此,按照双方的约定向兴业公司支付典当费用,在原审判决内有详细的陈述。兴业公司的二审答辩意见与一审意见一致,请法院驳回贲国扬、莫丹玲的上诉请求。

本院经审理查明,对原审查明事实,本院予以确认。

另查明,《房地产典当借款合同》第6.3条约定典当期限超过一个月的,贲国扬(甲方)必须按月向兴业公司(乙方)支付典当期内的利息,支付的日期为每届满30日的次日,最后剩余期限不足一个月的,按一个月支付利息,于典当期限届满的当日支付。续当利息支付标准和方式同上;第6.4条约定若乙方仅一次性扣除部分月综合费,对于剩余月份的综合费,甲方应在当月利息支付日与利息同时支付;第6.8条约定双方一致确认:……甲方向乙方银行账户支付的款项,均视为支付本合同项下的利息和综合费,若甲方支付的上述费用超过甲方依据本合同应支付的利息和综合费金额,则超收的费用自动转为后期发生的利息和综合费,不发生偿还乙方当金本金的法律效力。贲国扬在二审中确认收款证明上的中文及阿拉伯数字的金额上的指模为其本人所盖。

又查明,根据贲国扬的银行流水明细,其在2012年2月5日至2014年3月7日,共计向兴业公司支付214,040元。

本院认为,本案系典当纠纷,依照《中华人民共和国民事诉讼法》第一百六十八条的规定,本院应当对上诉人上诉请求的有关事实和适用法律进行审查。当票、房地产典当借款合同是赉国扬与兴业公司自愿签订,双方均没有对其效力提出异议,亦无证据证明当票、房地产典当借款合同违反相关法律的强制性规定,合法有效,双方当事人应受此约束。根据本案各方当事人在二审中的上诉和答辩,本案分析如下:

关于当金的给付问题。赉国扬主张兴业公司预扣六个月的综合费用45,360元,实付金额为234,640元,即案涉当金应为234,640元。兴业公司则主张其出借的款项为280,000元,其中220,000元转账支付,另外现金支付60,000元,并提交了当票、房地产抵押合同、房地产典当借款合同、收款证明及网上银行客户回单予以佐证。虽然当票上填写的实付金额为234,640元,但赉国扬出具的收款证明注明其已全数收到兴业公司出借的280,000元。而且,赉国扬在2012年1月6日收到兴业公司借款后,按房地产典当借款合同的约定从2012年2月5日起每月向兴业公司按相对固定的金额支付费用。赉国扬主张兴业公司已预扣六个月的综合费,与其按月支付综合费的行为相矛盾,又未能提供充分证据予以证明,本院不予采信。另外,赉国扬主张兴业公司提交的当票、房地产抵押合同、房地产典当借款合同、收款证明为格式化合同及字条,缺乏依据,本院不予采信。

关于续当的问题。赉国扬主张典当期限应以当票上时间为准,超出部分约定无效,兴业公司预扣了六个月的综合费,其从2012年2月5日开始每月支付兴业公司的款项属于归还当金。如上所述,本院对赉国扬主张兴业公司预扣六个月综合费不予采信,赉国扬未能就双方达成按月归还当金的合意进行充分举证。虽然当票上记载的典当期限由2012年1月6日起至2012年7月5日止,但在典当期限届满后赉国扬仍基本上按月向兴业公司支付数额较为固定的款项至2014年3月7日,兴业公司又未提出反对意见,其行为符合房地产典当借款合同中关于续当的约定,应视为双方进行了事实上的续当。

关于月综合费、利息的问题。当票、房地产典当借款合同均载明经双方一致确认月综合费率为2.7%,月利率为0%,合计为2.7%,故按此计算280,000元当金每月综合费为7560元。兴业公司在原审中主张其另加收每月当金0.8%作为月利息,赉国扬对此不予确认,兴业公司又未能提供相应证据予以证明,本院不予采信。对于赉国扬支付超过上述标准的费用,根据房地产典当借款合同第6.8条的约定,自动转为后期发生月综合费,不发生偿还当金本金的法律效力。赉国扬主张其于2012年4月24

日及 2013 年 6 月 20 日转账的款项为归还当金，缺乏依据，本院不予采信。虽然兴业公司仅确认 2013 年 6 月 20 日转账的款项中 3800 元为本案还款，其余部分实际是为贲国扬套现，但未能提供相应证据予以证明，本院亦不予采信。贲国扬于 2012 年 4 月 24 日及 2013 年 6 月 20 日转账的款项均应视为支付案涉典当的月综合费。

如上述，贲国扬最后于 2014 年 3 月 7 日向兴业公司支付月综合费，兴业公司予以接受，即典当及续当期限应从 2012 年 1 月 6 日起至 2014 年 4 月 5 日止。贲国扬在此期限届满后五日内未赎当或者续当，又未支付任何费用，兴业公司亦在 2014 年 4 月 11 日向原审法院提起本案诉讼，故参照商务部、公安部《典当管理办法》第四十条“典当期限或者续当期限届满后，当户应当在五日内赎当或者续当。逾期不赎当也不续当的，为绝当”的规定，应视为绝当，绝当之日为 2014 年 4 月 10 日。兴业公司在贲国扬绝当后要求其返还当金 280,000 元合法有据，本院予以支持。从 2012 年 1 月 6 日至绝当之日，共计 27 个月零五天，月综合费计算为 7560 元/月 ×27 个月 +7560 元/月 ÷30 天 ×5 天 =205,380 元，贲国扬已支付 214,040 元，多支付的 8660 元应抵扣当金本金。原审法院以中国人民银行同期同类贷款基准利率计算绝当后的当金利息，各方对此不持异议，本院予以维持。即贲国扬应向兴业公司归还 271,340 元，并以 271,340 元为本金，按照中国人民银行同期同类贷款基准利率，自 2014 年 4 月 11 日起支付利息至付清之日止。对于莫丹玲对贲国扬所负债务承担连带清偿责任以及兴业公司对贲国扬提供的抵押物享有第二顺序优先受偿权，原审法院认定准确，本院予以维持。

综上所述，上诉人贲国扬上诉理由部分成立，本院对成立部分予以支持。原审判决认定事实不清，适用法律有误，本院予以纠正。依照《中华人民共和国民事诉讼法》第一百六十九条第一款、第一百七十条第一款第二项的规定，判决如下：

一、维持广东省东莞市第二人民法院（2014）东二法朗民一初字第 642 号民事判决第二项、第三项。

二、撤销广东省东莞市第二人民法院（2014）东二法朗民一初字第 642 号民事判决第四项。

三、变更广东省东莞市第二人民法院（2014）东二法朗民一初字第 642 号民事判决第一项为“贲国扬在本判决生效之日起五日内归还东莞市兴业典当有限公司借款本金 271,340 元及支付利息（以 271,340 元为本金，按照中国人民银行同期同类贷款基准利率，自 2014 年 4 月 11 日起支付至付清之日止）”。

如果未按本判决指定的期限履行给付金钱义务，应当根据《中华人民共和国民事诉讼法》第二百五十三条的规定，加倍支付迟延履行期间的债务利息。

一审受理费3338元，由兴业公司负担103元，由责国扬、莫丹玲负担3235元。二审案件受理费1449元，责国扬已预交，由责国扬负担1404元，由兴业公司负担45元。兴业公司应在本判决生效之日起五日内将其负担的二审受理费45元迳付责国扬。

本判决为终审判决。

审　判　长　卢健如

代理审判员　何玉煦

代理审判员　徐华毅

二〇一五年十月二十一日

书　记　员　冯颖欣

【案例八】浙江香溢元泰典当有限责任公司诉郑建典当纠纷案（2016年4月18日）

【法律点】有证据证明典当行实际交付的当金金额与当票上记载的当金金额不一致的，应以实际交付金额为当金金额。

【关键词】实付金额　当票的证明力

杭州市下城区人民法院
民事判决书

（2016）浙0103民初00510号

原告：浙江香溢元泰典当有限责任公司。

法定代表人：朱鸿宾。

委托代理人：沈菁华、徐幸儿。

被告：郑建。

原告浙江香溢元泰典当有限责任公司（以下简称香溢元泰典当公司）为与被告郑建典当纠纷一案，于2016年1月20日向本院起诉，本院于同日立案受理后，依法由代理审判员吴雪飞独任审判，分别于2016年3月15日、4月6日对本案公开开庭进行了审理。原告香溢元泰典当公司的委托代理人沈菁华到庭参加诉讼。被告郑建经本院合法传唤，无正当理由拒不到庭参加诉讼。本案现已审理终结。

原告香溢元泰典当公司起诉称：2015年2月4日，原告与被告签订编号为DDS150106的《最高额授信合同》、编号为DDF150106的《最高额房地产抵押典当合同》。《最高额授信合同》约定：原告同意给予被告最高额肆佰伍拾万元的授信额度；授信期限三个月，自2015年2月4日起至2015年5月3日止；以及违约责任等。《最高额房地产抵押典当合同》约定：被告以其所有的位于浙江省温州市敖江镇塘古××

幢×单元×××号的房产作为当物抵押给原告,担保的债权数额为最高额4,500,000元。2015年2月27日,原告与被告就当物办理了房产抵押登记,并取得编号为温房他证平阳县字第31××52号的《房屋他项权证》,登记载明的他项权利种类为最高额抵押权,债权数额为4,500,000元。涉案的《最高额授信合同》项下的债务还有谢洪斌和华嵘提供连带责任保证担保。2015年2月4日,原告向被告签发编号为330100225544号的《当票》,并向被告发放当金3,000,000元。双方约定典当月费率为1.5%。被告在原告处续当至2015年8月2日,后经原告多次催讨,被告既不支付综合费用亦不归还典当借款本金,已构成违约。综上,原告特提起诉讼,请求判令:1. 被告向原告归还当金3,000,000元;2. 被告向原告支付违约金337,315.07元(自2015年8月3日暂计算至2016年1月20日,2016年1月21日起的违约金,以300万元为基数,按24%/年计收至实际清偿之日止);3. 案件受理费由被告承担。

在第一次庭审过程中,原告香溢元泰典当公司当庭增加一项诉讼请求:请求判令原告对被告郑建提供的抵押物浙江省温州市敖江镇塘古××幢×单元×××号(证号:平阳县房权证敖江字第××号)享有抵押权,抵押物折价、变卖、拍卖所得价款由原告优先受偿。

原告香溢元泰典当公司为证明其主张的事实提交以下证据:

1. 编号DDS150106《最高额授信合同》一份,欲证明原告向被告提供授信额度人民币肆佰伍拾万元,约定授信期限、综合费用、违约责任。

2. 编号DDF150106《最高额房地产抵押典当合同》一份,欲证明当物是浙江省平阳县敖江镇塘古××幢×单元×××室的房产,抵押担保的最高债权余额是450万元。

3. 温房他证平阳县字第31××52号《房屋他项权证》一本,欲证明当物已办理最高额抵押登记,登记的债权数额为450万元。

4. 编号330100225544当票一份,欲证明原告向被告出具当票,确定当期、月综合费率等事项的事实。

5. 记账回执一份,欲证明原告向被告支付当金300万元的事实。

6. 编号330100491377、330100491376、330100491864、330100492278、330100492300《续当凭证》各一份,欲证明被告在原告处续当至2015年8月2日的事实。

被告郑建未作答辩,亦未提交证据。

经庭审质证,被告郑建未到庭应诉,视为放弃质证权利。经审查,本院认为,原告香溢元泰典当公司提交的上述证据均系原件,真实、合法,对其主张的事实具有证明效力,故均予以确认。

综上有效证据及当事人的陈述,本院认定案件事实如下:

2015年2月4日,香溢元泰典当公司(甲方)与被告郑建(乙方)签订编号DDS150106的《最高额授信合同》一份,约定:甲方向乙方提供4,500,000元的授信额度,授信期限自2015年2月4日至2015年5月3日,乙方未按时足额偿还借款本金、当金利息、综合费用的,甲方有权就未偿还部分向乙方收取违约金,违约金比例以每日0.2%计算,同时乙方应承担甲方为实现债权而支付的催收费、诉讼费、保全费、公告费、执行费、律师费、差旅费及其他费用等内容。同日,香溢元泰典当公司(甲方)与郑建(乙方)又签订编号为DDF150106的《最高额房地产抵押典当合同》一份,约定:根据上述《最高额授信合同》的约定,乙方以其合法拥有的温州市敖江镇塘古××幢×单元×××号房产抵押给甲方,作为主合同的担保,担保范围包括当金3,000,000元、当金利息、综合服务费、违约金、赔偿金、实现债权的费用(包括但不限于诉讼费用、律师费用等)、典当房产应缴纳的税款、因乙方违约而给甲方造成的损失和其他所有应付费用等内容。2015年2月27日,双方就上述抵押物办理抵押登记手续,香溢元泰典当公司作为房屋他项权利人获得温房他证平阳县字第31××52号《房屋他项权证》一本,登记的债权数额为4,500,000元。

2015年2月4日,香溢元泰典当公司向郑建签发当票一份,当票记载的典当金额为3,000,000元,综合费用为45,000元,月费率为1.5%,实付金额为2,955,000元,典当期限自2015年2月4日至2015年3月5日。同日,香溢元泰典当公司向郑建转账支付当款3,000,000元。上述当票经五次续当,最终续当至2015年8月2日。此后被告郑建未再办理续当手续,也未归还当金。故,原告香溢元泰典当公司提起本案诉讼。

本院认为,香溢元泰典当公司与被告郑建签订的《最高额授信合同》《最高额房地产抵押典当合同》均系双方真实意思表示,内容不违反法律、行政法规禁止性规定,应确认有效。关于当金金额,当票上虽记载实付金额为2,955,000元,但从香溢元泰典当公司实际交付的当金金额为3,000,000元,故应以实际交付金额为当金金额。关于违约金,原告香溢元泰典当公司认为双方约定过高,自愿调整为按年利率24%的标准自2015年8月3日起计算,暂计至2016年1月20日为337,315.07元(此后另计),并无不妥,本院予以支持。被告郑建以其所有的温州市敖江镇塘古××幢×单元×××号房产为涉案债务提供抵押担保并办理抵押登记,香溢元泰典当公司依法对该抵押物折价、拍卖或变卖后的价款享有优先受偿权。被告郑建经本院依法传唤,无正当理由拒不到庭应诉,不影响本案的审理。据此,依照《中华人民共和国合同法》第一百零七条,《中华人民共和国物权法》第一百七十三条、第一百七十九条、第一百九十五条以及《中华人民共和国民事诉讼法》第一百四十四条之规定,判决如下:

一、被告郑建于本判决生效后十日内归还原告浙江香溢元泰典当有限责任公司当金 3,000,000 元;

二、被告郑建于本判决生效后十日内支付原告浙江香溢元泰典当有限责任公司上述当金的违约金 337,315.07 元(违约金暂计算至 2016 年 1 月 20 日,此后按年利率 24% 的标准计算至实际履行之日止);

三、被告郑建未履行上述第一、二项付款义务时,原告浙江香溢元泰典当有限责任公司有权对被告郑建所有的浙江省温州市敖江镇塘古××幢×单元×××号房产(即温房他证平阳县字第 31××52 号《房屋他项权证》项下的抵押物)折价、拍卖或变卖后的价款优先受偿。

如果未按本判决指定的期间履行给付金钱义务,应当依照《中华人民共和国民事诉讼法》第二百五十三条之规定,加倍支付迟延履行期间的债务利息。

案件受理费 33,499 元,减半收取 16,749.5 元,由被告郑建负担。

如不服本判决,可在判决书送达之日起十五日内,向本院递交上诉状,并按对方当事人的人数提出副本,上诉于浙江省杭州市中级人民法院,并向浙江省杭州市中级人民法院预交案件受理费,案件受理费按照不服本院判决部分的上诉请求由本院另行书面通知。

代理审判员　吴雪飞

二〇一六年四月十八日

代 书 记 员　傅　程

【述评1】当票的效力与当金的认定

一、当票的历史渊源

从历史的角度来看,我国古代由于以自给自足的自然经济为基础,长期受“重农抑商”和管制专卖的经济政策影响,民事契约制度并不发达,除了涉及田地、房产以及一些大宗交易,民间的普通交易仅仅只有一些简单的契约,甚至不会订立书面契约。而在典当行业,由于交易涉及的权利义务较为复杂,当票这种契约形式就一直作为典当交易凭证在典当关系中起到关键作用,当票的历史与典当行的历史基本同步。历代对该凭证有不同的叫法,至明代,因行“典当”“当铺”之谓,而始有“当票”之称。[①]

在传统意义上,当票是当铺收当后即付给当户的书面凭证和契约,当铺开具给当户的当票上记载了典当关系所需要的基本要素,如典当铺的名称和类型、当票的字号、当户的姓名、当物的种类名称、数量及当金、当期、利息、赎当时间等内容。因此,“当票为典当给与质物者之凭证,以便日后赎取押品之用,为典当之重要证据”。[②] 可以说,传统的当票事实上就是典当合同本身,是典当活动中唯一的契约凭证。

新中国成立后,当票制度作为典当行业特有的经营规则和传统交易习惯得到了尊重和延续,作为典当行业的主管部门也一直加以沿用并明文予以规定。[③] 现行有效的《典当管理办法》将当票定义为“典当行与当户之间的借贷契约,是典当行向当户支付当金的付款凭证”,并规定了当票上应记载的内容:(1)典当行机构名称及住所;(2)当

---

① 参见曲彦斌:《中国典当史》,九州出版社2007年版,第142~143页。

② 曲彦斌主编:《中国典当学》,河北人民出版社2002年版,第178页。

③ 中国人民银行《典当行管理暂行办法》(1996年)第27条将当票界定为是“典当行收妥当物后开给当户的收据,也是质押贷款的契约”。原国家经贸委《典当行管理办法》(2001年)第26条规定:“当票是典当行与当户之间的借贷契约,是确定双方权利义务关系的主要依据。典当行和当户就当票以外事项进行约定的,应当补充订立书面合同。”商务部、公安部《典当管理办法》(2005年)第30条规定:“当票是典当行与当户之间的借贷契约,是典当行向当户支付当金的付款凭证。典当行和当户就当票以外事项进行约定的,应当补充订立书面合同,但约定的内容不得违反有关法律、法规和本办法的规定。”

户姓名、住所、有效证件及号码;(3)当物名称、数量、质量、状况;(4)估价金额、当金数额;(5)利率、综合费率;(6)典当日期、典当期、续当期;(7)当户须知(应当载明典当行和当户的权利、义务)。

二、关于当票法律性质的不同观点

由于我国法律、行政法规尚没有对典当法律关系作出具体界定,因此关于当票的法律性质问题也必然存在争论。虽然一般认为当票应该具有要式合同、格式合同、双务合同和有偿合同等法律特征,同时规范的当票也应是贷款人主体特定的合同、具有双重标的的合同和息费标准法定性的合同,但当票与典当合同之间的关系问题在实务中一直存有争议,即若典当活动中典当行未出具当票给当户,双方的典当法律关系是否还能成立?

从本节选编的【案例一】至【案例三】三个案例中不难发现,司法实践中不同法院对该问题的裁判意见并不一致。在【案例一】南宁市广泰典当有限责任公司诉戴斌、何采芹借款合同纠纷案和【案例二】济南九鼎典当有限公司诉济南龙祥包装印刷有限公司、赵学峰、陈兴山企业借贷纠纷案中,法院的裁判意见均认为,典当法律行为是要式法律行为,出具当票是典当法律关系成立的标志;典当行没有向当户出具当票,双方的履行行为不符合典当法律行为的特征,典当法律关系未成立,当事人不具有典当法律关系的权利和义务。【案例二】同时根据交易双方为企业且借款合同中约定了借款本金而非当金,认定双方之间为企业借贷关系而非典当合同关系。而在【案例三】福建嘉德典当有限责任公司诉陈章、刘天天典当纠纷案中,法院认为,典当行虽未向当户出具当票,但双方签订的典当借款合同对当金、当期、综合费率及利息、续当、赎当、绝当等事项均作出了具体约定的,亦可证明双方存在典当关系。在本书“赎当、续当、绝当”部分的【案例六】湖南互银典当有限责任公司诉李坚典当纠纷案中,法院进一步认为,当票是合同的补充合同,对于典当业务,如果没有特别约定,应当以典当合同的约定为准,没有开具当票,不影响典当合同的法律效力,故没有开具当票不影响典当合同的成立。

实务中之所以对于当票与典当合同之间的关系认识不一,究其原因,就是当票在典当法律关系中性质的认定尚未有统一的意见,具体来说,目前主要存在三种不同的观点:

第一种观点认为,开具当票是典当行业的传统交易习惯,能够以最简便的方式固定典当合同双方的权利义务关系,并为《典当管理办法》所认可,是典当关系区别于单纯的抵押(质押)借款的重要特征,因此,当票相当于典当合同,是典当关系成立的必要条件,也是典当关系构成的重要因素,如典当行未签发当票,则其与当户之间的典当关系不成立,应按借款合同关系定性处理。

第二种观点认为,根据现行《典当管理办法》第三十条第一款"当票是典当行与当户之间的借贷契约,是典当行向当户支付当金的付款凭证"之规定,当票等同于合同的效力仅限于借款关系。因此,构成典当关系除了当票的签发,还应该有典当行和当户之间有效成立的抵押(质押)关系。

第三种观点认为,从法律角度而言,《典当管理办法》作为部门规章,无权规定当票就是典当合同的法定形式,当票并不具有典当行收到当户当物、当户收到约定当金、赎当凭证和借贷契约的法律意义,仅具有简明借贷契约法律意义。当票制度并不是典当行业的必需制度,当票完全可以被取代。

三、关于当票法律性质问题的分析

上述三种有关当票法律性质的观点都有失偏颇,第一种观点一概将当票视为典当关系成立的标志未免过于简单,第二种观点机械理解《典当管理办法》第三十条的规定则显得过于片面,而第三种观点全面否定当票制度的特殊意义明显过于武断。我们认为,理解当票的法律性质应该从当票在典当经营规则和典当合同关系中的作用和功能来分别作出分析。

首先,出具当票是典当经营中的传统经营习惯,是典当行办理典当业务的必需程序。如前所述,当票作为典当的凭证与典当业务如影随形,并且为现行的典当规范所认可。《典当管理办法》专门就当票的内容作为一章予以规范,商务部在《关于全国统一当票使用和管理的通知》中进一步明确规定,典当交易必须开具当票,并通过全国典当行业监督管理信息系统对当票统一进行信息化管理。因此,开具当票是典当行规范的业务经营行为,也是行政部门对典当行依法依规开展业务活动的有效监控手段。对于典当行未出具当票的行为,属于违反了行业主管部门针对典当所作的特别规定,应由行政主管部门责令其改正并予以相应的处罚。

其次,当票是典当合同的重要表现形式。在规范的典当交易中,开具当票是典当行经营典当业务的必经程序,而规范的当票也是典当合同的重要表现形式。需要说明的是,当票之所以能成为典当活动中重要的基础性契约凭证,并不是因为该票据的名称或者格式化的文本形式决定其地位,而是基于当票上记载了能够反映典当行与当户间权利义务关系的内容,该内容涵盖了当物、当金、当期、息费以及续当、绝当等典当法律关系的核心要素,体现了典当关系作为复合法律关系的本质特征,也因此将典当法律关系与其他法律关系作直观有效的区分。

再次,当票不是典当合同的唯一表现形式。随着现代契约制度的发展,交易主体间关于交易内容以及双方权利义务关系的约定日趋详尽和细化,尤其在涉及至少融合了借贷和物权担保两个法律关系的典当法律关系中,当票这张"一纸凭证"很难再将所有典当内容完全纳入其中,因而现代典当交易中为了弥补当票的这一缺陷,允许当票的未尽事宜可以另行进行书面约定,当票长期以来作为典当活动中唯一契约凭证的功能已经弱化。而伴随着典当行业的发展,交易主体间就典当交易的内容越来越需要当票以外的书面载体形式来承载,而且因为其涵盖的典当关系核心要素比当票更为详细具体,在典当法律关系中的实际意义也越来越明显。

最后,我们来讨论出具当票是否是典当合同成立的必要条件。我们认为,当票是典当业务交易中的必需环节,但并非是证明典当关系成立的唯一凭证和必要条件。一个完整的典当法律关系至少融合了借款法律关系与物权担保法律关系,在现行法律尚未就典当合同明文作出规定之前,有关典当合同的成立除应遵循商务部等行业主管部门针对典当所作的特别规定外,更应适用合同法以及物权法、担保法中的有关规定,例如,《浙江省高级人民法院关于审理典当纠纷案件若干问题的指导意见》第二条规定:"当票是确立典当行与当户之间合同权利、义务关系的基本依据,合同的订立、履行、变更和转让、权利义务终止和违约责任的承担,适用《中华人民共和国合同法》第二、四、五、六、七章的规定。"因此,典当交易主体只要达成一致的典当意思表示,合同即成立,如借贷合意是借贷关系成立的判断标准(自然人之间自款项交付时生效,其他主体间自成立时生效),物权担保合意是物权担保合同成立并生效的判断标准,而办理抵押登记是物权设立的判断标准。在现代典当交易中,当票上记载的典当关系核心要素,典当借款合同或其他书面凭证同样可予以记载,且更为详尽和细化,不能因为两者之间在名称与外观形式上的差异而否认相关典当合同在证明典当合意上的效力。

需要注意的是,典当合意并不完全等同于借贷合意以及物权担保合意,两者的区别在于合意内容的不同。典当合意除了具备类于借贷合意以及物权担保合意的要素以外,还应具备典当关系特有的核心要素,包括典当行、当户、当物、当金、利率、综合费率、典当日期、典当期、续当和绝当等。因而,在典当借款合同或其他书面凭证已经记载了典当法律关系所需记载的核心要素时,即使没有出具当票,同样可以认定典当关系的成立。相反，如果书面的凭证没有包含典当法律关系所需记载的核心要素，即使开具了当票也无法认定典当关系的成立。因此，根据典当经营习惯，典当作为一种要式行为，可以通过开具当票的形式成立，但也并不排除采取签订其他典当借款合同的形式，只要其记载了典当法律关系所需记载的核心要素。

综上，典当交易中，典当行应按典当经营规则出具当票给当户。但当票并非证明典当关系成立的唯一凭证，在典当借款合同或其他书面凭证记载了典当法律关系成立所需的核心要素时，同样可以认定典当关系成立。因此，在上述案例中，【案例三】中的原告与被告签订的两份《房地产抵押典当借款合同》均对当金、当期、综合费率及利息、续当、赎当、绝当等事项作了具体约定，原告虽未向被告出具当票，但讼争的两份《房地产抵押典当借款合同》已约定了典当交易的主要条款，亦可证明双方存在典当关系。【案例一】中的原、被告之间签订了《抵押（典当）借款合同》，并办理了相应财物的抵（质）押手续，合同中已经就典当关系所涉及的当金、当期、当物、息费以及续当、绝当等做出了明确约定，应该认定原、被告双方已经构成典当关系，而不能仅仅因典当行未出具当票否定典当的成立。在【案例二】中虽然原、被告之间先前订立的股权质押合同中含有“当金”“综合费”等字样，但最终签订的《借款合同》不含“典当”二字，原告也未向被告出具当票，且合同中约定的都是借款合同的核心条款，如借款本金、利息、借款期限、逾期利息以及违约责任等，双方合意的内容与典当特有的核心要素无一相匹配，甚至纠纷发生后原告亦仅仅是请求法院判令被告支付本息，致使涉案行为几乎不具备典当关系的任何基本特征，故涉案纠纷应定性为借贷关系而不是以典当纠纷来处理。至于“赎当、续当、绝当”部分的【案例六】，将涉案合同定性为典当合同的认定无误，但把当票简单视为典当合同的补充合同的意见则值得商榷。

四、当票的证明力与当金的认定

根据《典当管理办法》第三十条第一款的规定，当票是典当行与当户之间的借贷契约，是典当行向当户支付当金的付款凭证。那么，在当事人提出当票记载的当金数额和利率、综合费率等内容与实际情况并不相符的抗辩时，司法裁判时应如何认识当票的证明力来正确认定当金和相关的事实？

在本节收录的【案例四】至【案例八】中，从事实认定的结果看有两种裁判的意见：一种是按当票记载的内容来认定事实（上述五个案例中前三个案例），另一种是根据相关证据否定了当票记载的内容（上述五个案例中后两个案例）。如【案例四】唐山众力典当有限责任公司诉邵然典当纠纷案中,法院认为:“关于原告诉请被告邵然支付当金利息及服务管理费的问题。本案中原、被告双方签订了《房地产抵押典当合同》,原告亦向被告出具了当票、续当凭证,但上述书面凭证中关于当金利率、综合费率的记载并不一致。参照《典当管理办法》第三十条‘当票是典当行与当户之间的借贷契约’的规定,可见当票本身就是一种合同,是认定典当借款的重要依据,且当事人双方已按照当票约定实际履行,故关于当金利率、综合费率的约定在不违反《典当管理办法》第三十七条、第三十八条规定的前提下应当以当票记载为准。而续当凭证亦为当票,最后一期续当凭证是当事人双方就当金利率、综合费率问题达成之最新合意,应以其约定为准,即月当金利率为0.3%,月综合费率为1.2%。”在【案例五】景泰县大富豪典当有限公司诉景泰创意农业发展有限公司典当纠纷案中,法院同样认为:“本案争议的焦点之一是如何认定当票与典当(抵押)借款合同之间的关系。本案原、被告于2011年5月31日签订的地借字第(012)号典当(抵押)借款合同与其后签发的当票就当金、典当期限的约定不一致。在涉案合同履行期间,被告均按照当票约定发放当金,原告亦按照当票的约定对已发放的当金多次续当。《典当管理办法》第三十条第一款规定‘当票是典当行与当户之间的借贷契约,是典当行向当户支付当金的付款凭证’。由此可见,当票与典当(抵押)借款合同均属于当户与典当行之间的借贷契约,在当票与典当(抵押)借款合同约定事项不一致时,视为对典当(抵押)借款合同相应事项的变更,应以当票约定履行相应的义务。”与此相对,在【案例七】东莞市兴业典当有限公司诉赉国扬、莫丹玲典当纠纷案中,一审法院认为:“关于实际借出款项问题。兴业公司提交收款证明,该收款证明款项数额部分为手写体并非打印体,不属于赉国扬所提出的格式化文件,更不属于合同法上所指向的‘格式合同’,赉国扬主张收款证明为格式合同于法无据,不予采信。虽然当票上填写实付金额为234,640元,但与兴业公司提交的收款证明上的金额相矛盾,且赉国扬在典当期间仍然向兴业公司支付综合管理费,若如赉国扬所称已预先扣减综合管理费的,则无法解释在典当期间赉国扬仍然每月向兴业公司支付综合管理费,而只需在典当期满归还当金即可。故此,对于当金的数额,应当认定为280,000元。”二审法院完全支持了上述意见,认为“关于当金的给付问题。赉国扬主张兴业公司预扣六个月的综合费用45,360元,实付金额为234,640元,即案涉当金应为234,640元。兴业公司则主张其出借的款项为280,000元,其中220,000元转账支付,另外现金支付60,000元,并提交了当票、房地产抵押合同、房地产典当借款合同、收款证明及网上银行客户回单予以佐证。虽然当票上填写的实付金额为234,640元,但赉国扬出具的收款证明注明其已全数收到兴业公司出借的 280,000 元。而且,贲国扬在 2012 年 1 月 6 日收到兴业公司借款后,按房地产典当借款合同的约定,从 2012 年 2 月 5 日起,每月向兴业公司按相对固定的金额支付费用。贲国扬主张兴业公司已预扣六个月的综合费,与其按月支付综合费的行为相矛盾,又未能提供充分证据予以证明,本院不予采信。另外,贲国扬主张兴业公司提交的当票、房地产抵押合同、房地产典当借款合同、收款证明为格式化合同及字条,缺乏依据,本院不予采信”。

我们认为,在典当交易中,从证明当金的交付和利息、综合费的约定等合同事实的角度看,当票作为典当行与当户之间的借贷契约的书面证据,既是典当行向当户支付当金的付款凭证,也是确立典当行与当户之间合同权利、义务关系的基本依据。因此,当票在典当纠纷诉讼中作为直接证据,其记载的内容对于当金数额和利息、综合费等事实的认定具有较强的证明力,仅有简单抗辩而无有效证据证明的,不能轻易否定当票的证明力。上述五个案例中前三个案例就符合这样的认定原则。同时,应该明确的是,当票虽是直接证据具有较强的证明力,但直接证据并不等于能够独立证明,证明力较强并不等于当然会被采信,由于典当纠纷的特殊性和复杂性,若一方当事人对当票提出合理异议,并有相反的证据推翻当票所记载的内容时,则应在诉讼程序中正确运用证据规则,按照满足经验法则和逻辑规则的要求,根据证明责任准确作出事实认定。上述五个案例中的后两个案例就综合全案的相关证据否定了当票记载的内容,对案件事实作出了准确的认定。

4.当物的限制

【问题提示】(1)当户将欠缺所有权或处分权的财产作为当物向典当行借款的,应如何处理?

【案例九】锦州市太和区众鑫汽车租赁服务部诉锦州瑞隆典当有限公司返还原物纠纷案(2015年7月6日)

【法律点】典当行不得收取当户没有所有权或者未能依法取得处分权的财产。典当行经营机动车质押典当业务,应当到车辆管理部门办理车辆质押手续。若当户将租赁的汽车作为当物,而典当行对于出质的车辆未审查其来源,亦未按照规定办理相关手续,应认定其收当行为存在瑕疵,应承担由此带来的不利后果。

【关键词】汽车租赁　机动车质押　质押手续　来源审查　诉讼主体　个人合伙

辽宁省锦州市中级人民法院
民事判决书

(2015)锦民终字第00506号

上诉人(原审被告):锦州瑞隆典当有限公司。住所地,锦州市××区。

法定代表人:郑权,负责人。

委托代理人:胡彬,职员。

被上诉人(原审原告):锦州市太和区众鑫汽车租赁服务部。住所地,锦州市××区。

负责人:刘美玲,经理。

委托代理人:沙桂艳,辽宁华峰律师事务所律师。

上诉人锦州瑞隆典当有限公司与被上诉人锦州市太和区众鑫汽车租赁服务部因返还原物纠纷一案，不服辽宁省锦州市太和区人民法院(2015)太民一初字第00184号民事判决，向本院提起上诉。本院受理后，依法组成合议庭，公开开庭审理了本案。上诉人锦州瑞隆典当有限公司委托代理人胡彬，被上诉人锦州市太和区众鑫汽车租赁服务部委托代理人沙桂艳到庭参加诉讼。本案现已审理终结。

原审判决认定，刘美玲与王鹏共同投资经营锦州市太和区众鑫汽车租赁服务部，刘美玲以30万元资金出资，王鹏以一台车牌号为辽GW××号奥迪A6轿车入股(车辆识别代码为LFV3A24G6C3049××)。裴育于2014年7月11日从该汽车租赁服务部租取辽GW××号奥迪A6轿车，并签订了汽车租赁合同。2014年5月份，裴育从被告锦州瑞隆典当有限公司贷款30万元并以一台路虎车做质押。2014年8月份，裴育将路虎车从被告处取出开走，后又将一台奥迪A6开到被告处代替路虎作为其在被告处贷款30万元的抵押，该奥迪A6是裴育从众鑫汽车租赁服务部租取的。

另查，被告锦州瑞隆典当有限公司对于此奥迪A6车是从租车公司租赁的情况并不知晓，该公司对于机动车质押的情形仅需出质人提供车辆的行车执照以便于到车辆管理部门查询出质车辆是否有贷款或者被查封，只要没有上述情形便可以接受出质物进而提供贷款。

原审判决认为，公民的合法财产受法律保护，禁止任何组织或者个人侵占、哄抢、破坏或者非法查封、扣押、冻结、没收。个人合伙是指两个以上公民按照协议，各自提供资金、实物、技术等，合伙经营、共同劳动。本案涉及的奥迪A6轿车虽然登记所有人为王鹏，但王鹏以该车辆出资与刘美玲共同经营众鑫汽车租赁服务部，故本案以锦州市太和区众鑫汽车租赁服务部为原告主张权利并无不妥，对于被告主张原告主体不适格的辩解意见，本院不予采纳。动产质押，是指债务人或者第三人将其动产移交债权人占有，将该动产作为债权的担保。典当行不得收取当户没有所有权或者未能依法取得处分权的财产。典当行经营机动车质押典当业务，应当到车辆管理部门办理车辆质押手续。本案被告对于裴育出质的车辆并未审查其来源，亦未按照规定办理相关手续，应认定其行为存在瑕疵，故应承担由此带来的不利后果。遂对于原告要求被告返还车辆的诉讼请求，本院予以支持。对于原告主张的车辆停运期间的损失，本院认为，原告提供的证据不够充分，本院不予支持。依照《中华人民共和国民法通则》第三十二条、第七十五条、第七十八条，《中华人民共和国担保法》第三十四条第一款第二项，第六十三条，《中华人民共和国民事诉讼法》第一百三十四条、第一百四十二条，《典当管理办法》第二十七条、第四十二条之规定，判决如下：一、被告锦州瑞隆典当有限公司于判决生效后十日内返还原告锦州市太和区众鑫汽车租赁服务部奥迪 A6 轿车一部（车牌号辽 GW2429，车辆识别代码为 LFV3A24G6C3049700）；二、驳回原告锦州市太和区众鑫汽车租赁服务部的其他诉讼请求。案件受理费 100 元，由被告锦州瑞隆典当有限公司负担。

原审判决宣判后，锦州瑞隆典当有限公司不服，向本院提起上诉称：1. 上诉人在锦州市工商局网页查询到锦州市太和区众鑫汽车租赁服务部的登记信息，显示类型为个体工商户，组成形式为个人经营。根据《中华人民共和国民法通则》、《城乡个体工商户管理暂行条例》及《城乡个体工商户管理暂行条例实施细则》之规定，个体工商户的组成形式为个人经营和家庭经营，并没有个人合伙经营的规定。可见，原告锦州市太和区众鑫汽车租赁服务部，并不具有合伙的性质，实为刘美玲个人经营的个体工商户，被上诉人不能以合伙的名义请求返还财产。2. 根据《中华人民共和国民法通则》第三十二条的规定，只有合伙经营积累的财产为合伙人共有，而合伙投入财产归合伙人个人所有。本案的奥迪 A6 作为合伙投资，非刘美玲所有，合伙组织汽车租赁服务部并不具有该车的所有权，无权作为原告请求返还该车。3. 被上诉人提供的合伙协议的真实性有待商榷。被上诉人不具有告诉的主体资格。综上，请求二审法院：1. 撤销一审判决，驳回被上诉人的诉讼请求。2. 被上诉人承担诉讼费用。

被上诉人锦州市太和区众鑫汽车租赁服务部委托代理人当庭答辩称，原审判决正确，请求维持原判。

经审理查明，原审认定事实属实，本院予以确认。

本院认为，本案争议焦点是被上诉人锦州市太和区众鑫汽车租赁服务部的诉讼主体是否适格问题。经查，该服务部经营者刘美玲虽然以个体工商户的形式从事经营，但根据其与王鹏之间签订的合伙协议书和原审法院对王鹏的询问笔录，能够证明刘美玲以 30 万元现金，王鹏以本案诉争车辆共同投资成立汽车租赁服务部的事实存在。这种名为个体工商户，实为合伙的经营方式，并不违反法律的强制性规定，现实生活中亦具有一定的普遍性。诉争车辆作为汽车租赁服务部的财产，在被他人侵占时，汽车租赁服务部有权向占有人主张返还。故本案汽车租赁服务部的诉讼主体适格，对上诉人的上诉主张，本院不予支持。

综上，原审判决认定事实清楚，适用法律正确。依照《中华人民共和国民事诉讼法》第一百七十条第一款第一项之规定，判决如下：

驳回上诉,维持原判。

二审案件受理费100元,由上诉人锦州瑞隆典当有限公司负担。

本判决为终审判决。

审 判 长　王玉龙

审 判 员　李 阳

代理审判员　方结平

二〇一五年七月六日

书 记 员　隋佳利

【案例十】上海德康典当拍卖公司诉田艾生、上海新亚国际贸易公司、奚震豪典当协议纠纷案(2000年3月25日)

【法律点】当户擅自将他人之物冒充自己所有的财物并以此为当物向典当行借款,有违诚实信用原则,该典当协议应认定为无效。典当行作为经营典当业务的专门机构,在签订和履行典当协议时,理应对当物的所有权进行审查,否则对典当协议无效亦应承担相应的责任。

【关键词】诚实信用　当物审查　典当无效

上海市第一中级人民法院
民事判决书

(1999)沪一中民终字第1478号

上诉人(原审被告):上海新亚国际贸易公司。住所地,上海市××区。

法定代表人:夏国林,经理。

委托代理人:夏国振,上海新亚国际贸易公司职工。

被上诉人(原审原告):上海德康典当拍卖公司。住所地,上海市××路×号。

法定代表人:周福亨,总经理。

委托代理人:周滨玉,上海德康典当拍卖公司副总经理。

委托代理人:周劲松,上海市天源律师事务所律师。

被上诉人(原审被告):田艾生,加拿大国籍。

被上诉人(原审被告):奚震豪,加拿大国籍。

上诉人上海新亚国际贸易公司因典当协议纠纷一案,不服上海市卢湾区人民法院

(1995)卢民初字第1338号民事判决,向本院提起上诉。本院依法组成合议庭,于1999年11月23日公开开庭审理了本案。上诉人上海新亚国际贸易公司(以下简称新亚公司)的委托代理人夏国振、被上诉人上海德康拍卖公司的法定代表人周福亨及其委托代理人周滨玉、周劲松到庭参加诉讼。本院现已审理终结。

原审法院认定,1995年7月28日,田艾生与上海德康典当拍卖公司(以下简称德康公司)签订了典当协议,田艾生将坐落于闵行区七宝镇联民村华星绿意别墅××号、××号两幢别墅以及号牌为江苏07××林肯加长轿车一辆出典给德康公司,要求德康公司支付典价150万元,双方均在协议书上签字或盖章。新亚公司在田艾生的签字旁加盖了合同专用章,并在别墅平面图表上田艾生作的备注旁边加盖了公司合同专用章。其备注的内容是:表中××号、××号两幢别墅连同花园已典当给德康公司。之后,德康公司又以周福亨、顾薇个人名义与新亚公司分别签订了购买上述两幢别墅的协议。田艾生于当日收到德康公司支付的钱款150万元(包括应扣除典当费用75,000元),田艾生续典一次后再也未赎典。

原审另查明,上海市闵行区七宝镇联民村华星绿意别墅为新亚公司与上海七宝房地产开发公司联合开发建设,新亚公司并取得销售权。

原审再查明,号牌号码为:江苏07××林肯牌轿车的车主是奚震豪。

原审审理中,德康公司认为其与田艾生签订典当协议后又以个人名义与新亚公司签订的买房协议是典当的补充,而新亚公司则认为其只与德康公司签订过买房协议。另外,新亚公司于1995年11月17日德康公司起诉后登报作出了"公司的合同专用章(1)已于1994年9月14日遗失,决定作废"的声明。

原审法院审理后认为,田艾生将非己所有的不动产出典给承典人,双方达成了协议,田艾生取得了典价但到期未赎典,造成出典人经济损失。新亚公司在双方协议上加盖了公司合同章,而在本案诉讼过程中才登报声明该合同章作废,客观上已促使双方达成协议,故田艾生与新亚公司应负共同还款之责。田艾生擅自将奚震豪的轿车进行典当,奚震豪不负还款之责。田艾生在归还典价的同时,德康公司应将轿车返还。遂作出判决:田艾生、上海新亚国际贸易公司自判决生效十日内返还上海德康典当拍卖公司150万元。上海德康典当拍卖公司返还奚震豪林肯牌轿车一辆(号牌为江苏07××)。案件受理费17,510元,由田艾生、上海新亚国际贸易公司负担。

一审判决后,新亚公司上诉称:田艾生曾为其公司销售"华星别墅"故将公司的合同专用章交给田艾生,1994年年底销售协议终止后,田艾生称合同专用章已遗失,故无法追回;其对田艾生与德康公司之间的典当协议一无所知,亦非其在典当协议上加盖公司的合同专用章,故对该典当协议不予认可;其曾与周福亨、顾薇签订购买华星绿意别墅(××号、××号)的协议书,因未收到购房款而将房屋转售他人,诉讼前不知周福亨、顾薇系德康公司工作人员,并未与德康公司签订过买房协议;要求撤销原判,改判新亚公司不承担返还德康公司150万元的责任。

被上诉人德康公司辩称:其虽与田艾生个人签订典当协议,但新亚公司加盖了合同专用章即表示对典当协议予以认可。因新亚公司提供了华星绿意别墅××号、××号两幢作为出典物,促成典当协议订立,故新亚公司应承担返还典当款150万元的连带责任,要求维持原判。

被上诉人田艾生、奚震豪经本院合法传唤,未到庭答辩。

经本院审理查明,1995年7月28日,德康公司与田艾生签订典当协议书一份,约定:田艾生将自己所有的"华星绿意花园"内的××号、××号两幢别墅及林肯加长轿车一辆典当给德康公司。德康公司同意借给田艾生典当金150万元(具体到期日期和支付方式以田艾生签署的当票为准),典当期为一个月,在正常情况下到期可续当一次。如德康公司根据情况认为不能续当时,田艾生同意在到期时将全部典当金及相应产生的一切费用无条件归还德康公司。田艾生应在规定期限内办理还款或续当手续,逾期十天后做绝当处理。德康公司可按自己的意愿并以自己认为简便的方式拍卖或处理绝当的全部物业。典当协议另约定由田艾生出具上述两幢别墅的售房合同及交付房款收据给德康公司。田艾生对其提供的典当物业及有关文件保证均为真实、可靠、合法等。

田艾生在典当协议上签名并在别墅平面图表上加盖了新亚公司的合同专用章,并于当日将林肯牌加长轿车、车钥匙及车主户名为奚震豪的行驶证、购置费发票、奚震豪在中国的暂住证交给德康公司。同日,德康公司的工作人员前往新亚公司以周福亨、顾薇的名义分别与新亚公司签订了购买闵行区七宝镇联民村××号、××号两套房层的协议书。该协议书上新亚公司盖的是公司印章和公司法定代表人夏国林的签名。田艾生另外开出了收到周福亨给付华星绿意别墅×号房款1,451,570元及收到顾薇给付华星绿意别墅×号房款1,454,600元的收据(收据上的新亚公司财务专用章与上海市闵行区工商行政管理局证明新亚公司从1993年6月使用至1997年1月6日的财务专用章字体有异),在收据的背面田艾生注明"购房人凭此收据随时可办理换取正式发票,即领取产权证手续"等字样,并在签名上加盖新亚公司的合同专用章(1),但是,周福亨、顾薇拿到这两张收据时实际并未支付该房款。嗣后,田艾生在德康公司出具的当票上签名,并取得了德康公司给付的现金775,000元以及金额为150,000元和500,000元的本票两张,计1,425,000元。

1995年8月28日,田艾生给付德康公司75,000元,作为续当费用。以后未赎回典当物或再行续当。

本院另查明,德康公司经营典当业务期间未领取《金融机构营业许可证》。本案审理期间,德康公司经工商登记,更名为上海德康拍卖公司,德康公司所有的债权债务由上海德康拍卖公司承担。

又查明,1999年4月,因连续两年未年检,新亚公司被工商登记机关吊销营业执照,现尚未进行清算。

以上事实有典当协议书、德康公司当票,奚震豪的行驶证、车辆购置附加费缴费凭证、奚震豪的暂住证、周福亨及顾薇与新亚公司的购房协议书、给付房款收据、续当费用发票存根联、上海德康拍卖公司营业执照、上海市工商行政管理是局企业登记管理处的证明、新亚公司被吊销营执照的说明、上海市工商行政管理局浦东新区分局外高桥保税区分局综合管治科的书面说明、当事人陈述、庭审笔录等予以佐证。

本院认为,1. 民事活动必须遵守法律,法律没有规定的应当遵守国家政策,遵循自愿、公平、等价有偿、诚实信用的原则,不得损害他人的合法权益。田艾生与德康公司签订典当协议,称奚震豪所有的林肯牌加长轿车及开发权已交还新亚公司的两幢别墅系自己所有的财产,违背诚实信用原则。且事后上述财产的所有权人均未表示将其所有的财产作为典当物交田艾生支配,故该典当协议应认定为无效,田艾生对此应承担相应责任。德康公司作为经营典当业务的专门机构,在签订和履行典当协议时,理应对典当物的所有权进行审查。德康公司接受田艾生提供的所有权人为奚震豪的林肯牌加长轿车,却未要求田艾生出具奚震豪同意将自己的财产交田艾生处理的明确意见,德康公司认为田艾生对该车辆具有典当的支配权没有依据。同时,德康公司以其公司职工的个人名义与新亚公司签订购买典当协议载明的两幢别墅之协议,而未要求田艾生出示所有权凭证或要求新亚公司证实田艾生对两幢别墅具有处分权,据此可以认定德康公司对田艾生不具备典当物所有权是应当知道的。故对典当协议无效,德康公司亦应承担相应的责任。2. 新亚公司在本案中不应承担责任。新亚公司将其合同专用章交给田艾生使用,是基于其他合同关系。在双方约定的事项结束后,新亚公司未及时收回合同专用章,涉讼后才作出合同专用章(1)作废的声明,如果田艾生以新亚公司的名义与他人订立合同,根据《最高人民法院关于在审理经济纠纷案件中涉及经济犯罪嫌疑若干问题的规定》,新亚公司将承担相应的责任。而本案所涉典当协议,是田艾生以自己的名义而非以新亚公司的名义与德康公司签订典当协议,且田艾生在协议中称"将自己所有的两幢别墅和林肯加长轿车一辆典当给德康公司",而新亚公司既未委托田艾生进行典当活动,又未表示同意以自己的财产作为出典物交田艾生支配,故田艾生在典当协议上加盖新亚公司的合同专用章属个人行为,对该典当协议被认定为无效所产生的法律后果,新亚公司不应承担民事责任。原审法院认为新亚公司在田艾生与德康公司签订的典当协议上加盖了合同专用章,客观上促使双方达成协议,故田艾生与新亚公司应负共同还款之责,依据不足。3. 合同被依法确认为无效后,因该合同取得的财产应当予以返还;因合同无效所产生的损失,由过错方承担相应责任。田艾生与德康公司签订的典当协议无效,双方应按各自的过错承担相应的责任。田艾生从德康公司实际取得钱款 1,425,000 元,而非 150 万元,故田艾生应返还德康公司 1,425,000 元及相应的利息。基于合同无效,德康公司于 1998 年 8 月 28 日收到田艾生交付的 75,000 元及相应利息应返还给田艾生。另外,奚震豪所有的林肯牌加长轿车一辆及有关证照系由田艾生交给德康公司,故仍应由德康公司返还给田艾生。

综上所述,本案中田艾生与德康公司双方对造成典当协议无效均有过错,应各自承担相应的责任。新亚公司与奚震豪对该典当协议无效不应承担责任。原审法院判决由田艾生、新亚公司返还德康公司 150 万元缺乏依据,本院依法予以改判。上诉人新亚公司要求其不承担返还德康公司 150 万元的上诉请求,于法有据,本院予以支持。据此,依照《中华人民共和国民事诉讼法》第一百五十三条第一款第二项、第三项以及《中华人民共和国民法通则》第四条、第六条、第五十八条第一款第五项、第五十八条第二款、第六十一条第一款之规定,判决如下:

一、撤销上海市卢湾区人民法院(1995)卢民初字第 1338 号民事判决;

二、上海德康典当拍卖公司与田艾生签订的典当协议无效;

三、田艾生于本判决生效之日起十日内返还上海德康拍卖公司 1,425,000 元及利息(按中国人民银行同期贷款利率从 1995 年 7 月 28 日起计算至付清时止);

四、上海德康典当拍卖公司于本判决生效之日起十日内返还田艾生 75,000 元及利息(按中国人民银行同期贷款利率从 1995 年 8 月 28 日起计算至付清时止);

五、上海德康拍卖公司于本判决生效之日起十日内返还田艾生户名为奚震豪的林肯牌轿车一辆(号牌为江苏 07 × ×)及有关证照;

六、对上海德康拍卖公司要求奚震豪、上海新亚国际贸易公司承担连带责任的诉讼请求不予支持。

一、二审案件受理费35,020元,由上海德康拍卖公司、田艾生负担各半。

本判决为终审判决。

审 判 长　陈福民
代理审判员　单　珏
代理审判员　王晓越
二〇〇〇年三月二十五日
书 记 员　李　春

【案例十一】温州市金鹿典当有限责任公司诉郑明宇、戴祥明典当纠纷案（2014 年 1 月 20 日）

【法律点】当户将已经出卖但尚未办理过户登记的房屋作为当物向善意的典当行抵押借款,双方签订的典当借款协议合法有效。买受人可以与典当行(抵押权人)就债务清偿达成协议而取得房屋所有权。

【关键词】房屋买卖　过户登记　抵押典当　和解协议　代为偿还

温州市中级人民法院
民事判决书

(2013)浙温民再字第 36 号

申请再审人(原审第三人):戴祥明。

委托代理人(特别授权):林彬剑、章仁义。

被申请人(原审原告):温州市金鹿典当有限责任公司。

法定代表人:陈雯仪。

委托代理人:周光、严恒系。

被申请人(原审被告):郑明宇。

申请再审人戴祥明与被申请人温州市金鹿典当有限责任公司(以下简称金鹿典当)、郑明宇典当纠纷一案,瓯海区人民法院于 2012 年 8 月 21 日作出(2012)温鹿商初字第 150 号民事判决,已经发生法律效力。现戴祥明不服,向本院申请再审。本院于 2013 年 7 月 5 日作出(2013)浙温民申字第 25 号民事裁定,提审本案。本院依法组成合议庭,公开开庭审理了本案。申请再审人戴祥明及托委代理人林彬剑、被申请人金鹿典当委托代理人周光、严恒系到庭参加诉讼,被申请人郑明宇经本院公告送达,无正当理由拒不到庭。本案现已审理终结。

原审认定:原告温州市金鹿典当有限责任公司是一家以提供典当借款服务的企业,被告郑明宇于2011年1月27日以房屋作为典当对象,向原告借款100万元。原告公司同被告就典当借款事项签订《典当借款协议》,双方在该协议中约定被告郑明宇以其所有坐落于温州市瓯海区娄桥街道上汇村前岸新路×号房屋(房屋产权证号:温房权证瓯海区字第××号、地号:××)典当给原告,被告每月23日按典当金额的2.7%向原告支付综合服务费,若迟延支付原告有权按典当金额加收20%违约金,并有权提前追偿被告的所欠款项,典当期限为2011年1月27日至2011年7月26日。上述协议签订后,原、被告双方于2011年1月27日向温州市瓯海区住房和城乡建设局办理了房产抵押登记手续。原告于2011年1月28日通过其公司员工林小燕向被告账户支付借款96万元,交付被告现金4万元,被告郑明宇向原告出具领款凭证一份,确认收到原告支付的借款100万元。借款后,被告郑明宇按月支付综合服务费至2011年10月27日,未归还原告当款100万元。

原审认为:原、被告之间签订的《典当借款协议》系双方真实意思表示,合法有效,双方应严格按照协议内容履行。原告已按约向被告支付当款100万元,被告郑明宇虽然按月支付综合服务费,但在典当期限到期后未按期偿还借款,已违反合同约定,应承担相应违约责任。被告郑明宇以其所有的坐落于温州市瓯海区娄桥街道上汇村前岸新路×号的房屋(房屋产权证号:温房权证瓯海区字第××号,地号:××)为借款提供抵押,并经房屋管理部门登记,应依法承担抵押担保责任。第三人戴祥明称该抵押房屋与其有利害关系,但无证据证明,不予以采信。现原告要求被告偿还借款100万元,并对抵押物的处理优先受偿,符合法律规定,依法予以支持。原告主张被告按每月2.7%支付综合服务费过高。依法调整为按每月2%计算。遂判决:一、被告郑明宇应于本判决生效后十日内偿付原告温州市金鹿典当有限责任公司借款100万元及支付综合服务费(自2011年10月28日起按月利率2%计算至判决确定之日止);二、被告郑明宇如不履行上述款项。原告温州市金鹿典当有限责任公司有权就被告郑明宇所有的坐落于温州市瓯海区娄桥街道上汇村前岸新路×的房屋(房屋产权证号:温房权证瓯海区字第××号,地号:××)折价或拍卖、变卖所得价款优先受偿。案件受理费14,772元,公告费1000元,合计15,772元,由被告郑明宇承担(公告费1000元已由原告垫付)。

申请再审人戴祥明诉称:1. 原审认定事实错误。被申请人郑明宇抵押给金鹿典当的坐落于温州市瓯海区娄桥街道上汇村前岸新路×号的房屋,于2000年8月房屋仅建二层以73,988元的价格转让给申请人,后由申请人建造至四层,2001年年初搬入居住至今,申请人是该房屋的实际所有人,郑明宇无权对该房屋予以处分。该事实有申请人与郑明宇房屋买卖合同纠纷一案,瓯海区法院于2012年8月1日作出(2011)温瓯民初字第850号民事判决予以认定。因该房屋宅基地系移民安置点,转让时未取得国有土地使用权证和房屋所有权证,后郑明宇取得土地使用权证和房屋所有权证,申请人要求郑明宇办理过户登记手续,但郑明宇一直故意推诿。故原审认定郑明宇与金鹿典当签订抵押合同有效,该认定事实错误。2. 原审程序违法。因申请人与郑明宇房屋买卖合同纠纷一案合议庭组成人员之一人民陪审员潘金銮与本案原审合议庭组成人员之一人民陪审员潘金銮为同一个人,在程序上违法。3. 郑明宇涉嫌刑事犯罪。本案郑明宇恶意占有其已出卖多年房屋土地使用权证和房屋所有权证,并与金鹿典当签订典当抵押合同,骗取借款100万元,到期后又不还款,其行为明显存在诈骗的经济犯罪嫌疑,属于隐瞒事实真相非法占有目的的贷款诈骗罪刑事案件,依法应将本案移送公安机关侦查。但原审应当移送而未移送,属于适用法律错误。请求裁定撤销原审判决,依法将该案移送至公安机关立案侦查。

被申请人金鹿典当辩称:1. 申请人滥用诉权,其申请再审的理由与一审、执行异议案件中的理由都是一样的。一审时,申请人是作为第三人参加诉讼,主审法官多次与申请人协商开庭时间,但是在第二次确定的时间后,申请人没有到庭,也没有向法庭说明未到庭正当理由,放弃自己的权利,现在又用这些理由申请再审,滥用诉权。2. 申请人与郑明宇不存在真实的房屋买卖关系,所陈述的事实经过没有郑明宇的印证,且在交易过程中存在很多不合理性,从郑明宇与戴祥明之间的房屋转让契约性质来看,虽名为转让,实为安置转让,戴祥明取得的仅是一方债权。涉案房屋系移民安置房,由政府部门统一设计、建造,申请人在申请理由讲到是前面两层是郑建造,后面两层是自己建造与事实不符。3. 在申请人的房屋买卖合同案件中,对本案的抵押权也是予以判决确认的。4. 申请人说本案涉及刑事犯罪,但是,从目前民事案件的审理过程中,郑明宇从2005年起到2011年长达七年多达四次,将其所有房屋进行抵押贷款,这次借款并不涉嫌诈骗犯罪。5. 关于审判人员的回避问题,申请人提出的理由不符合法律规定的事由,不应予以支持。6. 典当行作为善意的第三人,在整个交易过程中,恪守行业规则,不存在任何过错。7. 戴祥明在本案中存在明显过错,因为涉案房屋进行了四次抵押,每次抵押都有现场查看,申请人多次将钥匙交于郑明宇,存在明显重大过错。请求依法维持原审判决。

被申请人郑明宇未作答辩。

经审理查明的事实与原审认定的事实一致。另查明,在本院审理期间,申请再审人戴祥明与被申请人金鹿典当双方自愿达成和解协议：戴祥明于2014年1月16日一次性代为郑明宇向金鹿典当偿还借款本金45万元现已履行完毕；金鹿典当收到戴祥明款项后，于2014年1月22日前向温州市瓯海区住房和城乡建设局注销温州市瓯海区娄桥街道上汇村前岸新路×号所设的房产抵押登记，并于注销登记后的三日内，金鹿典当将该房屋的相关权利证书交付给戴祥明。

以上事实有双方当事人的陈述、和解协议及原审认定的证据等证据予以证实。

本院认为：被申请人金鹿典当与郑明宇之间签订的《典当借款协议》系双方真实意思表示，合法有效，双方应严格按照协议内容履行。金鹿典当已按约向郑明宇支付当款100万元，但郑明宇仅按月支付综合服务费，在典当期限到期后未按期偿还借款，已违反合同约定，应承担相应违约责任。虽然郑明宇以其坐落于温州市瓯海区娄桥街道上汇村前岸新路×号的房屋（房屋产权证号：温房权证瓯海区宇第××号，地号：××）为借款提供抵押，并经房屋管理部门登记，但坐落于温州市瓯海区娄桥街道上汇村前岸新路×号的房屋已于2000年8月郑明宇转让给申请再审人戴祥明，同年10月，戴祥明将该房屋加建至四层并居住至今，该事实也已被生效的（2011）温瓯民初字第850号判决予以认定。现戴祥明与金鹿典当之间双方自愿达成和解协议，系双方当事人的意思真实表示，内容不违反法律规定，并且戴祥明现已履行完毕，本院予以确认。戴祥明代为郑明宇向金鹿典当偿还借款本金45万元后，依照《中华人民共和国担保法》第五十七条规定，戴祥明有权向郑明宇追偿。金鹿典当应将温州市瓯海区娄桥街道上汇村前岸新路×号房屋的相关权利证书交付给戴祥明。郑明宇尚欠金鹿典当55万元本金及综合服务费，并应向金鹿典当承担相应违约责任。至于当事人若认为郑明宇涉嫌犯罪，可以另行向公安机关报案。综上，依照《中华人民共和国民事诉讼法》第二百零七条第一款、第一百七十条第一款第二项的规定，判决如下：

一、撤销瓯海区人民法院（2012）温鹿商初字第150号民事判决；

二、被申请人郑明宇应于本判决生效后十日内偿付被申请人温州市金鹿典当有限责任公司借款55万元本金及综合服务费（其中：100万元综合服务费自2011年10月28日起按月利率2%计算至2014年1月16日止；55万元综合服务费自2014年1月17日起按月利率2%计算至判决确定之日止）；

三、申请再审人戴祥明对于代为被申请人郑明宇向被申请人温州市金鹿典当有限责任公司偿还的借款本金45万元，有权向被申请人郑明宇追偿；

四、被申请人温州市金鹿典当有限责任公司于2014年1月22日前向温州市瓯海区住房和城乡建设局注销温州市瓯海区娄桥街道上汇村前岸新路×号所设的房产抵押登记，并于注销登记后的三日内，将该房屋的相关权利证书交付给申请再审人戴祥明。

如果未按本判决指定的期间履行给付金钱义务的，应当依照《中华人民共和国民事诉讼法》第二百五十三条之规定，加倍支付迟延履行期间的债务利息。

一、二审案件受理费各 14,772 元，一审公告费 1000 元、二审公告费 800 元，合计 31,344 元。均由被申请人郑明宇负担。

本判决为终审判决。

审 判 长 叶 峰

审 判 员 李爱素

审 判 员 朱阳娇

二〇一四年一月二十日

书 记 员 黄欢乐

【问题提示】(2)当户擅自将夫妻共同财产作为当物向典当行借款的,应如何处理?

【案例十二】冯坤楼诉安徽华宝典当有限公司、汪华运、黄国强确认合同无效纠纷案（2015年4月8日）

【法律点】夫或妻将夫妻共同房产作为当物向典当行抵押借款的,夫妻双方应当平等协商,取得一致意见。典当行明知用于抵押的房屋存在共有人而不予审查,典当行不属于善意第三人,应认定典当行与行为人之间存在恶意串通,且损害了他人的合法权益,典当抵押合同无效。

【关键词】夫妻共同财产　善意第三人　恶意串通　典当抵押无效

安徽省淮南市中级人民法院
民事判决书

(2015)淮民一终字第00196号

上诉人(原审被告):安徽华宝典当有限公司。住所地,淮南市××区。

法定代表人:洪逢明,经理。

委托代理人:汝伟,安徽俊诚律师事务所律师。

被上诉人(原审原告):冯坤楼。

委托代理人:朱守根,安徽郢都律师事务所律师。

被上诉人(原审被告):汪华运。

委托代理人:朱卓新,淮南市谢家集区杨公法律服务所法律工作者。

被上诉人(原审第三人):黄国强。

委托代理人:孙巷,安徽郢都律师事务所律师。

上诉人安徽华宝典当有限公司(以下简称华宝典当公司)与被上诉人冯坤楼、汪华运、黄国强确认合同无效纠纷一案,不服安徽省淮南市田家庵区人民法院(2014)田民一初字第02127号民事判决,向本院提起上诉。本院于2015年1月29日受理后依法组成合议庭,于2015年3月12日公开开庭审理了本案,华宝典当公司委托代理人汝伟,冯坤楼委托代理人朱守根,汪华运委托代理人朱卓新,黄国强委托代理人孙巷到庭参加诉讼;冯坤楼、汪华运、黄国强、华宝典当公司法定代表人洪逢明经本院传票传唤未到庭参加诉讼。本案现已审理终结。

冯坤楼原审诉称:原告与汪华运系夫妻关系,2012年7月,夫妻双方共同购买坐落于淮南市谢家集区谢家集街道谢二西村商住楼项目部×楼×号(房产证号:淮房地权证淮谢字第120141××)。2012年7月9日因黄国强借安徽华宝典当有限公司100万元,妻子汪华运将属于夫妻共同所有的商住楼项目×栋×号楼房私自以个人签名为黄国强借款100万元担保,抵押给安徽华宝典当有限公司。2014年4月因借款人黄国强未能偿还安徽华宝典当有限公司借款,被诉至淮南市中级人民法院,原告及妻子汪华运承担连带责任,原告这才知道属于自己的商住楼项目×栋×号的房产因黄国强借款,在自己不知道的情况下,妻子汪华运将夫妻共同所有的房地产为黄国强借款担保,抵押给了安徽华宝典当有限公司。原告认为妻子汪华运在未经自己签字同意的情况下将夫妻共同财产抵押给被告华宝典当有限公司其行为明显侵害了自己的合法权益,现诉至法院请求判决确认抵押合同无效诉讼费用由被告承担。

华宝典当公司原审辩称:原告系重复诉讼,形成的基础是一种抗辩,因为华宝典当公司在淮南市中级人民法院行使的权利是基于抵押权,所以一案完全可以给出明确的答复,也是节约诉讼成本;华宝典当公司取得抵押权是基于《中华人民共和国合同法》和《中华人民共和国物权法》,冯坤楼不是不动产证书登记共有人,华宝典当公司没有义务审查潜在的共有人,故抵押登记是合法的,综上,请求人民法院驳回原告的诉讼请求。

汪华运原审辩称:2012年7月的一天,黄国强拿着事先印好的格式条款的借款合同、抵押合同及登记申请表等文本、表格,找答辩人帮助用房屋作为抵押办理短期借款,请求答辩人在上述文本、表格等纸张中的抵押人一栏签名。当时这些纸中需用于手填写的文字内容均为空白,当时冯坤楼不在场,事后也未告诉冯坤楼。现在所见的证据上的签字没有冯坤楼本人的签名。答辩人认为,本案涉及的抵押物系夫妻共有财产,而办理抵押手续时未经共有人冯坤楼签字同意,故该抵押合同无效。

黄国强原审辩称:原告诉称与被告汪华运是夫妻关系,夫妻共同购买谢家集区街道谢二西村商住楼×号楼×号房屋也属事实;答辩人借华宝典当公司100万元也是事实,在抵押合同上仅仅有汪华运一人签字也是事实;冯坤楼没有在抵押合同上签字,冯坤楼的名字为他人所签。对本案当事人提交证据的真实性、合法性及关联性不持异议。

原审法院经审理查明:冯坤楼与汪华运系夫妻关系,2012年7月,汪华运购买淮南市谢家集区谢家集街道谢二西村商住楼项目×栋×室房屋,并于2012年7月10日进行了房地产权登记,房地产权证号为淮房地权证淮谢字第120141××号,房屋共有情况登记为单独所有。2012年7月9日,黄国强与华宝典当公司签订最高额典当借款合同,黄国强向华宝典当公司最高额借款100万元,以谢家集区谢二西村商住楼×栋×室房产作为抵押担保。2012年7月10日,汪华运与华宝典当公司签订典当抵押合同,约定汪华运自愿将谢家集区谢二西村商住楼×栋×室房产作为典当借款100万元的抵押担保,抵押期限自2012年7月10日至2013年7月9日,在该合同的甲方财产共有人栏冯坤楼签字字样,及该合同附件的共有人同意书中共有人冯坤楼签字字样,均不是冯坤楼本人所签。汪华运未将该房屋签订抵押合同的事实告知冯坤楼。2014年6月,华宝典当公司向淮南市中级人民法院提起民事诉讼,要求判令黄国强立即偿还所欠当金(借款)以及各项费用合计3,028,200元,汪华运、冯坤楼承担连带给付责任以及抵押人汪华运名下财产(谢家集区谢二西村商住楼×栋×室房屋)进行拍卖、变卖以偿还华宝典当公司债权3,028,200元等。2014年10月10日,冯坤楼在得知相应情况后,向本院提起民事诉讼要求判决确认抵押合同无效,诉讼费用由被告承担,在本案诉讼过程中冯坤楼申请对抵押手续中"冯坤楼"签字进行司法笔迹鉴定,后汪华运、华宝典当公司、黄国强均认可该签字不是冯坤楼所签,不需做司法鉴定,本院按照法定程序公开开庭进行了审理。

原审法院认为:本案为合同纠纷,当事人订立、履行合同应当遵守法律、行政法规,尊重社会公德,不得扰乱社会经济秩序,损害社会公共利益。违反法律、行政法规的强制性规定的合同无效。恶意串通,损害国家、集体或者第三人利益的合同无效。本案中冯坤楼与汪华运系夫妻关系,本案诉争的抵押房屋系夫妻双方婚后购买,虽然该房产登记为个人单独所有,但根据《中华人民共和国婚姻法》规定,在没有夫妻财产进行约定的前提下,该房产为夫妻共同财产。夫或妻对夫妻共同财产有平等的处理权,对于日常生活需要处理夫妻共同财产的一方有权决定,但是,涉及家庭重大财产事项则应当双方共同协商决定,现汪华运在没有告知丈夫冯坤楼的情况下,将家庭重要财产的门面房抵押出去,经庭审查明共有人同意书不是财产共有人冯坤楼本人所签,该抵押合同违反我国婚姻法及其司法解释的强制性规定,汪华运、华宝典当公司签订该合同不符合法律规定。被告华宝典当公司辩称,房屋登记系汪华运独自所有,不需要冯坤楼签字,汪华运自己有权利处分个人财产,从本案提交证据显示,抵押材料中含共有人同意书,说明抵押权人和抵押人均认识到该房屋的抵押应经过共有人冯坤楼的同意,但是由他人代签,该行为不符合法律规定,同时该抵押合同的生效势必影响到冯坤楼的合法权益。对于夫妻共同财产的房屋(且是门面房)进行抵押、出卖等行为,应当由双方同意,作为我国公民、法人对此应当都是明知的生活常识、法律常识,结合法律规定和日常生活常识,汪华运的个人行为不合常理,对于抵押权人不能认定善意第三人。华宝典当公司与汪华运明知冯坤楼本人没有签字,仍签订抵押合同,侵害冯坤楼合法权益,属于恶意串通。另本案为确认合同效力纠纷,与典当纠纷不是同一法律关系,在调解未果的情况下,人民法院应当予以及时裁判。综上,原告的诉讼请求应当予以支持。被告的辩称理由,不予采信。依照《中华人民共和国合同法》第七条、第五十二条第二项、第五项,《中华人民共和国婚姻法》第十七条、第十九条,《最高人民法院关于适用〈中华人民共和国婚姻法〉若干问题的解释(一)》第十七条之规定,判决如下:被告安徽华宝典当有限公司与被告汪华运 2012 年 7 月 10 日签订的典当抵押合同无效。案件受理费 80 元,由被告华宝典当有限公司、被告汪华运负担。

宣判后,华宝典当公司不服判决结果,向本院提起上诉。其上诉请求及理由为:1. 一审判决认定汪华运与华宝典当公司签订房屋抵押合同时未将这一事实告知冯坤楼,冯坤楼是在华宝典当公司逾期偿还当金为由向淮南市中级人民法院诉讼时方知道这一事实。一审判决对以上认定属认定事实不清,首先,冯坤楼陈述从汪华运购买房屋至诉讼时并没有见到涉案房屋的房产证,也没有过问房产证的事,同时对汪华运为购房所支付的 100 多万元房款也不知情,上诉人认为作为大额家庭支出,冯坤楼对此不知情显然不符合常理;另外,汪华运陈述涉案房屋的办证手续是由黄国强办理的,办证费用是由黄国强交纳的,汪华运的以上陈述不能自圆其说。2. 一审判决适用法律错误。华宝典当公司与汪华运之间不存在恶意串通,不应当适用《中华人民共和国合同法》第五十二条第二项关于恶意串通导致合同无效的规定。涉案房屋的产权证书上记载的权利人仅为汪华运,没有其他共有人,因此,华宝典当公司作为抵押权人只要审查汪华运的签名即可,没有义务也没有能力审查抵押人的婚姻关系,华宝典当公司属善意第三人,抵押合同有效。一审判决适用婚姻法的相关法律条文错误,在物权法实施后,按照新法优于旧法的原则,婚姻法关于处分共有财产的规定已不再适用,根据

《中华人民共和国物权法》第九条、第十四条、第十五条、第十七条的规定，除非不动产权属证书上载明存在其他共有人，否则单独权属人可以独立行使权力，而无须征得隐名共有人的同意。综上，一审判决认定事实不清，证据不足，适用法律错误，请求二审法院撤销一审判决，改判支持上诉人的原审诉讼请求。

冯坤楼答辩称：一审判决认定事实清楚，夫妻共同财产必须共同签字才能生效，涉案房屋抵押合同无效，请求驳回上诉人的上诉请求。

汪华运答辩称：上诉人不是担保物权的善意取得人，一审判决认定事实清楚，请求驳回上诉，维持原判。

黄国强答辩称：一审判决认定事实清楚，请求驳回上诉，维持原判。

二审双方当事人所举证据与一审相同，双方当事人的质证意见也同于一审，本院认证意见与一审一致。

二审查明事实与一审查明事实相同。

根据本案双方当事人的诉辩主张以及法院查明事实，本院归纳本案争议焦点为：1. 华宝典当公司与汪华运于 2012 年 7 月 10 日签订典当抵押合同时是否存在恶意串通；2. 一审判决适用法律是否正确，涉案典当抵押合同是否有效。

针对以上争议焦点，本院评判如下：

一、关于华宝典当公司与汪华运于 2012 年 7 月 10 日签订典当抵押合同时是否存在恶意串通的问题

本院认为：根据《最高人民法院关于适用〈中华人民共和国婚姻法〉若干问题的解释(一)》第十七条第二款的规定，夫或妻非因日常生活需要对夫妻共同财产做重要处理决定，夫妻双方应当平等协商，取得一致意见。他人有理由相信其为夫妻双方共同意思表示的，另一方不得以不同意或不知道为由对抗善意第三人。本案中，华宝典当公司与汪华运于 2012 年 7 月 10 日签订的典当抵押合同中的甲方财产共有人栏以及该合同附件的共有人同意书中共有人栏均有冯坤楼的签名，经核实该签名均不是冯坤楼本人所签，华宝典当公司明知涉案房屋存在共有人，却对冯坤楼签名的真实性不予审查，故华宝典当公司已不属于善意第三人，在华宝典当公司未提供证据证明其与汪华运之间不存在恶意串通伪造冯坤楼签名的情况下，应当承担不利的法律后果。华宝典当公司上诉认为冯坤楼不可能不知道涉案房屋的购买以及办理房产证的相关情况，但均未提供证据予以证明，且冯坤楼对涉案房屋的购买以及办理房产证的相关情况是否知情与涉案房屋被汪华运抵押无关联性。综上，一审判决认定华宝典当公司与汪华运存在恶意串通并无不当，二审予以维持。

二、关于一审判决适用法律是否正确,涉案典当抵押合同是否有效的问题

华宝典当公司上诉认为在物权法实施后,婚姻法关于夫妻处分共有财产的规定已不再适用,本院认为,婚姻法关于夫妻处分共有财产的规定相对于物权法的规定属于特别法,按照特别法优于普通法的原则,婚姻法关于夫妻处分共有财产的规定不因物权法的实施而废止。华宝典当公司与汪华运因签订典当抵押合同存在恶意串通,且损害冯坤楼的合法权益,故华宝典当公司与汪华运于2012年7月10日签订的典当抵押合同无效,一审判决对此认定正确,二审予以维持。

综上,原审判决认定事实清楚,适用法律正确。上诉人的上诉理由不能成立,本院不予支持。依照《中华人民共和国民事诉讼法》第一百七十条第一款第一项之规定,判决如下:

驳回上诉,维持原判。

一审案件受理费按一审判决执行;二审案件受理费80元,由安徽华宝典当有限公司负担。

本判决为终审判决。

审　判　长　时素君
代理审判员　汪传海
代理审判员　张树引
二〇一五年四月八日
书　记　员　齐　瑶

【案例十三】漳州鑫源典当有限责任公司诉谢某1、叶某、谢某2、谢某炳典当纠纷案（2016年5月30日）

【法律点】典当行在抵押权设立过程中已尽到合理的注意义务，属于善意且无过失的，即使当户未经其配偶同意而无权处分夫妻共同财产，典当行亦能基于善意取得制度取得抵押权，并有权按照典当合同主张相关权利。因当户的无权处分造成其配偶损失的，其配偶可依法向无权处分人要求赔偿。

【关键词】共同共有　假冒　无权处分　善意取得　抵押权　夫妻共同债务　赔偿

福建省漳州市中级人民法院
民事判决书

（2016）闽06民终134号

上诉人（原审原告）：漳州鑫源典当有限责任公司。住所地，漳州市××路××大厦东侧。

法定代表人：欧少杰，总经理。

委托代理人：华毅鹰，福建建达（漳州）律师事务所律师。

委托代理人：陈志斌。

被上诉人（原审被告）：谢某1，已于2016年1月21日病故。

被上诉人（原审被告）：叶某。

委托代理人：蔡鸿明，福建泾渭明律师事务所律师。

委托代理人：冯卢亮，福建泾渭明律师事务所实习律师。

被上诉人:谢某2(原审被告谢某1的继承人),系谢某1、叶某的女儿。

委托代理人:蔡鸿明,福建泾渭明律师事务所律师。

被上诉人:谢某炳(原审被告谢某1的继承人),系谢某1的父亲。

上诉人漳州鑫源典当有限责任公司(以下简称鑫源公司)因典当合同纠纷一案,不服南靖县人民法院(2015)靖民初字第789号民事判决,向本院提起上诉。本院依法组成合议庭,公开开庭进行了审理,上诉人鑫源公司的委托代理人华毅鹰、陈志斌,被上诉人叶某以及叶某、谢某2的委托代理人蔡鸿明到庭参加诉讼。被上诉人谢某炳经本院传票传唤未到庭参加诉讼。本案现已审理终结。

原审判决查明,2014年10月24日,鑫源公司(甲方、抵押权人)与谢某1(乙方、抵押人)签订两份《房地产最高额抵押借款合同》(下称借款合同),约定:谢某1将其址在×县的房屋[房屋所有权证号:房权证×字第×号,土地使用证号:×国用(×)字第×号]抵押给鑫源公司,抵押房地产担保范围为借款本金(当金)、利息、综合费用、违约金、律师代理费等;借款金额分别为70万元和50万元;借款期限一个月,自2014年10月24日起至2014年11月22日止;本合同项下的典当综合服务费率每月为贷款金额的15‰;该服务费不受借款期限的限制,抵押人必须按时交纳综合费用直至其清偿债务为止;若二抵押人逾期还款,交纳利息和综合费按借款余额每日0.5%计收违约金等内容。在该二份借款合同的乙方栏中,有谢某1和叶某的签名及捺印。

同日,谢某1、叶某向鑫源公司出具二份付款指示书,要求将当金付至户名刘建光,账号×××××××××××××××××××的农业银行账户内。鑫源公司开具两份当票,当票中有谢某1的签名。其中:当票金额70万元,扣除综合费用10,500元后,实付金额689,500元;当票金额50万元,扣除综合费用7500元后,实付金额492,500元。同日,该实付金额通过银行转账汇至指定的刘建光账户内后。谢某1、叶某向鑫源公司出具两份收款确认书,确认收到上述当金。同日,二抵押人共有的地址在×县的房屋[房屋所有权证号:房权证×字第×号,土地使用证号:×国用(×)字第×号]办理了房屋他项权证,房屋他项权利人为鑫源公司。用于办理抵押登记的《房地产最高额抵押借款合同》[合同编号:鑫源最高额房借字(×)第×号]只有谢某1的签名及捺印,没有叶某的签名及捺印。鑫源公司就本案诉讼支付了律师费45,000元。

诉讼中,谢某1确认两份借款合同、两份付款指示书、两份收款确认书、两份当票中谢某1的签名及捺印系其所签及所印。叶某对借款合同、付款指示书、收款确认书各两份中“叶某”的签名及指印有异议,并申请鉴定。经依法委托福建鼎力司法鉴定中心进行鉴定,鉴定结论为借款合同、付款指示书、收款确认书各两份中的"叶某"签名及指印不是叶某本人所写、所捺。鉴定费5000元已由叶某支付。

原审判决认为,鑫源公司具备抵押典当业务,因鑫源公司与谢某1、叶某签订的《房地产最高额抵押借款合同》及谢某1、叶某出具的付款指示书、收款确认书中"叶某"的签名及指印经福建鼎力司法鉴定中心鉴定不是叶某本人所写、所捺,故该借款合同对叶某不具有法律效力。但因借款合同中的借款条款系鑫源公司与谢某1的真实意思表示,对双方均有法律约束力。鑫源公司按借款合同的约定和谢某1的指示向谢某1支付了当金,现谢某1未按合同的约定归还当金,已构成违约,故鑫源公司请求谢某1归还当金,理由正当,应予支持,但当金金额应以鑫源公司实际支付的金额即1,182,000元为准。鑫源公司要求谢某1支付按合同约定的综合费及违约金,因双方约定的综合费及违约金合计计算超过中国人民银行规定的同期同类贷款利率的四倍,超过部分不予保护,综合费及违约金应从借款之日起按中国人民银行规定的同期同类贷款利率的四倍计算。鑫源公司要求叶某与谢某1共同支付当金及按合同约定的综合费和违约金,因当金是根据谢某1的指示支付至指定账户,并没有用于家庭共同生活,事后叶某又不追认,不应认定为夫妻共同债务,故鑫源公司的该请求,于法无据,依法不予支持。因涉案的抵押物系谢某1、叶某的共同财产,根据《最高人民法院关于适用〈中华人民共和国担保法〉若干问题的解释》第五十四条第二款的规定,"共同共有人以其共有财产设定抵押,未经其他共有人的同意,抵押无效。但是,其他共有人知道或者应当知道而未提出异议的视为同意,抵押有效"。本案中,叶某未在借款合同上签名同意以抵押物为借款人作抵押担保,鑫源公司亦未举证证明叶某知道或者应当知道谢某1向鑫源公司进行抵押典当借款且没有提出异议,而用于办理抵押登记的《房地产最高额抵押借款合同》也没有叶某的签名及捺印,故应当认定鑫源公司与谢某1签订的《房地产最高额抵押借款合同》中有关房屋抵押的约定无效。因此,鑫源公司要求对抵押物即址在×县的房屋依法变卖或拍卖所得的款项享有优先受偿权的请求,于法无据,依法不予支持。因抵押权无效,现鑫源公司要求谢某1支付律师费,于法无据,依法不予支持。依照《中华人民共和国合同法》第五十六条、第一百零七条、第二百零六条,《最高人民法院关于适用〈中华人民共和国担保法〉若干问题的解释》第五十四条第二款之规定,判决如下:一、被告谢某1应于本判决生效后十日内支付给原告漳州鑫源典当有限责任公司当金1,182,000元及综合费和违约金,综合费和违约金从2014年10月24日起按中国人民银行规定的同期同类贷款利率的四倍计至判决确定的还清款日止。二、驳回原告漳州鑫源典当有限责任公司的其他诉讼请求。案件受理费19,623元,由鑫源公司负担2724元,谢某1负担16,899元。鉴定费5000元,由鑫源公司负担,该鉴定费已由叶某交纳,鑫源公司应于本判决生效后十日内直接支付给叶某。

鑫源公司不服一审判决,上诉请求撤销原审判决,改判支持上诉人一审的全部诉讼请求,一、二审诉讼费由被上诉人承担。事实与理由:

1. 涉案债务系被上诉人谢某1、叶某的夫妻共同债务。原审判决认定《房地产最高额抵押借款合同》等材料非被上诉人叶某签订,故对被上诉人叶某不具有法律效力,且上诉人将当金支付到被上诉人谢某1的指定账户,推定涉案当金没有用于二被上诉人的家庭共同生活,在被上诉人叶某不追认,不应认定为夫妻共同债务。此判决认定是错误的。第一,依据《最高人民法院关于适用〈中华人民共和国婚姻法〉若干问题的解释(二)》第二十四条的规定,"债权人就婚姻关系存续期间夫妻一方以个人名义所负债务主张权利的,应当按夫妻共同债务处理"。由此可见,只要债权债务发生在夫妻关系存续期间,就应推定所涉债务为夫妻共同债务。只有夫妻一方能够证明债权人与另一方明确约定为个人债务,或者能够证明夫妻对婚姻关系存续期间所得的财产约定归各自所有的,且债权人知道该约定,夫妻一方对外所负的债务才能认定夫妻一方的个人债务。本案中,被上诉人叶某仅证明《房地产最高额抵押借款合同》等材料非其本人签订、捺印,却无法证明其存在不承担责任的两种法定事宜。也就是说,依照法律的规定,被上诉人对不承担责任的两种法定事宜,负有举证责任。否则,被上诉人叶某依法应当承担举证不能的法律后果。而原审法院在举证责任分配上认为上诉人负有举证责任的义务,实属错误。第二,上诉人根据被上诉人谢某1的指示支付当金至指定账户,系完成交付当金的义务。依据上述法律规定,涉案借款应为二被上诉人的夫妻共同债务,被上诉人叶某应对婚姻关系存续期间的共同债务承担清偿责任。

2. 上诉人依法享有涉案房屋的抵押权。第一,被上诉人谢某1、叶某在办理借款时,持有谢某1、叶某的身份证、结婚证和房屋权属证书的原件,上诉人在核对二人身份及相关证件无误后,其二人在上诉人面前对两份《房地产最高额抵押借款合同》等材料签名并捺手印。之后,一同前往登记机关即南靖县房管局办理抵押登记。三方在登记机关工作人员的指示下,在抵押登记的相关材料上签名和捺手印。登记机关对其二人的身份和抵押物即房屋权属证书等真实性审查后无误后,办理了《房屋他项权证》,并交上诉人持有。上诉人在确认抵押登记手续完整后,才将当金付至被上诉人指定的账户。第二,在原审中,被上诉人叶某辩称其对被上诉人谢某1将涉案房屋进行抵押并办理了抵押登记不知情,也就是被上诉人谢某1在办理抵押登记时,未有共有权人叶某一同签字、捺印,属于无处分权人的处分行为。这时,上诉人才知道当时与被上诉人谢某1到上诉人处要求房屋抵押典当借款的那个女子是假冒的叶某。根据建设部、中国人民银行《关于加强与银行贷款业务相关的房地产抵押和评估管理工作的通知》第一条的规定,对设置抵押权的抵押物权利是否完整的审查义务在房屋登记部门,而非上诉人。上诉人有理由完全相信登记机关对设置抵押权的抵押物完整的真实性,相信被上诉人谢某1有权抵押该房产。可见,在借款至办理抵押登记整个过程中,上诉人是始终是善意的,也已尽到审慎义务,不存在任何过失,上诉人依法善意取得该房产的抵押权。第三,虽然被上诉人谢某1骗取了房产的产权抵押登记,具有欺诈性,但该欺诈行为不能排除不动产抵押权善意取得的适用。故上诉人依法善意取得被上诉人的房产抵押权,被上诉人单方违约,到期不履行还款义务,根据《中华人民共和国物权法》第一百零六条的规定,上诉人有权对抵押物即涉案的房产依法变卖或者拍卖所得的款项享有优先受偿权。第四,若被上诉人叶某认为其权利受到侵害,根据《物权法》第一百零六条第二款的规定,其只能向无处分权人即被上诉人谢某1请求赔偿损失。

3. 原审法院适用法律错误。原审法院适用《最高人民法院关于适用〈中华人民共和国担保法〉若干问题的解释》第五十四条第二款的规定,认定涉案的房屋抵押的约定无效。此认定适用法律错误。首先,如前所述虽然被上诉人叶某未在《房地产最高额抵押借款合同》上签字,但本案债务发生在二被上诉人夫妻关系存续期间,依法应视为夫妻共同债务。其次,主债权合法有效。抵押权的存在必须以主债权合法有效为前提,这是由抵押权的从属性质所决定的,抵押权属于物权。根据《中华人民共和国物权法》第十四条规定,抵押登记为生效要件。本案涉案房屋已依法办理抵押登记,上诉人合法取得《房屋他项权证》,抵押权依法成立。最后,《中华人民共和国物权法》对抵押权生效条件、善意取得以及物权的保护等方面均作出了明确的规定。当《最高人民法院关于适用〈中华人民共和国担保法〉若干问题的解释》与《物权法》的规定发生冲突,应当以《中华人民共和国物权法》的规定来认定不动产抵押权是否成立。因《中华人民共和国物权法》是全国人大颁布的法律,而最高人民法院的司法解释属于规范性文件。可见,《中华人民共和国物权法》的法律效力高于司法解释。因此,原审法院的判决所适用的法律错误。

4. 上诉人为主张权利而支付的律师费应由被上诉人承担。因为,上诉人在办理抵押典当借款中,不存在任何过错或过失,系被上诉人单方违约,不支付到期债务。因此,上诉人依法向被上诉人主张权利,依据本案《房地产最高额抵押借款合同》第二条的规定,上诉人为主张权利而支付的律师费应由被上诉人承担。

5. 本案受理费、鉴定费应由被上诉人承担。原审判决上诉人承担部分案件受理费和鉴定费,没有法律依据。因为上诉人在本案中合法取得了善意涉案房产抵押权,根本不存在任何过错或过失行为。依据《人民法院收费办法》第十九条的规定以及《房地产最高额抵押借款合同》第二条的规定,本案受理费、鉴定费不应由上诉人负担。

综上所述,上诉人办理抵押典当借款的行为,符合法律规定,并善意取得了涉案房产抵押权,对涉案的房产变卖或者拍卖所得的款项享有优先受偿权。原审法院对本案认定的事实和适用法律错误。

被上诉人叶某、谢某2共同答辩称:

1. 本案的债务并不是谢某1与叶某的夫妻共同债务,本案的事实很清楚,上诉人将当金根据谢某1的指示支付至其他人的账户,此明显表明该债务并不是用于夫妻共同生活所需。

2. 本案的抵押包括借款合同叶某未知情且未追认,对叶某不具有法律效力。本案抵押房屋属于谢某1与叶某共同所有,在叶某不知情的情况下,谢某1个人进行处分,违反物权法的规定,而且谢某1在与上诉人办理抵押的过程中,利用他人冒用叶某的身份,并伪造假身份证,具有欺诈的行为,应根据合同法的规定,认定借款合同和抵押合同无效,上诉人并不对抵押的房屋享有抵押权。

3. 原审法院适用法律正确。谢某1在未经叶某的同意并知道的情况下,私自签订借款合同、抵押合同,并冒用叶某的身份,应根据担保法及合同法的规定,应认定抵押无效。

4. 上诉人主张被上诉人支付律师代理费于法无据。抵押合同具有欺诈性,抵押行为也被认定为无效,且律师费是约定在抵押合同的第二条,抵押合同无效所产生的权利不能得到保护,所以一审法院驳回律师费的请求是正确的。

5. 因为本案上诉人在一审的诉求并未得到全部的支持,尤其在本金数额上,一审法院判令上诉人承担部分诉讼费是合法有据的,鉴定结果是很明显的,鉴定费由上诉人承担也是正确的。

综上,一审法院判决认定事实清楚,适用法律正确,程序合法,应予维持。

本院庭审中,对原审判决查明的事实,双方当事人没有异议,本院予以确认。

另查明,本案典当借款发生在谢某1、叶某夫妻关系存续期间。典当借款发生后,谢某1、叶某于2015年4月协议离婚,离婚时双方约定房子归叶某,孩子由叶某抚养,债务由谢某1承担。谢某1于2013年12月发现患有肝癌，于2016年1月21日死亡。

归纳双方当事人的诉辩，本案争议的焦点为：1. 本案房屋抵押约定是否有效、鑫源公司是否取得抵押权；2. 叶某应否对本案债务承担责任；3. 上诉人主张的本案的其他费用应否得到支持。对此，本院分析认定如下：

1. 关于房屋抵押约定是否有效，鑫源公司是否取得抵押权的问题。

上诉人认为，双方签订的最高额抵押借款合同是双方当事人真实意思表示，是有效的。根据物权法的规定，不动产只有办理抵押登记才能生效，双方对抵押物确定了其价值并办理了抵押登记，在程序上是合法的。房管局作为公信机构，按建设部、中国人民银行《关于加强与银行贷款业务相关的房地产抵押和评估管理工作的通知》第一条规定，对设置抵押权的抵押物权利是否完整的审查义务在房屋登记部门，而非上诉人。上诉人有理由完全相信登记机关设置抵押权的抵押物完整的真实性，相信被上诉人谢某1有权抵押该房产。可见，在借款至办理抵押登记整个过程中，上诉人是始终是善意的，也已尽到审慎义务，不存在任何过失，上诉人依法善意取得该房产的抵押权。根据《中华人民共和国物权法》第一百零八条的规定，上诉人办理了抵押登记，抵押登记是有效的。有权对抵押物即涉案的房产依法变卖或者拍卖所得的款项享有优先受偿权。若被上诉人叶某认为其权利受到侵害，根据《中华人民共和国物权法》第一百零六条第二款规定，其只能向无处分权人即被上诉人谢某1请求赔偿损失。一审法院判决抵押无效是错误的。

被上诉人认为，上诉人与谢某1签订借款合同和抵押合同，合同一方是上诉人，另一方是属名为谢某1和叶某，但叶某均不知情且未参与，而合同是多方参与协商后签订的产物，叶某始终未参与，违背了合同相对性的原则。本案的两份借款合同及抵押合同均未有叶某的签字，何来生效，且是有人冒用叶某伪造身份情况进行欺诈的，根据合同法，其行为侵犯了叶某的合法权利，应认定抵押合同无效。虽然上诉人与谢某1签订了抵押合同并办理了登记，不能适用《中华人民共和国物权法》第一百零六条，因为《最高人民法院关于适用〈中华人民共和国担保法〉若干问题的解释》作为特别法有特别规定，且该条至今有效，一审适用担保法解释是正确的。而且作为共有人叶某未对财产进行处分，而是谢某1进行欺诈的无权处分，合同是应该撤销，并且是无效的。一审法院认定事实清楚，应维持。

本院认为，根据《最高人民法院关于贯彻执行〈中华人民共和国民法通则〉若干问题的意见（试行）》第八十九条的规定，共同共有人对共有财产享有共同的权利，承担共同的义务。在共同共有关系存续期间，部分共有人擅自处分共有财产的，一般认定无效。但第三人善意有偿取得该财产的,应当维护第三人的合法权益。对于是否善意的判断标准,《中华人民共和国物权法》第一百零六条规定,无处分权人将不动产或者动产转让给受让人的,所有权人有权追回;除法律另有规定外,符合下列情形的,受让人取得该不动产或者动产的所有权:(一)受让人受让该不动产或者动产时是善意的;(二)以合理的价格转让;(三)转让的不动产或者动产依照法律规定应当登记的已经登记……当事人善意取得其他物权的,参照该款规定。抵押权是物权的一种表现形式,具有物权的一般属性,适用物权的保护方法。本案中抵押物的共有权人谢某1在与鑫源公司签订借款抵押合同以及办理抵押登记时,提供了谢某1和叶某的身份证、结婚证,抵押房产权属证书的原件,并与鑫源公司同往抵押登记机关办理抵押登记,抵押登记机关在对谢某1、叶某的身份以及抵押物等的真实性、合法性进行审查后,办理了房屋他项权证并交给鑫源公司,鑫源公司在取得抵押物他项权证后支付给谢某1借款。由此可见,鑫源公司作为抵押权人,在办理本案抵押借款过程中始终是善意的,也尽到了适当的审查注意义务,不存在有恶意或有过失过错。且对设置抵押权的抵押物的权利是否真实完整的审查义务在抵押物登记部门,本案所抵押的房屋依法经抵押登记部门办理抵押登记,抵押权自登记后成立,鑫源公司有理由相信谢某1有权抵押该房产。即使谢某1对该房产的抵押实施了无权处分的行为,抵押约定无效,但该抵押权符合上述法律规定的善意取得的要件,鑫源公司依法善意取得该房产的抵押权,不因抵押合同中涉及无权处分部分无效而受影响。

2. 关于叶某应否对本案债务承担责任问题。

上诉人认为,依据《最高人民法院关于适用〈中华人民共和国婚姻法〉若干问题的解释(二)》第二十四条的规定,“债权人就婚姻关系存续期间夫妻一方以个人名义所负债务主张权利的,应当按夫妻共同债务处理”。由此可见,只要债权债务发生在夫妻关系存续期间,就应推定所涉债务为夫妻共同债务。在本案中,叶某与谢某1离婚发生在诉讼期间,是在上诉人提出诉讼后才离婚的。叶某认为当金未用于夫妻共同生活,叶某负有举证责任,但至今其未向法庭提交证据,而且即使有提供,其证据也不属于最高人民法院规定的两种免除事由。原审判决叶某不承担责任是错误的。

被上诉人认为,叶某没有签订合同,婚姻法的解释也明确承担责任的前提是用于夫妻共同生活,但本案的当金是上诉人直接打到刘建光的账户,没有由谢某1和叶某共同支配,并非用于夫妻共同生活,根据婚姻法的解释,这个不属于夫妻共同债务。

本院认为,《最高人民法院关于适用〈中华人民共和国婚姻法〉若干问题的解释(二)》第二十四条规定,债权人就婚姻关系存续期间夫妻一方以个人名义所负债务主张权利的,应当按夫妻共同债务处理。由此可见,只要债权债务发生在夫妻关系存续期间,就应推定所涉债务为夫妻共有债务。除非夫妻一方能够证明债权人与另一方明确约定为个人债务,或者能够证明夫妻对婚姻关系存续期间所得的财产约定归各自所有且债权人知道该约定,夫妻一方对外所负的债务才能认定为夫妻一方的个人债务。本案中,上诉人叶某辩称其对于本案借款并不知情,谢某1也未将该借款用于家庭生活,但因该借款发生于谢某1、叶某婚姻关系存续期间,即便借款合同上叶某的签名非其本人所为,因叶某未提交证据证明其和谢某1约定财产归各自所有且鑫源公司明知该约定,仅凭上诉人按照谢某1的要求将借款汇到刘建光的账户,不足以证明该借款就不是用于家庭共同生活,故叶某应当承担举证不利后果,涉案借款应认定为系谢某1、叶某的夫妻共同债务,叶某应当对婚姻关系存续期间的共同债务承担清偿责任。

3. 关于上诉人主张的其他费用应否得到支持问题。

上诉人认为,上诉人在办理典当履行合同的过程中不存在过错,被上诉人向上诉人所借的款项至今未偿还,上诉人依据合同向被上诉人主张还款,为此而支付的合理费用应由被上诉人承担。

被上诉人认为,其他的费用在合同有约定,但合同无效,故无效的权利不应支持。

本院认为,依据本案《房地产最高额抵押借款合同》的约定,抵押担保的范围包括本金、利息、综合费、违约金、律师代理费、诉讼费等,因被上诉人谢某1违约逾期未还款,致使上诉人为追讨借款主张权利而支付一审律师费45,000元,上诉人诉求该费用应由被上诉人承担,理由成立,该款项应由被上诉人承担。

综上所述,本院认为,上诉人鑫源公司与被上诉人谢某1签订《房地产最高额抵押借款合同》,约定谢某1向鑫源公司借款120万元,该约定系双方当事人真实意思表示,合法有效,对双方均有法律约束力。鑫源公司按约定和谢某1的指示支付了借款,谢某1未按约定归还借款,已构成违约。谢某1的借款发生在与叶某婚姻关系存续期间,应推定所涉债务为夫妻共同债务,故鑫源公司请求谢某1、叶某共同承担偿还借款责任,理由正当,应予支持,但欠款本金金额应以鑫源公司实际支付的金额即1,182,000元为准。鑫源公司要求谢某1支付按合同约定的综合费及违约金,因双方约定的综合费及违约金合计超过中国人民银行规定的同期同类贷款利率的四倍,超过部分不予保护,综合费及违约金应从借款之日起按中国人民银行规定的同期同类贷款利率的四倍计算。因被上诉人谢某1违约逾期未还款,致使上诉人为追讨借款主张权利而支付一审律师费45,000元,该款项应由被上诉人承担。本案的抵押物系谢某1、叶某的共同财产,《房地产最高额抵押借款合同》中叶某的签名及指印虽经鉴定不是叶某本人所写所捺，对叶某不具有法律效力，但如上述争议焦点一的分析，鑫源公司善意有偿取得该房产的抵押权，依法应当维护其合法权益，鑫源公司要求对抵押物即址在×县的房屋依法变卖或拍卖所得的款项享有优先受偿权的请求，于法有据，应予支持。若被上诉人叶某认为其权利因此受到侵害，可根据《中华人民共和国物权法》第一百零六条第二款规定，向无处分权人即被上诉人谢某1请求赔偿损失。被上诉人谢某1在二审诉讼期间死亡，依法追加其继承人参加诉讼并以继承遗产的实际价值为限承担责任。被上诉人谢某炳经本院传票传唤未到庭参加诉讼，也未提交书面答辩，视为自动放弃诉讼权利，依法缺席审理。原审判决存在部分事实认定不清，适用法律错误，判决不当，应予撤销改判，上诉人鑫源公司的上诉理由成立，予以采纳。据此，依照《中华人民共和国合同法》第一百九十六条、第二百零七条，《中华人民共和国物权法》第一百零六条，《中华人民共和国继承法》第三十三条，《最高人民法院关于适用〈中华人民共和国婚姻法〉若干问题的解释(二)》第二十四条，《最高人民法院关于贯彻执行〈中华人民共和国民法通则〉若干问题的意见(试行)》第八十九条，《最高人民法院关于适用〈中华人民共和国民事诉讼法〉的解释》第五十五条，《中华人民共和国民事诉讼法》第一百四十四条、第一百七十条第一款第二项的规定，判决如下：

一、撤销南靖县人民法院(2015)靖民初字第789号民事判决。

二、被上诉人叶某、谢某2、谢某炳应于本判决生效后十日内支付给上诉人漳州鑫源典当有限责任公司借款1,182,000元及综合费和违约金，综合费和违约金从2014年10月24日起按中国人民银行同期同类贷款利率的四倍计至判决确定的还清款项之日止。谢某2、谢某炳应承担的责任以继承遗产的实际价值为限。

三、被上诉人叶某、谢某2、谢某炳应于本判决生效后十日内支付给上诉人漳州鑫源典当有限责任公司为追讨本案借款而支付的一审律师费45,000元。谢某2、谢某炳应承担的责任以继承遗产的实际价值为限。

四、如果被上诉人叶某、谢某2、谢某炳未按上述第二、三项判决履行义务，上诉人漳州鑫源典当有限责任公司有权对抵押物即址在×县的房屋【房屋所有权证号：房权证×字第×号，土地使用证号：×国用(×)字第×号】的依法变卖或拍卖所得的款项享有优先受偿权。

五、驳回上诉人漳州鑫源典当有限责任公司的其他上诉请求。

如果未按本判决指定的期间履行给付金钱义务，应当依照《中华人民共和国民事诉讼法》第二百五十三条之规定，加倍支付迟延履行期间的债务利息。

二审案件受理费19,623元，由上诉人漳州鑫源典当有限责任公司负担1962元，被上诉人叶某、谢某2、谢某炳负担17,661元。一审案件受理费19,623元,改由漳州鑫源典当有限责任公司负担1962元,叶某、谢某2、谢某炳负担17,661元。鉴定费5000元,改由漳州鑫源典当有限责任公司负担2500元,谢某2、谢某炳负担2500元。

本判决为终审判决。

审　判　长　林良志
审　判　员　周秀容
代理审判员　张阿娇
二〇一六年五月三十日
书　记　员　谢建才

【问题提示】(3)当户将依法被查封的财物作为当物向典当行借款的,应如何处理?

【案例十四】蚌埠市华运典当有限公司诉蚌埠蚌锐房地产开发经营有限公司、安徽省蚌埠市蚌山区人民法院典当纠纷案(2014年8月5日)

【法律点】 1. 典当行明知当物系法院查封物而予以收当,既违背了典当的本质属性,也违反了查封物不得设定抵押的强制性规定,典当合同无效。

2. 典当合同无效,当户应当返还当金,并依其过错赔偿典当行相应的利息损失。

【关键词】依法被查封的财产　抵押　处置权　典当合同无效　强制性规定　连带偿还责任

安徽省蚌埠市中级人民法院
民事判决书

(2012)蚌民一终字第00803号

上诉人(一审原告):蚌埠市华运典当有限公司。住所地,安徽省蚌埠市××街。

法定代表人:赵新光,董事长。

委托代理人:金伟,安徽东石律师事务所律师。

被上诉人(一审被告):蚌埠蚌锐房地产开发经营有限公司。住所地,安徽省蚌埠市××路。

法定代表人:郁汉举,董事长。

被上诉人(一审被告):安徽省蚌埠市蚌山区人民法院。住所地,安徽省蚌埠市××大道。

法定代表人:王先年,院长。

委托代理人:葛育春,民二庭庭长。

委托代理人:刘心乐,审判监督庭副庭长。

上诉人蚌埠市华运典当有限公司(以下简称华运公司)因与被上诉人蚌埠蚌锐房地产开发经营有限公司(以下简称蚌锐公司)、安徽省蚌埠市蚌山区人民法院典当纠纷一案,不服安徽省蚌埠市龙子湖区人民法院于2012年5月4日作出的(2011)龙民一初字第00476号民事判决,向本院提起上诉。本院受理后,依法组成合议庭审理了本案。本案现已审理终结。

一审法院查明:2008年8月19日,甲方蚌锐公司与乙方华运公司签订《房地产典当合同》,约定蚌锐公司自愿将坐落于淮河路×号的自有房产纺机小区淮秀园×号楼从东至西第一至第二间门面房典当给华运公司;当物为蚌埠市蚌山区人民法院查封,为配合法院解决诉讼案件,经蚌埠市蚌山区人民法院执行庭同意典当给华运公司,由执行庭协助,从房屋销售款中优先偿还典当款及综合费;担保人为连带责任担保,如蚌锐公司不遵守典当协议及续当协议,不按期归还当金及费用,担保人须代为偿付,如造成华运公司经济损失的,担保人须承担全额赔偿责任。该合同首部及尾部仅有甲方蚌锐公司与乙方华运公司签字盖章,尾部担保人处无签章。合同尾部空白处写有“同意从工程款中支付(优先)”,并盖有蚌埠市蚌山区人民法院执行局的印章。该合同签订时,典当房产已被蚌埠市蚌山区人民法院查封。同日,华运公司依合同约定将450,000元当金打入蚌锐公司在工行淮河支行的账户(13030072193000363××)。2010年10月22日及其后,华运公司多次催告蚌锐公司返还合同约定款项未果,遂于2011年7月12日提起诉讼,请求判令:1. 蚌锐公司向华运公司支付当金450,000元、综合费360,000元、违约金11,250元,合计821,250元及逾期付款利息(按中国人民银行同期贷款利率计算从应给付之日计算至实际给付之日);2. 蚌埠市蚌山区人民法院承担连带赔偿责任;3. 蚌锐公司、蚌埠市蚌山区人民法院承担本案全部诉讼费。

一审法院认为:典当,是指当户将其动产、财产权利作为当物质押或者将其房产作为当物抵押给典当行,交付一定比例费用,取得当金,并在约定期限内支付当金利息、偿还当金、赎回当物的行为。蚌锐公司与华运公司签订的《房地产典当合同》属于典当合同。

关于缔约能力及责任承担的问题,当事人订立合同,应当具有相应的民事权利能力和民事行为能力。当事人依法可以委托代理人订立合同。蚌埠市蚌山区人民法院执行局作为该院的内部机构,不是独立法人,不能独立享有民事权利、承担民事责任。且该案中没有证据表明蚌埠市蚌山区人民法院执行局订立典当合同事先经过该院授权或事后得到追认,不能认为其具有签订典当合同的代理权限,蚌埠市蚌山区人民法院执行局不具备独立订立典当合同的合法资格。另外,依据《中华人民共和国民法通则》第三十六条第一款的规定,“法人是具有民事权利能力和民事行为能力,依法独立享有民事权利和承担民事义务的组织”。因蚌埠市蚌山区人民法院执行局作为该院的内部机构,不是独立法人,不能独立享有民事权利、承担民事责任,对于其订立典当合同而产生的民事责任,蚌埠市蚌山区人民法院作为能够独立承担民事责任的机关法人应予以承担。

关于典当合同订立的问题,蚌锐公司、华运公司作为该合同的甲、乙双方,均无异议。但华运公司、蚌埠市蚌山区人民法院对该合同担保条款是否成立,蚌埠市蚌山区人民法院是否为连带责任保证人存在异议。依照《最高人民法院关于适用〈中华人民共和国合同法〉若干问题的解释(二)》第一条的规定,“当事人对合同是否成立存在争议,人民法院能够确定当事人名称或者姓名、标的和数量的,一般应当认定合同成立”。合同虽约定“担保人为连带责任担保,如甲方不遵守典当协议及续当协议,不按期归还当金及费用,担保人须代为偿付,如造成乙方经济损失的,担保人须承担全额赔偿责任”,但合同首部未列出担保人,尾部担保人处无签章。且在该案中,仅依靠合同尾部空白处写有“同意从工程款中支付(优先)”,并盖有蚌埠市蚌山区人民法院执行局的印章无法明确蚌埠市蚌山区人民法院的担保责任,对于该担保合同的标的无法确定,担保合同依法不能成立。另外,依据《中华人民共和国担保法》第十三条的规定,“保证人与债权人应当以书面形式订立保证合同”。合同虽约定担保条款,但合同尾部担保人却无签章,且合同第八条约定“本协议经甲乙双方签章后生效”,可推之典当合同仅存在甲乙双方,蚌埠市蚌山区人民法院并非该典当合同的担保人。

关于典当物的问题,该典当物已于2004年8月23日由蚌埠市蚌山区人民法院执行局在蚌埠市房产交易管理所予以查封,该典当物至今尚未解除查封。蚌埠市蚌山区人民法院在合同尾部空白处签字盖章的行为,是对应合同中“由执行庭协助”的内容,并未对华运公司造成任何损失,且不存在过错,依法不应承担责任。

对于典当合同效力的问题,该合同签订时,典当房产已被蚌埠市蚌山区人民法院查封,依据《中华人民共和国合同法》第五十二条的规定,“有下列情形之一的,合同无效……(五)违反法律、行政法规的强制性规定的合同依法无效”,《中华人民共和国物权法》第一百八十四条的规定,“下列财产不得抵押……(五)依法被查封、扣押、监管的财产”,该典当合同因用查封房屋作为典当物,违反法律强制性规定而无效。

关于典当合同无效的责任承担问题,依据《中华人民共和国合同法》第五十八条的规定,“合同无效或者被撤销后,因该合同取得的财产,应当予以返还;不能返还或者没有必要返还的,应当折价补偿。有过错的一方应当赔偿对方因此所受到的损失,双方都有过错的,应当各自承担相应的责任”。华运公司依照典当合同约定支付给蚌锐公司的450,000元当金,因合同无效,蚌锐公司应予以返还。对于合同无效导致的损失,虽然华运公司及蚌锐公司作为典当合同的双方,明知该房屋已被查封,仍以其为当物进行抵押,对典当合同无效都负有过错,但蚌锐公司并未因此过错而产生损失。典当合同无效,导致合同约定的因房抵押的月综合费条款无效,但因此无效而产生的当金利息损失应当由蚌锐公司予以负担。截至一审庭审辩论终结前共计借贷40个月,本金450,000元,按中国人民银行同期贷款利率计算,合同签订时年利率为7.74%,利息为116,100元。

综上,依照《中华人民共和国物权法》第一百八十四条,《中华人民共和国合同法》第九条、第五十二条、第五十八条,《最高人民法院关于适用〈中华人民共和国合同法〉若干问题的解释(二)》第一条,《中华人民共和国民法通则》第三十六条,《中华人民共和国担保法》第十三条,参照《典当管理办法》第三条的规定,判决:1. 蚌埠蚌锐房地产开发经营有限公司在判决生效之日起十日内返还蚌埠市华运典当有限公司450,000元本金及116,100元利息,共计566,100元;2. 驳回蚌埠市华运典当有限公司对蚌埠市蚌山区人民法院的诉讼请求。如果未按判决指定的期限履行给付金钱义务,应当依照《中华人民共和国民事诉讼法》第二百二十九条之规定,加倍支付迟延履行期间的债务利息。案件受理费12,013元,财产保全费4620元,共计16,633元,由蚌埠蚌锐房地产开发经营有限公司负担。

华运公司上诉称:1. 根据一审判决引用《典当管理办法》第三条对“典当”所下的定义,能够得出“典当”的本质为“抵(质)押借款”,“借款”在“抵(质)押借款”中系主合同,“抵(质)押”在“抵(质)押借款”中系从合同,即抵押是典当合同的从合同。上诉人和蚌锐公司签订的《房地产典当合同》系当事人的真实意思表示,依法具有法律效力。该合同中涉及的“抵押”是“从合同”,“典当”才是“主合同”,根据从合同无效不影响主合同效力的合同法原理,一审判决以抵押无效来否定《房地产典当合同》的法律效力,没有法律依据,也是完全错误的。2. 根据《房地产典当合同》第六条的约定,蚌埠市蚌山区人民法院在该合同中的担保行为一清二楚,一审判决却否定该院的担保行为,并以种种理由否定其因担保无效应承担的过错赔偿责任,违背了客观事实,亦违反了法律规定,该判决依法不能成立。综上,一审判决认定《房地产典当合同》无效,并判令蚌埠市蚌山区人民法院不承担连带赔偿责任,系认定事实和适用法律错误,请求二审法院撤销一审判决,依法改判支持上诉人的诉讼请求。

蚌埠市蚌山区人民法院辩称:1. 华运公司作为专业的典当公司,明知蚌锐公司提供的当物系被法院依法查封的房产,根本不符合典当条件,仍然向蚌锐公司发放当金,其存在明显过错,且其与蚌锐公司签订的《房地产典当合同》也违反了《中华人民共和国物权法》《中华人民共和国担保法》《典当管理办法》的相关规定,因而无效。2. 典当合同与抵押借款合同是两回事。抵质权是典当法律关系成立或有效的前提,典当中的借款行为与担保行为共存,要借款就必须提供优质有效的当物,故典当权是以特殊担保物权的成立为前提,且不具有从属性。普通借款中的抵押或质押是为主债权提供的担保,因而具有从属性。因此,华运公司关于抵押合同是从合同,其无效不影响典当合同效力的上诉理由错误。3. 华运公司所诉的保证合同未成立,蚌埠市蚌山区人民法院不应承担任何责任。《房地产典当合同》首部所列的当事人只有华运公司与蚌锐公司,并未列蚌埠市蚌山区人民法院为保证人,且该合同尾部担保人签章处也无蚌埠市蚌山区人民法院的签章,根本就不存在保证合同;从该合同载明的内容来看,蚌埠市蚌山区人民法院执行局无任何提供保证的意思表示。故华运公司上诉所称的蚌埠市蚌山区人民民法院执行局提供担保,与事实不符,不能成立,其要求蚌埠市蚌山区人民法院承担连带责任的诉请应予驳回。4. 即便存在保证合同,该保证合同也是无效的,华运公司因此遭受的损失,应由其自行承担。华运公司明知执行局是蚌埠市蚌山区人民法院内部职能部门,无缔约能力也无代偿能力,而仍然与之订立无效的保证合同,其存在明显过错,执行局及蚌埠市蚌山区人民法院不仅不应承担保证责任,而且也不应承担任何民事赔偿责任。再退一步说,即使保证合同成立,按照担保法的规定,保证人与债权人未约定保证期间的,债权人应自主债务履行期限届满后六个月内要求保证人承担保证责任。本案典当期限至2009年2月19日届满,在2009年8月19日前,华运公司未向蚌埠市蚌山区人民法院主张权利,蚌埠市蚌山区人民法院也免除了责任。综上,一审判决认定事实清楚,适用法律正确,请求二审法院驳回上诉,维持原判。

经审理查明:除华运公司对一审判决认定的"尾部担保人处无签章"的事实有异议外,双方当事人对一审判决认定的其他事实均无异议,本院对双方当事人均无异议的事实予以确认。

本院认为,本案争议的焦点是:1. 案涉《房地产典当合同》是否有效? 2. 蚌埠市蚌山区人民法院应否承担连带赔偿责任?根据本案相关证据和事实,依照法律规定,对上述争议焦点分析评判如下:

1. 案涉《房地产典当合同》应为无效合同。

《典当管理办法》第三条第一款规定:"本办法所称典当,是指当户将其动产、财产权利作为当物质押或者将其房地产作为当物抵押给典当行,交付一定比例费用,取得当金,并在约定期限内支付当金利息、偿还当金、赎回当物的行为。"第四十二条规定:"典当行经营房地产抵押典当业务,应当和当户依法到有关部门先行办理抵押登记,再办理抵押典当手续。"第四十三条规定:"典当行应当按照下列规定处理绝当物品:(一)当物估价金额在3万元以上的,可以按照《中华人民共和国担保法》的有关规定处理,也可以双方事先约定绝当后由典当行委托拍卖行公开拍卖。拍卖收入在扣除拍卖费用及当金本息后,剩余部分应当退还当户,不足部分向当户追索。(二)绝当物估价金额不足3万元的,典当行可以自行变卖或者折价处理,损溢自负。(三)对国家限制流通的绝当物,应当根据有关法律、法规,报有关管理部门批准后处理或者交售指定单位。(四)典当行在营业场所以外设立绝当物品销售点应当报省级商务主管部门备案,并自觉接受当地商务主管部门监督检查。(五)典当行处分绝当物品中的上市公司股份应当取得当户的同意和配合,典当行不得自行变卖、折价处理或者委托拍卖行公开拍卖绝当物品中的上市公司股份。从前述规定上来看,典当也是一种质押或抵押借款,但从前述规定的文义上来理解,典当又有别于普通的质押或抵押借款,一是质押或抵押登记在先;二是当户到期不能还款时,典当行对质押物或抵押物有直接的、法定的处置权,尤其是典当行对质押物或抵押物法定的直接处置权,是典当区别于其他质押或抵押借款的本质特征。如果没有这种法定权利,也就不是典当了。本案中,华运公司明知当物系法院查封物而予以收当,既违背了典当的本质属性,也有悖于《典当管理办法》第二十七条"典当行不得收当下列财物:(一)依法被查封、扣押或者已经被采取其他保全措施的财产;……"的规定。同时,《中华人民共和国物权法》第一百八十四条规定:"下列财产不得抵押:……(五)依法被查封、扣押、监管的财产;……"《中华人民共和国合同法》第五十二条规定:"有下列情形之一的,合同无效……(五)违反法律、行政法规的强制性规定的合同依法无效。"案涉《房地产典当合同》因违反前述规定应属无效,故对华运公司关于抵押合同是从合同,其无效不影响典当合同效力的上诉主张,本院不予支持。一审法院依据《中华人民共和国合同法》第五十八条的规定判决蚌锐公司返还华运公司450,000元正确,但该款项利息应当计算至蚌锐公司实际给付之日,而不应当计算至一审庭审辩论终结前,故一审法院关于该450,000元利息的判决有误,本院予以纠正。另外,一审判决对华运公司的诉讼请求予以部分支持,对未予支持的部分诉讼请求没有予以驳回,显属不当,本院亦予以纠正。

2. 蚌埠市蚌山区人民法院不应当承担连带偿还责任。

《中华人民共和国担保法》第六条规定:“本法所称保证,是指保证人和债权人约定,当债务人不履行债务时,保证人按照约定履行债务或者承担责任的行为。”而案涉《房地产典当合同》中首部仅有甲方蚌锐公司、乙方华运公司;尾部虽有担保人栏,但并无蚌埠市蚌山区人民法院的签字盖章;担保人栏下方空白处虽有“同意从工程款中支付(优先)”字样,并加盖有蚌埠市蚌山区人民法院执行局印章,但结合该合同第二条表述的内容“当物为蚌埠市蚌山区人民法院查封,为配合法院解决诉讼案件,经蚌埠市蚌山区人民法院执行庭同意典当给乙方,由执行庭协助,从房屋销售款中优先偿还乙方典当款及综合费”可以看出,蚌埠市蚌山区人民法院执行局仅是协助从房屋销售款中优先支付,并无保证意思表示,蚌埠市蚌山区人民法院执行局不是本案中的保证人。故华运公司关于蚌山区人民法院担保行为清楚,应当承担担保责任的上诉理由,本院亦不予采纳。

综上,原判认定事实清楚,适用法律正确,但处理结果部分有误,本院予以纠正。依照《中华人民共和国民事诉讼法》第一百七十条的规定,判决如下:

一、维持安徽省蚌埠市龙子湖区人民法院(2011)龙民一初字第00476号民事判决第二项,即“驳回蚌埠市华运典当有限公司对蚌埠市蚌山区人民法院的诉讼请求”。

二、变更安徽省蚌埠市龙子湖区人民法院(2011)龙民一初字第00476号民事判决第一项“蚌埠蚌锐房地产开发经营有限公司在判决生效之日起十日内返还蚌埠市华运典当有限公司450,000元本金及116,100元利息,共计566,100元”为蚌埠蚌锐房地产开发经营有限公司在本判决生效之日起十日内返还蚌埠市华运典当有限公司450,000元本金及其利息(利息从2008年8月19日起,按照中国人民银行同期贷款利率计算至该款实际偿还之日止)。

三、驳回蚌埠市华运典当有限公司其他诉讼请求。

一审案件受理费按一审判决执行;二审案件受理费12,013元,由蚌埠市华运典当有限公司负担(已交纳)。

本判决为终审判决。

审　判　长　张　凯
审　判　员　潘伟荣
审　判　员　耿　杰
二〇一四年八月五日
书　记　员　王瑞琦

5. 第三人提供的当物

【问题提示】当户以他人之物作为当物的，该典当合同是否成立生效？

【案例十五】芜湖繁昌金元典当有限责任公司诉繁昌县菲思特管业有限公司、蒋有巧、王翠兰、蒋书才典当纠纷案（2014年11月21日）

【法律点】典当系当户提供自有当物设定抵押担保获取当金的行为。若当户并未提供自有当物即获得当金，其性质为一般借款行为。作为具有专业典当资质的典当行，从事一般借款业务违反了典当企业不得从事信用贷款等非法金融活动的规定，应认定为无效。但借款人在返还借款本金的同时，应当参照同期同类贷款利率标准，返还资金占用期间的利息。

【关键词】自有当物　借款合同　信用贷款　合同无效　公平原则

安徽省芜湖市中级人民法院

民事判决书

（2014）芜中民二终字第00389号

上诉人（原审被告）：繁昌县菲思特管业有限公司。住所地，安徽省××县。

法定代表人：王声林，董事长。

委托代理人：陈火扬，安徽国本律师事务所律师。

被上诉人（原审原告）：芜湖繁昌金元典当有限责任公司。住所地，安徽省××县。

法定代表人：张顺仕，总经理。

委托代理人:李大东,安徽东帆律师事务所律师。

被上诉人(原审被告):蒋有巧。

被上诉人(原审被告):王翠兰。

被上诉人(原审被告):蒋书才。

上诉人繁昌县菲思特管业有限公司(以下简称菲思特公司)因与被上诉人芜湖繁昌金元典当有限责任公司(以下简称金元典当公司)、蒋有巧、王翠兰、蒋书才典当纠纷一案,不服安徽省繁昌县人民法院于2014年6月13日作出的(2014)繁民二初字第00221号民事判决,向本院提起上诉。本院受理后依法组成合议庭,于2014年8月28日、11月19日公开开庭进行了审理。上诉人菲思特公司的委托代理人陈火扬、被上诉人金元典当公司的委托代理人李大东到庭参加诉讼。被上诉人蒋有巧、王翠兰、蒋书才经本院传票传唤,无正当理由未到庭参加诉讼。本案现已审理终结。

一审法院经审理查明:2012年12月12日,菲思特公司向金元典当公司申请典当借款,同日,金元典当公司与菲思特公司签订《抵押借款合同》一份,约定,借款金额为20万元,借款期限自2012年12月12日起至2013年3月11日止,借款月综合费率为26‰,月利息为4‰。蒋有巧、王翠兰、蒋书才为菲思特公司的上述借款提供了连带责任保证,合同同时约定以蒋书才的房产为上述借款提供抵押担保。合同签订后,金元典当公司按约向菲思特公司出具当票并将款项汇入其指定账户。借款到期后,菲思特公司未按合同约定归还借款本金及综合费、利息等。经金元典当公司多次催讨未果。

一审法院认为:合法的借贷关系受法律保护,金元典当公司与菲思特公司签订的《抵押借款合同》合法有效。借款到期后,菲思特公司未向金元典当公司清偿,故对金元典当公司要求菲思特公司归还借款及综合费、利息的请求,予以支持。蒋有巧、王翠兰、蒋书才为上述借款提供连带责任保证,故对金元典当公司要求蒋有巧、王翠兰、蒋书才承担连带清偿责任的请求,亦予以支持。综上,依照《中华人民共和国合同法》第六十条第一款、第一百九十六条、第二百零七条,《中华人民共和国担保法》第二十六条和《中华人民共和国民事诉讼法》第一百四十四条之规定,判决如下:一、菲思特公司于判决生效之日起十日内归还金元典当公司借款本金20万元及综合费、利息(月利息自2012年12月12日起至借款付清之日止,按3‰计算;月综合费自2013年3月12日起至借款付清之日止,按26‰计算)。二、蒋有巧、王翠兰、蒋书才对菲思特公司的上述付款义务承担连带清偿责任。案件受理费2150元,由菲思特公司、蒋有巧、王翠兰、蒋书才负担。

菲思特公司上诉称:1. 一审程序违法。菲思特公司没有收到开庭传票及诉讼材料,无法行使一审的诉讼权利。2. 一审法院认定事实错误。涉案20万元并非典当借款,而是金元典当公司违法发放信用贷款。因为菲思特公司并未以自有房地产作为当物,而是以担保人蒋书才的房产作为当物设定抵押担保。因此一审法院按照典当借款支持综合费26‰错误。金元典当公司扣除综合费后实际仅发放184,400元,因此应认定借款本金为184,400元。菲思特公司于2012年12月12日归还金元典当公司156,440元,仅剩本金27,960元未归还。3. 一审判决上诉人承担案件受理费2150元错误,菲思特公司应在剩下欠的本金27,960元范围内负担案件受理费。综上,请求二审法院撤销原判,依法改判。

金元典当公司在庭审中辩称:1. 一审程序正确合法。一审法院按法律规定将开庭传票及证据材料送达至菲思特公司处,由菲思特公司门卫签收。2. 一审认定事实清楚。一审菲思特公司未到庭,一审法院根据查明的事实作出判决,涉案借款是典当借款。3. 借款当日归还的156,440元是归还之前蒋有巧的个人借款。

蒋有巧、王翠兰、蒋书才未作答辩。

二审中,菲思特公司向本院提交一组新证据:1. 菲思特公司营业执照、组织机构代码证、法定代表人身份证明书、身份证,证明菲思特公司主体适格以及公司成立的时间。2. 最高额房屋及国有土地使用权抵押担保合同、当票,证明繁地证繁昌字007625号他项权证所依据的抵押担保合同,抵押担保期限于2011年4月19日到期。金元典当公司抵押担保期限于2014年4月19日届满的抵押担保合同是虚假的,涉案借款未办理任何合法的抵押登记。3. 银行凭证,证明菲思特公司实收金元典当公司184,400元借款后,当日即转账归还156,440元。菲思特公司实欠金元典当公司27,960元。

金元典当公司对上述证据发表质证意见为:1. 上述证据不属于新证据;2. 证据一营业执照、证据二抵押担保合同、证据三银行凭证真实性无法核实,需庭后核实。请求给予一定期限准备。

金元典当公司向本院提交一组新证据:1. 蒋有巧、蒋书才、王翠兰身份证、典当借款申请书、借款合同、最高额抵押合同、最高额抵押借款合同、抵押物清单、他项权证以及房屋所有权证书、当票、申请汇款书、进账单、借条及收条,证明金元典当公司在2010年4月20日向蒋有巧、蒋书才发放典当借款15万元。2. 续当凭证一组、现金交款单,证明蒋有巧、蒋书才到期未能归还借款,续当至2012年12月12日。3. 赎当凭证,证明从发放蒋书才、蒋有巧典当借款之日起至赎当之日止,本金及综合费、利息合计282,440元;2012年12月12日,还款之日,尚欠本金15万元,利息6440元,上述款项156,440元由菲思特公司的法定代表人张琎(蒋有巧妻子)汇给金元典当公司。

4. 蒋有巧借款付款明细,表明到 2012 年 12 月 12 日欠借款本金及利息、综合费合计 156,440 元。以上四组证据证明菲思特公司所汇 156,440 元是归还蒋书才、蒋有巧 2010 年 4 月 20 日的借款,而非归还菲思特公司自己的借款。5. 企业注册信息及变更信息,2014 年 4 月 9 日股东变更,由张进、张思勇变更为王名升、王声林,法定代表人由张进变更为王声林,证明 156,440 元款项是由原法定代表人张琎汇至金元典当公司的,而且张琎是蒋有巧的妻子。

菲思特公司对上述证据发表质证意见如下:1. 证据一与本案无关联性,同一天(2010 年 4 月 20 日)两份编号相同的抵押合同互相矛盾,在房管备案的是最高额 20 万元的抵押合同,到期日是 2011 年 4 月 19 日,并非 2014 年 4 月 19 日,该证据只能证明是蒋有巧、蒋书才个人借款,菲思特公司的借款未办理任何的抵押登记手续。2. 证据二、三不能达到金元典当公司的证明目的,个人续当至 2012 年 10 月 26 日,赎当日期是 2012 年 12 月 12 日,备注表明质押物、抵押物已退还本人,说明该抵押物没有在房管局再办理任何的抵押登记手续。蒋有巧、蒋书才个人借款与上诉人借款无关联性。3. 证据四不属于证据,系被上诉人单方制作。4. 证据五认可其真实性,但达不到金元典当公司的证明目的,与本案无关联性。金元典当公司无证据证明张进是蒋有巧的妻子,即使是蒋有巧的妻子也与本案无关,公司还款与个人还款是两个不同的法律关系。

蒋有巧、王翠兰、蒋书才对上述证据未发表质证意见。

二审法院查明其他事实与一审法院查明事实一致。

本院认为:1. 一审送达程序合法。一审法院将诉讼材料送至菲思特公司,该公司门卫予以了签收。2. 本案系借款关系,而非典当纠纷。典当系当户提供自有当物设定抵押担保获取当金的行为,而本案中当户菲思特公司并未提供自有当物即获得当金,显然为一般借款行为,因此,借款本金应以金元典当公司实际发放金额 184,400 元计算。由于金元典当公司系具有金融典当资质的专业典当公司,其与菲思特公司之间的借款合同关系违反了典当企业不得从事信用贷款等非法金融活动的规定,应认定为无效。根据公平原则,借款人在返还借款本金的同时,应当参照同期同类贷款利率标准,返还资金占用期间的利息。3. 根据金元典当公司在二审中提供的证据,可以证明蒋有巧、蒋书才在 2010 年 4 月 20 日曾经向金元典当公司典当借款 15 万元,该笔借款一直续当到 2012 年 12 月 12 日(赎当凭证上载明)。在本案借款实际发放之日即 2012 年 12 月 12 日,菲思特公司归还了蒋有巧、蒋书才以上典当本金及利息共计 156,440 元。同日,金元典当公司向蒋有巧、蒋书才出具了赎当凭证,蒋有巧在该凭证上签字确认。故菲思特公司上诉称156,440元归还的系本案借款无事实依据,也与常理不符,本院不予支持。综上,一审法院认定事实清楚,但适用法律不当,本院予以变更。依照《中华人民共和国民事诉讼法》第一百七十条第一款第一、二项之规定,判决如下:

一、维持安徽省繁昌县人民法院(2014)繁民二初字第00221号民事判决第二项;

二、变更安徽省繁昌县人民法院(2014)繁民二初字第00221号民事判决第一项为"繁昌县菲思特管业有限公司于本判决生效之日起十日内归还芜湖繁昌金元典当有限责任公司借款本金184,400元以及相应利息(自2012年12月12日计算至本判决确定给付之日,按照同期同类银行贷款利率标准计算)";

三、驳回芜湖繁昌金元典当有限责任公司的其他诉讼请求。

如果未按本判决指定的期间履行给付金钱的义务,应当按照《中华人民共和国民事诉讼法》第二百五十三条之规定,加倍支付迟延履行期间的债务利息。

一审案件受理费2150元,由芜湖繁昌金元典当有限责任公司负担550元,由繁昌县菲思特管业有限公司、蒋有巧、王翠兰、蒋书才共同负担1600元,二审案件受理费4300元,由芜湖繁昌金元典当有限责任公司1100元,由繁昌县菲思特管业有限公司、蒋有巧、王翠兰、蒋书才共同负担3200元。

本判决为终审判决。

审　判　长　王　琼
审　判　员　朱莉娟
代理审判员　蔡　俊
二〇一四年十一月二十一日
书　记　员　张　琴

【案例十六】湘西自治州平安典当有限责任公司诉彭明友、张吉祥、石碧云典当纠纷案（2015年10月9日）

【法律点】当户用于典当的当物并不是自己所有，对设立抵押的房屋不享有所有权和处分权，典当行也未对抵押房产行使占有、使用、收益的权利，双方之间不构成典当关系，而是属于借款关系。

【关键词】当物　所有权　处分权　民间借贷　房地产抵押

湖南省湘西土家族苗族自治州中级人民法院
民事判决书

（2015）州民二终字第57号

上诉人（原审原告）：湘西自治州平安典当有限责任公司。住所地，吉首市××路。

法定代表人：李国林，总经理。

委托代理人：田园，湖南生元律师事务所律师。

委托代理人：陈昊，湖南民益律师事务所律师。

被上诉人（原审被告）：彭明友。

委托代理人：李鹏飞，湖南董艺律师事务所律师。

被上诉人（原审被告）：张吉祥。

被上诉人（原审被告）：石碧云。

上诉人湘西自治州平安典当有限责任公司（以下简称湘西州平安典当公司）与被上诉人彭明友、张吉祥、石碧云典当纠纷一案，上诉人不服吉首市人民法院（2014）吉民初字第786号民事判决，向本院提起上诉。本院受理后，依法组成合议庭，公开开庭审理了本案。上诉人湘西州平安典当公司的委托代理人田园、陈昊，被上诉人彭明友的委托代理人李鹏飞，被上诉人张吉祥、石碧云到庭参加诉讼。上诉人的法定代表人李国林,被上诉人彭明友经本院合法传唤后未到庭参加诉讼。本案现已审理终结。

原审审理查明,2009 年 12 月 17 日,原告湘西自治州平安典当有限责任公司与被告彭明友签订《房地产借款抵押合同》,合同约定:借款当金 160,000 元,月利率为 0.5%,月综合费率为 2.7%,借款期限自 2009 年 12 月 17 日至 2010 年 6 月 16 日。具体期限在双方签署的当票上予以确认。同日,原告与被告彭明友签署了当票。2009 年 12 月 17 日,原告与张吉祥、石碧云签订《房地产抵押合同》,合同约定张吉祥与石碧云以共有的房产为彭明友借湘西自治州平安典当有限责任公司的 160,000 元借款提供抵押担保,抵押房产的房屋所有权证号为吉房权证峒字第 7090038 × ×号,并办理了抵押登记,他项权证号为吉房他字证峒字第 5090042 × ×号。合同签订后,2009 年 12 月 17 日,湘西州平安典当公司向彭明友出具了 160,000 元当金的当票,并扣收综合费 25,920 元。此后,彭明友在 2009 年 12 月 18 日至 2010 年 12 月 16 日期间分向湘西州平安典当公司支付 29,280 元(其中综合费 21,280 元、利息 8000 元);在 2010 年 12 月 17 日至 2011 年 12 月 23 日期间支付 95,800 元(其中综合费 25,088,利息 3712,本金 67,000 元);在 2011 年 12 月 24 日至 2012 年 12 月 12 日期间分支付 13,500 元(其中综合费 13,011 元,利息 489 元);在 2012 年 12 月 13 日至 2013 年 12 月 16 日期间支付 10,300 元(其中综合费 9811 元,利息 489 元);2014 年 7 月 16 日支付 3000 元(其中综合费 2511 元,利息 489 元)。综上,被告彭明友自 2009 年 12 月 17 日至 2014 年 7 月 16 日,共向原告支付综合费 97,621 元、利息 13,179 元、本金 67,000 元,合计 177,800 元。

原审认为,本案形式上是典当纠纷,实质上是借款合同纠纷。根据《典当管理办法》第三条第一款规定,典当是当户将其动产、财产权利作为当物质押或者将其房地产作为当物抵押给典当行,交付一定比例费用,取得当金,并在约定期限内支付当金利息、偿还当金、赎回当物的行为。本案中,当户是被告彭明友,当物是张吉祥的房产,当户对当物不具有所有权,并且原告湘西州平安典当公司与被告张吉祥、石碧云签订《房地产抵押合同》时,未向张吉祥、石碧云告知典当的事实,只告知是借款。所以,被告彭明友向原告借款的行为不构成典当,故对原告请求支付当金典当综合费用的请求不予支持。而原告与被告彭明友签订了《房地产借款抵押合同》,约定借款 160,000 元,被告张吉祥、石碧云为彭明友的借款提供了抵押,办理了抵押登记,构成民间借贷关系和抵押关系。因彭明友的借款不构成典当,故原告不得收取综合管理费用。根据《中华人民共和国合同法》第二百条的规定,“借款的利息不得预先在本金中扣除。利息预先在本金中扣除的,应当按照实际借款数额返还借款并计算利息”。原告预先扣除的25,920元应从160,000元的本金中予以抵减,抵减后实际借款本金为134,080元。原告与被告彭明友签订的《房地产借款抵押合同》第四条约定借款月利率为0.5%,134,080元本金从2009年12月17日计算至2010年12月16日利息为8044.80元,该期间,彭明友共向原告支付29,280元,比8044.80元利息多支付了21,235.20元,该多支付的21,235.20元应抵减借款本金,抵减后,从2010年12月17日起借款本金余额为112,844.80元;112,844.80元本金从2010年12月17日计算至2011年12月16日利息为6770.70元,该期间,彭明友共向湘西州平安典当公司支付95,800元,比6770.70元利息多支付了89,029.30元,该多支付的89,029.30元应抵减借款本金,抵减后,从2011年12月17日起借款本金余额为23,815.50元;23,815.50元本金从2011年12月17日计算至2012年12月16日利息为1428.90元,该期间,彭明友共向湘西州平安典当公司支付13,500元,比1548.90元利息多支付了12,071.10元,该多支付的12,071.10元应抵减借款本金,抵减后,从2012年12月17日起借款本金为11,744.40元;11,744.40元本金从2012年12月17日计算至2013年12月16日利息为704.70元,该期间,彭明友共向原告支付10,300元,比704.70元利息多支付了9595.30元,该多支付的9595.30元应抵减借款本金,抵减后,从2013年12月17日起借款本金为2149.10元;2149.10元的本金从2013年12月17日计算至2014年7月16日利息约为75.20元,但在2014年1月21日彭明友向原告支付了3000元,比12元利息多支付了2988元,该多支付的2924.80元应当抵减本金,抵减后,彭明友已付清借款余额。因借款已还清,被告张吉祥、石碧云也不承担抵押担保责任。故对原告的全部诉请,本院不予支持。综上,根据《中华人民共和国合同法》第二百条,《中华人民共和国担保法》第三十三条、四十六条,《典当管理办法》第三条之规定,原审法院判决如下:驳回原告湘西自治州平安典当有限公司对被告彭明友、张吉祥、石碧云的诉讼请求。案件受理费3967元,由原告湘西自治州平安典当有限公司承担。

上诉人湘西州平安典当公司不服,上诉称:1.上诉人与被上诉系典当纠纷,一审法院认定上诉人与被上诉人系借款合同纠纷是错误的。(1)上诉人是依法注册成立的具有从事房地产抵押典当业务资质的有限公司。其开展业务都是严格按照《典当管理办法》操作施行。(2)当户依法取得了处分权的财产也可以作为当物出当。一审法院认为被上诉人彭明友没有所有权而不构成典当关系是错误的。《典当管理办法》第三条规定:"典当是当户将其动产、财产权利作为当物质押或将其房地产作为当物抵押给典当行,交付一定比例费用,取得当金……"同时,《典当管理办法》第二十七条规定:“典当行不得收当下列财务:(七)当户没有所有权或者未能依法取得处分权的财产。”从以上规定可以看出,作为当物的财产须是当户有所有权或依法取得了处分权。本案中,被上诉人张吉祥、石碧云在房地产抵押合同上签字,并办理了他项权证。当然就是授予了作为当户的被上诉人彭明友对该财产的处分权。被上诉人彭明友依法取得了处分权,典当关系成立。(3)一审判决在没有任何证据支持下,认定“原告平安典当公司与被告张吉祥、石碧云签订的房地产抵押合同时,未向张吉祥、石碧云告知典当的事实,只告知是借款”。与事实不符,明显偏袒被上诉人。一审法院已经被上诉人张吉祥、石碧云单方的陈述就认定上诉人没有告知被上诉人是典当而是借款,缺乏证据支持。而从本案事实情况看被上诉人张吉祥、石碧云是明知典当这一事实的。首先,签订合同的抵押权人为上诉人“湘西自治州平安典当有限公司”,合同签订地点为州平安典当公司;其次,被上诉人张吉祥、石碧云在庭审陈述中均明知是与典当公司发生业务关系;另从被上诉人石碧云的陈述可以看出,上诉人已经明确告知了被上诉人张吉祥、石碧云是典当,月利率为 0.5%,月综合管理费为 2.7%,如上诉人欺骗被上诉人石碧云告知其是借款,那么 0.5% 的利息比银行贷款利率还低,被上诉人会认为利息过高?显然,从上诉事实可以看出,被上诉人张吉祥、石碧云对典当是明知的,而一审法院依据被上诉单方的陈述不顾事实就对案件进行认定,明显偏袒被上诉人。2. 上诉人与被上诉人第一次典当到期后,双方对续当达成一致意见并已实际履行。(1)典当到期后被上诉人彭明友对典当合同的续当进行了实际履行。从 2009 年 9 月至 2014 年 1 月被上诉人均按照典当合同约定的利息和月综合费率履行。(2)2014 年 7 月上诉人到张家界找到彭明友对账,被上诉人彭明友在《彭明友典当欠款台账》上签字,对典当欠款还款情况核实确认。综上,上诉人与被上诉人典当关系成立,应按双方合同约定履行义务。请求二审法院撤销一审判决,依法改判支持上诉人一审的诉讼请求;本案一审、二审诉讼费由被上诉人承担。

二审中,上诉人与被上诉人均未提交新证据,对一审证据予以认定。二审查明的事实与一审一致,对一审查明的事实予以认定。

本院认为,本案争议的焦点是:上诉人平安典当公司与被上诉人彭明友签订的是《典当合同》还是《房屋借款抵押合同》。所谓典当是指当户将其不动产、财产权利作为当物质押或将其房地产作为当物抵押给典当行,交付一定比例费用,取得当金,并在约定期限内支付当金利息、赎回当物的行为。典,是指支付典价,占有他人不动产而使用收益的行为。出典人,即不动产所有人,将典物转移给典权人,典权人在取得典物扔时侯,向出典人支付典价,典权人在取得典物之后,可以对其行使占有、使用、收益等权利。当,则是为借款而行使的动产质抵和不动产抵押行为。在本案中,出典人是彭明友,典权人是上诉人平安典当公司,但上诉人平安典当公司与被上诉人彭明友签订的只是《房屋借款抵押合同》,出典人彭明友用于出典的典物并不是自己所有,而是被上诉人张吉祥、石碧云的房产。被上诉人彭明友没有对出典当的房屋享有所有权和处分权,典权人平安典当公司也未对出典的房产行使占有、使用、收益的权利。依据《典当管理办法》,上诉人与被上诉人彭明友之间不构成典当关系,而是属于借款关系。

上诉人与被上诉人彭明友签订的合同中约定,借款本金160,000元,在发放本金时预先在本金中扣除了25,920元。《中华人民共和国合同法》第二百条规定:"借款的利息不得预先在本金中扣除。利息预先在本金中扣除的,应当按照实际借款数额返还借款并计算利息。"原告预先扣除的25,920元应从160,000元的本金中予以抵减,抵减后实际借款本金为134,080元。上诉人与被上诉人彭明友签订的《房地产借款抵押合同》第四条约定借款月利率为0.5%,借款利息应按照双方约定的利率计算。从2009年12月17日起至2014年7月16日止,被上诉人彭明友已支付给上诉人共计177,800元,借款本息已经还清。债务已经履行完毕,被上诉人张吉祥、石碧云的抵押担保责任已免除。

综上所述,原审认定事实清楚,适用法律正确,依据《中华人民共和国民事诉讼法》第一百七十条第一款的规定,经本院审判委员会讨论决定,判决如下:

驳回上诉,维持原判。

二审案件受理费3967元,由上诉人湘西自治州平安典当有限公司承担。

本判决为终审判决。

审 判 长 陈礼乐

审 判 员 李华华

代理审判员 张李艳

二〇一五年十月九日

代理书记员 舒 丹

【案例十七】湘西自治州平安典当有限责任公司诉张先群、罗永珍、张树友典当纠纷案

(2013年3月14日)

【法律点】物权法和担保法允许第三人提供财产为他人借款进行抵押担保,对典当也没有禁止性规定,因此,第三人同意以其所有的房屋作为当物为典当借款进行抵押担保,应视为当户已取得了该当物的处分权。只要典当合同是双方当事人真实意思表示,且没有违反法律、行政法规的强制性规定,应当认定典当合同有效。

【关键词】第三人担保　处分权　部门规章　强制性规定　合同效力

湖南省湘西土家族苗族自治州中级人民法院
民事判决书

(2012)州民二终字第58号

上诉人(原审被告):张先群,系罗永珍、张树友的女儿。

上诉人(原审被告):罗永珍。

上诉人(原审被告):张树友,系罗永珍丈夫。

委托代理人:杨涛,湖南四维律师事务所律师。

被上诉人(原审原告):湘西自治州平安典当有限责任公司。住所地,吉首市××路。

法定代表人:李国林,董事长。

委托代理人:田园,湖南生元律师事务所律师。

委托代理人:陈昊,湖南生元律师事务所实习律师。

上诉人张先群、罗永珍、张树友与被上诉人湘西自治州平安典当有限责任公司典当纠纷一案,不服吉首市人民法院(2012)吉民初字第661号民事判决,向本院提起上

诉,本院依法组成合议庭公开开庭审理了本案。上诉人张先群、罗永珍、张树友的委托代理人杨涛,被上诉人湘西自治州平安典当有限责任公司委托代理人田园、陈昊到庭参加诉讼,本案现已审理终结。

原审查明,原告是从事典当业务的有限公司,2009 年 7 月 7 日,原告与被告张先群签订了名为房地产借款抵押合同,约定:1. 抵押房地产为花房权证花垣镇字第 × × 号房产,地号 × ×;2. 借款金额(当金)为 60 万元,月利率为 0.5%,月综合费率为 2.7%,借款期限自 2009 年 7 月 7 日至 2009 年 12 月 6 日,借款具体期限在双方签署的当票上予以确认;3. 合同经双方签章,并经公证处公证,按约定办妥抵押登记之日起生效。此外,合同还对其他事项作了约定。第二日,原告开具了当票,注明当物名称为房屋他项权证,当金 60 万元,五个月综合费用一次性扣收。同时,原告转账 519,000 元给被告张先群。被告张先群从 2009 年 8 月 11 日开始,按约定支付利息及综合费用。

2009 年 12 月 8 日、2010 年 6 月 8 日、2010 年 12 月 8 日,原告分别为被告张先群办理续当凭证,续当最后期限至 2011 年 6 月 7 日。

从 2011 年 1 月开始,被告张先群未正常支付利息及费用,经协商双方于 2011 年 4 月 1 日重新签订名为房地产借款抵押的合同,除期限约定为自 2011 年 4 月 1 日至 2011 年 9 月 30 日外,其他事项与双方于 2009 年 7 月 7 日所签合同约定一致。当天,原告为被告出具了典当手续。同时,被告罗永珍以与被告张树友共同所有的花房权证花垣镇字第 × × 号房产为原告办理了房产抵押手续,房屋他项权证为花房花垣镇他字第 × × 号。在抵押申请表上,有抵押人罗永珍、张树友及被告张先群的共同签字。

至本案诉讼之日,被告张先群支付了原告综合费用 295,400 元,利息 51,000 元,共计 346,400 元。因尚欠本金、利息及综合费用,原告在催收无果后,便诉至本院。

原审认为,从原告经营资质来看,该合同虽名为房地产借款抵押合同,但原告并不具备从事借款业务资质,只有从事典当业务的资质;从合同内容来看,约定了借款金额即当金,利率及综合费用的约定只适用于典当,更符合典当的法律特征;从合同履行情况来看,原告向被告出具了当票及续当凭证,被告张先群也分别支付利息及综合费用,系按典当合同约定履行,因此,应当确定双方签订的合同实为典当合同。

被告张先群认为原告实际只给付 519,000 元,应按此金额确定。因对扣除综合费法律并无禁止性规定,故原告从约定的当金 60 万元中扣除 81,000 元综合费,未违反法律规定,当金应按约定的 60 万元计算。

被告张先群在典当到期后,未办理赎当也不续当,应当偿还当金本息及综合费用,并支付违约金,违约金综合考虑被告需继续支付本息及综合费的情况及原告的损失情况,以承担5万元为宜。关于处理房地产的费用,应在实际发生后按合同约定及典当管理办法的规定办理。律师费因原告未提供付款票据,不予支持。被告罗永珍、张树友因被告张先群违约,应依法承担担保责任。

综上,被告张先群因对原告构成违约,依法应承担偿还当金本息、综合费用并支付违约金的违约责任,被告罗永珍、张树友应承担因张先群违约而造成的担保责任。依据《中华人民共和国合同法》第一百零七条,《中华人民共和国担保法》第三十三条,并参照《典当管理办法》第三十七条、第三十八条、第三十九条、第四十条、第四十三条第一款第一项的规定,原审法院作出如下判决:一、被告张先群偿还原告当金本金60万元及利息、综合费用(利息及综合费用按双方合同约定支付至付清为止),并支付违约金5万元,限在本判决生效后十日内付清。二、被告张先群未按第一项判决内容履行时,被告罗永珍、张树友承担以抵押房产折价或者拍卖、变卖后进行优先清偿的责任。义务人未按照本判决指定的期间履行给付金钱义务,应当按照《中华人民共和国民事诉讼法》第二百二十九条之规定,加倍支付迟延履行期间的利息,权利人可在本判决确定的履行期届满之日起二年内向本院申请执行。案件受理费9800元,由被告张先群承担。

一审宣判后,张先群、罗永珍、张树友不服上诉本院称:1. 一审认定事实不清,判决错误。理由:(1)上诉人张先群与被上诉人签订的典当合同,张先群用第三人罗永珍房产抵押给被上诉人,违反了《典当管理办法》第二十七条禁止性规定,应认定为无效合同。(2)本案名为典当合同实为借贷,而被上诉人不具备对外从事借贷的主体资格,违反金融法规规定,因此该合同亦是无效合同。(3)作为主合同的典当或(借贷合同)无效,作为从合同的担保合同亦无效,因此上诉人罗永珍不应承担担保责任。(4)判决第一项对上诉人到底要支付多少本金利息未计算清楚。2. 本案程序违法,上诉人张树友不是担保人仅是上诉人罗永珍担保房产的共有人,不应列为本案的被告。请求二审法院依法处理。

被上诉人湘西自治州平安典当有限责任公司辩称:1. 一审法院认定事实清楚,适用法律正确。理由:(1)上诉人与被上诉人签订的典当合同合法有效。本案上诉人用父母罗永珍、张树友的房屋提供抵押担保,罗永珍、张树友在房产局的抵押登记表上签字认可,上诉人取得了抵押处分权,双方的典当合同符合《典当管理办法的规定》。(2)上诉人与被上诉人签订的典当合同没有违反《典当管理办法》第三十七条、第三十八条的规定,综合费预先扣除,没有禁止性规定。(3)典当是特种行业,被上诉人是经商务部批准设立的,具有从事典当的资质,房地产抵押业务是被上诉人的正常业务。(4)一审判决对上诉人应支付的本金及利息已做出非常清楚的确定。2. 本案程序合法,张树友在本案中不是借款人,但作为对借款担保抵押房产的共有人,在房产局的抵押登记表上签字认可,应当承担担保责任,本案将上诉人列为被告是合法的。望二审法院维持原判。

本院二审查明的事实与一审查明的事实基本一致,除认定一审查明的事实外,另查明,双方合同还约定了违约必须按借款20%承担违约责任;诉讼期内,当户必须按续当照付综合费及利息。

本院认为,本案争议的焦点有以下四点:

1. 合同的性质。本案上诉人与被上诉人签订的是典当合同还是借款抵押合同,从被上诉人经营资质来看,被上诉人具有典当业务的资质;从合同内容来看,约定了借款金额即当金,利率及综合费用的约定只适用于典当,更符合典当的法律特征;从合同履行情况来看,被上诉人向上诉人出具了当票及续当凭证,上诉人张先群也分别支付了利息及综合费用,是按典当合同约定履行。因此,上诉人与被上诉人签订的名为房地产借款抵押合同,实质上应当确定为典当合同。

2. 典当合同的效力问题。上诉人认为双方的典当合同违反了《典当管理办法》第二十七条“典当行不得收当当户没有所有权或者未能依法取得处分权的财产”的规定,应为无效合同。本院认为,《典当管理办法》只是部门规章不能影响合同效力,物权法和担保法对典权没有禁止性规定,并且允许第三人提供财产为借款担保。本案的上诉人张先群取得了第三人同意,用第三人(上诉人罗永珍、张树友)所有房屋作为当物进行抵押担保,应视为当户即张先群取得了该当物的处分权。因此,本案当事人自愿签订的典当合同,是双方真实意思表示,且没有违反法律、行政法规的强制性规定,应当认定为有效合同,故对上诉人的该项上诉理由本院不予支持。

3. 逾期未偿付的处理问题。首先是利息、综合费用的支付问题,合同约定利息按月利率0.5%计算,与《典当管理办法》规定的按人民银行公布的银行机构六个月期法定贷款利率是相符的;综合费合同约定按月综合费2.7%计算符合《典当管理办法》的规定。利息及综合费应从2009年7月8日被上诉人支付当金之日起计算至付清之日止,应扣除已支付的利息51,000元及综合费295,400元。一审判决“利息、综合费用按双方合同支付至付清之日止”,利息、综合费的计算,表述不明确,二审予以纠正。其次是关于违约金的问题,按合同约定上诉人张先群在典当到期后,未支付当金也未续当,应当偿还当金本息及综合费用,并应按合同约定支付违约金,一审判决上诉人承担违约金 5 万元是适当的,没有超过被上诉人损失的 30% 。

4. 上诉人罗永珍、张树友是否应承担担保责任。罗永珍、张树友用共同所有的房产作抵押担保,在张先群未履行债务时,应当以抵押的房产承担担保责任。张树友是房产的共有人,且在房产局的抵押登记上签字认可,应当承担担保责任,一审将张树友列为被告是正确的。

综上,一审程序合法,认定事实清楚,但利息与综合费的计算表述不明确,二审予以纠正。依照《中华人民共和国民事诉讼法》第一百七十条第一款第二项之规定,判决如下:

一、维持(2012)吉民初字第 661 号民事判决书第(一)项的"被告张先群偿还原告当金本金人民币 60 万元,并支付违约金 5 万元"。

二、维持(2012)吉民初字第 661 号民事判决书第(二)项的"被告张先群未按第一项判决内容履行时,被告罗永珍、张树友承担以抵押房产折价或者拍卖、变卖后进行优先清偿的责任"。

三、撤销(2012)吉民初字第 661 号民事判决书第(一)项的"利息、综合费用(利息及综合费用按双方合同约定支付至付清为止)",变更为"利息、综合费用(利息及综合费用按月利率 0.5% 、月综合费 2.7% ,从 2009 年 7 月 8 日起计算至付清之日止,已支付的利息 51,000 元及综合费 295,400 元予以抵扣"。

以上给付款项,限在本判决生效后十日内付清,逾期未履行,按《中华人民共和国民事诉讼法》第二百五十三条的规定,加倍支付迟延履行期间的债务利息。

一审案件受理费 9800 元、二审案件受理费 9800 元,共计 19,600 元,由上诉人张先群承担。

本判决为终审判决。

审　判　长　陈礼乐

代理审判员　李华华

代理审判员　曾浩恒

二〇一三年三月十四日

代理书记员　舒　丹

【案例十八】无棣县丰泽典当有限责任公司诉周海英、滨州市福山建材有限公司等典当纠纷案

(2016年3月21日)

【法律点】《典当管理办法》对于当物权属没有禁止性的规定,也没有针对由第三人提供当物而签订的典当借款合同的效力有禁止性规定。只要典当合同系双方当事人的真实意思表示,不违反有关法律和行政法规的禁止性规定,合同就合法有效。

【关键词】当物权属　无权处分　抵押担保　禁止性规定　真实意思　合法有效

山东省滨州市中级人民法院
民事判决书

(2015)滨中商初字第42号

原告:无棣县丰泽典当有限责任公司。住所地,无棣县城××街。

法定代表人:王雪淼,总经理。

委托代理人:高春明,山东志城律师事务所律师(特别授权代理)。

被告:周海英。

被告:滨州市福山建材有限公司。住所地,滨州市××区××镇。

法定代表人:范菊香,执行董事。

委托代理人:王景军,山东正鉴律师事务所律师(特别授权代理)。

委托代理人:付同飞,职工(特别授权代理)。

被告:付同飞。

原告无棣县丰泽典当有限责任公司(以下简称丰泽典当公司)与被告周海英、滨州市福山建材有限公司(以下简称福山建材公司)、付同飞典当纠纷一案,于2015年4

月 14 日向本院起诉,本院受理后,依法组成合议庭,于 2016 年 1 月 28 日公开开庭审理了本案,原告丰泽典当公司委托代理人高春明,被告福山建材公司委托代理人付同飞、王景军,被告付同飞到庭参加诉讼,被告周海英经本院传票传唤无正当理由拒不到庭参加诉讼。本案现已审理终结。

原告丰泽典当公司诉称,2012 年 10 月 23 日,丰泽典当公司与被告周海英签订两份《典当合同》,合同约定原告分别向周海英提供典当借款 290 万元、260 万元,典当期限均为自 2012 年 10 月 23 日至 2013 年 4 月 20 日;2012 年 4 月 25 日,丰泽典当公司与被告福山建材公司签订《高额保证合同》,约定福山建材公司将其棣国用(2009)第 09161 号国有建设用地使用权证项下的国有建设用地使用权设定抵押,在 550 万元的最高限额内为《典当合同》发生的周海英对丰泽典当公司形成的债务提供抵押担保,并为抵押物办理了抵押登记;2012 年 4 月 25 日,丰泽典当公司与福山建材公司、付同飞签订《保证合同》,约定福山建材公司、付同飞为周海英在《典当合同》项下的典当债务提供连带责任保证。上述合同签订后,2012 年 10 月 23 日,丰泽典当公司通过银行转账分两笔向周海英支付典当借款 550 万元。典当期限届满后,周海英拒不履行还款义务,福山建材公司、付同飞拒不履行保证义务。为维护丰泽典当公司的合法权益,请求判令:1. 被告周海英偿还当金本金 550 万元;2. 被告福山建材公司、付同飞对上述债务承担连带清偿责任;3. 确认原告丰泽典当公司对被告福山建材公司的抵押物棣国用(2009)第 09161 号国有建设用地使用权证项下的国有土地使用权享有优先受偿权;4. 本案诉讼费、保全费由被告承担。

被告周海英未作答辩。

被告福山建材公司辩称:1. 原告丰泽典当公司的诉求没有事实和法律依据,依法应予以驳回。从涉案《典当合同》的内容可以看出,丰泽典当公司与周海英的典当行为违背了《典当管理办法》的规定,根据该办法规定,典当行为应当由当户将自己所有的动产或者不动产作为当物质押或抵押给典当行,但涉案抵押物土地使用权归福山建材公司所有,周海英并不享有使用权,所以,丰泽典当公司与周海英无权将福山建材公司的土地使用权抵押处分,涉案典当合同应当属无效合同。2. 本案中福山建材公司从没有为涉案债权提供过担保和抵押,故福山建材公司依法不承担责任,丰泽典当公司起诉福山建材公司是错误的,请求法院驳回丰泽典当公司的诉讼请求。

被告付同飞辩称,我不认识周海英,我从未给周海英提供过担保。

原告丰泽典当公司为证明自己的主张提交以下证据:

证据 1:《典当合同》两份,证明原告丰泽典当公司与被告周海英签订了两份典当合同,借款金额分别为260万元、290万元,借款期限均为六个月,月综合费率为2.7%、月利率为0.3%。当物为棣国用(2009)第09161号土地使用权一宗。该合同对双方的主要权利义务、违约责任等也进行了约定。

证据2:《保证合同》一份,证明原告丰泽典当公司与被告福山建材公司、付同飞签订保证合同,该两被告自愿对被告周海英的典当借款550万元本息等提供连带责任保证担保,期限为主债务履行期届满之日起十年。

证据3:《典当凭证》两份,证明两笔金额分别为260万元、290万元的典当借款办理情况,记载内容与典当合同约定的金额、利率、期限、当物等均一致。

证据4:《中国农业银行电子回单》两份,证明典当合同项下的两笔借款原告丰泽典当公司已经通过无棣华科工艺品有限责任公司汇至被告周海英名下。

证据5:《无棣华科工艺品有限责任公司证明》一份,证明于2012年10月23日汇入周海英名下的两笔共计550万元系受原告丰泽典当公司委托所汇的款项。

证据6:《土地他项权利证书》一份,证明被告福山建材公司抵押给原告丰泽典当公司的土地使用权已经办理了抵押登记,丰泽典当公司取得了他项证书。

证据7:(2014)棣商初字第279号及(2015)滨中商终字第202号民事判决书各一份,证明被告周海英向原告借款550万元,以及签订高额抵押合同后,福山建材将土地使用权抵押给原告等事实已经查清。

经质证,被告福山建材公司对原告丰泽典当公司提交的证据1的真实性无法确认;对证据2的真实性有异议,认为该保证合同是虚假的,福山建材公司没有为典当借款提供担保,该《保证合同》中加盖的福山建材公司的印章是虚假的,该印章与丰泽典当公司主张的抵押合同中印章是一致的,也是虚假的,这一事实经日照浩德司法鉴定所鉴定予以确认,故丰泽典当公司主张的《保证合同》是无效的,福山建材公司依法不承担担保责任;对证据3、证据4的真实性无法确认,福山建材公司对情况不了解,从证据4电子回单的内容来看,是由无棣华科工艺品有限责任公司与周海英的资金往来,与本案无关。对证据5的真实性有异议,认为丰泽典当公司应当提交原件;对丰泽典当公司提交的证据6的真实性无法确认,福山建材公司对该份证据毫不知情,福山建材有限公司从未将涉案土地为丰泽典当公司与周海英的典当借款提供抵押担保。对证据7的真实性没有异议,但是该两份判决书所认定的内容和结果是错误的,福山建材公司从未向丰泽典当公司与周海英的典当借款提供过抵押担保。被告付同飞对证据2的真实性有异议,认为虽然该份保证合同上的签字是其本人所签,但滨州市华隆生物工程有限公司的董事长张某曾经让其给他公司提供担保,其在《保证合同》上签字，当时《保证合同》也没有填写保证内容和借款人姓名，现在借款人上面填写的是周海英，我不认识周海英，从未给周海英提供过担保。对其他证据的质证意见同福山建材公司的质证意见。

被告福山建材公司为反驳对方主张提交以下证据：

证据1：张某出具的证明一份，证明涉案中的土地使用权证书是张某向付同飞所要，当时并没有声明用于抵押，同时也能够证实福山建材公司并没有将土地使用权用于为丰泽典当公司与周海英的典当借款提高抵押担保，因当时的土地使用权证书在张某和滨州市华隆生物工程有限公司手中，说明丰泽典当公司提供的抵押合同是虚假的。

证据2：日照浩德司法鉴定所出具的司法鉴定意见书复印件一份，该鉴定书中已经明确了涉案《高额抵押合同》中所加盖的印章与我公司的印章并不是同一枚印章，证明抵押合同是虚假的。

经质证，原告丰泽典当公司对被告福山建材公司提交的证据1的真实性有异议，认为证人没有到庭，该证据不具有证明效力。对证据2的真实性没有异议。

被告付同飞未提交证据。

本院认为，被告福山建材公司、付同飞对原告丰泽典当公司提交的证据7的真实性无异议，本院予以确认；对于证据2，因在保证合同上加盖的福山建材公司的公章与公司的公章不一致，本院对该证据证明福山建材公司为丰泽典当公司涉案债权提供保证担保的证明力不予确认。对于证据5，丰泽典当公司在本案中虽提交的是复印件，但原件丰泽典当公司已在本院审理的(2015)滨中商终字第202号抵押合同纠纷一案中提交，且能与证据4相印证。福山建材公司、付同飞虽对丰泽典当公司提交证据1至证据6的真实性有异议，但未提交相反证据予以反驳，本院对除证据2福山建材公司提供保证担保部分的真实性不予确认外，对其他证据的真实性予以确认。丰泽典当公司对福山建材公司提交的证据2的真实性无异议，本院对该证据的真实性予以确认；福山建材公司提交的证据1，因证人张某未出庭接受质询，丰泽典当公司对该证据的真实性不予认可，本院对该证据的真实性不予确认。

经审理查明，2012年10月23日，原告丰泽典当公司与被告周海英签订两份《典当合同》。合同约定，丰泽典当公司分别向周海英提供典当借款290万元和260万元，典当期限均为自2012年10月23日至2013年4月20日；月综合服务费率均为27‰，典当月利率均为3‰。2012年4月25日，丰泽典当公司与福山建材公司签订《高额抵押合同》一份。该合同约定，福山建材公司同意以位于原无棣县马山子镇政府驻地、张东路以北的土地设定抵押。抵押权人为丰泽典当公司,抵押人为福山建材公司。福山建材公司自愿为丰泽典当公司与周海英(债务人)签订的典当合同所形成的债权提供最高额抵押担保。合同第一条约定,“抵押人自愿为抵押权人与债务人形成的下列债权提供担保,担保的债权最高余额折合人民币伍佰伍拾万元整”。2012 年 4 月 26 日,原告福山建材公司与被告丰泽典当公司就涉案土地抵押权的设立在无棣县国土资源局办理了登记,并由无棣县国土资源局出具棣他项(2012)第 12076 号《土地他项权利证明书》,该证明书载明:土地他项权利人无棣县丰泽典当有限责任公司,义务人滨州市福山建材有限公司,土地坐落于马山子镇政府驻地、张东路以北,地号 106 - 15 - × ×,使用权面积 35,153 平方米,抵押权人丰泽典当公司,抵押面积 35,153 平方米,抵押贷款 550 万元。同日,福山建材公司、付同飞(保证人)与丰泽典当公司(债权人)签订保证合同一份。该合同约定,为确保周海英与丰泽典当公司签订的典当合同的履行,保证人自愿为周海英与丰泽典当公司签订的典当合同提供保证;被保证的主债权的本金为 550 万元;保证范围为主合同项下的债务本金、利息、复利、罚息、违约金、损害赔偿金、诉讼费、律师费等债权人实现债权的一切费用;保证方式为连带责任保证;保证期间为主合同约定的债务人履行债务期限届满之日起十年。付同飞在保证合同落款处签字。合同签订后,2012 年 10 月 23 日,原告丰泽典当公司委托无棣华科工艺品有限责任公司通过银行将当金 550 万元汇入被告周海英账户。该典当借款本金周海英至今未偿还给丰泽典当公司。

另查明,被告福山建材公司于 2014 年 1 月 3 日向无棣县人民法院提起诉讼,请求确认涉案抵押合同不成立。无棣县人民法院经审理认为,抵押合同在无棣县国土资源局办理了抵押登记手续,该合同依法生效,涉案合同中土地的他项抵押权利依法设立,于 2015 年 1 月 12 日作出(2014)棣商初字第 279 号民事判决,判决驳回福山建材公司的诉讼请求。福山建材公司不服无棣县人民法院(2014)棣商初字第 279 号民事判决,向本院提起上诉。本院于 2015 年 10 月 29 日作出(2015)滨中商终字第 202 号民事判决,认定,虽然涉案《高额抵押合同》上加盖的福山建材公司的公章与备案的公章不一致,但本案中福山建材公司出具的委托周海英办理土地抵押登记的授权委托书有付同飞的签字,而付同飞系福山建材公司的股东、监事,与福山建材公司法定代表人范菊香系夫妻关系。鉴于付同飞的特殊身份,并结合签订抵押合同的日期即 2012 年 4 月 25 日,福山建材公司与被上诉人丰泽典当公司签订的保证合同上有付同飞签字及付同飞控制、持有、处分涉案土地证的一系列行为,应认定付同飞的行为系代表福山建材公司。福山建材公司为涉案典当提供土地抵押系其真实意思表示,涉案土地上设立的抵押权依法有效。判决驳回上诉,维持原判。该案二审判决书已发生法律效力。

本院认为,本案争议的焦点问题是:1. 涉案典当合同的效力。2. 被告福山建材公司是否给涉案债权以其土地使用权提供抵押。3. 被告付同飞、福山建材公司对涉案债权是否应承担保证责任。

1. 关于涉案典当合同的效力问题。本院认为,原告丰泽典当公司与周海英签订的典当合同系双方当事人的真实意思表示,不违反法律和行政法规的强制性规定,合法有效。尽管周海英向典当行借款是以被告福山建材公司的土地使用权提供抵押,但并不违反有关法律的禁止性规定。《典当管理办法》不但对于当物权属没有禁止性的规定,也没有针对由第三人提供当物而签订的典当借款合同的效力有禁止性规定,故福山建材公司主张涉案典当以第三方土地提供抵押,典当合同无效的抗辩理由不能成立,本院不予采纳。

2. 关于被告福山建材公司是否以其土地使用权为涉案债权提供抵押担保问题。本院认为,本院已发生法律效力的(2015)滨中商终字第202号民事判决,确认福山建材公司为涉案典当提供土地抵押系其真实意思表示,涉案土地上设立的抵押权依法有效。福山建材公司在本案中未提供足以推翻上述生效判决所认定事实的证据,故福山建材公司主张没有为涉案债权提供抵押,不应承担责任的抗辩理由不能成立,本院不予采纳。

3. 关于被告付同飞、福山建材公司对涉案债权是否应承担保证责任问题。关于付同飞应否承担保证责任问题。本院认为,涉案保证合同落款处保证人栏有付同飞的签名,付同飞对其在保证合同落款处的签名没有异议,付同飞的签名是对其为丰泽典当公司对涉案债权提供保证担保意思表示的确认,双方签订的保证合同合法有效,付同飞应承担保证责任。其主张没有与丰泽典当公司签订过保证合同,不应承担保证责任的抗辩理由不能成立,本院不予支持。关于福山建材公司应否承担保证责任问题。本院认为,涉案保证合同虽然加盖了福山建材公司的印章,但该印章与备案印章不一致,丰泽典当公司对加盖在涉案保证合同上福山建材公司的印章与备案印章不一致的事实亦无异议,福山建材公司否认向丰泽典当公司提供保证担保,故在没有证据证明福山建材公司对涉案典当借款提供担保系其真实意思表示的情况下,丰泽典当公司与福山建材公司之间的保证合同关系未成立,福山建材公司在本案中不应承担保证责任。

综上,依照《中华人民共和国合同法》第八条、第一百零七条、第二百零六条、第二百零七条,《中华人民共和国物权法》第一百七十九条,《中华人民共和国担保法》第十八条、第三十一条,《中华人民共和国民事诉讼法》第一百四十四条,参照中华人民共和国商务部、公安部《典当管理办法》第四十条、第四十三条之规定,判决如下:

一、被告周海英于本判决生效之日起十日内偿还原告无棣县丰泽典当有限责任公司当金 550 万元;

二、原告无棣县丰泽典当有限责任公司有权以被告滨州市福山建材有限公司提供抵押的棣他项(2012)第 12076 号《土地他项权利证明书》项下的 35,153 平方米国有建设用地使用权折价或者拍卖、变卖所得价款优先受偿;

三、被告付同飞对被告周海英应支付的上述第一项款项承担连带清偿责任;

四、被告付同飞承担保证责任后,有权向被告周海英追偿;

五、驳回原告无棣县丰泽典当有限责任公司的其他诉讼请求。

如果上述负有给付义务的被告未按本判决指定的期间履行给付金钱义务,应当依照《中华人民共和国民事诉讼法》第二百五十三条之规定,加倍支付迟延履行期间的债务利息。

案件受理费 50,300 元,财产保全费 5000 元,均由被告周海英负担。

如不服本判决,可在判决书送达之日起十五日内,向本院递交上诉状,并按对方当事人的人数提出副本,上诉于山东省高级人民法院。

审　判　长　王忠民
审　判　员　张　雷
代理审判员　宋蕾蕾
二〇一六年三月二十一日
书　记　员　宋廷晓

【案例十九】华蓥天宝典当有限公司诉文明、文静、文红等典当纠纷案 (2016年11月16日)

【法律点】在典当借款中,提供他人房产作为当物获取当金并不为法律法规所禁止。因此,第三人自愿以其名下的房产为当户典当借款提供抵押担保,当事人之间签订了典当合同和抵押借款协议,并办理了抵押登记,典当法律关系成立生效,典当行对抵押财产依法享有优先受偿权。

【关键词】当物　抵押借款　抵押登记　典当法律关系　优先受偿权

四川省广安市中级人民法院
民事判决书

(2016)川16民终1011号

上诉人(原审被告):文明。

委托诉讼代理人:胡洪铭,四川信和信律师事务所律师。

上诉人(原审被告):文静。

上诉人(原审被告):李文国。

上诉人(原审被告):文红。

上诉人(原审被告):廖小川。

被上诉人(原审原告):华蓥天宝典当有限公司。住所地,四川省××市××道。

法定代表人:江强,董事长。

委托诉讼代理人:张建。

上诉人文明、文静、李文国、文红、廖小川因与被上诉人华蓥天宝典当有限公司(以下简称天宝典当公司)典当纠纷一案,不服四川省华蓥市人民法院(2015)华蓥民初字第1287号民事判决,向本院提起上诉。本院于2016年9月28日立案后,依法组成合议庭,公开开庭进行了审理,上诉人文明的委托诉讼代理人胡洪铭、上诉人文静、上诉人文红、被上诉人天宝典当公司的委托诉讼代理人张建到庭参加了诉讼。本案现已审理终结。

文明、文静、李文国、文红、廖小川上诉请求:撤销四川省华蓥市人民法院(2015)华蓥民初字第1287号民事判决,改判驳回被上诉人的诉讼请求。事实和理由:一审法院事实认定错误,适用法律错误。虽然文明与被上诉人签订了《典当合同》,但是文明并没有当物抵押给被上诉人。上诉人虽然与被上诉人签订了《抵押借款协议》,但《典当合同》的当户是文明,并非文静、李文国、文红、廖小川。典当法律关系要求当物必须是当户所有的,因此,《抵押借款协议》的抵押物不是《典当合同》中典当法律关系上的当物。因此,上诉人与被上诉人的典当法律关系并未成立,也不能成为绝当。

天宝典当公司辩称,典当实际上为质押借款,《典当管理办法》并未禁止第三人提供质押当物。请求驳回上诉,维持原判。

天宝典当公司向一审法院起诉请求:1. 文明向天宝典当公司偿还当金120万元;2. 文明向天宝典当公司支付当期内利息和逾期利息(以120万元,从2014年9月4日起按月利率0.465%计算);3. 文明向天宝典当公司支付当期内的综合服务费(以120万元,从2014年9月4日起按月费率1%计算);4. 文明向天宝典当公司支付违约金(以120万元,从2014年12月2日起,按中国人民银行同期同类贷款基准利率的四倍计算至付清之日止);5. 天宝典当公司对文静、李文国、文红、廖小川提供抵押的房产(房屋产权证号:广安市房权证广房字第000141××、000280××号;国有土地使用权证号:广市国用【2003】第048××号、广市国用【2006】第043××号)折价或拍卖、变卖的价款在文明不能清偿的上述债务范围内优先受偿。

一审法院认定事实:文静与李文国、文红与廖小川均分别系夫妻关系。2014年9月1日,文明为了在天宝典当公司取得当金,由文静、李文国、文红、廖小川以其房产作为当物抵押给天宝典当公司,并办理抵押登记。2014年9月4日,天宝典当公司通过银行转账的方式向文明交付了120万元当金。典当期限从2014年9月3日起至2014年12月1止,典当当金的月利率为4.65‰,典当的月综合服务费率为10‰,当户逾期不归还当金本息,典当行有权以所欠当金本息、综合服务费的总额按银行同期贷款利率的四倍计算追究当户的违约责任,抵押人文静、李文国、文红、廖小川的担保范围为借款的本息、综合服务费及天宝典当公司因实现债权产生的诉讼费、律师费等。文明取得当金后,一直未向天宝典当公司支付利息和综合费,典当期限届满后,文明既未与天宝典当公司协商续当,亦未偿还当金。一审法院认定上述事实,有《抵押借款协议》、房屋他项权证、《典当合同》当票存根、中国工商银行网上银行电子回单和天宝典当公司的陈述予以证实,诉讼中,文明、文静、李文国、文红、廖小川未提出异议,亦未举证反驳,予以认定。因此,天宝典当公司与文明之间的成立典当合同关系,文明下欠天宝典当公司当金的金额为120万元。

一审法院认为:天宝典当公司是依法设立的专门从事典当活动的企业法人,其持有四川省商务厅颁发的典当经营许可证,经营范围为:动产质押贷款业务、财产权利质押典当业务、房地产抵押典当业务,属于特殊的非银行金融机构。文明为了在天宝典当公司取得120万元当金,以文静、李文国、文红、廖小川的房产作抵押(办理了抵押登记),与天宝典当公司签订的《典当合同》,不违反有关法律、法规的禁止性规定,合法有效,因此而产生的债权债务关系受法律保护。天宝典当公司按照约定向文明履行了交付当金的义务,文明依法应按照约定履行偿还当金和支付利息、综合服务费的义务。因此,天宝典当公司要求文明偿还当金120万元的请求,予以支持。

双方约定:典当期限为从2014年9月3日起至2014年12月1日止;典当当金的利息按月利率4.65‰计算;综合费按月费率10‰计算。典当期限内的利息,依法应按中国人民银行公布的银行机构六个月期法定贷款利率及典当期限折算后的标准计算。对于典当期限内的综合费服务费,天宝典当公司主张按月费率10‰计算,不违反法律规定,予以支持。文明未按照合同约定履行偿还当金本息的义务,构成违约,依法应承担违约责任,向天宝典当公司支付逾期还款利息和违约金。合同约定:当户逾期不归还当金本息,典当行有权以所欠当金本息、综合服务费的总额按银行同期贷款利率的四倍计算追究当户的违约责任。当事人既主张逾期还款利息,又主张违约金的,违约金与逾期还款利息合计换算后的实际利率计算标准不得超过中国人民银行同期同类贷款基准利率的四倍。因此,天宝典当公司主张的违约金与逾期还款利息,以当金金额为基数,按中国人民银行同期同类贷款基准利率的四倍计算。超出部分,本院不予支持。文明既未在典当期限届满后五日内赎当,也未续当。该典当成为绝当。对于绝当物品,当物估价金额在3万元以上的,可以按照《中华人民共和国担保法》的有关规定处理,也可以双方事先约定绝当后由典当行委托拍卖行公开拍卖。拍卖收入在扣除拍卖费用及当金本息等费用后,剩余部分应当退还当户,不足部分向当户追索。文明为了在天宝典当公司取得当金,以文静、李文国、文红、廖小川的房产(房屋产权证号:广安市房权证广房字第000141××、000280××号;国有土地使用权证号:广市国用【2003】第048××号、广市国用【2006】第043××号)作抵押,并在房管部门办理了抵押登记,该抵押有效,抵押权自登记时设立。天宝典当公司对该抵押房产享有抵押权。

《抵押借款协议》约定:抵押人文静、李文国、文红、廖小川提供抵押担保的范围为借款的本息、综合服务费及天宝典当公司因实现债权产生的诉讼费、律师费等。因此,天宝典当公司对文静、李文国、文红、廖小川提供的抵押财产折价或拍卖、变卖的价款在文明不能清偿天宝典当公司的债务的范围内优先受偿。综上,依照《中华人民共和国合同法》第四十四条、第六十条、第一百零七条、第一百一十四条,《中华人民共和国物权法》第一百七十条、第一百七十三条、第一百七十九条、第一百八十七条、第一百九十八条,《中华人民共和国担保法》第三十三条、第三十四条、第三十六条、第四十一条、第四十六条,《中华人民共和国民事诉讼法》第一百四十四条的规定,判决:一、在本判决生效后三日内,文明向华蓥天宝典当有限公司偿还当金120万元及当期内的利息(从2014年9月4日起,按中国人民银行公布的银行机构六个月期法定贷款利率及典当期限折算后的标准计算至2014年12月1日起止);二、在本判决生效后三日内,文明向华蓥天宝典当有限公司支付综合服务费(以120万元,从2014年9月4日起,按月费率10‰计算至2014年12月1日起止);三、在本判决生效后三日内,文明向华蓥天宝典当有限公司支付逾期还款利息和违约金(以120万元,从2014年12月2日起,按中国人民银行同期同类贷款基准利率的四倍计算至本判决确定的履行期届满之日止);四、华蓥天宝典当有限公司对文静、李文国、文红、廖小川提供的抵押财产(房屋产权证号:广安市房权证广房字第000141××、000280××号;国有土地使用权证号:广市国用【2003】第048××号、广市国用【2006】第043××号)折价或拍卖、变卖的价款在文明不能清偿本判决主文第一、二、三项所确认的债务范围内优先受偿。本案诉讼费15,600元,公告费700元,共计16,300元,由文明、文静、李文国、文红、廖小川承担。如果债务人未按本判决指定的期间履行付款义务,应当依照《中华人民共和国民事诉讼法》第二百五十三条之规定,加倍支付迟延履行期间的债务利息。

二审期间,文明向本院提交了银行转账凭证共七张,用以证明文明已向天宝典当公司还款66.2万元本金。经质证,天宝典当公司认为,以上票据与本案无关联性,均没有打款给他公司。票据上显示的部分收款人为他公司员工江晓,但他公司并未授权江晓收款。

经本院向江晓询问,江晓称她是华蓥天宝典当有限公司的员工,文明之所以汇款或让他人汇款给她是因为文明曾向她私人借款共140万元。江晓提交了她与文明签订的借款协议复印件两份。经质证,文明对两份借款协议的真实性无异议,但称这个借款协议与典当借得的120万元部分重合。

本院二审查明,2014年8月29日,文明作为借款人签订了两份借款协议,其中一份借款协议的出借人为案外人刘晓蓉、江晓,借款金额为80万元。另一份借款协议的出借人为案外人江晓,借款金额为60万元。江晓系天宝典当公司的工作人员,文明于2014年10月6日向江晓汇款8万元。另查明,文静、文红与文明系姐弟关系。2014年9月3日文明与天宝典当公司签订典当合同,用文静夫妇、文红夫妇的房屋作为当物抵押给天宝典当公司,并办理抵押登记,取得当金120万元的事实与一审查明的事实一致。

二审期间本院曾主持双方进行调解,因文静等人不同意文明与天宝典当公司达成的调解协议,致使本案调解未能达成一致意见。

本院认为,关于文明与天宝典当公司典当法律关系是否成立的问题。文明与天宝典当公司签订了《典当合同》,向天宝典当公司典当借款120万元,系双方真实意思表示,且不违反法律法规的禁止性规定,合法有效。李文国、文静、文红、廖小川自愿以其名下的房产为文明典当借款提供抵押担保,签订了抵押借款协议并办理了抵押登记,天宝典当公司对其抵押财产依法享有优先受偿权。在典当借款中,提供他人房产作为当物获取当金并不为法律法规所禁止。因而,上诉人辩称抵押物并非当户所有,文明与天宝典当公司的典当法律关系并未成立的意见不能成立,本院不予采纳。

关于文明是否向天宝典当公司归还当金的问题。文明提交的打款凭证的收款人均不是天宝典当公司。部分打款凭证中涉及的收款人江晓提交了两份借款协议,证实文明与江晓存在借贷关系。文明辩称江晓提交的借款协议中的借款与本案典当借款120万元部分重合,并未提供证据证明,且文明作为完全民事行为能力人,对同一笔借款签订两份协议亦不符合常理。故文明所提交的证据不能证明其已向天宝典当公司归还了部分当金。

综上所述,五上诉人的上诉请求不能成立,应予驳回。一审判决认定事实清楚,适用法律正确,应予维持。依照《中华人民共和国民事诉讼法》第一百七十条第一款第一项规定,判决如下:

驳回上诉,维持原判。

二审案件受理费15,600元,由文明、文静、李文国、文红、廖小川负担。

本判决为终审判决。

审 判 长 朱 军

审 判 员 张 波

代理审判员 王 敏

二〇一六年十一月十六日

书 记 员 杨茂涛

6. 收当赃物的风险

【问题提示】典当行收取的当物为赃物的,该如何处理?

【案例二十】刘忻仪诉北京市华夏典当行有限责任公司朝外分公司等返还原物纠纷案(2015年2月11日)

【法律点】犯罪行为人将诈骗所得的财产作为当物向典当行借款,致使被害人遭受的物质损失,已经被人民法院生效刑事判决书确认继续追缴的,经过追缴或者退赔仍不能弥补损失,被害人向人民法院另行提起民事诉讼的,人民法院可以受理。但被害人在没有证据显示其所受的损失经过追缴后仍然不能弥补的情况下,要求典当行返还财物的诉讼不符合起诉条件。

【关键词】当物　收当流程　诈骗　生效判决　继续追缴　赔偿义务人　驳回起诉

北京市第三中级人民法院

民事裁定书

(2015)三中民终字第00769号

上诉人(原审原告):刘忻仪。

委托代理人:高爱国,北京市百瑞律师事务所律师。

被上诉人(原审被告):北京市华夏典当行有限责任公司。

法定代表人:杨永,总经理。

被上诉人(原审被告):北京市华夏典当行有限责任公司朝外分公司。

负责人:杨永,总经理。

上列二被上诉人之委托代理人:任亮。

上列二被上诉人之委托代理人:姚晓敏,北京市兰台律师事务所律师。

原审第三人:天问国际拍卖有限公司。

法定代表人:杨巍。

上诉人刘忻仪因与被上诉人北京市华夏典当行有限责任公司(以下简称华夏典当行)、被上诉人北京市华夏典当行有限责任公司朝外分公司(以下简称华夏典当行朝外分公司)、原审第三人天问国际拍卖有限公司(以下简称天问拍卖公司)财产损害赔偿纠纷一案,不服北京市朝阳区人民法院(2012)朝民初字第28380号民事裁定,向本院提起上诉。本院依法组成合议庭公开开庭审理了本案。本案现已审理终结。

刘忻仪向原审法院诉称:2008年年底,张鑫说可以帮忙抬高价格出卖我于2007年10月通过香港苏富比拍卖行购得的价值180.75万元港币、重6.01克拉的钻戒一枚,并说能够卖到400万元,但没过两天,张鑫就说能卖300万元,我拒绝以此价格出卖,并要求张鑫返还,但张鑫一直未予返还。后因张鑫诈骗,我得知钻戒由华夏典当行朝外分公司收当。我并未委托张鑫典当钻戒,华夏典当行朝外分公司无权收当我的物品。我是6.01克拉钻戒的合法所有权人,对自己所有的合法财产依法享有占有、使用、收益和处分的权利,其他任何人无权侵犯。华夏典当行朝外分公司收当没有有效文件证明物品来源合法,其行为不符合法律关于保护公民财产所有权的规定,侵犯了我的所有权,应当承担侵权责任。我国《典当管理办法》第三十五条规定:"办理出当与赎当,当户均应当出具本人的有效身份证件……委托典当中,被委托人应当出具典当委托书、本人和委托人的有效身份证件。除前款所列证件外,出当时,当户应当如实向典当行提供当物的来源及相关证明材料";第二十七条规定:"典当不得收当下列财物……(二)赃物和来源不明的物品……(七)当户没有所有权或者未能依法取得处分权的财产。"因此,华夏典当行朝外分公司的收当行为不符合前述规定,侵犯了我的所有权,应承担民事责任。此外,华夏典当行朝外分公司是华夏典当行依法设立的分公司,根据我国法律规定,分公司不具有法人资格,其民事责任应由公司承担。因此,请求法院判令华夏典当行和华夏典当行朝外分公司向我返还钻戒,如不能返还,则赔偿我钻戒款项180万元(含本金159万元及自2009年1月6日起至2012年9月5日止的利息,按中国人民银行同期贷款利率标准计算)。

华夏典当行、华夏典当行朝外分公司共同辩称:第一,我公司的整个收当行为及当物处置过程合法合规且符合行业惯例,不存在过错,未侵犯刘忻仪的权益,不负有赔偿责任。刘忻仪索赔的钻戒系普通动产,我公司在收当时履行了对当户身份信息及当物信息的审查手续,符合对普通动产当物的收当流程,即收当流程合法合规且符合行业惯例。具体收当流程是:2009 年 1 月 6 日,我公司在收当时,查看了张鑫的身份证原件并拍照留存;询问了当物来源并记载当物来源信息,查看了当物、当物包装盒及当物证书并拍照或留存复印件;按照公安部门的要求将张鑫身份信息及当物信息及当户身份证照片、当物(包括包装盒)照片及当物证书照片上传至公安指定审核系统,且通过了公安部门审核。通过公安部门审核本身即说明华夏典当行采集了可以采集及应当采集的信息。在完成了上述流程后,我公司与张鑫签署了当票,张鑫向我公司交付了当物,我公司依约向张鑫发放了当金。后典当期限届满,张鑫未依约按时还款赎当,我公司按照绝当当物处置流程,委托专门的拍卖公司公开拍卖当物,并拍卖成交,即钻戒作为绝当物品已处置完毕,所得拍卖款用以清偿张鑫所欠我公司的当金、综合管理费、罚息及拍卖佣金等费用(尚未足以清偿)。第二,我公司的收当行为与刘忻仪的钻戒损失之间不存在因果关系。刘忻仪损失钻戒的原因一方面是张鑫诈骗所致,另一方面刘忻仪自己也有不可逃脱的责任,即刘忻仪随意、任意将钻戒(包括钻戒证书资料)交给张鑫所致。第三,刘忻仪所主张的 180 万元的损失没有事实及法律上的依据。在无其他可供参考的交易价格、交易案例辅证的情况下,拍卖价无法单独反映某一产品的实际价值或市场销售价格,这已是共识。而刘忻仪所主张的 180 万元的损失正是仅仅以所谓的其在香港的拍卖价(159 万元)为基础计算的,而该钻戒拍卖当时的拍卖场景、当时的市场行情、竞买人的心理与情况等因素,均会导致该钻戒的最终拍卖成交价格远远高于其正常的市场销售价值或实际价值。所以,所谓的 159 万元的拍卖价格既不客观也不能真实反映其正常的市场销售价格或实际价值。刘忻仪以此为基础主张钻戒损失没有任何事实和法律依据。第四,刘忻仪的诉讼请求已经超过诉讼时效。刘忻仪以侵权为由要求我公司承担赔偿责任,应当适用债权诉讼时效。刘忻仪在 2009 年年初的典当期间已经知晓张鑫将钻戒典当给了我公司,所以,其提出的任何诉讼请求均已超过诉讼时效。第五,从张鑫刑事案件的判决结果来看,其诈骗刘忻仪折合现金共计 624.80 万元,在案发前,张鑫已累计退还 151 万元,法院已判决张鑫发还刘忻仪 4,744,432.70 元,张鑫才是刘忻仪钻戒损失的赔偿义务人,刘忻仪无权向我公司主张任何赔偿。因此,请求法院驳回刘忻仪的全部诉讼请求。

天问拍卖公司未出庭应诉,亦未提交书面答辩意见。

原审法院经审理查明:2007 年 10 月,刘忻仪以 180.75 万港币的价格在香港苏富比拍卖行购得 6.01 克拉钻石戒指一枚。张鑫(曾用名:张可欣)原系刘忻仪的朋友。刘忻仪将上述钻石戒指交给张鑫后,张鑫于 2009 年 1 月 6 日以 51.5 万元的金额典当给华夏典当行,典当期间续当两次,后出现逾期,华夏典当行于 2009 年 3 月 10 日向张鑫预留手机发送过催缴短信。2009 年 4 月 29 日,华夏典当行委托天问拍卖公司对当物进行公开拍卖,最终拍卖成交价为 68 万元,华夏典当行称拍卖所得款已用于偿还张鑫在该典当行的典当借款及逾期罚息。2010 年 12 月 27 日,北京市人民检察院第二分院以京检二分刑诉(2010)291 号起诉书指控张鑫犯诈骗罪,向北京市第二中级人民法院提起公诉。2011 年 11 月 18 日,北京市第二中级人民法院作出(2011)二中刑初字第 142 号刑事判决书,认定"2008 年 11 月至 2009 年 2 月间,被告人张鑫谎称能够帮助被害人刘忻仪投资期货赚钱和能够购买价格便宜的商品房为名,多次骗取刘忻仪共计 389 万余元。其间,张鑫以帮助鉴定为名,骗取刘忻仪的 6.01 克拉钻石戒指一枚(价值 159 万余元)。张鑫还以能够帮助将刘忻仪的一辆奔驰牌轿车(车牌号京 LG ×)和 1 辆途锐牌汽车(车牌号京 KM ×)卖得较高价钱为名,将刘忻仪的两辆车销售,后将车款 76.8 万元据为己有。案发前,张鑫陆续退还刘忻仪人民币 151 万余元",判决"一、被告人张鑫犯诈骗罪,判处无期徒刑,剥夺政治权利终身,并处没收个人全部财产。二、继续追缴被告人张鑫的违法所得连同在案冻结被告人张鑫在中国工商银行北京望京支行银行卡账户内的钱款分别发还被害人邓 ×、刘忻仪、孙 ×(清单附后)",后附处理清单的内容为"继续追缴被告人张鑫的违法所得连同在案冻结被告人张鑫在中国工商银行北京望京支行银行卡账户内的钱款按比例发还下列被害人:1. 发还被害人邓 × 455,000 元。2. 发还被害人刘忻仪 4744,432.70 元。3. 发还被害人孙 × 1,733,820 元"。判决做出后,张鑫不服,提起上诉。2012 年 1 月 29 日,北京市高级人民法院作出(2012)高刑终字第 13 号刑事裁定书,裁定驳回张鑫的上诉,维持原判。

原审法院经审理认为:犯罪分子非法占有、处置被害人财产而使其遭受物质损失的,人民法院应当依法予以追缴或者责令退赔。经过追缴或者退赔仍不能弥补损失,被害人向人民法院民事审判庭另行提起民事诉讼的,人民法院可以受理。根据(2011)二中刑初字第 142 号刑事判决书及(2012)高刑终字第 13 号刑事裁定书,张鑫骗取刘忻仪钻石戒指而致使刘忻仪蒙受的经济损失,已经被生效判决书确认继续追缴,现并无证据显示刘忻仪主张的损失经过追缴后仍然不能弥补,故驳回刘忻仪的起诉。天问拍卖公司经合法传唤未到庭应诉,依法缺席判决。

依照《中华人民共和国民事诉讼法》第一百五十四条、《中华人民共和国民事诉讼法》第一百四十四条的规定,原审法院裁定:驳回原告刘忻仪的起诉。

原审法院裁定后，刘忻仪不服裁定提起上诉。刘忻仪的上诉理由为：刘忻仪为诉争财产的合法所有权人，与本案有直接的利害关系，有明确的被告，由具体的诉讼请求和事实、理由，刘忻仪的起诉符合民事诉讼法规定的起诉条件和法院的立案条件，不存在适用裁定驳回起诉的法定情形；法院判决追缴被骗财产，但诉争财产在华夏典当行，未追缴回来、刘忻仪未获得退赔的事实清楚，刘忻仪当然不能提供已经获得退赔的单据等证据；诈骗人张鑫正在服刑，刘忻仪没有途径获取未获得退赔的证据，原审法院裁定驳回刘忻仪的起诉，刘忻仪无法获得诉权，无论法院是否支持刘忻仪的诉讼请求，但应当依法保护刘忻仪合法的诉讼权利。刘忻仪就所称内容未提供新的证据。华夏典当行、华夏典当行朝外分公司表示同意原裁定，不同意刘忻仪的上诉理由及请求，华夏典当行关于当物的所有程序都是合法的，刘忻仪在得知当物的典当情况之后也并未主张权利，刘忻仪所述损失刑事判决已确认及处理，本案一审期间刘忻仪也撤回了对张鑫的起诉，一审的裁定结果正确，不同意刘忻仪的上诉理由及请求。天问拍卖公司未到庭。

本院经审查认为，诉争财产在生效刑事判决中已有确认及处理，刘忻仪上诉请求撤销原裁定，述称其起诉符合规定、无法提供未获得退赔证据、应保护其诉权等项内容，其就所称内容未提供新的证据及依据，现据其所称难以确认原裁定就争议事实及适用法律存在错误，不能表明刘忻仪据所称内容提出的上诉主张成立，华夏典当行、华夏典当行朝外分公司表示不同意刘忻仪所称意见及要求，故对刘忻仪所提上诉请求，本院不予支持。原审法院裁定驳回刘忻仪的起诉并无不当，应予维持。依照《中华人民共和国民事诉讼法》第一百七十条第一款第一项、第一百七十四条之规定，本院裁定如下：

驳回上诉，维持原裁定。

本裁定为终审裁定。

审　判　长　周文祯
代理审判员　宋少源
人民陪审员　申峻屹
二〇一五年二月十一日
书　记　员　肖　斌

【案例二十一】南京市金江典当有限责任公司诉曹春燕、井彬建、李益如典当合同纠纷案

(2015年3月26日)

【法律点】犯罪行为人以合同诈骗手段办理了房屋过户登记手续取得被害人的房产,双方签订房屋买卖合同应为无效。但不动产登记簿是物权归属和内容的根据,通过查验房屋登记机关的登记即可确认房屋归属,因此,典当行在办理犯罪行为人以诈骗房屋为当物的抵押典当业务时,履行了抵押房屋登记簿、登记权证等核查义务,并办理了抵押登记手续,且典当行与相对人之间没有恶意串通行为的,典当行可善意取得房屋抵押权,对抵押房屋享有优先受偿权。

【关键词】合同诈骗　房产抵押流程　抵押权　善意取得　优先受偿

江苏省南京市中级人民法院
民事判决书

(2014)宁商终字第1171号

上诉人(原审第三人):井彬建。

上诉人(原审第三人):李益如。

以上两上诉人共同委托代理人:张晖,江苏容大律师事务所律师。

被上诉人(原审原告):南京市金江典当有限责任公司。

法定代表人:高树枫,董事长。

委托代理人:王芬,江苏明弘律师事务所律师。

委托代理人:郎云云,江苏明弘律师事务所律师。

被上诉人(原审被告):曹春燕。

上诉人井彬建、李益如因与被上诉人南京市金江典当有限责任公司(以下简称金江典当公司)、曹春燕典当合同纠纷一案,不服南京市秦淮区人民法院(2013)秦商初字第1546号民事判决,向本院提起上诉。本院于2014年9月10日立案受理后,依法组成合议庭并于2015年3月5日公开开庭审理了本案,上诉人井彬建、李益如,被上诉人金江典当公司的委托代理人王芬、朗云云到庭参加诉讼,被上诉人曹春燕经本院合法传唤,无正当理由未到庭参加诉讼,本院依法缺席审理。本案现已审理终结。

金江典当公司在一审中诉称,金江典当公司与曹春燕于2011年7月18日签订编号为11041801的《借款合同》及《南京市房地产抵押合同》,约定金江典当公司向曹春燕提供借款200万元,借款月利率为0.4%,月综合费率为2.6%;实际借款期限,额度以当票为准。曹春燕以自有的位于南京市玉兰路×号×幢×室的房屋为其借款设定抵押,并办理他项权登记。金江典当公司分别于2011年7月22日和2011年8月2日累计向曹春燕发放借款本金200万元,曹春燕在当票上签字确认,当期分别为自2011年7月22日至2011年8月21日和自2011年8月2日至2011年9月1日。当票到期后,曹春燕分别连续续当至2011年10月22日和2011年11月10日,之后既未续当亦未赎当。现金江典当公司诉至法院,请求法院判令:1. 曹春燕偿还金江典当公司本金200万元及利息,综合费用(其中100万元的利息自2011年9月22日起计算至实际偿还之日,按月利率0.4%计算;综合费自2011年10月23日起计算至实际偿还之日,按月综合费率2.6%计算。另100万元利息,自2011年10月11日起计算至实际偿还之日,按月利率0.4%计算;综合费自2011年11月11日起计算至实际偿还之日,按月综合费率2.6%计算)。2. 曹春燕支付金江典当公司追索债权产生的律师费51,682元。3. 如曹春燕不履行上述还款义务,金江典当公司有权将曹春燕抵押的位于南京市玉兰路×号×幢×室的房屋(产权证号:宁房权证雨转证字第××号,丘号:955530-I-24)予以折价、变卖或拍卖,优先偿还上述债务。

曹春燕在一审中未作答辩,亦未提供相应证据。

井彬建、李益如在一审中述称,其为南京市玉兰路×号×幢×室房屋的共有产权人。经(2012)白刑二初字第173号刑事判决书确认,2011年3月,案外人朱智祥以欺骗的手段取得该房屋的产权,并承担刑事责任。涉案房屋系赃物,应予以返还。另根据(2013)雨民初字第146号民事判决书,井彬建、李益如与朱智祥签订的《房地产买卖合同》无效,房产应依法返还给李益如、井彬建。此外,金江典当公司违反了《典当管理办法》的强制性规定,亦违反房地产典当程序。金江典当公司享有的抵押权是债权,房屋所有人拥有的是所有权,房屋不动产所有权优于典当合同所设置的抵押权。

故井彬建、李益如认为抵押合同无效。

原审法院查明，井彬建、李益如系夫妻关系，两人原为南京市雨花台区玉兰路×号×幢×室房产的共有产权人。2011 年 3 月 16 日，朱智祥与井彬建、李益如签订《南京市存量房买卖合同》，购买该房屋，并向井彬建、李益如支付购房首付款 800,000 元。其后，朱智祥指使案外人彭大军冒充李益如代理人骗取了玉兰路房产的过户登记。2011 年 7 月 4 日，朱智祥以夫妻间协议约定的方式将玉兰路房产申请登记至曹春燕名下。

2011 年 7 月 18 日，曹春燕（甲方）与金江典当公司（乙方）签订《借款合同》（合同编号：11071801）一份，约定曹春燕向金江典当公司借款 200 万元，并以其名下玉兰路×号×幢×室（产权证号：宁房权证雨转证字第××号，丘号：955530 – I – 24），建筑面积 171.88 平方米房屋作为抵押；借款期限自 2011 年 7 月 18 日至 2012 年 1 月 17 日；借款月利率为 0.4%；综合费率为 2.6%。合同第 8.1 条规定，本合同及抵押合同包括但不限于公证费、登记费、评估费、拍卖费、律师费（乙方聘请律师的费用）、诉讼费、保全费等有关实现债权的费用由甲方承担。

2011 年 7 月 22 日，曹春燕与金江典当公司签订《南京市房地产抵押合同》，并办理《房屋他项权利证书》，债权数额为 200 万元。当日，金江典当公司出具编号为 33737091 的《当票》一份，载明曹春燕以商品房作为典当，典当金额为 100 万元，月利率为 0.4%，月综合费率为 2.6%，当期为 2011 年 7 月 22 日至 2011 年 8 月 21 日；当期内综合费预先支付 26,000 元。曹春燕于当日取得 100 万元借款。后该当票于 2011 年 8 月 24 日由曹春燕续当，当期自 2011 年 8 月 24 日至 2011 年 9 月 24 日止，曹春燕支付上期利息 4400 元，本期综合费 24,267 元，并支付逾期服务费用 2600 元。2011 年 9 月 22 日，曹春燕再次续当，当期自 2011 年 9 月 22 日起至 2011 年 10 月 22 日止，并支付上期利息 3867 元，本期综合费 26,000 元，逾期服务费 867 元。

2011 年 8 月 2 日，金江典当公司再出具编号为 33737103 的《当票》一份，载明曹春燕以商品房作为典当，典当金额为 100 万元，月利率为 0.4%，月综合费率为 2.6%，当期为 2011 年 8 月 2 日至 2011 年 9 月 1 日；当期内综合费预先支付 26,000 元。曹春燕于当日分两次取得 100 万元借款。后该当票于 2011 年 9 月 1 日由曹春燕续当，当期自 2011 年 9 月 1 日至 2011 年 10 月 1 日，曹春燕支付上期利息 4000 元，本期综合费 26,000 元。2011 年 10 月 11 日，曹春燕再次续当，当期自 2011 年 10 月 11 日起至 2011 年 11 月 10 日，并支付上期利息 5333 元，本期综合费 26,000 元，逾期服务费 8667 元。

2011 年 12 月 20 日,金江典当公司与江苏明弘律师事务所签订编号为(2011)明弘民字第 294 号《委托代理合同》,委托该所参与本案审理,代理费 51,682 元。2011 年 12 月 27 日,金江典当公司通过转账支付江苏明弘律师事务所 51,682 元,江苏明弘律师事务所于同日开具代理费发票。

2012 年 9 月 28 日,南京市白下区人民检察院对朱智祥以合同诈骗罪提起公诉,法院确认朱智祥以诈骗手段取得南京市玉兰路×号×幢×室、丰富路×号×幢×室的房产,判处其犯合同诈骗罪,判处有期徒刑十二年六个月;罚金 600,000 元。后朱智祥不服判决,提起上诉,南京市中级人民法院二审判决驳回上诉,维持原判。

2013 年 9 月 26 日,井彬建、李益如诉曹春燕、朱智祥确认合同无效纠纷一案在南京市雨花台区人民法院开庭审理,根据该案生效判决,朱智祥与井彬建、李益如于 2011 年 3 月 16 日签订《南京市存量房买卖合同》无效,朱智祥与曹春燕于 2011 年 7 月 4 日关于南京市玉兰路×号×幢×室房屋的转移行为无效;曹春燕、朱智祥于该判决生效之日起十日内将南京市玉兰路×号×幢×室房屋返还给李益如、井彬建,李益如、井彬建于上述房产返还之日将 1,250,000 元返还给朱智祥。该判决于 2014 年 1 月 17 日生效。

另查明,金江典当公司注册资本 1000 万元。根据金江典当公司网站显示,房产抵押流程包括:典当申请,查验证件、确认归属,实地查询、评估,签订合同,办理抵押登记,典当申请,放款,跟踪服务及续当,还款、注销登记。

再查明,2011 年 7 月 7 日至 2012 年 6 月 7 日间,中国人民银行六个月以内(含六个月)贷款基准利率为 6.1%。

原审法院认为,依法设立的典当企业依据签订的以房地产、财产权利、动产为其向债务人出借款项设定质押、抵押担保的典当合同,应当认定为借贷合同性质。本案中,金江典当公司与曹春燕签订《借款合同》后,金江典当公司向曹春燕出具当票,并办理抵押,典当合同成立,原审法院予以确认。金江典当公司已经按约履行了放款义务,而曹春燕未按约履行偿还借款本息的合同义务,应负此纠纷的全部责任。本案中,金江典当公司在典当本金中预先扣除综合费做法,不符合《中华人民共和国合同法》的规定,原审法院不予支持,故原审法院确认金江典当公司实际典当本金为 1,948,000 元[2011 年 7 月 2 日借出 974,000 元(1,000,000 元-26,000 元);2011 年 8 月 2 日借出 974,000 元(1,000,000 元-26,000 元)]。同时,双方在合同中约定的典当期限内的月利率、月综合费率总额明显超过中国人民银行同期同类贷款基准利率的四倍,原审法院认为应按中国人民银行同期同类贷款基准利率的四倍计算为宜,故曹春燕已支付的利息、综合费、逾期服务费中超过中国人民银行同期同类贷款基准利率四倍即24.4%(6.1%×4)的部分应视为提前偿还借款本金。

其中,金江典当公司于2011年7月22日向曹春燕借款974,000元,截至2011年8月24日,应支付利息21,487元(974,000元×24.4%×33日÷365日);曹春燕实际于2011年8月24日支付31,267元(24,267元+4400元+2600元),超出部分9780元(31,267元-21,487元)应予以抵扣本金,借款本金变更为964,220元(974,000元-9780元)。自2011年8月25日至2011年9月22日,曹春燕应支付利息18,048元(964,220元×24.4%×28日÷365日);曹春燕实际于2011年9月22日支付30,734元(26,000元+3867元+867元),超出部分12,686元(30,734元-18,048元)应予以抵扣本金,借款本金变更为951,534元(964,220元-12,686元)。

金江典当公司于2011年8月2日向曹春燕借款974,000元,截至2011年9月1日,应支付利息19,533元(974,000元×24.4%×30日÷365日);曹春燕实际于2011年9月1日支付30,000元(26,000元+4400元),超出部分10,467元(30,000元-19,533元)应予以抵扣本金,借款本金变更为963,533元(974,000元-10,467元)。自2011年9月2日至2011年10月11日,曹春燕应支付利息24,476元(963,533元×24.4%×38日÷365日);曹春燕实际于2011年10月11日支付40,000元(26,000元+5333元+8667元),超出部分15,524元(40,000元-24,476元)应予以抵扣本金,借款本金变更为948,009元(963,533元-15,524元)。综上,金江典当公司典当本金计为1,899,543元(951,534元+948,009元)。

金江典当公司主张借款期限届满后,仍按月综合费率2.6%计算综合服务费、按月利率0.4%计算利息的问题。原审法院认为,典当企业主张借款期限届满后的利息及综合费的,对于两项合计数额超过按银行同期同类贷款基准利率四倍计算的利息的部分不予保护,本案双方当事人的上述约定明显超过该标准,故对借款逾期综合费及利息超过按银行同期同类贷款基准利率四倍计算的利息部分,原审法院不予支持。故曹春燕应以951,534元为本金,并按中国人民银行同期同类贷款利率的四倍支付自2011年9月23日起至判决确定给付之日止的利息;以948,009元为本金,并按中国人民银行同期同类贷款利率的四倍支付自2011年10月12日起至本判决确定给付之日止的利息。

关于金江典当公司主张的律师费51,682元,律师费属于《借款合同》第8.1条约定的费用范畴,且律师费的计算标准符合《江苏省律师服务收费标准》的规定,该主张合法有据,原审法院予以支持。

对于井彬建、李益如的诉讼主张,原审法院认为,案涉房产登记在曹春燕名下,金江典当公司在办理典当时进行了审查,双方签订了《南京市房地产抵押合同》并依法办理了抵押登记手续,故案涉的抵押合同合法有效。井彬建、李益如认为金江典当公司超过其注册资本的10%借款,属于超额典当,及金江典当公司未至抵押房屋看房,违反其抵押流程的意见,原审法院认为,如果金江典当公司的超额典当行为违反《典当管理办法》,应由相应的主管部门处理,但在本案中,该行为并不导致典当行为及抵押合同无效。根据金江典当公司提供的房产抵押流程及《中华人民共和国物权法》第十六条的规定,不动产登记簿是物权归属和内容的根据,通过查验房屋登记机关的登记即可确认房屋归属;至于房屋的价值评估,房屋的位置、大小、房龄、市场等主要决定了房屋价值,考虑金江典当公司所持有的抵押权性质,并不要求其对于抵押房屋的装修内饰进行细节估价。因此,井彬建、李益如的主张缺乏法律及事实依据,且没有证据证明金江典当公司、曹春燕之间有恶意串通行为,金江典当公司系善意取得抵押权,故对抵押物享有优先受偿权。

曹春燕经原审法院合法传唤,无正当理由拒不到庭参加诉讼,亦未提供反驳金江典当公司的证据,视为放弃抗辩,应自行承担相应的法律后果。

据此,依照《中华人民共和国合同法》第一百零七条、第一百九十八条、第二百零六条、第二百零七条,《中华人民共和国物权法》第一百零六条第二款,《中华人民共和国担保法》第三十三条、第四十一条,《中华人民共和国民事诉讼法》第六十四条、第一百四十四条之规定,经原审法院审委会研究,判决:一、曹春燕于判决生效之日起十日内返还金江典当公司借款本金1,899,543元,并支付利息(其中,以951,534元为本金,并按中国人民银行同期同类贷款利率的四倍支付自2011年9月23日起至判决确定给付之日止的利息;以948,009元为本金,并按中国人民银行同期同类贷款利率的四倍支付自2011年10月12日起至判决确定给付之日止的利息)。二、曹春燕于判决生效之日起十日内支付金江典当公司律师代理费51,682元。三、如曹春燕不履行判决书确定的第二、三项的债务,则金江典当公司有权依法处置曹春燕用于抵押的坐落于南京市玉兰路×号×幢×室(产权证号:宁房权证雨转证字第××号,丘号:955530-I-24)的房屋,并以折价或者以拍卖、变卖该抵押物所得价款在债权数额200万元内优先受偿。四、驳回金江典当公司的其他诉讼请求。如果未按判决指定的期间履行给付金钱义务,应当按照《中华人民共和国民事诉讼法》第二百五十三条之规定,加倍支付迟延履行期间的债务利息。一审案件受理费32,280元,公告费900元,合计33,180元,由曹春燕负担(曹春燕应负担的诉讼费用,已由金江典当公司预交,曹春燕在给付上述款项时一并给付金江典当公司)。

宣判后,井彬建、李益如不服一审判决,向本院提起上诉,请求依法改判撤销一审判决第三项。理由如下:1. 物权法只是规定了对无权处分的财产和遗失物的善意取得,并未规定对赃物的善意取得,案涉房产系赃物,不适用善意取得。且生效判决已经判令案涉房产返还井彬建、李益如,那么任何侵犯井彬建、李益如房屋所有权以及所有权派生的他项权的行为,都不应当获得人民法院的支持。2. 金江典当公司在朱智祥取得案涉房产证和土地证的第二天,接受了朱智祥的典当要约,其并未查看案涉房屋,同时却对案涉房产估价 350 万元。此外,朱智祥有房产证书为何不去银行贷款,却去典当行借款并承担高额利息。上述情况说明金江典当公司并非善意第三人。3. 案涉的一张 100 万元当票的当户是朱智祥,而朱智祥并非本案当事人。案涉房产系登记在曹春燕名下,案涉房产与该 100 万元借款无担保关系。

被上诉人金江典当公司辩称:1. 金江典当公司善意取得房屋的抵押权,不受房屋买卖合同效力的影响。即便在买卖合同被确认无效的情况下,井彬建、李益如对案涉房屋仅享有合同的债权,包括了请求返还原物、赔偿损失,善意取得的抵押权不受合同债权无效的影响。2. 一审法院认定金江典当公司善意取得抵押权事实清楚,法律适用正确。设定抵押时,曹春燕是该房产唯一权利人,金江典当公司除履行核查登记簿、登记权证等审查义务外,还进行了实地考察、评估,在办理完抵押登记之后,金江典当公司才发放典当借款。关于井彬建、李益如说赃物不适用善意取得的观点错误,没有法律依据,根据相关规定,赃物也应适用善意取得制度。3. 井彬建、李益如所谓的抵押房屋仅在 100 万元范围内承担责任是错误的,这是井彬建、李益如对当票的误读,本案典当借款分两笔,签收当票款项的人均为曹春燕,后期的续当仅仅是对典当期限变更的确认,并不是权利义务的变更。

本院经审理查明,原审判决认定的事实属实,本院予以确认。

二审期间,因井彬建、李益如向金江典当公司支付 168 万元,金江典当公司注销了南京市玉兰路×号×幢×室(产权证号:宁房权证雨转证字第××号,丘号:955530-I-24)房屋的抵押权登记,同时向本院出具书面说明,内容如下:现根据案件新情况,不再主张对案涉房屋的优先受偿权;又因我方收到 168 万元,故对一审第一项诉请也予以调整,即曹春燕立即返还金江典当公司借款本金 1,810,302 元,并支付利息(以 1,810,302 元为基数,自 2015 年 3 月 12 日起按中国人民银行同期同类贷款利率的四倍支付至判决确定给付之日止)。

本院认为,本案的争议焦点为金江典当公司对案涉房屋主张优先受偿权能够获得支持。二审期间,因金江典当公司注销了案涉房屋的抵押权登记,并根据二审期间出现的新事实对其原先的主张进行调整,故本案中井彬建、李益如与金江典当公司之间的争议已不复存在。根据相关法律规定,当事人有权在法律规定的范围内处分自己的民事权利和诉讼权利。金江典当公司根据二审期间出现的新事实自愿降低诉请的金额以及放弃部分诉讼主张,并不违反法律规定,本院对此予以确认,并据此予以改判。同时,因金江典当公司基于其与井彬建、李益如之间的合意调整诉讼主张,本案二审的诉讼费用应由金江典当公司与井彬建、李益如平均分担。据此,依照《中华人民共和国民事诉讼法》第十三条第二款、第一百四十三条、第一百七十四条、第一百七十条第一款第二项的规定,缺席判决如下:

一、维持南京市秦淮区人民法院(2013)秦商初字第 1546 号民事判决的第二、四项。

二、变更南京市秦淮区人民法院(2013)秦商初字第 1546 号民事判决的第一项为:曹春燕于本判决生效之日起十日内返还南京市金江典当有限责任公司借款本金 1, 810, 302 元,并支付利息(以 1, 810, 302 元为基数,自 2015 年 3 月 12 日起按中国人民银行同期同类贷款利率的四倍支付至本判决确定给付之日止)。

三、撤销南京市秦淮区人民法院(2013)秦商初字第 1546 号民事判决的第三项。

如果未按判决指定的期间履行给付金钱义务,应当按照《中华人民共和国民事诉讼法》第二百五十三条之规定,加倍支付迟延履行期间的债务利息。

二审案件受理费 22, 800 元,公告费 600 元,合计 23, 400 元,由井彬建、李益如负担 11, 700 元,金江典当公司负担 11, 700 元(金江典当公司应负担的诉讼费用已由井彬建、李益如预交,金江典当公司于本判决生效之日起十日内向井彬建、李益如支付该款项)。

本判决为终审判决。

审 判 长 樊荣禧

审 判 员 吴劲松

代理审判员 孙 天

二〇一五年三月二十六日

书 记 员 唐姮鑫

【案例二十二】柯桂花、徐小雅诉湖北环球典当有限公司、徐伟华债权人撤销权纠纷案(2016年6月30日)

【法律点】典当行作为专业从事典当借贷业务的商业主体,在交易中理应承担更多的善意义务。除主观善意外,典当行应遵守合理的商业准则和管理规范,并履行相应的经营义务作为其善意的客观标准,如对房屋权属等书面材料进行书面审查外,还应对相关材料的真实性、准确性、完整性并对借款人的借款用途、收入情况、还款来源、还款能力采取现场核实、电话查问或信息咨询等多渠道和途径进行调查核实。若典当行未充分履行上述审慎审查的义务,则认定为客观上存在一定的过失,不属于商事交易中的善意相对人。

【关键词】善意取得　无权处分　合法占有　善意的客观标准　审慎审查

湖北省武汉市中级人民法院
民事判决书

(2016)鄂01民终2320号

上诉人(原审被告):湖北环球典当有限公司。住所地,湖北省武汉市××区××路×号。

法定代表人:张君干,总经理。

委托代理人:童春林,湖北朗勤律师事务所律师。

委托代理人:姚浩,湖北朗勤律师事务所律师。

被上诉人(原审原告):柯桂花。

被上诉人(原审原告):徐小雅。

以上两被上诉人委托代理人:黄华,湖北法正联合律师事务所律师。

被上诉人(原审被告):徐伟华。

上诉人湖北环球典当有限公司(以下简称湖北环球公司)因与被上诉人柯桂花、徐小雅、徐伟华撤销权纠纷一案,不服湖北省武汉市武昌区人民法院(2015)鄂武昌民初字第03239号民事判决,向本院提起上诉。本院受理案件后,依法组成合议庭,于2016年6月8日公开开庭审理了本案。上诉人湖北环球公司的委托代理人童春林,被上诉人柯桂花、徐小雅及其委托代理人黄华,被上诉人徐伟华均到庭参加诉讼。本案现已审理终结。

柯桂花、徐小雅原审诉称:柯桂花、徐小雅为武汉市硚口区利济路金苑花园×单元×楼×号房屋的实际所有权人。柯桂花与徐伟华原系夫妻关系,1999年3月24日经武汉市硚口区人民法院调解离婚。2001年4月30日,柯桂花与徐伟华至公证处签订《财产分割协议》,协议明确约定,坐落于武汉市硚口区利济路金苑花园×单元×楼×号房屋为柯桂花、徐小雅所有。2012年年底,徐伟华为骗取湖北环球公司60万元款项,伪造武汉市硚口区人民法院调解书,在武汉市住房保障和房地产管理局申请转移登记,将其变更为房屋所有权人。之后,徐伟华与湖北环球公司签订《房地产典当借款合同》和《房地产典当抵押合同》,在骗取的房产证上设定60万元抵押,骗取湖北环球公司60万元款项。2013年9月13日,湖北环球公司诉徐伟华偿还典当款项并对诉争房产享有优先受让权。2014年4月1日,武昌区人民法院以案件不属经济纠纷而有经济犯罪嫌疑,裁定驳回起诉。裁定送达后,湖北环球公司不服上诉,2014年6月6日,武汉市中级人民法院裁定驳回上诉,维持原裁定。案发后,武汉市硚口区人民法院以徐伟华犯诈骗罪,判处有期徒刑十二年三个月,并处罚金12万元,赃款60万元继续予以追缴。徐伟华不服上诉,武汉市中级人民法院二审裁定维持原判。柯桂花要求武汉市住房保障和房地产管理局变更房屋所有人并取消抵押权,湖北环球公司不予配合。徐伟华骗取湖北环球公司款项,伪造人民法院调解书变更所有人,其设立抵押已确认为犯罪,系无效行为。为此,柯桂花、徐小雅诉至原审法院,请求依法确认湖北环球公司与徐伟华签订《房地产典当抵押合同》无效,案件诉讼费由湖北环球公司承担。

湖北环球公司原审辩称:徐伟华经人民法院认定犯罪行为,但并没有认定借款抵押合同无效,徐伟华抵押行为应有效;不动产登记具有推定效力,房产权证登记所有人为徐伟华,湖北环球公司有理由相信徐伟华享有处分权,湖北环球公司取得房屋抵押权系善意取得,应受法律保护,不因徐伟华犯罪行为影响抵押权的效力;依据相关法院判例,湖北环球公司未参与徐伟华诈骗行为,徐伟华与湖北环球公司签订典当借款合同有效,且其未要求撤销合同,该合同属继续履行民事行为。

原审查明:1999 年 3 月 24 日,武汉市硚口区人民法院出具(1999)硚商民初字第 70 号民事调解书,载明:“一、柯桂花与徐伟华离婚;二、子女抚养:徐小雅由柯桂花抚养,徐汉原由徐伟华抚养;三、财产双方已自行分割无争议……”2001 年 5 月 8 日,武汉市硚口区公证处出具(2001)硚证字第 877 号公证书,载明:“双方于 2001 年 4 月 30 日向本处申请办理《财产分割协议书》公证……双方所约定的财产除坐落在武汉市硚口区利济路金苑花园×单元×楼×号住宅一套有《购房合同》外,其余财产均由双方确认实有。双方签订上述协议的意思表示真实……”《财产分剖协议书》,载明:“徐伟华、柯桂花于 1999 年离婚,现将双方夫妻关系存续期间的共同财产经协商达成如下分剖意见:一、坐落在武汉市硚口区利济路金苑花园×单元×楼×号房屋一套(面积为 154.12 平方米),为柯桂花、徐小雅所有……”2012 年 9 月 2 日,武汉市国土资源和规划局颁发土地使用权证(硚国用商 2012 第 5678 号),载明:土地使用权人徐伟华,坐落硚口区世纪金苑(利济南路×号×栋)×单元×层×室。2012 年 9 月 12 日,经徐伟华申请,武汉市房产交易和登记发证中心颁发房屋所有权证(武房权证市第 2012020165 号),载明:房屋所有人徐伟华,房屋坐落硚口区世纪金苑(利济南路×号×栋)×单元×楼×室房屋(建筑面积 150.08 平方米)。2013 年 1 月 15 日,徐伟华与湖北环球公司签订《房地产典当借款合同》,约定徐伟华自愿以位于坐落硚口区世纪金苑(利济南路×号×栋)×单元×楼×室作为当物向湖北环球公司典当借款 60 万元,典当期限为三个月。合同并对当物及当金、期限和息费率、发放当金的先决条件、声明及保证、违约责任等作出相关约定。

2013 年 1 月 15 日,徐伟华与湖北环球公司签订《房地产典当抵押合同》,约定徐伟华自愿以位于坐落硚口区世纪金苑(利济南路×号×栋)×单元×楼×室全部产权和土地使用权作抵押向湖北环球公司典当。湖北环球公司同意接受以“该房地产”为抵押物为“主合同”当金、利息及综合费等全部债权提供担保。抵押期限自 2013 年 1 月 16 日至 2013 年 4 月 15 日……2013 年 1 月 16 日,湖北环球公司、徐伟华依据《房地产典当抵押合同》至武汉市房产交易和登记中心办理位于坐落硚口区利济路金苑(利济南路×号×栋)×单元×楼×室房屋抵押手续。2014 年 10 月 29 日,武汉市硚口区人民法院作出(2014)鄂硚口刑初字第 00562 号刑事判决书,判决认定:被告人徐伟华的行为已构成诈骗罪,且数额特别巨大。被告人徐伟华诈骗所得赃款未追回,应依法予以继续追缴。依照《中华人民共和国刑法》第二百六十六条、第六十四条之规定,判决认定被告徐伟华犯诈骗罪,判处有期徒刑十二年三个月,并处罚金 12 万元;赃款 60

万元继续予以追缴。上述判决宣判后,被告人徐伟华不服该刑事判决,认为其行为不构成诈骗罪,应以伪造国家机关公文、印章罪定罪处罚;原判量刑过重为由上诉至武汉市中级人民法院。2015年2月2日,武汉市中级人民法院作出(2014)鄂武汉中刑终字第01001号刑事裁定书,裁定载明:“经审理查明,2012年8月、9月,上诉人徐伟华为了能够向湖北环球典当有限公司典当‘借款’,通过伪造武汉市硚口区人民法院法律文书的方式,骗得武汉市房地产交易和登记发证中心信任,将其自己明知离婚后已通过协议分割并公证的归属前妻柯桂花和女儿所有,但房屋所有权证仍登记为自己和前妻柯桂花共有的位于武汉市硚口区利济路金苑花园×单元×楼×号的房产变更登记到自己一人名下并取得新发的房产证。2013年1月,上诉人徐伟华将通过上述方式变更到自己一人名下的房产抵押给湖北环球典当有限公司,取得该公司发放的典当‘借款’60万元并随即将该款用作偿还个人债务。随后将自己名下主要财产无故无偿转移并在仅归还典当公司二至三期息费后逃匿。上诉人徐伟华于2013年11月20日被公安机关抓获归案。赃款未追回……本院认为,上诉人徐伟华以非法占有为目的,采取虚构事实、隐瞒真相的方法骗取他人财物,其行为已构成诈骗罪,且数额特别巨大。原判认定的事实清楚,证据确实、充分,定罪准确,审判程序合法。原审根据上诉人徐伟华的犯罪事实、犯罪性质和对社会的危害程度等情节,在法定刑幅度内对其量刑并无不当,故上诉人徐伟华诉称原判量刑过重的上诉理由,本院不予采纳。裁定如下:驳回上诉,维持原判。本裁定为终审裁定。”

原审认为:1999年3月24日,武汉市硚口区人民法院出具(1999)硚商民初字第70号民事调解书,调解柯桂花与徐伟华离婚。双方婚姻存续期间财产经武汉市硚口公证处公证并出具(2001)硚证字第877号公证书,明确坐落在武汉市硚口区利济路金苑花园×单元×楼×号房屋一套(面积为154.12平方米)为柯桂花、徐小雅所有。柯桂花、徐小雅即享有上述房产所有权。徐伟华为了能够向湖北环球公司典当“借款”,通过伪造武汉市硚口区人民法院法律文书的方式,骗得武汉市房地产交易和登记发证中心信任,将其自己明知离婚后已通过协议分割并公证的归属前妻何桂花和女儿所有,但房屋所有权证仍登记为自己和前妻何桂花共有的位于武汉市硚口区利济路金苑花园×单元×楼×号的房产变更登记到自己一人名下并取得新发的房产证。2013年1月,上诉人徐伟华将通过上述方式变更到自己一人名下的房产抵押给湖北环球公司,取得该公司发放的典当“借款”60万元并随即将该款用作偿还个人债务。随后将自己名下主要财产无故无偿转移并在仅归还典当公司二至三期息费后逃匿。上述事实经武汉市硚口区人民法院作出(2014)鄂硚口刑初字第00562号刑事判决书、武汉市中级人民法院作出(2014)鄂武汉中刑终字第01001号刑事裁定书认定。徐伟华通过犯罪行为将柯桂花、徐小雅所有的坐落于武汉市硚口区利济路金苑花园×单元×楼×号房屋一套变更为其名下所有,并为其借款与湖北环球公司办理房产抵押手续,侵犯柯桂花、徐小雅对房产所有权,依据《中华人民共和国合同法》第五十二条的规定,应认定徐伟华与湖北环球公司签订《房地产典当抵押合同》无效。综上,依照《中华人民共和国合同法》第五十二条、第五十六条,《中华人民共和国物权法》第一百八十四条,《中华人民共和国民事诉讼法》第一百四十二条的规定,原审判决确认2013年1月15日湖北环球公司与徐伟华《房地产典当抵押合同》无效。案件受理费500元,由徐伟华负担。(此款柯桂花、徐小雅已垫付,由徐伟华给付柯桂花、徐小雅)。

判决后,湖北环球公司不服上述民事判决,向本院提起上诉。事实与理由:1. 法院虽认定的是徐伟华伪造法院调解书从而骗领房产证件的行为是犯罪,但根据物权法的规定,上述行为所取得的物权并非无效。(1)《中华人民共和国物权法》第一百零六条第一款规定:"无处分权人将不动产或者动产转让给受让人的,所有权人有权追回;除法律另有规定外,符合下列情形的,受让人取得该不动产或者动产的所有权:(一)受让人受让该不动产或者动产时是善意的;(二)以合理的价格转让;(三)转让的不动产或者动产依照法律规定应当登记的已经登记,不需要登记的已经交付给受让人。"第二款规定:"受让人依照前款规定取得不动产或者动产的所有权的,原所有权人有权向无处分权人请求赔偿损失。"第三款规定:"当事人善意取得其他物权的,参照前两款规定。"因此,根据《中华人民共和国物权法》第一百零六条第三款之规定,作为其他物权的抵押权的取得适用于善意取得;(2)不动产登记具有权利推定效力,该房产在抵押时无论是徐伟华提供的"两证"还是武汉市房产局提供的《产权登记信息查询单》都显示全部产权登记在徐伟华名下,故湖北环球公司自然充分信赖房产为徐伟华所有。湖北环球公司与徐伟华之间的担保债权不应因徐伟华受到刑事处罚而消灭,湖北环球公司所取得的抵押权亦未消灭。虽然涉案房屋所有权转移登记系徐伟华使用欺骗手段骗取,但该公司在与徐伟华签订典当抵押贷款合同时,对其欺骗行为并不知情,其所取得的抵押权属于善意取得,应受法律保护。2. 原审认定湖北环球公司与徐伟华之间签订的《房地产典当抵押合同》无效于法无据,并且与最高人民法院的判例相违背。结合本案而言:(1)本案与最高院的判例在案件性质上一样,均为借款人骗取贷款构成犯罪,但无证据证明发放贷款的金融机构参与借款人骗贷等不法行为。本案是"物保",最高人民法院判例为"人保"。虽然本案涉及的是抵押物,但抵押担保与最高人民法院判例中的担保人担保均属于贷款担保,只是担保方式不同;

(2)徐伟华诈骗罪的刑事判决虽已生效,但湖北环球公司完全是按正常典当放贷手续办理典当贷款,即在武汉市房地局办理了他项权证后才发放的贷款,该公司并未参与徐伟华骗取贷款等不法行为。从本案借贷法律关系成立及履行看,湖北环球公司属被欺诈一方,依《中华人民共和国合同法》第五十四条规定,对借款合同享有撤销权。但其并未主张撤销,故本案所涉典当借款合同及典当抵押合同均应有效,均应得到完全的履行。综上,原审认定事实不清,适用法律不当,请求撤销原判,依法改判驳回柯桂花、徐小雅原审全部诉讼请求或将本案发回重审。

柯桂花、徐小雅、徐伟华答辩称:原审查明事实清楚,适用法律正确,请求驳回上诉,维持原判。

二审审理查明,原审查明的事实属实,本院依法予以确认。

二审另查明:柯桂花、徐小雅在徐伟华办理抵押贷款时一直居住在武汉市硚口区利济路金苑花园×单元×楼×号。

本院认为,本案争议焦点为:湖北环球公司与徐伟华签订的抵押合同是否有效以及该公司是否适用善意取得制度享有所涉房屋的抵押权。

首先,善意取得其中一个构成要件为对动产或不动产是基于合法占有而无权处分,本案中,生效的刑事判决书已认定徐伟华系通过犯罪行为将本案所涉房屋变更为其名下,并利用该房产以抵押担保方式达到向湖北环球公司借款的目的,徐伟华上述行为不符合善意取得的上述构成要件。

其次,湖北环球公司上诉认为,其在整个借款抵押过程中,对徐伟华行为并不知情,双方也不存在恶意串通,并履行审查义务,属于善意相对方,借款抵押合同均具有法律效力。但湖北环球公司作为专业从事典当借贷业务的商业主体,其必然存在完备的借贷交易经验和相关的法律知识,谨慎勤勉经营也是其商业职业要求,其在交易中理应承担更多的善意义务。湖北环球公司在办理此次借款抵押时,固然不知晓徐伟华采取不法手段,但除此主观善意外,湖北环球公司还应遵守合理的商业准则和管理规范,并履行相应的经营义务作为其善意的客观标准。湖北环球公司除对房屋权属等书面材料进行书面审查外,还应对相关材料的真实性、准确性、完整性并对借款人的借款用途、收入情况、还款来源、还款能力采取现场核实、电话查问或信息咨询等多渠道和途径进行调查核实。鉴于湖北环球公司并未充分举证证明其在办理此次借款抵押担保业务时对相对方的资信调查、文件审核、现场考察、资历评估、信息甄别等方面充分履行审慎审查的义务,客观上存在一定的过失。再则,对徐伟华因违法行为促成的抵押合同的效力性,均不应认可在法律体系内的正当性和独立价值,否则不利于维护法律价值的正当性和正确的社会导向，故该公司因未充分履行审慎义务被骗导致的财产损失，如通过行使抵押权转嫁由自始无过错的柯桂花、徐小雅承担，显然有违公平原则和立法本意。综上，原审认为湖北环球公司的抵押权不适用善意取得制度，其与徐伟华签订的抵押合同无效，实体处理恰当。对湖北环球公司的上诉请求及理由，本院不予支持。

综上，原审判决认定事实清楚，适用法律正确。湖北环球公司的上诉理由，缺乏事实和法律依据，其上诉请求，本院不予支持。依照《中华人民共和国民事诉讼法》第一百七十条第一款第一项之规定，判决如下：

驳回上诉，维持原判。

二审案件受理费500元，由湖北环球典当有限公司负担。

本判决为终审判决。

审　判　长　马海波

审　判　员　廖艳平

审　判　员　陶　歆

二〇一六年六月三十日

书　记　员　章　雯

7.当物毁损灭失的风险

【问题提示】典当期间当物毁损、灭失或者被征收的,其风险责任该如何承担?

【案例二十三】南阳市融诚典当有限责任公司诉吴石新、闫永朝典当合同纠纷案(2015年3月30日)

【法律点】典当行在典当期间对当物负有妥善保管的义务,因自身原因而失去对当物的占有的,即丧失对当物优先受偿的权利;当户(出质人)在清偿债务后,可依法要求典当行承担责任。

【关键词】车辆质押　占有质物　妥善保管质物　灭失毁损　民事责任

河南省南阳市卧龙区人民法院
民事判决书

(2014)宛龙卧民初字第185号

原告:南阳市融诚典当有限责任公司。

法定代表人:李坤霖。

委托代理人:张先哲,河南宛信律师事务所律师。代理权限为特别授权。

委托代理人:李义东,公司员工。

被告:吴石新。

被告:闫永朝,现内乡县看守所羁押。

原告南阳市融诚典当有限责任公司与吴石新、闫永朝典当合同纠纷一案,本院受理后，依法组成合议庭，公开开庭进行了审理，原告南阳市融诚典当有限责任公司的委托代理人张先哲、李义东，被告吴石新、闫永朝到庭参加了诉讼，本案现已审理终结。

原告诉称，2010 年 9 月 25 日被告吴石新从原告处借款 10 万元，由被告闫永朝为其提供担保，以吴石新的车辆作为典当物，双方签订了典当合同。合同到期后，二被告一直未履行还款责任，故诉至法院，请求判令被告吴石新归还借款 10 万元并自 2010 年 9 月 25 日起按双方合同约定的借款使用费月息 24‰计付利息至款付清之日止。

被告吴石新辩称，我与闫永朝系朋友关系，2010 年被告闫永朝找到我让我帮忙贷款，我以我的车辆典当给原告融诚典当行借款 10 万元，我只是在合同上签了个字。10 万元钱原告直接支付给了被告闫永朝。现在典当行将我典当的车辆也弄丢了，故我不应承担还款责任。

被告闫永朝辩称，被告吴石新所述属实。向典当行借款 10 万元是我用了。之后我用我的房产将车辆从典当行置换走，吴石新也不知道，应由我承担还款责任，与吴石新无关。

经审理查明，2010 年 9 月 25 日，被告吴石新作为典当人、被告闫永朝作为保证人和原告南阳市融诚典当有限责任公司签订了典当合同、质押合同和保证合同各一份，合同约定吴石新将其所有的车牌号码为豫 R××××× 的丰田汽车（型号 GTM72406）一台作为质押物进行典当，典当金额为 100,000 元，典当期限从 2010 年 9 月 25 日至 2010 年 10 月 25 日，典当费用月利率为 4‰，月综合费率为 20‰，按月付息，典当人到期未赎当的，从典当到期之日起继续支付利息及综合费用。合同还约定：超期赎当或续当，每日按典当金额的 1.5‰增收滞纳金。原被告签订的保证合同约定，被告闫永朝对上述借款承担连带保证责任。当天，原告南阳市融诚典当有限责任公司向二被告支付了现金 100,000 元。由被告吴石新出具了收条一份“收条，今收到现金壹拾万元整。吴石新，2010 年 9 月 25 日”。被告闫永朝在收条下面也签上了名字。同时，被告吴石新将质押车辆及车辆行车手续交付给了原告南阳市融诚典当有限责任公司。

另查明，该借款由被告闫永朝占有使用，被告闫永朝共向原告支付了从 2010 年 9 月 25 日至 2011 年 5 月 25 日的借款利息 19,200 元（按月利率为 4‰计付利息为 3200 元，月综合费率为 20‰计付为 16,000 元）。2012 年 8 月 10 日，被告闫永朝以其子闫培的名义与原告签订了房地产买卖合同，将位于南阳市向阳荷花广场 2 号楼 3 单元 902 房产转让给原告典当公司，转让成交价为 133,300 元。该合同签订后，被告闫永朝将涉案的质押车辆从原告处开走，但未告知被告吴石新知道。现该车辆查找不到下落。

以上查明事实,有原告举证的2010年9月25日签订的典当合同书、质押合同、保证合同、2012年8月10日房地产买卖合同等证据为证,上述证据在庭审中均向双方进行了出示或宣读,并经双方当事人进行了质证,已记录在卷。

本院认为,典当一般是指将个人财产交付给他人,以作为某项债务的担保,有关的财产可以实际地或推定地交给承典人。承典人一般占有典当物,可以使用典当物并取得孳息,典当的期限一般较长,过期则视为绝卖。《中华人民共和国担保法》第六十三条规定:"动产质押,是指债务人或者第三人将其动产移交债权人占有,将该动产作为债权的担保。债务人不履行债务时,债权人有权依照本法规定以该动产折价或者以拍卖、变卖该动产的价款优先受偿。"第六十四条规定:"出质人和质权人应当以书面形式订立质押合同。质押合同自质物移交于质权人占有时生效。"2010年9月25日原告及二被告在协商一致的情况下自愿签订了典当合同、质押合同、保证合同各一份,三份合同中均未对典物过期回赎如何处理进行约定,本案中涉及的典当实际上属一种质押担保性质的借款,是一种担保物权,依附借贷法律关系而存在。原告为出借人,被告吴石新为借款人,被告闫永朝为连带责任担保人,被告吴石新的自有车辆作为质押物。故本案原被告签订的质押合同和保证合同均是双方真实意思表示,并未违反国家法律、法规的强制性规定,均为有效合同。合同签订后,原告向被告吴石新提供了借款10万元,被告吴石新作为借款人应按照合同约定期限及时履行还款义务,被告闫永朝作为担保人对上述借款承担连带清偿责任。现二被告未及时还款,构成违约,原告请求二被告还款付息理由正当,本院应予支持。《典当管理办法》第三十八条将综合费界定为典当综合费用(包括各种服务及管理费用)。即典当行为当户提供旨在维护当物价值的服务所应收取的费用。综合费的法律属性是典当行在为典当借款行为时为当户提供服务以及对典当借款行为进行管理的费用,它不同于利息,并不属于法定孳息,而是典当行提供相应服务的合理报酬。双方约定的还款期限到期后,典当行可依法或依约处置质押物以优先清偿自身债权,不存在再为质押人提供服务或管理质押物的情形,故典当行无权在质押到期后继续收取综合费。因被告闫永朝已向原告支付了从2010年9月25日至2011年5月25日的该借款利息19,200元(月利率为4‰,月综合费率为20‰计付),原告主张的利息部分应自2011年5月26日起计付。已支付的2010年10月25日之后的综合费率14,000元应作为利息予以冲抵。冲抵后利息计付至2014年4月25日。故被告应从2014年4月25日起向原告支付借款利息。庭审时被告吴石新辩称该借款的实际使用人为闫永朝,现原告与被告闫永朝将质押车辆丢失故其不应承担还款责任的问题。本院认为,质押权的设定应以质权人对质物的占有或实际控制为必要条件,现原告融诚典当行将案涉车辆交与被告闫永朝的行为改变了对案涉车辆即质物的占有,失去了对质物的实际控制,原告丧失了针对质物优先受偿的权利,即不得要求对案涉车辆的拍卖、变卖价款享有优先受偿的权利,但该权利的丧失并不影响原告请求二被告还本付息的诉讼请求。同时,被告吴石新作为具有完全民事行为能力的成年人,应当对自己的民事行为承担相应的法律后果。借款后该款项由谁实际使用,是吴石新与闫永朝之间建立的另一法律关系,并不作为其不承担民事责任的抗辩理由,故对被告吴石新的辩称,本院不予采信。但《中华人民共和国担保法》第六十九条规定"质权人负有妥善保管质物的义务。因保管不善致使质物灭失或者毁损的,质权人应当承担民事责任"。第七十一条规定,"债务履行期届满债务人履行债务的,或者出质人提前清偿所担保的债权的,质权人应当返还质物"。被告吴石新归还借款后可依据该规定向原告追偿。综上所述,依照《中华人民共和国民事诉讼法》第六十四条、第一百四十二条,《中华人民共和国合同法》第一百零七条、第一百零九条,《中华人民共和国物权法》第二百一十二条,《中华人民共和国担保法》第六十四条、六十九条、第七十一条,《最高人民法院关于适用〈中华人民共和国担保法〉若干问题的解释》第八十七条,参照《典当管理办法》第三条、第四十条、第四十三条的规定,判决如下:

一、判决生效后十日内被告吴石新向原告支付借款100,000元,并自2014年4月26日起按双方合同约定的月息4‰计付利息至判决生效后十日止。

二、被告闫永朝对上述债务承担连带清偿责任。

如果未按判决指定的期间履行给付金钱义务,应当依照《中华人民共和国民事诉讼法》第二百五十三条之规定,加倍支付迟延履行期间的债务利息。

案件受理费2300元,由被告闫永朝负担。

如不服本判决,可在判决书送达之日起十五日内向本院递交上诉状,并按照对方当事人的人数提出副本上诉于南阳市中级人民法院。

审 判 长 杨 杰
审 判 员 赵显洲
人民陪审员 王拥军
二〇一五年三月三十日
书 记 员 魏妍冰

【案例二十四】刘胤豪诉上海国盛典当有限公司典当纠纷案（2015年8月24日）

【法律点】典当行在办理赎当手续时,应当按照《典当管理办法》的规定对赎当人的身份履行查验职责。委托赎当中,被委托人应当出具委托书、本人和委托人的有效身份证件以及当票,典当行应当对上述证明文件予以查验。典当行未履行前述身份查验的义务致使当物被他人赎当的,应认定存在过错。而当户在当票遗失后应当及时向典当行办理挂失手续,未及时办理当票挂失手续的,对当物有机会被他人赎当亦存在过错。因此,对典当行违规办理赎当手续给当户造成的损失,应根据各方当事人对当物被他人赎回过程中各自的过错程度和导致损失的原因力大小来确定典当行应当承担的相应损害赔偿责任。

【关键词】诉讼时效　委托赎当　身份查验　过错程度　当物价值　赔偿责任

上海市第二中级人民法院
民事判决书

(2015)沪二中民六(商)终字第357号

上诉人(原审被告):上海国盛典当有限公司。

法定代表人:刘益朋。

委托代理人:陶宏,上海市国泰律师事务所律师。

委托代理人:陶建武,上海市国泰律师事务所律师。

被上诉人(原审原告):刘胤豪。

原审第三人:郁某某。

上诉人上海国盛典当有限公司(以下简称国盛典当公司)因与被上诉人刘胤豪、原审第三人郁某某典当纠纷一案,不服上海市静安区人民法院(2014)静民二(商)初字第251号民事判决,向本院提起上诉。本院依法组成合议庭审理了本案。本案现已审理终结。

原审法院经审理查明:2011年5月23日,国盛典当公司向刘胤豪签发一张当票,据当票记载,"当物为一块肖邦牌18K镶钻石英女表,当物估价金额人民币20,000元(以下币种均为人民币),典当金额20,000元,典当期限自2011年5月23日至2011年9月23日"。2011年9月22日,前述当物被赎回,赎当凭证上有"刘胤豪"的签字,赎当人向国盛典当公司偿还当金20,000元、支付当金利息100元。当票背面的《典当须知》载明,"当物在典当期内发生遗失或损毁的,应当按照估价金额120%进行赔偿","当票遗失需凭有效证件及时办理挂失手续,交纳一定手续费后可以补办当票。未挂失前被他人赎当的,典当行不负赔偿责任"。

另查明,赎当凭证上"刘胤豪"的签字并非刘胤豪本人所签,国盛典当公司亦未要求赎当人提供身份证和委托书等相关材料。因刘胤豪向国盛典当公司表示当物并非由其本人赎回,想要报案,希望国盛典当公司予以配合,在2013年10月至11月期间,国盛典当公司才将上述赎当凭证交给刘胤豪。

审理中,刘胤豪自称,其身份证和本案系争的当票原件于2011年9月20日遗失。

一审中,刘胤豪诉称,其至国盛典当公司处办理赎当手续时,被告知当物已被他人冒领,经与国盛典当公司多次交涉未果。2013年11月19日,刘胤豪从国盛典当公司处拿到并非由其本人签字的赎当凭证,遂诉至法院,请求判令:1. 国盛典当公司返还价值76,000元的肖邦牌18K镶钻石英女表一块;2. 诉讼费由国盛典当公司承担。审理中,刘胤豪变更诉请为要求国盛典当公司赔偿56,000元,诉讼费由国盛典当公司承担。国盛典当公司辩称,当物已经按照正常流程被赎回,刘胤豪已丧失了赎当的权利,且刘胤豪的起诉已经超过诉讼时效,要求国盛典当公司赔偿损失无法律依据。郁某某未到庭。

原审法院经审理认为,刘胤豪与国盛典当公司之间的典当合同关系合法有效。本案的争议焦点如下:

1. 刘胤豪的起诉是否超过诉讼时效?

刘胤豪认为,因国盛典当公司拒绝提供赎当凭证,导致其立案受阻。在拿到赎当凭证后,刘胤豪即前往法院立案,故刘胤豪的起诉未超过诉讼时效。国盛典当公司认为,法院不会因为刘胤豪缺乏实体证据而不予立案,刘胤豪自2011年9月即知道当物被他人赎回,在长达两年的时间内都没有起诉,刘胤豪的起诉早已超过诉讼时效。原审法院认为,刘胤豪在2013年10月至11月间才拿到赎当凭证,在此之前,刘胤豪并不能确定当物已被他人赎回,在拿到赎当凭证后,通过比对赎当凭证上的签名笔迹,确认凭证上“刘胤豪”的签字并非其本人所签,刘胤豪才能确切地知道其权利受到了侵害。故本案的诉讼时效应当自刘胤豪拿到赎当凭证之日起算,刘胤豪的起诉并未超过诉讼时效。

2. 当物被他人赎回,国盛典当公司是否构成违约?

国盛典当公司在典当期内办理赎当手续,应当遵守合同约定和相关法律规定。本案中,国盛典当公司已确认赎当凭证上“刘胤豪”的签字并非其本人所签。在非本人亲自赎当的情况下,国盛典当公司应当依据委托赎当的相关规定办理赎当手续,即赎当人应当提供本人的身份证和刘胤豪委托其代为赎当的授权委托书。本案中,国盛典当公司在办理赎当时并未要求赎当人提供前述材料,故认定国盛典当公司违规办理赎当的行为构成违约。

3. 国盛典当公司承担赔偿责任的范围如何确定?

因国盛典当公司违规办理赎当手续给刘胤豪造成损失的,国盛典当公司应当承担相应的损害赔偿责任。本案中,刘胤豪主张损失金额为56,000元,但未提供充分的证据予以证明,故对其主张的损失金额不予采纳。原审法院认为,根据《典当须知》的规定,当物在典当期间发生遗失或者损毁的,典当行应当按照估价金额的120%进行赔偿。本案系争的当物在典当期间被他人赎回,可以比照当物遗失的规定,按照当物估计金额的120%确定刘胤豪的损失金额,且该规定应当理解为扣除当户应当支付的当金和相应利息以外,典当行同意支付的赔偿金额。另,由于刘胤豪在当票及身份证遗失后,未按照《典当须知》的规定及时办理挂失手续,对当物被他人赎回亦负有一定的责任。综上,酌定国盛典当公司对其违约行为给刘胤豪造成的损失承担80%的赔偿责任,即国盛典当公司应赔偿刘胤豪19,200元,剩余损失由刘胤豪自行承担。

据此,根据《中华人民共和国合同法》第四十一条、第一百零七条、第一百一十四条第一款、第一百二十条,《中华人民共和国民事诉讼法》第六十四条第一款之规定,作出判决:国盛典当公司应于判决生效之日起十日内给付刘胤豪赔偿金19,200元。如果未按判决指定的期间履行给付金钱义务,应当依照《中华人民共和国民事诉讼法》第二百五十三条之规定,加倍支付迟延履行期间的债务利息。案件受理费1200元,由刘胤豪负担920元,国盛典当公司负担280元。

原审判决后,国盛典当公司不服,向本院提出上诉称:1. 刘胤豪在2011年10月即已知道当物被人冒领权利受到侵害,而在2014年1月方才提起本案诉讼,已经超过诉讼时效。2. 其办理赎当的手续符合典当须知的约定,没有必要也没有能力通过笔迹判断赎当人是否为当户本人,不存在违约的情形。且案外人郁某某与刘胤豪系朋友关系,刘胤豪在向郁某某索要当物未果才向其主张,由此可以推断系刘胤豪委托郁某某办理了赎当手续。3. 即便其对当物被他人赎回承担责任,也应以刘胤豪向其支付当金和利息为先决条件,且刘胤豪在遗失当票后未及时挂失,应承担损失的主要责任。故请求撤销原审判决,发回重审或改判驳回刘胤豪在本案中的全部诉讼请求。

被上诉人刘胤豪辩称,其未亲自赎当,国盛典当仅凭当票和当户身份证就将当物交由他人赎回,该操作流程明显失当。理应由国盛典当公司承担当物被他人赎回的赔偿责任。故请求驳回上诉,维持原判。

原审第三人郁某某未陈述意见。

经审理查明,原审查明的事实属实,本院予以确认。

结合各方诉辩意见,归纳本案的争议焦点是:1. 刘胤豪的起诉是否超过诉讼时效。2. 国盛典当公司对当物被他人赎回是否应当承担赔偿责任。

关于第一个争议焦点。本院认为,诉讼时效期间从知道或者应当知道权利被侵害时计算,诉讼时效因提起诉讼、当事人一方提出要求而或同意履行义务而中断,从中断时起诉讼时效重新计算。刘胤豪虽然于2011年10月即知当物被赎,但是此后一直与国盛典当公司交涉,国盛典当公司对此亦未否认,且国盛典当公司在时隔两年后才将赎当凭证交给刘胤豪。故原审法院认定本案诉讼时效从刘胤豪获取赎当凭证之日起计算,于法无悖。

关于第二个争议焦点。本院认为,典当行在办理赎当手续时,应当按照《典当管理办法》的规定对赎当人的身份履行查验职责。委托赎当中,被委托人应当出具委托书、本人和委托人的有效身份证件以及当票,典当行应当对上述证明文件予以查验。国盛典当公司认可本案赎当凭证上的签字并非刘胤豪本人所签,系由他人所签。国盛典当公司主张系刘胤豪授权他人赎当,但其没有相应证据予以证明。而从本案现有证据以及国盛典当公司的陈述来看,赎当时国盛典当公司除了查验当票和当户身份证之外,并未要求赎当人提供系由当户刘胤豪委托其赎当的授权委托书以及赎当人的身份证明。故国盛典当公司在赎当过程中存在身份查验上的疏漏,导致刘胤豪的当物被他人赎当,具有过错。另外,当票遗失后,当户应当及时向典当行办理挂失手续,由于刘胤豪未及时办理当票挂失手续,对当物有机会被他人赎当亦存在过错。原审法院根据各方当事人对当物被他人赎回过程中各自的过错程度和导致损失的原因力大小,酌定国盛典当公司承担当物损失80%的赔偿责任,并无不当。

此外,对于损失赔偿的金额,刘胤豪主张涉案当物价值为七万余元,但未充分举证予以证明。而当票记载当物估价为2万元,按照《典当须知》中当物遗失、损毁的相关约定,以估价金额的120%计算赔偿金额具有合同依据。鉴于国盛典当公司已经在赎当过程中收回了2万元当金及利息,国盛典当公司应当赔偿当物无法归还所给刘胤豪造成的经济损失。

综上所述,国盛典当公司的上诉理由缺乏法律和事实依据,本院不予支持。原审判决并无不当,应予维持。据此,依照《中华人民共和国民事诉讼法》第一百七十条第一款第一项、第一百七十五条的规定,判决如下:

驳回上诉,维持原判。

本案二审案件受理费人民币1200元,由上诉人上海国盛典当有限公司负担。

本判决为终审判决。

审 判 长 王承晔

审 判 员 吴 玲

代理审判员 王益平

二〇一五年八月二十四日

书 记 员 靳 轶

【案例二十五】张掖市民生典当有限责任公司诉张掖市甘州区东关机动车维修市场、秦玉、赵文财保管合同纠纷案(2014年6月3日)

【法律点】典当行可以将当物委托他人代为保管,保管人因保管不善而无法向典当行返还当物的,典当行可依据保管合同法律关系向保管人主张损害赔偿。典当行在借款逾期且绝当后,应采取适当的措施积极处置当物,怠于行使权利导致损失扩大的,无权就扩大的损失向保管人主张权利。保管人承担赔偿责任后可向相关侵权人主张权利。

【关键词】保管不善　毁损灭失　怠于行使权利　损失扩大

甘肃省张掖市甘州区人民法院
民事判决书

(2013)甘民重字第31号

原告:张掖市民生典当有限责任公司。

法定代表人:赵成平,系该公司经理。

委托代理人:史军,甘州区北街街道法律服务所法律工作者。

被告:张掖市甘州区东关机动车维修市场。

法定代表人:姜涛,系该维修厂经理。

委托代理人:陆永达,甘肃金彤律师事务所律师。

委托代理人:陈洁,甘肃金彤律师事务所律师。

被告:秦玉。

被告:赵文财。

原告张掖市民生典当有限责任公司(以下简称民生典当公司)与被告张掖市甘州区东关机动车维修市场(以下简称机动车维修市场)、秦玉、赵文财保管合同纠纷一案,民生典当公司于2012年2月14日向本院提起诉讼,本院受理后,依法公开开庭进行了审理。2012年9月12日宣判后,被告机动车维修市场不服本院作出的(2012)甘民初字第768号民事判决,提起上诉。2013年8月2日,张掖市中级人民法院作出(2013)张中民终字第185号民事裁定,以原判事实不清,证据不足为由,将本案发回重审。本院于2013年9月6日重新立案后,依法向双方当事人送达了相关诉讼材料。2014年1月27日、5月13日本院依法另行组成合议庭公开开庭进行了审理。原告民生典当公司及其委托代理人史军,被告机动车维修中心及其委托代理人陆永达、陈洁,被告秦玉到庭参加了诉讼,被告赵文财经本院2013年10月23日、2014年3月12日在《人民法院报》上公告送达开庭传票,未在公告开庭时间到庭参加诉讼。本案现已缺席审理终结。

原告诉称,2011年6月29日,原告民生典当公司将他人向原告借款时质押的半挂车一辆(车号为:宁C21××1、宁AA5××挂)有偿交由被告保管。被告向原告出具车辆停放卡一张为证。半年后,被告未经原告同意私自将该半挂车放走,致使原告的合法债权无法行使。现要求被告返还原告交由被告有偿保管的半挂车一辆(主、挂车),价值约290,091元。

被告机动车维修市场未作书面答辩,在庭审中辩称,首先,被告并不认识原告民生典当公司,与原告公司没有业务往来。2011年6月29日,被告赵文财将车辆停放在被告处,被告向赵文财发放停车卡,因此,原告与被告之间没有形成保管关系。其次,停车场向停车人发放的是不记名停车卡,可以转让或者委托他人领车,停车场一般执行验卡收费放行的程序。2011年12月20日,赵文财以停车卡丢失为由申请开车,停车场根据停车开车制度以及验证制度要求赵文财出示停放车辆的行驶证、驾驶证以及身份证。在被告停车场审查上述证件一致并由秦玉担保的情况下,认为车辆停放人和所有人一致,因此,将车辆放行,被告并无过错及违约行为。最后,本案宁C21××1系借款抵押的车辆。被告并不知情,原告及其他被告也没有将此情况告知被告。车辆停放后,在被告认真审查停放人信息以及车辆信息的情况下放行车辆,被告已经尽到应有的谨慎、善良管理的义务。据此,原告的诉讼请求证据不足,保管关系不能成立,请求法院依法驳回原告的诉讼请求。

被告秦玉未作书面答辩,在庭审中辩称,原告与被告没有任何法律关系,原告并没有要求被告承担责任。

被告赵文财经本院传票合法传唤,未到庭应诉,亦未答辩。

经重审查明,2011 年 6 月 29 日,原告民生典当公司与被告赵文财签订一份《机动车质押借款合同》,被告赵文财将自己所有的车号为宁 C21××1、宁 AA5××的重型半挂牵引车、重型低平板半挂车(车架号为:×××、发动机号××)质押给原告,向原告借款 150,000 元。同日,原告将被告赵文财质押的车辆停放到被告机动车维修市场,被告机动车维修市场给原告发放了张掖市东关物流中心停车场的不记名车辆停放卡。停放卡上注明"妥善保管凭卡领车"。停车费每天 20 元,在提取车辆时按停放时间一次性交纳停车费。2011 年 12 月 20 日,被告赵文财向被告机动车维修市场提供了其身份证、行驶证、机动车驾驶证的复印件,并由被告秦玉提供担保,从被告机动车维修市场外将质押给原告的车辆提走。2012 年 1 月 14 日,被告机动车维修市场法人代表姜涛向张掖市甘州区公安局长安派出所报案,称"2011 年 6 月 29 日,张掖市民生典当公司的一辆东风牌重型半挂车停放在我们的维修市场内委托给我们保管。12 月 20 日中午 1 时许,有人来到我们停车场内要开走这辆车,我们问他要停车卡时,来人称停车卡已丢失,他当时拿着自己的驾驶证和行车证,还请来了一位担保人,我们让他把自己的驾驶证和行车证复印留存,并且让担保人履行了担保手续后,我们就让他把车开走了"。

重审期间,原告申请对提走的车辆进行价格鉴定。在原告与被告机动车维修市场双方确认鉴定机构后,本院委托张掖市价格认证中心对该车辆进行价格鉴定。2013 年 11 月 8 日,张掖市价格认证中心作出张市价鉴字(2013)79 号价格鉴定书,鉴定意见为:"鉴定标的宁 C-21××1 号重型半挂牵引车及 AA5××重型地平板半挂车价格为人民币贰拾玖万零玖拾壹元(¥290,091.00)。"收取原告鉴定费 2000 元。被告机动车维修市场不服该鉴定结论,申请重新鉴定,但未交纳鉴定费。

另查明,被告赵文财已偿付原告借款利息 6000 元。

以上事实,有原被告的陈述,原告民生典当公司提供的《机动车质押借款合同》一份、《机动车质押典当合同》一份、被告赵文财出具的借据一份、车辆停放卡一张、宁夏同心县某某运输有限公司签订的车辆挂靠合同一份、机动车登记证、购置附加税本、运输证、机动车保险证、行驶证、涉案财物价格鉴定结论书一份,被告机动车维修市场提供的担保合同一份,以及被告机动车维修市场法人代表姜涛在派出所的笔录为证,事实清楚,足以认定。

本院认为,依法成立的合同,受法律保护。保管合同,是指双方当事人约定一方当事人保管另一方当事人交付的物品,并返还该物的合同。原告将被告赵文财质押的车辆交由被告机动车维修市场保管,被告机动车维修市场给原告发放不记名车辆停放卡,并约定每天收取20元保管费,原告与被告机动车维修市场之间形成了有偿保管合同法律关系。被告机动车维修市场应对其保管原告的车辆尽到保管责任。被告机动车维修市场以被告赵文财自称将不记名车辆停放卡丢失为由,在提供担保人后,不进行认真审查,不经原告许可,将原告交由其保管的车辆被被告赵文财提走,被告机动车维修市场的行为已构成违约。根据《中华人民共和国合同法》第三百七十四条"保管期间,因保管人保管不善造成保管物毁损、灭失的,保管人应当承担损害赔偿责任,但保管是无偿的,保管人证明自己没有重大过失的,不承担损害赔偿责任"的规定,由于被告机动车维修市场保管原告的车辆已被车辆所有人被告赵文财提走,被告机动车维修市场无法向原告返还所保管的车辆,致使原告与被告赵文财签订的《机动车质押借款合同》《机动车质押典当合同》的合同目的无法实现,给原告造成了实际损失,理应予以赔偿。因此,原告要求被告机动车维修市场赔偿损失的理由成立,本院予以支持。原告与被告赵文财签订的《机动车质押借款合同》中约定的借款期限为2011年6月29日至2011年8月29日,借款费率为月综合费用3.5%,月利息0.5%,150,000元本金的综合费用为10,500元,利息为1500元,利息及综合费的计算符合《典当管理办法》第三十三条、第三十四条的规定。根据《典当管理办法》第四十条"典当期限或者续当期限届满后,当户应当在5日内赎当或者续当。逾期不赎当也不续当的,为绝当"的规定,被告赵文财逾期既未赎当也未续当,因此,该当物已经发生绝当。《典当管理办法》第四十三条第一项规定:"当物估价金额在3万元以上的,可以按照《中华人民共和国担保法》的有关规定处理,也可以双方事先约定绝当后由典当行委托拍卖行公开拍卖。拍卖收入在扣除拍卖费用及当金本息后,剩余部分应当退还当户,不足部分向的户追索。"因双方就绝当物品的处理并无特殊约定,根据《中华人民共和国担保法》的规定,原告可以变卖当物,且不负有变卖前通知的义务。原告与被告赵文财在《机动车质押借款合同》与《机动车质押典当合同》中约定的到期时间均为2011年8月29日,而被告赵文财从被告机动车维修市场提取车辆的时间是2011年11月20日。根据《中华人民共和国合同法》第一百一十九条"当事人一方违约后,对方应当采取适当措施防止损失的扩大;没有采取适当措施致使损失扩大的,不得就扩大的损失要求赔偿"的规定,原告在借款逾期且绝当后,应采取适当的措施,积极处置当物以偿还被告赵文财所欠借款本息,原告怠于行使权利,导致借款逾期滞纳金的扩大及当物被所有人被告赵文财从被告机动车维修市场提走,构成怠于行使质押权的事实,因此,原告无权就扩大的损失向被告主张权利,2011年8月29日以后扩大的损失应由原告自己承担。对其提供的《机动车质押借款合同》《机动车质押典当合同》的证据具有其合法性、真实性和关联性,本院予以采信和认定。对其提供的张掖市价格认证中心作出张市价鉴字(2013)79号价格鉴定意见书,虽然被告机动车维修市场申请重新鉴定,未交纳鉴定费视为对其权力的放弃,因鉴定物品为车辆,且已下落不明,该鉴定意见的价格鉴定方法为成本法,并未对鉴定物品进行实地勘验,该鉴定意见不能客观真实地反映鉴定物品的实际价值。该证据虽具有合法性、关联性,但不具有真实性,因此,该证据不能作为认定损失的依据。

被告机动车维修市场辩称的与原告民生典当公司之间不存在保管合同法律关系,与被告赵文财之间形成保管合同法律关系的理由,因被告机动车维修市场法人代表姜涛2012年1月12日在派出所报案时所做的笔录已证明原告质押的车辆由被告机动车维修市场保管,与原告之间形成保管合同法律关系。因此,被告机动车维修市场辩称的与原告之间不形成保管合同法律关系的理由不能成立,本院不予支持。对其提供的证据本院不予采信和认定。因本案争议的车辆被车辆所有人被告赵文财提走,因此不存在《典当管理办法》第四十三条第一项规定的"当物估价金额在3万元以上的,可以按照《中华人民共和国担保法》的有关规定处理,也可以双方事先约定绝当后由典当行委托拍卖行公开拍卖。拍卖收入在扣除拍卖费用及当金本息后,剩余部分应当退还当户,不足部分向当户追索"的情形,被告机动车维修市场应按照绝当后原告应得的本息赔偿原告损失费较为合理。由于被告赵文财已偿付原告借款利息及费用6000元,被告机动车维修市场应赔偿原告借款本金及损失费156,000元(150,000元+10,500元+1500元-6000元)。由于被告机动车维修市场未尽到保管责任,导致原告诉讼鉴定,因此,对鉴定费2000元,原告与被告机动车维修市场各承担1000元。

由于原告与被告机动车维修市场之间形成有偿保管合同法律关系,原告民生典当公司自2011年6月29日将质押车辆交由被告机动车维修市场保管至2011年12月20日质押车辆被被告赵文财提走,保管期限为74天,每天保管费20元,合计1480元。原告应向被告机动车维修市场支付保管费1480元,保管费应从被告机动车维修市场的赔偿款中扣除。

虽然造成被告机动车维修市场违约的责任人是被告赵文财,且被告秦玉还对被告赵文财的行为提供了担保,但被告赵文财、秦玉并不是保管合同的一方当事人。根据《中华人民共和国合法同》第一百二十一条:"当事人一方因第三人的原因造成违约的,应当向对方承担违约责任。当事人一方和第三人之间的纠纷,依照法律规定或者按照约定解决"的规定,被告赵文财、秦玉在本案中不承担民事责任,被告机动车维修市场可另案主张相关权利。被告赵文财经本院传票合法传唤,无正当理由拒不到庭应诉,应视为对法律赋予其庭审活动中依法享有的相关诉讼权利的自愿放弃,应承担由此引起的相应法律责任。综上,依照《中华人民共和国合同法》第一百零七条、第一百一十三条、第一百一十九条一款、第一百二十一条、第三百六十五条、第三百六十七条、第三百七十四条、第三百七十六条一款,《中华人民共和国民事诉讼法》第一百四十四条之规定,缺席判决如下:

一、被告张掖市甘州区东关机动车维修市场赔偿原告张掖市民生典当有限责任公司损失费154,520元(156,000元-1480元),于本判决书生效后十日内一次性付清;

二、被告赵文财、被告秦玉在本案中不承担民事责任;

三、驳回原告张掖市民生典当有限责任公司的其他诉讼请求;

四、价格鉴定费2000元,原告张掖市民生典当有限责任公司负担1000元,被告张掖市甘州区东关机动车维修市场负担1000元,于本判决书生效后十日内一次性付清。

如果未按本判决指定的期间履行给付金钱义务,应当按照《中华人民共和国民事诉讼法》第二百五十三条之规定,加倍支付迟延履行期间的债务利息。

案件受理费5651元,公告费1660元,合计7311元,原告张掖市民生典当有限责任公司负担2265元,被告张掖市甘州区东关机动车维修市场负担5046元。被告张掖市甘州区东关机动车维修市场负担的5046元由被告张掖市甘州区东关机动车维修市场直接给付原告张掖市民生典当有限责任公司。

如不服本判决,可在判决书送达之日起十五日内,向本院递交上诉状,并按对方当事人的人数提出副本,上诉于甘肃省张掖市中级人民法院。

审 判 长 张强国
审 判 员 王志英
代理审判员 杨惠玉
二〇一四年六月三日
书 记 员 丁尚斌

【案例二十六】滁州国元典当有限责任公司诉黄外峰典当纠纷案
(2014年8月27日)

【法律点】典当合同成立生效后,典当合同中作为当物而设定抵押的房地产被依法征收拆除的,根据《中华人民共和国物权法》第一百七十四条的规定,典当行对抵押房地产应获得的征收补偿款依法享有优先受偿权。

【关键词】征收拆除　征收补偿款　优先受偿权

安徽省滁州市中级人民法院
民事判决书

(2014)滁民二初字第00092号

原告:滁州国元典当有限责任公司。

法定代表人:王廷来,该公司总经理

委托代理人:张勇,安徽会峰律师事务所律师。

被告:黄外峰。

原告滁州国元典当有限责任公司(以下简称国元典当公司)为与被告黄外峰典当纠纷一案,于2014年4月9日向本院提起诉讼。本院受理后,依法组成合议庭进行审理,并在审理过程中确定本案案由为借款合同纠纷。2014年6月9日,本院公开开庭审理了本案。原告国元典当公司的委托代理人张勇,被告黄外峰到庭参加诉讼。本案现已审理终结。

原告国元典当公司诉称:2011年3月23日,国元典当公司与黄外峰签订编号为2011年国元(典)字第008号的《典当合同》,约定:黄外峰以其位于滁州市天长西路××号的店铺(房地产权证号为:房地权证滁字第××号)为抵押物,向国元典当公司典当400万元,期限为两个月。同日,双方还签订了相应的《最高额抵押合同》,并办理了他项权证(他项权证号为:滁他 20××84 号)。合同签订后,双方均按约定履行了各自的合同义务。2011 年 8 月 26 日,双方再次签订编号为 2011 年国元(典)字第 040 号的《典当合同》,在原《最高额抵押合同》基础上继续以上述房产作抵押典当 400 万元,期限至 2011 年 10 月 25 日;月综合费率为当金的千分之二十四,如延期赎当,除应支付正常的综合费用外,还应按当金总额的日万分之五支付逾期加罚综合费用。合同到期后,黄外峰仅支付了约定综合费用和部分典当本金。此后,双方达成续当协议,将典当期限延长至 2012 年 10 月 25 日,月综合费率变更为当金的千分之二十五。续当期限届满后,黄外峰仅支付了典当本金 160 万元以及 2013 年 5 月 22 日之前的综合费用。请求判令:1. 黄外峰偿还典当本金 240 万元,以及截止到 2014 年 3 月 18 日的综合费用、逾期加罚费用合计 1,209,133 元,并自 2014 年 3 月 19 日起,按月 4.0% 的标准支付逾期综合费用至付清之日止;2. 确定国元典当公司对抵押财产享有优先受偿权;3. 本案诉讼费及 30,000 元律师费由黄外峰承担。

被告黄外峰未提交书面答辩意见,其在庭审过程中辩称:确实欠国元典当公司资金,但目前比较困难,希望能够调解解决。

原告国元典当公司为支持其主张,提交了如下证据:

证据一,特种行业许可证、典当经营许可证,证明:国元典当公司的主体资格;

证据二,典当合同及相应的当票各三份,证明:国元典当公司与黄外峰之间的权利义务内容;

证据三,《最高额抵押合同》及相应的抵押物清单、房产证、土地证、他项权证,证明:黄外峰以其所有的房地产向国元典当公司提供抵押担保,并办理了抵押登记手续;

证据四,划款通知书及相应的转账凭证各三份,证明:国元典当公司按约提供了典当本金;

证据五,续当申请表及相应的续当凭证各四份,证明:约定典当期限届满后,双方进行了续当展期。

被告黄外峰未提供证据。

经庭审质证,黄外峰对国元典当公司所举证据均无异议。本院对国元典当公司所举证据的证明效力予以确认。

经审理查明:2011 年 3 月 23 日,国元典当公司与黄外峰签订编号为 2011 国元(抵)字第 002 号的《最高额抵押合同》,约定:黄外峰以其享有处分权的财产作为抵押物(详见抵押物清单),向国元典当公司申请抵押典当,当金最高限额为 400 万元,抵押期限自 2011 年 3 月 24 日至 2011 年 9 月 23 日,在抵押期间发放的一笔或多笔当金，只要当金余额不超过最高限额，均在抵押范围之内；抵押物担保的范围为：抵押期内所签当票约定的当金、利息、综合费用、违约金及实现债权的费用；在抵押期限内，双方有续当、转当、重新典当的，本合同持续有效；双方还约定了其他相关内容。该《最高额抵押合同》所附的抵押物清单载明：抵押物为房地权证滁字第××号房地产权证所载的房地产及滁国用(2011)第00353号土地使用权证所载的国有土地使用权。同日，国元典当公司与黄外峰还签订一份编号为2011国元(典)字第008号的《典当合同》(以下简称8号合同)，约定：黄外峰以其坐落于滁州市天长西路××号的店铺(产权证号为：房地权证滁字第××号)作为当物，向国元典当公司办理房地产抵押典当，当金为400万元，典当期限为2011年3月24日至2011年5月23日，实际提款日和还款日以支取凭证上记载的日期为准；黄外峰应按月按当金的24‰向国元典当公司预交综合费用，国元典当公司在放款时预扣1个月综合费用9.6万元；提前归还当金的，当金实际使用不足一个月，按一个月计收综合费用；本合同项下典当的担保方式为房地产抵押，担保范围为：当金、综合费用、利息、违约金、逾期费用及实现债权的税费，包括但不限于律师费，评估费、拍卖费用、诉讼费用、过户费用等；当期届满后超过5日仍不赎当的，典当行有权按绝当对当物进行处置；超过典当期限赎当的，为延期赎当，国元典当公司除收取延期期间的正常综合费用和利息外，黄外峰应按当金总额的日万分之五支付国元典当公司逾期加罚综合费用；如果要求续当，应在合同到期日前10日内提出书面申请，经国元典当公司审查同意后，签订续当凭证，本合同项下的典当才相应续当；续当后，本合同继续有效，对应的抵押合同、保证合同等相关合同、协议、资料继续有效；续当凭证作为本合同的补充和组成部分；本合同对应的当票编号为B00038844。双方还约定了其他相关内容。上述合同签订后，滁州市房产管理局于2011年3月24日为上述抵押房地产办理了抵押登记手续，并向国元典当公司颁发了编号为滁他20××84号的房地产他项权证。黄外峰于2011年3月24日向国元典当公司出具《划款通知书》，要求国元典当公司在预扣一个月综合费用96,000元后，将实际发放的当金3,904,000元汇入指定账户。同日，国元典当公司向黄外峰指定账户汇款3,904,000元。此后，黄外峰亦在上述8号合同约定的期限内履行还款义务。2011年5月26日，国元典当公司与黄外峰签订编号为2011国元(典)字第024号的《典当合同》(以下简称24号合同)，黄外峰仍以上述《最高额抵押合同》约定的房地产作为当物办理房地产抵押典当，典当期限为2011年5月26日至2011年8月25日，该《典当合同》对应的当票编号为B00038865，合同的其他内容与8号合同的内容相同。此后，双方按照与上述8号合同相同的方式履行了各自的义务。2011年8月26

日,国元典当公司再次与黄外峰签订编号为2011国元(典)字第040号的《典当合同》(以下简称40号合同),黄外峰继续以上述《最高额抵押合同》约定的房地产作为当物办理房地产抵押典当,典当期限为2011年8月26日至2011年10月25日,该《典当合同》对应的当票编号为B00038890,合同的其他内容与8号合同的内容相同。该合同签订后,国元典当公司亦于同日向黄外峰指定账户汇款3,904,000元。因黄外峰未能按照40号合同约定的期限足额偿还当金本金,双方于2011年10月26日签订《续当凭证》,将典当金额变更为350万元,典当期限延长至2011年12月25日,变更综合费率为月2.5%。此后,因黄外峰仍未能按期足额偿还典当本金,双方分别于2011年12月25日、2012年2月25日、2012年4月25日三次签署《续当凭证》,变更典当本金金额为250万元,典当期限延长至2012年10月25日,维持2.5%的综合费率不变。上述续当期限届满后,黄外峰偿还了典当本金10万元,并支付了2013年5月22日之前的综合费用。此后,黄外峰未再支付典当本金及综合费用,并认可尚欠典当本金240万元。

另查明:2011年7月1日,滁州市琅琊区人民政府作出(2011)滁琅房决字第3号房屋征收补偿决定,对黄外峰设定抵押的上述房地产进行征收。此后,黄外峰设定抵押的上述房地产被拆除。但房屋征收部门与黄外峰未能达成补偿协议。

本院认为:本案中,国元典当公司系经相关部门批准,经营动产质押典当、财产权利典当和房地产抵押典当业务的法人企业,依法享有经营相关行政许可业务的资质,其与黄外峰签订的《最高额抵押合同》和有关《典当合同》,除部分条款约定不符合法律规定外,其余内容均合法有效。因黄外峰设定抵押的涉案房地产被征收拆除,根据《中华人民共和国物权法》第一百七十四条的规定,国元典当公司对涉案抵押房地产应获得的征收补偿款依法应当享有优先受偿权。国元典当公司主张对涉案抵押房地产的征收补偿款享有优先受偿权的诉讼请求成立,本院予以支持。根据双方所签订《典当合同》的内容,国元典当公司并不是以使用、收益涉案房地产为目的,且自签订合同至本案争议发生期间,国元典当公司亦从未占有、使用涉案房地产,双方设定房地产抵押的实质是:黄外峰为保证债务的履行,以房地产作抵押,作为其到期还款付息的担保。按照《最高人民法院〈关于金德辉诉佳木斯市永恒典当商行房屋典当案件应如何处理问题的复函〉》规定的精神,双方所签订的《最高额抵押合同》《典当合同》《当票》等,实质上是以房地产作抵押的借款合同,应参照适用借款合同的相关法律规定处理。因双方于2011年10月26日签订《续当凭证》,变更综合费率为月2.5%,该约定标准超过了银行同类贷款利率的四倍,依照《最高人民法院关于人民法院审理借贷案件的若干意见》第六条的规定,对超出的部分,本院不予保护。对国元典当公司诉请中的合理部分,本院予以支持。对国元典当公司要求黄外峰支付律师费的诉讼请求,因国元典当公司未能提供证据证明其主张,本院不予支持。

综上,依照《中华人民共和国合同法》第四十四条第一款、第一百二十四条、第一百九十六条、第一百九十八条,《中华人民共和国物权法》第一百七十四条、第二百零三条,《最高人民法院关于人民法院审理借贷案件的若干意见》第六条的规定,判决如下:

一、被告黄外峰于本判决生效后十五日内支付原告滁州国元典当有限责任公司借款本金 240 万元及相应的利息(利息自 2013 年 5 月 22 日起,按同期同类银行贷款利率的四倍计算至本判决确定的给付之日止);

二、原告滁州国元典当有限责任公司对滁州市天长西路××号店铺(产权证号为:房地权证滁字第××号)的征收补偿款享有优先受偿权;

三、驳回原告滁州国元典当有限责任公司的其他诉讼请求。

如果未按本判决指定的期间履行给付金钱义务,应当依照《中华人民共和国民事诉讼法》第二百五十三条之规定,加倍支付延迟履行期间的债务利息。

案件受理费 35,673 元,由被告黄外峰负担。

如不服本判决,可在判决书送达之日起十五日内,向本院递交上诉状,并按对方当事人的人数提出副本,上诉于安徽省高级人民法院。

审 判 长　柳　冰
审 判 员　史克银
人民陪审员　程德智
二〇一四年八月二十七日
书 记 员　姚　远

【述评2】当物的风险

一、当物概述

"无当物则无典当",从成立典当关系时的出当、收当规则开始,到履行典当过程中的续当规则,直至终止典当关系的赎当、绝当规则,可以说,典当经营的全部规则都是围绕着当物而设计和展开,当物是整个典当交易过程中一个不可或缺的元素。典当关系中的"当物",就是指当户以质押或抵押方式提供给典当行的,用做领取当金(典当借款)而担保的物,是典当行发放给当户当金的债权担保物,也称当品或典当标的,俗称担保物。

从典当的发展历史来看,在不同的历史时期,当物的类型随着社会经济的发展变化而不断变化。在旧式典当中,作为当物的主要是动产实物,例如衣服、家具、粮食、古玩字画、金银珠石等包含生活方方面面的各种用品。在现代典当中,随着赖以存在的经济基础发生了改变,典当物的种类和类型也随之改变,衣服、家具等传统的低价值物已很少进入典当行业,而古玩字画、金银珠石、汽车、机器设备等高价值物成为了主流的当物。随着社会经济的进一步发展,当物不再局限于普通动产,类型从动产向不动产突破,从有形财产延伸到各种财产权利,如汇票、提单、债券甚至是著作权和商标权中的财产权等。与此同时,当物进入典当业务的方式也从传统的质押典当向抵押典当拓展。

因此,现代典当已突破传统的范围被赋予了新的内涵,典当的经营范围不断得到扩展,当物的类型也随之发生变化。从立法逻辑上来看,《典当管理办法》从正反两方面对典当的经营范围和可作当物的类型予以了限定:

一方面,从《典当管理办法》第二十五条的规定来看,允许典当行可经营的业务包括:(1)动产质押典当业务;(2)财产权利质押典当业务;(3)房地产抵押典当业务;(4)限额内绝当物品的变卖;(5)鉴定评估及咨询服务;(6)商务部依法批准的其他典当业务。该条的第一、二、三项规定了典当行可经营动产、财产权利、不动产业务，也即可作为当物的类型为以上三种；该条的第四、五、六这三项的规定对当物类型不具有参考意义，故我们不予阐述。

另一方面，从《典当管理办法》第二十七条的规定来看，禁止典当行收当的财物范围包括：(1)依法被查封、扣押或者已经被采取其他保全措施的财产；(2)赃物和来源不明的物品；(3)易燃、易爆、剧毒、放射性物品及其容器；(4)管制刀具，枪支、弹药，军、警用标志、制式服装和器械；(5)国家机关公文、印章及其管理的财物；(6)国家机关核发的除物权证书以外的证照及有效身份证件；(7)当户没有所有权或者未能依法取得处分权的财产；(8)法律、法规及国家有关规定禁止流通的自然资源或者其他财物。该条以反向罗列的方式对禁止作为当物的范围予以了明确。

根据上述规定，也结合我国典当经营发展的实际情况，目前可作为当物的范围为《典当管理办法》第二十七条规定以外的动产、财产权利和不动产。当然，在法律属性方面，当物的性质应属特定物、独立物、可流通物或者限制流通物，同时当物还应当无权利上的瑕疵，即当户对当物拥有所有权或享有处分权，当户对当物所享有的权利必须是明确的、合法的且无权属争议的。只有符合上述条件的当物才是适格的当物，才能在典当经营过程中发挥其应有的交易功能和担保功能。

典当的本质特征和运作模式是以物换钱，当物作为典当交易中的信用中介，在典当经营中起着至关重要的作用，是典当法律关系最重要的客体。典当行在发放当金时，并不考虑当户的信用程度如何，而更多的是关注当物的价值大小，典当行是依据当户提供的当物的价值状况，来决定是否发放当金以及发放当金的额度，这就是典当交易习惯中所谓的“认物不认人”。因此，典当行在当物的收当和保管上就会面临很大的经营风险，通过对近年来公布的典当纠纷案例的梳理，在当物问题上涉及的常见风险主要有：(1)当物为无权处分之物的风险；(2)当物为第三人之物的风险；(3)当物为赃物的风险；(4)当物为房地产的风险；(5)当物毁损灭失的风险。

二、当物为无权处分之物的风险

根据《典当管理办法》第二十七条的规定，典当行不得收取当户没有所有权或者未能依法取得处分权的财产。以无权处分之物设立担保是典当行在业务经营中常见的法律风险，此时典当行面临的最大风险就是能否依法取得该无权处分之“当物”的抵(质)押权，并进而对典当合同的效力判断产生的影响。

无权处分被誉为“法学上的精灵”,横跨物权法、合同法两个领域,涉及合同效力、物权变动、善意取得等多项民法基本理论。1999 年颁布的合同法第五十一条规定:无处分权的人处分他人财产,经权利人追认或者无处分权的人订立合同后取得处分权的,该合同有效。2012 年,最高院颁布买卖合同司法解释,该解释第三条规定:当事人一方以出卖人在缔约时对标的物没有所有权或者处分权为由主张合同无效的,人民法院不予支持。出卖人因未取得所有权或者处分权致使标的物所有权不能转移,买受人要求出卖人承担违约责任或者要求解除合同并主张损害赔偿的,人民法院应予支持。长期以来,我国民法学界和司法实践围绕合同法第五十一条和买卖合同司法解释第三条的理解与适用,就无权处分问题展开了激烈的争论,至今仍未达成统一共识。①

我们认为,随着立法理念和司法实践在无权处分问题上的演变,因无权处分订立的合同,无权处分不影响合同的效力,若无其他效力瑕疵,合同应为有效;但无权处分会影响义务人对合同义务的履行,影响物权变动能否发生。如 2012 年 5 月最高院公报发布的“广东达宝物业管理有限公司与广东中岱企业集团有限公司、广东中岱电讯产业有限公司、广州市中珊实业有限公司股权转让合作纠纷案”,该案认为:“股权转让合同中,即使双方约定转让的股权系合同外的第三人所有,但只要双方的约定只是使一方负有向对方转让股权的义务,而没有实际导致股权所有人的权利发生变化,就不能以出让人对股权无处分权为由认定股权转让合同系无权处分合同进而无效”。

由此可见,在典当交易过程中,当户将无权处分之物出当给典当行,系无权处分行为,但作为债权合同的典当合同效力并不受其影响,若无其他效力瑕疵,应为有效。在典当合同有效的情况下,典当行能否就当物行使质押权或抵押权?这就必然涉及非基于法律行为的物权变动中与合同制度相关的善意取得制度。

按我国民法学的理论通说,所谓善意取得,是指无权处分其占有物的动产占有人

---

① 从区分负担行为和处分行为的角度,关于无权处分问题主要有两种观点:(1)债权行为效力待定说。持该观点的主要有梁慧星、王利明、崔建远等,不区分负担行为和处分行为,也不承认物权行为的独立性与无因性,而是认为处分行为、物权变动的效果应纳入债权行为中一体把握。该观点认为合同法中的“合同”指债权合同,在权利人追认或无处分权人取得处分权后,合同有效,反之无效。三位学者全程参与合同法的制定,该观点也是当时合同法立法的主流观点。(2)处分行为效力待定说。持该观点的主要有孙宪忠、韩世远、张谷等,以区分负担行为与处分行为为基础,认为处分行为效力待定,但作为负担行为和债权行为的合同效力应适用合同法中合同效力的一般原则,不受处分行为效力的影响。该观点不认可《中华人民共和国合同法》第五十一条的立法理念,认为《中华人民共和国合同法》第五十一条的适用应建立在负担行为与处分行为的区分与物权行为独立性的基础上,故将该条中的“合向”解释为“处分行为”;在《最高人民法院关于审理买卖合同纠纷案件适用法律问题的解释》第三条出台后,该观点予以赞同,其主要理由是,《中华人民共和国民法通则》第七十二条、《中华人民共和国合同法》第一百三十五条均已接受物权变动原因与结果相区分的原则,故债权合同的效力与是否拥有处分权无关,反之则导致交易相对人无法追究无处分权人的违约责任。

将该物转让给他人,善意受让人依法即时取得该物的所有权或者其他物权。[①] 而善意取得的构成要件包括:(1)在受让时不知道或者不应当知道转让人无处分权;(2)以合理的价格有偿转让;(3)转让的财产依照法律规定应当登记的已经登记,不需要登记的已经交付给受让人;(4)转让合同有效。[②] 在立法上,我国法律也是遵循这一立法思路,《中华人民共和国物权法》第一百零六条规定:"无处分权人将不动产或者动产转让给受让人的,所有权人有权追回;除法律另有规定外,符合下列情形的,受让人取得该不动产或者动产的所有权:(一)受让人受让该不动产或者动产时是善意的;(二)以合理的价格转让;(三)转让的不动产或者动产依照法律规定应当登记的已经登记,不需要登记的已经交付给受让人。……当事人善意取得其他物权的,参照前两款规定。"

因此,对于无权处分之"当物"能否取得抵(质)押权也要看是否满足善意取得的构成要件。若构成抵(质)押权的善意取得,典当行即可依典当合同实现典当权利;若不构成善意取得,则抵(质)押权未能设立,影响典当权的实现。通过对相关案例的整理,典当纠纷中涉及无权处分的当物情形主要有以下几种情形:

1. 当物为租赁物的情形

租赁物的"物"须为有形物,可分为动产租赁和不动产租赁。我们认为,典当行收当应尽到合理审查当物来源的义务,依照法律规定应当登记的应办理登记手续,否则该典当行为即存在瑕疵。对于不动产而言,典当行判断当户是否具有所有权应审查其不动产权属证书,故当户将不具备所有权的不动产租赁物出当给典当行,该行为未经权利人同意,不构成抵(质)押权的善意取得;对于汽车、船舶等需办理登记公示的动产而言,典当行的审查义务与不动产的审查义务相同。而对于如手机、电脑、古玩字画等无须办理登记公示的动产,典当行尽到了合理的义务审查该当物的来源,要求当户出具了相应的购买凭证,且符合善意取得的其他构成要件,如在收当时不知道或者不应当知道当户无处分权、收当的价格合理等,该典当行可以行使典当权利。

以【案例九】锦州市太和区众鑫汽车租赁服务部诉锦州瑞隆典当有限公司返还原物纠纷案为例,当户将其从汽车租赁服务部租赁的汽车作为当物向典当行典当借款,

① 参见佟柔主编:《中国民法》,法律出版社 1990 年版,第 243 ~ 246 页;梁慧星、陈华彬编著:《物权法》,法律出版社 1997 年版,第 185 页;魏振瀛主编:《民法学》,北京大学出版社、高等教育出版社 2000 年版,第 240 ~ 241 页。

② 王利明:《善意取得制度的构成——以我国物权法草案第 111 条为分析对象》,载《中国法学》2006 年第 4 期。

法院认为:"典当行不得收取当户没有所有权或者未能依法取得处分权的财产。典当行经营机动车质押典当业务,应当到车辆管理部门办理车辆质押手续。本案被告对于裴育出质的车辆并未审查其来源,亦未按照规定办理相关手续,应认定其行为存在瑕疵,故应承担由此带来的不利后果。"并据此判决典当行向汽车租赁服务部返还汽车。

需要注意的是,在不构成善意取得的情形下,汽车租赁服务部作为汽车的所有权人,可基于物权返还请求权主张返还汽车。至于汽车租赁服务部在诉讼中提出的损害赔偿请求,则应根据当户和典当行的过错以及因果关系来要求责任人承担责任。

2. 当物为他人之物的情形

我们认为,当户冒用他人之物为自己之物出当给典当行的,系违反了"典当行不得收取当户没有所有权或者未能依法取得处分权的财产"之规定,如前文所述,亦应将此区分动产与不动产两种情况确定典当行对当物是否适格的合理审查义务。典当行收当应尽到合理义务审查当物的来源,依照法律规定应当登记的应办理登记手续,否则该典当行为即存在瑕疵。但冒用他人之物可能还存在另外一种情形,即当户以受当物的所有权人授权委托的形式办理典当,若典当行非系善意第三人,则不能主张行使抵(质)押权;若典当行为善意第三人,则可能构成第三人提供当物进行典当的情形。

如【案例十】上海德康典当拍卖公司诉田艾生、上海新亚国际贸易公司、奚震豪典当协议纠纷案中,法院认为:"民事活动必须遵守法律,法律没有规定的应当遵守国家政策,遵循自愿、公平、等价有偿、诚实信用的原则,不得损害他人的合法权益。田艾生与德康公司签订典当协议,称奚震豪所有的林肯牌加长轿车及开发权已交还新亚公司的两幢别墅系自己所有的财产,违背诚实信用原则。且事后上述财产的所有权人均未表示将其所有的财产作为典当物交田艾生支配,故该典当协议应认定为无效,田艾生对此应承担相应责任。德康公司作为经营典当业务的专门机构,在签订和履行典当协议时,理应对典当物的所有权进行审查。德康公司接受田艾生提供的所有权人为奚震豪的林肯牌加长轿车,却未要求田艾生出具奚震豪同意将自己的财产交田艾生处理的明确意见,德康公司认为田艾生对该车辆具有典当的支配权没有依据。……而本案所涉典当协议,是田艾生以自己的名义而非以新亚公司的名义与德康公司签订典当协议,且田艾生在协议中称'将自己所有的两幢别墅和林肯加长轿车一辆典当给德康公司',而新亚公司既未委托田艾生进行典当活动,又未表示同意以自己的财产作为出典物交田艾生支配,故田艾生在典当协议上加盖新亚公司的合同专用章属个人行为,对该典当协议被认定为无效所产生的法律后果,新亚公司不应承担民事责任。"本案中,对于当户的无权处分行为,法院认为对典当协议的效力直接产生影响,而未能就无效处分行为对典当协议效力的影响与抵(质)权的设立作出区分认定,该裁判意见值得商榷。

3. 当物为夫妻共同财产的情形

夫妻一方假借夫妻之名以夫妻共同财产为当物是典当纠纷中较多的无权处分的案例,与此直接相关的有两个司法解释。一个是涉及无权代理,即《最高人民法院关于适用〈中华人民共和国婚姻法〉若干问题的解释(一)》第十七条第二项"夫或妻非因日常生活需要对夫妻共同财产做重要处理决定,夫妻双方应当平等协商,取得一致意见。他人有理由相信其为夫妻双方共同意思表示的,另一方不得以不同意或不知道为由对抗善意第三人"的规定。另一个是有关无权处分,即《最高人民法院关于适用〈中华人民共和国担保法〉若干问题的解释》第五十四条第二款"共同共有人以其共有财产设定抵押,未经其他共有人的同意,抵押无效。但是,其他共有人知道或者应当知道而未提出异议的视为同意,抵押有效"的规定。因此,典当行是否构成善意第三人也是抵(质)押权是否设立的关键。但值得注意的是,两个规定对是否成立善意取得的证明责任问题上还是略有差异,前者的证明责任(只要证明自己善意即可)要低于后者的证明责任(要证明他人知道或应当知道),这种差异就会直接导致司法实践中对典当行是否善意第三人的判断出现分歧。

如【案例十二】冯坤楼诉安徽华宝典当有限公司、汪华运、黄国强确认合同无效纠纷案中,虽然夫妻共同房产登记在汪华运一人名下,但法院认为:"本案中,华宝典当公司与汪华运于2012年7月10日签订的典当抵押合同中的甲方财产共有人栏以及该合同附件的共有人同意书中共有人栏均有冯坤楼的签名,经核实该签名均不是冯坤楼本人所签,华宝典当公司明知涉案房屋存在共有人,却对冯坤楼签名的真实性不予审查,故华宝典当公司已不属于善意第三人。"据此,法院判决认定华宝典当公司与汪华运存在恶意串通,且损害了他人的合法权益,典当抵押合同无效。

而【案例十三】漳州鑫源典当有限责任公司诉谢某1、叶某、谢某2、谢某炳典当纠纷案中,在一审法院依据《最高人民法院关于适用〈中华人民共和国担保法〉若干问题的解释》第五十四条第二款的规定认定鑫源公司与谢某1签订的《房地产最高额抵押借款合同》中有关房屋抵押的约定因未经共有人叶某的同意而无效之后,二审法院却认为:"在共同共有关系存续期间,部分共有人擅自处分共有财产的,一般认定无效。但第三人善意有偿取得该财产的,应当维护第三人的合法权益。……本案中抵押物的共有权人谢某1在与鑫源公司签订借款抵押合同以及办理抵押登记时,提供了谢某1和叶某的身份证、结婚证,抵押房产权属证书的原件,并与鑫源公司同往抵押登记机关办理抵押登记,抵押登记机关在对谢某1、叶某的身份以及抵押物等的真实性、合法性进行审查后,办理了房屋他项权证并交给鑫源公司,鑫源公司在取得抵押物他项权证后支付给谢某1借款。由此可见,鑫源公司作为抵押权人,在办理本案抵押借款过程中始终是善意的,也尽到了适当的审查注意义务,不存在有恶意或有过失过错。且对设置抵押权的抵押物的权利是否真实完整的审查义务在抵押物登记部门,本案所抵押的房屋依法经抵押登记部门办理抵押登记,抵押权自登记后成立,鑫源公司有理由相信谢某1有权抵押该房产。即使谢某1对该房产的抵押实施了无权处分的行为,抵押约定无效,但该抵押权符合上述法律规定的善意取得的要件,鑫源公司依法善意取得该房产的抵押权,不因抵押合同中涉及无权处分部分无效而受影响。"

显然上述两个案例在典当行是否善意取得抵押权的判断上并不一致,虽然【案例十二】仅仅是对抵押合同的效力判断,但已经认定典当行并非善意第三人,而【案例十三】中两级法院对典当行是否已善意取得抵押权作出截然相反的判断,其分歧的焦点也在于对典当行是否属于善意第三人的认定上,而判断典当行是否善意的关键在于其是否已尽合理的注意义务。【案例十二】中虽然不动产当物登记在当户名下,但明知当物存在共有人而不予认真审查,法院认定典当行已不属于善意第三人。而【案例十三】中法院以当户提供了其配偶的身份证、结婚证,抵押房产权属证书的原件,并办理了抵押登记,就作出典当行是善意的结论稍显仓促,而应结合案件的具体情节作出进一步的阐述论证。

我们认为,典当行作为专业从事典当借款的经营机构,应该具备贷款交易经验和相关法律知识,谨慎勤勉经营也是其商业职业要求,与其他非职业的民间借贷主体不同,其在交易中理应承担更多的注意义务,确定更高的善意认定标准,尤其在对当物作为典当交易的核心标的应履行谨慎审查的义务。换言之,典当行应当尽到善良管理人的注意义务,即依据交易上的一般观念,具有相当经验知识的人对于一定事件所用到的注意程度。根据《最高人民法院关于适用〈中华人民共和国物权法〉若干问题的解释(一)》第十五条第一款的规定,判断典当行是否"善意"有两个本质要求:(1)主观上不知道当户无处分权,(2)典当行无重大过失。因此,若有证据表明典当行对当物系夫妻双方共同所有是知情的,而当物又系不动产或高价值的动产,典当行在收当时必须取得夫妻另一方的同意,且典当行对取得该同意必须尽到谨慎的注意义务,否则不属于善意第三人,无法适用善意取得制度。

4. 当物为已被采取保全措施的财产的情形

根据《典当管理办法》第二十七条的规定,典当行不得收取依法被查封、扣押或者已经被采取其他保全措施的财产。我们认为,当户将已被依法采取保全措施的当物出当给典当行,即使当户到期不能还款,典当行也不能对当物有直接的、法定的处置权。根据《中华人民共和国合同法》第五十二条规定的无效情形,双方的典当行为因违反《中华人民共和国物权法》第一百八十四条关于依法被查封、扣押、监管的财产不得抵押的规定而无效。

如【案例十四】蚌埠市华运典当有限公司诉蚌埠蚌锐房地产开发经营有限公司等典当合同纠纷案中,法院就认为:“对于典当合同效力的问题,该合同签订时,典当房产已被蚌埠市蚌山区人民法院查封,依据《中华人民共和国合同法》第五十二条规定:‘有下列情形之一的,合同无效……(五)违反法律、行政法规的强制性规定的合同依法无效’,《中华人民共和国物权法》第一百八十四条规定:‘下列财产不得抵押……(五)依法被查封、扣押、监管的财产’,该典当合同因用查封房屋作为典当物,违反法律强制性规定而无效。”

5. 当物为已出卖物的情形

对于当户(出卖人)将已出卖之物出当给典当行,典当行能否取得抵(质)押权的问题,我们认为,对此应考虑买受人是否已取得该物的所有权进行区分。根据物权法相关规定,因买卖关系导致的物权变动可区分为动产和不动产两种模式。

第一种是基于买卖行为的动产物权变动。该动产所有权的转移需要符合买卖合同有效、当事人有处分权和动产已完成交付三个条件,具体要求是:(1)动产物权的转让,自交付时发生效力,但法律另有规定的除外;(2)船舶、航空器和机动车等物权的转让,未经登记,不得对抗善意第三人;(3)动产物权转让前,权利人已经依法占有该动产的,物权自法律行为生效时发生效力;(4)动产物权转让时,双方又约定由出让人继续占有该动产的,物权自该约定生效时发生效力。依据上述规定,当物为出卖物的,应区分不同情形来认定:(1)若买受人已取得动产所有权的,当户的出当行为系冒用他人之物进行典当,如前文所述,典当行能否善意取得抵(质)押权应考量典当行对当物的来源是否已尽到合理的审查义务;(2)若买受人未取得所有权的,典当行为不受买卖影响,典当行当然能够行使典当权,而买受人与出卖人间可依据违约责任予以解决。

第二种是基于买卖行为的不动产物权变动。不动产所有权的转移需要满足买卖合同有效、当事人有处分权和完成移转登记三个条件,具体应遵循的规则是:(1)不动产物权的转让,依照法律规定应当登记的,自记载于不动产登记簿时发生效力;(2)因人民法院、仲裁委员会的法律文书或者人民政府的征收决定等,导致物权转让的,自法律文书或者人民政府的征收决定等生效时发生效力。依据上述规定，当物为出卖物的，典当行为是否有效区分不同情形来认定：(1)若不动产未办理转移登记手续的，所有权未发生转移，典当行为不受买卖影响；(2)若不动产已办理转移登记手续或存在人民法院、仲裁委员会的法律文书导致物权转移的，该不动产的所有权已发生转移，当户以此出当系无权处分，典当行能否善意取得当物的抵(质)押权应考量典当行是否已尽合理的审查义务。

以【案例十一】温州市金鹿典当有限责任公司诉郑明宇、戴祥明典当纠纷案为例，当户(郑明宇)于2000年将新建房屋出卖给第三人(戴祥明)，当户在取得房产证后未办理产权过户手续；2011年当户以该房屋抵押向典当行借款并办理了抵押登记；2012年典当行以典当纠纷起诉，第三人亦以房屋买卖合同纠纷起诉。一审法院的裁判意见是，当户以登记在其名下的房屋为当物向典当行借款，典当合同有效，并对当物享有优先受偿的权利。在二审期间，第三人起诉的房屋买卖合同被认定有效，第三人与典当行也达成了和解协议，此时二审法院认为："虽然郑明宇以其坐落于温州市瓯海区娄桥街道上汇村前岸新43号的房屋为借款提供抵押，并经房屋管理部门登记，但该房屋已于2000年8月郑明宇转让给申请再审人戴祥明，同年10月，戴祥明将该房屋加建至四层并居住至今，该事实也已被生效的(2011)温瓯民初字第850号判决予以认定。现戴祥明与金鹿典当之间双方自愿达成和解协议，系双方当事人的意思真实表示，内容不违反法律规定，并且戴祥明现已履行完毕，本院予以确认。"注意，二审法院确认的是第三人与典当行之间和解协议的合法有效，而对典当合同的效力避而不谈。这是因为法院对第三人起诉的买卖合同纠纷作出的确认合同有效的判决，并非物权法中规定导致物权发生变动效果的法律文书。① 房屋依然登记在当户名下，尚未发生所有权的移转，典当行为不受买卖影响。

三、当物为第三人之物的风险

目前典当理论和实务中比较集中的一个争议是，当物是否必须为当户自己享有所有权或处分权的财产或权利，第三人之物是否可以作为当物向典当行典当借款。对

① 《中华人民共和国物权法》第二十八条和《最高人民法院关于适用〈中华人民共和国物权法〉若干问题的解释(一)》第七条规定的无须登记和交付即于法律文书生效时发生物权变动效果的法律文书，不包括给付判决(裁决、调解书)和确认判决，仅限于行使形成诉权所产生的胜诉生效形成判决(裁决、裁定、调解书)。

此，司法实践中出现两种截然不同的观点。

一种观点认为，典当关系不包括第三人是传统典当交易的常态，若当物可以为第三人之物，那典当完全等同于借款担保关系；并且《典当管理办法》也规定当物是指属于当户所有或有处分权的财产或权利，他人的财产或权利不能作为当物；并进而认为以第三人之物出当的典当行为系“名为典当，实为借贷”，应按借贷关系处理；即使取得该第三人的事先同意或事后追认，综合费亦不得保护，只能以民间借贷的利率标准确定利息。

如【案例十五】芜湖繁昌金元典当有限责任公司诉繁昌县菲思特管业有限公司、蒋有巧、王翠兰、蒋书才典当纠纷案中，法院认为：“本案系借款关系，而非典当纠纷。典当系当户提供自有当物设定抵押担保获取当金的行为，而本案中当户菲思特公司并未提供自有当物即获得当金，显然为一般借款行为，因此借款本金应以金元典当公司实际发放金额184,400元计算。由于金元典当公司系具有金融典当资质的专业典当公司，其与菲思特公司之间的借款合同关系违反了典当企业不得从事信用贷款等非法金融活动的规定，应认定为无效。根据公平原则，借款人在返还借款本金的同时，应当参照同期同类贷款利率标准，返还资金占用期间的利息。”又如【案例十六】湘西自治州平安典当有限责任公司诉彭明友、张吉祥、石碧云典当纠纷案中，法院认为：“在本案中，出典人是彭明友，典权人是平安典当公司，但平安典当公司与彭明友签订的只是《房屋借款抵押合同》，出典彭明友用于出典的典物并不是自己所有，而是张吉祥、石碧云的房产。彭明友没有对出典当的房屋享有所有权和处分权，典权人平安典当公司也未对出典的房产行使占有、使用、收益的权利。依据《典当管理办法》，平安典当公司与被彭明友之间不构成典当关系，而是属于借款关系。”

另一种观点认为，《典当管理办法》没有明确禁止将第三人的财产作为当物，只要当物的权利无瑕疵，并经所有权人的同意，可以作为当物；只要不存在其他效力瑕疵，典当合同应认定成立生效。

如【案例十七】湘西自治州平安典当有限责任公司诉张先群、罗永珍、张树友典当纠纷案中，法院裁判认为：“《典当管理办法》只是部门规章不能影响合同效力，物权法和担保法对典权没有禁止性规定，并且允许第三人提供财产为借款担保。本案的上诉人张先群取得了第三人同意，用第三人（上诉人罗永珍、张树友）所有房屋作为当物进行抵押担保，应视为当户即张先群取得了该当物的处分权。因此，本案当事人自愿签订的典当合同，是双方真实意思表示，且没有违反法律、行政法规的强制性规定，应当认定为有效合同。”此外【案例十八】无棣县丰泽典当有限责任公司诉周海英、滨州市福山建材有限公司等典当纠纷案和【案例十九】华蓥天宝典当有限公司诉文明、文静、文红等典当纠纷案,审理法院对第三人提供当物的典当交易均持肯定的态度。

从典当的历史来看,典当系我国传统固有制度,之所以延续千年而仍活跃在当今社会经济生活中,是因其有一套区别于其他法律关系的独有特征。对于当户而言,得以相当于卖价的金额将其自有之物典当于典当行,不必放弃所有权,而获取当金,并保留回赎的机会。传统典当关系即基于纯粹的当户与典当行双方间的行为往来而区别于出借人、借款人以及担保人三方之间的借款担保关系。因此,传统典当的一个特征即当物为当户自有之物,当户保留回赎的机会,而典当行则在当户不能归还当金时享有对当物的处置权。但我们认为,尊重交易传统并不等于墨守成规,随着市场经济的发展和现代担保制度的健全,典当行的习惯也在被赋予新的内涵,更加符合当代社会经济、文化和市场需求与制度规范的时代特征,其中允许第三人提供当物为典当借款担保不仅是典当交易实践的需要,也符合现行法律制度的规范,并在司法实务中得到了认可。

首先,现行法律允许第三人提供物的担保。一个完整的典当法律关系是借款关系与物权担保关系的融合,在现行法律尚未就典当关系明文作出规定之前,有关典当法律关系的调整应适用《合同法》以及《物权法》、《担保法》中的相关规定,《物权法》和《担保法》均明确规定第三人可以为他人的债务提供财产用于设定质押权或抵押权,故第三人提供当物并不存在法律上的障碍。

其次,《典当管理办法》并未禁止第三人提供当物。《典当管理办法》第三条规定:"办法所称典当,是指当户将其动产、财产权利作为当物质押或者将其房地产作为当物抵押给典当行……"此处的"其"从字面解释上既可理解为"当户自己所有的当物",也可扩大理解为"当户经第三人授权同意作为当物的";而从体系解释角度理解,《典当管理办法》第二十七条规定典当行不得收当当户没有所有权或者未能依法取得处分权的财产,同时参照该办法规定的典当行可以从事和禁止从事的典当业务中,均未明确禁止由第三人提供当物。

再次,允许第三人提供当物符合基本法理和商事原则。典当的实质是以质押或抵押方式进行融资的经营行为,当物是由当户本人提供还是由第三人提供并没有本质区别,只要依据相应法律取得第三人同意即可,这符合当事人意思自治的原则,也不损害社会公共利益以及他人的利益,并且已经在典当业务经营中普遍得到运用。

最后,司法实践对第三人提供当物的行为已予认可。从司法实践看,第三人提供当物之典当合同的效力已被多数法院以判决的形式予以确认,典型的如最高人民法院在陆丰市陆丰典当行与陈卫平、陈淑铭、陆丰市康乐奶品有限公司清算小组、第三人张其心土地抵债合同纠纷一案中认为:"典当行持有中国人民银行颁发的金融机构法人许可证,其经营范围有为非国有中、小企业和个人办理质押贷款的业务,经批准合法成立的金融机构。尽管陈卫平向典当行借款是以康奶公司取得土地的合法手续作为抵押,但不违反有关法律的禁止性规定。"

综上,现行典当并不排除第三人提供当物为当户向典当行典当借款的情形,既然第三人明知典当中的当物存在不能回赎的风险却仍愿意将自己的财产提供给当户作为当物,司法自无主动干预之必要。但为了有效防范典当经营的风险,保障典当资金的安全,可以对典当行在收当时科以更高程度的注意义务,除了审查当物的合法来源外,还应要求第三人必须出具同意出当、如无法回赎则同意绝当的书面意思表示。

四、当物为赃物的风险

从有典当行起,典当行收当赃物的现象就不可避免地成为典当业务经营中的一大风险,成为典当业的一大"软肋"。收当赃物之后的处理,也就成为典当业中必不可少的规则。但在不同的时期、不同的国家和地区对收受赃物的处理方法又各不相同,主要的有以下三种模式:

第一种是由公权力强制从典当行直接将赃物无偿追回。如1995年公安部颁布的《典当业治安管理办法》第十四条就规定:"公安机关对属于赃物的典当物品,应当予以扣押,并依照国家有关规定处理;对有赃物嫌疑的典当物品,应当暂时封存,查清后依照有关规定处理。"

第二种是允许失主在支付当金或当金的适当份额后将自己的被盗物赎回。如原国家经贸委2001年颁布的《典当行管理办法》第四十一条第二款规定:"典当行收当赃物,如经公安机关确认为善意误收的,原物主应当持当物所有权证据办理认领手续,按典当行实付当金数额赎取当物,但可免交当金利息和其他费用。"

第三种是由典当行完全获得赃物上之典当利益,如要解除赃物上之质权,则失主须支付当金、利息和相关费用。这种规定多见于典当行业出于自我利益保护而自定的行业规章。[①]

实际上,典当行收当赃物的风险,从民法角度分析,就是一个关于物权取得的问

① 参见胡坚:《论典当行误收当盗赃物之处理》,载《重庆大学学报》(社会科学版)2004年第10卷第3期。

题,目前情形下首先不是指能否直接取得当物所有权的问题(绝当后可能涉及),而是能否取得对赃物的抵(质)押权的问题。区分典当行收当时的主观心态,可以把收当赃物分为恶意收赃和善意收赃两种情形。恶意收赃是指典当行收当时明知或者应当知道当物是盗赃物仍然予以收当并发放当金的行为,典当行恶意收赃行为历来为法律所明令禁止。对此,现行的《典当管理办法》第二十七条规定典当行不得收当赃物及来源不明的物品;第五十三条规定对于赃物或者有赃物嫌疑的当物,公安机关应当予以扣押,并依照国家有关规定处理;第六十六条第二款明确规定,对典当行明知是赃物而窝藏、销毁、转移的,依法给予治安管理处罚,构成犯罪的,依法追究刑事责任。典当行恶意收赃的,当然不能取得该当物上的物权,而应无条件将所收赃物返还原物,对此均无异议。只有在典当行善意收赃的情形下,才有必要考虑到底应否向物权人返还当物,以及如何返还的问题。

所谓善意收赃,是指典当行于收当时依法对当物的权属和来源尽了必要的查验义务,不知道或不应当知道当物为赃物或来源不明的物品而予以收当,并且典当行向当户支付了相应当款的行为,典当行在收当之后,经公安或司法机关依法确认所收当物为赃物。[①] 因此构成善意收赃应同时满足三个要件:(1)典当行主观上应为善意,即不知道当物为赃物;(2)典当行在验当过程中不存在过失,已尽善良管理人的注意义务;(3)典当行已向当户发放了合理数额的当金,典当交易已实际发生。关于善意收赃的法律后果和处理方式,目前理论上和实务中的主要观点和做法有以下四种:

第一种观点认为,典当行善意收赃行为涉及刑民交叉问题,应将刑事追缴作为前置法定程序。认为追赃系刑事诉讼中的法定程序,只有经过追赃、被害人的损失不能得到全额弥补的情况下,被害人(物权人)才可以提起民事诉讼。如【案例二十】刘忻仪诉北京市华夏典当行有限责任公司朝外分公司等返还原物纠纷案中,张鑫以诈骗所得的钻石戒指为当物向典当行借款,受害人刘忻仪以典当行为被告提起返还原物之诉,法院经审理认为:"张鑫骗取刘忻仪钻石戒指而致使刘忻仪蒙受的经济损失,已经被生效判决书确认继续追缴,现并无证据显示刘忻仪主张的损失经过追缴后仍然不能弥补,故驳回刘忻仪的起诉。"

第二种观点认为,典当行善意收赃行为应适用善意取得制度。认为典当行是否取得对当物(赃物)的担保物权问题,应从典当行是否构成善意收赃行为进行区分,若典当行收当赃物时已符合善意收赃的,则依旧享有对当物的优先受偿权,若不构成善意

① 胡宗仁:《典当法律制度研究》,中国政法大学出版社 2012 年版,第 156 页。

收赃的,则不能主张对当物的优先受偿权。如【案例二十一】南京市金江典当有限责任公司诉曹春燕、井彬建、李益如典当合同纠纷案中,一审法院的裁判意见是:"根据金江典当公司提供的房产抵押流程及我国物权法第十六条的规定,不动产登记簿是物权归属和内容的根据,通过查验房屋登记机关的登记即可确认房屋归属……且没有证据证明金江典当公司、曹春燕之间有恶意串通行为,金江典当公司系善意取得抵押权,故对抵押物享有优先受偿权。"而【案例二十二】柯桂花、徐小雅诉湖北环球典当有限公司、徐伟华债权人撤销权纠纷案则对如何界定典当行的验当过程中是否已尽合理的注意义务提出了判断标准,法院裁判认为:"湖北环球公司作为专业从事典当借贷业务的商业主体,其必然存在完备的借贷交易经验和相关的法律知识,谨慎勤勉经营也是其商业职业要求,其在交易中理应承担更多的善意义务……除主观善意外,湖北环球公司还应遵守合理的商业准则和管理规范,并履行相应的经营义务作为其善意的客观标准。除对房屋权属等书面材料进行书面审查外,还应对相关材料的真实性、准确性、完整性并对借款人的借款用途、收入情况、还款来源、还款能力采取现场核实、电话查问或信息咨询等多渠道和途径进行调查核实……该公司因未充分履行审慎义务被骗导致的财产损失,如通过行使抵押权转嫁由自始无过错的柯桂花、徐小雅承担,显然有违公平原则和立法本意。"

第三种观点认为,典当行善意收赃行为不应适用善意取得制度。认为传统民法理论和实践普遍认为善意取得制度只适用于占有委托物,即无权处分人基于原权利人真实意思而取得占有的物,而不适用于赃物等占有脱离物,物权法也只是规定了对无权处分的财产和遗失物的善意取得,并未规定对赃物的善意取得,故即使是典当行善意收赃也不得适用善意取得。现行《典当管理办法》的相关规定就体现了这种观点。

第四种观点认为,典当行善意收赃行为应适用公平原则处理。认为如果典当行已尽合理的审查义务,在仍不知情的情况下收当赃物的,此时若将因当物不合法而产生的损失风险一概由典当行承担显失公平,而应当按照公平原则,由无过错的受害人和典当行来共同分担损失是合理的。如原 2001 年《典当行管理办法》的规定就是体现公平原则的一种处理方式。

我们的倾向性意见是,《中华人民共和国物权法》明确规定了善意取得制度,其范围较为广泛,不仅所有权,担保物权和用益物权均可使用善意取得,不仅动产物权,不动产物权亦可善意取得,但盗赃原则上不适用善意取得。这里所谓的"盗赃"是指以法律禁止的私力剥夺原占有人的占有而取得占有的动产,故盗赃不能完全等同于赃物,如因欺诈、胁迫而转移占有的动产即使属于赃物,也不属于盗赃。因此,基于财产被害人的意思丧失占有的物,可以适用善意取得制度;而对于非基于财产被害人的意思丧失占有的盗赃物,若典当行构成善意收赃的,建议适用公平原则由典当行和受害人分担相应的损失,这样才能兼顾典当行和受害人双方的利益平衡,有利于维护正常的典当交易秩序。

五、当物为房地产的风险

当物为房地产的典当即房地产抵押典当,按《典当管理办法》的规定,是指当户将房地产作为当物抵押给典当行,交付一定比例费用,取得当金,并在约定期限内支付当金利息,偿还当金,赎回当物的行为。这种以房地产作为当物用来抵押担保的典当方式,既不同于法国和日本民法上采取不动产占有移转的方式来担保债权实现的不动产质权,[①]也不同于具有用益物权性质的传统民法上的房屋典权。

传统的典当业务仅限于动产,但2001年原国家经贸委颁布的《典当行管理办法》最早规定了房地产抵押典当业务,现行的《典当管理办法》则沿袭了这一规定,这就突破了传统当物的范围,从动产向不动产拓展。由于房地产的价值高,又具有较高的保值增值特性,房地产抵押典当一经产生就迅速成为重要的典当业务。由于房地产抵押的方式又与传统典当的动产质押有明显不同,关于房产抵押典当之定性历来存有歧见,成为典当行经营房地产抵押典当业务的一大风险。有观点基于典当系营业质权的性质认识,认为房地产因不能作为质押的标的物,不属于典当的范围,它不是纯粹意义上的典当,实际上是一种抵押借款,该类案件以抵押借款合同纠纷定性为宜。[②] 并有观点进而主张废除不动产的典当业务,理由是不动产"典当"的出现,造成典当法律性质的混乱。况且不动产短期的"典当"抵押在实践中操作既不规范,效果也不理想。废除不动产典当,还典当以原来面目,是未来典当立法应选择的道路。[③]

关于房地产抵押典当的不同定性,直接关系到典当行的利益能否得到充分保障,如按抵押借款合同处理,则至多按民间借贷利率予以保护,而按典当借款处理,则综合费、利息均能得到支持。我们认为,目前典当业的经营结构和功能作用与传统典当相

---

① 不动产质权系指因担保债权,占有由债务人或者第三人移交之不动产,得就其卖得价金优先受清偿之权。参见谢在权:《民法物权论》(上册),中国政法大学出版社1999年版,第466页。

② 徐力英、何彬彬:《典当纠纷审判实务探讨》,载《人民司法》2010年第3期。

③ 叶朋:《论当代典当制度在中国物权体系中的定位—兼论不动产典当的存废》,载《商业时代》2011年第33期

比,已经发生了巨大的变化,其中房地产抵押典当就已成为典当业的一大主要业务创新,既然有关典当业的专门规章已经许可了房地产抵押的典当业务,并且实践中不动产典当有着广泛的现实需求,房产典当在典当业务中的比重越来越高,既满足了企业和居民的融资需要,也促进了典当业的发展繁荣。[①] 同时房地产典当与一般的抵押借款相比,在权利主体、权利义务内容、发放贷款的数额和比例以及借贷期限等都有特别的要求,因此,本着发展创新的原则,与其坚持将房地产典当排除在典当业务之外,不如顺应时代发展,肯定房地产典当的价值与效力,并在今后通过立法修改将其予以进一步完善。

六、当物毁损灭失的风险

在典当活动中,典当行在收当后就对当物有妥善保管的义务,由于作为当物的房地产和财产权利无须转移占有,只需依法办理抵(质)押登记手续,典当行只要保管好抵(质)押登记凭证即可,所以我们讨论的是在动产当物出当后因某些原因毁损灭失,致使当户不能赎回当物或典当行不能处分当物,由此造成的后果和损失应由谁来承担以及如何承担的问题。对此问题,我们先应从区分当物毁损灭失的原因入手,当物毁损灭失的原因比较复杂,主要的原因有四类:(1)因典当行的保管不善导致的;(2)因当户的过失导致的;(3)因第三人的原因导致的;(4)因不可抗力、自然受损等特殊原因导致的。

(一)因典当行保管不善导致当物毁损灭失的

典当行在收取当户作为质押的动产当物后,妥善保管当物不受损害就是典当行的主要义务,典当行因此在营业许可时即要求有建立完善一套当物的保管制度。按照《中华人民共和国物权法》第二百一十五条第一款规定:“质权人负有妥善保管质押财产的义务;因保管不善致使质押财产毁损、灭失的,应当承担赔偿责任。”确立了质权人在质押期间对质押物应尽善良管理人的妥善保管义务,质权人此时的民事责任承担应采过错推定原则,只要质物发生了毁损灭失的事实,质权人应举证证明自己已尽妥善保管义务,否则即承担赔偿责任。而《典当管理办法》第四十一条的规定是“质押当物在典当期内或者续当期内发生遗失或者损毁的,典当行应当按照估价金额进行赔偿”。该办法的规定似采无过错责任,只要当期内发生当物毁损灭失的,均属典当行

① 钱锡青、武彬:《民间融资中典当纠纷的裁判困境与司法路径》,载《东方法学》2013 年第 1 期。

保管不善情形,典当行应承担赔偿责任,无过错责任比较符合传统典当业务的习惯。

值得注意的是,因典当行保管不善导致当物毁损灭失后,是否还能向当户主张返还当金和利息?有意见认为,典当行要求当户返还当金与当户要求典当行返还当物是两个法律关系,如【案例二十三】南阳市融诚典当有限责任公司诉吴石新、闫永朝典当合同纠纷案中,作为当物质押的车辆系当户吴石新所有,典当行未经当户同意交给第三人且已不知下落,法院对此认为:"质押权的设定应以质权人对质物的占有或实际控制为必要条件,现原告融诚典当行将案涉车辆交与被告闫永朝的行为改变了对案涉车辆即质物的占有,失去了对质物的实际控制,原告丧失了针对质物优先受偿的权利,即不得要求对案涉车辆的拍卖、变卖价款享有优先受偿的权利,但该权利的丧失并不影响原告请求二被告还本付息的诉讼请求。……但《中华人民共和国担保法》第六十九条规定,'质权人负有妥善保管质物的义务。因保管不善致使质物灭失或者毁损的,质权人应当承担民事责任。'第七十一条规定,'债务履行期届满债务人履行债务的,或者出质人提前清偿所担保的债权的,质权人应当返还质物'。被告吴石新归还借款后可依据该规定向原告追偿。"我们认为,将借款与质押割裂成两个独立的法律关系完全背离了典当的本质特征,当物在当期内因典当行保管不当等原因毁损灭失,是引起典当法律关系消灭的法律事实之一,此时典当行和当户应该清算双方的债权债务,典当行所承担的责任即是按照估价金额对当户进行赔偿,而当户则应返还当金,以及当物毁损灭失前已产生的利息和综合费。

(二)因当户的过失导致当物毁损灭失的

这里讨论当户的过失主要指因当票遗失或失窃等原因导致当物被他人冒领的损害赔偿问题。由于当票在典当交易中的特殊地位,既是典当行与当户之间的借贷契约,典当行向当户支付当金的付款凭证,也是当户回赎当物的主要凭证。因此,当户对当票应妥善予以保管,一旦发生遗失或失窃,则有当物被他人冒领的可能,由此就会产生当物被冒领后的损害赔偿问题,实践中对此有不同的意见。一种意见认为,按典当惯例,当票遗失,当户应当及时向典当行办理挂失手续,交纳一定手续费后,可以补办当票。未办挂失手续或者挂失前被他人赎当的,典当行不负赔偿责任。2001 年的《典当行管理办法》第二十九条就是如此规定。不同的意见则认为,当票遗失导致当物被他人赎当的,典当行是否负赔偿责任要按过错责任承担,如现行的《典当管理办法》第三十三条第二款规定:"当票遗失,当户应当及时向典当行办理挂失手续。未办理挂失手续或者挂失前被他人赎当,典当行无过错的,典当行不负赔偿责任。"

以【案例二十四】刘胤豪与上海国盛典当有限公司典当纠纷案为例,法院裁判认为："典当行在办理赎当手续时，应当按照《典当管理办法》的规定对赎当人的身份履行查验职责。委托赎当中，被委托人应当出具委托书、本人和委托人的有效身份证件以及当票，典当行应当对上述证明文件予以查验。……国盛典当公司在赎当过程中存在身份查验上的疏漏，导致刘胤豪的当物被他人赎当，具有过错。另外，当票遗失后，当户应当及时向典当行办理挂失手续，由于刘胤豪未及时办理当票挂失手续，对当物有机会被他人赎当亦存在过错。原审法院根据各方当事人对当物被他人赎回过程中各自的过错程度和导致损失的原因力大小，酌定国盛典当公司承担当物损失80%的赔偿责任，并无不当。"显然该案是以过错责任来分担损害赔偿的，虽然我们认为对于责任比例的分配似有进一步商榷的余地。

当然，在房地产典当和财产权利典当业务中，也存在当物因当户自身过失原因而毁损灭失的情形。如因当户保管不善导致当物灭失，由于当物由当户自身负保管义务，典当行自然不负赔偿责任，但当物的灭失也会导致典当关系终止，典当行应向当户要求返还当金以及利息和综合费。

（三）因第三人的原因导致的当物毁损灭失的

这里第三人的原因包括因第三人的侵权如故意或过失致使当物毁损的，也包括因第三人违约如违反委托保管义务导致当物灭失的情形。在第三人侵权的情形下，当户或典当行可分别基于所有权人或占有人的身份向侵权的第三人主张损害赔偿，而第三人违约的情形一般是典当行将质押的当物委托第三人保管时发生的，基于合同的相对性，此时向违约第三人主张权利的应该是典当行。

如【案例二十五】张掖市民生典当有限公司诉张掖市甘州区东关机动车维修市场、秦玉、赵文财保管合同纠纷案中，典当行将当户所有的当物汽车委托机动车维修市场代为保管，保管人因保管不善而无法向典当行返还当物，法院裁判认为："根据《中华人民共和国合同法》第三百七十四条的规定，保管期间，因保管人保管不善造成保管物毁损、灭失的，保管人应当承担损害赔偿责任……由于被告机动车维修市场保管原告的车辆已被车辆所有人被告赵文财提走，被告机动车维修市场无法向原告返还所保管的车辆，致使原告与被告赵文财签订的《机动车质押借款合同》《机动车质押典当合同》的合同目的无法实现，给原告造成了实际损失，理应予以赔偿。"

（四）因不可抗力、自然受损等特殊原因导致当物毁损灭失

由于不可抗力因素致使当物损坏，以及由于当物自然损耗造成的损失是两种特殊情形下的损失赔偿问题。按《典当管理办法》的规定，遇有不可抗力导致质押当物损毁的，典当行不承担赔偿责任。原因是，从法理上来说，典当成立时，典当行与当户之间并不形成买卖关系,虽然当物移转给典当行占有,但当物的所有权并不转移给典当行,因而当物的风险负担也并不同时移转给典当行,典当期限内当物的风险负担仍属于当户。因而典当期限内当物因不可抗力发生的毁损灭失风险及损失不应由典当行承担。①

同理,因当物自然受损导致的损失也不应由典当行负担。但应区分自然损坏与因保管不善致损的界限,前者指当物在正常保管条件下,由于本身的某种性能受自然因素的影响而导致的损坏,后者是指由于典当行的过错原因引起的当物损坏,如手表自然生锈与因保管环境潮湿引起的生锈就是两种不同因素导致的结果。但对毁损原因的证明责任由典当行承担,典当行无法举证或举证不力的,即推定典当行对当物的保管有过错。

(五)当物毁损灭失后的优先受偿权问题

当物毁损灭失后,因作为权利基础的实体物已不复存在,故典当行对依附于物之上的处分权也随之灭失,但因该当物灭失而获得的保险金、赔偿金或者补偿金等,根据《中华人民共和国物权法》第一百七十四条的规定,担保期间,担保财产毁损、灭失或者被征收等,担保物权人可以就获得的保险金、赔偿金或者补偿金等优先受偿。被担保债权的履行期未届满的,也可以提存该保险金、赔偿金或者补偿金等。《中华人民共和国担保法》第五十八条和第七十三条也有类似规定,即抵(质)押权因抵(质)押物灭失而消灭,但因灭失所得的赔偿金,应当作为抵(质)押财产。如【案例二十六】滁州国元典当有限责任公司与黄外峰典当纠纷中,法院裁判认为:"因黄外峰设定抵押的涉案房地产被征收拆除,根据《中华人民共和国物权法》第一百七十四条的规定,国元典当公司对涉案抵押房地产应获得的征收补偿款依法应当享有优先受偿权。"

需要说明的是,在传统意义上的典当关系中,典当行并不能就当物毁损的赔偿金、保险金优先受偿,而由典当行自负风险。但我国目前尚无典当特别法律,且目前的典当交易已包涵了房产抵押典当,自可准用《中华人民共和国物权法》和《中华人民共和国担保法》的相关规定,即承认物上代位性规则的适用。

---

① 胡宗仁:《典当法律制度研究》,中国政法大学出版社2012年版,第172页。

四

典当经营规则——赎当、续当、绝当

1.赎当的性质

【问题提示】赎当是当户的权利还是义务？当户未及时赎当是否应承担违约责任？

【案例一】安徽恒信典当有限公司诉黄国平、鲍喜、黄和平、安徽金泰投资集团有限公司典当纠纷案（2014年6月30日）

【法律点】典当期限内的利息和综合费约定符合有关规定的，应予保护；而当期届满后继续计算综合费及利息，不符合典当合同的法律特征，不予支持。但典当行履行了支付当金义务，当户在当期届满后未及时赎当亦未续当，其行为构成违约，应当承担违约责任。逾期违约金不应比照约定的费息率标准，而应以实际欠付当金为基数从当期届满后起算至还清时止，按同期中国人民银行一年期贷款基准利率的四倍计算。

【关键词】当期届满　利息、综合费　赎当　绝当　违约责任　违约金

安徽省合肥市庐阳区人民法院
民事判决书

(2014)庐民二初字第00423号

原告：安徽恒信典当有限公司。

法定代表人：卢堆仓，董事长。

委托代理人：张华银，安徽安维律师事务所律师。

委托代理人：张湛秋，安徽安维律师事务所律师。

被告：黄国平。

被告:鲍喜。

被告:黄和平。

被告:安徽金泰投资集团有限公司。

法定代表人:黄和平,董事长。

四被告委托代理人:高远,安徽林达律师事务所律师。

原告安徽恒信典当有限公司(以下简称恒信典当公司)与被告黄国平、鲍喜、黄和平、安徽金泰投资集团有限公司(以下简称金泰投资公司)典当纠纷一案,本院于2014年2月24日立案受理,依法组成由审判员张伟担任审判长,审判员卢军燕、人民陪审员康保琴参加的合议庭,适用普通程序于2014年4月15日公开开庭进行了审理。恒信典当公司委托代理人张华银,黄国平、鲍喜、黄和平、金泰投资公司的共同委托代理人高远到庭参加诉讼。本案现已审理终结。

原告恒信典当公司诉称:2011年6月22日,恒信典当公司与黄国平、鲍喜夫妇签订一份《抵押典当合同》。黄国平、鲍喜以自有房产作抵押,且双方制作当票。当票及合同约定黄国平、鲍喜从恒信典当公司借款500万元,典当借款期限自2011年6月22日至2011年9月21日,约定月综合费率为2.5%。双方还约定期满黄国平、鲍喜逾期偿还本金的,除支付综合费外还承担未还款总额日0.5%的逾期违约金以及恒信典当公司支付的律师费、诉讼费等。

当日,恒信典当公司扣除综合费后将4,625,000元汇入黄国平、鲍喜指定账户。由于黄国平、鲍喜无力偿还当金,恒信典当公司根据其申请,双方续当至2013年7月21日,同时月综合费率调整为2.7%和月利率0.1%。黄国平、鲍喜偿还200万元后,双方再次将余款300万元续当至2013年8月21日,月综合费率和利息率不变。但至今,黄国平、鲍喜一直未还款。2014年2月7日,黄和平、金泰投资公司为上述欠款向恒信典当公司出具了连带保证责任书。因催款未果,现诉请判令:1. 黄国平、鲍喜偿还当金300万元、逾期违约金476,000元(违约金暂算至2014年2月12日,之后至款清时止的违约金按月费率和月利率之和2.8%计付);2. 黄国平、鲍喜承担律师费10.5万元;3. 黄和平、金泰投资公司对上述款项承担连带清偿责任;4. 黄国平、鲍喜、黄和平、金泰投资公司承担本案诉讼费用。

被告黄国平、鲍喜、黄和平、金泰投资公司共同答辩称:1. 本案续当期限截至2013年8月21日,5日后期满即为绝当。根据《典当管理办法》第四十条、第四十三条的规定,绝当后当户无义务赎当,典当行按照法律和双方约定处置当物以清偿债务。最高人民法院公布的案例及对辽宁省高院的答复,也都认定赎当是当户的权利而非义务,典当行不能要求当户赎当、清偿债务。故此,本案恒信典当公司有权处理却未处理绝当物,而要求支付绝当后的违约金,于法无据。2. 恒信典当公司诉求的10.5万元律师费应由其自行承担。本案双方签订的《抵押典当合同》第八条约定,恒信典当公司有权直接行使抵押权、处置抵押物,但其选择诉讼途径产生的律师费,系额外增加的费用成本,故应由其自行承担。同时,本案事实简单,相应工作量与其主张的高额律师费严重不对等,有违诚信,显失公平。

经审理查明:2011年6月22日,黄国平、鲍喜作为抵押人(合同中甲方)与恒信典当公司(抵押权人,合同中乙方)签订一份《抵押典当合同》。双方约定:甲方自愿以其合法拥有的房产抵押典当给乙方,作为典当借款本金、利息和相关费用的担保,担保范围包括但不限于主债权本金、利息、综合费、违约金、逾期利息、损害赔偿金和处分抵押房地产的费用、诉讼费、律师费等;借款金额为500万元;借款期限自2011年6月22日至2011年9月21日;甲方逾期还款按每日未还款总额的0.5%计息至债务清偿日止,此项逾期还款违约金可以与其他违约金并行计算;甲方承担本合同项下有关费用支出,包括但不限于保险、评估、鉴定、登记、过户、公证、保管、拍卖、律师费、诉讼费、强制执行费、差旅费等。合同附件"抵押物清单"载明的抵押房产坐落于龙岗开发区某汽配城。

同日,恒信典当公司出具当票,约定月费率2.5%,典当金额500万元,典当期限自2011年6月22日至2011年9月21日,应付综合费用375,000元,实付金额4,625,000元。黄国平、鲍喜在当户签章栏签名。次日,恒信典当公司将4,625,000元付至黄国平个人账户,黄国平、鲍喜共同出具收款收据,认可收到该款。当期届满后,黄国平、鲍喜未按约偿还当金。根据黄国平、鲍喜的申请,双方连续办理续当手续至2013年7月21日。同时,双方将月费率调整为2.7%,并自2011年11月22日起按0.1%/月的利率计付利息。至2013年7月21日,黄国平、鲍喜按当金500万元的计付底数共支付综合费297万元、利息10万元。2013年7月22日,黄国平、鲍喜偿还当金200万元,并就剩余当金300万元与恒信典当公司签订《续当协议》。恒信典当公司同时出具"续当凭证",黄国平、鲍喜在"续当凭证"上签名。双方在《续当协议》及"续当凭证"上约定:原典当金额300万元,月费率2.7%,综合费8.1万元,月利率0.1%,当期自2013年7月22日至8月21日。另约定原《抵押典当合同》的其他条款仍然有效。嗣后,黄国平、鲍喜仅支付了2013年7月22日至8月21日的综合费8.1万元,余款一直未付。

2014年2月7日,黄和平、金泰投资公司分别向恒信典当公司出具《保证书》,承诺自愿为黄国平、鲍喜所欠300万元当金及相应费息、违约金和恒信典当公司实现债权费用等承担连带清偿责任,保证期间为主债务履行期届满之日起两年。

2014年2月24日,由于黄国平、鲍喜一直未还款,黄和平、金泰投资公司亦未履行保证担保责任,恒信典当公司诉讼来院,要求判如所请。

另查明:恒信典当公司原与黄国平、鲍喜就"抵押物清单"所列房产办理了抵押登记手续,在黄国平、鲍喜偿还了当金200万元后,经当户申请,恒信典当公司解除了抵押权。

还查明:恒信典当公司委托安徽安维律师事务所律师作为本案一审代理人,并支付律师代理费105,000元。

上述事实,由《抵押典当合同》、《当票》、指定付款说明、收据、进账单、续当申请、《续当协议》、续当凭证、《保证书》、《聘请律师合同》、律师费网银转账记录、律师费发票及当事人陈述在案佐证。

本院认为:案涉《抵押典当合同》、《当票》、《续当协议》和续当凭证系当事人真实意思表示,不违反法律、法规的强制性规定,应为合法有效。

关于当金数额的认定问题,本院认为,综合费用体现并反映了典当公司的管理和服务成本,典当公司在发放当金的同时,将综合费用预先扣除,与综合费用的性质不符。因此,恒信典当公司预扣综合费用合计375,000元无效,当金应以恒信典当公司实际发放的金额4,625,000元予以认定。黄国平、鲍喜在当期内已偿还200万元,对剩余本金2,625,000元,黄国平、鲍喜应予偿还。

关于综合费用及利息的计算问题,黄国平、鲍喜应以当金4,625,000元为基数支付当期内费息。按照《典当管理办法》第三十七条"典当当金利率按中国人民银行公布的银行机构6个月期法定贷款利率及典当期限折算后执行"及第三十八条"房地产抵押典当的月综合费率不得超过当金的27‰"的规定,本案双方约定的月利息率0.1%及2011年6月22日至2011年9月21日的月综合费率2.5%、2011年9月22日至2013年8月21日的月综合费率2.7%均不超过规定标准,本院予以确认。但对于当期届满后即2013年8月22日后的费息计算,本院认为,当期届满后,可能发生典当合同约定的绝当或赎当,继续计算综合费及利息,不符合典当合同的法律特征。基于促使典当公司及时行使权利、避免交易行为长期处于不确定状态、保证经济秩序稳定的原则,对于恒信典当公司主张的当期届满后逾期违约金比照双方原约定的费息率2.8%计付,本院不予支持。

关于违约责任问题,恒信典当公司履行了支付当金义务,黄国平、鲍喜在当期届满后未及时还款亦未续当,其行为构成违约,应当承担违约责任。恒信典当公司要求比照当期内费息率计付违约金,该主张过分高于当户迟延还款给恒信典当公司造成的损失,故本院予以调整。逾期违约金以实际欠付当金为基数按同期中国人民银行一年期贷款基准利率的四倍从2013年8月22日起算至还清时止。

综合上述分析认定,恒信典当公司实付当金4,625,000元,当期内自2011年6月22日至9月21日的综合费为346,875元(4,625,000元×2.5%×3个月),自2011年9月22日至2013年7月21日的综合费为2,747,250元(4,625,000元×2.7%×22个月),2013年7月22日当户偿还本金200万元后至8月21日的综合费为70,875元(2,625,000元×2.7%)。当期内自2011年11月22日至2013年8月21日的利息为95,125元,上述费息合计3,260,125元。黄国平、鲍喜按本金500万元计算实付费息合计315.1万元(不含恒信典当公司预扣的37.5万元)。当户实付数额小于按本金4,625,000元计算的应付数额,即期内费息不存在因计费基数不同而多支付的情形。根据恒信典当公司诉请违约金的起算时间,黄国平、鲍喜应自2013年8月22日起即当期届满次日向恒信典当公司支付违约金,以当金2,625,000元为基数按同期中国人民银行一年期贷款基准利率(年利率6%)的四倍计算,暂计算至2014年2月12日,产生违约金302,055元(2,625,000元×6%÷365天×175天×4)。

关于律师代理费的问题,该费用系恒信典当公司为实现债权而支出,双方在《抵押典当合同》中约定为实现债权而支出的律师费用由违约方承担,恒信典当公司提供的《聘请律师合同》、律师费网银转账记录、律师费发票证明律师费已实际支付,且支出的该项费用未超出律师收费标准,故恒信典当公司的该项请求,本院予以支持。

另外,黄和平、金泰投资公司自愿为黄国平、鲍喜的剩余债务及相关费用向恒信典当公司承担连带保证责任,其意思表示真实,本院对恒信典当公司要求两保证人承担连带清偿责任的诉请依法予以支持。

关于黄国平等被告辩称的恒信典当公司在当期届满后未及时处置当物以清偿债务问题,因恒信典当公司与黄国平、鲍喜已于当期内合意解除了房产抵押权,故被告的该项抗辩无事实基础,本院不予采信。

依照《中华人民共和国合同法》第六十条第一款、第一百零七条、第一百一十四条,《中华人民共和国担保法》第十八条、第二十一条之规定,判决如下:

一、被告黄国平、鲍喜偿还原告安徽恒信典当有限公司当金262.5万元。

二、被告黄国平、鲍喜支付原告安徽恒信典当有限公司逾期还款违约金302,055元(违约金暂算至2014年2月12日,之后以本金262.5万元为基数,按同期中国人民银行一年期贷款基准年利率的四倍计付至款清)。

三、被告黄国平、鲍喜支付原告安徽恒信典当有限公司律师费10.5万元。

上述一、二、三条,被告黄国平、鲍喜于本判决生效之日起十日内履行完毕。

四、被告黄和平、安徽金泰投资集团有限公司对被告黄国平、鲍喜所欠债务向原告安徽恒信典当有限公司承担连带清偿责任。

五、驳回原告安徽恒信典当有限公司的其他诉讼请求。

案件受理费35,528元,由原告安徽恒信典当有限公司承担4440元,由被告黄国平、鲍喜、黄和平、安徽金泰投资集团有限公司共同承担31,088元。

如果未按本判决指定的期间履行给付金钱义务,应当依照《中华人民共和国民事诉讼法》第二百五十三条之规定,加倍支付迟延履行期间的债务利息。

如不服本判决,可在判决书送达之日起十五日内向本院递交上诉状,并按对方当事人的人数提出副本,上诉于安徽省合肥市中级人民法院。

审 判 长 张 伟

审 判 员 卢军燕

人民陪审员 康保琴

二〇一四年六月三十日

书 记 员 陈 辉

【案例二】湖北金丰典当有限公司荆州分公司诉张正华、孟丽蓉典当纠纷案（2014年4月8日）

【法律点】 1.典当借款不同于普通借款，典当借款有其自身的特点，即赎当是当户的权利而非义务，当户可以选择赎当，也可以选择绝当而将当物交由典当行处置以清偿债务，故不应当产生违约责任问题，合同中关于违约金约定的情形不应予以支持。但约定的利率和综合费率符合相关规定的，应当支付至债务履行之日。

2.当户在当期内未按约定交纳利息和综合费用，逾期行为构成违约，但不应将借款当金也纳入违约本金计算违约金，而应以逾期交纳的利息和综合费用的实际金额计算违约金。

【关键词】预先扣除利息　预先收取综合费用　利率　综合费率　绝当　赎当　逾期违约金

湖北省荆州市荆州区人民法院
民事判决书

(2014)鄂荆州区民初字第150号

原告:湖北金丰典当有限公司荆州分公司。

负责人:潘炎,该公司总经理。

委托代理人:梁松,湖北三鼎律师事务所律师。

被告:张正华。

被告:孟丽蓉。

委托代理人:倪明,湖北楚韵律师事务所律师。

原告湖北金丰典当有限公司荆州分公司与被告张正华、孟丽蓉典当、抵押合同纠纷一案,本院于2014年1月20日立案受理。依法由审判员张艳丽适用简易程序公开开庭进行了审理。原告湖北金丰典当有限公司荆州分公司的委托代理人梁松、被告张正华、孟丽蓉及其委托代理人倪明均到庭参加诉讼。本案现已审理终结。

原告诉称：被告因资金周转困难向原告借款，双方于2013年6月24日签订借款合同，约定了借款本金、月利率、综合费用与违约责任等条款，并办理了抵押登记。原告委托公司员工将借款本金40万元汇入被告指点的账户，履行了合同义务。但借款到期后，被告未按期偿还借款本金、利息及综合费用，其行为构成违约。经原告多次催促，被告仍未偿还。请求法院判令被告共同偿还原告借款本金40万元，并自2013年7月24日起每月向原告以40万元为本金分别按月利率5‰、综合费率25‰支付利息与综合费用，直至还清全部借款本金之日止；判令两被告违约，并自2013年7月29日起每日向原告按借款本金余额的1‰支付违约金直至还清全部借款本金之日止；判令上述债权和费用在被告抵押财产范围内优先受偿。

原告为支持其诉讼主张，向本院提交了如下证据：

证据一，原告营业执照、组织机构代码证、经营许可证、负责人身份证明，以证明原告诉讼主体身份。

证据二，二被告的身份证、结婚证，证明二被告基本身份信息及二被告的夫妻关系。

证据三，房地产抵押典当合同、二被告出具的声明书，证明原、被告之间对借款本金、利息支付、综合费用、借款期限、担保方式、违约责任等事项的约定。

证据四，建设银行转账凭条、二被告出具的收款收据，证明原告向被告提供了40万元的借款，履行了合同义务。

证据五，荆州房他证沙字第××号房屋他项权证，证明被告将其所有的房屋抵押给原告并办理了抵押登记。

被告张正华、孟丽蓉口头辩称：1. 被告分别于2013年6月26日及2013年7月27日支付给原告共计24,000元，2013年8月支付原告5000元，其中2013年6月26日支付的12,000元系借款发放日前一天，应当从借款本金中扣除，并按实际借款金额计算利息及综合费用。2. 合同约定的借款月利率5‰高于中国人民银行公布的银行机构6个月法定贷款利率；合同约定25‰的月综合费用过高，高于贷款利率的四倍，有失公平。3. 约定的违约金起算期限不合理，应当自借款到期日开始计算，且日1‰的违约金过分高于原告的实际损失，请法院酌情处理。

被告张正华未向本院提交证据。

被告孟丽蓉为支持其抗辩理由，向本院提交了如下证据：

证据一，被告的身份证复印件，证明被告的身份。

证据二,2013年6月26日的收据一张,证明被告于原告借款发放之日前支付给原告12,000元,应当从借款本金中予以扣除。

证据三,2013年7月27日的收据一张,证明被告于2013年7月27日支付原告利息及综合费用12,000元。

经庭审质证,二被告对原告提交的证据一、证据二、证据四中的收款收据、证据五无异议。原告对被告孟丽蓉提交的证据一无异议。对上述双方当事人均无异议的证据本院依法予以采纳。

二被告对原告提交的证据三、证据四中的转账凭条有异议,认为:证据三的真实性虽无异议,但合同约定的部分条款有失公平,对被告不利;证据四中的建设银行转账凭条与本案无关。原告对被告孟丽蓉提交的证据二、三有异议,认为:证据二、三没有原告公司的印章,不是原告向被告出具的收据。

对上述有争议的证据,本院认为:被告对原告提交的证据三房地产抵押典当合同的真实性无异议,本院依法予以采信,对被告提出该合同中部分条款的法律效力问题在判决书本院认为部分予以阐述;原告提交的证据四中的建设银行转账凭条的付款方虽是原告公司负责人潘炎的个人账户,但被告孟丽蓉认可原告公司按典当合同支付给其的40万元就是该转账凭条上载明的40万元,对该证据本院依法予以采信。被告孟丽蓉提交的证据二、三收据二张虽未加盖原告公司的印章,但原告认可上述两笔付款,对该证据本院依法予以采信。

本案经庭审举证、质证及本院认证,对如下事实予以确认:原告系持有典当经营许可证的企业,被告张正华、孟丽蓉系夫妻关系。2013年6月24日,原告与二被告签订了一份房地产抵押典当合同,约定:乙方(二被告)以其所有的坐落于荆州市沙市区太岳路的房地产抵押给甲方(原告)作为借款担保;借款本金(当金)40万元,借款期限自2013年6月24日至2013年12月23日(借款的实际放款日以收款收据日期为准);借款月利率5‰,月综合费率25‰,乙方须在每月24日前缴付利息和综合费用;利率和综合费率不受本合同借款期限的限制,乙方必须按时交纳利息和综合费用直至清偿完债务为止,逾期还款、交纳利息和综合费用乙方需按借款余额每日1‰向甲方交纳违约金。合同签订后,原、被告于2013年6月26日办理了抵押登记,房屋他项权证号为:荆州房他证沙字第××号。2013年6月26日,二被告向原告交纳了一个月的利息及综合费用1.2万元后,原告于次日2013年6月27日通过原告公司负责人的账户向二被告指定的账户转账给付借款(当金)40万元。二被告分别于2013年7月27日向原告交纳利息及综合费用1.2万元,于2013年8月向原告交纳利息及综合费用5000元,此后二被告再未向原告交纳利息及综合费用。典当期限届满,由于二被告未赎当,原告诉至本院,请求判令被告共同偿还原告借款本金40万元,并自2013年7月24日起每月向原告以40万元为本金分别按月利率5‰、综合费率25‰支付利息及综合费用,直至还清全部借款本金之日止;判令二被告违约,并自2013年7月29日起每日向原告按借款本金余额的1‰支付违约金直至还清全部借款本金之日止;判令上述债权和费用在被告抵押财产范围内优先受偿。

本案争议的焦点为:

1. 原告在发放借款(当金)前收取被告的利息及综合费用是否应当从借款本金中扣除。

本院认为,原告在向被告发放借款的前一天,根据合同约定的利率及综合费率收取的1.2万元现金包括了一个月的利息2000元及综合费用1万元。《中华人民共和国合同法》第二百条规定,借款的利息不得预先在本金中扣除,《典当管理办法》第三十七条规定,典当当金利息不得预扣。利息实质上应是借款人因实际使用贷款人的资金而在双方之间形成的债的关系,若本金未交付则不会产生支付利息的问题,故本案中预先支付利息实质上属于预先扣除利息的行为,使借款方实际取得的借款低于约定数额,损害了借款方的利益,故原告发放给被告的实际借款金额应当扣减被告预先支付的利息2000元。典当综合费用包括各种服务及管理费用,法律没有禁止预先收取综合费用,故原告预收被告综合费用的行为合法,不应扣减本金。

2. 原、被告之间约定的利率及综合费率是否违反法律规定。

本院认为,按中国人民银行公布的现行6个月以内(含6个月)的贷款基准利率5.6%(年利率)及典当期限6个月折算后的月利率为4.7‰,双方约定的月利率5‰高于该利率,参照《典当管理办法》第三十七条的规定,对超过部分本院不予支持。参照《典当管理办法》第三十八条的规定,房地产抵押典当的月综合费率不得超过当金的27‰,双方约定的月综合费率25‰不违反相关规定,依法应予支持。

3. 原、被告之间约定违约金的起算金额是否合法,约定的违约金是否过分高于原告的损失,是否合法。

本院认为,原、被告在合同中约定,逾期还款、交纳利息和综合费用乙方需按借款余额每日1‰向甲方交纳违约金的内容,是当事人对于双方可能出现的违约行为做出的预先安排,属于双方意思自治的范畴。在借款未到期的情况下,被告逾期交纳利息和综合费用虽构成违约,但将未到期的借款当金也纳入违约本金计算违约金没有法律依据,故借款期内的违约金计算应以逾期交纳的利息和综合费用的实际金额计算。

双方约定的日1‰的违约金过高,本院适当予以调整为日0.5‰。

对于典当合同中约定绝当后(借款到期后)当户应按照未偿还的借款本金的一定比例支付逾期违约金的效力问题,因典当借款不同于普通借款,典当借款有其自身的特点,即赎当是当户的权利而非义务,当户可以选择赎当,也可以选择绝当而将当物交由典当行处置以清偿债务。而违约责任是合同当事人不履行合同义务或者履行合同义务不符合约定时,依法产生的法律责任,既然赎当是当户的权利,就不应当产生违约责任问题,此种关于违约金约定的情形不应予以支持。

综上,本院认为:二被告将其所有的房地产作为当物抵押给持有典当经营许可证的原告,交付一定比例费用,取得当金,原、被告之间的典当、抵押合同关系依法成立、有效。原告按约定给付二被告当金,二被告则应当履行向原告交纳利息及综合费用的义务。原告在发放借款(当金)前收取被告的利息应当从本金中扣减,扣减后的本金为398,000元。双方约定的利率略高于中国人民银行公布的现行6个月的贷款基准利率,对高出部分本院不予支持,按月4.7‰及25‰计算当期内的利息及综合费用为70,923.60元,扣减二被告已经支付的利息及综合费用27,000元,二被告仍下欠原告当期内的利息及综合费用43,923.60元。由于二被告未能按约向原告交纳利息及综合费用,其行为已经构成违约,给原告造成一定的资金损失,故应当支付原告逾期交纳利息及综合费用违约金。绝当后,原告作为抵押权人,参照《典当管理办法》第四十三条第一款的规定,原告可以按照《中华人民共和国担保法》的规定向人民法院主张当物的优先受偿权。依照《中华人民共和国合同法》第六十条、第一百一十四条,《中华人民共和国担保法》第五十三条,《中华人民共和国民事诉讼法》第一百四十条之规定,判决如下:

一、由被告张正华、孟丽蓉于本判决书生效后十日内偿还原告湖北金丰典当有限公司荆州分公司借款本金(当金)398,000元,并支付原告当期内(2013年6月27日至12月26日)的利息和综合费用43,923.60元及2013年12月27日起至履行之日止按月4.7‰及月25‰计算的利息和综合费用。

二、由二被告赔偿原告按逾期交纳利息及综合费用的实际金额的日0.5‰计算的违约金损失。

三、由二被告以其所有的位于沙市区太岳路房屋所有权证号为荆州房权证沙字第××号的住房为上述债务承担抵押担保责任,原告对该房屋折价或拍卖、变卖后的价款享有优先受偿权。

如果未按本判决指定的期间履行给付金钱义务,应当依照《中华人民共和国民事诉讼法》第二百五十三条之规定,加倍给付迟延履行期间的债务利息。

本案减半收取案件受理费4500元,由原告承担500元,二被告共同承担4000元。

如不服本判决,可在判决书送达之日起十五日内,向本院递交上诉状,并按对方当事人的人数提出副本,上诉于湖北省荆州市中级人民法院。上诉人应在提交上诉状时预交上诉案件诉讼费人民币9000元,款汇荆州市非税收入管理局汇缴结算户,开户银行农业银行荆州市分行直属支行,账号:26×××32。上诉人在上诉期满后七日内仍未预交诉讼费用的,按自动撤回上诉处理。

审　判　员　张艳丽

二〇一四年四月八日

书　记　员　余秀萍

【案例三】中山市恒源典当有限公司城区分公司诉梁坤然典当纠纷案（2015 年 12 月 2 日）

【法律点】 1. 典当合同生效后,在典当当期内,回赎权系形成权,赎当仅以当户单方意思表示即可发生法律效果。赎当是当户的权利而非义务,典当行不能要求当户赎当、清偿债务,当户并不因为其选择不赎当而构成违约,因此典当行此时主张违约金不予支持。在当户未选择赎当的情况下,典当行在绝当后可依法处置当物以优先清偿自身债权,即使为当物提供相应服务也是为其自身利益,继续计收综合费显然造成双方利益失衡,故在绝当后不能计收综合费。

2. 由于典当合同属于特殊的借贷合同,因此在绝当后,原被告之间的关系仍应受民间借贷的相关法律所调整。因被告仍占用原告提供的当金,故原告在绝当后且当物未被依法处理受偿前仍有权继续收取利息。利息可根据《最高人民法院关于审理民间借贷案件适用法律若干问题的规定》第三十条"出借人与借款人既约定了逾期利率,又约定了违约金或者其他费用,出借人可以选择主张逾期利息、违约金或者其他费用,也可以一并主张,但总计超过年利率 24% 的部分,人民法院不予支持"的规定标准确定。

【关键词】 管辖权　典当法律关系　回赎权　形成权　绝当　违约金　综合费　利息

广东省中山市第一人民法院
民事判决书

（2015）中一法民二初字第 3015 号

原告:中山市恒源典当有限公司城区分公司,住所地广东省中山市石岐区。

代表人:张灿成。

委托代理人:黄勇乐,该公司经理。

委托代理人:许晓鹏,该公司业务员。

被告:梁坤然。

原告中山市恒源典当有限公司城区分公司(以下简称恒源典当城区分公司)诉被告梁坤然典当纠纷一案,本院于2015年9月6日立案受理后,依法组成合议庭,于2015年11月17日公开开庭进行了审理。原告恒源典当城区分公司的委托代理人黄勇乐、许晓鹏及被告梁坤然到庭参加诉讼。本案现已审理终结。

原告恒源典当城区分公司诉称:被告梁坤然因资金周转需要,于2011年5月23日与恒源典当城区分公司签订《典当合同》,被告可向原告申请典当借款,且约定典当借款的综合费为每月2%、利息为每月0.5%。同时,双方签署了《最高额抵押合同》,约定被告以其名下位于中山市东区柏苑新村玉兰阁5幢×××房物业作为抵押贷款的担保,对2011年5月23日至2011年11月22日期间发生的典当借款提供担保,最高抵押债权金额29.7万元,双方并办理了抵押物的抵押登记手续。2011年5月27日,被告申请取得了借款人民币19.2万元,首期当期为2011年5月27日至2011年8月26日,且约定每月按当金金额2.5%向恒源典当公司支付综合费和利息。其中综合费为每月2%、利息每月0.5%。对于该19.2万元的借款,被告向恒源典当城区分公司多次申请了续当,将借款期限延至2015年7月21日。期间经双方协商将综合费调整为每月2.06%、利息为每月0.44%。然后,上述典当借款的典当期限届满后,被告再未如期进行赎当或续当,为此,原告曾多次向被告催讨,但均无果。为维护自身合法权益,特向我院提起本次诉讼。请求判令:1.判令被告向原告返还当金共人民币19.2万元及其相应的综合费用、利息(其中:19.2万元的当金综合费按19.2万元当金金额的2.06%/月为标准,从2015年07月23日起计算至被告偿还该当金之日止,19.2万元当金的利息按19.2万元当金金额的0.44%/月为标准,从2015年6月23日起计算至被告偿还该当金之日止);上述各项典当综合费及利息暂计至起诉之日为10,445元。2.判令被告向原告支付逾期罚息(以19.2万元当金为基础,以每日5‰为标准,自起诉之日起,计至被告还清当日之日止)。3.判令被告向原告支付违约金人民币57,600.00元(192,000×30%)。4.原告在最高额抵押债权范围内,对被告抵押物即位于中山市东区柏苑新村玉兰阁5幢×××房物业处理后所得价款享有优先受偿权[土地证号:中府国用(2011)第2100×××号、房地产号:粤房地权证字中府第0111005×××号]。5.本案诉讼费用由被告承担。以上各项暂合计为260,045元。

为支持其诉讼请求,原告恒源典当城区分公司在举证期限内向本院提交的证据:举证如下:1.典当合同;2.最高额抵押合同(附抵押物清单);3.粤房地权证中府字第××号;4.当票;5.续当票及续当协议;6.汇款凭证;7.营业执照副本。

被告梁坤然辩称:对原告主张的事实、理由陈述无异议,同意还款,尽自己能力还款。

被告梁坤然没有向本院提交证据。

经审理查明:恒源典当城区分公司(甲方)与梁坤然(乙方)于2011年5月23日签订的典当合同主要约定:1.本合同项下的当金金额为人民币19.2万元。2.甲方每月按当金金额2.5%向乙方计收综合费和利息,其中综合费按2.0%/月计算,利息按0.5%/月计算;乙方同意甲方在支付当金时预扣首期综合费,利息在典当期限届满时支付;续当时,按上述标准逐月计收综合费和利息至实现债券之日止。3.典当期内及典当期限届满前5日内,经甲方同意,乙方可以办理续当手续;续当时,原则上乙方应结清前期利息和缴交当期综合费用。4.典当期限届满5日后,乙方不赎当也不续当的,即为绝当,乙方除归还甲方当金本金外,还应向甲方承担由于逾期归还当金本金导致的典当综合费及利息费用,并承担按当金金额5‰/日标准计算的罚息(含复利),以及违约金和实现抵押权的费用(包括但不限于律师费、诉讼费、拍卖费)等。5.当期届满,乙方不支付当金利息、综合费等应付费用或不归还当金本金的,则视为违约,甲方有权单方终止合同并向乙方追偿相当于当金金额30%的违约金。6.双方在履行合同过程中发生的争议,首先由甲乙双方协商解决;协商不成的,任何一方可向甲方所在地法院通过诉讼方式解决。

同日,恒源典当城区分公司(抵押权人、甲方)与梁坤然(抵押人、乙方)签订一份最高额抵押合同(合同编号:2011年HY城押字第015号),合同条款主要约定:为确保梁坤然于2011年5月23日至2011年11月22日在人民币28.4万元最高当金余额内与恒源典当城区分公司签订的所有当票、续当凭证、典当合同及续当合同项下当户的义务得到切实履行,乙方愿意提供抵押担保,抵押物为梁坤然名下位于广东省中山市东区柏苑新村玉兰阁5幢×××房[土地证号:中府国用(2011)第2100×××号、房地产号:粤房地权证字中府第0111005×××号],并于2011年5月24日办理了抵押登记[他项权证号:粤房地他项权证中府字第××号]。主合同当户履行债务的期限一主合同对于典当期限的分别约定。主合同当期及续当期届满,当户未依约归还当今本金、利息及其他费用的,亦即发生绝当时:在甲方依法拥有本合同项下抵押物之处分权后,乙方放弃对于本合同项下之抵押物所产生的孳息、租金等收益的所有权,直至甲方实现所有债权为止。乙方自愿放弃甲方在为实现抵押权而对抵押物进行折价或对抵押物进行拍卖、变卖时的价值异议权。

2011年5月27日,恒源典当城区分公司依梁坤然的申请,向其支付了19.2万元当金，双方在当票上签章确认，当票载明典当期限为2011年5月27日至2011年8月26日。上述典当期限届满后，梁坤然多次向恒源典当城区分公司申请续当，双方在2011年8月26日至2012年11月26日期间续当协议书中将月综合费率变更为20‰/月，月利率变更为5‰/月，在2012年12月26日至2015年2月22日期间续当协议书中将月综合费率变更为20.4‰/月，月利率变更为4.6‰/月，在2015年3月24日签订的续当协议书中将月综合费率变更为20.6‰/月，月利率变更为4.4‰/月。梁坤然最后一次续当期限由2015年3月25日起至2015年4月23日止。续当期限届满后，梁坤然没有办理赎当或续当手续。

本院认为：双方在履行合同过程中发生的争议，首先由甲乙双方协商解决；协商不成的，任何一方可向甲方所在地法院通过诉讼方式解决。即本案由恒源典当城区分公司所在地法院管辖，而恒源典当城区分公司所在地法院为本院，故本院有管辖权。

典当，是指当户将其动产、财产权利作为当物质押或者将其房地产作为当物抵押给典当行，交付一定比例的费用，取得当金，并在约定期限内支付当金利息、偿还当金、赎回当物的行为。本案中，被告将其名下的房地产作为当物抵押给原告，取得原告支付的当金，并向原告偿付相关费用，原被告之间的行为符合典当法律关系的性质。原被告签订的典当合同、最高额抵押合同是双方真实的意思表示，原告已依约向被告支付了19.2万元当金，双方之间的典当关系依法成立。双方在典当合同中约定"典当期限届满5日后，乙方不赎当也不续当的，即为绝当"，根据前述规定，被告未在2015年4月23日(当金19.2万元)前办理赎当或续当，在5日内的自动续当期内也没有办理相关手续，故本案的典当关系于5日后即2015年4月28日(当金19.2万元)已符合绝当条件。

《典当管理办法》第三十八条规定："典当综合费用包括各种服务及管理费用。……房地产抵押典当的月综合费率不得超过当金的27‰……"第四十三条规定："典当行应当按照下列规定处理绝当物品：(一)当物估价金额在3万元以上的，可以按照《中华人民共和国担保法》的有关规定处理，也可以双方事先约定绝当后由典当行委托拍卖行公开拍卖。拍卖收入在扣除拍卖费用及当金本息后，剩余部分应当退还当户，不足部分向当户追索……"双方在当票、续当协议书中约定的综合费率均未超过《典当管理办法》规定的标准，因此在绝当之前，原告有权要求被告按照合同约定的标准支付综合费及利息。但在典当期限届满后，当户有权选择是否赎当，在当户未选择赎当的情况下，典当行在绝当后可依法处置当物以优先清偿自身债权，此时原告为当物提供相应服务也是为其自身利益；而且，在绝当后涉案房地产由被告一直使用至今,原告并未举证证明其为管理当物所支出的费用,故在绝当后继续计收综合费显然造成双方利益失衡,对于原告主张绝当后继续收取综合费用的诉讼请求,本院不予支持。经计算,就当金为19.2万元的合同,被告应向原告支付绝当前的综合费为5908.5元(192,000元×2.06%+192,000元×2.06%÷31×15);对原告超出该数额的请求本院不予支持。

关于原告主张的违约金问题。在典当合同生效后,典当行与当户之间形成典当关系,基于典当合同,典当行支付当金,占有当物,并在当户赎当时有收取利息和费用的权利;而当户在交付当物获得当金的同时,享有对当物的回赎权。在当期内,回赎权系形成权,赎当仅以当户单方意思表示即可发生法律效果。赎当是当户的权利而非义务,典当行不能要求当户赎当、清偿债务,当户并不因为其选择不赎当而构成违约。典当行应在绝当后根据《典当管理办法》的规定处分抵押物偿还当金及其他费用。故原告以被告在当期届满后不归还当金、支付其他费用等为由,要求被告支付当金金额30%的违约金的请求无理,本院不予支持。

关于原告主张的利息及罚息问题。根据续当协议书中的约定,就当金为19.2万元的合同,计至绝当前被告应付的利息为2098.4元(192,000元×0.44%×2+192,000元×0.44%÷31×15)。由于典当合同属于特殊的借贷合同,因此在绝当后,原被告之间的关系仍应受民间借贷的相关法律所调整。因被告仍占用原告提供的当金,故原告在绝当后且当物未被依法处理受偿前仍有权继续收取利息。按照典当合同的约定,原告主张的按当金金额5‰/日计付的罚息是因被告逾期归还当金所产生,因此从本质上而言该罚息应属逾期利息。现恒源典当城区分公司既主张当金金额5‰/日的逾期利息,又主张正常利息,该两项利息合计数额显然过高。根据《最高人民法院关于审理民间借贷案件适用法律若干问题的规定》第三十条:“出借人与借款人既约定了逾期利率,又约定了违约金或者其他费用,出借人可以选择主张逾期利息、违约金或者其他费用,也可以一并主张,但总计超过年利率24%的部分,人民法院不予支持”的规定,故本院对原告主张的利息、逾期利息超出年利率24%的部分不予支持,依法确定按年利率24%一并予以计算。

涉案的房地产已抵押给原告并办理了抵押登记手续,根据《中华人民共和国物权法》第一百七十九条的规定,当被告不履行债务时,原告有权以该财产折价或者以拍卖、变卖该财产所得的价款优先受偿。

综上,恒源典当城区分公司诉求合理部分,本院予以支持;不合理部分,本院予以驳回。依照《中华人民共和国合同法》第五条、第六十条、第一百零七条、第一百一十四条,《中华人民共和国物权法》第一百七十九条,《最高人民法院关于审理民间借贷案件适用法律若干问题的规定》第三十条,《中华人民共和国民事诉讼法》第三十四条、第六十四条第一款之规定,判决如下:

一、被告梁坤然于本判决发生法律效力之日起七日内向原告中山市恒源典当有限公司城区分公司偿还当金19.2万元及截至2015年9月6日的综合费5908.5元、利息2098.4元,并从2015年9月7日起至清偿之日止,以尚欠当金按年利率24%的标准向原告中山市恒源典当有限公司城区分公司支付利息、逾期利息。

二、如被告梁坤然不履行本案债务,原告中山市恒源典当有限公司城区分公司对被告梁坤然名下的位于中山市东区柏苑新村玉兰阁5幢×××房[土地证号:中府国用(2011)第2100×××号、房地产号:粤房地权证字中府第0111005×××号]的折价或者拍卖、变卖所得价款在本案债权范围内享有优先受偿权;抵押物折价或者拍卖、变卖后,其价款超过债权数额的部分归被告梁坤然所有。

三、驳回原告中山市恒源典当有限公司城区分公司其他的诉讼请求。

如果未按本判决指定的期间履行给付金钱义务,应当依照《中华人民共和国民事诉讼法》第二百五十三条之规定,加倍支付迟延履行期间的债务利息。

案件受理费2600元(原告中山市恒源典当有限公司城区分公司已预付),由原告中山市恒源典当有限公司负担600元,被告梁坤然负担2000元(于本判决发生法律效力之日起七日内迳付原告)。

如不服本判决,可在判决书送达之日起十五日内,向本院递交上诉状,并按对方当事人的人数提出副本,上诉于广东省中山市中级人民法院。

审　判　员　高　尚

二〇一五年十二月二日

书　记　员　刘梓欣

2. 抽当的效力

【问题提示】典当期内,当户是否可以分期归还部分当金?

【案例四】浙江元泰典当有限责任公司诉李辉杰、俞某等典当纠纷案(2011年8月1日)

【法律点】 1. 绝当前,当户明确向典当行作出委托拍卖中心将当物拍卖款归还部分当金的书面承诺,拍卖成交后拍卖款亦已汇入典当行账户的,该行为应认定为有效的抽当行为。

2. 绝当后,典当行不得就绝当后的综合费用向当户主张权利。但绝当后未归还的当金部分,当户应当向典当行支付违约金。

【关键词】转移占有　质押　续当　抽当　抽当凭证　绝当　违约金

浙江省杭州市下城区人民法院

民事判决书

(2011)杭下商初字第11号

原告:浙江元泰典当有限责任公司。

法定代表人:王鹤群。

委托代理人:沈菁华。

被告:李辉杰。

委托代理人:林云福。

被告:俞国桥。

被告:许立峰。

原告浙江元泰典当有限责任公司(以下简称为元泰典当)为与被告李辉杰、俞国桥、许立峰典当纠纷一案,于2010年12月23日向本院起诉。本院于同日受理后,依法由审判员张晓红独任审判。在审理过程中,被告李辉杰向本院提出管辖权异议,本院于2011年3月1日驳回了其对管辖权提出的异议。李辉杰不服提起上诉,杭州市中级人民法院于2011年4月11日裁定驳回上诉,维持原裁定。本案因案情需要,转为适用普通程序进行审理,依法组成合议庭,分别于2011年6月9日、7月14日公开开庭进行了审理。原告元泰典当委托代理人沈菁华、被告李辉杰委托代理人林云福到庭参加诉讼,被告俞国桥、许立峰经本院合法传唤,无正当理由拒不到庭应诉。本案现已审理终结。

原告元泰典当起诉称:2009年12月27日,原告与李辉杰、俞某、许某签署编号为元泰车典20091027号《机动车质押典当借款合同》(以下简称为《典当合同一》),约定原告向李辉杰提供典当授信额度,金额为35万元,授信期限自2009年10月27日起至2010年4月26日止;李辉杰以其所有的机动车(车辆型号WBADT21050G,车牌号浙A·C××××)作为当物质押给原告,俞某、许某为该典当借款承担连带保证责任。该合同还对综合费用、违约责任、诉讼管辖等均作了约定。同日,李辉杰将质押车辆交付原告占有。2009年10月27日,原告向李辉杰签发编号为330440984号《当票》,约定月费率2.50%,同日,原告向李辉杰发放当金。当期届满后,李辉杰多次进行续当。

2010年4月26日,原告与李辉杰、俞某、许某签订编号为元泰车典20100427号《机动车典当借款合同》(以下简称为《典当合同二》),约定原告继续向李辉杰提供典当授信额度,金额为35万元,授信期限自2010年4月27日起至2010年10月26日止;李辉杰继续以其所有的机动车(车辆型号WBADT21050G,车牌号浙A·C××××)作为当物质押给原告;俞某、许某同意继续为该典当借款承担连带责任。

2010年8月初,李辉杰表示无力还款,向原告申请拍卖质押车辆并以拍卖所得价款优先偿还典当借款。经原告同意,李辉杰委托浙江机动车拍卖中心有限责任公司(以下简称为拍卖中心)拍卖质押车辆。2010年8月12日,该车辆拍卖成功,拍卖价款139,000元。2010年8月24日,李辉杰以拍卖所得价款向原告抽当139,000元,剩余典当本金为211,000元。2010年9月17日,续当期限到期后,李辉杰未申请续当,原告多次要求李辉杰立即归还本金,但李辉杰拒不归还当金,已构成对原告的违约。为此,特诉请法院判令:1.李辉杰向原告归还当金211,000元;2.李辉杰向原告支付违约金34,604元(暂计算至2010年12月8日,2010年12月9日起的违约金,以

211,000元为基数,按每日0.2%计收至判决确定的清偿之日止);3.俞某、许某对李辉杰应支付的上述款项承担连带清偿责任;4.本案诉讼费由三被告承担。

为证明其主张的事实,原告元泰典当提交以下证据:

证据1.《典当合同一》(编号:元泰车典20091027)1份,欲证明原告向李辉杰提供授信额度,约定综合费用、违约责任、诉讼管辖,李辉杰以其所有车辆向原告质押,俞某、许某为李辉杰的全部债务提供连带责任保证等事实。

证据2.《典当合同二》(编号:元泰车典20100427),欲证明原告继续向李辉杰提供授信额度,李辉杰继续以其所有车辆向原告质押,俞某、许某继续为李辉杰的全部债务提供连带责任保证的事实。

证据3.《当票》(编号:330440984),欲证明原告向李辉杰出具当票,确定当期等事项的事实。

证据4.《中国建设银行进账单》,欲证明原告向李辉杰支付当金的事实。

证据5.《续当凭证》,欲证明李辉杰向原告续当的事实。

证据6.《元通拍卖成交确认书》,欲证明质押车辆拍卖价款为139,000元等事实。

证据7.《抽当凭证》(编号:0000327),欲证明李辉杰向原告抽当139,000元的事实。

证据8.承诺函,欲证明李辉杰知悉拍卖中心拍卖李辉杰向原告提供的质押车辆并委托拍卖中心将汽车款139,000元向原告支付用于归还李辉杰所欠原告的部分当金,同时李辉杰还向原告表示于2010年10月23日前偿付剩余当金和息费,俞某、许某在知悉上述事实后仍愿意为李辉杰的典当借款提供连带保证等事实。

被告李辉杰未提交书面答辩,在庭审中答辩称:1.原告向被告提供的典当授信额度为341,250元,不是350,000元;2.基于第1点,综合费用应当是每月8531.25元,而非每月8750元;3.基于1、2点,2009年10月27日至2010年8月18日的续当综合费用约为82,468元,但被告实际支付了95,958.3元,原告应将多收的综合费用部分予以返还;4.关于原告违约金的主张过高,违反法律规定;5.原告在质权存续期间,未经被告同意,擅自处分质押的车辆,造成被告损失,应当承担赔偿责任;6.2010年9月17日因原告违法处置被告的财产,典当合同的基础已经不存在了。

被告李辉杰未向本院提交证据。

被告俞某、许某未提交书面答辩状,也未提交证据。

经庭审质证,李辉杰对原告元泰典当提交的证据1、2真实性、关联性没有异议,对违约金约定的合法性有异议,认为过高。证据不完整,缺失合同附件。对证据3、4、5,

三性均无异议,原告给被告的授信额度为341,250元,综合费用应当是每月8531.25元,而非每月8750元,原告多收取综合费用的事实。对证据6证据来源为原告从机动车拍卖部门拿来的,该车辆是原告委托拍卖,不是李辉杰委托拍卖的。对证据7三性没有异议,原告直接抽当了,与证8印证抽当事实是存在的。对证据8真实性没有异议,但对证明目的有异议,可以证明是原告未经李辉杰授权拍卖车辆,李辉杰是事后知悉、确认,确认只是为了解决问题,不能证明车辆是李辉杰委托拍卖的。

经本院审核,李辉杰对元泰典当提交的证据1、2、8真实性、关联性无异议,对证据3、4、5、7无异议,本院对上述六份证据均予以确认。对证据6持有异议,认为车辆不是李辉杰委托拍卖中心拍卖。对证据6结合证据8,本院对浙A·C××××宝马车于2010年8月12日经拍卖中心处理,成交价为139,000元的事实予以确认。关于李辉杰对证据1、2违约金部分的异议及对证据8证明目的所持的异议,本院在后文一并阐述。俞某、许某在收到本院送达的起诉材料和证据后,未提出答辩意见也未提出异议,系放弃自己的诉讼权利,应承担对其不利的后果。

依据上述有效证据及当事人陈述,本院认定以下事实:

1.2009年10月27日,元泰典当(甲方,质押人)与李辉杰(乙方,抵押人)、俞某(保证人)、许某(保证人)签订《典当合同一》(合同编号:元泰车典20091027),约定:乙方同意以典当质押物给李辉杰借款350,000元的借款额度,借款期间为6个月,自2009年10月27日起至2010年4月26日止;李辉杰将其拥有的车牌号为浙A·C××××(车辆型号WBADT21050G,发动机号码:WBADT21050G210×××)车辆以转移占有的方式质押给元泰典当,作为向元泰典当借款的担保。该车辆协商估价为40万元。乙方未按时足额偿还借款本金、当金利息、综合费用,甲方有权就未偿还部分向乙方收取违约金,违约金比例以每日0.2%计。保证人所承担的担保方式为连带责任保证,保证期间自本合同成立之日起,至依据本合同、当票、续当凭证发生的主债务诉讼时效期间届满之日后二年内;保证范围包括乙方向甲方借款的本金、当金利息、综合费用、违约金、赔偿金、实现债权的费用及因债务人违约而给债权人造成的损失和其他所有应付的费用。

2010年4月27日,元泰典当(甲方,质押人)与李辉杰(乙方,抵押人)、俞某(保证人)、许某(保证人)签订《典当合同二》(合同编号:元泰车典20100427),对《典当合同一》约定的借款延长6个月,自2010年4月27日起至2010年10月26日止。合同内容与《典当合同一》一致。

2.2009年10月27日,元泰典当(典当行)与李辉杰(当户)签署当票一份,载明:

典当金额为350,000元,典当期限自2009年10月27日起至2009年11月25日止,月综合服务费率为2.5%,扣除8750元综合服务费后,元泰典当将341,250元汇入李辉杰账户。

之后,李辉杰于2009年11月26日至2010年7月20日就原典当本金350,000元办理了九次续当手续,最后一次续当期限至2010年8月18日止。

3.2010年8月20日,李辉杰、俞某、许某向元泰典当出具《承诺》一份,内容为:元泰典当向李辉杰发放典当款350,000元即将到期,李辉杰委托拍卖中心于2010年8月23日向元泰典当支付汽车拍卖款项139,000元,用于归还部分当金。李辉杰承诺将于2010年10月23日前将所欠之当金余款和息费223,184.16元全部付清。经各方协商同意,前述车辆暂时由李辉杰本人使用,最长期限为2010年8月20日起不超过两个月。如前述期限到期,李辉杰未能归还车辆且未能清偿全部当款,元泰典当有权就剩余款项提起诉讼。保证人俞某、许某已经充分知晓前述所有情况,并愿意继续为李辉杰的前述典当合同向元泰典当提供连带责任保证。具体的保证条款如保证范围等,见原质押合同的约定。保证期间按原质押合同的约定相应顺延。

4.2010的8月24日,拍卖中心汇入元泰典当李辉杰的抽当款139,000元。

本院认为,元泰典当与李辉杰、俞某、许某之间签订的《典当合同一》《典当合同二》均系当事人自愿签订,不违反法律规定部分依法应认定有效,各方当事人亦应遵循此合同履行,违约应当承担相应的违约责任。关于李辉杰提出的元泰典当在发放当金时已经扣除了第一期综合费用,应当按照实际发放额341,250元认定当金的意见。本院认为,在该笔当金发放时,元泰典当确实预先扣除了典当综合费用8750元,故现李辉杰要求按实际发放的金额341,250元予以认定当金的意见,符合相关法律规定,本院予以采信,据此对综合费用也予以调整[当金341,250元×月费率/30天×302天(2009年10月27日至2010年8月24日)=85,881.25元],元泰典当实际收取的综合费用95,958.30元中的多收取部分(10,077.05元)应当冲抵当金。关于李辉杰提出的质押车辆系元泰典当擅自处理,系违约行为的意见,本院认为,李辉杰在2010年8月20日向元泰典当出具的《承诺书》中,明确作出委托拍卖中心将质押车辆拍卖款139,000元归还元泰典当,并对其余欠款作出了还款承诺的意思表示,因此,可以认定李辉杰是认可该节拍卖事实的,故对李辉杰的上述意见本院不予采信。关于绝当后的费用问题,元泰典当主张抽当后一个月内收取综合费用,之后支付违约金。本院认为,2010年8月24日的抽当凭证,系元泰典当在拍卖中心汇入车辆拍卖款后自行单方制作,并没有得到李辉杰的确认,双方也未约定应支付典当综合费用,因此,绝当后李辉杰未归还的当金部分,应当向元泰典当支付违约金。关于违约金部分,元泰典当主张按合同约定日千分之二计算,李辉杰认为明显过高,要求调整,本院依据公平原则,参照审理民间借贷纠纷案件中的利率保护标准、典当行经营成本等因素,酌情调整至银行同期贷款利率的四倍予以计算。俞某、许某经本院合法传唤,无正当理由拒不到庭,不影响本案审理。依照《中华人民共和国合同法》第五条、第一百零七条,《中华人民共和国担保法》第十八条、第二十一条、第一百一十四条及《中华人民共和国民事诉讼法》第六十四条、第一百三十条之规定,判决如下:

一、被告李辉杰于判决生效后十日内归还原告浙江元泰典当有限责任公司当金192, 172. 95元。

二、被告李辉杰于判决生效后十日内支付原告浙江元泰典当有限责任公司违约金(自2010年8月25日起以本金192, 172. 95元按同期贷款利率的四倍计算至本判决确定的履行期满止)。

三、被告俞国桥、许立峰对被告李辉杰的上述债务承担连带清偿责任。

四、驳回原告浙江元泰典当有限责任公司的其他诉讼请求。

如果未按本判决指定的期间履行给付金钱义务,应当依照《中华人民共和国民事诉讼法》第二百二十九条之规定,加倍支付迟延履行期间的债务利息。

案件受理费4984元,由被告李辉杰、俞国桥、许立峰负担4836元;由原告浙江元泰典当有限责任公司负担148元。

如不服本判决,可在判决书送达之日起十五日内,向本院递交上诉状,并按对方当事人的人数提出副本,上诉于浙江省杭州市中级人民法院,并向浙江省杭州市中级人民法院预交案件受理费,案件受理费按照不服本院判决部分的上诉请求由本院另行书面通知。

审 判 长 张晓红

审 判 员 姚 萍

人民陪审员 岑宪权

二〇一一年八月一日

书 记 员 陈 敏

【案例五】浙江香溢元泰典当有限责任公司诉李幸雄、符爱琴等典当纠纷案（2015年12月15日）

【法律点】续当期内，当户多次归还部分当金，典当行均签发相应的抽当凭证，应予认可，未还当金金额应扣减抽当金额予以计算。

【关键词】抽当　抽当凭证　当金本金　担保顺位

杭州市下城区人民法院
民事判决书

（2015）杭下商初字第04026号

原告：浙江香溢元泰典当有限责任公司。

法定代表人：朱鸿宾。

委托代理人：徐江陵、吴竞轶。

被告：李幸雄。

被告：符爱琴。

被告：浙江名泰实业投资有限公司。

法定代表人：李幸雄。

委托代理人：李敏筠。

原告浙江香溢元泰典当有限责任公司（以下简称香溢元泰典当公司）为与被告李幸雄、符爱琴、浙江名泰实业投资有限公司（以下简称名泰实业公司）典当纠纷一案，于2015年9月24日向本院起诉。本院于同日受理后，依法由审判员俞瑛独任审判，并于同年12月1日公开开庭进行了审理。原告香溢元泰典当公司的委托代理人徐江陵、被告名泰实业公司的委托代理人李敏筠到庭参加诉讼。被告李幸雄、符爱琴经本院合法传唤，无正当理由拒不到庭参加诉讼。本院依法缺席审理，本案现已审理终结。

原告香溢元泰典当公司起诉称：原告与被告李幸雄、符爱琴于2013年9月25日签订《最高额授信合同》(编号 DDS130909)及《最高额房地产抵押典当合同》(编号 DDF130909),约定了李幸雄、符爱琴以其所有的世贸丽晶城栖霞苑×单元××××室作为当物向原告抵押典当借款及相关权利义务,双方完成抵押登记手续。在《最高额授信合同》约定授信额度及期限内,原告通过"网银转账"的方式于 2013 年 9 月 26 日向被告李幸雄、符爱琴指定账户发放当金人民币 6,000,000 元并向被告李幸雄、符爱琴开具相应当票。后被告李幸雄、符爱琴多次要求延期,原告表示同意。期间,被告李幸雄、符爱琴分五次总计向原告抽当人民币 2,600,000 元。2015 年 5 月 19 日原告与被告李幸雄、符爱琴最后一期续当期到期后,被告李幸雄、符爱琴既未按约向原告偿还剩余当金,也未与原告办理续当手续,已属违约。另 2013 年 9 月 25 日,原告与被告名泰实业公司签订《最高额保证合同》(编号 DDB130909),约定被告名泰实业公司为被告李幸雄、符爱琴《最高额授信合同》项下全部债务提供连带责任保证。由于《最高额授信合同》《最高额房地产抵押典当合同》《最高额保证合同》中均约定管辖法院为合同签订地法院(合同签订地均为杭州市下城区),故特向本院提起诉讼,请求法院判令:1. 被告李幸雄、符爱琴向原告归还当金人民币 3,400,000 元,支付典当综合服务费 5560 元,违约金人民币 181,300 元(自违约之日 2015 年 7 月 3 日起计算至判决确定的履行期满日止,暂计至 2015 年 9 月 20 日,以人民币 3,400,000 元为基数,按年利率 24%计),总计 3,581,300 元;2. 被告李幸雄、符爱琴支付原告律师代理费损失人民币 123,439 元;3. 被告李幸雄、符爱琴承担本案诉讼费用;4. 原告对被告李幸雄、符爱琴提供的抵押物[世贸丽晶城栖霞苑×单元××××室(证号:杭房权证西换字第××、14××73 号房屋所有权证)]享有第二顺位抵押权,抵押物折价、变卖、拍卖所得价款由原告第二顺位优先受偿;5. 被告名泰实业公司对上述第一、二、三项诉讼请求承担连带责任。

为证明自己的主张,原告香溢元泰典当公司向本院提交了如下证据:

1.《最高额授信合同》1 份,以证明原告向被告李幸雄、符爱琴提供最高额授信及相关权利义务约定的事实。

2.《最高额房地产抵押典当合同》、房屋他项权证(杭房他证字第 14××30 号)、承诺函各 1 份,以证明被告李幸雄、符爱琴为其向原告典当借款提供抵押担保及相关权利义务约定及办理抵押登记的事实。

3.《最高额保证合同》1 份,以证明被告名泰实业公司为被告李幸雄、符爱琴向原告典当借款提供连带责任保证权利义务约定的事实。

4. 当票、转账凭证各 1 份、续当凭证 21 份,以证明原告在最高额授信内向被告李幸雄、符爱琴发放当金数额及续当的事实。

5.抽当凭证5份,以证明被告李幸雄、符爱琴五次抽当的时间及数额的事实。

6.专项服务合同、发票、打款凭证各1份,以证明原告因本案产生律师费用的事实。

被告李幸雄、符爱琴未作答辩。

被告名泰实业公司在答辩期内未提交书面答辩状,在庭审中口头答辩称:对原告诉请中主张的当金金额没有异议,但对综合服务费和违约金如何计算并不清楚,另对律师代理费有异议。

各被告均未向本院提交证据。

原告香溢元泰典当公司出具的证据,被告李幸雄、符爱琴未到庭,视为放弃质证权利。被告名泰实业公司到庭,并表示均无异议。本院对原告香溢元泰典当公司所举的证据经审核后认为,上述证据客观、真实,并且能相互印证,与本案待证事实存在关联,本院予以确认。

综上有效证据及当事人的陈述,本院确认如下案件事实:

2013年9月25日,香溢元泰典当公司(甲方)与被告李幸雄、符爱琴(乙方)签订《最高额授信合同》一份,约定:甲方向乙方提供9,000,000元的授信额度,授信期限自2013年9月25日至2014年3月24日,乙方未按时足额偿还借款本金、当金利息、综合费用的,甲方有权就未偿还部分向乙方收取违约金,违约金比例以每日0.2%计。同日,香溢元泰典当公司(甲方)与李幸雄、符爱琴(乙方)又签订《最高额房地产抵押典当合同》一份,约定:根据上述《最高额授信合同》的约定,乙方以其所有的坐落于世贸丽晶城栖霞苑×单元××××室房屋(房屋他项权证号:杭房他证字第14×××30号)抵押给原告作为担保,担保的债权最高债权额为9,000,000元,担保范围包括当金、当金利息、综合服务费、违约金、赔偿金、实现债权的费用(包括但不限于诉讼费用、律师费用等)、典当房产应缴纳的税款、因乙方违约而给甲方造成的损失和其他所有应付费用等内容。同时提供担保的还有被告名泰实业公司,名泰实业公司与香溢元泰典当公司签订《最高额保证合同》,承诺对李幸雄、符爱琴的债务提供连带责任保证,被保证的债权的最高限额是借款本金人民币6,000,000元及当金利息、综合服务费、违约金、赔偿金、实现债权的费用(包括但不限于诉讼费用、律师费用等)及因债务人违约而给债权人造成的损失和其他所有应付费用。《最高额保证合同》并约定,债权人在保证期间内向保证人提出履行保证责任的要求,保证人不得援引任何理由加以拒绝……包括但不限于债务人已提供了物的担保等理由……

2013年9月26日,香溢元泰典当公司向李幸雄、符爱琴签发当票一张,当票记载的典当金额为6,000,000元,综合费用为108,000元,月费率为1.8%,实付金额为5,892,000元,典当期限自2013年9月26日至2013年10月25日。当日,香溢元泰典当公司向李幸雄转账6,000,000元。香溢元泰典当公司签发的当票经几次续当,最终续当至2015年7月2日。经催讨,李幸雄、符爱琴分别于2014年1月20日、1月28日、2月11日、7月31日、2015年1月30日归还当金1,000,000元、900,000元、100,000元、500,000元和100,000元,总计2,600,000元。香溢元泰典当公司均签发相应的抽当凭证。此后两被告未再办理续当手续,也未归还当金。遂原告香溢元泰典当公司提起本案诉讼。原告香溢元泰典当公司为本案诉讼支付国浩律师(杭州)事务所律师代理费123,439元。

另查明,被告李幸雄、符爱琴为担保债务的履行,以其所有的坐落于世贸丽晶城栖霞苑×单元××××室房屋作抵押担保,并于2013年9月25日办理了第一次抵押登记,香溢元泰典当公司为第二顺位抵押权人。后因李幸雄、符爱琴办理抵押借款转贷的需要,先后两次向香溢元泰典当公司申请解押,并重新办理抵押登记手续。第三次办理抵押登记的时间为2014年12月26日,第一顺位抵押权人为中信银行股份有限公司杭州分行,香溢元泰典当公司为第二顺位抵押权人,债权数额5,250,000元。

本院认为,原告香溢元泰典当公司与被告李幸雄、符爱琴签订的《最高额授信合同》《最高额房地产抵押典当合同》,与被告名泰实业公司签订的《最高额保证合同》均意思表示真实,内容不违反法律、行政法规禁止性规定,应确认有效。根据庭审查明的事实,当票虽记载实付金额为5,982,000元,但原告实际向李幸雄转账的金额为6,000,000元,故本案应以原告实际转账的金额作为典当本金。以上金额扣减抽当的2,600,000元,未归还的本金金额为3,400,000元。就原告主张的综合服务费,因未有证据予以证明,本院对该部分费用不予支持。关于违约金,原告主张按年利率24%计算,与双方约定的月费率、中国人民银行规定的银行同期贷款利率及逾期利率等因素相对比,并未过高,但违约金的计算有误,本院予以调整。另关于原告主张的律师代理费,本院将结合本案的实际情况酌情调整。本案所涉的债务,被告李幸雄、符爱琴以自有房产提供抵押担保,并且抵押物已经办理抵押登记。原告作为抵押权人在债务人未能归还债务的情况下有权对抵押物享有优先受偿权。但在本案债务之前,已有顺位在先的担保债务,故拍卖、变卖价款应优先保障顺位在先的担保债务,剩余款项才可清偿给后顺位担保债务。被告名泰实业公司还为本案债务提供连带责任保证担保,亦应承担相应的民事责任。被告李幸雄、符爱琴经本院合法传唤无正当理由未到庭应诉,不影响本案的审理。据此,依照《中华人民共和国合同法》第六十条、第一百零七条,《中华人民共和国担保法》第十八条、第三十一条、第三十三条,《中华人民共和国物权法》第一百七十六条、第一百七十九条,《中华人民共和国民事诉讼法》第六十四条、第一百四十四条之规定,判决如下:

一、被告李幸雄、符爱琴于本判决生效后十日内归还原告浙江香溢元泰典当有限责任公司当金3,400,000元。

二、被告李幸雄、符爱琴于本判决生效后十日内支付原告浙江香溢元泰典当有限责任公司违约金178,849.32元(违约金暂计算至2015年9月20日,此后按年利率24%计算至判决确定的履行期满日)。

三、被告李幸雄、符爱琴于本判决生效后十日内支付原告浙江香溢元泰典当有限责任公司律师代理费50,000元。

四、若被告李幸雄、符爱琴未履行上述第一、二、三项债务,原告浙江香溢元泰典当有限责任公司有权以被告李幸雄、符爱琴抵押的坐落于世贸丽晶城栖霞苑×单元×××室房产(见杭房他证字第14×××30号《房屋他项权证》)折价或变卖、拍卖所得的价款在超出顺位在先的中信银行股份有限公司杭州分行担保债权的部分优先受偿。

五、被告浙江名泰实业投资有限公司对被告李幸雄、符爱琴的前述第一、二、三项债务承担连带责任。被告浙江名泰实业投资有限公司承担责任后,有权向债务人李幸雄、符爱琴追偿。

六、驳回原告浙江香溢元泰典当有限责任公司的其他诉讼请求。

如果未按本判决指定的期间履行给付金钱义务,应当依照《中华人民共和国民事诉讼法》第二百五十三条之规定,加倍支付迟延履行期间的债务利息。

案件受理费36,438元,由原告浙江香溢元泰典当有限责任公司负担746元,由被告李幸雄、符爱琴、浙江名泰实业投资有限公司负担35,692元。

如不服本判决,可在判决书送达之日起十五日内,向本院递交上诉状,并按对方当事人的人数提出副本,上诉于浙江省杭州市中级人民法院,并向浙江省杭州市中级人民法院预交案件受理费,案件受理费按照不服本院判决部分的上诉请求由本院另行书面通知。

审 判 员 俞 瑛

二〇一五年十二月十五日

书 记 员 谢 硕

【述评1】赎当的性质和抽当的认定

一、赎当概述

赎当,又称回赎,是指当户向典当行偿还当金并支付利息及相应费用,凭当票从典当行赎回当物的行为,赎当是引起典当法律关系终止的法律事实之一。

赎当规则是典当经营中以当户为核心而设计的特有制度。从现行的典当实践来看,以典当期为标准,赎当可分为三种不同的方式:按期赎当、提前赎当、逾期赎当。按期赎当是指典当期限届满时发生的回赎行为。提前赎当是指典当期限内当户通过回赎终止典当交易的行为。[①] 提前赎当导致的一个问题是典当行应如何计收当金利息和相关费用,通常有三种情况:按实际典当期限计收、按单位典当期限计收和混合计收。[②] 逾期赎当是指典当期限届满后至绝当发生前的合理期限内,当户依然可以通过回赎终止典当法律关系的行为,在我国该合理期限按《典当管理办法》规定典当宽限期为5日。[③]

需要说明的是,一般认为典当交易中的回赎期间应为除斥期间,期内不回赎的,则回赎权消灭。而逾期赎当中的"逾期"仅仅是指典当借款期限的逾期,当户的回赎行为仍然发生在合理的回赎期间内,也就是在绝当发生前的回赎。因此,在回赎期间届满发生绝当之后,即使存在当户与典当行通过支付当金和逾期息费的协议赎回当物的情形,也不是真正意义上的逾期赎当,这种"赎当"只是典当行对当户逾期不赎当的一

① 关于是否允许提前赎当,目前在不同的国家和地区有不同的立法例。有些国家和地区认为提前赎当属于当户的一种违约行为,故立法予以禁止,但多数的国家和地区的法律则是允许提前赎当或限制提前赎当或不禁止提前赎当。我国的《典当行管理暂行办法》(中国人民银行1996年颁布,现已失效)曾规定在典当期内,当户可以提前赎当。而现行的《典当管理办法》则没有提前赎当的规定,也没有禁止提前赎当的规定,因此,当事人可以协商约定提前赎当的有关内容。

② 参见刘润仙:《典当法律理论与实务》,对外经济贸易大学出版社2010年版,第94~95页。

③ 逾期赎当时合理期限的息费计收,有加收罚息和不加收罚息两种方式。现行《典当管理办法》采用加收罚息的方式,改变了原《典当行管理办法》(国家经济贸易委员会2001年颁布,现已失效)不加收罚息的规定。

种宽恕而自愿放弃绝当后对当物的处置权利,也是典当行为了减少当物变现的时间和费用成本而采取的快速处置当物的简便方式,以实现典当资金的及时回笼,防止丧失典当资金周转快的优势。

二、赎当的权利义务之争

关于赎当的性质,即赎当到底是当户的权利还是义务一直颇有争议,这种争议反映到司法裁判中,就是当户未及时赎当是否构成违约并进而承担违约责任。

一种意见认为赎当是当户的义务,当户未及时赎当理应承担违约责任。如【案例一】安徽恒信典当有限公司诉黄国平、鲍喜等典当纠纷案中,法院关于违约责任问题的裁判意见是:“恒信典当公司履行了支付当金义务,黄国平、鲍喜在当期届满后未及时还款亦未续当,其行为构成违约,应当承担违约责任。恒信典当公司要求比照当期内费息率计付违约金,该主张过分高于当户迟延还款给恒信典当公司造成的损失,故本院予以调整。逾期违约金以实际欠付当金为基数按同期中国人民银行一年期贷款基准利率的四倍从 2013 年 8 月 22 日起算至还清时止。”

另一种意见则认为赎当是当户的权利,当户未赎当不应承担违约责任。如【案例二】湖北金丰典当有限公司荆州分公司诉张正华、孟丽蓉典当纠纷案中,法院的意见是:“对于典当合同中约定绝当后当户应按照未偿还的借款本金的一定比例支付逾期违约金的效力问题,因典当借款不同于普通借款,典当借款有其自身的特点,即赎当是当户的权利而非义务,当户可以选择赎当,也可以选择绝当而将当物交由典当行处置以清偿债务。而违约责任是合同当事人不履行合同义务或者履行合同义务不符合约定时,依法产生的法律责任,既然赎当是当户的权利,就不应当产生违约责任问题,此种关于违约金约定的情形不应予以支持。”在【案例三】中山市恒源典当有限公司城区分公司诉梁坤然典当纠纷中,法院则进一步明确了当户的回赎权性质,“典当合同生效后,典当行与当户之间形成典当关系,基于典当合同,典当行支付当金,占有当物,并在当户赎当时有收取利息和费用的权利;而当户在交付当物获得当金的同时,享有对当物的回赎权。在当期内,回赎权系形成权,赎当仅以当户单方意思表示即可发生法律效果。赎当是当户的权利而非义务,典当行不能要求当户赎当、清偿债务,当户并不因为其选择不赎当而构成违约。典当行应在绝当后根据《典当管理办法》的规定处分抵押物偿还当金及其他费用。故原告以被告在当期届满后不归还当金、支付其他费用等为由,要求被告支付当金金额 30% 的违约金的请求无理,本院不予支持”。

从上述裁判的结果来看,目前对于当户未及时赎当是否应承担违约责任的问题,各地法院的裁判意见分歧较大。分歧的来源自然是在于赎当到底是当户的权利还是义务的争论。典当实务界似乎更倾向主张赎当应为当户的义务,认为只有这样才能促使当户在典当期限内回赎自己的当物偿还典当行的借款。其依据是《典当管理办法》第四十条第二款"当户于典当期限或者续当期限届满至绝当前赎当的,除须偿还当金本息、综合费用外,还应当根据中国人民银行规定的银行等金融机构逾期贷款罚息水平、典当行制定的费用标准和逾期天数,补交当金利息和有关费用"的规定。[①]

我们则认为,按照典当的传统习惯,赎当是当户的权利而非义务,是当户在赎当期间享有的一项权利,当户并不因为其选择不赎当而构成违约。具体可以从以下三方面分析和理解:

从赎当的渊源来看,目前典当制度中的赎当规则与传统典权制度中的回赎权具有同构性,两者的机理和构造基本相同。典权制度中的回赎权是指出典人在典期届满时享有的要求偿付原典价赎回原典物的权利,通说认为这种回赎权系附条件的形成权。有学者认为,出典人于其得回赎典物之期间内,向典权人提出原典价为回赎之意思表示者,典权人虽拒绝受领典价返还典物,其典权亦于回赎之意思表示发生效力时消灭。[②] 因此,在典当制度中赋予当户以回赎权是尊重制度原型的设计。

从赎当的习惯来看,当户仅有赎当之自由而无赎当之义务。具体表现在典当期限内当户有选择是否回赎的自由,当户可以选择回赎,也可以放弃回赎权,典当行无权拒绝当户赎当,也不能强求当户赎当。同时当户有选择赎当方式的自由,当户可以直接赎当,也可以先续当再赎当。只要在赎当期间,当户还可以有选择按期赎当、提前赎当或逾期赎当的自由。这些自由带来的利益就是,在当物价格随着市场波动出现升值或贬值时,当户享有按照自己的利益选择是否赎当的主动权。这种赎当的自由就是当户拥有回赎权,而不负回赎义务,其目的是一定程度上保护当户作为经济上弱者一方的利益。

从赎当的性质来看,作为一种权利,回赎权应定性为形成权,仅以当户单方意思表示即可发生法律效果。当然这种形成权的行使应以当户返还当金本息给典当行为要件。因此,上述【案例二】和【案例三】中法院对赎当性质的阐述是准确的。实际上,早

① 实际上,从该条款规定本身无法得出当户不赎当应支付逾期违约金的结论。因为它规定的是"于典当期限或者续当期限届满至绝当前赎当的",也即5日宽限期内才可能适用本条款计算逾期费用。

② 史尚宽:《物权法论》,中国政法大学出版社2000年版,第466页。

在2006年发布的最高人民法院公报案例“李金华诉立融典当公司典当纠纷案”中,法院就认可了回赎权系形成权的意见,“当户在交付当物获得当金的同时,享有对当物的回赎权。在当期内,回赎权系形成权,赎当仅以当户单方意思表示即可发生法律效果。赎当是当户的权利而非义务,典当行不能要求当户赎当、清偿债务”。基于回赎权的形成权性质,即使典当合同有约定逾期不赎当的违约金条款,当户亦可得申请撤销。

三、抽当的认定

与赎当规则有关的另一重要规则是部分赎当的问题,即抽当规则。所谓抽当,主要是指在动产当物可分情况下,当户不能偿还全部当金,却又想收回部分质押当物,这时他可以通过偿还部分当金而按比例赎回部分当物的做法。[①] 抽当其实是一种特殊的赎当方式,是作为典当经营的传统习惯而存在。但现行典当制度中抽当规则存在的必要性和合法性无论在理论上还是实践中却仍有争议。

否定抽当规则的观点认为,这种做法是与担保物权法相违背的,担保物权法的原则之一,是担保标的物不可分性,即使被担保债务已经履行了一部分,但并不因此按比例分割担保物,担保物权一直到债务全部履行完毕后方能消灭,担保物才能返还,而抽当规则明显与此基本原则相违。[②] 如本书“典当法律关系的性质”部分的【案例十一】东阳市××典当有限公司诉卢甲、东阳市××服装厂典当纠纷案,典当公司就表示“在典当关系中,只存在三个概念,一个是出典,另一个是续当,再一个是还款赎当,不存在归还部分当金这一说法”。

而肯定抽当规则的观点则认为,抽当的进行,对于典当行来说,其仍然不影响其收回剩余部分当金本息的安全性;抽当的实现,对于出当人而言,通过对本金当息的灵活偿还,既利用当金救了急,也能提高该赎回部分当物的利用率。即使在现在,抽当仍具有一定的社会适应性,其对典当双方当事人均有好处,能实现典当双方当事人双赢的社会认可价值目标。[③] 如本节收录的【案例四】浙江元泰典当有限责任公司诉李辉杰、俞某等典当纠纷案和【案例五】浙江香溢元泰典当有限责任公司诉李幸雄、符爱琴等典当纠纷案中,典当公司均对当户归还的部分当金开具了抽当凭证,表明典当公司在

① 参见曲彦斌:《中国典当学》,河北人民出版社2002年版,第170页。

② 参见谢在全:《民法物权论》(下),中国政法大学出版社1999年版,第594页。崔建远:《物权法》,中国人民大学出版社2009年版,第473页。

③ 方印:《中国典当法理分析与制度设计》,贵州大学出版社2009年版,第158页。

实践中是认可抽当规则的。

值得注意的是,【案例四】是直接以当物的拍卖款归还了部分当金,【案例五】虽是当户多次归还了部分当金,但该案的当物是不可分的不动产,两案均不存在当户赎回部分当物的情形,而抽当的实质应该是通过归还部分当金以赎回部分的当物,从这个意义上说,【案例四】和【案例五】中的部分当金的归还并不构成真正的抽当。

我们认为,《民法总则》第十条已经规定:"处理民事纠纷,应当依照法律;法律没有规定的,可以适用习惯,但是不得违背公序良俗。"抽当规则就是在长期典当实践中无数次的交易过程中形成的经营习惯,其形成是典当行和当户利益博弈的结果,有其经济社会的需求和必要,既不影响典当行收回当金的安全性,又能提高当物的利用价值,符合典当双方的利益要求,也不损害第三方的合法利益,值得在典当经营中予以继承。至于与现行法的一些矛盾和冲突,应在司法实践中和今后制定典当方面的法律时作出必要的突破和特别的规定。

3. 续当的认定和后果

【问题提示】(1)续当是否应当办理书面的续当手续？续当的次数和期间是否应受到必要的限制？

【案例六】湖南互银典当有限责任公司诉李坚典当纠纷案（2011年5月18日）

【法律点】 1. 在典当业务中，如果没有特别约定，应当以典当合同的约定为准，当票是合同的补充合同；没有开具当票，不影响典当合同的成立和生效。

2. 典当期限到期后，当户出具的承诺书或欠条中明确记载了利息及综合费额的计算截止时间，典当行亦予以接受的，视为双方当事人对于典当期间的认可，符合续当的意思表示，构成续当。

【关键词】 典当合同　当票　续当　续当当票　续当意思表示

湖南省长沙市开福区人民法院

民事判决书

(2011)开民二初字第277号

原告：湖南互银典当有限责任公司。

法定代表人：刘义，该公司董事长。

委托代理人：刘嘉，湖南三湘律师事务所律师。

被告：李坚。

委托代理人：王亚林，湖南谛议律师事务所律师。

原告湖南互银典当有限责任公司诉被告李坚典当纠纷一案，本院受理后，依法由审判员刘悦担任审判长,与人民陪审员黄建忠、瞿九如组成合议庭,公开开庭进行了审理,代理书记员朱银担任庭审记录。原告湖南互银典当有限责任公司的法定代表人刘义、委托代理人刘嘉,被告李坚的委托代理人王亚林均到庭参加了诉讼,本案现已审理终结。

原告湖南互银典当有限责任公司诉称,湖南互银典当有限责任公司与被告李坚于2009年5月1日在双方平等自愿的基础上订立了《房屋典当(抵押)借款合同》及《补充协议》,该合同明确约定:被告李坚向原告借款人民币218万元整,借款期限4个月,从2009年5月1日起至2009年8月30日止;借款月利率为1%;借款典当综合月费率为2.5%;逾期未还款,则每日按未还款总额的0.5‰收取滞纳金;利息按月于每月的2×号支付。被告自愿以自己位于湘潭市雨湖区马家岭×号的土地和房屋(其中土地面积10,064.70平方米,房屋面积5237平方米,国土证号为:潭国用2006第×××号)及位于湘潭市韶山西路12号××大厦A座的门面及住房等资产作为借款的担保。2009年8月30日借款到期后,原告多次向被告李坚催促还款,商讨解决问题的办法,可被告李坚均无实际行动,故原告提起诉讼,请求法院判决:1. 判令被告归还原告借款人民币218万元整;2. 判令被告支付从2009年5月1日起至2010年12月31日止所欠原告的利息和综合费共计人民币1,388,900元;3. 判令被告支付从2011年1月1日起至借款全部归还日止应支付给原告的利息、综合费用及滞纳金;4. 判令被告承担本案的一切诉讼费用。

被告李坚辩称,1. 本案原、被告之间所签订的合同实际上是一份信用借款合同,根据《典当管理办法》第三条的规定,当户将当物抵押给典当行,交付一定比例的费用,取得当金。可见当和典是在双方确定法律关系时同时进行的。本案中,原告方是先将款交付给被告,被告交付相关产权凭证后再去办理相关产权登记手续,这恰恰符合我国法律对于抵押借款的规定。故该合同应该视为无效合同,无效合同引起的后果就是双方返还财物;2. 本案原告方多次谈到与被告是典当合同关系,而且符合典当合同关系中应当支付款的合同约定是必须遵守的。原告提交的证据不能证明双方有付款的行为,典当的法律关系中最典型的就是当票,而被告方不持有当票,原告方也不曾开出当票,所以缺乏了典当关系的最重要的一份凭据,本案中原告没有出据218万元的付款凭证,因此原告就这218万元的付款行为没有证据支持;3. 本案的典当费用不应由被告来承担;4. 原告要求被告承担违约责任的计算方法扩大计算了原告的损失。

经审理查明,被告李坚于2009年5月1日向原告湖南互银典当有限责任公司借款人民币218万元整,并与原告签订了《房屋典当(抵押)借款合同》及《补充协议》,合同约定:借款期限为4个月,从2009年5月1日起至2009年8月30日止;借款月利率为1%;

借款典当手续费按月费率2.5%计算；典当手续费和利息两项费用合计按月3.5%计收，由被告李坚在每月25日前付清当月典当手续费和利息；逾期未还款，则原告湖南互银典当有限责任公司按当金金额每日0.5‰的标准加收滞纳金。被告李坚自愿以自己所有的位于湘潭市雨湖区马家岭×号的土地和房屋(其中土地面积10,064.70平方米，房屋面积5237平方米，国土证号为：潭国用2006第×××号)及位于湘潭市韶山西路12号××大厦A座的门面及住房等资产作为借款的担保。合同签订后，原告依协议向被告支付借款218万元，被告向原告出具了借条，尔后原告与被告去办理土地及房产抵押时，发现被告所提供的房产及土地已向银行进行了抵押登记。在合同履行期间，被告未按约向原告支付任何利息及手续费。2009年8月30日合同到期后，被告李坚以资金紧张为由没有按合同约定清偿当金，自2009年5月1日起至2009年9月30日止，综合费及利息共计1,297,100元，被告自2009年6月1日起至2010年1月20日止，陆续支付了13万元利息及综合费，尚欠116万元。经原告催促还款，被告分别于2010年9月30日、2010年10月30日向原告出具了116万元当金利息的欠条及还款承诺书。

以上事实，有当事人的陈述、《房屋典当(抵押)借款合同》、《补充协议》、利息欠条、借款借据、承诺书、谈话笔录以及庭审笔录等证据在卷佐证。

本院认为，2009年5月1日，原被告双方在平等自愿的基础上签订了《房屋典当(抵挡)借款合同》及《补充协议》。该合同及协议对当金数额、典当期限、典当手续费及利息、滞纳金、被告对于物的保证、绝当等事项都作了详细明确的约定。原告系依法设立专门从事典当活动的企业法人，被告系具有完全民事行为能力的自然人，合同内容是双方真实的意思表示，不违反法律及行政法规的禁止性规定，而且原告也已经全面履行了其义务。根据《中华人民共和国合同法》第八条、第九条、第十条，《中华人民共和国物权法》第十五条及《典当管理办法》的相关规定，原、被告双方订立的《房屋典当(抵押)借款合同》及《补充协议》符合法定的典当合同形式，系依法成立并已经生效的合同，本院应依法对典当合同的效力进行确认、保护；被告辩称的《房屋典当(抵押)借款合同》及《补充协议》系信用借款合同本院不予采信；被告辩称合同签订后原告不曾开出当票，被告也不持有当票，所以缺乏典当关系的最重要一份凭据，本院认为当票是合同的补充合同，对于典当业务，如果没有特别约定，应当以典当合同的约定为准，没有开具当票，不影响典当合同的法律效力，故没有开具当票不影响典当合同的成立；原、被告双方订立的《房屋典当(抵押)借款合同》及《补充协议》对双方当事人具有法律约束力，双方应当按照合同约定履行自己的义务，合同明确约定借款月利率为1%；借款典当手续费按月费率2.5%计算；典当手续费和利息两项费用合计按月3.5%计收。合同到期后,被告李坚并没有按合同约定清偿当金,也没有支付典当手续费及利息,经原告催促还款,被告李坚分别于2010年9月30日和2010年10月30日向原告出具了116万元当金利息的欠条及还款承诺书,该承诺书承诺的利息及综合费额的计算时间截至2010年9月30日,也就是说被告对于典当的时间认可到了2010年9月30日,被告李坚出具的116万元当金利息的欠条及还款承诺书符合续当的意思表示,构成续当;续当的日期截至2010年9月30日,其抗辩称本案约定时间后的典当费用不应由被告来承担不符合事实,本院不予支持;但2010年9月30日后原、被告并未就典当的事宜达成协议,应视为典当到期,视为绝当,原告有权处置被告资产,被告无须继续支付手续费,但应当支付未付款项所产生的利息及滞纳金,其标准按双方合同的约定计算,故原告请求被告归还原告借款人民币218万元整并支付从2009年5月1日至2010年9月10日止所欠原告的利息和综合费共计人民币116万元并要求其承担典当到期后的利息及滞纳金的诉求,本院予以支持。

综上所述,依照《中华人民共和国合同法》第八条、第九条、第十条、第二百零七条,《中华人民共和国物权法》第一十五条,《典当管理办法》第三十七条、第三十八条、第四十条第二款,《中华人民共和国民事诉讼法》第一百二十条之规定,判决如下:

一、被告李坚在本判决书生效后五日内偿还原告湖南互银典当有限责任公司典当合同借款218万元;

二、被告李坚在本判决书生效后五日内支付原告湖南互银典当有限责任公司从2009年5月1日至2010年9月30日期间的利息和综合费用共计116万元;

三、被告李坚按218万元本金支付从2010年10月1日起至借款全部归还日止应支付给原告的利息及滞纳金(按月利息1%计算,滞纳金按日0.5‰计算);

四、驳回原告的其他诉讼请求。

如果未按照本判决指定的期间履行给付义务,则按照《中华人民共和国民事诉讼法》第二百二十九条之规定,加倍支付延迟履行期间的债务利息。

本案受理费35,351元,财产保全费5000元,由被告李坚承担。

如不服本判决,可在判决书送达之日起十五日内向本院递交上诉状,并按对方当事人的人数提出副本,上诉于湖南省长沙市中级人民法院。

审 判 长 刘 悦

人民陪审员 黄建忠

人民陪审员 瞿九如

二〇一一年五月十八日

代理书记员 朱 银

【案例七】浙江国升典当有限责任公司诉赵雪如、兰溪市雪如歌针纺有限公司典当纠纷案

(2017年2月6日)

【法律点】当户在典当合同约定的典当期限届满后，向典当行出具的承诺书应视为其续当的意思表示，系双方真实意思表示，虽然承诺的期限超过了《典当管理办法》中规定的最长期限6个月，但《典当管理办法》系行政规章，不能作为认定续当行为无效的依据。

【关键词】典当纠纷　民间借贷　承诺书　续当合同　典当期限　律师费

浙江省金华市中级人民法院

民事裁定书

(2015)浙07民申168号

再审申请人(原审被告):赵雪如。

再审申请人(原审被告):兰溪市雪如歌针纺有限公司,住所地浙江省兰溪市轻工工业专区秋菱路。

法定代表人:赵率戎,董事长。

二再审申请人共同委托代理人:王婺初,浙江厚望律师事务所律师。

被申请人(原审原告):浙江国升典当有限责任公司,住所地浙江省兰溪市云山大道大阙路96、98号营业房。

法定代表人:方向明,董事长。

委托代理人:陈跃伟,浙江梦圆律师事务所律师。

再审申请人赵雪如、兰溪市雪如歌针纺有限公司因与被申请人浙江国升典当有限责任公司典当纠纷一案,不服浙江省兰溪市人民法院(2016)浙0781民初473号民事

判决，向本院申请再审。本院依法组成合议庭对本案进行了审查，现已审查终结。

赵雪如、兰溪市雪如歌针纺有限公司申请再审称，《浙江国升典当有限责任公司房地产典当合同》只约定了典当期限内的费率，对逾期的费率并未约定，原审按照当期内的费率来计算逾期的费息缺乏依据；本案系典当纠纷，而非民间借贷纠纷，不适用民间借贷的司法解释；本案不存在《中华人民共和国合同法》第六十一条规定之情形，故原审援引《中华人民共和国合同法》第二百零五条错误；典当合同并未对律师费进行约定，原审判令再审申请人承担律师费错误；续当需重新签订续当合同，不能以承诺书代替合同，且2013 年4 月26 日的《承诺书》约定的当期超过6 个月，违反了《典当管理办法》中典当期限最长不超过6 个月的规定。综上，请求撤销原审判决，依法再审。

被申请人浙江国升典当有限责任公司提交意见称，原审法院判决事实清楚，适用法律正确，承诺书是非典型的典当合同形式，是双方续当的意思表示。请求驳回赵雪如、兰溪市雪如歌针纺有限公司的再审申请。

本院经审查认为，再审申请人与被申请人签订的《浙江国升典当有限责任公司房地产典当合同》中约定，典当期满后，再审申请人除须支付本金、逾期综合服务费用、利息外，还应按典当金额2‰/天支付罚息和费用。被申请人在原审中要求按照当期内费率计算逾期费息，减轻了再审申请人的负担，且不违反法律规定，原审对此予以支持并无不当。再审申请人在典当合同约定的典当期限届满后，向被申请人出具的承诺书应视为其续当的意思表示。而《典当管理办法》中虽然规定典当期限最长不超过6 个月，但《典当管理办法》系行政规章，不能作为认定2013 年4 月26 日《承诺书》无效的依据。上述《承诺书》系双方真实意思表示，不违反法律、行政法规的强制性规定，应确认有效。关于律师费问题，律师费系被申请人合理支出，且律师费并未超过双方在典当合同中约定的逾期费用的范围，因此原审支持被申请人的律师费请求并无不妥。原审亦未将民间借贷司法解释作为判决依据。综上，再审申请人的再审理由不能成立。依照《中华人民共和国民事诉讼法》第二百零四条第一款，《最高人民法院关于适用〈中华人民共和国民事诉讼法〉的解释》第三百九十五条第二款规定，裁定如下：

驳回赵雪如、兰溪市雪如歌针纺有限公司的再审申请。

审 判 长 徐 磊
代理审判员 李 敏
代理审判员 汪 佳
二〇一七年二月六日
代 书 记 员 范华芳

【案例八】湖州湖商典当有限责任公司与施凤英典当纠纷案（2016年5月23日）

【法律点】 1. 典当借款逾期后，当户虽未及时赎当或续当，但典当双方事后均对赎当期予以追认，该追认行为系双方当事人意思自治范畴，并未违法国家强制性法律法规的规定，续当事实应予确认。

2. 绝当以后，典当行再收取综合管理费缺乏法律依据，但当户应赔偿典当行的损失，该损失应当为未还款总额（包括利息和综合费）的利息损失，按不超过月利率2%的标准计算至实际清偿之日止。

3. 当事人之间对于律师费的负担有明确约定的，可以按约定；律师费用可参照律师收费的标准核定。

【关键词】当票　续当凭证　续当追认　绝当　综合费　律师费

浙江省湖州市中级人民法院
民事判决书

（2016）浙05民终301号

上诉人（原审被告）：施凤英。

委托代理人：糜杰，浙江广诚律师事务所律师。

被上诉人（原审原告）：湖州湖商典当有限责任公司。住所地：湖州市苕溪西路。

法定代表人：毛似慧，该公司董事长。

委托代理人：施元章，浙江汉本律师事务所律师。

上诉人施凤英为与被上诉人湖州湖商典当有限责任公司典当纠纷一案，不服湖州市吴兴区人民法院（2015）湖吴商初字第1133号民事判决，向本院提起上诉。本院于2016年3月3日立案受理后，依法组成合议庭，于同月25日公开开庭审理了本案。上诉人施凤英的委托代理人糜杰，湖州湖商典当有限责任公司的委托代理人施元章到庭参加诉讼。现已审理终结。

一审法院审理查明：施凤英为向湖州湖商典当有限责任公司借款650,000元，于2011年6月9日与湖州湖商典当有限责任公司签订了房地产典当借款合同和抵押典当合同各一份，以施凤英名下坐落于湖州市山水人家4幢×××室房屋作抵押典当。上述两份合同约定：月综合费率2.7%，月利率为0.4875%，借款期限暂定自2011年6月9日至2011年8月8日，借款具体期限以当票或续当凭证为准；逾期还款5天内按每日未还款总额的0.5%计，超过5天湖州湖商典当有限责任公司可通过变卖、拍卖或向有管辖权的人民法院申请强制执行，变卖、拍卖或诉讼期、执行期直至债务完全清偿止的费用，按每日未还款总额的0.5%计。违约金因不同的违约行为依本合同约定可重复计算。"违约费用"应高于"守约费用"是双方认可的基本履约原则。因施凤英不按本合同履行还款、付息、付费义务引起诉讼费、财产保全费、律师服务费等费用由施凤英全额承担。典当期限届满后5日内，施凤英赎当的，除应向湖州湖商典当有限责任公司支付当期当金、当金利息、综合费用外，还应按当金的0.5%/日补交当金逾期利息和有关费用。典当期限或者续当期限届满后逾期5日施凤英不回赎，又不办理续当手续的，视为其自愿放弃回赎权，即为绝当。施凤英应自绝当之日起10日内将绝当物交给湖州湖商典当有限责任公司处理，若届时不移交，湖州湖商典当有限责任公司有权申请公证处对该绝当物届时的状况作证据保全，并依法对该绝当物进行清场并委托有关拍卖机构公开拍卖。2011年6月9日，湖州湖商典当有限责任公司按约将当金640,250元（按照当票所载月费率1.5%扣除综合费用9750元）支付给施凤英，并出具当票，施凤英也向湖州湖商典当有限责任公司出具了收条，当票载明：当金65万元，月费率1.5%，收取综合费9750元。2011年6月13日，湖州湖商典当有限责任公司取得上述房屋的抵押权，抵押担保的范围为当金、当金利息、综合费用、逾期利息、违约金以及实现当金债权和抵押权的费用（包括律师费等）。在当期届满之后，双方于2013年4月11日、2014年1月29日、2014年9月6日分三次对之前期限进行续当追认，最后的续当期限截止点为2013年12月27日，三份续当凭证均载明月费率1.5%。续当期满后，施凤英未再续当。双方一致确认截止到2013年12月26日，施凤英尚欠湖州湖商典当有限责任公司当金45万元，利息及综合管理费111,300元。施凤英于2014年1月29日向湖州湖商典当有限责任公司付款29,925元；于2014年8月11日付款5万元；于2014年9月4日付款5万元；于2014年9月5日付款10万元；于2014年12月25日付款5万元；于2015年6月4日付款10万元；于2015年6月16日付款5万元；于2015年7月10日付款5万元。2013年12月26日，施凤英向湖州湖商典当有限责任公司出具还款承诺书,承诺于2014年1月28日还3万至5万元,2014年6月30日还20万元,2014年12月30日全部还清。湖州湖商典当有限责任公司董事、经理孙时敏于2014年1月8日在承诺书上书写"2014年1月8日,经公证处出证委托鲁玲珊代办典当在湖商公司的房产,如按上述承诺按时还款本公司将不能办理过房手续,如不能按时还款本公司将立即处理上述房产"。事后,施凤英未能按照承诺书的约定的期限归还当金及利息和费用。2014年1月8日,施凤英委托湖州湖商典当有限责任公司员工鲁玲珊代为办理本案抵押物的以下事项:1. 代为归还借款,代办注销房屋他项权利证及房屋抵押登记手续;2. 在上述还贷手续办理完毕后,代为办理上述房产的出售手续,包括代签《房屋买卖合同》,代办过户手续、代收房款、代缴相关税费等一切相关手续。并办理了相关公证手续。此后,施凤英陆续还款至2015年7月10日,之后再无还款,湖州湖商典当有限责任公司于2015年9月28日诉至法院,并委托了律师参加了本案诉讼。

湖州湖商典当有限责任公司一审请求判令:1. 施凤英立即归还借款44.4万元,并自2015年7月10日起至实际清偿完毕日止,按月3.5%支付利息及费用;2. 确认湖州湖商典当有限责任公司在本案债权范围内,就本案抵押物湖州市山水人家4幢×××室房产及附随的××号车库在拍卖、变卖、折价范围内享有优先受偿权;3. 施凤英承担湖州湖商典当有限责任公司律师费用25,000元;4. 案件诉讼费由施凤英承担。

施凤英在一审答辩称:2011年6月,黄瑞法因急用资金向施凤英借款,施凤英自己无资金,故由黄瑞法联系认识的孙时敏,施凤英向孙时敏所在的湖州湖商典当有限责任公司典当借款65万元整,以施凤英自己位于山水人家4幢×××室房产及附随车库作抵押。后施凤英在还款20万元之后,双方就45万元重新确立新的典当借款关系。之后,施凤英陆续还款,亦几次办理了续当手续。后因湖州湖商典当有限责任公司多次派人骚扰,故施凤英于2013年12月26日向湖州湖商典当有限责任公司出具《还款承诺书》壹份,确认截至当日共欠借款本金45万元,服务费及利息111,300元,并承诺了还款日期及金额,如无法按期还款则自愿处置抵押房产,之后于2014年1月8日办理了公证手续,施凤英委托湖州湖商典当有限责任公司的鲁玲珊代办房屋过户手续,孙时敏在《还款承诺书》上签字明确"如按上述承诺按时还款本公司将不能办理过房手续,如不能按时还款本公司将立即处理上述房产",对以上事实施凤英本人也一直是认可的。2013年12月26日至今施凤英已支付48万元左右,加上之前归还的20万元本金,及以前支付的40万元左右的管理费及利息。施凤英自2011年6月至今已向湖州湖商典当有限责任公司支付了100多万元,现湖州湖商典当有限责任公司还要主张40多万元的本金另加利息明显是不合法的。施凤英认为其已还清绝大部分借款,并已付清利息。此外,湖州湖商典当有限责任公司要求施凤英按月3.5%支付利息及费用,明显有悖于事实,于法不合。请法庭根据查明的事实,依法判决。

一审法院审理认为:施凤英和湖州湖商典当有限责任公司签订的房地产典当借款合同和房地产抵押典当合同,系当事人真实意思的表示,内容未违反法律法规的强制性规定,合法有效。施凤英在续当期满后,即不续当,又未返还借款(当金),在出具还款承诺后,又未按照还款承诺履行是导致本案纠纷的原因。双方建立典当关系后,施凤英多次逾期既不赎当也不续当,但双方曾三次事后追认赎当期,该种做法系双方当事人意思自治范畴,并未违法国家强制性法律法规的规定,故予以确认。案件最后的续当期届满点应为2013年12月27日,之后5日内,双方未办理续当手续,事后双方也没有续当追认合意,故2014年1月1日为案件所涉典当关系的绝当日。绝当以后,根据《典当管理办法》以及双方抵押典当合同的约定,理应处理当物,以清偿债务。双方在典当借款合同第十六条特别约定中约定,逾期还款5天内及超过5天的变卖、拍卖诉讼期、执行期直至债务完全清偿止的费用,均按每日未还款总额的0.5%计。审理认为,绝当以后,湖州湖商典当有限责任公司再收取综合管理费缺乏法律依据,双方也未约定绝当后是否仍需支付管理费。绝当后,湖州湖商典当有限责任公司的损失应当为未还款总额的利息损失,双方约定的每日0.5%(每月15%)的计算标准过高,调整为支持利息损失的最高限额每月2%。从施凤英在出具还款承诺之后的还款情况看,施凤英并未按照还款承诺的时间还款。湖州湖商典当有限责任公司虽然表示未按还款承诺还款的,将立即处理抵押房产,但该表示并未对之前双方之间合同关于房产处理一节约定的更改,且施凤英从2014年1月29日至2015年7月10日期间又陆续分8次还款给湖州湖商典当有限责任公司,施凤英委托湖州湖商典当有限责任公司的鲁玲珊代为出售房产并不约束其自身寻找买家变卖抵押物的自由,故湖州湖商典当有限责任公司至2015年9月28日起诉的做法并无不妥。对湖州湖商典当有限责任公司第一项诉讼请求,根据施凤英的还款情况分段计算,予以部分支持。关于湖州湖商典当有限责任公司律师费的第三项诉请,认为符合双方合同约定,且湖州湖商典当有限责任公司确实委托了律师出庭诉讼,理应支持,律师的收费标准,因湖州湖商典当有限责任公司未提供委托合同,故参照浙江省律师收费的标准核定为13,000元。对湖州湖商典当有限责任公司要求确认优先受偿权的第二项诉请,认为符合担保法律的规定,予以确认。施凤英认为双方就45万元形成新的典当关系进而2011年6月9日双方之间典当借款合同不再约束双方的抗辩意见,缺乏证据证明,不予采信;关于施凤英认为湖州湖商典当有限责任公司怠于行使权利,造成自身损失由其自己承担的抗辩意见,因施凤英不断在还款,直至2015年7月10日,故湖州湖商典当有限责任公司没有及时处理房产的行为也符合常理,且也没有支持绝当后综合管理费的收取,故对该抗辩意见,不予支持。据此,依照《中华人民共和国合同法》第八条、第六十条、第六十一条、第一百一十四条,《典当管理办法》第三条、第三十条、第三十一条、第四十条,《中华人民共和国物权法》第一百七十三条、第一百七十九条之规定,判决:一、施凤英于判决生效之日起十日内向湖州湖商典当有限责任公司返还借款(当金)、利息(罚息)、管理费合计233,149.27元(计算至起诉日,从2015年9月29日起,以82,498.13为基数,按照每月2%计算逾期利息至实际清偿日止);二、施凤英于判决生效之日起十日内支付湖州湖商典当有限责任公司垫付的律师费13,000元;三、湖州湖商典当有限责任公司对施凤英抵押的坐落于湖州市山水人家4幢×××室的房屋(含××号车库)按照抵押顺位在上述债权范围内就拍卖、变卖价款享有优先受偿的权利;四、驳回湖州湖商典当有限责任公司其余的诉讼请求。案件受理费8735元,减半收取4368元,由施凤英负担2169元,湖州湖商典当有限责任公司负担2199元。

施凤英不服上述民事判决,提出上诉称:第一,2013年12月26日施凤英向湖州湖商典当有限责任公司出具的还款承诺书和2014年1月8日办理的公证手续使双方当事人据典当关系所发生的债权债务的金额和还款方式得以最终确定。按照承诺书和公证书,如施凤英逾期付款则湖州湖商典当有限责任公司有权处置房产,湖州湖商典当有限责任公司未立即处置,是其对自己权利是否行使的自由,但无权以此来要求施凤英支付此期间的利息。按照《典当管理办法》规定,典当行可以委托拍卖行公开拍卖3万元以上当物,但不能直接出售或过户当物,此规定与本案2014年1月8日公证书中施凤英就抵押物委托湖州湖商典当有限责任公司员工直接出售、过户的行为是存在冲突的,反映了双方办理公证的行为是对原典当关系的终结。根据以上几点,本案从2013年12月26日开始施凤英欠湖州湖商典当有限责任公司的总额为561,300元,之后并无利息及违约金约定,后施凤英共计支付479,925元,故施凤英尚欠湖州湖商典当有限责任公司81,375元。第二,续当凭证的成立必须以双方确认同意为前提,2014年9月6日的续当凭证并没有施凤英的签字确认,一审判决对2014年9月6日的续当凭证认定有效属事实认定错误。综上,请求二审撤销原判决第一项判决内容,改判由施凤英向湖州湖商典当有限责任公司共计支付人民币81,375元,一、二审诉讼费用按改判后的金额占比由施凤英、湖州湖商典当有限责任公司分担。后施凤英提出111,300元利息不能计算复利,一审判决就此部分计算复利的算法于法无据;一审2%

的月息虽然偏高,但因施凤英对承诺存在部分违约,因此愿意承担。故变更上诉请求为:依法撤销原判决第一项判决内容,并改判由施凤英向湖州湖商典当有限责任公司共计支付人民币123,165元;一、二审诉讼费用按改判后的金额占比由施凤英、湖州湖商典当有限责任公司分担。

湖州湖商典当有限责任公司在二审答辩称:第一,施凤英主张尚欠湖州湖商典当有限责任公司的金额为81,375元与事实不符,理由不能成立。施凤英与湖州湖商典当有限责任公司于2011年6月9日签订的《房地产典当借款合同》及《抵押典当合同》合法有效,约定综合费率为每月2.7%、月利息为0.4875%,逾期还款按每日未还款总额的0.5%计,借款期限以当票或续当凭证为准。因施凤英没有及时还款,而是陆续归还部分借款及支付利息,借款处于延续状态。《还款承诺书》是施凤英的单方意思表示,湖州湖商典当有限责任公司接受该承诺书,只是认可当时(2013年12月26日)施凤英尚欠湖州湖商典当有限责任公司借款本金45万元、综合费和利息111,300元。但是施凤英逾期还款的违约责任没有减免,湖州湖商典当有限责任公司有权要求施凤英按照合同约定承担违约责任。施凤英委托湖州湖商典当有限责任公司员工处置房产,不能减免施凤英的债务清偿责任。施凤英理应及时归还借款,或者主动处理抵押物、积极清偿债务,而施凤英只是消极拖延。一审法院认为施凤英与湖州湖商典当有限责任公司之间约定逾期期间按每日未还款总额的0.5%计算违约金标准过高,调整为支持利息损失的最高限额每月2%,是充分照顾施凤英的利益,是合法合理的。第二,施凤英提出一审判决对2014年9月6日的续当凭证认定有效属事实认定错误的观点不能成立,且不影响本案的判决结果。借款合同签订后,施凤英逾期归还借款的情况下,多次补办续当凭证、追认续当期,且施凤英也在继续支付利息和综合费,实际上是在续当,因此续当凭证是有效的。一审法院对施凤英的还款情况计算为:2013年12月26日至27日按正常利息、管理费计,2013年12月28日至2014年1月1日按逾期计利息、费用,2014年1月2日至2015年均按未还款项的2%计算利息,因此并不影响本案判决结果。综上,一审判决结论正确,施凤英上诉请求不能成立,请求二审维持原判。

二审期间双方当事人均无新的证据提交。

二审查明的事实与一审相同。

本院认为,本案的主要争议焦点在于本案借款利息应当如何计算。根据施凤英于2013年12月26日出具的还款承诺书,截至2013年12月26日,施凤英尚欠湖州湖商典当有限责任公司借款本金45万元,服务费及利息111,300元。双方在《抵押典当合同》中约定:“典当期限或者续当期限届满后逾期 5 日甲方不回赎,又不办理续当手续的,视为甲方自愿放弃回赎权,即为绝当。”故 2014 年 1 月 1 日为本案典当关系的绝当日。一审法院将《房地产典当借款合同》中约定的“逾期还款 5 天内按每日未还款总额的 0.5% 计”和“变卖、拍卖或诉讼期、执行期直至债务完全清偿止的费用,按每日未还款总额的 0.5% 计”调整为支持利息损失的最高限额每月 2%,较为合理。施凤英于 2014 年 1 月 8 日办理的公证仅是委托鲁玲珊代为办理处置本案所涉抵押房产的相关手续,并非是对原典当关系的终结,《房地产典当借款合同》和《抵押典当合同》仍然有效。施凤英出具的还款承诺书也没有改变双方原合同关于利息、违约金等的约定。双方合同约定,逾期付款违约费用是“按每日未还款总额的 0.5% 计”,一审法院针对 111,300 元部分计算利息并未超出合同约定范围。一审法院对于借款本金、利息、管理费的计算合理,应予维持。施凤英的上诉理由不能成立。综上,原判认定的事实清楚,适用法律正确,实体处理恰当。依照《中华人民共和国民事诉讼法》第一百七十条第一款第一项的规定,判决如下:

驳回上诉,维持原判。

二审案件受理费 8735 元,由上诉人施凤英负担。

本判决为终审判决。

审 判 长　卢武康

代理审判员　郑 扬

代理审判员　阮梦凡

二〇一六年五月二十三日

书 记 员　丁晓岚

【案例九】湛江市宝兴典当有限责任公司诉罗毅典当纠纷案（2015年1月30日）

【法律点】 1. 典当行单方制作的续当凭证不具有证明力，但是典当双方当事人在逾期后均继续支付和收取相关的当金利息及综合费用，应确认存在当户已经履行主要义务，典当行接受当户履行义务的情形，依照《中华人民共和国合同法》第三十七条的规定，应确认典当双方成立事实上的续当。

2. 所谓服务及管理费用，即在未发生绝当的典当关系存续期间，典当行为当户利益服务和管理当物而收取的费用。而绝当后，典当法律关系终止，当户对当物丧失了回赎权，典当行可依法或依约处置当物以优先清偿自身债权，不存在再为当户提供服务和管理当物的情形，其无权要求当户在绝当后承担综合费用。

【关键词】 综合费用　当票　续当凭证　绝当　典当法律关系终止

广东省湛江市中级人民法院
民事判决书

（2015）湛中法民三终字第9号

上诉人（原审原告）：湛江市宝兴典当有限责任公司。

法定代表人：梁日光，经理。

委托代理人：黄苏明，广东粤正律师事务所律师。

委托代理人：钟日梅，广东粤正律师事务所律师。

被上诉人（原审被告）：罗毅。

委托代理人：杨晓泓，广东敏翔律师事务所律师。

上诉人湛江市宝兴典当有限责任公司（以下简称宝兴典当公司）因与被上诉人罗毅典当纠纷一案，不服湛江经济技术开发区人民法院（2014）湛开法民二初字第353号民事判决，向本院提起上诉。本院于2014年12月25日受理后，依法组成由审判员陈建业担任审判长,审判员杜友裕、代理审判员卢珍桥参加的合议庭对本案进行了审理,书记员尤嘉儿担任记录。上诉人宝兴典当公司的委托代理人黄苏明及被上诉人罗毅的委托代理人杨晓泓到庭参加诉讼。本案现已审理终结。

宝兴典当公司向原审法院起诉称:2013年6月6日,罗毅以位于湛江开发区海滨大道南70号兴发园商住楼A座××××房向宝兴典当公司典当650,000元,典当期限自2013年6月6日起至2013年8月4日止,月利率按0.4%计算,月综合费按2.7%计算。典当期满,可协商续当。典当期满,罗毅自续当至2014年1月16日后,既不续当也不还款。为此,特提起诉讼,请求:1.判令罗毅偿还宝兴典当公司当金650,000元及其利息(从2014年1月16日起按月利率0.4%计至2014年6月30日暂计14,300元,并直至确定支付之日止);2.判令罗毅偿还宝兴典当公司月综合费(从2014年1月16日起按月综合费率2.7%计至2014年6月30日暂计96,525元,并直至确定支付之日止);3.判令罗毅承担本案诉讼费用。

罗毅辩称:1.本案续当的手续不真实。首先,当户签章是空白的,没有罗毅签名确认。其次,日期不符合常理,制单日期为2014年6月28日,续当期限为2013年12月3日至2014年1月16日,制单日期后于续当期限长达5个月。最后,利费的比例不对,续当综合费用为26,325元,当户应支付上期利息为2600元,不符合月费率2.7%与月利率0.4%的比例。因此,宝兴典当公司无法证明罗毅已办理续当手续,应承担举证不能的法律后果。2.本案绝当日期应为2013年8月9日。根据《典当管理办法》第四十条规定:典当期限或者续当期限届满后,当户应当在5日内赎当或续当。逾期不赎当或续当的,为绝当。2013年8月4日为典当期限届满之日,2013年8月9日为本案绝当日期,从当日起双方的典当关系终止。3.绝当后,综合费不应支持。绝当后,应根据《典当管理办法》第四十三条的规定处理当物,典当行有权继续收取利息,无权继续收取综合费,故宝兴典当公司要求罗毅支付综合费的请求不应支持。4.罗毅已支付宝兴典当公司约120,000元,应从其扣减应归还宝兴典当公司的典当金和利息。在本案典当期限届满后,罗毅从其丈夫张元辉的工行账户转至梁日光的工行账户约120,000元,应从其扣减应归还宝兴典当公司的当金和利息。

原审法院经审理查明:2013年6月6日,宝兴典当公司与罗毅签订了湛宝典押字(2013)年20130606号《最高额抵押典当合同》和湛宝典借字(2013)年20130606号《典当借款合同》。《最高额抵押典当合同》主要约定:罗毅以其所有的位于湛江开发区海滨大道南70号兴发园商住楼A座××××房(权证号粤房地权证第C6061×××号)作为抵押物,担保的债权自2013年6月6日至2015年6月5日期间因宝兴典当公司向罗毅连续发放贷款而形成的一系列债权,其最高额为650,000元。《典当借款合同》主要约定:1.本合同项下借款额度为人民币650,000元。2.典当借款额度的期限为2013年6月6日起至2015年6月5日止。3.借款利率为月利率0.4%,以罗毅每次实际提款日起按月计息,按月结息,借款到期,利随本清。除利息外,宝兴典当公司按每月综合费标准2.7%向罗毅收取综合费。4.借款担保为湛宝典押字(2013)年20130606号《最高额抵押典当合同》。同日,宝兴典当公司与罗毅还签订了《房地产抵押价值协议书》,约定罗毅将其拥有的位于湛江开发区海滨大道南70号兴发园商住楼A座××××房抵押给宝兴典当公司,并议定该房地产价值为人民币1,100,000元。同日,罗毅的丈夫张元辉给宝兴典当公司出具一份《认可书》,同意罗毅以其持有的房屋(粤房地证字第C06061×××号)向宝兴典当公司进行抵押典当贷款,抵押典当最高额为650,000元。

上述合同签订后,宝兴典当公司在当日出具一份《当票》,并将614,900元支付给罗毅。当票记载的主要内容:典物为粤房地证字第C06061×××号房地产,典当金额为650,000元,月费率2.7%,月利率0.4%,综合费用35,100元,支付金额614,900元,典当期限由2013年6月6日至2013年8月4日。2013年6月7日,宝兴典当公司和罗毅办理了位于湛江开发区海滨大道南70号兴发园商住楼A座××××房抵押登记手续。典当期满,罗毅在没有续当的情况下,一直交付利息和综合费给宝兴典当公司至2014年1月16日止。

原审法院审理认为:本案属于典当纠纷。宝兴典当公司与罗毅签订的《最高额抵押典当合同》《典当借款合同》是当事人的真实意思表示,并不违反法律法规的禁止性规定,合法有效,应予保护。

当票是典当行与当户之间的借贷契约,是典当行向当户支付当金的付款凭证。涉案当票记载宝兴典当公司支付给罗毅的当金金额为650,000元,扣除综合费用35,100元后,宝兴典当公司实际支付给罗毅的当金金额为614,900元。根据《典当借款合同》的约定,综合费用按月收取,而宝兴典当公司在支付当金时却先行扣除2个月的综合费用,已超出双方约定的按月收取的扣缴金额,故本案当金金额应确认为632,450元。由于当金金额发生变化,必然导致利息及综合费用的计收发生变化,而且罗毅提出扣减的抗辩,故宝兴典当公司以当金650,000元计收的利息和综合费用,在扣减以当金632,450元计算的利息和综合费用后,剩余部分应先支付绝当后的当金利息,如仍有剩余,则应作为偿还当金。

涉案当票约定典当期限从2013年6月6日起至2013年8月4日止。根据《典当管理办法》第三十九条的规定,当事人可以在典当期限内或典当期限届满后5日内续当。本案中,宝兴典当公司提供一份续当凭证,主张双方已续当,续当期限从2013年12月3日起至2014年1月16日止,由于该续当凭证没有当户签章,且罗毅不予承认,故该续当凭证不具有证明力。宝兴典当公司承认罗毅已结清2014年1月16日前的当金利息及综合费用,由于该事实是对宝兴典当公司不利的事实,依照《最高人民法院关于民事诉讼证据的若干规定》第七十四条的规定,原审法院确认宝兴典当公司承认的上述事实。本案中,宝兴典当公司和罗毅在典当期限内或典当期限届满后5日内虽然没有办理续当手续,但是罗毅承认当期届满后仍支付约120,000元给宝兴典当公司,宝兴典当公司也承认罗毅已结清2014年1月16日的当金利息及综合费用,故应确认存在罗毅已经履行主要义务,宝兴典当公司接受罗毅履行义务的情形,依照《中华人民共和国合同法》第三十七条的规定,应确认续当成立,续当期限截至2014年1月16日止。续当期限届满,罗毅逾期不赎当也不续当,根据《典当管理办法》第四十条第一款的规定,应为绝当。因此,根据《典当管理办法》第四十第二款的规定,原审法院对宝兴典当公司提出判令罗毅偿还当金650,000元及其利息的诉讼请求,予以部分支持。

绝当后应否收取综合费用,是宝兴典当公司和罗毅争议焦点之一。涉案《典当借款合同》只约定了典当期限内的综合费用,而没有约定绝当后的综合费用,《典当管理办法》也没有明确的规定。根据《典当管理办法》第四十三条第一项的规定,绝当后,典当行应当依法处理绝当物品,并规定拍卖收入在扣除拍卖费用及当金本息后,剩余部分应当退还当户,不足部分向当户追索。可见,上述规定并不包括综合费用。另外,《典当管理办法》第三十八条第一款规定:“典当综合费用包括各种服务及管理费用。”而所谓服务及管理费用,即在未发生绝当的典当关系存续期间,典当行为当户利益服务和管理当物而收取的费用。而绝当后,典当法律关系终止,当户对当物丧失了回赎权,典当行可依法或依约处置当物以优先清偿自身债权,不存在再为当户提供服务和管理当物的情形,其当然无权要求当户在绝当后还应承担综合费用。据此,宝兴典当公司提出判令罗毅偿付从2014年1月16日起按月综合费率2.7%计至2014年6月30日的综合费96,525元(暂计)的诉讼请求,原审法院依法不予支持。

综上所述,依照《中华人民共和国合同法》第八条、第三十七条、第六十条第一款、第一百零七条、第一百零九条,《典当管理办法》第三条、第三十条、第三十八条第一款、第三十九条、第四十条、第四十三条第一项以及《最高人民法院关于民事诉讼证据的若干规定》第七十四条的规定,判决:一、限罗毅在判决发生法律效力之日起十日内向湛江市宝兴典当有限责任公司偿还当金人民币 632,450 元及利息(利息从 2014 年 1 月 16 日起以当金余额按月利率 0.4% 计至判决确定支付之日止。湛江市宝兴典当有限责任公司在典当期间和续当期间以当金金额 650,000 元收取的利息和综合费用,在扣减以当金金额 632,450 元计算的利息和综合费用后,剩余部分应先支付绝当后的当金利息,如仍有剩余,则应作为偿还当金)。二、驳回湛江市宝兴典当有限责任公司的其他诉讼请求。如果未按判决指定的期间履行给付金钱义务,应当依照《中华人民共和国民事诉讼法》第二百五十三条的规定,加倍支付迟延履行期间的债务利息。案件受理费 11,408 元,减半收取 5704 元,由湛江市宝兴典当有限责任公司负担 704 元,罗毅负担 5000 元。

宝兴典当公司不服原审判决,向本院上诉称:1. 被上诉人向上诉人抵押所得的当金应为 650,000 元,一审法院认定事实错误,应撤销、改判;2. 绝当后被上诉人应继续支付综合费,一审法院认定事实错误,适用法律不当,应撤销、改判。综上,请求二审法院依法变更原审判决,支持上诉人要求被上诉人偿还当金 650,000 元(不服标的为 17,550 元)及绝当后综合费的请求,并判令被上诉人承担本案的诉讼费用。

在二审庭审中,上诉人宝兴典当公司主动撤回上述第一项关于要求偿还当金 650,000 元的请求,只保留上述第二项请求,即要求被上诉人继续支付绝当后的综合费。

宝兴典当公司在二审期间没有提供新证据。

针对上诉人宝兴典当公司的上诉请求及理由,被上诉人罗毅答辩称:绝当后,宝兴典当公司可以继续收取利息,但不应收取综合费用。宝兴典当公司的上诉请求缺乏法律依据,且宝兴典当公司与罗毅亦没有约定绝当后须支付综合费用。故原审判决认定事实清楚,适用法律及实体处理正确。请求二审法院依法驳回宝兴典当公司的上诉,维持原判。

罗毅在二审期间亦没有提供新证据。

本院经审理查明:原审判决认定事实清楚,本院予以确认。

本院认为:本案属典当纠纷。根据本案上诉人宝兴典当公司的上诉理由及被上诉人罗毅的答辩意见,本案当事人二审争议的焦点问题是:绝当后被上诉人罗毅是否应当支付综合费用。本案中,双方签订的《典当借款合同》只约定了典当期限内的综合费用,而没有约定绝当后的综合费用。《典当管理办法》亦仅规定了典当期间以及宽限期内可以计算综合费用,而没有规定绝当后可以继续计算综合费用。根据《典当管理办法》第四十三条第一项的规定,绝当后,典当行应当依法处理绝当物品,拍卖收入在扣除拍卖费用及当金本息后,剩余部分应当退还当户,不足部分向当户追索。可见,上述规定并不包括综合费用。另外,《典当管理办法》第三十八条第一款规定:“典当综合费用包括各种服务及管理费用。”而所谓服务及管理费用,即在未发生绝当的典当关系存续期间,典当行为当户利益服务和管理当物而收取的费用。而绝当后,当户对当物丧失了回赎权,典当行可依法或依约处置当物以优先清偿自身债权。因此,宝兴典当公司上诉请求罗毅支付绝当后的综合费用理由不成立,不予支持。

综上,原审判决认定事实清楚,适用法律及实体处理正确,应予维持。上诉人宝兴典当公司上诉无理,应予驳回。依照《中华人民共和国民事诉讼法》第一百七十条第一款第一项之规定,判决如下:

驳回上诉,维持原判。

二审案件受理费677.50元,由上诉人湛江市宝兴典当有限责任公司负担。

本判决为终审判决。

审　判　长　陈建业

审　判　员　杜友裕

代理审判员　卢珍桥

二〇一五年一月三十日

书　记　员　尤嘉儿

【案例十】永康市华丰典当有限责任公司诉施妙英典当纠纷案（2016年3月14日）

【法律点】 1. 典当期限或者续当期限届满后，当户没有赎当而是按原合同约定的利息及综合管理费用交纳给典当行，而典当行也接受了上述息费，故双方以实际行为完成续当合意。《典当管理办法》虽规定续当一次的期限最长为6个月，但该规定未对续当次数进行限定，故按典当双方实际履行认定的续当期限可不受限于6个月。

2. 典当行在典当借款的诉讼时效期间内主张行使当物抵押权的，即使超过了约定的抵押期限，典当行依然有权对抵押当物以拍卖、变卖方式所得价款享有优先受偿权。

【关键词】 续当合意　续当手续　续当当票　续当次数　抵押期限　优先受偿权

浙江省金华市中级人民法院
民事判决书

（2015）浙金商终字第2602号

上诉人（原审被告）：施妙英。

委托代理人：何国通，浙江迎鸽律师事务所律师。

委托代理人：叶昆统，浙江迎鸽律师事务所律师。

被上诉人（原审原告）：永康市华丰典当有限责任公司。

法定代表人：徐顺航。

委托代理人：翁月红，浙江丽州律师事务所律师。

上诉人施妙英为与被上诉人永康市华丰典当有限责任公司（以下简称华丰典当公司）典当纠纷一案，不服浙江省永康市人民法院（2015）金永商初字第1092号民事判决，向本院提起上诉。本院受理后依法组成合议庭进行审理，本案已审理终结。

原审法院认定：2013年4月3日，华丰典当公司与施妙英签订了《最高额抵押借款合同》一份，合同约定：（1）华丰典当公司同意在2013年4月3日至2014年4月2

日的期间内可根据实际情况在借款最高余额人民币2000万元以内向施妙英提供借款,月利率为0.3%,月费率为2.7%,按月支付,如逾期不还,按月利率0.3%、月费率2.7%确定逾期利率,并承担华丰典当公司实现债权的费用(包括但不限于律师代理费、催讨差旅费和其他合理费用);(2)施妙英以其所有的坐落于浙江省永康市江南街道白垤里嘉园五区5幢××××号(第25~26层)[房屋所有权证号:永康房权证江南字第××号,国有土地使用权证号:永康国用(2013)第××××号]的房屋及其土地使用权为施妙英向华丰典当公司的借款提供抵押担保,担保范围包括本合同项下借款本金、利息、逾期利息和实现债权的费用(包括但不限于律师代理费、催讨差旅费和其他合理费用)。当日,双方就上述典当物依法办理了抵押登记手续(房屋他项权证号:房他证字第典×××号),抵押担保的最高债权数额为2600万元。同日,施妙英向华丰典当公司典当借款2000万元,华丰典当公司分别出具号码为330100126967、330100126968、330100126969、330100126970、330100126971的当票五份,均载明典当期限自2013年4月3日起至2013年5月3日止,月费率为2.7%,月利率为0.3%,并由施妙英在当票上签字确认。华丰典当公司于当日向施妙英交付上述典当借款。此后,双方就续当达成合意,续当期限至2014年10月8日届满。期间,施妙英已支付了2014年10月8日前的利息和综合费用。到期后,施妙英支付逾期综合费用和逾期利息共计310万元,至今未归还典当借款。2015年3月12日,华丰典当公司与浙江丽州律师事务所签订《委托代理合同》一份,委托该所律师担任本案的诉讼代理人,并因此支出律师代理费70,000元。

原审原告华丰典当公司于2015年3月12日向原审法院提起诉讼,请求依法判令:1. 由施妙英归还华丰典当公司典当借款本金人民币2000万元并支付利息及月综合费用(利息从2013年4月3日起按月0.3%、综合费用从2013年5月4日起按月2.7%计算至实际还款之日止);2. 本案实现债权费用7万元由施妙英承担;3. 由华丰典当公司对施妙英抵押典当的坐落于浙江省永康市江南街道白垤里嘉园五区5幢××××号(第25~26层)[房屋所有权证号:永康房权证江南字第××号,国有土地使用权证号:永康国用(2013)第××××号]的房屋及国有土地使用权对上述诉讼请求在借款最高余额人民币2600万元内享有优先受偿权。庭审中,华丰典当公司将第一项诉讼请求变更为由施妙英归还典当本金2000万元并支付逾期利息、逾期综合费用(利息按月0.3%,综合费用按月2.7%,均从2014年10月9日起计算至实际还款之日止)。

原审被告施妙英答辩称:1. 根据《典当管理办法》第四十四条规定:典当行的资产

应当按照下列比例进行管理:(五)……注册资本在1000万元以上的,房地产抵押典当单笔当金数额不得超过注册资本的10%,本案中,华丰典当公司的注册资本为4000万元,故本案合法的典当行为只有400万元,其余1600万元属无效,应当予以返还。2. 2013年4月3日,华丰典当公司与施妙英为办理典当需要签订《最高额抵押借款合同》并办理了抵押登记,后华丰典当公司按《典当管理办法》规定办理典当手续,开具当票,典当期限为2013年4月3日至2013年5月3日。典当期限届满后,双方应按《典当管理办法》规定于5日内办理续当或赎当,但双方均未办理,故2013年5月8日本案已绝当,绝当后,施妙英无须再向华丰典当公司支付利息及综合费用。3. 截至2014年8月14日,施妙英就本笔2000万元借款已向华丰典当公司支付2013年4月3日至2014年8月14日期间的利息及综合费用996万元(按20万元/天计算,其中2013年4月3日到2013年5月8日的利息及综合费用为70万元),2014年8月14日后施妙英支付利息及本金495万元,上述还款扣除绝当前所应支付的70万元利息及综合费用外,余款1421万元应认定为归还借款本金,即本案尚欠的借款本金为579万元。4. 本案抵押期限已超过一年,华丰典当公司不再对抵押物享有优先受偿权。

原审法院认为,华丰典当公司与施妙英之间的《最高额抵押借款合同》系双方当事人真实意思表示,确认合法有效。施妙英以其所有的坐落于浙江省永康市江南街道白垤里嘉园五区5幢××××号(第25~26层)的房屋及其土地使用权作为当物抵押给华丰典当公司,取得当金2000万元,并依法办理了抵押登记手续。续当期限届满后,施妙英未按约归还典当借款的行为已构成违约,应承担相应的违约责任。本案典当的综合费率、当金利率及逾期综合费率、逾期利率均为月费率2.7%、月利率0.3%,系双方当事人自愿约定,亦未违反《典当管理办法》关于月综合费率和当金利率的规定。现华丰典当公司要求施妙英归还当金2000万元及自2014年10月9日起支付逾期综合费用及利息的诉讼请求合法有据,原审法院予以支持,但上述费用应扣除施妙英已支付的310万元。关于律师代理费,双方约定由施妙英承担,且该律师代理费的收取符合浙江省律师服务收费标准,原审法院予以支持。施妙英同时以其所有的房屋及土地使用权为本案债务提供抵押并办理抵押登记手续,根据《典当管理办法》规定,绝当后华丰典当公司可依照《中华人民共和国担保法》的有关规定处理绝当物品,故华丰典当公司有权对上述抵押物以拍卖、变卖方式所得价款在最高额2600万元范围内享有优先受偿权。关于施妙英主张的抵押期限已超过一年,华丰典当公司不再享有优先受偿权的抗辩意见,因《中华人民共和国物权法》第二百零二条规定,“抵押权人应当在主债权诉讼时效期间行使抵押权;未行使的,人民法院不予保护”,就本案而言,主债权至今未过诉讼时效,华丰典当公司已于主债权诉讼时效期间内起诉向抵押人主张行使抵押权,故对该抗辩意见,原审法院不予采纳。综上,原审法院对华丰典当公司诉讼请求中的合理部分予以支持;施妙英的抗辩意见,于法无据,原审法院不予采纳。依照《中华人民共和国合同法》第八条、第六十条、第一百零七条,《中华人民共和国物权法》第一百七十九条、第一百九十五条、第二百零二条、第二百零三条的规定,判决:一、由被告施妙英归还原告永康市华丰典当有限责任公司典当借款本金2000万元,并支付逾期综合费用、逾期利息(逾期综合费用按月费率2.7%、逾期利息按月利率0.3%,均从2014年10月9日起计算至实际还款之日止并扣除310万元);二、由被告施妙英支付原告永康市华丰典当有限责任公司为本案支出的律师代理费70,000元;上述一、二项款项,限本判决生效后三十日内履行完毕;三、由原告永康市华丰典当有限责任公司就上述债务及案件受理费208,450元、诉讼保全费5000元对被告施妙英所有的坐落于浙江省永康市江南街道白垤里嘉园五区5幢××××号(第25~26层)[房屋所有权证号:永康房权证江南字第××号,国有土地使用权证号:永康国用(2013)第××××号]的房屋及其土地使用权在最高额2600万元的范围内享有优先受偿权;四、驳回原告永康市华丰典当有限责任公司的其他诉讼请求。如被告施妙英未按判决指定的期间履行给付金钱义务,应当依照《中华人民共和国民事诉讼法》第二百五十三条之规定,加倍支付迟延履行期间的债务利息。案件受理费208,450元,诉讼保全费5000元,合计213,450元,由被告施妙英负担。

上诉人施妙英不服上述判决向本院提起上诉称:1. 上诉人认为一审判决中以下事实认定和法律适用错误:(1)原判第10页第1小段认定事实错误,首先,仅凭上诉人按月息3%在付息,就认定双方达成续当合意,该款支付的是续当期的费用和利息,于法无据。在典当期限届满后,上诉人暂无法还款能力,因此以为需要按当票约定向被上诉人支付利息,并不代表上诉人与被上诉人之间就续当达成合意。其次,续当实际上是属于一种变更合同的民事法律行为。依照规定,办理续当手续依法必须先由当户在合同规定的典当期限届满前提出申请,然后典当行对当票及有关证件进行审查、核实后由当户付清前期利息、当期费用和续当期的费用,再由典当行于当票上记载所延期限及日期,并由当户签名。显然,续当必须符合以下条件:①续当必须在典当期满以前达成合意;②续当应结清当期利息、当期费用和续当期费用;③续当期应当办理书面手续。然本案中,双方既无续当的合意,又无任何书面手续办理,而且从本案付款的时间和金额可以证实,即使上诉人在2014年8月14日前按月息3%付清了利息,上诉人付款也并非是有规律的,付款情况也无法推导出续当时上诉人结清了前期、当期费用和续当期费用的结果,可见双方并未按续当的规定进行实践操作。同时从上诉人的付款方式上也可以证实双方既未就续当达成一致。最后,如按一审判决认定的被上诉人主张存在续当行为,续当期限到 2014 年 10 月 8 日,试问,续当行为是如何发生的?是如何约定续当?每次续当的期限是多久?每次续当时利息和费用何时支付?都需要被上诉人一一说明。结合《录音》、徐凯航的短信催讨和一审庭审中,都可以看出是被上诉人为了获取高额的房产典当借款费用而采取的故意不依法进行救济却恶意坐收高利息的行为。本案双方既未达成续当合意,也无续当手续,事实上以未按续当支付相关利息的费用,并未成立续当。(2)原审法院认定本案于 2014 年 10 月 8 日绝当错误。首先,一审判决认为"续当期限届满日为 2014 年 10 月 8 日,绝当日为 2014 年 10 月 8 日,这不符合《典当管理办法》第四十条绝当每日为典当期限或者续当期限届满后第五日的规定"。其次,本案所涉典当行为在 2013 年 5 月 8 日即构成绝当。《最高额抵押借款合同》是为了设立典当需要办理的合同,根据典当流程,《最高额抵押借款合同》约定的期限应当与当票中约定的典当期限一致。实际操作过程中,为了后期再办理续当方便,《最高额抵押借款合同》中约定的期限往往长于典当期限。如续当,可以不再办理抵押手续,如未续当,则《最高额抵押借款合同》中超出典当期限的部分视为无效。《典当管理办法》第四十条规定"典当或者续当期限届满后,当户应当在 5 日内赎当。逾期不赎当为绝当",本案典当期限在 2013 年 5 月 8 日,即构成绝当。(3)"合同对逾期违约责任作了明确约定:按逾期不还,按月 1.3%,月费 2.7 计算逾期利息,并……上述约定并未违反法律、法规……的规定……华丰典当公司有权依据合同向施妙英主张逾期利息,典当综合费用"的认定错误。理由如下:首先自 2013 年 5 月 8 日绝当后,上诉人无须向被上诉人支付利息。其一,被上诉人作为典当行,在绝当后享有法律赋予的救济途径的同时承担必须及时行使救济途径避免损失扩大的法定义务。《典当管理办法》第四十三规定,当物估价金额在 3 万元以上的,可以按照《中华人民共和国担保法》的有关规定处理。因此,被上诉人在绝当后,负有采取及时起诉或委托拍卖,及时结清当金和相关费用的权利和义务。且从防止损失扩大的立法目的看,此期限必须合理限定。其二,当票背面明确记载"当期届满 5 日后,当户不赎当不续当的,即为绝当。典当行按照有关规定处理绝当物品"。被上诉人在未续当的情况下,未及时行使债权救济途径,反而继续坐收高利息,存在主观恶意。其次,本案《最高额抵押借款合同》并没有对续当或绝当费用或利息有明确约定。再次,对 390 万元双方未明确用于归还哪一笔借款,故应比例清偿 2000 万元和另外 1000 万元债务为宜,即本案中清偿债务 260 万元,也是错误的。2. 实际上本案上诉人尚欠典当借款本金579万元。依据有两个:其一是谈话录音;其二是被上诉人提交的证据徐顺航与上诉人经办人夏海燕的《短信记录》,故实际欠的本金金额为579万元[2000万元-(996万元+459万元-70万元)]=579万元。补充上诉理由:(1)我们认为原审判决对典当法律关系和借款法律关系混为一谈。(2)即便原审法院的判决没有问题,原审法院关于诉讼费负担这一块是错误的。原审法院判决书的诉讼费交的时候是对,按照标的被上诉人诉来的时候是3330万元的标准交纳诉讼费,计算出来的诉讼费是判决书208,450元,但是在诉讼过程中,被上诉人减少了诉讼请求。原审法院的判决也是按照被上诉人减少后的诉讼请求作出裁判的。根据《诉讼费用交纳办法》第二十一条第二项减少部分的诉讼请求的诉讼费应当退还给当事人。但是原审法院把被上诉人预交的全部诉讼费都判归施妙英承担。请求二审法院撤销原判第一项,改判由上诉人施妙英归还被上诉人永康市华丰典当行借款本金579万元。

被上诉人永康市华丰典当有限责任公司辩称:针对上诉状所有的上诉事实和理由以及结论其争议的问题就是两个:1. 关于其认为绝当时和绝当后的总额费用和利息问题。2. 上诉人认为的没有及时处理典当物造成损失扩大,故认为是被上诉人恶意取得高额收益的问题。(1)关于典当纠纷和借款是否包含了两个法律关系,还是说是一个典当法律关系,这是一家之言。谁都有自己的观点。典当也属于民间借贷合同的一类。实际上,典当合同和金融借款合同其有同属性。就本案的上诉人所讲,其认为典当法律关系和被上诉人的观点不一致。(2)关于绝当,上诉人的观点是错误的。实际上,从传统的对绝当的理解还是现在对绝当的理解,并不是上诉人所述绝当典当关系。实际上真正的绝当适用于3万元以下的动产的当物作为绝当处理的。3万元以上的东西法律规定应当根据担保法来处理。房地产典当押的是房地产是不动产,作为典当行没有控制权。实际上处理当物就是处理抵押物,处理抵押物除了担保法以外,物权法出来后就是按物权法处置。所以物权法大于担保法,担保法大于典当管理办法。(3)在本案中不存在损失扩大的问题,根据物权法的规定,很明确只要在诉讼时效期间内主张抵押物权就是合法的主张权利。被上诉人提供了夏海燕与徐顺航的来往信息记录。我们在一审法院对夏海燕的其他证词作伪证处理的。并不是上诉人所述如果495万元作为还本案的话,1000万元就不会损失,就是因为吕泽亮没有还款能力才发生了本案的纠纷。所以说,双方都是为了保障你的利益。(4)关于夏海燕所述的利息,上诉人认为不是利息也不是综合费用,其认为还的是本金,被上诉人认为普通老百姓到典当行借款或者银行借款都说的是利息,都是这么说的。

二审期间,双方当事人均没有新证据提供。

本院经审理认定的事实与原审法院认定的事实一致。

本院认为：上诉人施妙英为与被上诉人华丰典当公司典当法律关系成立。根据双方当事人的诉辩主张，本案的争议焦点在于：1. 本案典当的绝当时间及违约责任的承担如何确认。2. 一审收取诉讼费用是否违反法律规定。3. 上诉诉称其仅欠借款本金579 万元的事实是否成立。关于焦点一，本案系因典当而产生的纠纷，依照《典当管理办法》规定，所谓典当是指当户将其动产、财产权利作为当物质押或者将其房地产作为当物抵押给典当行，交付一定比例费用，取得当金，并在约定期限内支付当金利息、偿还当金、赎回当物的行为。典当期限由双方约定，最长不得超过 6 个月。从本案证据看，当票共四份，每份典当金额 400 万元，当期由 2013 年 4 月 3 日至 2013 年 5 月 3 日，加上法定的延展期 5 天，即 2013 年 5 月 8 日止，如不赎当或续当，则为绝当。本案当期届满后，上诉人没有赎当而是按原合同当期的应交纳的利息及综合管理费用交纳被上诉人，而被上诉人也接受了上述费用，故双方以实际行为完成续当合意。《典当管理办法》规定，经双方同意可以续当，续当一次的期限最长为 6 个月。但未对续当次数进行限定，因而原审法院按典当双方实际履行认定续当期限至 2014 年 10 月 8 日并无不当。关于逾期违约责任的承担问题，本案不同于民间借贷合同关系，《典当管理办法》规定，典当双方对当票以外的事项进行约定，不得违反法律规定。本案双方当事人在为当票配套的《最高额抵押借款合同》中对违约责任进行了明确约定："如逾期不还，按月利率 0.3%、月费率 2.7%，计算逾期利息并承担华丰典当公司实现债权的费用（包括律师代理费等）"，双方这一约定是自愿达成的，内容没有违反《典当管理办法》，故上诉人诉称违约责任过高的上诉理由不成立。关于焦点二，诉讼费用负担问题，一审计算案件受理费以原告起诉的诉讼标的为基数，按诉讼费用管理办法收取。并不以最终判决债务人实际承担清偿债务的数额重新计算诉讼费用，原审法院并未加重双方当事人的诉讼费用负担问题，故上诉人该项上诉理由亦不成立，本院不予采纳。关于争议焦点三，上诉人诉称仅欠 579 万元本金，对于欠款本金数额应结合本案证据综合分析认定。从案外人夏海燕（施妙英女婿吕泽亮所雇的财务人员）与徐顺（航华丰典当公司法定代表人）的短信记录看，关于本案的 2000 万元当金与吕泽亮与徐顺航的姐姐徐月红的 1000 万元借款的还款，都是夏海燕负责支付。上诉人诉称的 996 万元还款是 2014 年 10 月 17 日前支付的，包含在短信所称的已支付利息 1105 万元之中，而 459 万元中 55 万元（分别支付 35 万元、20 万元）已用于支付续当期间的利息，余款440 万元之后又支付 50 万元作为续当期间的利息。最后余款 390 万元，因本案典当2000 万元的债务与案外人吕泽亮借款 1000 万元债务，均由夏海燕支付还款的原因，原审法院从公平原则出发,已按上述两笔债务的比例分摊,分摊部分已用于支付当期利息。故上诉人诉称其仅欠579万元欠款本金的上述理由不能成立。综上,原审认定主要事实清楚,实体处理并无不当,上诉人的上诉理由及请求于事实和法律不符,本院不予支持。依照《中华人民共和国民事诉讼法》第一百七十条第第一款第一项之规定,判决如下:

驳回上诉,维持原判。

二审案件受理费208,450元,由上诉人施妙英负担。

本判决为终审判决。

审 判 长 高国坚

审 判 员 应 倩

审 判 员 金 莹

二〇一六年三月十四日

代书记员 张青青

【问题提示】(2)续当行为对担保责任有什么影响?

【案例十一】江苏十竹斋典当有限公司诉张长福、颜美、张汉文典当纠纷案
(2015年5月11日、2015年12月8日)

【法律点】 1. 典当双方的续当行为仅延长了典当借款期限,并未改变典当合同的其他内容,亦未终止原典当合同的权利义务,故原典当合同设立的抵押担保继续有效,典当行享有的抵押权并不因续当而消灭。典当行优先受偿权的范围以抵押登记时记载的债权数额为限。

2. 典当期内的综合费率及利率标准不得超出《典当管理办法》相关规定的上限,如典当行收取的息费已超出规定范围的,超出部分折抵当金。

3. 当事人在典当合同中约定了逾期还款后的违约金、利息以及律师费条款,其中逾期利息(包括违约金)合计已超出按照中国人民银行公布的同期同类贷款利率的四倍计付的,应予调整;但律师代理费系典当行为实现债权支出的费用,并非违约金,不应包含在逾期利息中。

【关键词】委托代理　期内利率　综合费率　续当　抵押担保责任　违约金　逾期利息　律师费

江苏省南京市中级人民法院
民事判决书

(2015)宁商终字第354号

上诉人(原审被告):张长福。

委托代理人:李志成,江苏和忠律师事务所律师。

委托代理人:宁凯。

被上诉人(原审原告):江苏十竹斋典当有限公司。

法定代表人:李亚平,该公司总经理。

委托代理人:顾剑波,江苏刘洪律师事务所律师。

委托代理人:楼琪娜,江苏刘洪律师事务所律师。

原审被告:颜美。

原审被告:张汉文。

以上两原审被告共同的委托代理人:李志成,江苏和忠律师事务所律师。

以上两原审被告共同的委托代理人:宁凯。

上诉人张长福因与被上诉人江苏十竹斋典当有限公司(以下简称十竹斋典当公司)、原审被告颜美、张汉文典当纠纷一案,不服南京市秦淮区人民法院(2014)秦商初字第1937号民事判决,向本院提起上诉。本院于2015年2月17日立案受理,并依法组成合议庭,于2015年4月13日公开开庭审理了本案。上诉人张长福及其与原审被告颜美、张汉文共同的委托代理人李志成、宁凯,被上诉人十竹斋典当公司的委托代理人顾剑波、楼琪娜到庭参加诉讼。本案现已审理终结。

十竹斋典当公司一审诉称:2012年9月,张长福、颜美、张汉文以位于南京市秦淮区中山南路387号×××室的房屋作为抵押物向十竹斋典当公司典当借款2,000,000元,双方因此签订了借款合同、抵押合同各一份,同时还办理了抵押登记。2012年9月13日,十竹斋典当公司向张长福出具了当票,并于当日将当金2,000,000元交付张长福。张长福、颜美、张汉文在典当期限届满后未按期归还典当本金,数次申请续当,十竹斋典当公司与张长福、颜美、张汉文办理了续当手续,续当至2014年7月19日。张长福、颜美、张汉文未在续当期满五日内还款,经十竹斋典当公司多次催收,张长福、颜美、张汉文仍未还款,故十竹斋典当公司诉至法院,请求依法判令:1.张长福、颜美、张汉文偿还十竹斋典当公司借款本金2,000,000元、综合费及逾期利息(逾期利息以本金2,000,000元为基数,自2014年7月20日起至实际清偿之日止,按照中国人民银行同期同类贷款基准利率四倍计算);2.张长福、颜美、张汉文支付十竹斋典当公司律师代理费80,000元;3.如张长福、颜美、张汉文不履行前述第一项、第二项债务,十竹斋典当公司有权就张长福、张汉文用于抵押的位于南京市秦淮区中山南路387号×××室的房屋优先受偿;4.本案诉讼费用由张长福、颜美、张汉文承担。

张长福、颜美、张汉文一审共同辩称:1.张长福、颜美、张汉文并非实际借款人,案外人耿屹东才是实际借款人,根据《中华人民共和国合同法》第四百零二条的规定,本案典当借款关系应直接约束案外人耿屹东，与张长福、颜美、张汉文无关。2.借款合同中约定的利率达月利率3%，已经超过中国人民银行同期同类贷款基准利率的四倍，张长福、颜美、张汉文已归还款项中超出中国人民银行同期同类贷款基准利率四倍的部分应当冲抵本金，经核算，剩余本金为1,392,000元。3.十竹斋典当公司主张律师代理费80,000元，没有事实和法律依据，律师代理费并非实现债权的必要费用；根据借款合同约定，律师代理费的承担属于违约金，违约金等所有费用的计收也不得超出中国人民银行同期同类贷款利率的四倍，十竹斋典当公司已经主张了中国人民银行公布的同期同类银行贷款基准利率四倍的逾期利息，故不能再另行主张律师代理费；借款合同中并未实际约定律师代理费的具体金额，约定不明，张长福、颜美、张汉文不应承担本案律师代理费。4.借款合同约定的当期为一个月，十竹斋典当公司与张长福多次续当，变更了借款合同期限，未经担保人颜美、张汉文的同意，故颜美、张汉文的担保责任解除。综上，请求依法驳回十竹斋典当公司的诉讼请求。

原审法院经审理查明：2012年9月13日，十竹斋典当公司（甲方、债权人）与张长福、颜美、张汉文（乙方、债务人）签订编号为20120053的《借款合同》，约定：乙方因经营需要，向甲方申请短期典当借款，经甲方审查，同意发放贷款；甲方向乙方提供最高借款额为2,000,000元；借款月费率为2.5%，月利率为0.5%；借款期限为30天，自2012年9月13日起至2012年10月12日止；本金不能按期偿还又不能取得续当手续的，视为本金逾期，在约定的息费支付日未支付息费的，视为息费逾期；凡出现本金或息费逾期的，乙方除应按逾期本金和息费的总金额的逾期时间支付正常息费外，另向甲方按逾期天数每日支付万分之五违约金；合同双方一致同意，因借款合同提起诉讼的，诉讼管辖地为甲方所在地法院；属乙方违约原因的，因此产生的全部诉讼费用、执行费用以及甲方的律师代理费和甲方为实现债权而产生的其他一切必要费用均由乙方承担。

同日，十竹斋典当公司（甲方）与张长福、颜美、张汉文（乙方）签订编号为20120053的《房地产抵押合同》，约定：为确保债务人张长福与十竹斋典当公司于2012年9月13日签订的编号为20120053号的《借款合同》项下的债权人权益，张长福、颜美、张汉文愿意提供抵押担保；主合同履行期限为30天，自2012年9月13日起至2012年10月12日止，如有变更，依主合同之约定，抵押担保继续有效；乙方抵押担保的范围包括：主合同项下全部借款本金、息费、违约金、赔偿金、实现抵押权的费用和所有其他应付的费用；乙方承担本合同项下有关的费用支出，包括但不限于律师服务、财产保险、鉴定、估价、登记、过户、保管以及诉讼费用；借款人办理延期手续后，本担保继续有效，担保人对此放弃抗辩权；本合同生效后，甲、乙双方当事人履行合同约定的义务,任何一方不履行或不完全履行本合同所约定义务的,应当承担相应的违约责任,并赔偿由此给对方造成的损失。2012 年 9 月 13 日,十竹斋典当公司与张长福、张汉文签订《南京市房地产抵押合同》一份,约定:张长福、张汉文将位于南京市秦淮区中山南路 387 号×××室的房屋抵押给十竹斋典当公司作为前述借款合同项下债务履行的担保,抵押担保的范围为主债权本金及其利息、违约金、赔偿金、实现抵押权的费用。2012 年 10 月 31 日,十竹斋典当公司与张长福、张汉文办理了抵押登记,十竹斋典当公司领取房屋他项权证,他项权证载明的债权数额为 2,000,000 元。

2012 年 9 月 13 日,十竹斋典当公司向张长福出具当票一份,当票记载:典当金额 2,000,000 元,月费率 2.5%,月利率 0.5%,典当期限为 2012 年 9 月 13 日起至 2012 年 10 月 13 日止,张长福在当票上签名确认。十竹斋典当公司以本票形式向张长福支付当金 2,000,000 元,张长福在本票复印件上签名确认。典当期限届满后,张长福、颜美、张汉文未按约偿还典当本金。十竹斋典当公司与张长福经协商后就续当事宜达成一致意见,双方续当至 2014 年 7 月 19 日,张长福已结清截至 2014 年 7 月 19 日的相关息费。张长福在续当当期届满后仍未按约归还典当本金。

另查明,本案审理过程中,十竹斋典当公司自愿将典当期限内利率调整为年利率 5.6%(折算为月利率 0.466667%),同意将张长福、颜美、张汉文已支付息费中超出月综合费率 2.5%、月利率 0.466667% 的部分冲抵本金,申请变更第一项诉讼请求,要求张长福、颜美、张汉文偿还典当借款本金 1979,084.77 元及逾期利息(逾期利息以本金 1979,084.77 元为基数,自 2014 年 7 月 20 日起至实际清偿之日止,按照中国人民银行公布的同期同类银行贷款基准利率四倍计算)。

原审法院认为:十竹斋典当公司作为经批准设立的典当行,有权依照《典当管理办法》的规定开展典当业务。十竹斋典当公司与张长福、颜美、张汉文签订的《借款合同》《房地产抵押合同》《南京市房地产抵押合同》均系各方当事人的真实意思表示,合法有效,受法律保护。本案的争议焦点如下:1. 张长福、颜美、张汉文是否应承担还款责任;2. 十竹斋典当公司主张的当期内息费标准、典当借款本金余额、典当期限届满后的逾期利息计算是否准确;3. 十竹斋典当公司主张的律师代理费是否应由张长福、颜美、张汉文承担;4. 张汉文的抵押担保责任是否已经解除。针对本案的争议焦点,原审法院评析如下:

1. 关于张长福、颜美、张汉文是否应当承担还款义务的问题。张长福、颜美、张汉文认为其并非实际的借款人,本案实际借款人为耿屹东,张长福、颜美、张汉文系耿屹东的代理人,十竹斋典当公司亦知晓耿屹东为实际借款人,根据《中华人民共和国合同法》第四百零二条的规定,典当关系应直接约束实际借款人耿屹东和十竹斋典当公司。十竹斋典当公司对此不予认可,认为张长福、颜美、张汉文向十竹斋典当公司借款后给他人使用,并不影响张长福、颜美、张汉文还款义务的承担。原审法院认为,《中华人民共和国合同法》第四百零二条规定,受托人以自己的名义,在委托人的授权范围内与第三人订立的合同,第三人在订立合同时知道受托人与委托人之间的代理关系的,该合同直接约束委托人和第三人,但有确切证据证明该合同只约束受托人和第三人的除外。本案中,张长福、颜美、张汉文主张其系受案外人耿屹东之委托代理耿屹东向十竹斋典当公司借款,且十竹斋典当公司明知该代理行为,对此应付举证责任,张长福、颜美、张汉文并未举证证明张长福、颜美、张汉文系受耿屹东之委托代理耿屹东向十竹斋典当公司借款,亦不能证明十竹斋典当公司在订立合同时知道张长福、颜美、张汉文与耿屹东之间的代理关系,对此应承担举证不能的法律后果。此外,《中华人民共和国合同法》第四百零三条规定,受托人以自己的名义与第三人订立合同时,第三人不知道受托人与委托人之间的代理关系的,受托人因第三人的原因对委托人不履行义务,受托人应当向委托人披露第三人,委托人因此可以行使受托人对第三人的权利,但第三人与受托人订立合同时如果知道该委托人就不会订立合同的除外。受托人因委托人的原因对第三人不履行义务,受托人应当向第三人披露委托人,第三人因此可以选择受托人或者委托人作为相对人主张其权利,但第三人不得变更选定的相对人。据此,即使张长福、颜美、张汉文系受耿屹东的委托代理耿屹东以张长福、颜美、张汉文本人名义向十竹斋典当公司借款,在十竹斋典当公司不知道张长福、颜美、张汉文与耿屹东之间代理关系的情况下,十竹斋典当公司仍有权选择向张长福、颜美、张汉文主张权利。综上,张长福、颜美、张汉文提出的该项抗辩意见,无事实和法律依据,原审法院不予采纳。

2. 关于当期内息费标准、典当本金余额及当期届满后的逾期利息计算标准问题。十竹斋典当公司主张当期内综合费按月综合费率2.5%,月利率5%计算,张长福、颜美、张汉文认为上述息费标准已经超出中国人民银行公布的同期同类银行贷款基准利率的四倍,故超出部分不应予以保护,张长福已归还的款项中超出中国人民银行公布的同期同类银行贷款基准利率的四倍的部分应当冲抵本金。原审法院认为,十竹斋典当公司与张长福、颜美、张汉文签订的借款合同中明确约定了当期内的典当综合费率为2.5%,该约定符合《典当管理办法》的规定,合法有效;十竹斋典当公司在当期内按照双方约定计收综合费用并无不当,对张长福、颜美、张汉文提出的相关抗辩意见,原审法院不予采纳;借款合同中约定的利率为月利率0.5%(折算为年利率6%),已经超出中国人民银行公布的同期同类银行贷款基准利率5.6%,不符合《典当管理办法》

的规定,庭审中,十竹斋典当公司自愿调整当期内的利率,主张按照同期同类贷款利率5.6%(折算为月利率0.466667%)计收利息,同意将张长福、颜美、张汉文已支付息费中超过月综合费率2.5%、月利率0.466667%的部分冲抵本金,故主张借款本金为1979,084.77元,上述主张符合法律规定,原审法院予以支持。典当期限届满后,不得再收取综合费用,根据《借款合同》的约定,凡出现本金或息费逾期的,张长福、颜美、张汉文除应按逾期本金和息费的总金额的逾期时间支付正常息费外,还需另向十竹斋典当公司按逾期天数每日支付万分之五违约金。上述约定中,违约金、利息合计已超出中国人民银行公布的同期同类贷款利率的四倍,十竹斋典当公司主张按中国人民银行公布的同期同类贷款基准利率四倍计算逾期利息,该主张符合法律规定,原审法院予以支持。综上,十竹斋典当公司主张张长福、颜美、张汉文偿还典当本金1979,084.77元及逾期利息(以本金1979,084.77元为基数,自2014年7月20日起至实际清偿之日止,按照中国人民银行公布的同期同档次银行贷款利率的四倍计收逾期利息)的主张,合法有据,原审法院予以支持。

3. 关于律师代理费的承担问题。张长福、颜美、张汉文认为,十竹斋典当公司主张的律师代理费属于违约金的一种,在十竹斋典当公司已主张按照中国人民银行公布的同期银行贷款利率四倍计收逾期利息的情况下,其主张的律师代理费不应得到支持;此外,十竹斋典当公司与张长福、颜美、张汉文签订的借款合同中并未明确约定律师代理费的金额,应视为约定不明,故张长福、颜美、张汉文不应承担律师代理费。原审法院认为,十竹斋典当公司与张长福、颜美、张汉文之间签订的借款合同中明确约定,因借款人违约,十竹斋典当公司为实现债权而支付的律师代理费应由张长福、颜美、张汉文承担,该约定并不违反法律、法规的强制性规定,合法有效;张长福、颜美、张汉文主张律师费属于违约金应包含在中国人民银行同期贷款利率四倍中计算的抗辩意见,无事实和法律依据,原审法院不予支持。

4. 关于张汉文抵押担保责任是否解除的问题。颜美、张汉文主张,十竹斋典当公司与张长福通过续当变更主合同的履行期限,未经颜美、张汉文同意,故颜美、张汉文的抵押担保责任解除,不应承担抵押担保责任。原审法院认为,案涉抵押物登记所有权人为张长福和张汉文,对外公示的所有权人为张长福和张汉文;办理抵押登记的《南京市房地产抵押合同》中作为抵押人签名的也为张长福、张汉文,颜美并非登记的所有权人,颜美亦在抵押合同上签名同意将案涉房屋抵押给十竹斋典当公司作为借款合同项下债务履行的担保,即不论颜美是否为案涉房屋的实际所有权人,南京市房地产抵押合同均合法有效,且已办理抵押登记,十竹斋典当公司对案涉房屋享有抵押权。

抵押合同中约定，借款人办理延期手续后，抵押担保继续有效，担保人对此放弃抗辩权；此外，张汉文、颜美本身亦是借款人，故张汉文、颜美提出的担保责任解除的抗辩意见，无事实和法律依据，原审法院不予支持。抵押登记既是抵押合法设立的必要条件，同时也是对外公示的方式。当事人未办理抵押登记的，不得对抗第三人。据此，抵押登记时记载的债权数额才是债权人优先受偿权范围，因此十竹斋典当公司对抵押房屋享有的优先受偿权范围应当以他项权证记载的债权数额2,000,000元为限。综上，十竹斋典当公司主张对张长福、张汉文用于抵押的位于南京市秦淮区中山南路387号×××室的房屋在登记债权数额2,000,000元范围内享有优先受偿权的诉讼请求，合法有据，原审法院予以支持；超出部分，原审法院不予支持。

综上，依照《中华人民共和国合同法》第八条、第四十四条、第六十条第一款、第六十条、第二百零五条、第二百零六条、第二百零七条，《中华人民共和国担保法》第三十三条，《中华人民共和国物权法》第一百七十九条，参照《典当管理办法》第三条、第三十六条、第三十八条、第四十条，《中华人民共和国民事诉讼法》第六十四条第一款、第一百四十二条之规定，原审法院判决：一、张长福、颜美、张汉文于判决发生法律效力之日起十日内偿还江苏十竹斋典当有限公司典当本金1979,084.77元并支付逾期利息（逾期利息以本金1979,084.77元为基数，自2014年7月20日起至实际清偿之日止，按中国人民银行公布的同期同类银行贷款基准利率的四倍计算）。二、张长福、颜美、张汉文于判决发生法律效力之日起十日内支付十竹斋典当公司律师代理费80,000元。三、如张长福、颜美、张汉文不履行上述第一项、第二项判决主文所确定的债务，江苏十竹斋典当有限公司有权依法处置张长福、张汉文用于抵押的位于南京市秦淮区中山南路387号×××室的房屋，并以折价或拍卖、变卖上述抵押物所得价款登记债权数额2,000,000元范围内优先受偿。四、驳回江苏十竹斋典当有限公司其他诉讼请求。如果未按判决指定的期间履行给付金钱义务，应当依照《中华人民共和国民事诉讼法》第二百五十三条之规定，加倍支付迟延履行期间的债务利息。一审案件受理费23,520元，由张长福、颜美、张汉文负担（张长福、颜美、张汉文应负担的诉讼费用已由江苏十竹斋典当有限公司向原审法院预交，张长福、颜美、张汉文在判决发生法律效力之日起十日内向江苏十竹斋典当有限公司支付）。

张长福不服原审法院判决，向本院提出上诉称：1.案涉借款系张长福受耿屹东委托，以自己的名义向十竹斋典当公司申请的借款，张长福所得借款全部交付耿屹东，本案的实际借款人及用款人均为耿屹东。签订借款合同时，十竹斋典当公司知道张长福与耿屹东之间的代理关系，本案典当借款合同直接约束耿屹东和十竹斋典当公司。原审法院未追加耿屹东为被告,属于程序违法。2. 依据江苏省高级人民法院关于审理民间借贷纠纷案件的会议纪要的规定,“经政府有关部门批准设立的典当行、小额贷款公司、农村资金互助合作社等机构发放贷款的,属于民间借贷”。十竹斋典当公司发放的贷款属于民间借贷,借款合同约定的综合费、利息合计超过按银行贷款利率四倍计算的利息的部分,应认定无效。3. 典当的主体是张长福、张汉文、颜美三人,而续当的主体是张长福。典当借款主体的变更不仅证明十竹斋典当公司在续当时免除张汉文、颜美的还款责任及担保责任,也证明这是名为续当实为转当即借新还旧,十竹斋典当公司的抵押权消灭。张长福与十竹斋典当公司对借款的履行期限共作出了 30 次展期,应视为对原借款合同实质性的变更,双方已形成新的法律关系,原债权债务关系消灭。4. 合同约定的律师费系借款人违约以后承担的付款责任,该约定属于违约金条款。原审判决张长福支付逾期利息及律师费的数额已超过按银行贷款利率四倍计算的利息。合同的条款应当明确具体,而合同中没有对律师费的数额或者计算方法作出明确约定。律师费不属于为实现债权而产生的必要费用,张长福、张汉文、颜美不应承担律师费。综上,请求变更原审判决第一项为张长福偿还十竹斋典当公司典当本金 1, 390, 200 元,撤销原审判决第二项,由十竹斋典当公司负担全部诉讼费用。

被上诉人十竹斋典当公司答辩称:1. 张长福、张汉文、颜美系典当借款人,签订借款合同时,十竹斋典当公司并不知道张长福与耿屹东之间存在代理关系,案涉借款合同与耿屹东无关。原审法院未追加耿屹东为本案被告,没有违反法定程序。2. 典当借款合同约定的月利率过高,对于借款人超过标准支付的利息,原审判决已在借款本金中予以扣除。按照《典当管理办法》的规定,十竹斋典当公司有权收取相关综合费用。3. 续当和典当是同笔债务,张汉文和颜美不仅是抵押担保人,也是借款人,其负有还款责任和担保责任。4. 双方在借款合同中明确约定,如张长福、张汉文、颜美违约,十竹斋典当公司支出的律师代理费由张长福、张汉文、颜美承担。该律师代理费的数额在订立合同时尚不能确定,因此不可能在合同中予以明确。综上,请求驳回张长福的上诉请求,维持原判。

原审被告张汉文、颜美同意上诉人张长福的上诉意见。

各方当事人在二审中未提供新的证据。

本院经审理查明,原审法院查明的事实属实,本院予以确认。

综合双方的诉辩意见,本院归纳二审争议焦点为:1. 张长福、颜美、张汉文是否系借款合同当事人;2. 借款合同中约定的息费合计超过按银行四倍贷款利率计算的利息的部分,其效力应如何认定;3. 张汉文、颜美是否因张长福续当而免于承担还款责任;4. 抵押权是否因续当而消灭;5. 张长福、颜美、张汉文应否赔偿十竹斋典当公司支出的律师代理费。

本院认为：1. 十竹斋典当公司系经批准设立的典当行，张长福、颜美、张汉文与该公司签订了《借款合同》，将其所有的房产作为抵押给该公司，并收取了借款200万元，双方之间已形成借贷关系。张长福、颜美和张汉文为该借贷关系当事人。张长福辩称其受耿屹东委托向十竹斋典当公司借款，十竹斋典当公司知道其与耿屹东之间的代理关系，但未能举证予以证明，故本院对其抗辩不予采信。耿屹东非借贷当事人，原审法院未追加耿屹东为本案被告，程序并无不当。2. 张长福、颜美、张汉文与十竹斋典当公司签订的借款合同，应适用《典当管理办法》的规定。《典当管理办法》第三十八条规定，典当综合费用包括各种服务及管理费用。其中房地产抵押典当的月综合费率不得超过当金的27‰。本案中，《借款合同》约定月综合费率为2.5%，未超过《典当管理办法》规定的月综合费率上限，应认定有效。对张长福认为《借款合同》约定的息费合计超过按银行四倍贷款利率计算的利息的部分无效的上诉理由，本院不予采纳。3. 十竹斋典当公司与张长福续当，仅延长了借款期限，并未改变合同的其他内容，亦未终止原合同的权利义务。续当后，张长福、颜美和张汉文作为债务人，仍应承担清偿债务的责任。张长福提出颜美和张汉文因续当不应承担责任、抵押权因续当而消灭的上诉理由，不能成立，本院不予采纳。4.《借款合同》约定，因张长福、颜美和张汉文违约，十竹斋典当公司为实现债权而支付的律师代理费应由张长福、颜美和张汉文承担。该律师代理费非《借款合同》约定的违约金，张长福、颜美和张汉文除支付违约金外，应按上述约定赔偿十竹斋典当公司已支付的律师代理费。对张长福认为合同约定的律师代理费系违约金，两者合计不应超过按银行贷款利率四倍计算的利息的主张，本院不予采信。综上，上诉人张长福的上诉请求缺乏事实和法律依据，本院不予支持。原审判决认定事实清楚，适用法律正确，应予维持。据此，依照《中华人民共和国民事诉讼法》第一百七十条第一款第一项的规定，判决如下：

驳回上诉，维持原判决。

二审案件受理费10,489元，由上诉人张长福负担。

本判决为终审判决。

审 判 长　赵　屹
代理审判员　周宏跃
代理审判员　李　剑
二〇一五年五月十一日
书 记 员　沈　林

附：

江苏省高级人民法院
民事裁定书

(2015)苏审三商申字第00366号

再审申请人(一审被告、二审上诉人):张长福。

委托代理人:丁明胜,江苏朗华律师事务所律师。

再审申请人(一审被告):颜美。

委托代理人:丁明胜,江苏朗华律师事务所律师。

再审申请人(一审被告):张汉文。

委托代理人:丁明胜,江苏朗华律师事务所律师。

被申请人(一审原告、二审被上诉人):江苏十竹斋典当有限公司。住所地:江苏省南京市中山东路。

法定代表人:李亚平,该公司总经理。

委托代理人:顾剑波,江苏刘洪律师事务所律师。

再审申请人张长福、颜美、张汉文因与被申请人江苏十竹斋典当有限公司(以下简称十竹斋典当公司)典当纠纷一案,不服江苏省南京市中级人民法院(2015)宁商终字第354号民事判决,向本院申请再审。本院依法组成合议庭对本案进行了审查,现已审查终结。

张长福、颜美、张汉文申请再审称:1. 张长福申请追加耿屹东为被告,但一审法院认为十竹斋典当公司有权选择被告,未予追加耿屹东为被告。颜美、张汉文在2012年10月12日借款到期后,没有继续以借款人、担保人身份签字确认,《房地产抵押合同》并没有明确约定担保期限,十竹斋典当公司在法定的担保期限内也未就颜美、张汉文产权份额行使担保权,视为已丧失对颜美、张汉文的担保物权,颜美、张汉文不应当是本案被告。2. 二审法院审理过程中,张长福、颜美、张汉文重新委托了代理律师要求阅卷,但未得到二审法院同意。且将判决书寄到已没有代理权的原代理律师处。3. 本案借款本金应为194万元而非一、二审判决认定的200万元。4. 综合费、利息、违约金、逾期利息等合计超过中国人民银行同期同类贷款利率四倍的,不应得到法律支持。5. 案涉南京市中山南路387号×××室抵押权是受到十竹斋典当公司诱导、欺骗伪造第二套住房证明而设立的,该抵押应当认定无效。综上,依据《中华人民共和国民事诉讼法》第二百条第二项、第九项的规定,请求再审本案。

十竹斋典当公司提交意见称:1. 一审法院未追加耿屹东为被告符合法律规定,张长福主张耿屹东委托其借款,但在一、二审中均未能提供证据证明。2. 根据典当行的管理办法,综合费系典当行收取的服务费,不属于利息范围。对超出银行同期贷款的利息已予以了扣除。3. 十竹斋典当公司是将200万元的本票交张长福本人,故借款本金200万元没有争议。4. 张长福认为十竹斋典当公司伪造第二套住房的证明,未能提供证据。5. 对于律师费合同中有约定,且没有超过相关部门的收费标准。综上,请求依法驳回张长福、颜美、张汉文的再审申请。

本院认为:1. 张长福辩称其受耿屹东委托向十竹斋典当公司借款,十竹斋典当公司知道其与耿屹东之间的代理关系。在十竹斋典当公司未予认可的情况下,张长福等未能举证证明。耿屹东非借贷当事人,一审法院未追加耿屹东为被告并无不当。十竹斋典当公司与张长福续当,仅延长了借款期限,并未改变合同的其他内容,亦未终止原合同的权利义务。续当后,债务数额并未发生变化,张长福、颜美和张汉文作为债务人,仍应承担清偿债务的责任。颜美和张汉文认为因续当不应承担责任、抵押权因续当而消灭的理由不能成立。

2.《典当管理办法》第三十八条规定,典当综合费用包括各种服务及管理费用,其中房地产抵押典当的月综合费率不得超过当金的27‰。本案中,《借款合同》约定月综合费率为2.5%,未超过《典当管理办法》规定的月综合费率上限,应认定有效。对张长福认为《借款合同》约定的息费合计超过按银行四倍贷款利率计算的利息的部分无效的理由,本院不予采纳。

3. 张长福认为本案借款本金应为194万元而非一、二审判决认定的200万元及案涉南京市中山南路387号×××室抵押权是受到十竹斋典当公司诱导、欺骗伪造第二套住房证明而设立的,该抵押应当认定无效,但未能提供证据证明,故一、二审判决未予支持并无不当。

4. 张长福、颜美、张汉文于2015年5月13日重新委托了代理律师丁明胜,丁明胜于2015年5月14日向二审法院提交授权委托书,但本案已于2015年5月11日作出判决且送达,故二审法院未变更代理人及向原代理人送达法律文书程序并无违法。

综上,张长福、颜美、张汉文的再审申请不符合《中华人民共和国民事诉讼法》第二百条规定的情形。依照《中华人民共和国民事诉讼法》第二百零四条第一款的规定，裁定如下：

驳回张长福、颜美、张汉文的再审申请。

审　判　长　韩　祥
代理审判员　杜三军
代理审判员　陈　强
二〇一五年十二月八日
书　记　员　江亮珍

【案例十二】江苏十竹斋典当有限公司诉南京麦考伦贸易有限公司、吴小山等典当纠纷案（2016年3月21日）

【法律点】 1. 典当期内或典当期限届满后5日内，经典当双方同意可以续当，续当一次的期限最长为6个月。但续当不影响典当行对依据原典当合同有效设立的股权质押享有质权担保。

2. 续当的性质属于延长债务履行期限，如保证合同明确约定协议变更包括延长债务履行期限等内容在内的主合同主要条款的，应当事先征得保证人的书面同意的，则典当双方协议续当应事先征得保证人的书面同意，否则保证人对典当借款不承担保证责任。

【关键词】 续当　协议变更　延长债务履行期限　书面同意　保证责任

南京市秦淮区人民法院
民事判决书

(2015)秦商初字第961号

原告：江苏十竹斋典当有限公司，住所地南京市秦淮区中山东路。

法定代表人：李亚平，总经理。

委托代理人：顾剑波，江苏刘洪律师事务所律师。

委托代理人：楼琪娜，江苏刘洪律师事务所实习律师。

被告：南京麦考伦贸易有限公司，住所地南京市玄武区长江路。

法定代表人：王学连。

被告：王玉蓉。

委托代理人：王雷，江苏佳民律师事务所律师。

被告:王学连。

委托代理人:洪磊杰,江苏苏延律师事务所律师。

委托代理人:黄宇婷,江苏苏延律师事务所律师。

被告:吴小山。

委托代理人:洪磊杰,江苏苏延律师事务所律师。

委托代理人:曹剑桥,江苏苏延律师事务所律师。

原告江苏十竹斋典当有限公司(以下简称十竹斋公司)与被告南京麦考伦贸易有限公司(以下简称麦考伦公司)、王玉蓉、王学连、吴小山典当纠纷一案,原告十竹斋公司于2015年4月23日向本院起诉,本院于同日立案受理,依法组成合议庭适用普通程序,于2016年1月11日公开开庭进行了审理。原告十竹斋公司的委托代理人顾剑波,被告王学连、吴小山的委托代理人洪磊杰到庭参加诉讼。被告麦考伦公司、王玉蓉经本院合法传唤,无正当理由拒不到庭,本院依法缺席审理。本案现已审理终结。

原告十竹斋公司诉称,麦考伦公司因自身经营需要,向十竹斋公司典当借款1,500,000元,双方于2013年7月29日签订借款合同,约定借款期限自2013年7月29日起至2013年8月27日止,借款月综合费率2.4%,月利率0.75%,麦考伦公司应按约定的期限支付服务费、利息并偿还本金,凡出现本金或者息费逾期的,麦考伦公司除应按逾期本金和息费的总金额和逾期时间支付正常息费外,还另向十竹斋公司按逾期天数每日支付万分之五违约金;王玉蓉、王学连与十竹斋公司签订股权质押合同,以其两人所有的麦考伦公司的全部股权向十竹斋公司提供质押担保,质押担保的范围包括主合同项下贷款本金、利息及费用;王玉蓉、吴小山同意为麦考伦公司提供连带责任保证,担保范围包括主债权及利息、违约金、赔偿金和十竹斋公司为实现债权而发生的包括诉讼费、律师费在内的费用。十竹斋公司于2013年7月30日按麦考伦公司的指令将典当借款1,500,000元通过银行转账方式支付给王玉蓉。此后,麦考伦公司未能在双方约定的时间偿还借款本息,故办理续当手续至2014年2月23日,但当期届满后麦考伦公司仍未按约偿还借款本息,经十竹斋公司多次催要无果。十竹斋公司遂诉至法院,请求依法判令:1. 麦考伦公司偿还典当借款本金1,500,000元并支付自2014年2月25日起至实际支付之日止以本金1,500,000元为基数按中国人民银行同期同类贷款利率四倍标准计算的利息、违约金;2. 如麦考伦公司不偿还上述第1项诉请所列款项,十竹斋公司对于王玉蓉、王学连用于质押的麦考伦公司的100%股权折价或者拍卖、变卖所得价款享有优先受偿权;3. 麦考伦公司承担十竹斋公司支出的律师费72,000元;4. 王玉蓉、吴小山对第1.3项诉讼请求承担连带保证责任;5. 本案诉讼费用由麦考伦公司、王玉蓉、王学连、吴小山承担。

被告麦考伦公司未作答辩,亦未向本院提交证据。

被告王玉蓉辩称,十竹斋公司于2013年7月29日与麦考伦公司签订的《借款合同》约定借款期限为30天,即从2013年7月29日至2013年8月27日,合同并未对续当事宜作出约定。王玉蓉在与十竹斋公司签订的《保证合同》中约定王玉蓉对于2013年7月29日的《借款合同》承担保证担保责任,《保证合同》明确约定:债权人与债务人协议变更主合同主要条款的,应当事先征得保证人的书面同意,否则保证人不承担对主合同的任何担保责任。主合同的主要条款变更包括但不限于延长债务履行期限。续当即延长当期,是变更合同主要条款的民事法律行为。案涉借款当票、《借款合同》、《保证合同》均未对续当进行约定,故债权人与债务人办理续当,需得到保证人的书面认可,否则保证人将不再承担担保责任。由于本案债权人与债务人在当期届满后多次办理续当,多次延长借款期限,均未按合同约定取得保证人的书面同意,故王玉蓉对于续当后的借款无须承担连带担保责任。典当借款实属民间借贷法律关系,根据江苏省高级人民法院关于审理民间借贷纠纷案件的会议纪要的规定,典当公司收取的各项费用、利息累计不得超出中国人民银行同期同类贷款基准利率的四倍,超出部分不予保护。故对于十竹斋公司主张的利息、费用,应由法院依法计算。十竹斋公司未提供律师费发票,且律师费收取偏高,转账记录不能证明系支付本案律师费用。故对其律师费主张不予认可。请求法院驳回十竹斋公司的诉讼请求。

被告王学连辩称,由于麦考伦公司未到庭,对于是否存在借款1,500,000元的事实不能确认,如借款事实不存在,则王学连无须承担担保责任。十竹斋公司主张按人民银行同期同类贷款基准利率的四倍计算利息无事实及法律依据,对此不予认可,且十竹斋公司已主张利息,不应再主张违约金。根据王玉蓉提供的银行流水,其已向十竹斋公司偿还部分本息。请求法院依法判决。

被告吴小山辩称,同意王学连的答辩意见。另外,十竹斋公司与王玉蓉、吴小山签订的《保证合同》明确约定当主合同延长债务履行期限时,应当事先征得王玉蓉和吴小山的书面同意,否则王玉蓉和吴小山不承担对主合同的任何担保责任。案涉借款几次续当,延长了债务履行期限,但均未征得王玉蓉和吴小山的书面同意,故王玉蓉及吴小山均无需承担保证责任。请求法院依法判决。

经审理查明,王学连、王玉蓉系麦考伦公司的股东。2013年7月29日,麦考伦公司召开由王学连、王玉蓉参加的股东会,作出股东会决议,该公司股东一致同意向十竹斋公司借款1,500,000元。王学连、王玉蓉分别在上述股东会决议"全体股东签章"

处签名并摁手印。同日,十竹斋公司(甲方)与麦考伦公司(乙方)签订编号为20130047号的《借款合同》1份,约定甲方同意向乙方发放典当借款1,500,000元用于经营,借款的月费率为2.4%,月利率为0.75%,借款期限30天,自2013年7月29日起至2013年8月27日止;本金不能按期偿还又不能取得续当手续的,视为本金逾期,在约定的息费支付日未支付息费的,视为息费逾期,凡出现本金或息费逾期的,乙方除应按逾期本金和息费的总金额和逾期时间支付正常息费外,另向甲方按逾期天数每日支付万分之五违约金;双方一致同意,因本合同提起诉讼的,诉讼管辖地为甲方所在地法院,属乙方违约原因的,因此产生的全部诉讼费用、执行费用以及甲方的律师代理费和甲方为实现债权而产生的其他一切必要费用均由乙方承担。2013年7月29日,十竹斋公司与王学连、王玉蓉分别签订《股权质押合同》各1份,约定王学连、王玉蓉分别以其二人在麦考伦公司投资的全部股权及其派生的100%权益作为麦考伦公司与十竹斋公司签订的前述《借款合同》项下债务履行的质押担保;质押担保的债权为十竹斋公司依借款合同向麦考伦公司发放的1,500,000元贷款;麦考伦公司不按质押项下合同规定如期偿还贷款本息、利息及费用时,十竹斋公司有权依法定方式处分质押股权及其派生权益,所得款项及权益优先清偿贷款本息。同日,双方就上述股权质押在南京市工商行政管理局玄武分局办理质押登记,王玉蓉、王学连经核准出质的股权数额分别为255,000元、245,000元。

2013年7月29日,王玉蓉、吴小山(保证人)与十竹斋公司(债权人)签订《保证合同》1份,约定为确保20130047号《借款合同》(即主合同)的履行,保证人愿意为债务人与债权人依主合同所形成的债务提供连带责任保证,保证担保的范围为债权本金1,500,000元及利息(包括复利和罚息)、违约金、赔偿金和债权人实现债权而发生的费用(包括但不限于诉讼费、仲裁费、财产保全费、差旅费、执行费、评估费、拍卖费、律师费等);保证期限自本合同生效之日起至主合同项下的债务履行本金、利息(包括复利和罚息)、违约金、赔偿金以及债权人实现债权而发生的费用(包括但不限于诉讼费、仲裁费、财产保全费、差旅费、执行费、评估费、拍卖费、律师费等)全部清偿完毕止;债权人与债务人协议变更主合同主要条款的,应当事先征得保证人书面同意,否则保证人不承担对主合同的任何担保责任,主合同的主要条款变更包括但不限于:(1)延长债务履行期限;(2)增加债权本金金额;(3)提高费率及利率。十竹斋公司(债权人)与吴小山、甘肃智道元农业开发有限公司(保证人)另行签订《保证合同》1份,约定:为确保债权人与债务人(麦考伦公司)签订的典当《借款合同》的履行,保证人愿意为债务人在主合同项下的债务提供连带责任保证;主债权为债务人向债权人借款

1,500,000元整,主合同约定借款期限为30天,自2013年7月29日至2013年8月27日;保证担保范围为主合同项下全部债权,包括但不限于全部本金、利息、违约金、赔偿金、债权人实现债权与担保权利而发生的费用(包括但不限于诉讼费、仲裁费、财产保全费、差旅费、执行费……律师费等);保证期限自本合同生效之日起至主合同项下债务履行期限届满之日后两年止;债权人与债务人协议变更主合同,应经保证人书面同意,未经保证人事先同意,债权人与债务人协议增加债权本金金额的、提高费率或利率的或延长债务履行期限的,保证人仅依照本合同的约定对变更前的主合同项下债务承担连带保证责任;不论债权人对主合同项下的债权是否拥有其他担保(包括但不限于保证、抵押、质押、保函等担保方式),不论上述其他担保何时成立、是否有效、债权人是否向其他担保人提出权利主张,也不论是否有第三方同意承担主合同项下的全部或部分债务,也不论其他担保是否由债务人自己所提供,保证人在本合同项下的保证责任均不因此减免,债权人均可在要求处分债务人提供的抵押物前,或向债务人、其他担保人提出权利主张前直接要求保证人依照本合同约定的在其保证范围内承担保证责任,保证人放弃《物权法》第一百七十六条所规定的要求债权人应当先就该物的担保实现债权的权利。

2013年7月30日,十竹斋公司向麦考伦公司出具当票。当票载明:典当金额1,500,000元,典当期限自2013年7月29日起至2013年8月27日止;综合费用36,000元,实付金额1,464,000元;月费率2.4%,月利率0.75%。麦考伦公司在当票中盖章确认。同日,十竹斋公司根据麦考伦公司出具的《委托付款通知》,将前述典当借款1,500,000元通过华夏银行电子银行转账支付至王玉蓉的银行账户。《借款合同》到期后,麦考伦公司连续6次续当,续当凭证记载的续当期限分别为:2013年8月起至2013年9月26日止、2013年9月起至2013年10月26日止、2013年10月起至2013年11月25日止、2013年11月起至2013年12月25日止、2013年12月起至2014年1月24日止、2014年1月起至2014年2月23日止,续当时应支付综合费用36,000元及上期利息11,250元,合计47,250元。麦考伦公司分别于2013年8月20日、9月9日通过案外人甘肃广颖商贸有限责任公司银行账户、9月27日通过王玉蓉的银行账户、11月1日以现金方式向十竹斋公司各支付47,250元,于2013年12月31日通过案外人刘志琴的银行账户向十竹斋公司支付56,700元。续当期限届满后,麦考伦公司未再办理续当,王玉蓉分别于2014年4月30日、6月30日、8月1日向十竹斋公司转账支付10,000元、10,000元、150,000元,此后麦考伦公司未再还款。

十竹斋公司对于上述还款作如下确认:2013年8月20日支付47,250元系支付当期内(2013 年 7 月 29 日至 2013 年 8 月 27 日)的综合费、利息;2013 年 9 月 9 日支付 47,250 元系支付第一次续当期间(2013 年 8 月 28 日至 2013 年 9 月 26 日)的综合费、利息;2013 年 9 月 27 日支付 47,250 元系支付第二次续当期间(2013 年 9 月 27 日至 2013 年 10 月 26 日)的综合费、利息;2013 年 11 月 1 日支付 47,250 元系支付第三次续当期间(2013 年 10 月 27 日至 2013 年 11 月 25 日)的综合费、利息;2013 年 12 月 31 日支付 56,700 元中 47,250 元系支付第四次续当期间(2013 年 11 月 26 日至 2013 年 12 月 25 日)的综合费、利息,剩余 9450 元用于支付第五次续当期间(2013 年 12 月 26 日至 2014 年 1 月 24 日)的综合费、利息,截至续当期间届满之日(2014 年 2 月 23 日),麦考伦公司尚欠借款本金 1,500,000 元,综合费、利息 85,050 元(应付综合费、利息 47,250 元 ×7 个月 – 已付综合费、利息合计 245,700 元)。2014 年 4 月 30 日、6 月 30 日、8 月 1 日三次还款合计 170,000 元均系支付逾期利息。王玉蓉提出对于当期内及续当期间支付的利息、综合费的总额超出 24% 的部分应当视为偿还本金。王学连、吴小山提出上述还款均系偿还本金。

另查明,十竹斋公司为催要借款诉至本院,并委托江苏刘洪律师事务所律师代理诉讼,支出律师代理费 72,000 元。

以上事实,有麦考伦公司股东会决议、20130047 号的《借款合同》1 份、《股权质押合同》及南京市工商行政管理局玄武分局公司股权出质准予设立登记通知书各 2 份、《保证合同》2 份、当票 1 张、《委托付款通知》及华夏银行电子银行转账凭证各 1 份、续当凭证 6 张、上海浦东发展银行贷记通知、收据、户名为王玉蓉的中国民生银行个人账户对账单、户名为刘志琴的户口历史交易明细表、委托代理协议、律师费发票、进账凭证及当事人陈述等证据证实。

本院认为,依法成立的合同,受法律保护。本案中,十竹斋公司与麦考伦公司签订的《借款合同》、当票、续当凭证,与王玉蓉、王学连分别签订的《股权质押合同》均系各方当事人的真实意思表示,且不违反法律、行政法规的强制性规定,应当认定为合法有效。十竹斋公司依约向麦考伦公司发放借款 1,500,000 元,已经履行了合同约定的义务。麦考伦公司亦应承担按约偿还借款及支付典当期内综合费及利息的义务。但案涉《借款合同》的还款期限届满后,麦考伦公司连续 6 次续当,在续当期届满后未再续当,亦未赎当,应视为绝当,双方典当关系终止。故十竹斋公司主张麦考伦公司偿还借款本金 1,500,000 元的诉讼请求,符合合同约定及法律规定,本院应予支持。根据《典当管理办法》第三十七条、第三十九条的规定,典当当金利率按中国人民银行公布的银行机构 6 个月期法定贷款利率及典当期限折算后执行;典当期内或典当期限届满后

5 日内,经双方同意可以续当,续当一次的期限最长为 6 个月。续当期自典当期限或者前一次续当期限届满日起算,续当时,当户应当结清前期利息和当期费用。本案中,十竹斋公司在 2013 年 7 月 30 日向麦考伦公司实际交付当金 1,500,000 元,一个月当期期满后,双方连续 6 次续当,麦考伦公司分别于 2013 年 8 月 20 日、9 月 9 日、9 月 27 日通过案外人甘肃广颖商贸有限责任公司及王玉蓉的银行账户、11 月 1 日以现金方式向十竹斋公司各支付 47,250 元,均是按照当金 1,500,000 元支付当期利息及综合费用。此后,麦考伦公司于 2013 年 12 月 31 日通过案外人刘志琴的银行账户向十竹斋公司支付 56,700 元,用于支付第四次续当期间的利息及综合费用 47,250 元,余款 9450 元尚不足以支付第五次、第六次续当期间的利息及综合费用。故截至续当期间届满之日的 2014 年 2 月 23 日,麦考伦公司尚欠续当期间的综合费、利息 85,050 元。王玉蓉提出对于当期内及续当期间支付的利息、综合费的总额超出年利率 24% 的部分应当视为偿还本金。对此,本院认为,根据《典当管理办法》第三十八条的规定,典当综合费包括各种服务及管理费用,财产权利质押典当的月综合费率不得超过当金的 24‰。由此可见,典当综合费有别于利息,案涉典当综合费的收取及计费标准并不违反法律及行政法规的强制性规定,故王玉蓉的上述抗辩事由无事实及法律依据,本院不予采纳。王学连、吴小山提出上述还款均系偿还本金,违反《典当管理办法》关于续当时当户应当结清前期利息和当期费用的规定,本院对此亦不予采纳。

典当期限届满后,不得再收取综合费用。《借款合同》约定,凡出现本金或息费逾期的,麦考伦公司除应按逾期本金和息费的总金额和逾期时间支付正常息费外,另向甲方按逾期天数每日支付万分之五违约金。本院认为,十竹斋公司发放借款的行为性质属于民间借贷,应当适用民间借贷的相关规定,但法律、司法解释对其有特别规定的,应当按照特别规定处理。根据《最高人民法院关于审理民间借贷案件适用法律若干问题的规定》第二十九条的规定,借贷双方对逾期利率有约定的,从其约定,但以不超过年利率 24% 为限。本案中,双方约定的逾期还款息费和违约金的总额超过年利率 24%,现十竹斋公司主张按中国人民银行同期同类贷款基准利率的四倍计算自 2014 年 2 月 25 日起至实际支付之日的逾期利息、违约金,不违反法律及相关司法解释的规定,本院应予支持。续当期满后,王玉蓉分别于 2014 年 4 月 30 日、6 月 30 日、8 月 1 日向十竹斋公司还款 10,000 元、10,000 元、150,000 元。十竹斋公司认可上述合计 170,000 元系麦考伦公司支付自 2014 年 2 月 25 日之后的借款利息,王学连、吴小山则称系偿还借款本金,但王学连、吴小山未能提供证据证明双方就上述还款的性质约定为系偿还借款本金,故上述还款应以先抵充利息、后抵充本金的顺序偿还。截至

2014 年 4 月 30 日,麦考伦公司尚欠十竹斋公司借款本金 1,500,000 元,综合费、利息及逾期利息合计 81,050 元(续当期间所欠综合费、利息 85,050 元 + 逾期利息约 6000 元 - 当日还款 10,000 元 = 81,050 元);以此类推,计算至 2014 年 8 月 1 日,麦考伦公司尚欠十竹斋公司借款本金 1,500,000 元,逾期利息 14,050 元。

根据《中华人民共和国物权法》第二百二十三条、第二百二十六条的规定,债务人或者第三人有权处分的可以转让的股权可以出质。以股权出质的,当事人应当订立书面合同,质权自工商行政管理部门办理出质登记时设立。本案中,王学连、王玉蓉分别以其二人在麦考伦公司投资的全部股权及其派生的 100% 权益作为麦考伦公司与十竹斋公司签订的前述《借款合同》项下债务履行的质押担保,并在工商行政管理部门办理了股权出质登记,该质权有效成立。在麦考伦公司不履行债务时,十竹斋公司有权对王学连、王玉蓉出质的麦考伦公司的全部股权折价或拍卖、变更所得价款享有优先受偿权。故十竹斋公司主张对于王学连、王玉蓉用于出质的其两人在麦考伦公司的所有股权享有优先受偿权,符合合同约定及法律规定,本院应予支持。

《借款合同》明确约定麦考伦公司违约而产生的律师代理费由麦考伦公司承担,故十竹斋公司主张律师费 72,000 元,并提供了委托代理合同、律师费发票及支付凭证,且金额符合江苏省律师服务业收费标准的规定,故本院对该项诉讼请求予以支持。王玉蓉提出十竹斋公司主张的律师费收取偏高,但未提供证据证明案涉律师费的金额超出江苏省律师服务业收费标准的规定,故本院对王玉蓉的上述抗辩事由不予采纳。

十竹斋公司与王玉蓉、吴小山于 2013 年 7 月 29 日签订的《保证合同》,系双方当事人的真实意思表示,合法有效。《保证合同》约定十竹斋公司与麦考伦公司协议变更包括延长债务履行期限等内容在内的主合同主要条款的,应当事先征得保证人的书面同意,否则保证人不承担对主合同的任何担保责任。案涉典当期限届满后,十竹斋公司与麦考伦公司连续 6 次续当的性质属于延长债务履行期限,但均未事先征得王玉蓉、吴小山的书面同意,故根据上述《保证合同》的约定,王玉蓉、吴小山对麦考伦公司的借款均不承担保证责任。十竹斋公司与吴小山、甘肃智道元农业开发有限公司另行签订《保证合同》,各方当事人的真实意思表示,亦合法有效。该《保证合同》约定十竹斋公司与麦考伦公司协议变更包括延长债务履行期限等内容在内的主合同主要条款的,应经保证人书面同意,未经保证人事先同意,保证人对变更前的主合同项下债务承担连带保证责任。由于该份《保证合同》未注明签署日期,十竹斋公司认为该份《保证合同》签订在后,吴小山对此不予认可。本院认为,两份《保证合同》均系十竹斋公司提供的格式合同,对于债权人与债务人在未经保证人事先同意的情况下协商延长债务履行期限,保证人所承担的保证责任作出不同的约定,十竹斋公司提出吴小山、甘肃智道元农业开发有限公司作为保证人的《保证合同》签订在后,变更了前一份《保证合同》中对于吴小山承担保证责任的约定,但未能提供证据加以证明,故十竹斋公司主张吴小山根据该份《保证合同》承担连带保证责任的诉讼请求,无事实及法律依据,本院不予支持。麦考伦公司、王玉蓉经本院合法传唤,无正当理由拒不到庭参加诉讼,应自行承担相应的法律后果。据此,依照《中华人民共和国合同法》第八条、第四十四条、第六十条第一款、第一百零七条、第二百零六条、第二百零七条,《最高人民法院关于适用〈中华人民共和国合同法〉若干问题的解释(二)》第二十一条,《中华人民共和国担保法》第七十五条、第七十八条,《中华人民共和国物权法》第二百二十三条、第二百二十六条,《中华人民共和国民事诉讼法》第六十四条第一款、第一百四十二条、第一百四十四条,参照《典当管理办法》第二十五条第二项、第三十条第一款、第三十七条、第三十八条、第三十九条、第四十条之规定,判决如下:

一、被告南京麦考伦贸易有限公司于本判决发生法律效力之日起十日内支付江苏十竹斋典当有限公司典当借款本金人民币 1,500,000 元及逾期利息(截至 2014 年 8 月 1 日的逾期利息为人民币 14,050 元,自 2014 年 8 月 2 日起至实际给付之日止的逾期利息以本金 1,500,000 元为基数,按中国人民银行同期同类贷款基准利率的四倍计算)。

二、如被告南京麦考伦贸易有限公司不履行上述第一项判决主文所确定的债务,原告江苏十竹斋典当有限公司有权依法处置被告王学连、王玉蓉分别用于质押的南京麦考伦贸易有限公司股权,并在上述第一项判决主文所确定的债权限额内以折价或拍卖、变卖上述出质股权所得价款享有优先受偿权。

三、被告南京麦考伦贸易有限公司于本判决发生法律效力之日起十日内向原告江苏十竹斋典当有限公司支付律师代理费人民币 72,000 元。

四、驳回原告江苏十竹斋典当有限公司的其他诉讼请求。

如果未按本判决指定的期间履行给付金钱义务,应当依照《中华人民共和国民事诉讼法》第二百五十三条之规定,加倍支付迟延履行期间的债务利息。

案件受理费 21,648 元,由被告南京麦考伦贸易有限公司、王学连、王玉蓉负担(被告南京麦考伦贸易有限公司、王学连、王玉蓉应负担的案件受理费已由原告江苏十竹斋典当有限公司预交,被告南京麦考伦贸易有限公司、王学连、王玉蓉在本判决发生法律效力之日起十日内向原告江苏十竹斋典当有限公司支付)。

如不服本判决,可在判决书送达之日起十五日内,向本院递交上诉状,并按对方当事人的人数提出副本,上诉于江苏省南京市中级人民法院,同时根据《诉讼费用交纳办法》的有关规定,向该院预交上诉案件受理费(江苏省南京市中级人民法院开户行:农行南京市鼓楼支行,账号:10×××76)。

审 判 长 王 芃
人民陪审员 薛卫红
人民陪审员 兰洪萍
二〇一六年三月二十一日
见习书记员 董媛媛

【案例十三】浙江信诚典当有限责任公司诉沈铭敏、徐新灿典当纠纷案（2014年7月2日）

【法律点】保证合同中明确约定保证人在债务人不能履行债务时开始承担保证责任的，视为一般保证。当事人双方对保证期间约定不明的，保证期间应为主债务履行期届满之日起二年。而典当双方的续当行为延长了典当期限，如未经保证人书面同意，保证期间为原合同约定的或者法律规定的期间，在该保证期间内，典当行未对当户提起诉讼或者申请仲裁的，保证人免除保证责任。

【关键词】预扣综合费　逾期利息　最高额抵押　一般保证　保证期间　续当　免除保证责任

绍兴市上虞区人民法院
民事判决书

(2014)绍虞东商初字第88号

原告：浙江信诚典当有限责任公司。

法定代表人：罗增强。

委托代理人(特别授权)：倪建刚。

委托代理人(特别授权)：季洁。

被告：沈铭敏。

委托代理人(特别授权)：钟鸣。

被告：徐新灿。

委托代理人(特别授权)陈志方。

原告浙江信诚典当有限责任公司(以下简称信诚典当公司)与被告沈铭敏、徐新灿典当纠纷一案，本院于2014年4月9日立案受理后，依法由代理审判员曹清适用简易程序独任审判，并于2014年5月13日、6月5日两次公开开庭进行了审理。原告信诚典当公司的委托代理人倪建刚、被告沈铭敏的委托代理人钟鸣、被告徐新灿的委托代理人陈志方均参加了两次庭审,原告信诚典当公司的委托代理人季洁参加了第一次庭审。本案现已审理终结。

原告信诚典当公司诉称,2010 年 12 月 3 日,原告与被告沈铭敏签订编号为浙信典字(2010)021 号的《典当合同》一份,约定由原告向被告沈铭敏发放典当金额为人民币 50 万元,实际典当金额以该合同项下的当票记载的金额为准;月综合费率为 1.8%,典当期限以本合同项下的当票(包括续当票)记载的期限为准;被告沈铭敏不按当期(包括续当期限)归还当金或者偿付当金费息的,除应支付当金、息费外,从逾期之日(当期届满之日起第 6 日)起还应按照当票所约定息费率的 50% 计收逾期罚息,至被告沈铭敏全部清偿原告债务之日止,期间仍按本合同约定计收综合服务费、利息和逾期罚息。同日,原告与被告沈铭敏签订编号为浙信房抵字第(2010)021 号《最高额抵押合同》一份,约定被告沈铭敏将坐落于东关街道永兴新村 12 幢×××室的房地产为其向原告的典当借款设定抵押担保,抵押担保的最高借款额(当金)为人民币 30 万元,债务发生期限为自 2010 年 12 月 3 日至 2011 年 6 月 2 日,最高额抵押担保的范围为该本合同项下的当金、当金利息(包括逾期罚息)、综合费用、违约金、损害赔偿金以及原告为实现债权发生的费用(包括律师费、催讨差旅费和其他合理费用),被告沈铭敏违反该合同约定的,应按实际支付典当金额的 20% 支付违约金。上述两份合同已于签订当日经上虞市公证处公证,并已办理抵押登记,抵押物登记证(最高额)编号为虞证登字第 145414 号。抵押物登记证上载明抵押担保的范围包括主债权及利息、违约金、损害赔偿金和实现抵押权的费用。同日,被告徐新灿向原告出具担保书一份,为被告沈铭敏的典当借款中除去房产抵押担保后余下的 20 万元及费息提供保证担保。2010 年 12 月 3 日,原告依约向被告沈铭敏发放当金 50 万元,典当期限自 2010 年 12 月 3 日起至 2011 年 1 月 1 日止。上述典当期限届满后,被告沈铭敏多次续当,续当期限至 2013 年 9 月 27 日止,当期届满后,被告沈铭敏未能按期还款,至今尚欠原告典当本金 50 万元、综合服务费用 55,200 元及逾期罚息 26,700 元(自 2013 年 9 月 28 日暂计算至 2014 年 3 月 31 日)、违约金 10 万元,合计人民币 681,900 元。现原告起诉要求:1. 判令被告沈铭敏偿还原告典当本金人民币 50 万元,综合服务费 55,200 元及逾期罚息 26,700 元(自 2013 年 9 月 28 日暂计算至 2014 年 3 月 31 日,自 2014 年 4 月 1 日起至判决确定的履行之日止的综合服务费用、逾期罚息按实计付)、违约金 10 万元,合计 681,900 元;2. 被告沈铭敏承担原告实现债权支出的律师费 2 万元;3. 判令原告有权对被告沈铭敏所有的坐落于东关街道永兴新村 12 幢×××室房地产在上述第一、二项给付款项范围内享有优先受偿权；4. 判令被告徐新灿在 20 万元及费息范围内对上述款项承担连带清偿责任；5. 本案诉讼费用由两被告承担。

被告沈铭敏辩称，原告诉称的综合服务费、律师费无法律依据，逾期罚息、违约金计算的标准过高，超出了法律规定的范围，其实际收到的当金应为 491，000 元，而不是 50 万元，其中 9000 元原告已经作为综合费用予以扣除，请求法院依法判决。

被告徐新灿辩称，原告支付给被告沈铭敏的是当金而非借款，被告徐新灿出具的担保书担保的是借款而不是当金，因此，被告徐新灿不应承担保证责任。本案保证人的保证期间应为二年，保证期间应从当票约定的典当期限届满之日即 2011 年 1 月 2 日开始计算，故保证人的保证期间已经届满，亦无证据证明原告曾向保证人主张要求其承担保证责任，原告与被告沈铭敏之间的续当行为延长了典当期限，加重了保证人的负担，且未经保证人书面同意，保证人亦不知情，故续当对保证人无法律效力，故保证人免除保证责任，请求法院驳回原告对被告徐新灿的诉讼请求。

原告信诚典当公司为证明自己的诉讼主张成立，在举证期限内向本院提供了如下证据：

1.《典当合同》、(2010)浙虞证内经字第 8394 号具有强制执行效力的债权文书公证书各 1 份，以证明原告与被告沈铭敏签订典当合同，该合同对典当金额、月综合费率、逾期罚息及其他权利义务作了约定，并经上虞市公证处公证的事实。

2.《最高额抵押合同》、抵押物清单、(2010)浙虞证内经字第 8395 号具有强制执行效力的债权文书公证书、抵押物登记证各 1 份，以证明被告沈铭敏以其自有房产为其向原告的典当借款提供最高额抵押担保，该合同对抵押担保的范围、违约金等作了约定，该合同经上虞市公证处公证，双方已办理抵押登记的事实。

3. 担保书 1 份，以证明被告沈铭敏向原告的典当借款金额为 50 万元，除去房地产抵押担保的 30 万元借款后，余下 20 万元借款及相应费息由被告徐新灿提供保证担保的事实。

4. 当票 1 份、续当凭证 33 份，以证明原告已向被告沈铭敏发放当金 50 万元，被告沈铭敏续当 33 次，续当期限至 2013 年 9 月 27 日止的事实。

5. 房屋所有权证(复印件)、土地使用权证(复印件)各 1 份，以证明被告沈铭敏提供的抵押物的基本情况的事实。

6. 中国建设银行转账支票存根、转账支票(复印件)，进账单(复印件)各 1 份，以证明原告于 2010 年 12 月 3 日通过转账支票向被告交付了 491，000 元当金的事实。

7. 法律服务委托合同、代理费发票各 1 份，以证明原告为实现债权支出律师代理费2万元的事实。

被告沈铭敏、徐新灿未在举证期限内向本院提供证据。

对于原告提供的上述证据,两被告质证意见及本院认证意见如下:对于证据1,被告沈铭敏对真实性、合法性无异议,被告徐新灿对真实性无异议,对关联性有异议;对于证据2,被告沈铭敏对真实性、合法性无异议,对关联性有异议,被告徐新灿对真实性、合法性无异议,对关联性有异议;对于证据3,被告沈铭敏无异议,被告徐新灿对真实性无异议,对关联性有异议;对于证据4,被告沈铭敏无异议,但认为其支付的综合费用过高,被告徐新灿认为其不清楚,续当亦未经其书面同意;对于证据5,被告沈铭敏抵押物的情况无异议,被告徐新灿无异议;对于证据6,被告沈铭敏对真实性、合法性无异议,认为其收到的当金为491,000元;被告徐新灿对真实性、合法性无异议,认为原告实际交付的当金为491,000元;对于证据7,被告沈铭敏无异议,被告徐新灿对真实性无异议,对关联性有异议。本院经审查,证据1、证据2、证据3、证据7系原件,具有真实性、合法性、关联性,本院予以认定;证据4系原件,被告沈铭敏对续当事实亦予以认可,本院对证据4予以认定;证据5虽系复制件,但与能与证据2相印证,本院对证据5予以认定;对于证据6,本院予以认定。

综上,根据本案认定之有效证据及结合原、被告在庭审中的陈述情况,本院对本案事实认定如下:

2010年12月3日,原告信诚典当公司与被告沈铭敏签订编号为浙信典字第(2010)021号的《典当合同》一份,约定:原告向被告沈铭敏发放最高典当借款金额为人民币30万元,实际典当金额以该合同项下当票记载的金额为准;月综合费率为1.8%,典当期限以该合同项下的当票(包括续当票)记载的期限为准;典当期限届满,被告沈铭敏欲续当的,应在典当期限内或典当期限届满之日起5日内向原告提出书面续当申请,经原告同意续当的,被告沈铭敏应结清该合同第三条约定的典当期限内的利息和综合费用后,方可办理续当。双方另行签署《续当凭证》,必要时签订补充合同,该合同约定的事项(包括强制执行条款)在续当期间继续有效;被告沈铭敏不按当期(包括续当期限)归还当金或者偿付当金息费的,除应支付当金、息费外,从逾期之日(当期届满之日起第6日)起还应按当票所约定息费率的50%计收逾期罚息,至被告沈铭敏全部清偿原告债务之日止,期间仍按该合同约定计收综合服务费、利息、逾期罚息;编号为浙信房抵字第(2010)021号最高额抵押合同是该合同的从合同;当票(包括续当票)为该合同的组成部分,与该合同具有同等法律效力。该《典当合同》经上虞市公证处公证,由上虞市公证处出具(2010)浙虞证内经字第8394号具有强制执行效力的债权文书公证书。同日,原告信诚典当公司与被告沈铭敏签订《最高额抵押合同》一份,约定:为确保原告与被告沈铭敏在一定期限内连续发生的多笔债权的履行,被告沈铭敏自愿以其合法拥有完全处分权的坐落于东关街道永兴新村12幢×××室的房地产为其向原告的典当借款设定最高额抵押担保,抵押担保的最高借款额(当金)为人民币30万元,自2010年12月3日至2011年6月2日期间内,根据当户需要和典当行的可能,在该最高借款(典当)额内,对借款(典当)一次或多次发放当金。最高额抵押担保的范围为该合同项下的当金、当金利息(包括逾期罚息)、综合费用、违约金、损害赔偿金以及原告为实现债权发生的费用(包括律师费、催讨差旅费和其他合理费用),被告沈铭敏不按当期(包括续当期限)归还当金或者偿付当金息费的,除应支付当金、息费外,从逾期之日(当期届满之日起第6日)起还应按当票所约定息费率的50%计收逾期罚息;被告沈铭敏违反该合同约定的,应按实际支付典当金额的20%支付违约金。该《最高额抵押合同》经上虞市公证处公证,由上虞市公证处出具(2010)浙虞证内经字第8395号具有强制执行效力的债权文书公证书。同日,原告与被告沈铭敏办理了抵押登记,抵押物登记证(最高额)编号为虞证登字第145414号。同日,被告徐新灿向原告出具担保书一份,约定:被告沈铭敏向原告申请房地产抵押典当借款人民币50万元,其中30万元借款由房产抵押担保,余下20万元借款及费息由被告徐新灿担保,被告沈铭敏无力偿还借款的,被告徐新灿愿意无条件承担偿还责任,直至债务清偿为止。同日,原告向被告沈铭敏出具当票一份,约定典当金额为50万元,月综合费率为1.8%,典当期限自2010年12月3日起至2011年1月1日止,被告沈铭敏在该当票上签名确认。同日,原告预先扣除综合费用9000元后,通过转账支票向被告沈铭敏交付当金491,000元。自2010年12月31日起,原告与被告沈铭敏续当共计33次,续当期限至2013年9月27日止,被告沈铭敏向原告支付综合费用共计30万元。续当期限届满后,被告沈铭敏未向原告归还借款本金,截至2013年10月2日,被告沈铭敏尚欠原告综合费用4911元。

另查明,原告为实现本案所涉债权支出律师代理费2万元。

本院认为,原告与被告沈铭敏签订的《典当合同》、《最高额抵押合同》、被告徐新灿出具的担保书系当事人真实意思表示,内容合法,应属有效。典当期限届满后,被告沈铭敏应按约定履行归还借款本金的义务。2010年12月3日,原告发放当金时预先扣除典当综合费用9000元,向被告沈铭敏实际交付的当金为491,000元,本院认为,原告发放当金时预先扣除综合费用无法律依据,当金应按实际发放的金额予以认定,被告沈铭敏应归还原告借款本金491,000元,对于其余9000元款项本院不予支持。

被告沈铭敏向原告支付综合费用共计 30 万元,原告与被告沈铭敏一致确认截至 2013 年 9 月 27 日被告沈铭敏欠原告综合费用为 3438 元,按月综合费率 1.8% 计算至 2013 年 10 月 2 日的综合费用为 4911 元。

原告主张被告沈铭敏应按月综合费率 1.8% 支付综合费用,并应自逾期之日即典当期限届满第 6 日起按当票约定息费率的 50% 计付逾期罚息,并支付原告违约金 10 万元;被告沈铭敏认为原告主张的逾期罚息、违约金计算标准过高;本院认为,合同约定的综合费用、逾期罚息、违约金三项相加折算后的实际利率过高,本院依法予以调整,本院认定被告沈铭敏应自逾期之日即 2013 年 10 月 3 日起按中国人民银行公布的同期同档次贷款基准利率的四倍向原告支付逾期借款利息,对于超出上述范围的款项,本院不予支持。《最高额抵押合同》对实现债权的费用作了约定,对于原告要求被告沈铭敏支付律师代理费 2 万元的诉讼请求,本院予以支持。原告诉称,《最高额抵押合同》约定的最高借款额(当金)30 万元是指最高借款本金限额,借款本金 30 万元及相应的利息、费用等均在抵押担保的范围之内,本院认为,《最高额抵押合同》约定最高限额为最高本金限额,并对抵押担保的范围均作了明确约定,双方已办理抵押登记,对于原告要求对被告沈铭敏的抵押物在借款本金 30 万元及相应的综合费用、逾期利息、律师代理费范围内按法定程序优先清偿上述款项的诉讼请求,本院予以支持。

关于被告徐新灿的保证责任问题,原告诉称,被告徐新灿向原告出具担保书,自愿对被告沈铭敏提供抵押担保后剩余的 20 万元借款及相应的费用、利息、违约金提供连带责任保证,保证期间为续当期限届满后即自 2013 年 9 月 28 日起二年,保证方式为连带责任保证,故被告徐新灿应按担保书约定承担保证责任。被告徐新灿辩称,原告与被告沈铭敏之间的续当行为延长了典当期限,加重了保证人的负担,且未经保证人书面同意,保证人对续当亦不知情,因此,续当对保证人无法律效力,保证期间应为自 2011 年 1 月 2 日起二年,原告起诉时保证期间已届满,保证人无须承担保证责任。本院认为,保证合同中明确约定保证人在债务人不能履行债务时开始承担保证责任的,视为一般保证。根据担保书约定,在被告沈铭敏无力偿还借款的情况下,被告徐新灿愿意无条件承担偿还责任,直至债务全部清偿为止,因此,本案保证人的保证方式应认定为一般保证,双方对保证期间约定不明,本案保证期间应为主债务履行期届满之日起二年。本院认为,债权人与债务人对主合同的履行期限作了变动,未经保证人书面同意的,保证期间为原合同约定的或者法律规定的期间,本案中,2010 年 12 月 3 日当票约定典当期限自 2010 年 12 月 3 日起至 2011 年 1 月 1 日止,其后原告与被告沈铭敏虽多次续当,但均未经保证人书面同意,故保证期间应为原合同约定的期间,即自2011年1月2日起至2013年1月1日止,在上述保证期间内,原告未对被告沈铭敏提起诉讼或者申请仲裁,因此,被告徐新灿免除保证责任。对于原告要求被告徐新灿对被告沈铭敏的上述债务在20万元借款本金及相应利息、费用范围内承担连带清偿责任的诉讼请求,本院不予支持。

综上,依照《中华人民共和国合同法》第二百零六条、第二百零七条,《中华人民共和国担保法》第十七条第一款、第二十五条第二款,《中华人民共和国物权法》第一百七十三条、第二百零三条第一款,《中华人民共和国民事诉讼法》第六十四条第一款,《最高人民法院关于适用〈中华人民共和国担保法〉若干问题的解释》第三十条第二款、第三十二条第二款之规定,判决如下:

一、被告沈铭敏应归还原告浙江信诚典当有限责任公司借款本金491,000元,支付原告综合费用4911元(计算至2013年10月2日),合计人民币495,911元,并支付原告491,000元借款自2013年10月3日起至判决确定的履行之日止按中国人民银行公布的同期同档次贷款基准利率四倍计算的逾期利息,于判决生效之日起十日内履行完毕。

二、被告沈铭敏应支付原告浙江信诚典当有限责任公司为实现债权支出的律师代理费2万元,于判决生效之日起十日内履行完毕。

三、原告浙江信诚典当有限责任公司有权对虞证登字第145414号抵押物登记证所列抵押物在30万元借款本金及相应的综合费用、逾期利息、律师代理费范围内(按借款本金比例)按法定程序优先受偿上述款项。

四、驳回原告浙江信诚典当有限责任公司要求被告徐新灿在20万元借款及费息范围内对上述款项承担连带清偿责任的诉讼请求。

五、驳回原告浙江信诚典当有限责任公司的其他诉讼请求。

如果未按本判决指定的期间履行给付金钱义务,应当依照《中华人民共和国民事诉讼法》第二百五十三条之规定,加倍支付迟延履行期间的债务利息。

本案受理费10,819元,依法减半收取5409元,由原告浙江信诚典当有限责任公司负担518元,由被告沈铭敏负担4891元。

如不服本判决,可在判决书送达之日起十五日内,向本院递交上诉状,并按对方当事人的人数提出副本,上诉于浙江省绍兴市中级人民法院[在递交上诉状之日起七日内,预交上诉案件受理费10,819元(具体金额由绍兴市中级人民法院确定,多余部分以后退还),款汇绍兴市非税收入结算分户,账号:09×××13-9008,开户行:绍兴银行营业部;或款汇绍兴市和畅堂109号,绍兴市中级人民法院收,邮编312000。逾期按自动撤回上诉处理]。

代理审判员　曹　清

二〇一四年七月二日

代理书记员　严叶萍

4. 转当的认定与效力

【问题提示】如何认识“借新还旧”的转当行为？它对担保责任会产生什么影响？

【案例十四】泰兴市延令典当有限责任公司诉黄卫华、王亚如典当纠纷案（2015年6月2日）

【法律点】 1. 续当是指典当期内或典当期限届满后5日内，经当事人双方同意可以续当，《典当管理办法》对续当次数并未作出限制性规定，但每次续当的期限最长为6个月。即使未及时办理书面续当手续，但借款人按照约定支付利息和综合费，典当行亦予以接受的，应视为双方就续当达成一致的意思表示，认定双方在借款期限内构成续当。

2. 在原有典当借款到期后，典当双方重新签订典当借款合同的，不得将前期所欠的利息和综合费转为新的当金。但新合同约定将原来已设立抵押权的当物继续抵押的，即使未重新办理抵押登记，抵押权仍然存在，重新签订的典当借款合同仍为合法有效。

3. 典当借款期限内，典当行主张的利息及综合费，不超过《典当管理办法》规定的范围，应当予以保护。而绝当后，典当行有权按法定程序处置绝当品，此时不存在再为当户提供服务或管理当物的情形，故典当行无权在绝当后继续收取综合费。对于逾期偿还当金所产生的资金占用损失，应按民间借贷的法定最高利率计算为宜。

【关键词】 典当期限　续当当票　续当合意　续当展期　前期息费　重新设定抵押　绝当　优先受偿权　违约金

江苏省泰州市中级人民法院
民事判决书

(2015)泰中商终字第00108号

上诉人:黄卫华。

委托代理人:张秀成(特别授权),江苏博诚律师事务所律师。

被上诉人:泰兴市延令典当有限责任公司,住所地泰兴市长征路。

法定代表人:季圣国,董事长。

委托代理人:丁永江(特别授权),该公司员工。

原审被告:王亚如。

上诉人黄卫华因与被上诉人泰兴市延令典当有限责任公司(以下简称延令公司)、原审被告王亚如典当纠纷一案,不服泰兴市人民法院(2014)泰商初字第0537号民事判决,向本院提起上诉,本院于2015年3月18日受理后依法组成合议庭进行了审理。本案现已审理终结。

延令公司一审诉称,黄卫华、王亚如系夫妻关系,因经营需要,以私有房产(位于体育场巷1号楼×××室,所有权证号00079×××)向我公司抵押(典当)借款。2012年11月24日,双方签订了房产(典当)借款合同,约定借款金额70万元,月利费率3.3%,必须每月按时缴纳;逾期5天不缴纳,承担应缴利费总额的20%违约金;连续2个月不付利费,属根本违约,自动放弃约定的借款期限;承担逾期后的全部利费、违约金,直至清偿完毕(包括诉讼、执行期)。双方办理了房屋抵押登记(房屋他项权证号118915),我公司按约支付了典当金额70万元,双方签订了全国统一当票。履行期内,黄卫华、王亚如于2014年1月30日缴利费1万元,只能结算利费至2013年6月13日。双方协商后签订了"续当凭证",续当期限由2013年6月14日起至2014年6月14日止。此后,延令公司一直上门催讨本息及费用,黄卫华、王亚如一直承诺几天内偿还利费而搪塞,至今本金未还,利费未付。请求判令:1. 黄卫华、王亚如偿还延令公司1,024,324元(其中本金70万元,利费暂计算到2014年5月30日为270,270元,违约金54,054元),并承担自2014年5月31日起至本金偿还之日止的利费;2. 延令公司实现担保物权,依法处置抵押房产价款优先受偿;3. 黄卫华、王亚如承担诉讼费。

黄卫华、王亚如一审辩称,我们与延令公司之间不存在典当关系,延令公司的陈述与事实不符。本案实际是延令公司作为典当公司所经营的非法信贷业务,并且延令公司并未实际支付70万元的款项;延令公司所提供的他项权证系双方为2011年1月30日的典当关系所办理的,2011年1月30日所约定的期限已经超过了《典当管理办法》规定的六个月的期限,且并未办理续当;2011年1月30日,延令公司预扣了当金,实际应当给付60万元,但由于其预扣了24,000元的当金,实际支付576,000元;我们为2011年1月30日的典当实际已支付了645,600元,按照省高院《关于当前宏观经济形势下依法妥善审理非金融机构借贷合同纠纷案件若干问题的意见》第十一条的规定,所以我们认为双方之间超过《典当管理办法》规定的六个月期限的利息应按上述规定计算,我们为此所支付超过的部分,应冲抵本金。综上,延令公司依据2012年11月24日所签订的房产(典当)借款合同的诉求因无事实依据和法律依据,应当予以驳回。

一审法院审理查明:2011年1月30日,王亚如(抵押借款人,甲方)与延令公司(抵押权人,乙方)签订房产(典当)借款合同1份,合同约定:甲方现有房产位于泰兴市泰兴镇体育巷1号楼×××室,与财产共有人商量一致同意用该房产作抵押向乙方借款60万元。甲方签字的当票为收款凭证。借款期限自2011年1月30日至2012年1月30日,借款期限与当票期限不一致的以当票为准。借款月利费按借款总额的3.3%缴纳(其中月利息率0.7%、月综合费率2.6%),甲方使用借款日期到一个月就必须主动向乙方缴纳利费,不足一个月赎回,按实际使用借款天数计算利费。甲方必须按期缴纳利费,如逾期5天不缴纳,乙方将加收甲方应缴利费总额的20%作为违约金。连续两个月不付利费,则甲方属根本违约,自动放弃约定借款期限,乙方随时要求甲方偿还本息及费用。抵押的房产甲方必须按期回赎(亦可提前回赎),如需延期甲方应在到期前15日内向乙方提出申请,主动付清利费后征得乙方同意才能续当,续当期间利费率不变,甲方仍按月缴纳利费,否则承担违约责任。甲方应承担借款逾期后的全部利息、综合费及违约金直至清偿完毕(包括诉讼、执行期)。根据国家《典当管理办法》第四十条第二款及中国人民银行(2003)251号文件第三条规定,甲方承担利息及综合费总额的30%违约金。乙方实现债权支出的费用(包括诉讼费、代理费、执行费等相关费用)由甲方负担。上述合同,王亚如在抵押人栏签名,黄卫华在财产共有人栏签名,延令公司经办人焦向阳签名,并加盖了印章。合同签订的当日,延令公司向王亚如、黄卫华提供了当金并出具了当票,当票载明典当金额:60万元,实付金额60万元,典当期限由2011年1月30日起至2011年7月30日止,月费率3%,月利率1%。王亚如、黄卫华在当户签章栏签名。2011年1月31日,双方到有权部门办理了抵押登记,延令公司取得了他项权证(泰房他证泰兴字第1189115号)。他项权证载明债权数额为60万元,约定期限为2011年1月30日至2012年1月30日。此后,黄卫华、王亚如于2011年3月8日、4月8日、5月8日、6月23日、7月7日、8月25日、9月16日、12月2日、2012年3月6日分别给付利息24,000元,2012年6月1日给付利息5万元,2012年7月26日、9月9日分别给付利息48,000元。2012年11月24日,王亚如、黄卫华(抵押借款人,甲方)与延令公司(抵押权人,乙方)签订房产(典当)借款合同1份,合同约定:甲方现有房产位于泰兴市泰兴镇体育巷1号楼×××室,与财产共有人商量一致同意用该房产作抵押向乙方借款70万元。甲方签字的当票为收款凭证。借款期限自2012年12月1日至2013年3月31日,借款期限与当票期限不一致的以当票为准。借款月利费按借款总额的3.3%缴纳(其中月利息率0.7%、月综合费率2.6%),甲方使用借款日期到一个月就必须主动向乙方缴纳利费,不足一个月赎回,按实际使用借款天数计算利费。其他条款与2011年1月30日双方签订的房产(典当)借款合同一致。上述合同,黄卫华、王亚如在抵押人栏签名,黄卫华在财产共有人栏签名,延令公司经办人朱向群签名,并加盖了印章。合同签订的当日,延令公司向王亚如、黄卫华出具了当票,当票载明:典当金额70万元,实付金额70万元,典当期限由2012年12月1日起至2013年3月31日止,月费率2.7%,月利率0.6%。王亚如、黄卫华在当户签章栏签名。黄卫华在备注栏承诺:"本人收到70万元,并保证到期赎取"。黄卫华、王亚如于2013年1月11日、2月7日、5月31日分别给付延令公司利息28,000元。2013年6月14日,延令公司出具了续当凭证,载明:原典当金额70万元,续当期限由2013年6月14日起至2014年6月14日止,月费率2.7%,月利率0.6%。黄卫华、王亚如于2013年7月11日、8月21日分别给付延令公司利息28,000元,12月6日给付利息11,000元,12月10日给付利息20,600元,2014年1月30日分别给付利息10,000元。2014年4月1日,黄卫华向延令公司出具承诺,承诺:本月10号前处理10万元,余款在以后每月10号前分别处理10万元直至还清。利息等还款时具体商量解决结付。2014年5月1日,黄卫华再次向延令公司出具承诺,承诺:本人承诺典当行款项最迟在2014年5月10日还10万元整。2014年5月30日,王亚如仅给付延令公司利息10,000元。延令公司催要未果,故诉至法院。

一审法院认为:1.《典当管理办法》规定的典当是指当户将其动产、财产权利作为当物质押或者将其房地产作为当物抵押给典当行,交付一定比例费用,取得当金,并在约定期限内支付当金利息、偿还当金、赎回当物的行为。当票是典当行与当户之间的借贷契约,是典当行向当户支付当金的付款凭证。典当行和当户就当票以外事项进行约定的,应当补充订立书面合同,但约定的内容不得违反有关法律、法规和本办法的规定。典当期限由双方约定,最长不得超过6个月。典当当金利率,按照中国人民银行公布的银行机构6个月期法定贷款利率及典当期限折算后执行。典当综合费用包括各种服务费及管理费用,房地产抵押典当的月综合费率不得超过当金的27‰。本案中,2011年1月30日,黄卫华、王亚如以其房产作为当物抵押向延令公司借款,并依法办理了抵押登记,延令公司出具的当票、双方所签订的房产(典当)借款合同,系双方真实意思的表示,合同依法成立。但是,双方所签订的房产(典当)借款合同中约定的典当期限为一年,违反了《典当管理办法》规定的典当期限最长不超过6个月的规定,而且该合同与延令公司同日出具的当票约定的典当期限不符,应以当票约定的典当期限为准。而当票约定的月综合费率为3%,月利率为1%,超过了《典当管理办法》关于典当当金利率和月综合费率的规定,应按双方签订的房产(典当)借款合同约定的月利率0.7%和月综合费率2.6%计算。

2.《典当管理办法》规定,典当期内或典当期限届满后5日内,经双方同意可以续当,续当一次的期限最长为6个月。续当期自典当期限或者前一次当期期限届满日起算。《典当管理办法》并未对续当次数作出限制性规定。本案中,2011年1月30日的当票约定的典当期限至2011年7月30日,典当到期后,黄卫华、王亚如仍按当金60万元为基数按月4%的费率支利息和综合费,延令公司予以接受,应视为双方就典当关系续当展期达成合意。事实上,双方于2012年11月24日又签订了房产(典当)借款合同,并于同日出具了典当金额为70万元的当票,而且双方均认可该70万元中的60万元当金就是2011年1月30日的当金60万元转来。2012年11月24日的当票约定的典当期限为2012年12月1日至2013年3月31日,该当票中约定的月利率0.6%和月综合费率2.7%,虽然与房产(典当)借款合同不一致,但符合《典当管理办法》的规定。典当到期后,黄卫华、王亚如仍按当金70万元为基数按月4%的费率支付利息和综合费,延令公司予以接受,应视为双方就典当关系续当展期达成合意。2013年6月14日,延令公司向黄卫华、王亚如开具了续当凭证,续当期限由2013年6月14日起至2014年6月14日止。但是,该续当凭证约定的续当期限违反了《典当管理办法》关于续当一次的期限最长为6个月的规定。因此,应当认定续当期限至2013年12月14日。此后双方未办理续当手续,典当关系终止。事实上,延令公司在2014年4月1日、5月1日已向黄卫华、王亚如催要当金及利费,黄卫华出具了承诺,而黄卫华、王亚如也仅于2014年1月30日和5月30日给付了"利息"各1万元,延令公司因黄卫华、王亚如未履行承诺于2014年5月30日向法院提起诉讼。

3.《典当管理办法》规定,当票是典当行与当户之间的借贷契约,是典当行向当户支付当金的付款凭证。典当当金利息不得预扣。2011 年 1 月 30 日的当票和房产(典当)借款合同载明的当金金额为 60 万元,黄卫华、王亚如称延令公司预扣 24,000 元息、费,实际支付当金 576,000 万元,未能提供证据证明,延令公司亦予以否认,对延令公司向黄卫华、王亚如支付当金 60 万元予以确认。双方 2012 年 11 月 24 日签订的房产(典当)借款合同和当票中记载的当金为 70 万元,双方认可其中的 60 万元当金就是 2011 年 1 月 30 日的当金 60 万元转来,而延令公司称增加了 10 万元当金,黄卫华、王亚如认为并没有实际收到。对此,应结合当事人的举证、质证情况综合判断。当票是典当行向当户支付当金的付款凭证,通常情况下,典当行出具当票,当户签收,即可认为典当行已向当户支付了当金,2011 年 1 月 30 日的当票即是如此。但是 2012 年 11 月 24 日当票的备注栏特别由黄卫华签署承诺,承诺"本人收到 70 万元",既然是续当,60 万元当金此前已经支付给黄卫华、王亚如,而在此特别强调黄卫华当日收到 70 万元,既与事实不符,已不符合常理。《典当管理办法》规定,续当时,当户应当结清前期利息和当期费用,延令公司作为典当行应当知道此规定。但是黄卫华、王亚如在此之前已经拖欠延令公司按双方约定的 4% 计收的利费,延令公司在黄卫华、王亚如拖欠利费的情形下,办理续当,并增加当金,既不符合《典当管理办法》的规定,也与其作为典当行具有的营利性和应当顾及的资金安全性相悖。而且,其在 2012 年 11 月 24 日即将增加的当金 10 万元支付给黄卫华、王亚如,而约定的典当期限是从 2012 年 12 月 1 日起,更显得不符合常理。本案中,黄卫华、王亚如要求延令公司提供记账凭证等证据,延令公司未能提供记账凭证等证据证明其增加当金,应当承担举证不能的不利后果。事实上,黄卫华、王亚如认为延令公司所称增加的 10 万元当金,是黄卫华、王亚如所欠延令公司的利费经双方协商计算为 10 万元,延令公司并未实际支付 10 万元,该解释更符合情理。

4.《典当管理办法》规定,典当期限或者续当期限届满后,当户应当在 5 日内赎当或者续当。逾期不赎当也不续当的,为绝当。绝当制度系对典当行与当户之间利益进行平衡,绝当后,典当公司有权按法定程序处置绝当品,此时不存在再为当户提供服务或管理当物的情形,故典当行无权在当户绝当后继续收取综合费。对于黄卫华、王亚如逾期偿还当金所产生的资金占用损失,应以中国人民银行公布的同期贷款利率的四倍计算为宜。本案中,黄卫华、王亚如先后给付所谓的利息应为利费,总额为 553,600 元。而从 2011 年 1 月 30 日起计算至 2013 年 12 月 14 日止为 34.5 个月,利费总额为 683,100 元(60 万元×3.3% ×34.5),扣除黄卫华、王亚如已付利费 553,600 元,尚欠利费 129,500 元。双方签订的房产(典当)借款合同约定,必须按期缴纳利费,如逾期 5 天不缴纳,则加收应缴利费总额的 20% 作为违约金。该约定系当事人真实意思表示,且不违反法律、行政法规的强制性规定,应确认有效。黄卫华、王亚如对所欠的利费应依约承担违约责任,支付违约金 25,900 元(12.95 万元 ×20%)。自 2013 年 12 月 15 日,黄卫华、王亚如继续占用延令公司 60 万元当金,应承担按中国人民银行公布的同期贷款利率的四倍计算的利息损失至其实际给付之日止。

5. 黄卫华、王亚如提供位于泰兴市泰兴镇体育巷 1 号楼 ×××室的房产作为当物,并办理了抵押登记手续,故延令公司对上述房产享有优先受偿权。《中华人民共和国担保法》第五十二条规定,抵押权与其担保的债权同时存在,债权消灭的,抵押权也消灭。最高人民法院《关于适用〈中华人民共和国担保法〉若干问题的解释》第十二条规定:“当事人约定的或者登记部门要求登记的担保期间,对担保物权的存续不具有法律约束力。担保物权所担保的债权的诉讼时效结束后,担保权人在诉讼时效结束后的二年内行使担保物权的,人民法院应当予以支持。”《中华人民共和国物权法》第二百零二条规定:“抵押权人应当在主债权诉讼时效期间行使抵押权;未行使的,人民法院不予保护。”本案中,2011 年 1 月 30 日,双方办理典当时即依法设定了抵押权,他项权证上记载的约定期限为一年,但是,双方于 2012 年 11 月 24 日签订的房产(典当)借款合同又约定了黄卫华、王亚如以该房产抵押借款,虽然双方未再办理抵押登记手续,由于主债权仍然存在,抵押权仍然存在。延令公司主张对上述房产在债权数额内享有优先受偿权,符合法律规定。

综上,延令公司的诉讼请求,部分予以支持;黄卫华、王亚如的辩称理由,部分予以采信。依照《中华人民共和国合同法》第八条、第六十条、第一百零七条、第二百零五条、第二百零六条,《中华人民共和国物权法》第一百七十九条、第二百零二条,《中华人民共和国担保法》第三十三条、第四十六条、第五十二条,最高人民法院《关于适用〈中华人民共和国担保法〉若干问题的解释》第十二条,《中华人民共和国民事诉讼法》第一百四十二条之规定,一审法院判决:一、王亚如、黄卫华于判决生效后十日内给付延令公司借款本金 60 万元、利费 129,500 元、违约金 25,900 元,并承担自 2013 年 12 月 15 日起以本金 60 万元为基数按中国人民银行同期同档次贷款基准利率的四倍计算至实际给付之日止的利息;二、王亚如、黄卫华不履行上述债务时,延令公司有权以王亚如、黄卫华所有的泰兴市泰兴镇体育巷 1 号楼 ×××室的房产折价或以拍卖、变卖该财产的价款在债权数额 60 万元的范围内享有优先受偿权;三、驳回延令公司其他诉讼请求。如果未按照判决指定的期间履行给付金钱义务,应当依照《中华人民共和国民事诉讼法》第二百五十三条之规定,加倍支付迟延履行期间的债务利息。案件受理费14,020元,由王亚如、黄卫华负担13,600元,由延令公司负担420元。

黄卫华不服一审判决向本院提起上诉称:1. 一审判决认定事实不清。(1)关于2011年1月30日所签订的房产典当借款合同。一审判决认定2011年7月30日后延令公司与黄卫华、王亚如构成续当错误,借款到期后,双方未办理赎当或续当,应视为绝当;因未构成续当,黄卫华所支付的利费超过银行贷款基准利率四倍的部分应冲减本金。(2)关于2012年11月24日签订的房产典当借款合同。该典当合同因双方未办理抵押登记,应当认定为无效。当票是典当行与当户之间的借贷契约,如双方同意续当应当办理续当凭证。如不构成续当,黄卫华只需比照银行贷款利率支付利息,黄卫华支付的利费超过银行贷款基准利率四倍的部分应当冲减本金。2. 一审判决适用法律不当,应适用最高院《关于人民法院审理借贷案件的若干意见》及关于超付利息应冲抵本金的相关规定,但一审判决未适用,应属不当。综上,请求二审撤销一审判决,并依法改判。

被上诉人延令公司二审辩称:1. 典当期间及届满后,黄卫华多次要求续当,截至2013年12月10日黄卫华先后19次履行了给付利费主要义务,我公司已接受,双方就典当关系续当、展期达成合意;2. 典当合同约定月利费4%是双方自愿约定,但超过规定,一审期间,黄卫华对我公司主张的典当期间的利费3.3%没有异议,当期结束后,黄卫华尚欠我公司利费129,500元,黄卫华要求冲减当金没有事实及法律依据。一审判决认定事实、适用法律并无不当,请求二审驳回黄卫华的上诉请求。

二审中,黄卫华及延令公司均未提交新的证据。

经审理,原审法院查明的事实正确,本院予以确认。

本案二审争议焦点:1. 案涉房产典当借款合同是否合法有效;2. 本案借款是否构成续当;3. 典当期限内的利费应当如何确定。

本院认为:关于争议焦点一,延令公司持有典当经营许可证,其经营范围包括为动产质押典当业务,房地产抵押典当业务等。2012年11月24日,王亚如、黄卫华以共有的房产作抵押,与延令公司签订房产典当借款合同,虽该抵押未向有关部门办理抵押登记,但未办理抵押登记不违反法律的禁止性规定,且在2011年1月31日王亚如即以同一房产为抵押与延令公司签订房产典当借款合同,并办理了抵押登记,故延令公司与王亚如、黄卫华所签订房产典当借款合同应为合法有效。黄卫华认为该份典当借款合同因未办理抵押登记手续而无效的上诉意见不能成立,本院不予支持。

关于争议焦点二,续当是指典当期内或典当期限届满后5日内,经双方同意可以续当。本案中，按照当票所载明的借款期限六个月，即使未办理续当手续，但王亚如、黄卫华在借款期限内按照约定的利费率交纳借款的利费，延令公司也接受了王亚如、黄卫华所交纳的利费，应视为双方就续当达成一致的意思表示，因此应认定双方在借款期限内构成续当。现黄卫华认为没有办理续当手续不构成续当的上诉理由，无事实及法律依据，本院不予采纳。

关于争议焦点三，典当借款期限内，典当企业主张的利息及综合费，不超过《典当管理办法》规定的范围，应当予以保护。本案中，一审按照月利率0.7%及月综合费率2.7%计算利费不超过《典当管理办法》有关月利率及综合费率的规定，故一审据此确定借款期限内利费为683,100元并无不当。

综上，上诉人黄卫华的上诉理由不成立，应予驳回。一审判决认定事实清楚，适用法律正确，应予维持。依照《中华人民共和国民事诉讼法》第一百七十条第一款第一项之规定，判决如下：

驳回上诉，维持原判决。

一审案件受理费14,020元，由上诉人黄卫华负担。

本判决为终审判决。

审 判 长　俞爱宏
代理审判员　周红梅
代理审判员　陈霄燕
二〇一五年六月二日
书 记 员　高 梅

【案例十五】上海某典当有限公司诉杨朱某、某环保科技(昆山)有限公司典当纠纷案(2010年12月27日)

【法律点】 1.典当行和当户自愿协商转当情形下,典当行在发放转当当金时可以扣除前期尚欠的利息和转当综合费。

2.转当后,典当行对依据原典当合同设立抵押权的不动产当物仍享有优先受偿的权利。

【关键词】续当　转当凭证　扣除息费　绝当　抵押权

上海市徐汇区人民法院
民事判决书

(2010)徐民二(商)初字第1828号

原告:上海某典当有限公司,住所地上海市斜土路。

法定代表人:王×,董事长。

委托代理人:周×,上海市×律师事务所律师。

委托代理人:何×,上海市×律师事务所律师。

被告:杨朱某。

被告:某环保科技(昆山)有限公司,住所地江苏省×开发区华扬科学工业园区。

法定代表人:杨×,董事长。

上列两被告共同委托代理人:吴×,上海市×律师事务所律师。

原告上海某典当有限公司与被告杨朱某、被告某环保科技(昆山)有限公司(以下简称环保公司)典当纠纷一案,本院受理后,依法组成合议庭,于2010年11月29日公开开庭进行了审理。原告的委托代理人何×、两被告共同委托代理人吴×到庭参加诉讼。本案现已审理终结。

原告诉称:2009年12月26日和2010年1月29日,被告杨朱某以其名下的本市虹桥路168号5幢××××室和6幢××××室及××××室三处房产作为抵押,分两次向原告典当借款人民币(以下币种相同)550万元和350万元,并签订了《房地产借款抵押合同》。合同对当金的月利率、月综合费率、违约金等作了约定,双方办理了房产抵押登记。2010年1月29日,被告环保公司出具了《连带保证担保书》表示愿意为被告杨朱某全部900万元债务提供连带责任担保。原告依约足额支付了全部款项。经被告杨朱某续、转当,全部900万元债务于2010年4月28日到期。典当期间,被告杨朱某支付了全部月综合费及除2010年3月28日至4月28日外的全部利息,但在4月28日当期届满后,被告杨朱某没有对合同本金及利息进行清偿。由于原告对被告杨朱某名下房产享有抵押权,但该房产已被其他法院查封,为保障原告抵押权顺利实现,请求法院确认原告对该房产的优先受偿权。综上,请求法院:1. 判令被告杨朱某立即向原告清偿借款本金900万元,利息27,000元(2010年3月28日至2010年4月28日,月利率0.3%);2. 判令被告杨朱某向原告支付逾期还款违约金[按逾期还款本金的每日0.3%,自2010年4月29日计算至法院开庭审理日(2010年11月29日),暂计至具状日(2010年8月1日)的金额为2,565,000元];3. 确认原告对被告杨朱某名下涉案抵押房产享有优先受偿权;4. 判令被告环保公司对被告杨朱某上述两项债务承担连带责任。

两被告共同答辩:对原告第1项、第2项诉讼请求有异议。原告放款时已经扣除了利息,所以第1项诉讼请求本金金额应当按照实际放款金额确定;第2项诉讼请求计算比例过高,利息、违约金及月综合费相加后不应超过最高院规定的贷款利率的四倍,请求法院予以调整。对原告其他诉讼请求及事实主张没有异议。

经审理查明:原告(甲方)与被告杨朱某(乙方)于2009年12月26日签订《房地产借款抵押合同》。合同载明,乙方以其合法拥有的房地产以不转移占有方式抵押给甲方作为借款担保,并支付约定的利息和相关费用;抵押的房地产为坐落于本市徐汇区虹桥路168号6幢××××室、××××室和5幢××××室;抵押房地产协商价值为2100万元,本次抵押为余额抵押;担保范围为借款(当金)本息、综合费、违约金、损害赔偿金等等。相关约定为,借款数额(当金)为550万元;月综合费率为2.7%,月利率为0.5%;借款期限为2个月自2009年12月28日至2010年2月28日,具体日期根据乙方的申请并在双方签署的《当票》(或《续当凭证》)上予以确认(续当手续分期办理),《当票》或《续当凭证》或《转当凭证》上确定的借款终止日为借款到期日,乙方可以提出续当申请,经双方协商一致续当的,双方签订《续当凭证》,本合同约定的内容在续当期间继续有效;典当期限或续当期届期满后5日内,乙方不赎当,双方也未能就办理续当或者转当达成一致的,即为绝当,绝当后,甲方有权行使抵押权,依法向法院申请处分抵押房地产;乙方逾期还款,除应向甲方归还借款本金外,还应支付利息(按月计算,不足一个月的按一个月计算,月利率为0.5%)、违约金(按逾期天数计,每天按借款金额的0.3%计算)、甲方在催讨本金及执行期间实际发生的劳务费、差旅费、律师费、评估费、公证费等。合同还有其他约定。被告杨朱某向原告出具了《代付证明》,委托原告将典当金550万元支付至其指定的被告环保公司账户。

2009年12月28日,原告与被告杨朱某签署《当票》。《当票》载明,典当金额为550万元,综合费用为148,500元,实付金额5,351,500元,典当期限自2009年12月28日至2010年1月28日。原告按照被告杨朱某要求将5,351,500元汇入被告环保公司账户。同月30日,约定的抵押房产办出了抵押权登记证。

2010年1月29日,原告与被告杨朱某又签订了一份《房地产借款抵押合同》,合同约定,借款数额(当金)为350万元;月综合费率为2.7%,月利率为0.3%;借款期限为2个月自2010年1月29日至2010年3月29日,其他内容与前述合同一致。同日,双方还签订了一份《转当凭证》。《转当凭证》载明,转当金额900万元(550万元加上350万元),转当期限自2010年1月28日至2010年2月28日,转当综合费239,850元(5,500,000元×0.27+3,500,000元×0.27×29/30),上期利息16,500元(550万元的利息,利率从0.5%降至0.3%)。被告杨朱某向原告出具了一份《委托书》,表示收到原告的当金350万元,要求原告在扣除息费后将当金余额以贷记凭证支付。当日,原告按要求的方式向被告杨朱某支付了3,243,650元(350万元减去239,850元、16,500元)。2月3日,约定的抵押房产办出了抵押权登记证。

在原告与被告杨朱某签订第二份《房地产借款抵押合同》及《转当凭证》当日,被告环保公司向原告出具了一份《连带保证担保书》。被告环保公司向原告表示,其作为保证人对被告杨朱某向原告借款900万元及约定的利息和相关费用债务负责担保被告杨朱某全面履行,保证担保为连带责任担保;担保期限为原告发放借款之日起至被告杨朱某完全清偿之日止。

之后,原告与被告杨朱某经协商一致,两次签订《续当合同》及《续当凭证》,续当期限至2010年4月28日止。被告杨朱某在签署《续当凭证》时付清了900万元的综合费用及上期利息。嗣后,双方未有续当约定,被告杨朱某也未清偿当金及2010年3月28日至4月28日的利息。

被告杨朱某抵押给原告的房产因债权债务纠纷被其他法院查封。

以上事实,有房地产借款抵押合同、代付证明、当票、电汇凭证、上海市房地产登记证明、转当凭证、连带保证担保书、委托书、贷记凭证、续当合同、续当凭证、房地产权利限制状况信息、事人陈述等证据证实。

本院认为:原告与被告杨朱某签订的《房地产借款抵押合同》、《当票》、《转当凭证》、《续当合同》及《续当凭证》是双方真实的意思表示,内容不违反法律及行政法规的强制性规定,均有效。《当票》载明,典当金额为550万元,综合费用为148,500元,实付金额5,351,500元,该内容表明原告与被告杨朱某约定综合费用148,500元在550万元当金中扣除,后原告实付金额确为5,351,500元;《转当凭证》载明,转当金额900万元(550万元加上350万元),转当期限自2010年1月28日至2010年2月28日,转当综合费239,850元,上期利息16,500元,后原告扣除转当综合费和上期利息实付金额为3,243,650元,故被告杨朱某关于原告预先扣除利息的主张与事实不符。被告杨朱某应当向原告返还当金900万元及约定的利息27,000元。被告杨朱某认为原告主张的违约金计算比例过高,请求法院予以调整。被告杨朱某该项请求符合法律规定,本院予以采纳。合同约定违约金按逾期天数计,即违约金可以计算至当金清偿日,而原告主张的违约金仅要求计算至2010年11月29日,原告对违约金金额已经作了限定,本院在此基础上调整计算比例为每日0.1%,即违约金金额为1,953,000元(900万元×0.1%×215天)。但原告主张的违约金金额符合合同约定,故因法院调整而未获支持部分所涉的诉讼费仍应由被告杨朱某负担。被告环保公司向原告出具《连带保证担保书》,原告接受,双方之间的保证合同成立。《连带保证担保书》内容不违反法律、行政法规的强制性规定,故被告环保公司应当对被告杨朱某的本案金钱债务承担连带责任。《房地产借款抵押合同》约定,典当期限或续当期届期满后5日内,乙方不赎当,双方也未能就办理续当或者转当达成一致的,即为绝当,绝当后,甲方有权行使抵押权,依法向法院申请处分抵押房地产。据此,原告提出的确认原告对被告杨某某抵押房产享有优先受偿权之诉讼请求,本院予以支持。依照《中华人民共和国合同法》第八条、第六十条第一款、第一百一十四条,《中华人民共和国物权法》第一百七十九条第一款,《中华人民共和国担保法》第十八条的规定,判决如下:

一、被告杨朱某于本判决生效之日起十日内向原告上海某典当有限公司支付当金900万元;

二、被告杨朱某于本判决生效之日起十日内向原告上海某典当有限公司支付利息27,000元;

三、被告杨朱某于本判决生效之日起十日内向原告上海某典当有限公司支付违约金1,953,000元;

四、原告上海某典当有限公司对被告杨朱某抵押的房产(坐落于本市徐汇区虹桥路168号5幢××××室和6幢××××室、××××室)享有优先受偿权;

五、被告某环保科技(昆山)有限公司对本判决第一、二、三项确定的被告杨朱某债务承担连带清偿责任。

如果未按本判决指定的期间履行给付金钱义务,应当依照《中华人民共和国民事诉讼法》第二百二十九条之规定,加倍支付迟延履行期间的债务利息。

本案受理费91,352元,由被告杨朱某负担。此款已由原告预付,被告杨朱某应将此款于本判决生效之日起十日内直接向原告支付,被告某环保科技(昆山)有限公司负连带责任。

如不服本判决,可在判决书送达之日起十五日内,向本院递交上诉状,并按对方当事人的人数提出副本,上诉于上海市第一中级人民法院。

审　判　长　翁成方

审　判　员　李成栋

人民陪审员　刘光妹

二〇一〇年十二月二十七日

书　记　员　吕　洁

【案例十六】河北东融典当有限公司诉赵毓国、河北旺源管业有限公司、赵铁映典当纠纷案（2015年11月26日）

【法律点】 1. 典当合同法律关系作为一种合同法律关系，应运用我国民法和合同法的鼓励交易、意思自治和诚实信用的基本原则对其作出评判。合同当事人应恪守信用履行义务，而不应支持当事人规避法律或者合同义务行为。

2. 典当行为了降低贷款风险，完善贷款抵押登记手续而和当户就之前典当合同项下所涉及的当金、综合服务费、期限、利率、抵押等双方之间的民事权利义务作了重新调整，达成了新的合意并签订新的抵押借款典当合同，该合同合法有效，并应以此合同作为认定当事人之间的权利义务关系的主要依据。

3. 新的抵押借款典当合同中的抵押人应该知道贷款目的系"借新还旧"仍自愿提供抵押担保的，不得以"典当行未实际发放该贷款，合同并未实际履行"为由主张不承担抵押担保责任。

4. 典当行与当户未经原典当合同的抵押人同意而重新签订新的典当合同，但该新合同并未加重抵押人的担保责任，抵押人仍应对原担保的债务承担责任，即使原抵押的房地产尚未办理抵押登记，但并不影响抵押合同的效力，双方所签抵押合同系有效合同，对当事人具有法律约束力，故典当行有权要求原典当合同的抵押人依照抵押合同承担担保义务。

【关键词】 合同之债　鼓励交易　意思自治　诚实信用　借新还旧　保证期间　抵押登记　抵押合同

河北省海兴县人民法院
民事判决书

(2015)海民初字第19号

原告:河北东融典当有限公司。

法定代表人:贾珍月,任该公司董事长。

委托代理人:袁云刚,该公司职员。

委托代理人:刘振梅,北京市五泰律师事务所律师。

被告:赵毓国。

委托代理人:李洪兴,海兴城关阳光法律服务所法律工作者。

被告:河北旺源管业有限公司。

法定代表人:赵玉河,该公司总经理。

委托代理人:刘建成,该公司生产总监。

委托代理人:张宝楼,河北沧港律师事务所律师。

被告:赵铁映。

原告河北东融典当有限公司与被告赵毓国、河北旺源管业有限公司、赵铁映典当纠纷一案,本院于2014年12月26日受理后,依法组成合议庭,并于2015年6月4日公开开庭进行了审理。原告河北东融典当有限公司的委托代理人刘振梅及袁云刚、被告赵毓国的委托代理人李洪兴、被告河北旺源管业有限公司的委托代理人刘建成及张宝楼到庭参加诉讼,被告赵铁映经本院合法传唤无正当理由未到庭参加诉讼,本案依法缺席审理。现已审理终结。

原告河北东融典当有限公司诉称,2014年2月10日起,被告赵毓国分三次向原告借款(贷款)总计770万元,该三份合同约定原告借给被告赵毓国770万元,最晚还款期限至2014年6月13日止,上述三份借款由被告河北旺源管业有限公司、赵铁映提供连带担保。合同签订后,原告依约向被告赵毓国履行了提供借款等义务,被告赵毓国未按期偿还贷款本息,截至2014年12月26日,除偿还240万元本金外,至今尚拖欠原告借款本金530万元、利息1,026,853元。综上,为维护原告的合法权益免遭侵害,特向法院提起民事诉讼,请求依法判令被告赵毓国偿还借款本金530万元及利息,被告河北旺源管业有限公司、赵铁映承担连带责任,并由被告负担诉讼费用。

被告赵毓国辩称,原被告所签订借款合同,系原告超越法律规定的职权范围发放的贷款,应属于无效合同。据此,我方应只偿还贷款本金,不应给付利息。

被告河北旺源管业有限公司辩称，涉案贷款系超出国家规定职权范围和特许经营权规定，应无效。被告河北旺源管业有限公司对涉案合同签订的内幕并不知情，合同虽加盖了河北旺源管业有限公司的印章，但无公司法定代表人的签字，所以该合同并未生效。再者2014年3月25日的借款合同签订后，并未实际履行，原告未实际发放该贷款。综上，原告向被告河北旺源管业有限公司主张担保责任，无事实及法律依据，故应驳回原告对我公司的诉讼请求。

被告赵铁映未提交答辩意见。

原告河北东融典当有限公司为证明其主张，向本院提交以下证据：1. 2014年2月10日签订的东融当字第0210号借款合同及第0210号抵押物借款合同书各一份，2014年2月10日借款借据两份以及赵铁映的房产证和土地使用证各两份。证明赵毓国向原告借款400万元，并已交付，赵铁映应承担连带责任，并以赵铁映的房产证和土地使用证作抵押。2. 2014年3月14日签订的东融当字第0314号借款合同和第0314号抵押物借款合同书及借款借据各一份。证实赵毓国借款130万元，并已交付，赵铁映以坐落在海兴县农场的土地使用权为该借款提供担保。3. 2014年3月25日签订的东融当字第0325号借款合同及第0325号抵押物借款合同书各一份及海兴县国土资源局于2014年3月25日对河北旺源管业有限公司土地使用权【冀海国用(2014)×××号】作抵押登记的他项权利证书。证实该借款合同中的530万元确未实际发放，该借款合同是第0210号借款合同、第0314号借款合同的展期合同，河北旺源管业有限公司以土地使用权作抵押，并办理抵押登记手续。4. 提交2014年9月15日借款对账确认书一份。用以证实原告向被告赵毓国催要借款的事实。5. 河北东融典当有限公司特种行业许可证、2014年3月25日河北旺源管业有限公司的股东决议及2014年3月授权委托书。用于证明原告经营资格以及河北旺源管业有限公司委托赵毓国全权办理借款、担保的事宜，并同意为2014年3月25日的借款提供担保。

被告赵毓国质证意见，对原告提交的三份借款合同和三份抵押合同的真实性无异议，但上述合同是借款合同而非典当合同。对2014年3月25日借据本身的真实性无异议，但对借据的内容有异议，该借款并未实际履行，未实际贷款。对其他借据的真实性无异议，对对账确认书中计算的利息数额与按涉案借款合同约定计算出来的利息数额不符，应以合同约定的利息为准。综合服务费只在典当合同中发生，在借款合同中不能发生，本案系借款合同，不应收取综合服务费，本案中收取综合服务费70,000元应折抵本金。对房产证和他项权利证书的真实性无异议。关于授权委托书中无法定代表人签字，属于无效授权。关于股东决议也无股东签字，也应无效。对特种行业证无异议。

被告河北旺源管业有限公司质证意见,对2014年3月25日所签订的借款合同和抵押合同的真实性无异议,但关于抵押合同中无法定代表人签字,不符合证据的形式要件,该合同并未体现是对以上合同的展期和延长,利率也和前面合同约定的不一致,该合同签订后未实际履行,原告未实际支付被告530万元借款;本案中原告在2014年2月10日所签订的借款合同中支付被告400万元,被告偿还240万元,尚欠本金160万元,2014年3月14日又借款130万元。故被告实欠原告借款290万元;对于原告主张的另一笔240万元(2014年3月10日借款2,400,000元)与本案无关,应另案解决。对其他证据的真实性无异议。

经审理查明,2014年2月10日河北东融典当有限公司与赵毓国签订编号:2014年东融当字第0210号借款合同,合同约定:赵毓国(甲)向河北东融典当有限公司(乙)借款4,000,000元,借款用途采购原材料,借款期限自2014年2月10日起至2014年4月9日止,担保方式为抵押,月综合费率2.44%,月利率0.56%,赵毓国在该合同的甲方(借款人)处签名,河北东融典当有限公司和其授权代理人孙式然分别在该合同的乙方(贷款人)处盖章、签名。同日河北东融典当有限公司与赵毓国、赵铁映签订编号2014年东融当字第0210号抵(质)押物借款合同书,该合同第七条保证条款约定:赵铁映个人家庭全部财产承担无限连带责任,并以赵铁映拥有的坐落在海兴县海政路北、兴盛街东的房屋(海房权证海兴字第××号、海房权证海兴字第××号)及土地使用权【冀海国用(2013)×××号、冀海国用(2013)×××号】作抵押,赵毓国、孙式然、赵铁映分别在该合同的甲方(借款人)、乙方(债权人)、丙方(担保人)处签名,上述抵押的房地产均未办理抵押登记。该贷款于2014年2月10日、12日分两次转到赵毓国的银行账户,原告方预扣70,000元的综合服务费,实际给付贷款3,930,000元,赵毓国于2014年2月18日偿还该笔借款的本金2,400,000元;赵毓国于2014年3月10日借款2,400,000元,该笔借款未办理贷款手续;2014年3月14日河北东融典当有限公司与赵毓国签订编号:2014年东融当字第0314号借款合同,合同约定:赵毓国(甲)向河北东融典当有限公司(乙)借款1,300,000元,借款用途交土地出让金和契税,借款期限自2014年3月14日起至2014年6月13日止,担保方式为抵押,月综合费率2.44%,月利率0.56%,赵毓国在该合同的甲方(借款人)处签名,河北东融典当有限公司和其授权代理人孙式然分别在该合同的乙方(贷款人)处盖章、签名。同日河北东融典当有限公司(乙方)与赵毓国(甲方)、赵铁映(丙方)签订编号:2014年东融当字第0314号抵(质)押物借款合同书,该合同第七条保证条款约定:“赵铁映自愿将有权处分的土地使用权证号码(空白),作为借款的抵押物协议抵押乙方,附抵押物清单(空白),作为此笔借款的保证,丙方在取得土地证后协助乙方办理他项权利证,该笔担保借款未还清以前,丙方不得进行转让,出售和再抵押手续……”赵毓国、孙式然、赵铁映分别在该合同的甲方(借款人)、乙方(债权人)、丙方(担保人)处签名,并同时签订房地产抵押物作价协议,协议约定:“甲方(抵押人)赵铁映自愿将坐落在海兴县农场房地产为丙方(借款人)赵毓国向乙方(抵押权人)河北东融典当有限公司申请贷款130万元整作抵押担保,经乙方调查了解,同意甲方以该房地产抵押。经甲、乙、丙充分协商,按照重置成本计算方法并结合抵押物当地房地产市场行情,就该房地产价值达成以下一致意见,共同遵守,土地使用权所有人赵铁映、面积59,940m^2、用途工业出让、价值8,000,000(元)、贷款金额1,300,000(元)。”赵铁映、孙式然、赵毓国分别在该协议的甲方(抵押人)、乙方(抵押权人)、丙方(借款人)处签名,上述抵御未办理抵押登记,该贷款1,300,000元于2014年3月14日转到赵毓国的银行账户;2014年3月25日河北东融典当有限公司与赵毓国签订编号:2014年东融当字第0325号借款合同,合同约定:赵毓国(甲方)向河北东融典当有限公司(乙方)借款5,300,000元,借款用途交土地出让金和契税、贷新还旧贷款,借款期限自2014年3月25日起至2014年4月24日止,担保方式为抵押,月综合费率2.54%、月利率0.46%,赵毓国在该合同的甲方(处)签名,并在该处加盖河北旺源管业有限公司公章,河北东融典当有限公司和其授权代理人袁云刚分别在该合同的乙方(贷款人)处盖章、签名。同日河北东融典当有限公司(乙方)与赵毓国(甲方)、河北旺源管业有限公司(丙方)签订合同号2014年东融当字第0325号抵(质)押物借款合同书,该合同第七条保证条款约定:“河北旺源管业有限公司自愿将坐落在海兴县农场畜牧队有权处分的土地使用权【冀海国用(2014)×××号】面积57,963m^2以及地上物楼房78间、面积4950m^2协议给抵押乙方(河北东融典当有限公司)作为此笔借款的保证……”赵毓国在该合同的甲方(借款人)处签名,河北东融典当有限公司和其授权代理人袁云刚分别在该合同的乙方(债权人)处盖章、签名,河北旺源管业有限公司在该合同的丙方(担保人或担保单位)处盖章,该土地使用证已于2014年3月25日办理土地抵押登记;河北旺源管业有限公司于2014年3月25日出具股东会议决议,载明:“我公司于2014年3月25日召开全体股东会议决议同意为赵毓国在河北东融典当有限公司借款伍佰叁拾万元整,已作抵押担保。”赵毓国和河北旺源管业有限公司分别在该决议书上签字、盖章。2014年3月河北旺源管业有限公司出具授权委托书,委托书载明:“委托人河北旺源管业有限公司,被委托人赵毓国,代理事项:委托人因业务需要,委托被委托人为河北旺源管业有限公司办理信贷业务、抵押担保的代理人。代理权限:全权代理河北旺源管业有限公司的一切信贷业务、抵押担保业务。其签署的一切与信贷业务和抵押担保的有关合同及相关手续均合法有效,授权有效期限:自签署日至2014年12月31日。”河北旺源管业有限公司和赵毓国分别在该打印委托书的委托人、被委托人处盖章、签字,该委托书上打印的法定代表人(签字)处无法定代表人签名。

以上事实,由原被告方的陈述、东融当字第0210号借款合同、东融当字第0210号抵(质)押物借款合同书、东融当字第0314号借款合同、东融当字第0314号抵(质)押物借款合同书、东融当字第0325号借款合同、东融当字第0325号抵(质)押物借款合同书、海房权证海兴字第××号房产证、海房权证海兴字第××号房产证、冀海国用(2013)×××号土地使用证、冀海国用(2013)×××号土地使用证、【冀海国用(2014)×××号】土地使用证、2014年9月15日原被告签署借款对账确认书、借款借据、股东会决议、授权委托书、经营许可证、营业执照等证据予以证实。并已开庭质证。

本院认为,本案涉及的房地产抵押典当之债归根到底属于合同之债,由于目前我国尚没有关于房地产抵押典当的法律和行政法规,最高人民法院也未有相关规定,仅有商务部、公安部联合出台的《典当管理办法》对此作了行政管理性规定,所以应运用我国民法和合同法的鼓励交易、意思自治和诚实信用的基本原则对典当合同法律关系作出评判。也就是说,应当维护交易的安全和稳定,保障合同的履行和当事人追求的合同利益的实现,应当尊重市场规律的自动调节功能和当事人的自由意志,不过多干预合同的订立和履行,以合同约束当事人的行为,合同当事人应恪守信用履行义务,不支持当事人规避法律或者合同义务行为。基于上述基本原则,本案中当事人分别于2004年的2月10日、3月14日、3月25日(已办理抵押手续)签订的三份《借款合同》和三份抵(质)押物借款合同书中,虽然2月10日、3月14日借款所抵押的房地产未办理抵押登记,但从本案双方当事人签订上述借款合同、抵押合同以及被告向原告出具的相关房地产权属证书均充分说明当事人约定的真实意思是原告向被告赵毓国发放贷款,由被告赵毓国、河北旺源管业有限公司及赵铁映履行办理房地产登记的义务,换言之,双方当事人的本意是由原告向被告方发放房地产典当借款而非信用贷款。本案的事实表明被告方取得原告借款后,并没有按照约定及时履行办理抵押登记的义务,而在诉讼中却以借款没有办理抵押登记为由主张合同无效,实际是以此规避借款合同双方约定的还款义务,这显然有违诚信原则,据此,本院依据该原则否定被告所期待的法律效果。综上,上述三份《借款合同》和三份抵(质)押物借款合同书系双方当事人的真实意思表示,并未违反《中华人民共和国合同法》第五十二条规定:“违反法律、行政法规的强制性规定”,应均合法有效,但上述借款合同所约定的月综合费率及月利率叠加后应作为原告借期内借款利率计算利息,因其已超过借贷行为发生时中国人民银行公布的同期同类贷款基准利率年息 5.60% 的四倍,故对其超过部分不予保护。从上述三份借款合同的内在关系和贷款的实际用途来看,3 月 25 日合同的“目的”就是原告为了降低贷款风险,完善贷款抵押登记手续而和被告赵毓国就 2 月 10 日和 3 月 14 日借款合同项下的贷款以及 2014 年 3 月 10 日借款 2,400,000 元中的贷款所涉及的全部贷款本金 523 万元(4,000,000 元 - 2,400,000 元 + 2,400,000 元 + 1,300,000 元 - 700,000 元综合服务费)、期限、利率、抵押等双方之间的民事权利义务作了重新调整,达成了新的合意。基于此,应以 2014 年 3 月 25 日借款合同和抵(质)押物借款合同作为认定当事人之间的权利义务关系的主要依据,被告赵毓国未能按期偿还该份《借款合同》项下贷款本金 523 万元(已扣除 70,000 元综合服务费)及其相应利息,是造成本案纠纷的直接原因,依法应承担向原告偿还贷款本金 523 万元及其相应利息的民事责任。原告在 2014 年 2 月 10 日发放借款当日收取了综合服务费用 7 万元,应视为预扣借款利息,不具有合法性,应在借款本金中予以核减,原告实际出借本金数额为 530 万元 - 7 万元 = 523 万元,利率按 5.60% ×4 = 20.24% 计息,从 2014 年 3 月 25 日起计息,至还清之日止。关于被告河北旺源管业有限公司对 3 月 25 日借款合同是否承担抵押担保责任问题,本院认为,该借款合同约定的贷款用途包括“借新还旧”,这就说明借款合同各方均应知道该笔贷款并不实际发放,被告河北旺源管业有限公司在该合同上加盖公章,并综合河北旺源管业有限公司因涉案的贷款事宜为赵毓国出具股东会决议书和授权委托书的事实,依照证据规则,应推定河北旺源管业有限公司应知道 3 月 25 日所签借款合同的上述“目的”。在此情况下,被告河北旺源管业有限公司自愿以其土地使用权作抵押,并办理抵押登记,故应对 3 月 25 日借款 523 万元及相应利息承担抵押担保责任。2014 年 3 月 25 日所签借款合同未包含 3 月 25 日之前所发生的上述三笔借款的利息,被告赵毓国未给付的上述三笔借款的利息应予以偿还,其应偿还的贷款利息如下:编号 2014 年东融当字第 0210 号借款合同,合同约定:“借款 4,000,000 元,借款期限自 2014 年 2 月 10 日起至 2014 年 4 月 9 日止”,赵毓国于 2014 年 2 月 18 日偿还借款 2,400,000 元,该笔借款截至 2014 年 3 月 25 日,利息计算为:实际贷款数额 3,930,000 元(4,000,000 元中扣除综合服务费 70,000 元)×8 天(2014 年 2 月 10 日到 18 日)×20.24% ÷365 = 17,434 元,2014 年的 2 月 18 日欠借款本金 3,930,000 元 - 2,400,000 元 = 1,530,000 元,从 2014 年的

2 月18 日到 3 月 25 日，计 37 天，利息计为：1, 530, 000 元 ×37 天 ×20. 24% ÷365 = 31, 391 元，合计 48, 825 元。关于被告赵铁映是否对该笔借款承担保证的担保责任问题。本院认为，被告赵铁映在双方在 2014 年东融当字第 0210 号抵(质)押物借款合同书中约定了以个人家庭全部财产承担无限连带责任，但合同中对保证期间没有明确约定，依照《中华人民共和国担保法》第二十六条的规定，应认定保证期间为主债务履行期满之日起六个月，在原告没有证据证明已在此期间内要求被告赵铁映承担保证责任的情形下，被告赵铁映因保证期间已过而免除保证的担保责任。关于被告赵铁映是否对该笔借款承担抵押的担保责任问题，本院认为，该抵押的房地产虽未办理抵押登记，但依据《中华人民共和国物权法》第十五条之规定，未办理抵押登记不影响抵押合同的效力，双方所签抵押合同系有效合同，对当事人具有法律约束力。故原告有权要求被告赵铁映依照抵押合同以该抵押物价值为限承担抵押的担保义务。原告和被告赵毓国在没有证据证明取得赵铁映同意的情况下于 2014 年 3 月 25 日重新签订了包括该本金在内的新的协议，对贷款的数额、期限作出变动，参照《最高人民法院关于适用〈中华人民共和国担保法〉若干问题的解释》第三十条的规定精神，被告赵铁映仍应对原担保的债务承担责任，其承担责任的范围为上述利息 48, 825 元和该笔贷款未偿还的本金 4, 000, 000 元 -2, 400, 000 元 =1, 600, 000 元以及该 1, 600, 000 元本金从 2014 年 3 月 25 日起的利息；原告放弃 2014 年 3 月 10 日到 25 日的借款 2, 400, 000 元的利息，符合《中华人民共和国民事诉讼法》第十三条的规定，本院予以准许。编号 2014 年东融当字第 0314 号借款合同，合同约定：借款 1, 300, 000 元，借款期限 2014 年 3 月 14 日起至 2014 年 6 月 13 日止，该笔借款截至 2014 年 3 月 25 日利息计算为：贷款数额 1, 300, 000 元 ×11 天(2014 年 3 月的 14 日到 25 日) ×20. 24% ÷365 =7930 元。关于被告赵铁映是否对该笔借款承担抵押的担保责任问题，本院认为，该抵押物双方虽也未办理抵押登记，理由同上所述，被告赵铁映也应对原担保的债务承担责任，其承担责任的范围为上述利息 7930 元和该笔贷款未偿还的本金 1, 300, 000 元以及该本金从 2014 年 3 月 25 日起的利息。综上，依照《中华人民共和国合同法》第三十二条、第五十二条、第二百条、第二百零六条、第二百零七条，《中华人民共和国物权法》第一百八十二条，《中华人民共和国担保法》第二十六条、第四十二条和《中华人民共和国民事诉讼法》第一百四十四条之规定，并参照《最高人民法院关于适用〈中华人民共和国担保法〉若干问题的解释》第三十条，判决如下：

一、被告赵毓国于本判决生效后十日内偿还原告河北东融典当公司借款本金 523 万元及利息(自 2014 年 3 月 25 日起至付清日止，按年息 20. 24% 计付)。

二、在被告赵毓国不履行上述债务时，河北东融典当公司对河北旺源管业有限公司用于抵押担保的坐落在海兴县农场畜牧队有权处分的土地使用权【冀海国用(2014)×××号】面积57,963m^2以及地上物楼房78间、面积4950m^2的价款享有优先受偿的权利。

三、被告赵毓国于本判决生效后十日内支付拖欠编号2014年东融当字第0210号借款合同的利息48,825元。

四、被告赵铁映以用于抵押担保的坐落在海兴县海政路北、兴盛街东海房权证海兴字第××号房产证、海房权证海兴字第××号房产证、冀海国用(2013)×××号土地使用证、冀海国用(2013)×××号土地使用证的价值为限对上述利息48,825元和借款本金523万元中的160万元本金及利息(按160万元本金计算，自2014年3月25日起至付清日止，按年息20.24%计付)承担连带担保责任。

五、被告赵毓国于本判决生效后十日内支付拖欠编号2014年东融当字第0314号借款合同的利息7930元。

六、被告赵铁映以东融当字第0314号抵(质)押物借款合同书约定的抵押土地使用权的价值为限对上述利息7930元和借款本金523万元中的130万元本金及利息(按130万元本金计算，自2014年3月25日起至付清日止，按年息20.24%计付)承担连带担保责任。

七、河北旺源管业有限公司、赵铁映承担上述担保责任后，有权向被告赵毓国追偿。

八、驳回原告河北东融典当公司的其他诉讼请求。

未按本判决指定的期限履行给付金钱义务，应当按照《中华人民共和国民事诉讼法》第二百五十三条之规定，加倍支付迟延履行期间的债务利息。

案件受理费56,087元，由原告河北东融典当公司承担1289元，被告赵毓国、河北旺源管业有限公司承担54,798元。

如不服本判决，可在判决书送达之日起十五内向本院递交上诉状，并按对方当事人的人数提出副本，上诉于河北省沧州市中级人民法院。

审　判　长　呼金昌

审　判　员　李红瑞

陪　审　员　田培青

二〇一五年十一月二十六日

书　记　员　韩宝胜

【案例十七】上海优乐典当有限公司诉上海浦盈物流有限公司典当纠纷案（2015年5月14日）

【法律点】 1. 动产质押典当期限届满，典当行与当户结清了利息、综合费和部分当金后，就所欠当金余款重新出具当票并另行约定月利率、综合费及典当期限的，该转当行为合法有效。

2. 转当后，无须重新设定新的担保，典当行对原有效质押的动产仍享有质权。

【关键词】 质押典当　转当　续当　绝当　质押担保责任　优先受偿

上海市长宁区人民法院
民事判决书

(2014)长民二(商)初字第7705号

原告：上海优乐典当有限公司，住所地上海市。

法定代表人：陆军，总经理。

委托代理人：陈然，上海市恒业律师事务所律师。

委托代理人：朱群峰，上海市恒业律师事务所律师。

被告：上海浦盈物流有限公司，注册地上海市崇明县。

法定代表人：顾帮娣。

原告上海优乐典当有限公司（以下简称优乐公司）诉被告上海浦盈物流有限公司（以下简称浦盈公司）典当纠纷一案，本院于2014年12月25日立案受理，并依法适用普通程序，组成合议庭进行审理。由于被告浦盈公司下落不明，本院于2015年2月10日向其公告送达诉状副本、应诉通知书、举证通知书、开庭传票等法律文书，并于2015年5月14日公开开庭进行了审理。原告委托代理人朱群峰到庭参加了诉讼。被告浦盈公司经本院公告送达，无正当理由未到庭应诉，本院依法缺席审理。本案现已审理终结。

原告优乐公司诉称,2011 年 7 月 28 日,原告同被告签订《机动车质押典当借款合同》,约定被告向原告借款人民币 100 万元(以下币种相同),由被告提供原告自有车辆作为质押物。该合同所附的《上海浦盈物流有限公司重型半挂车型机动车明细表》中包含系争车辆 8 辆等车辆。双方就上述系争车辆于同日至上海市公安局交通警察总队车辆管理所进行了登记,质押权人均登记为原告。同日,双方签订《当票》,约定典当金额为 100 万元,典当期限为 2011 年 7 月 28 日起至 2011 年 9 月 27 日止。2011 年 7 月 29 日,被告出具《收条》,确认收到原告 100 万元的款项。被告当时的法定代表人王卫军亦予以签名。此后,被告陆续向原告办理续当手续,并陆续向原告还款。至 2013 年 12 月 25 日,被告向原告结清了 67 万元的借款以及相应的利息和综合费。对于剩余的 33 万元,双方重新开具了《当票》予以转当,月费率为 2.70%,月利率为 0.30%,典当期限为自 2013 年 12 月 25 日至 2014 年 1 月 24 日。但此后,被告并未向原告申请续当,也未向原告进行还款。原告屡次催收无果,故诉至法院请求:1. 判令被告归还原告借款本金 33 万元;2. 判令被告支付原告上述借款本金自 2013 年 12 月 25 日起至本判决生效之日止,按照合同约定的每月 2.70% 计算的综合服务费及每月 0.30% 的利率计算的利息;3. 判令如被告不能自觉履行上述还款义务,原告有权处置被告提供质押的车辆,并有权从所得款项中优先受偿借款本金、利息以及综合服务费,如所得款项不足清偿,则要求被告继续清偿,直至结清全部欠款为止;4. 判令诉讼费用由被告承担。

原告为证明其主张,提供以下材料作为证据:

1.《机动车质押典当借款合同》及附件即《上海浦盈物流有限公司重型半挂车型机动车明细表》,证明双方之间的权利义务,以及被告向原告借款 100 万元,并提供车辆作为质押物的事实。

2.《收条》,证明被告已经收到原告给付的借款 100 万元,并约定借款期限。

3.《当票》两张以及《续当凭证》共计 16 张,证明被告在典当期间内不断要求续当,在归还了部分借款后,自 2013 年 12 月 25 日起至今被告尚欠本金 33 万元,且逾期未还。

4. 机动车质押登记信息资料及所附清单,证明原告对于系争车辆享有质押权。被告在向原告归还了部分借款后,原告解除了部分对车辆的登记,但目前还有 8 辆车辆即系争车辆未解除登记,登记的权利人为原告。

被告浦盈公司未作答辩,也未提供证据。

本院对原告提供的证据进行了审核,认为原告对其提供的证据均能提供原件,而被告浦盈公司未到庭提出异议,故本院予以采纳。

经审理查明,原告诉称属实。

本院另查明,被告的法定代表人于2014年4月14日由王卫军变更为王鹤元,并于2015年1月8日由王鹤元变更为顾帮娣。

本院认为,原告与被告浦盈公司签订的《机动车质押典当借款合同》及其附件、《当票》系双方真实意思表示,且不违反法律、法规之规定,应为合法有效,双方当事人均应恪守。原告根据约定向被告浦盈公司提供借款,被告浦盈公司应当按约偿还本金,并支付利息以及当期内的综合服务费。现被告并未能续当,也并未按期支付当期还款、综合服务费以及利息,故原告有权要求被告对此按约支付。但根据《当票》的约定,33万元的典当期限截至2014年1月24日,此后被告并未续当,故不再产生综合服务费。因此,本院仅支持自2013年12月25日至2014年1月24日,按照约定的2.70%的月费率计算的综合服务费,即8,910元。

被告以其所有的系争车辆对系争债务承担质押担保责任,质押物已经交付原告且质押经合法登记,故原告要求行使质押权的请求亦具有事实和法律依据,本院予以支持。

被告无正当理由未到庭参加诉讼,视为放弃诉讼权利。

据此,依照《中华人民共和国合同法》第二百零五条、第二百零六条,《中华人民共和国物权法》第二百一十九条、第二百二十一条,《典当管理办法》第四十条和《中华人民共和国民事诉讼法》第一百四十四条的规定,判决如下:

一、被告上海浦盈物流有限公司应于本判决生效之日起十日内向原告上海优乐典当有限公司偿还借款本金人民币330,000元。

二、被告上海浦盈物流有限公司应于本判决生效之日起十日内向原告上海优乐典当有限公司支付截至2014年1月24日的综合费人民币8,910元,以及利息(以人民币330,000元为基数,按0.30%的月利率,自2013年12月25日起计算至判决生效之日止)。

三、若被告上海浦盈物流有限公司未能履行上述第一项、第二项的金钱给付义务,则原告上海优乐典当有限公司有权就被告上海浦盈物流有限公司名下的车辆8辆,以折价或者申请以拍卖、变卖上述车辆所得价款优先受偿,超出债权部分价款归被告上海浦盈物流有限公司所有,不足部分由被告上海浦盈物流有限公司继续清偿。

如果未按本判决指定的期间履行给付金钱义务,应当依照《中华人民共和国民事诉讼法》第二百五十三条之规定,加倍支付迟延履行期间的债务利息。

本案案件受理费人民币6,250元(原告已预缴),由被告上海浦盈物流有限公司负担,于本判决生效之日起七日内缴付本院。

如不服本判决,可于判决书送达之日起十五日内,向本院递交上诉状,并按对方当事人的人数提出副本,上诉于上海市第一中级人民法院。

审 判 长 孙雪梅

代理审判员 李 腾

人民陪审员 王伟芬

二〇一五年五月十四日

书 记 员 程 茜

【案例十八】浙江中路典当有限责任公司诉浙江开明教育投资有限公司、邵名震典当借款纠纷案

(2008年6月23日)

【法律点】 1.最高额房屋典当合同在构成绝当后,典当行与当户以原典当借款所欠的本金为当金重新达成最高额股权质押借款合同,应视为双方对债权债务关系的重新约定,构成转当。

2.保证人既为原最高额房屋典当合同提供保证担保,又对因转当而订立的最高额股权质押典当借款合同提供保证担保,即使作为当物的股权质权未生效,保证人的连带保证责任并不能因此而免除。

【关键词】 最高额房屋典当合同　最高额股权质押借款合同　转当　股权质押　保证　综合费用　滞纳金　律师代理费

浙江省嘉兴市南湖区人民法院
民事判决书

(2008)南民二初字第458号

原告:浙江中路典当有限责任公司,住所地浙江省杭州市庆春路。

法定代表人:徐从清,总经理。

委托代理人:费晓瑛,浙江嘉诚中天律师事务所律师。

被告:浙江开明教育投资有限公司,住所地嘉兴市城南路。

法定代表人:邵名震。

被告:邵名震。

原告浙江中路典当有限责任公司(以下简称中路公司)诉被告浙江开明教育投资有限公司(以下简称开明公司)、邵名震典当借款纠纷一案,本院受理后,依法组成合

议庭,于2008年5月14日公开开庭进行了审理。原告中路公司委托代理人费晓瑛、被告开明公司法定代表人邵名震到庭参加诉讼。本案现已审理终结。

原告诉称,2003年11月6日,被告开明公司将5008.48平方米的房屋和相关土地典当给原告,之后原告分三次共计借给开明公司900万元。2004年12月8日,原告与开明公司签订最高额房屋典当合同,约定了借款金额、综合费用、赎当、续当、绝当及违约时按综合费用的20%加收滞纳金等事项。此后,开明公司归还了300万元,截至2007年9月25日,仍欠600万元。同日,原告为开明公司办理了转当,转当后的当期为2007年9月25日至2007年9月30日,月综合费率为1.8%,同时原告与邵名震签订了一份《保证合同》,为开明公司的典当业务向原告提供了个人担保,担保范围为借款本金、利息、加罚息、违约金、赔偿金及诉讼费、律师费等实现债权的一切费用。原告并有权按保证总额未履行价款的10%向其收取违约金。但2007年9月30日典当期限届满后,开明公司既没有归还典当款,亦未办理转当,该当已为绝当,邵名震也未按约定履行代为清偿的义务。故请求判令开明公司归还典当款600万元,支付相关费用及违约金64.8万元(计算截止日为2008年2月26日)、原告的维权费用3.5万元以及自起诉日至被告还清欠款止按月综合费用1.8%每天加收20%的滞纳金;被告邵名震对开明公司承担的上述款项负连带清偿责任,同时赔偿原告为实现债权而支出的费用3.5万元,本案诉讼费由两被告承担。

被告开明公司辩称,原告主张的相关费用及违约金64.8万元没有事实和法律依据。2007年9月25日,原告向开明公司出具当票一份,原、被告形成了借贷合同关系,典当金额为600万元,月综合费率为1.8%,典当期限为2007年9月25日至2007年9月30日。典当期限届满后,因开明公司未能赎回典当物亦未办理续当,根据《典当管理办法》的规定"典当期限或者续当期限届满后,当户应在5日内赎当或续当。逾期不赎当也不续当的,为绝当"。该典当物于2007年10月5日绝当。因此双方的借贷合同关系终止,开明公司在绝当后没有向原告支付月综合费用的义务。因本案所涉典当物已为绝当物,根据《典当管理办法》第四十条第二款的规定,开明公司愿意依法履行典当期届满至绝当之日5日内的月综合费1.8万元的义务。典当物成为绝当物后,原告可以依法收回当金及相关费用,但因本案所涉典当物为不动产,且是教育类的在建工程,致使原告欲将典当物变现收回当金受到阻碍。被告只承担当金的相应利息损失以及实现当金而支付的必要费用,但原告未在诉状中主张该利息损失,根据"不告不理"原则,在本案中开明公司不应承担原告的利息损失。原告的第三项请求要求支付滞纳金也是没有法律依据的。原、被告的借贷合同关系因绝当而终止,开明公司没有支付月综合费的义务,更无支付滞纳金的义务。

被告邵名震答辩的意见与开明公司答辩意见一致。另认为原告要求被告支付维权费用 3.5 万元,在主合同当票中未作约定,根据从合同不得超越主合同约定的原则,作为从合同的保证合同,被告的保证责任范围不应超过主合同的债务,故被告不应承担 3.5 万元的维权费用。

原告为证明自己的主张,提供证据如下:

1. 2003 年 11 月 6 日编号为 330152709 的当票 1 份,该当票约定开明公司向原告借款 650 万元,当期为 2003 年 11 月 6 日至同年 12 月 5 日。证明原告扣除手续费后已支付开明公司典当款的事实。

2. 2004 年 3 月 30 日嘉土国用(2004)第 153×××号《国有土地使用证》、嘉房权证禾字第 00098×××号《房屋所有权证》各 1 份,证明原告支付典当款后,在开明公司办出产权证的当日双方到相关部门办理了该房地产的抵押登记手续。

3. 2004 年 12 月 8 日编号为中路典当房字(00120)号《最高额的房屋典当合同》1 份,证明原告与开明公司典当月综合费和加收滞纳金等事项进行了约定。

4. 收款凭证 2 张。证明开明公司归还了 250 万元。

5. 2007 年 9 月 25 日编号为 330218151 号当票 1 份。证明该当票即本案的债务,典当款为 600 万元,典当期限自 2007 年 9 月 25 日至同年 9 月 30 日,并注明该当票由编号为 33015279 号当票转当。

6. 2008 年 2 月 25 日委托代理合同 1 份及代理费发票 2 张。证明原告因本纠纷支出的律师费用 35,000 元。

7. 2007 年 9 月 25 日《保证合同》1 份。证明被告邵名震对转当后的当票约定的费用包括综合费用、利息、加罚息、违约金、赔偿金及诉讼费、律师费提供还款担保。违约责任约定,如果没有按时还款,被告邵名震代为清偿到期债务,对保证总额中未履行债务 10%,原告有权收取违约金。

8. 2007 年 11 月 19 日《最高额股权质押借款合同》1 份。证明之所以转当期限为 5 天,是因为开明公司承诺 5 天内归还借款。开明公司要求注销土地使用权抵押权,以便将该土地使用权另行抵押借款归还原告,为此原告与邵名震签订一份保证合同,邵名震对 600 万典当款负连带责任以及绝当后相应的费用在该合同中均有约定。

经质证,被告开明公司及邵名震对上述证据均无异议。本院确认这些证据作为认定本案相关事实的依据。

被告开明公司和邵名震未提供举证。

本院经审理,认定案件事实如下:

2003年11月6日,开明公司以嘉兴市城南路东、中环南路南的房地产为当物(其中房屋面积5008.48平方米,2003年4月15日取得房屋所有权证),向中路公司典当借款650万元。中路公司出具当票一份,约定典当期限自2003年11月6日起至2003年12月5日止,月费率为2%。2004年12月8日,开明公司与中路公司签订《最高额房屋典当合同》一份,约定由开明公司将嘉房权证禾字第00098×××号《房屋所有权证》与2004年3月30日嘉土国用(2004)第153×××号《国有土地使用证》项下的房地产典当抵押给中路公司;房地产评估价值由双方协商确定1300万元,中路公司同意借给开明公司典当最高金额共计900万元,期限为2004年12月8日至2006年12月31日;月综合费率为1.8%。嗣后,双方借款还款互有往来。至2007年9月25日,双方除借款本金600万元约定转当外,其他费用均已结清。中路公司在9月25日出具330218151号当票一份,约定该600万元由330152709号当票转当,月费率为1.8%,典当期限由2007年9月25日起至2007年9月30日止。同日,中路公司与开明公司及邵名震签订《保证合同》一份,由邵名震个人为330218151号当票项下的借款600万元及相应的综合费用、利息、加罚息、违约金、赔偿金及诉讼费、律师费等实现债权的一切费用承担连带保证责任。并约定如邵名震不能连带清偿,则中路公司有权在邵名震存款账户中直接扣收,并且可视情况按保证总额中未履行价款的10%收取违约金。2007年11月19日,中路公司与开明公司、邵名震又签订《最高额股权质押典当借款合同》,约定邵名震以其在开明公司的股份等财产向中路公司典当,借取典当金,典当的总金额为此前中路公司发放600万元。另三方当事人还就典当期满后的续当、绝当的处理、未按期还款产生费用的承担等作了约定。11月20日,抵押注销。后由于开明公司及邵名震未归还借款本金及其他费用,遂形成本案纠纷。中路公司为诉讼聘请律师,支付代理费35,000元。

本院认为,原告中路公司系具有房地产抵押典当业务的典当行,其与被告开明公司签订的房屋典当合同合法有效,对双方当事人均具有约束力。本案中,原、被告的争议焦点为:

1.原告中路公司是否有权在绝当后按1.8%月费率收取综合费用并加收滞纳金?

2007年9月25日的当票证明了中路公司与开明公司之间的典当借款关系,根据《典当管理办法》第四十条"典当期限或者续当期限届满后,当户应当在5日内赎当或者续当。逾期不赎当也不续当的,为绝当"的规定,至2007年10月6日为绝当。因该当票中的当金系330152709号当票转当而来,相关的权利义务应受此前《最高额房屋典当合同》的约束，根据该合同第七条“房屋典当期满，乙方（开明公司）未赎当，也未办理续当手续的，逾期五天（含五天）内，甲方（中路公司）除向乙方补收逾期期间的综合费用外，每天还要以综合费用的20%加收滞纳金，逾期五天以上的即为绝当。绝当后，甲方有权按有关规定处置绝当物”的约定，开明公司应当支付2007年10月1日至5日的综合费用及相应的滞纳金。

2007年9月25日的典当绝当后，中路公司并未依法对绝当物即开明公司抵押的房地产进行处置，而是于2007年11月19日与开明公司及邵名震签订《最高额股权质押典当借款合同》。此前中路公司与开明公司的典当已成为绝当，但双方的债权债务关系仍存在，因此，该份合同应视为双方对债权债务关系的重新约定。邵名震以其在开明公司的股权进行质押担保，由于其股权质押并未出质记载于股东名册，质押担保未发生法律效力。因此，该合同名为股权质押典当借款合同，实质上质押典当物未记载登记致使其成为一份借款合同。当事人就质押担保约定未生效不影响该合同其他部分的效力。开明公司与中路公司就绝当后综合费用的约定，实质上是针对此前借款利息的约定。被告开明公司称原告中路公司只主张综合费用而未主张利息，故不应承担利息损失，本院不予采纳。相应利息应从该合同签订之日起计算。据此，原告有权按照月费率1.8%收取自2007年11月19日起的孳息。至于原告主张加收20%的滞纳金，没有法律依据，本院不予支持。

2. 中路公司为实现债权支出的律师代理费应否由开明公司承担？

如前所述，开明公司在2007年11月19日与中路公司签订了《最高额股权质押典当借款合同》是对双方债权债务的重新约定。在合同第十三条中约定“甲方（开明公司）未依约按时归还欠款，乙方（中路公司）因清收欠款而产生的费用（包括但不限于交通费、律师费）由甲方承担，丙方（邵名震）对此承担连带保证责任。”中路公司为诉讼聘请律师支出的代理费有委托代理协议和发票为证，本院予以支持。

3. 关于邵名震的保证责任。

根据《保证合同》，被告邵名震是为330218151号（当票）合同提供保证，其担保范围包括当金本金及综合费用、利息、加罚息、违约金、赔偿金及诉讼费、律师费等实现债权的一切费用。虽然9月25日的典当已成为绝当，但并不意味着开明公司的债务已经消除，邵名震仍应承担该债务的保证责任。另外在《最高额股权质押典当借款合同》中，邵名震承诺对中路公司因清收欠款而产生的费用（包括但不限于交通费、律师费）及该笔借款债务承担连带保证责任。邵名震提供的股权质押担保虽未生效，但其保证责任并不能因此而免除。故被告邵名震应对开明公司的债务承担连带保证责任。

据此，依照《中华人民共和国民法通则》第一百零六条第一款，《中华人民共和国合同法》第六十条、第一百零七条、《中华人民共和国担保法》第十八条第二款的规定，判决如下：

一、被告浙江开明教育投资有限公司归还原告浙江中路典当有限责任公司借款600万元。

二、被告浙江开明教育投资有限公司支付原告浙江中路典当有限责任公司自2007年10月1～5日综合费用18,000元（按本金600万元×1.8%÷30天×5天计），并按20%赔偿滞纳金3600元。

三、被告浙江开明教育投资有限公司支付原告浙江中路典当有限责任公司自2007年11月19日起至实际清偿之日止利息（以借款本金600万元为基数，按月费率1.8%计）。

四、被告浙江开明教育投资有限公司赔偿原告浙江中路典当有限责任公司实现债权费用35,000元。

以上各项，于本判决生效之日起十日内履行。

五、被告邵名震对被告浙江开明教育投资有限公司承担的上述款项负连带责任。

本案受理费58,581元，保全费5000元，合计63,581元，由两被告连带承担，于本判决生效之日起七日内交纳。

如不服本判决，可在判决书送达之日起十五日内，向本院递交上诉状，并按对方当事人的人数提出副本，上诉于浙江省嘉兴市中级人民法院。

审　判　长　范本艳
审　判　员　郑欣娟
代理审判员　许福忠
二〇〇八年六月二十三日
书　记　员　于建岚

【案例十九】绵阳聚财典当有限责任公司诉四川栋天旅游开发有限公司、绵阳市御龙实业有限公司典当合同纠纷案（2016年12月13日）

【法律点】典当期限或者续当期限届满后，当户按照合同约定支付了相应的利息和综合费，对未归还的原当金本金，典当行与当户以重新签订典当借款合同的方式作出处理，则原典当合同涉及的权利义务双方已经履行完毕，新订立的典当借款合同形成了新的权利义务合同关系。

【关键词】续当合同　新的协议　典当借款关系　债权、债务关系　名为典当实为借贷　律师费

四川省绵阳市中级人民法院
民事判决书

（2016）川07民终2315号

上诉人（一审被告）：四川栋天旅游开发有限公司，住所地：四川省绵阳市。

法定代表人：谭昌明，该公司执行董事。

委托诉讼代理人：方东远，四川锐泰律师事务所律师。

被上诉人（一审原告）：绵阳聚财典当有限责任公司，住所地：四川省三台县。

法定代表人：山云泽，该公司董事长。

委托诉讼代理人：刘沙特，四川弘风律师事务所律师。

一审被告：绵阳市御龙实业有限公司，住所地：四川省绵阳市。

法定代表人：李朝顺，该公司执行董事。

委托诉讼代理人：方东远，四川锐泰律师事务所律师。

上诉人四川栋天旅游开发有限公司（以下简称栋天公司）因与被上诉人绵阳聚财

典当有限责任公司(以下简称聚财公司)、一审被告绵阳市御龙实业有限公司(以下简称御龙公司)典当合同纠纷一案,不服三台县人民法院(2016)川0722民初247号民事判决,向本院提起上诉。本院受理后,依法组成合议庭进行了审理。本案现已审理终结。

栋天公司上诉请求:1. 请求撤销三台县人民法院(2016)川0722民初247号民事判决,依法改判上诉人返还被上诉人借款本息887,728元。2. 本案诉讼费由被上诉人承担。事实和理由:1. 原审判决认为上诉人与被上诉人在"典当借款期满后,对所欠的当金如何处理达成了新的协议,双方的典当借款关系已转化为普通的债权、债务关系"。该认定纯属毫无事实与法律依据的主观臆断。被上诉人在其起诉状、事实陈述和举证质证过程中,始终主张的是典当合同权利,本案的基本合同依据是双方于2014年8月12日签订的《典当借款合同》及该合同期满后续签的《典当借款合同》,且双方从未就典当借款关系转变为普通的债权债务关系达成过协议。2. 本案的基本事实:原、被告双方于2014年8月12日签订《典当借款合同》,约定上诉人以绵阳栋天公园租赁经营权为当物,在被上诉人处典当借款500万元(实际放款458万元)。2015年2月典当合同期满上诉人与被上诉人又签订了续当合同。在约定的回赎期满后上诉人未能回赎当物,形成绝当。3. 依据《典当管理办法》第四十三条"可以双方事先约定绝当后由典当行委托拍卖行公开拍卖"。按双方《典当借款合同》6.2.1条约定:绝当后由上诉人"拍卖或变卖当物或双方达成以当物折抵偿"。依据《典当管理办法》对典当的定义,回赎仅是出典人的权利而非义务,故承典人没有实现债权的选择权,当出典人不同意回赎当物时只能通过处理当物受偿。因此依据现行法律规定和双方合同约定,被上诉人并没有要求被告返还当金的请求权。被上诉人既无返还请求权,所谓原审被告御龙公司为"返还"典当借款本息提供担保就已经没有了事实基础和法律依据,故亦应认定为无效。4. 由于聚财公司预扣了综合费42万元,实际支付的当金本金为458万元,根据利息不得预先扣除的相关规定,实际借款本金应当是458万元,应当按458万元计算利息。5.《〈最高人民法院关于案例指导工作的规定〉实施细则》等确定了指导性案例意义,最高人民法院民事审判第二庭编写的《担保案例审判指导》对典当纠纷案例法律适用的指导性案例认为,以典当借款合同为名行高息借款之实,则典当借款合同应认定为无效,应按事实借款关系返还本息。被上诉人实际借款本金为458万元,按同期银行贷款利率应计利息379,728元,合计4,959,728元,截至2015年11月24日上诉人已返还借款407.2万元,故尚欠被上诉人本息887,728元。

聚财公司答辩称:一审判决认定事实及适用法律正确,请求驳回上诉,维持原判。

御龙公司的陈述意见与栋天公司的上诉意见一致。

聚财公司向一审法院起诉请求:1.判令被告支付当金310万元;2.判令被告支付当金利息及综合费349,166.00元(至2016年1月5日止);3.判令被告支付原告为实现债权而产生的全部费用;4.本案诉讼费、财产保全费由被告承担。

一审法院认定事实:2014年7月30日,被告栋天公司向原告提出典当借款500万元的申请,次月12日,当户栋天公司(甲方)与典当公司聚财公司(乙方)签订《典当借款合同》一份,主要内容有:甲方自愿将其自有的或其享有处分权的财产作为当物抵(质)押给乙方,取得借款(以下简称当金),并在约定期限内支付当金利息、综合费,偿还当金,赎回当物,乙方表示同意;本次当金500万元,当金期限自2014年8月12日起至2015年2月7日止,如发生续当,当金及期限以续当凭证上记载的内容为准;双方确认本次抵(质)押财产估价为500万元,折当率及当金以当票或续当凭证记载为准;本合同项下当金月利率为0.4%,月综合费率为1.4%,以约定的当金为基数从乙方发放当金之日起算,甲方同意乙方一次性预扣典当期限内6个月的综合费,典当期限及续当期限届满,利息和综合费仍按本合同约定的标准连续计算,直至乙方债权获得完全清偿之时;在典当期限内或典当期限届满之日起5日内,甲方可向乙方申请续当,乙方同意续当的,甲方应结清前次典当期限内的利息和综合费用,并按照乙方的要求办理续当手续,包括但不限于对续当之前发生的债权债务进行对账,甲方超过5日期限向乙方申请续当的,经乙方同意,续当仍然成立,并按上述规定办理;甲方如未按期支付利息及综合费或逾期偿还乙方本金,除按合同约定的利率、费率支付利息及综合费外,还应按逾期天数每日按所欠当金的万分之十向乙方支付逾期违约金。合同中还对借款用途、当物及估价、还款方式、赎当、绝当、提前收回当金等事项等作了约定。同时,双方还签订《质押合同》一份,合同主要内容有:甲方栋天公司自愿以单位在绵阳市栋天公园内所有建筑设施场地的租赁收费权作为质物向乙方聚财公司借款,乙方表示同意;双方确认本次质押财产估价为500万元,其最终价值以质权实现时实际处理质物所得价款为准;折当率及当金以当票、续当凭证为准;质押担保的债权范围为:主合同项下的当金及利息、综合费,违约金、赔偿金等费用,实现债权而发生的费用(包括但不限于律师费、诉讼费、财产保全费、差旅费、执行费、评估费、拍卖费、过户税费等),续当、续当期限届满后及当户不续当,典当期限届满后(含绝当)所产生的上述所有费用均属当物的担保范围;续当时将甲方拖欠的利息、综合费、逾期违约金等转入续当后的本金的,该部分所产生的利息、综合费、逾期违约金等亦属于当物的担保范围;甲方未按主合同约定履行债务时,乙方就该质押物享有优先受偿权。此外合同中还对甲方声明及保证、质权的行使、处置质押财产所得价款清偿顺序、附则等事项进行了约定。同日,借款人栋天公司(甲方)、债权人聚财公司(乙方)、担保人御龙公司(丙方)三方签订《借款担保合同》一份,载明:三方经协商,丙方愿为甲乙双方签订的《典当借款合同》(以下简称主合同)所形成的债权提供抵押担保,以担保乙方债权的实现,并签订本合同。该合同中还对担保物及担保债权的种类、金额、担保范围、担保期间、担保方式、丙方的声明及承诺、违约责任等事宜作了约定。同时,御龙公司提供了该公司于前一日形成的该公司三名股东参会的"股东会决议",主要内容有:同意为栋天公司向聚财公司申请办理的500万元短期借款(当金)本息、违约金等提供抵押担保。当日,原告出具《当票》,载明:典当行聚财公司,当户栋天公司,当物收费权质押、估价8,500,000元,折当率58.82%,典当金额500万元综合费用42万元,实付金额458万元,月费率1.4%,月利率0.4%,典当期限由2014年8月12日起至2015年2月7日止。当天,聚财公司通过银行向栋天公司转款458万元。2015年2月6日,聚财公司(甲方)与栋天公司(乙方)签订《续当合同》一份,载明:由于甲乙双方于2014年8月12日签订的《典当借款合同》期限已届满,乙方因不能如期归还当金,向甲方申请办理续当,经双方协商一致,特签订本续当合同。本合同是典当借款合同原有约定和期限的有效延期合约,原合同及相关质押合同、担保合同等资料的所有约定事项继续有效;本合同经双方签字后,乙方继续使用原合同约定的当金500万元,甲方继续享有原合同约定的权利;乙方结清前期所有的利息和综合费用,续当月利息为当金金额的0.4%,综合费用为当金金额的1.4%;续当期限从2015年2月8日至2015年6月7日,如乙方逾期并超过期限截止日5天仍未前来办理相关手续视为绝当,甲方有权处置抵质押物进行清偿。随后,原告出具《续当凭证》,载明:典当行聚财公司,当户栋天公司,原典当金额500万元,续当综合费用28万元,当户应付上期利息12万元,当户总计交付金额40万元,续当期限由2015年2月8日起至2015年6月7日止,月费率1.4%,月利率0.4%。同时,御龙公司提交了该公司于2015年2月4日形成的"股东会决议"和"同意抵押担保决议书",主要内容有:同意为栋天公司向聚财公司申请当金500万元续当事项提供抵押担保;同意用权属御龙公司的修建的商业用房和"凯越诗蓝·御营广场"的销售款及该公司所有股东私人名下的所用资产为典当借款续当提供抵押保证并承担无限连带责任。

2015年6月8日,典当公司(出借人、甲方)聚财公司与当户(借款人、乙方)栋天公司签订《典当借款合同》一份,该合同中除当金期限、当金利率、综合费及支付还款方式的内容与2014年8月12日双方签订的《典当借款合同》不相同外,其余内容与之相同。其中典当期限为自2015年6月8日起至2015年9月5日止;月利率为1.5%,月综合费率为2.0%,当金基数从甲方发放当金之日起算;不预扣月综合费。当天,双方还签订《典当质押合同》一份,除时间外内容与2014年8月12日的《典当质押合同》一致。同一天,原告还与被告御龙公司签订《借款保证担保合同》一份,载明:为了确保债权人与债务人栋天公司2015年6月8日签订的《典当借款合同》(以下称主合同)的履行,保证人御龙公司愿为债务人按主合同与债权人形成的债务提供保证责任担保;保证范围包括主债权借款的本金500万元及利息、综合费、逾期还款违约金和其他经济损失,实现债权而发生的费用(包括但不限于律师费、诉讼费、财产保全费、差旅费、执行费、评估费、拍卖费、过户税费等);保证方式为不可撤销的连带责任保证担保;保证人的保证期间为主合同约定的所有债务全部偿还完毕时为止;保证人承诺,本合同所设立的担保具有独立性,无论何种情况,本合同不因其所担保的主合同的无效而无效,即使主合同被确定无效,保证人对债务人因返还财产、赔偿损失而形成的债务也承担连带责任。同时,被告还提交了栋天公司的"股东会决议"和御龙公司的"股东会决议""同意抵押担保决议书""同意担保决议书""承诺书",内容所表达的意思与之前提供的"决议书"相同。其中"承诺书"载明:"我公司承诺在贵公司代我公司保管本公司公章、财务印鉴、银行网银、银行密码器、合同专用章期间,保证不更换、不声明作废上述证件及印章,并保证上述证件及印章合法有效,且为公司唯一合法有效证件及印章。并郑重承诺,在贵公司保管其印鉴、印章期间,我公司在绵阳市商业银行所开账户为其唯一账户,并保证无诉讼。否则,由此而造成的损失,概由我公司负责,我公司所提供的抵押担保物可直接过户到贵公司指定人头上,我公司无条件予以协助,并承担所有一切费用。"2015年9月6日,御龙公司向原告出具《承诺书》一份,主要内容有:栋天公司向聚财公司的借款500万元已到期,御龙公司保证凑足归还300万元;从10月开始每月还60万元及息费;保证结清每月息费……同年10月18日御龙公司原法定代表人陈德根在该承诺书写明:"10月15日前支付叁佰万元正,未规(归)还300万交印件(鉴)。"2016年1月6日,原告向被告发出"典当业务到期催收通知书",载明:1.栋天公司所欠的500万元当金,除陆续支付了部分息费和2015年11月24日归还本金200万元外,从2015年10月6日起至今尚欠该款本金300万元及息费342,166元;2.另还欠10万元本金及息费7000元,共计349,166元。并请贵公司全力配合于2016年1月20日之前交清所欠金额。栋天公司在该催收通知书上盖了印章,其法定代表人陈万福签了名。2016年1月18日,原告以被告不按约履行合同,还违反双方关于"共同管理被告公司的财务印鉴、公章"的约定,并私刻印章、转走存款,且被告负责人推而不见为由,提起诉讼。

庭审中,被告提供了其向原告方支付款、转账的证据,用以证明借款后支付息费的具体情况,该证据显示:2015 年 6 月 8 日至 2015 年 11 月 11 日,被告共计向原告方支付息费 1352,000 元,但其中有一笔借款 40 万元,系与本案的当金 500 万元无关,扣除该借款和偿还的 30 万元本金后,被告已向原告支付的息费应 652,000 元。

一审法院认为:被告栋天公司向原告提出典当借款申请,原、被告双方于 2014 年 8 月 12 日签订《典当借款合同》《典当质押合同》《借款担保合同》等合同后,原告出具《当票》向栋天公司支付了当金。典当期限届满,双方签订了续当合同,续当期限届满后,因被告未归还当金,原、被告双方又于 2015 年 6 月 8 日签订了《典当借款合同》《典当质押合同》《借款保证担保合同》,但原告并未出具当票、支付当金 500 万元,合同的标的当金 500 万元,实际上是被告未归还的当金,双方在合同中对该当金的归还方式、期限、利率和担保事项均作了约定,双方此次签订合同的目的,应是在原典当借款期限(包括续当)届满后,对所欠的当金如何处理达成了新的协议,双方的典当借款关系已转化为普通的债权、债务关系。该合同签订后,被告在陆续支付息费,并归还本金 200 万元,以实际行为在履行合同,且合同内容不违反法律禁止性规定,故被告栋天公司应按合同的约定,向原告归还尚欠的当金 300 万元。2015 年 6 月 8 日至 2015 年 11 月 11 日,被告按合同约定的月利率和月综合费率的总月利率 3.5% 支付了息费 652,000 元,该约定的利率过高,依照《最高人民法院关于审理民间借贷案件的若干意见》的有关规定,将利率调整为月利率 2%,但已支付息费的利率按 3% 计算。被告已支付的息费为 652,000 元,按月利率 3% 计算,被告应将利息付至 2015 年 10 月 20 日(5,000,000 元 ×3% ÷30 ×131 天)。至于与本案无关的借款 40 万元(2015 年 10 月 19 日,被告归还 30 万元,现尚欠 10 万元)的问题,该款出借人可另行主张权利。故对原告要求被告栋天公司归还当金 300 万元并支付相应利息的请求予以支持。关于被告御龙公司是否对栋天公司债务承担担保责任的问题,因御龙公司与原告签订的《借款保证担保合同》中约定,御龙公司对栋天公司的债务承担连带清偿责任,保证合同独立于主合同,不因主合同的无效而无效,故对原告要求御龙公司按该保证担保合同的约定承担担保责任的请求予以支持。关于原告要求被告支付其为实现债权而产生的全部费用及律师费的请求,因已将所欠债务的利率调整为规定的民间借贷利率的上限,原告按此利率收取利息可以弥补其损失,故对原告的该项诉讼请求不予支持。

综上,遂依照《中华人民共和国民法通则》第八十四条、第八十九条、第一百零八条,《最高人民法院关于民事诉讼证据的若干规定》第二条,《中华人民共和国民事诉讼法》第一百四十二条之规定,判决:一、由四川栋天旅游开发有限公司于本判决生效之日起20日内,向绵阳聚财典当有限责任公司归还尚欠的当金300万元,并给付本金为500万元从2015年10月21日起至2015年11月24日止、本金为300万元从2015年11月25日起至款付清之日止,按月利率2%计算的利息;二、绵阳市御龙实业有限公司对上项四川栋天旅游开发有限公司的债务承担连带清偿责任;三、驳回原告绵阳聚财典当有限责任公司的其他诉讼请求。如果未按本判决指定的期间履行给付金钱义务,应当按照《中华人民共和国民事诉讼法》第二百五十三条之规定加倍支付迟延履行期间的债务利息。本案受理费34,394元,财产保全费5000元,合计39,394元,由四川栋天旅游开发有限公司承担,由绵阳市御龙实业有限公司承担连带责任。

经二审审理查明的事实与一审一致,本院予以确认。

本院认为:

1. 关于对2014年8月12日《典当借款合同》和2015年2月6日《续当合同》的审查认定。

一审原告聚财公司据以起诉的合同是2015年6月8日与栋天公司签订的《典当借款合同》。虽然双方在2015年6月8日签订《典当借款合同》之前,曾于2014年8月12日签订了《典当借款合同》和2015年2月6日签订了《续当合同》。针对2014年8月12日的《典当借款合同》和2015年2月6日的《续当合同》,聚财公司按照合同约定支付了当金,栋天公司也按照合同约定支付了相应的利息和综合费,仅500万元本金未归还。对未归还的500万元本金,双方也合意作出了处理,即重新签订典当借款合同。据此,对2014年8月12日的《典当借款合同》和2015年2月6日的《续当合同》涉及的权利义务双方已经履行完毕,2015年6月8日签订的《典当借款合同》形成了新的权利义务合同关系。由于一审原告聚财公司起诉的合同依据是2015年6月8日的《典当借款合同》,2014年8月12日的《典当借款合同》和2015年2月6日的《续当合同》已经履行完毕;栋天公司也未针对已经履行完毕的2014年8月12日的《典当借款合同》和2015年2月6日的《续当合同》中的相关实体权利提起反诉。据此,根据民事行为意思自治和诚实信用原则,对双方已就相关权利义务履行完毕的2014年8月12日的《典当借款合同》和2015年2月6日的《续当合同》,本院不再审查认定。

2. 关于对2015年6月8日《典当借款合同》的审查认定。

对一审原告聚财公司据以起诉的2015年6月8日的《典当借款合同》,虽系双方当事人的真实意思表示,但合同约定当物(绵阳市栋天公园上的场地及其设施设备的出租收费权)未办理质押登记,不发生典权设定的效力,双方之间形成名为典当实为借贷的法律关系。据此，一审法院根据《最高人民法院关于审理民间借贷案件适用法律若干问题的规定》第三十条"出借人与借款人既约定了逾期利率，又约定了违约金或其他费用，出借人可以选择主张逾期利息、违约金或者其他费用，也可以一并主张，但总计超过年利率24%的部分，人民法院不予支持"、第三十一条"没有约定利息但借款人自愿支付，或者超过约定的利率自愿支付利息或违约金，且没有损害国家、集体和第三人利益，借款人又以不当得利为由要求出借人返还的，人民法院不予支持，但借款人要求返还超过年利率36%部分的利息除外"等相关规定，将栋天公司就该合同的500万元欠款已按月利率3.5%支付的息费652,000元按月利率3%（年利率36%）折抵计算利息支付期后，就未支付时间段的利息确定按月利率2%（年利率24%）计算符合法律规定。在扣除栋天公司于2015年11月24日归还本金200万元后，栋天公司应当偿还尚欠本金300万元并分段按月利率2%支付资金利息。

3. 关于栋天公司的上诉理由。

（1）关于当出典人栋天公司不同意赎回当物时，典权人聚财公司只能对当物进行绝当，无权请求返还当金的上诉理由。本院经审查认为，根据2015年9月6日御龙公司向聚财公司出具的《承诺书》以及2016年1月6日栋天公司盖章确认的《典当业务到期催收通知书》，均表明在典当到期后，御龙公司和栋天公司均愿意归还当金及息费，出典人栋天公司和典权人聚财公司均没有对当物进行绝当的意思表示。因此，聚财公司可依据《承诺书》和《典当业务到期催收通知书》要求给付货币实现权利。同时出典人栋天公司并未将当物向聚财公司进行移交，聚财公司也不可能通过绝当来实现其权利。栋天公司的该上诉理由不能成立。

（2）关于综合费不能预先从本金中扣除，实际借款本金只有458万元的上诉理由。首先，预扣综合费的合同是2014年8月12日的《典当借款合同》，该合同双方已经履行完毕。其次，一次性预扣6个月综合费在2014年8月12日的《典当借款合同》中有明确约定，且《典当管理办法》并不禁止预扣综合费，只规定不能预扣当金利息。事实上是在聚财公司支付当金的同时，栋天公司按合同约定预先支付综合费，即栋天公司应当支付的综合费与聚财公司应当支付的当金相互抵销，并不损害栋天公司应当获得的权益。栋天公司的该上诉理由也不能成立。

（3）栋天公司关于应当以本金458万元，按银行同期贷款利率就所签的三份合同拉通计算利息，尚欠本息应当只有887,728元的上诉理由与双方当事人的签约本意、本案的客观事实证据及《最高人民法院关于审理民间借贷案件适用法律若干问题的规定》等法律规定不符，不能成立。

综上,一审判决认定事实清楚,适用法律正确,实体处理适当,栋天公司的上诉理由均不能成立。依照《中华人民共和国民事诉讼法》第一百七十条第一款“第二审人民法院对上诉案件,经过审理,按照下列情形,分别处理:(一)原判决、裁定认定事实清楚,适用法律正确的,以判决、裁定方式驳回上诉,维持原判决、裁定”之规定,判决如下:

驳回上诉,维持原判。

本案二审案件受理费 23,698 元,由上诉人栋天公司负担。

本判决为终审判决。

审 判 长 左 迪

代理审判员 胡大利

代理审判员 罗 婷

二〇一六年十二月十三日

书 记 员 杨 玥

【案例二十】德州市德信典当有限责任公司诉淄博博山宝虹针纺织品有限责任公司典当纠纷案

(2015年12月22日、2016年3月30日)

【法律点】 1.典当行和当户通过签订一个新的典当合同将双方原先典当合同中的到期当金债务转为新的典当合同的当金,而使原典当合同的权利义务视为履行完毕,并重新办理当物的抵押登记,不符合续当的相关规定,新旧合同在形式上不属于续当法律关系。新的典当合同是对原典当合同中双方权利义务的重新确认和延续,其实质是通过签订新合同的借款来偿还原合同的欠款,从而达到消除原典当关系形成新的典当关系的目的,新典当合同是双方当事人的真实意思表示,不违反法律、法规的强制性规定,应认定合法有效。

2.诉讼时效应以原告的诉请来判断起算点,基于借款到期主张债权的,应以合同约定的借款期限届满之日作为起算点;主张借款提前到期的,应以合同中有关提前到期特别约定的时间节点起算诉讼时效。

【关键词】 续当　权利义务的重新确认和延续　股权转让　诉讼时效　遗漏诉讼当事人

山东省高级人民法院
民事判决书

(2015)鲁商终字第526号

上诉人(原审被告):淄博博山宝虹针纺织品有限责任公司。住所地:淄博市博山沿河西路。

法定代表人:常利,经理。

委托代理人:李荣凯,济南市中正荣凯法律维权协会会员。

委托代理人:任巧,济南市中正荣凯法律维权协会人员。

被上诉人(原审原告):德州市德信典当有限责任公司。住所地:德州市德城区湖滨北路东侧。

法定代表人:张海红,董事长。

委托代理人:尹义锋,山东博翰源律师事务所律师。

委托代理人:周小平,山东博翰源律师事务所律师。

上诉人淄博博山宝虹针纺织品有限责任公司(以下简称宝虹针公司)因与被上诉人德州市德信典当有限责任公司(以下简称德信典当公司)典当纠纷一案,不服山东省德州市中级人民法院(2014)德中商初字第95号民事判决,向本院提起上诉。本院受理后,依法组成合议庭,公开开庭审理了本案。上诉人宝虹针公司的委托代理人李荣凯、任巧,被上诉人德信典当公司的委托代理人尹义锋到庭参加诉讼。本案现已审理终结。

德信典当公司一审诉称:2008年1月28日,德信典当公司与宝虹针公司双方签订《典当合同》,约定宝虹针公司以房地产抵押向德信典当公司借款700万元。德信典当公司如约发放了借款。借款期满前,被告称无力还款。2008年4月24日,双方经协商办理了续当手续,将旧借款本息、综合费用等合计后重新签订了典当合同,办理了房地产抵押登记。后经双方对账,被告尚欠德信典当公司款项700万元。德信典当公司多次催要,被告一直拖欠不还。故诉至法院,请求:1.依法判令宝虹针公司偿还欠款700万元及利息145万元;2.判令德信典当公司对抵押财产(房产证号:博山区字第××号,土地证号:淄国用2005第B00×××号)享有优先受偿权;3.本案诉讼费、保全费等费用由宝虹针公司承担。

宝虹针公司一审辩称:1.德信典当公司与宝虹针公司双方于2008年1月28日签订的《典当合同》中的700万元借款已通过债转股的方式还清,德信典当公司提交的2008年1月28日《典当合同》系虚假合同,不能证明双方存在欠款事实;2.德信典当公司提交的2008年4月24日《典当合同》不属于续当,双方并未实际履行;3.德信典当公司的诉讼请求已超过诉讼时效,依法应予以驳回;4.原审中德信典当公司变更诉讼请求的时间不符合法律规定,法院不应准许。本次发回重审程序中,德信典当公司的诉讼请求与原审时不一致,不符合法律规定,法院不应支持。

一审法院经审理查明:2008年1月28日,德信典当公司与宝虹针公司双方签订了一份《典当合同》,约定宝虹针公司以自有的博山区字第××号房产作抵押向德信典当公司借款700万元,期限自2008年1月28日至2008年4月27日,并办理了抵押登记。德信典当公司分别于2008年1月28日和2008年1月29日，按照宝虹针公司的委托，将700万元典当款划入淄博元利华物资有限公司账户300万元，划入淄博元华集团有限公司账户400万元。宝虹针公司分别出具了收到300万元和400万元借款的收据。2008年4月24日，德信典当公司与宝虹针公司双方又签订了一份《典当合同》，约定宝虹针公司以博山区沿河西路24号房地产（房屋所有权证为博山区字第××号，土地使用权证为淄国用2005第B00×××号）作为抵押向德信典当公司借款845万元，期限自2008年4月28日至2008年10月27日，借款利率为月10‰，并重新办理了房产的抵押登记。德信典当公司于2010年9月7日以典当纠纷为由提起诉讼，本院于2010年9月14日正式立案受理。本案在原审期间，德信典当公司申请撤回对被告淄博日升制冷设备有限公司和岳鹏的起诉，并将诉讼请求变更为判令宝虹针公司偿还借款700万元，原审予以准许。

另查明：2008年4月27日，岳鹏（山东元华集团有限公司法定代表人）与辛学峰（德信典当公司原法定代表人）签订股权转让协议，约定岳鹏将其在山东元华集团有限公司的股权650万元转让给辛学峰，辛学峰以货币支付650万元。该协议经双方签署并报工商行政管理机关登记后生效。同日，双方又签订了一份股权回购协议，约定岳鹏转让给辛学峰山东元华集团有限公司的股权1350万元，作为其向德信典当公司借款的担保，该股权由岳鹏在本年底以还款形式予以回购。2010年，辛学峰以山东元华集团有限公司和岳鹏为被告，向淄博高新技术产业开发区人民法院提起诉讼，请求撤销其与被告岳鹏签订的股权转让协议。该院经审理认为，辛学峰是在受到欺诈、违背真实意思的情况下与岳鹏签订的股权转让协议，遂判决撤销辛学峰与岳鹏间的股权转让协议。岳鹏不服提起上诉。淄博市中级人民法院作出（2010）淄商终字第450号民事判决书，维持了一审判决。

原审法院认为，本案争执的焦点问题为：1. 2008年1月28日《典当合同》与2008年4月24日《典当合同》是什么关系；2. 被告宝虹针公司是否偿还了700万元典当借款；3. 德信典当公司的诉讼请求是否超过诉讼时效。

关于第一个焦点问题。德信典当公司称因宝虹针公司在2008年1月28日《典当合同》期限届满前不能还款，双方经协商将旧借款本息、综合费用等合计后办理了续当手续，于2008年4月24日重新签订了典当合同。该院认为，根据《典当管理办法》和《关于全国统一当票使用和管理的通知》的规定，续当有严格的适用条件和形式规范，2008年4月24日《典当合同》及当票从其名称和形式上看，并不符合续当的相关规定。因此，不能认定2008年4月24日《典当合同》是2008年1月28日《典当合同》

的续当合同,二者在形式上不属于续当法律关系。但是,也不能据此认定两份《典当合同》是相互独立、毫无联系的。根据德信典当公司在庭审中对该问题的陈述及宝虹针公司的答辩情况,通过分析两份合同的签订时间、典当金额及签订目的等,该院认为,德信典当公司与宝虹针公司双方于 2008 年 4 月 24 日签订的《典当合同》是对 2008 年 1 月 28 日《典当合同》中双方权利义务的重新确认和延续,其实质是通过签订一个新合同来偿还前一个合同的欠款,从而达到消除原典当关系形成新的典当关系的目的。虽然 2008 年 4 月 24 日《典当合同》不符合办理续当的相关规定,但却是双方当事人的真实意思表示,也不违反法律、法规的强制性规定,该合同合法有效。从合同的履行看,2008 年 1 月 28 日签订的《典当合同》德信典当公司依约定付款 700 万元,宝虹针公司依约定将其所有的房产进行了抵押登记。在 2008 年 4 月 24 日,德信典当公司与宝虹针公司签订《典当合同》后,德信典当公司未实际支付款项,宝虹针公司在其财产的抵押解除后,重新签订《典当合同》办理抵押登记。该重新签订《典当合同》的行为使 2008 年 1 月 28 日《典当合同》中的债务转为 2008 年 4 月 24 日《典当合同》的债务,原《典当合同》权利义务履行完毕。2008 年 4 月 24 日签订的《典当合同》中约定宝虹针公司借款 845 万元,但德信典当公司只请求宝虹针公司还款 700 万元,这是德信典当公司对自己民事权利的自由处分,并不损害宝虹针公司的权益,也没有加重其负担,该院予以支持。

关于第二个焦点问题。宝虹针公司辩称 700 万元典当款业已还清,且是通过债转股的方式偿还的,并提交了一系列证据予以证明。该院认为,德信典当公司的还款证明是给博山区房管局出具的,其目的是为了申请办理房地产抵押登记注销手续,事实上也已经注销,并办理了新的抵押登记手续,该证明并不是宝虹针公司还款的直接证据。岳鹏的书面证明,在本案中从形式上看属于证人证言,在岳鹏没有出庭质证的情况下,无法认定其陈述内容的真实性,不具有证明效力。宝虹针公司提交的山东元华集团有限公司股权转让协议以及股权回购协议,无论从签约主体看,还是从涉及的股权看,都没有本案中的德信典当公司与宝虹针公司方参与,也没有明确 700 万元典当款包含在转让的股权中。因此,该股权转让协议及股权回购协议与本案诉争的典当借款没有关联性。该院对岳鹏的调查笔录也无法单独证明宝虹针公司的主张。综上可以看出,宝虹针公司提交的证据,无论从真实性来看,还是从与待证事实的关联性来看,都缺乏充分的证明效力,不能形成一个完整的证据链,无法证明其通过债转股的方式偿还了 700 万元典当款的主张。退一步讲,即使 700 万元典当款已通过股权转让的形式还清,但该股权转让协议已被淄博法院的生效判决予以撤销,也因协议的撤销而不发生还款的效力。

关于第三个焦点问题。2008 年 4 月 24 日《典当合同》第四条约定:借款期限 6 个月,自 2008 年 4 月 28 日至 2008 年 10 月 27 日。第二十条约定:2008 年 7 月 27 日前乙方(宝虹针公司)必须交付给甲方(德信典当公司)后三个月的费用和前三个月的利息,否则视为到期。宝虹针公司辩称根据该两条的约定,在德信典当公司不能证明宝虹针公司已交付后三个月费用和前三个月利息的情况下,其起诉时间点应于 2008 年 7 月 28 日起算,至 2010 年 7 月 27 日止,德信典当公司于 2010 年 9 月 7 日起诉已超过诉讼时效。该院认为,2008 年 4 月 24 日《典当合同》及当票中都明确约定了借款期限,第二十条并不是针对借款期限的专门条款,而是约定了德信典当公司可以主张借款提前到期、行使追偿权的条件。若德信典当公司以宝虹针公司违反约定没有交付后三个月的费用和前三个月的利息为由提起诉讼,则应适用第二十条的约定,从 2008 年 7 月 28 日起计算诉讼期间。但本案中,德信典当公司是以借款期满宝虹针公司没有还款而起诉,因此应从借款期满的次日,即 2008 年 10 月 28 日起计算诉讼期间,而德信典当公司于 2010 年 9 月 7 日起诉并没有超过两年的诉讼时效。虽然德信典当公司提交的《对账记录》和《债务转让协议书》经鉴定,该院没有采信,但并不影响对该诉讼时效的认定。

德信典当公司要求宝虹针公司偿还自典当合同到期日(2008 年 10 月 27 日)至本案第一次开庭时(2015 年 1 月 9 日)的利息(以 700 万元为本金,按同期银行贷款利率计算)145 万元。该院认为,德信典当公司与宝虹针公司之间签订的第二份典当合同约定利率为月 10‰,归还期限为 2008 年 10 月 27 日,德信典当公司要求的利率远远低于约定的利率,利息总额远远低于约定的利息总额,该院对德信典当公司的该项诉讼请求予以支持。

德信典当公司请求享有宝虹针公司抵押房产及土地的优先受偿权。该院认为,在 2008 年 4 月 24 日签订的典当合同中德信典当公司与宝虹针公司约定将房产证号为博山区字第××号的房产及土地证号为淄国用 2005 第 B00×××号的土地作为抵押,并在房产管理局办理了抵押登记手续,其房产的抵押符合《中华人民共和国物权法》关于不动产抵押权成立的条件,德信典当公司享有对该房产的抵押权。另外,依据《中华人民共和国物权法》第一百八十二条"以建筑物抵押的,该建筑物占有范围内的建设用地使用权一并抵押,抵押人未一并抵押的,未抵押的财产视为一并抵押"的规定,虽德信典当公司未提交土地的抵押登记证据,但依旧享有建筑物占有范围内土地(土地证号:淄国用 2005 第 B00×××号)的优先受偿权。在宝虹针公司无法清偿到期债务时,德信典当公司享有优先受偿权。

另外,关于德信典当公司在原审时变更诉讼请求准许与否,不属于该院重审审查的范围。德信典当公司在本案发回重审期间变更诉讼请求,与原审时不一致,并不违反法律、法规的禁止性规定,该院予以准许。

综上所述,宝虹针公司以房地产作抵押向德信典当公司借款,双方签订的《典当合同》是真实的意思表示,合法有效。宝虹针公司在借款期满后没有还款,德信典当公司有权依据2008年4月24日签订的《典当合同》要求宝虹针公司偿还700万元的典当款及利息145万元,并对抵押财产享有优先受偿权。依照《中华人民共和国合同法》第二百零五条、第二百零六条、第二百零七条,《中华人民共和国担保法》第三十三条、第五十三条之规定,原审法院判决:一、被告淄博博山宝虹针纺织品有限责任公司于本判决生效后十日内向原告德州市德信典当有限责任公司偿还典当借款本金700万元,利息145万元。二、原告德州市德信典当有限责任公司对抵押财产(房产证号:博山区字第××号,土地证号:淄国用2005第B00×××号)享有优先受偿权。案件受理费73,296元,诉讼保全费5000元,合计78,296元,由被告淄博博山宝虹针纺织品有限责任公司负担。

上诉人宝虹针公司不服原审判决,向本院提起上诉称:1. 一审判决认定事实错误。宝虹针公司申请二审法院依法撤销宝虹针公司对2008年4月24日签订无效典当合同的房产抵押,驳回德信典当公司的抵押受偿请求。(1)宝虹针公司与德信典当公司之间于2008年4月24日签订的《典当合同》,既不是续当合同,其合同内容及涉及的权利义务更不是对2008年1月28日签订的《典当合同》中双方权利义务的重新确认和延续,两份典当合同是各自独立的典当合同。宝虹针公司与德信典当公司于2008年1月28日签订的《典当合同》中的权利义务确已实际履行完毕,但绝非是通过权利义务的重新确认和延续的方式履行完毕。(2)2008年4月24日签订的《典当合同》中虽然约定了845万元的借款,但是该笔借款德信典当公司并未实际支付,合同也未实际履行。一审法院认定签订第二份典当合同是用于偿还前一个合同中欠款无事实根据。(3)德信典当公司利用宝虹针公司原负责人的善意及无知,设置陷阱对宝虹针公司进行合同诈骗,通过恶意诉讼意图侵吞宝虹针公司抵押的房产。2008年4月24日签订的典当合同及因该合同设置的房产抵押违背了宝虹针公司的真实意思表示,事实存在着德信典当公司利用合法形式掩盖非法目的的情形。依《中华人民共和国合同法》第五十二条等规定:宝虹针公司与德信典当公司2008年4月24日签订的典当合同即未实际履行依法也是无效的。2. 宝虹针公司在与德信典当公司于2008年1

月 28 日签订的《典当合同》中 700 万元的典当款业已还清,权利义务确已履行完毕。在宝虹针公司毫不知情的情况下,元华公司和德信典当公司完成了股权转让,之后德信典当公司向宝虹针公司出具了“钱已还清”的证明。这种债务转让是一种免责的债务转让,在债权人与先债务人达成还款合意后,原债务人独立出去,并不再对该笔债务承担责任。因此股权转让协议与本案诉争的典当借款存有法律上的关联性,一审法院对于宝虹针公司通过债务承担股权转让偿还典当款的事实不予认可存有明显的错误。3. 德信典当公司的诉讼请求已过诉讼时效。德信典当公司无论主张什么合同权利,都应从合同第二十条特别约定的视为到期日而不是依一般约定条款的合同期满日作为诉讼时效的起算点。德信典当公司于 2010 年 9 月 7 日起诉明显已经超过了两年的诉讼时效,一审法院认定并未超过诉讼时效显属错误。4. 德信典当公司诉讼主体不合格。5. 宝虹针公司不存在承担利息的义务。宝虹针公司与德信典当公司之间本不存在偿还本金的问题,更不应偿还利息。6. 一审判决违反法定程序,遗漏诉讼当事人。(1)德信典当公司变更诉讼请求的时间不符合法律规定,其几次变更诉讼请求行为严重违背民事诉讼诚实信用原则,法院不应准许。(2)原审法院在判决中曾判令鉴定费 52,000 元由被上诉人德州市德信典当有限责任公司承担,但是在重审案件中一审法院却遗漏了该判决。(3)本案依法主动移交有关司法机关查办。(4)一审判决遗漏诉讼当事人致认定事实不清。综上所述,淄博博山宝虹针纺织品有限公司仅因 2008 年 1 月 28 日的典当合同存有权利义务,该典当款已还清,不需再承担任何责任。2008 年 4 月 28 日的典当合同双方未实际履行,宝虹针公司不负有偿还典当款的义务。且宝虹针公司诉讼主张已超过诉讼时效应驳回德信典当公司起诉。一审法院认定事实错误,必然导致适用法律错误,请求贵院查明案件事实,依法改判或发回重审,维护宝虹针公司的合法权益。请求二审法院依法撤销山东省德州市中级人民法院做出的(2014)德中商初字第 95 号民事判决书,依法改判或发回重审,一、二审诉讼费用由德信典当公司承担。

被上诉人德信典当公司答辩称:一审判决认定事实清楚,证据充分,适用法律正确,应当维持。宝虹针公司的上诉请求没有事实以及法律依据,具体理由:1. 宝虹针公司与德信典当公司双方于 2008 年 1 月 28 日和 2008 年 4 月 24 日分别签订了两份典当合同,均是真实合法有效的,宝虹针公司在原一审、二审当中已经对两份合同进行了认可和书面的确认。在发回重审后,又对合同真实性提出异议,但并没有提供任何的证据予以证明其异议的主张,因此,其该对真实性的异议不能成立。2. 宝虹针公司认可已经偿还了 2008 年 1 月 28 日签订的典当合同项下的典当款项,没有证据证明。

德信典当公司出具给房管局的证明仅是为了撤销原抵押登记,而重新办理抵押登记而为之,该证明不是出具给宝虹针公司的,宝虹针公司除了该证明外没有其他证据偿还典当款的票据以及证明。因此,其主张已经偿还700万元的请求没有证据。3. 双方在2008年4月24日签订的典当合同中对于典当期限的约定以及宝虹针公司违约之后德信典当公司行使提交收回典当款项的相关约定系德信典当公司的一种权利,但在典当合同有效期内德信典当公司并没有行使公布提交到期的权利,因此,宝虹针公司的诉讼主张到期日应该为2010年10月28日。德信典当公司在2010年9月7日起诉并没有超过诉讼时效。4. 虽然典当合同有案外人淄博元华实业有限公司、淄博日升制冷设备有限公司等作为连带保证责任的责任人,但是德信典当公司放弃了追究承担保证责任的权利,这属于德信典当公司自己享有权利的处分,并不属于本案遗漏当事人。综上所述,一审判决正确,宝虹针公司上诉理由不成立。请求二审法院予以驳回。

原一审查明,根据宝虹针公司的申请,对德信典当公司提交的《对账协议》和《债务转让协议书》上宝虹针公司的公章和法定代表人钱汝金的签名的真伪进行鉴定,鉴定结论:《对账协议》和《债务转让协议书》上宝虹公司的公章印文与提供的同名样本印文均不是同一枚印章盖印。检材上"钱汝金"签名不是钱汝金所写。本院查明的事实与原审法院查明的事实一致。

本院认为,本案二审争议的焦点问题是:1. 宝虹针公司是否偿还了700万元典当借款;2. 2008年1月28日《典当合同》与2008年4月24日《典当合同》之间的法律关系;3. 德信典当公司的诉讼请求是否超过诉讼时效;4. 一审判决是否违反法定程序、遗漏当事人。

关于第一个焦点宝虹针公司是否偿还了700万元的借款问题。宝虹针公司主张已由岳鹏通过债转股的方式偿还了700万元的借款。本院认为,首先,宝虹针公司并非是《股权转让协议》及《股权回购协议》中的主体,该协议中没有宝虹针公司的意思表示。其次,《股权转让协议》及《股权回购协议》并无本案700万元借款的相关表述或记载,《股权转让协议》及《股权回购协议》所涉价款与本案700万元借款没有关联性。再次,《股权转让协议》及《股权回购协议》的内容也不能证明宝虹针公司免责的债务承担的主张。宝虹针公司没有其他偿还700万元借款的证据,其主张700万元借款已经偿还理由不充分,本院不予支持。

关于第二个焦点2008年1月28日《典当合同》与2008年4月24日《典当合同》之间的法律关系问题。本院认为,根据已经查明的事实,2008年1月28日签订《典当合同》后,德信典当公司依约定付款700万元,宝虹针公司依约定将其所有的房产进行了抵押登记。在2008年4月24日德信典当公司与宝虹针公司再次签订《典当合同》后,德信典当公司未实际支付款项,德信典当公司与宝虹针公司在解除原抵押后,又重新办理了抵押登记。原审法院据此认为重新签订的《典当合同》的行为是双方当事人将2008年1月28日《典当合同》中的债务转为2008年4月24日《典当合同》的债务,原《典当合同》权利义务履行完毕,2008年4月24日签订的《典当合同》是对2008年1月28日《典当合同》中双方权利义务的重新确认和延续,是双方当事人的真实意思表示,不违反法律、法规的强制性规定,合法有效,该认定并无不当,本院予以确认。

关于第三个焦点德信典当公司的诉讼请求是否超过诉讼时效的问题。本院认为,宝虹针公司与德信典当公司签订的《典当合同》第二十条的约定是双方设定的关于德信典当公司可以主张借款提前到期的条件,是在《典当合同》中赋予德信典当公司的一种权利。本案中德信典当公司是根据《典当合同》第四条借款期限六个月已经届满,宝虹针公司没有偿还借款而主张权利,并没有超过两年的诉讼时效,宝虹针公司关于德信典当公司起诉超过两年诉讼时效的诉讼理由不能成立,本院不予支持。

关于第四个焦点一审是否违反法定程序、遗漏诉讼当事人的问题。本院认为,本案宝虹针公司与德信典当公司之间的借款法律关系事实清楚,不需要移送处理。德信典当公司撤回对岳鹏、淄博日升制冷设备有限公司的起诉是对其诉讼权利的处分,一审法院予以准许并无不当。一审中也不存在遗漏当事人的问题。

根据原一审鉴定结论,德信典当公司对《对账协议》和《债务转让协议书》证据的主张不能成立,因此,鉴定费用应由德信典当公司负担。一审法院对此未予处理应予纠正。

综上,原审认定事实清楚,适用法律正确,应予维持,宝虹针纺织品公司的上诉理由不能成立,予以驳回。依据《中华人民共和国民事诉讼法》第一百七十条第一款第一项之规定,判决如下:

驳回上诉,维持原判。

鉴定费用52,000元由被上诉人德州市德信典当有限责任公司承担,二审案件受理费73,296元,由上诉人淄博博山宝虹针纺织品有限责任公司承担。

本判决为终审判决。

审 判 长 左玉勇
审 判 员 姚 峰
代理审判员 张秀梅
二〇一五年十二月二十二日
书 记 员 石 磊

附：

中华人民共和国最高人民法院
民事裁定书

(2016)最高法民申286号

再审申请人(一审被告、二审上诉人):淄博博山宝虹针纺织品有限责任公司。住所地:山东省淄博市博山沿河西路。

法定代表人:常利,该公司董事长。

被申请人(一审原告、二审被上诉人):德州市德信典当有限责任公司。住所地:山东省德州市德城区湖滨北路东侧。

法定代表人:张海红,该公司董事长。

再审申请人淄博博山宝虹针纺织品有限责任公司(以下简称宝虹针公司)因与被申请人德州市德信典当有限责任公司(以下简称德信典当公司)典当纠纷一案,不服山东省高级人民法院(2015)鲁商终字第526号民事判决,向本院申请再审。本院依法组成合议庭对本案进行了审查,现已审查终结。

宝虹针公司申请再审称:1. 一、二审法院认定事实错误,认定的事实缺乏证据证明,导致作出错误判决,严重侵害宝虹针公司的合法权益。2008年4月24日所签《典当合同》不是2008年1月28日《典当合同》的重新确认和延续,是两份独立的合同。2008年4月24日签订的《典当合同》违背了宝虹针公司的真实意思表示,存在恶意串通欺诈宝虹针公司的行为。无论是2008年1月28日签订的《典当合同》还是2008年4月24日签订的《典当合同》,都是宝虹针公司应岳鹏及其元华公司代为与德信典当公司签订,宝虹针公司只是名义上的合同当事方。2. 700万元借款已由合同实际当事人、实际借款用款人岳鹏及淄博元华实业公司以债转股方式偿清,即使由于债转股撤销该债务仍存在,也应当由实际借款用款人岳鹏及元华下属公司偿还。3. 一、二审法院对于宝虹针公司数次要求移交公安机关的要求不予理睬,对于德信典当公司妨碍诉讼的行为不采取任何措施,严重侵害宝虹针公司的合法权益。4. 一审法院随意准许德信典当公司变更诉讼请求,严重违背民事诉讼诚实信用原则。一、二审法院故意遗漏诉讼当事人导致调查事实不清,判决错误。5. 一、二审法院认定德信典当公司诉讼主张未超过诉讼时效显属错误。宝虹针公司依据《中华人民共和国民事诉讼法》第二百条第二项、第六项之规定申请再审。

本院认为,本案的焦点是:宝虹针公司是否应当偿还700万元借款,德信典当公司起诉是否超过诉讼时效,以及一、二审法院是否存在程序违法的问题。

关于宝虹针公司是否应当偿还700万元借款的问题。本案中,宝虹针公司与德信典当公司先后签订了两份《典当合同》,在第一份《典当合同》履行期限即将届满时,双方又签订了第二份《典当合同》,且解除了先前的抵押后重新办理了抵押登记。虽然第一份《典当合同》约定的700万元款项打给了淄博元利华物资有限公司和淄博元华集团有限公司,但是宝虹针公司出具借款收据,而且是以该公司房地产作抵押,应当认定是合同当事人宝虹针公司的借款。即使宝虹针公司主张700万元的实际用款人是岳鹏和淄博元利华物资有限公司、淄博元华集团有限公司,但不能改变合同主体的性质,故借款方依旧是宝虹针公司,该公司负有偿还借款的义务。宝虹针公司主张700万元款项已经偿还,是基于岳鹏和辛学峰签订的股权转让协议和股权回购协议,但上述协议的主体并没有宝虹针公司和德信典当公司,因此对其不发生法律效力。而且,协议内容没有涉及本案的700万元款项,协议已经被法院生效判决撤销,故宝虹针公司主张通过债转股的方式已经归还了借款没有事实根据。一、二审法院认定宝虹针公司应当履行《典当合同》约定的还款义务并无不当,本院予以认可。

关于德信典当公司起诉是否超过诉讼时效的问题。本案中,德信典当公司是以宝虹针公司到期没有偿还借款为由主张权利。2008年4月24日《典当合同》第四条约定:借款期限6个月,自2008年4月28日至2008年10月27日。根据《最高人民法院关于适用〈中华人民共和国民事诉讼法〉的解释》第一百二十五条规定,应当从2008年10月28日起计算诉讼期间,德信典当公司于2010年9月7日起诉,并未超过两年的诉讼时效。宝虹针公司关于德信典当公司起诉超过诉讼时效的理由,本院不予支持。

关于一、二审法院是否存在程序违法的问题。本案是宝虹针公司与德信典当公司之间的典当纠纷,法院依据当事人的诉讼请求依法审理,并无不当。德信典当公司变更诉讼请求,撤回对岳鹏、淄博日升制冷设备有限公司的起诉,属于对其诉讼权利的处分,一审法院予以准许并无不当,不存在遗漏当事人的问题。宝虹针公司关于一审法院严重违背民事诉讼诚实信用原则,一、二审法院故意遗漏诉讼当事人的理由,本院不予支持。

综上,宝虹针公司的再审申请不符合《中华人民共和国民事诉讼法》第二百条第二项、第六项规定的情形。依照《中华人民共和国民事诉讼法》第二百零四条第一款

之规定,裁定如下:

驳回淄博博山宝虹针纺织品有限责任公司的再审申请。

审 判 长 刘 涛

代理审判员 王文兵

代理审判员 张丽洁

二○一六年三月三十日

书 记 员 刘晓晴

【述评2】续当的认定和转当的效力

一、续当的认定

所谓续当,是指当户在典当期限内没有按照当票或典当合同规定的期限回赎,而是通过与典当行协商延长典当期限的行为,续当行为实际上是一种合同变更行为。关于续当的性质理论上还存有不同的认识,有观点认为是当户在典当交易过程中延长典当期限的一项法定程序,“续当不仅是典当的一项法定程序,而且是当户的一项合法权利”①。我们认为,作为一种合同变更的民事法律行为,当户有申请延长典当期限的权利,而没有强制典当行展期的权利,只有双方协商达成续当的合意并由典当行开具续当凭证,才成立续当。

实践中,由于是否构成续当对于典当双方权利义务的影响巨大,会直接关系到典当的核心规则——绝当的认定问题,因为续当和绝当不能并存,在合理期限内未赎当的,要么申请续当,要么导致绝当。所以关于续当的争议就主要集中在续当认定问题上,即对一些不规范的延长典当期限的行为是否可以认定为续当行为。归纳起来主要有以下四个问题:

(一)续当是否应当办理书面的续当凭证?

规范的续当手续应该由当户在规定的期间提出延期申请,典当行对当票及有关证件进行审查核实后确认出典人按期赎当确有困难的,出具续当凭证同意当户续当。而在典当实务中有争议的问题是:典当行或当户单方出具的书面凭证的(如典当行单方制作的续当凭证、当户单方出具息费欠条或还款承诺),抑或当户依典当合同约定的息费标准继续支付利息和综合费的,在典当双方发生争议时是否可以认定已构成续当或事实上的续当?

① 刘润仙:《典当法律理论与实务》,对外经济贸易大学出版社2010年版,第90页。

在本书"典当法律关系的性质"部分的【案例六】中山市恒源典当有限公司诉周元红典当纠纷案中,法院直接认定了典当行单方制作的15份续当凭证的效力,其理由是典当行依约收取当户逾期后缴纳的利息和综合费的行为应定性为典当行的"默认续当"。在本节选取的案例中,法院在【案例九】湛江市宝兴典当有限责任公司诉罗毅典当纠纷案中则否定了典当行单方制作的续当凭证的证明力,但依据典当逾期后当金利息及综合费用的履行情况,也确认典当双方成立事实上的续当。同样,【案例十】永康市华丰典当有限责任公司诉施妙英典当纠纷案中,针对上诉人(当户)提出的典当双方逾期后无续当合意无续当凭证的上诉意见,二审法院明确表示:"本案当期届满后,上诉人没有赎当而是按原合同当期的应交纳的利息及综合管理费用交纳被上诉人,而被上诉人也接受了上述费用,故双方以实际行为完成续当合意。《典当管理办法》规定,经双方同意可以续当,续当一次的期限最长为6个月。但未对续当次数进行限定,因而原审法院按典当双方实际履行认定续当期限至2014年10月8日并无不当。"

至于对当户单方出具承诺书或欠条的情况,【案例七】浙江国升典当有限责任公司典当纠纷诉赵雪如、兰溪市雪如歌针纺有限公司典当纠纷案中,法院认为当户在典当合同约定的典当期限届满后,向典当行出具的承诺书应视为其续当的意思表示,系双方真实意思表示,虽然承诺的期限超过了《典当管理办法》中规定的最长期限6个月,但《典当管理办法》系行政规章,不能作为认定续当行为无效的依据。而【案例六】湖南互银典当有限责任公司诉李坚典当纠纷案中,法院则进一步认为只要当户出具的承诺书或欠条中明确记载了逾期后的利息及综合费额的计算截止时间,典当行亦予以接受的,就视为双方当事人对于典当期间的认可,符合续当的意思表示,构成续当。但有所不同的是,【案例八】湖州湖商典当有限责任公司与施凤英典当纠纷案中,法院仅仅对典当双方事后一致追认的续当凭证确认为续当事实,但对逾期后当户的八次还款和出具的还款承诺书,并未据此认定为续当的情形。

我们认为,全国统一当票分为"当票"和"续当凭证"两类,分别在典当和续当时使用。因此,续当凭证也是统一当票的一种特殊形式,专用于典当行办理续当业务时使用。如果仅就续当凭证是否是续当关系成立的必要条件展开讨论,我们依然认同在"当票的性质"述评中的观点,即出具续当凭证是典当行在办理续当业务时的必需程序,否则典当行业的业务监督部门应依据相关规定给予相应的处罚。但续当凭证并非证明续当关系成立的唯一凭证,续当合同或其他书面凭证记载了续当关系成立所需的核心要素时,同样可以认定续当关系成立。

值得关注的另一个相关问题是,典当行和当户能否事先在典当合同中约定当期届满后可以直接续当的情形,就是所谓的自动续当问题。这种情形较多发生在最高额抵(质)押典当合同中,如典当双方约定:“若当户未能在约定赎当期限内及当期届满后5日内赎当,且当户未在上述期限内向典当行以书面形式表示拒绝赎当的,则可自动续当,每次续当期限为1~6个月。”在本书“典当法律关系的性质”部分的【案例六】中山市恒源典当有限公司诉周元红典当纠纷案和本节【案例四十四】邹平中鑫典当有限责任公司诉山东宏业新能源科技有限公司、朱剑飞等典当纠纷案中,典当双方均有类似自动循环续当的约定。对此约定的效力问题,有意见认为,自动续当的约定应具有法律效力。理由是:《典当管理办法》并未禁止自动续当约定,该办法第39条对续当的限制性规定主要有两个:双方合意以及续当一次的期限最长为6个月。自动续当约定并未违反这种限制,其法律效果也与续当完全一致,故约定自动续当应该没有任何的法律障碍。我们认为,虽然关于自动续当的约定是否具有法律效力目前尚无明确规定,但事先的自动续当约定结果是续当发生时典当行的单方行为,不符合典当业务办理续当手续的规范;同时这样延长典当期限的行为实际上对典当双方均有不利的影响,典当行的风险和当户的负担都是在增加,因此在典当经营业务中不宜认同自动续当的事前约定。

(二)续当时能否将前期利息和综合费计入当金?

续当一般是由于当户在典当期限届满时无法偿还当金和相关息费而赎回当物,或尚需继续使用当金而不赎取当物时,由当户提出申请,经典当行同意而办理续当手续。如果此时当户因无力支付前期的利息和综合费,典当双方约定将此息费计入续当期间的当金本金来计算利息和综合费,这种做法能否得到司法的认可?实践中主要有肯定和否定两种观点。

肯定的观点认为,典当双方约定将前期利息和综合费计入续当当金,是当事人自愿协商的结果,《典当管理办法》对此并未明令禁止。而银行在发放贷款时允许将前期利息转入借款本金,民间借贷的司法解释也对计算复利给予一定程度的保护,作为非银行类的金融机构,典当行的这种做法应予认可。当然,保守的肯定意见也提出,对典当行的这种做法也应参照民间借贷司法解释的规定,对典当行在典当期间所得的利息和综合费的总额作出最高保护的限额规定,以防止过高的息费负担让当户处于严重的权利失衡状态。

否定的观点认为,《典当管理办法》明确要求续当时,当户应当结清前期利息和当期费用。典当行将前期当金的利息和综合费计入续当当金的做法违反了规定,不应认定有效。甚至有观点认为,这种做法已不符合作为合同期限变更的续当行为,实质上已经变更了原合同的基本条款,从而使变更后的合同与变更前的合同在内容上失去了同一性与连续性,导致原典当合同关系的消灭,成立了一个新的典当合同,而并非是续当行为。

我们认同否定说的基本观点,典当业作为特殊的传统行业,有其自身的经营习惯和传统,这些经营惯例是长期典当交易过程中形成的,有其可行性和合理性,应该予以尊重和继承。续当时不得将前期利息和综合费计入续当当金,既有利于控制典当行的经营风险,也不至于让当户陷入不公平的境地,因为这种"利滚利"的行为"虽然延长了当户对当金的使用期限,但以加重当户的息、费负担为代价,有违一本一利的原则和行业惯例,对当户实际上有失公平"①。实务处理时,对于原当金的续当可按续当法律关系处理,而对于前期的利息和综合费转入续当当金的约定不予认可,将其按一般债务处理即可。

(三)续当的次数和最长期限是否应予限制?

《典当管理办法》第三十九条规定:"典当期内或典当期限届满后 5 日内,经双方同意可以续当,续当一次的期限最长为 6 个月。续当期自典当期限或者前一次续当期限届满日起算。续当时,当户应当结清前期利息和当期费用。"对于该条文的理解有不同的解读。少数意见认为,典当具有短期借贷的特点,《典当管理办法》第三十六条规定典当期限由双方约定,最长不得超过 6 个月。第三十九条作为第三十六条的补充,仍然隐含着对典当期限的限制。因此,对典当期限应作出限制解释,无论续当几次,典当的最长期限不得超过一年,典当行负有在期限届满前告知当户的义务,宽限期内如当户不赎当,逾期则可认定为绝当。② 然而,多数意见认为,《典当管理办法》的相关规定并未限制续当的次数和期限,典当双方可以根据实际需要和续当条件来决定和办理。目前司法实务中不宜人为地加以限制。

从典当经营的实际情况来看,在当户当期届满无力还款时,典当行为了减少损失或降低成本,常常允许当户多次续当以延长当期。如本节所选的【案例十一】江苏十竹斋典当有限公司诉张长福、颜美、张汉文典当纠纷案中,典当期限为 2012 年 9 月 13 日起至 2012 年 10 月 13 日止,但典当行和当户通过办理 30 次续当手续将期限延长至 2014 年 7 月 19 日。在【案例十三】浙江信诚典当有限责任公司诉沈铭敏、徐新灿典当

① 胡宗仁:《典当法律制度研究》,中国政法大学出版社 2012 年版,第 150 页。

② 郭娅丽:《论绝当规则及其适用——以北京市第一中级人民法院审理的三个案件为中心》,载《北京社会科学》2014 年第 7 期。

纠纷案中,当票约定的典当期限自 2010 年 12 月 3 日起至 2011 年 1 月 1 日止,当户申请续当 33 次,续当期限至 2013 年 9 月 27 日。这样的续当行为实际上将典当的短期融资变成了中长期的贷款,往往会让典当行面临更高的经营风险,同时典当融资较高的息费率也会使当户不堪重负,这样就会背离典当经营的特色,导致其短期快捷的优势无法发挥,也会直接影响当物的使用和收益,既不利于典当行资金的周转和利用,也不利于典当交易的安全和双方利益的平衡。因此,从保护典当双方利益的角度来看,对续当的次数和续当的期限作出限制确有必要。在目前法律法规对此并无明文规定的情况下,直接通过司法裁判予以干预显然依据尚不充分,但行业主管部门可以通过规范性文件予以引导和监管,在立法条件成熟时再予规范。至于如何限制续当的次数和期限,有学者建议将来典当业立法时应对续当的次数予以限制或规定多次续当后总的期限不能超过一定的期限,如不能超过相当于银行业金融机构中长期贷款最低的期限 3 年,以防范将典当的短期融资功能变相成为长期借贷。[①]

(四)典当期届满 5 日后典当双方是否可以达成“续当”协议?

实践中,常有当户在典当期限届满 5 日后才与典当行协议“续当”,若双方最终达成了“续当”协议,该行为是否属于《典当管理办法》中规定的续当?对此也有不同的观点。一种观点认为,若严格按照《典当管理办法》规定,在其自身的逻辑体系内评判,将出现以下结果:续当只能发生在 5 日的宽限期内。超过宽限期“续当”时事实上已进入绝当程序,故不发生续当的法律效力。[②] 另一种观点认为,续当既可以在典当期限内提出,也可以在典当期限或续当期限届满后 5 日内提出(后者称为宽限期)。这里规定的 5 日的宽限期是立法所作出的最低要求,基于立法“举重以明轻”的法律解释学规则,从契约自治的理念出发,并不妨碍当事人在此之上作出符合实际情况的约定。[③] 因此,对宽限期不应作过于机械的理解,当事人双方事先约定的合理期限也应在考虑之内。

我们倾向认同第一种观点,就是典当双方应共同在典当当期或当期届满后的 5 日期限内形成续当的合意,否则难以构成续当行为,这既符合典当短期快捷的交易特点,也可与绝当规则有效衔接。据此,在典当期限届满的宽限期之后,单方出具的续当凭证显然不能成立续当,如当户已经对续当事实提出异议,仅凭当户继续支付利息和综

① 参见胡宗仁:《典当法律制度研究》,中国政法大学出版社 2012 年版,第 152 ~ 153 页。

② 钱锡青、武彬:《民间融资中典当纠纷的裁判困境与司法路径》,载《东方法学》2013 年第 1 期。

③ 郭娅丽:《论绝当规则及其适用——以北京市第一中级人民法院审理的三个案件为中心》,载《北京社会科学》2014 年第 7 期。

合费的事实,甚至仅凭当户出具息费的欠条或还款承诺就径直认定构成续当,难免会给人以牵强和武断的嫌疑。

综上,续当属于一种变更合同的民事法律行为,在原典当双方权利义务关系延续的情况下,达到实际延长典当期限的目的。但应当注意的是,由于典当期限的延长,典当的经营风险可能会增加,此时典当行更应严格把握续当的条件和手续,避免因续当不成立而丧失典当应有的一些特有利益的保护。

二、续当与担保责任

(一)续当时是否需要对当物重新办理质押或抵押手续?

典当法律关系中,如当物为财产权利或不动产的,在发生续当时是否应重新办理质押或抵押手续?对此问题尚无法律法规作出明确规定,典当理论与实践中也有不少争议。主要有两种不同的观点:

一种观点认为,续当当票仍应具备当票的一般成立要件和有效要件。除了当户无须重新交付当物、典当行无须重新交付当金外,如果需要办理质押登记的,仍须重新办理质押登记,否则典当关系不生效。① 这种观点显然认为,续当后的债务与原典当债务已不是同一笔债务,因此需要重新办理抵(质)押登记。

另一种观点认为,续当达成后,除了典当期限延长外,典当合同约定的其他权利义务都没有发生变化,续当后的本金与原来的当金还是同一笔债务,即当户续当后并没有产生新的债权债务,而原来已办理抵(质)押登记的当物也还是该笔当金的当物,办理续当手续后典当行对当户提供的原当物的抵押权或质押权既未解除也未消灭。②这种观点理由就是,续当就是延长原来的典当本金的清偿期限,续当的本金与原来的当金还是同一笔债务,因此不需要重新办理抵质押登记。

以【案例十一】为例,当户以自己的房地产为当物办理了抵押登记,但在经过30次续当时并未重新办理抵押登记,当户因此提出"张长福与十竹斋典当公司对借款的履行期限共做出了30次展期,应视为对原借款合同实质性的变更,双方已形成新的法律关系,原债权债务关系消灭"的上诉意见,并据此主张抵押权亦消灭。法院的裁判意见是:"十竹斋典当公司与张长福续当,仅延长了借款期限,并未改变合同的其他内

① 徐力英、何彬彬:《典当纠纷审判实务探讨》,载《人民司法·应用》2010年第3期。

② 胡宗仁:《典当业法律制度研究》,中国政法大学出版社2012年版,第151页。

容,亦未终止原合同的权利义务。续当后,张长福、颜美和张汉文作为债务人,仍应承担清偿债务的责任。张长福提出颜美和张汉文因续当不应承担责任、抵押权因续当而消灭的上诉理由,不能成立,本院不予采纳。”这里双方意见分歧的关键就在于续当后的债务与原先的典当债务是不是同一笔债务?

我们认为,续当的本质是当户在典当期限届满前或在典当的宽限期内未赎当,经与典当行协商一致而延长典当本金的清偿期限的行为,属于一种合同变更的民事法律行为。这种合同变更行为仅仅延长了合同的履行期限,其他的合同权利义务内容均未改变,不构成合同的实质性改变,变更后的合同与原典当合同在内容上仍具有同一性和延续性,故续当前后的债务为同一笔债务。根据《中华人民共和国担保法》第五十二条和第七十四条的规定,抵(质)押权与其担保的债权同时存在,债权消灭的,抵(质)押权也消灭。因此,当户对其原来出当的当物已办理了抵(质)押登记的,续当后典当行对该当物享有的抵(质)押权并不会解除或消灭。

应当注意的是,【案例十一】的判决结果是基于当户以其自己所有的当物设立抵押权后,续当时不需要重新办理抵押登记。但如果是第三人以其所有的不动产或财产权利为当户出当的情形时,当户在典当期限届满前或在典当的宽限期内办理续当手续的,是否需要重新办理当物的抵(质)押登记呢?

在【案例十二】江苏十竹斋典当有限公司诉南京麦考伦贸易有限公司、吴小山等典当纠纷案中,法院的裁判意见是:“本案中,王学连、王玉蓉分别以其二人在麦考伦公司投资的全部股权及其派生的100%权益作为麦考伦公司与十竹斋公司签订的前述《借款合同》项下债务履行的质押担保,并在工商行政管理部门办理了股权出质登记,该质权有效成立。在麦考伦公司不履行债务时,十竹斋公司有权对王学连、王玉蓉出质的麦考伦公司的全部股权折价或拍卖、变更所得价款享有优先受偿权。”显然法院认为该案的6次续当行为对典当关系中的股权质押不产生影响。但这种观点并没有得到普遍认可,如有学者认为,第三人以自己所有的不动产或财产权利为当户出当,当户与典当行办理续当即延长当金的清偿期限应当经过第三人的书面同意,如果典当双方办理续当取得了该第三人的书面同意,则原来出当的不动产或财产权利无须重新办理抵押或者质押登记,否则,未经该第三人同意续当,也未对出当的不动产或财产权利重新办理抵押或质押登记的,原出当的不动产或财产权利对当户与典当行续当的当金债务的抵押或质押效力于续当后自行终止。[①]

---

① 胡宗仁:《典当业法律制度研究》,中国政法大学出版社2012年版,第150~152页。

我们认为,以第三人的不动产或财产权利为当物的典当关系中,在发生续当行为时已经取得第三人书面同意的,自然可以参照当户以其自有当物设定抵(质)押权后发生续当时的规则处理,即原来出当的第三人当物无须重新办理抵押或者质押登记,对此应无疑义。值得讨论的是,如果续当时未征得第三人的同意,典当行对当物是否还享有优先受偿的抵(质)押权?【案例十二】的裁判意见是,续当不会影响典当行对依据原典当合同对第三人股权有效设立的质权的行使。其依据应该是《中华人民共和国担保法》第七十四条有关质权与其担保的债权同时存在的规定。但这种意见对第三人当物的利用会有非常不利的影响。而简单地把未经第三人同意即认定原出当当物的抵(质)押效力在续当后自行终止的观点,明显不利于典当行利益的保护,且没有充分的法律依据。我们倾向认为,在典当业没有单独立法的情况下,根据《中华人民共和国物权法》的规定,抵押权人应当在主债权诉讼时效期间行使,未行使的,人民法院不予保护。那么,未经提供当物的第三人同意而以续当的形式延长履行期限,造成了诉讼时效期间的延长,从而延长了抵押权的行使期间,加重了第三人的负担,未经其同意不能对第三人产生效力;对当物抵押权行使期间应从原典当合同约定的当期届满日起计算诉讼时效期间,超过该期限的抵押权不应受法律保护。

(二)续当行为对保证人的保证责任会产生什么影响?

【案例十二】中还涉及一个问题,就是续当行为对于为典当合同提供保证的保证人的责任会产生什么影响?对此,法院结合该案的案情事实认为:“十竹斋公司与王玉蓉、吴小山于2013年7月29日签订的《保证合同》,系双方当事人的真实意思表示,合法有效。《保证合同》约定十竹斋公司与麦考伦公司协议变更包括延长债务履行期限等内容在内的主合同主要条款的,应当事先征得保证人的书面同意,否则保证人不承担对主合同的任何担保责任。案涉典当期限届满后,十竹斋公司与麦考伦公司连续6次续当的性质属于延长债务履行期限,但均未事先征得王玉蓉、吴小山的书面同意,故根据上述《保证合同》的约定,王玉蓉、吴小山对麦考伦公司的借款均不承担保证责任。”

目前的典当实务和司法实践中均不排斥第三人为典当合同提供保证,至于在保证责任承担范围上的意见分歧在此不作讨论。我们认为,如果典当保证合同对于续当时保证人的责任有明确约定的,则按约定处理,【案例十二】即为其例。如果典当双方在续当时事先征得了保证人同意,保证人自然也应承担相应的保证责任。值得注意的是,在事先没有约定,续当时又未征得保证人同意的情况下,保证人是否还应承担保证责任?按照《中华人民共和国担保法》第二十四条的规定:“债权人与债务人协议变更主合同的,应当取得保证人书面同意,未经保证人书面同意的,保证人不再承担保证责任。保证合同另有约定的,按照约定。”但对何谓“变更主合同”未作明确界定,如果不分具体情况,一概而论,则该规定过于绝对,不尽合理,不利于对债权人的保护,《最高人民法院关于适用〈中华人民共和国〉担保法若干问题的解释》第三十条对此作出必要的限定,该条第二款规定:“债权人与债务人对主合同履行期限作了变动,未经保证人书面同意的,保证期间为原合同约定的或者法律规定的期间。”据此,典当双方协议续当时如未经保证人书面同意,并不意味着保证责任的当然消灭,只是对保证期间会产生影响。如本书“成立生效和效力”部分【案例十】浙江物产元通典当有限责任公司诉杭州科威数码技术有限公司、高翔等典当纠纷案中,法院的意见是,续当行为仅系对原债权债务关系的确认,保证人的保证责任并不因原有债务的多次续当行为而被免除。而本节的【案例十三】浙江信诚典当有限责任公司诉沈铭敏、徐新灿典当纠纷案中则涉及续当对一般保证保证期间的影响,法院认为:“本案保证人的保证方式应认定为一般保证,双方对保证期间约定不明,本案保证期间应为主债务履行期届满之日起二年。债权人与债务人对主合同的履行期限作了变动,未经保证人书面同意的,保证期间为原合同约定的或者法律规定的期间,本案中,2010 年 12 月 3 日当票约定典当期限自 2010 年 12 月 3 日起至 2011 年 1 月 1 日止,其后原告与被告沈铭敏虽多次续当,但均未经保证人书面同意,故保证期间应为原合同约定的期间,即自 2011 年 1 月 2 日起至 2013 年 1 月 1 日止,在上述保证期间内,原告未对被告沈铭敏提起诉讼或者申请仲裁,因此,被告徐新灿免除保证责任。”

三、转当的认定和效力

《典当管理办法》中没有关于“转当”的明确定义,也没有“转当”的行为规范,导致对“转当”的概念有完全不同的界定。传统中所谓的“转当”是指典当行将所收当物在典当期限内典当给典当行,从其他典当行获取转当款项的行为,是典当行为了增加资金来源的行为。但与此不同的是,目前不少典当交易和司法裁判中在认可和使用的“转当”概念,是指典当交易中的“借新还旧”行为,指在典当期限或续当期限届满后,当户既未赎当也未续当,而是与典当行签订新的典当合同,以新贷出的当金清偿原典当借款的行为。本文讨论的是后一种“转当”。这种“转当”发生的时间并没有特别的限制,可以发生在原典当的绝当之前,如典当双方在典当期限或典当届满后的宽限期内不选择续当而直接进行转当,也可以在绝当之后,典当行和当户通过协商,签订新的典当合同进行转当。

由于转当和续当在结果的表现上都是当户还款时间的延长,两者实务中常常容易混淆,特别是当户与典当行在绝当前就达成转当合意的,转当和续当更是难以区分。这里要把握续当和转当的本质区别,续当是合同变更行为,仅仅是延长合同履行期的合同内容变更,变更后的合同与原典当合同仍具有同一性和延续性,续当后的当金与原典当的当金属于同一笔债务;而转当是一种“借新还旧”或者说“以贷还贷”行为,是以一个新合同代替了旧合同,新旧合同之间已失去了同一性和连续性,属于合同更新行为,即原典当合同消灭,转而成立了一个新的独立的典当合同,而并非是原典当的续当行为。

转当和续当之间的区别可以【案例十四】和【案例二十】为例作进一步的说明。在【案例十四】泰兴市延令典当有限责任公司诉黄卫华、王亚如典当纠纷案中,典当行和当户分别于 2011 年 1 月和 2012 年 11 月签订了两份典当借款合同,后一份合同中的当金 70 万元是由前一份合同中的当金 60 万元和未付的息费 10 万元构成,但两审法院均以典当行接受当户支付的利息和综合费为由认定双方构成续当,且不论这种事实上的续当与续当作为要式行为的特点是否符合,案中的当户其实也并非是持续按约定支付利息和综合费的,同时前后两份合同的当户有所变化(前典当合同中的当户是王亚如一人),当金本金增加了 10 万元,后一份合同明显是典当行与当户之间一次借新还旧的协议,本案应属于典型的转当行为。在【案例二十】德州市德信典当有限责任公司诉淄博博山宝虹针纺织品有限责任公司典当纠纷案中,虽然法院并没有直接使用“转当”一词,但法院明确指出这种“借新还旧”的典当行为并非续当行为,法院认为,典当行和当户通过签订一个新的典当合同将双方原先典当合同中的到期当金债务转为新的典当合同的当金,而使原典当合同的权利义务视为履行完毕,并重新办理当物的抵押登记,不符合续当的相关规定,新旧合同在形式上不属于续当法律关系。新的典当合同是对原典当合同中双方权利义务的重新确认和延续,其实质是通过签订新合同的借款来偿还原合同的欠款,从而达到消除原典当关系形成新的典当关系的目的,新典当合同是双方当事人的真实意思表示,不违反法律、法规的强制性规定,应认定合法有效。

在准确判断续当和转当的行为属性之后,转当作为典当交易过程中一种比较特殊的典当行为,在具体实务中还应明确以下问题:

(一)转当时原典当期间的利息和综合费是否可以计入转当当金?

根据转当合同中当金与原典当当金之间的关系,转当可以分为部分转当和全部转当两种情形,前者指当户已偿还了原典当合同的部分当金,只是将未清偿的部分当金转为新典当合同的当金,后者指典当行和当户将原典当合同中的当金全部转为新的典当合同的当金。全部转当又可以细分为两种情形:一种是当户已经支付了原典当期间的利息和综合费,只是将原典当的全部当金本金作为转当当金,另一种是当户只是部分支付甚至没有支付原典当的息费,典当双方协议将原典当当金和未付的原典当息费全部作为转当的当金。有争议的问题就是,是否允许转当时将全部或部分的原典当期间的利息和综合费计入转当当金?

一种意见认为,原典当期间的利息和综合费不能计入转当的当金之中,其理由和续当时前期息费不得计入当金的理由基本一致。不同的意见则认为,由于转当和续当的不同性质,转当时可以将原典当时的息费计入当金。如【案例十五】上海某典当公司诉杨朱某等典当纠纷案中,在典当行和当户自愿协商转当情形下,法院并不禁止典当行在发放转当当金时扣除前期的利息和转当综合费,其实质就是同意转当时将原典当期间的利息也转入当金。

我们倾向认为,由于转当与续当存在着本质的区别,不能因续当时前期的息费不能计入续当当金就简单地套用该规则。同时也不能简单地把息费计入转当当金等同于计算复利,转当时将未付的息费计入转当当金也是典当行收取原典当息费的一种方式,这种方式是典当双方协商的结果,属于当事人意思自治的范畴,符合诚信和公平原则。既然目前的典当经营和司法实践中均未对转当行为作出否定性的评价,转当行为作为典当双方一次新的典当协商过程,自无禁止其将原典当期间的利息和综合费计入转当当金的直接依据。但这种转当行为无疑会大大增加典当行发放贷款的经营风险,也会加大当户的融资负担,在今后的典当规则制定中,对于将原典当的息费计入转当当金的行为予以适当规范也应该是一种选择,如可以参照民间借贷中对复利保护的幅度,对转当当金中包含的原典当利息和综合费的比例作出明确限制。

(二)转当时是否应重新办理原典当当物的抵(质)押登记手续?

如果典当业务中的当物为动产质押的,典当行在转当时只需明确当物并继续占有当物即可。如【案例十七】上海优乐典当有限公司诉上海浦盈物流有限公司典当纠纷案,转当后,典当行对于原有效质押的汽车继续享有质权。值得讨论的是,如原当物为财产权利或不动产的,在转当时是否应重新办理质押或抵押登记手续?对于该问题,【案例十五】的意见是,转当后,典当行对依据原典当合同设立抵押权的不动产当物仍享有优先受偿的权利。【案例十六】河北东融典当有限公司诉赵毓国、河北旺源管业有限公司、赵铁映典当纠纷案中,其裁判意见则更为明确,即典当行与当户未经原典当合同的抵押人同意而重新签订新的典当合同,但该新合同并未加重抵押人的担保责任,抵押人仍应对原担保的债务承担责任。显然,这两个案例中体现的观点就是,不管提供当物的是当户本人还是第三人,转当时均无须重新办理抵(质)押登记手续。

我们并不赞同这样的观点。转当系借新贷还旧贷的行为,本质上属于合同的更新,转当合同已经丧失与原典当合同的同一性,结果是原典当合同已经消灭,产生了新的典当合同(转当合同),原典当合同的债权债务关系和典当行对原当物享有的抵(质)押权利均已因清偿而消灭,典当行已不能对原典当合同中的当物享有优先受偿权。因此,典当行在办理"借新还旧"的转当业务时,不管作为原当物的不动产或者财产权利是当户自己所有还是第三人提供,均应当重新明确当物并签订新的抵(质)押合同,重新办理抵(质)押物登记手续,这样才能使典当行依据转当合同取得对该当物的抵(质)押权。

唯一的例外是,如果原典当合同设定的是最高额抵(质)押,只要"借新还旧"的转当合同签订的时间仍在当初最高额抵(质)押合同担保的期限之内,最高额抵押合同就依然适用于新签定的转当合同,无须重新办理抵(质)押登记。

(三)抵(质)押人和保证人是否可以转当行为系"借新还旧"为由提出免责主张?

抵(质)押人和保证人可能对转当行为提起免责主张的理由有两个:一个是主张在新的典当合同中当金未交付,另一个是主张其在提供抵(质)押和保证时不知道"借新还旧"的事由。

转当行为中当金的交付问题是一个值得典当行注意的问题。典当行在办理转当业务时常常是重新签发一张新当票,或者仅仅与当户重新签订一份格式化的典当合同,在当金交付的问题上并不能采取商业银行在"以贷还贷"时的操作办法(银行可以先发放贷款,然后利用其掌握借款人账户的优势随时收回贷款),典当行在转当时一般不实际发放当金,而是与当户约定采取观念交付的形式,这样就会使典当行在当户否认当金交付时需要完成一系列的举证责任以证明转当的事实,否则不但会面临败诉的危险,甚至会面临承担未交付当金的违约责任问题。

如果说转当交易中的当金交付是举证责任和事实认定问题,那么,是否明知"借新还旧"的事由就不仅是事实认定问题,也是一个法律适用问题。在当物系当户自己所有的情况下,转当的事实认定后,当户自然不能以对"借新还旧"不知情为由主张免责。需要明确的是,在当物系第三人提供或有第三人提供保证时,担保人以自己不知道新典当系"借新还旧"为由主张免除担保责任的,该如何处理?在【案例十六】河北东融典当有限公司诉赵毓国、河北旺源管业有限公司、赵铁映典当纠纷案中,关于抵押人河北旺源管业有限公司对3月25日合同(转当合同)是否承担抵押担保责任问题,法院认为:“该借款合同约定的贷款用途包括‘借新还旧’,这就说明借款合同各方均应知道该笔贷款并不实际发放,被告河北旺源管业有限公司在该合同上加盖公章,并综合河北旺源管业有限公司因涉案的贷款事宜为赵毓国出具股东会决议书和授权委托书的事实,依照证据规则,应推定河北旺源管业有限公司应知道3月25日所签借款合同的上述‘目的’,在此情况下,被告河北旺源管业有限公司自愿以其土地使用权作抵押,并办理抵押登记,故应对3月25日借款523万元及相应利息承担抵押担保责任。”而在【案例十八】浙江中路典当有限责任公司诉浙江开明教育投资有限公司、邵名震典当借款纠纷案中,邵名震既是原典当合同的保证人,又是转当合同的保证人,其保证责任自然不能免除。据此我们可以得出一个结论,同一个担保人为原典当合同和转当合同提供当物或提供保证,由于转当行为系“以新贷偿还旧贷”,并未加重担保人的负担,担保责任不能免除;但转当时提供当物或保证的是一个新的担保人,该担保人只有在知道或应该知道转当系“借新还旧”的情形下才承担担保责任,否则典当行涉及与当户之间的恶意串通或因为显失公平而可能导致合同的无效。《最高人民法院关于适用〈中华人民共和国担保法〉若干问题的解释》第三十九条可以为此提供注脚,该条规定:“主合同当事人双方协议以新贷偿还旧贷,除保证人知道或者应当知道的外,保证人不承担民事责任。新贷与旧贷系同一保证人的,不适用前款的规定。”

5. 绝当的法律后果

【问题提示】(1)绝当后,典当行是否能直接享有当物的所有权?

【案例二十一】广州首家典当有限公司诉张瑞龙典当纠纷案(2015年8月17日)

【法律点】 1. 绝当制度的设置是对典当行与当户之间利益进行平衡,即绝当产生的法律后果为当户以丧失其拥有的当物处分权为代价,换取不再向典当行支付相应的利息、综合服务费。绝当后,典当行有权按法定程序处置绝当品,从处置绝当品所得中优先收回当金本息、违约金及其他费用,但无权要求当户继续基于典当关系支付利息、综合服务费。

2. 典当合同约定了典当行在拍卖、变卖、协议作价抵债的价款中享有优先受偿的权利,但是未就绝当物品作价后不足清偿或者溢价部分如何处理进行约定。对于合同绝当的未尽事宜应当参照《典当管理办法》的相关规定进行处理,即绝当物估价金额不足30,000元的,典当行可以自行变卖或折价处理,损益自负。在绝当物品折价后价款超过债权数额部分,典当行不必退还当户,不足部分亦不得再行向当户追索。

【关键词】 诉讼时效　绝当制度　丧失物权　优先受偿　损益自负

广东省广州市中级人民法院
民事判决书

(2015)穗中法金民终字第733号

上诉人(原审原告):广州首家典当有限公司。

法定代表人:赖卫军。

委托代理人:贾喆,北京德恒(广州)律师事务所律师。

被上诉人(原审被告):张瑞龙。

上诉人广州首家典当有限公司(以下简称首家典当公司)因与被上诉人张瑞龙典当纠纷一案,不服广东省广州市海珠区人民法院(2015)穗海法民二初字第485号民事判决,向本院提起上诉。本院依法组成合议庭审理了本案,现已审理终结。

原审法院经审理查明,首家典当公司、张瑞龙于2012年7月2日签订《车辆质押合同》及《借款合同》。合同约定:张瑞龙愿以其所购的朗风牌SMA7152F3小型轿车一辆(车牌号码:粤A×××××,车辆识别代码:LJU7724S57S029928,发动机号:712353×××,车身颜色:黑),协商该车辆现值共计人民币20,000元为首家典当公司、张瑞龙于2012年7月2日签订的《借款合同》的债权债务作质押担保。借款金额20,000元,借款期限自2012年7月2日起至2012年8月1日止共31天,月利率0.6%,月综合服务费率3.6%。典当期满后,双方办理了续当手续,最后延期至2012年12月30日。期间张瑞龙归还了本金3000元、服务费2118元、车辆保管费1500元。根据首家典当公司提供的短信显示,从2012年12月30日至2013年2月19日首家典当公司、张瑞龙一直在协商质押车辆的处理事项,张瑞龙在短信里明确表示若首家典当公司不能再等,车辆可做绝当处理,并协助联系二手车行。

原审法院认为,首家典当公司、张瑞龙之间签订借款合同及车辆质押合同是双方真实意思表示,其内容没有违反国家法律、法规的规定,合法有效。

本案争议的焦点之一:是否已过诉讼时效的问题。根据首家典当公司、张瑞龙签订的补充协议,还款期限最后延期至2012年12月30日,但在2012年12月30日至2013年2月19日期间,首家典当公司、张瑞龙一直就还款及质押车辆的处理在协商,也就是首家典当公司在此期间向张瑞龙主张权利,诉讼时效中断。张瑞龙认为首家典当公司提起的诉讼已过诉讼时效依据不足,原审法院不予采纳。

本案争议焦点之二:绝当物在30,000元以下的,典当行可以自行变卖或折价处理,损益是否自负的问题。

首家典当公司认为《典当管理办法》只是部门规章,不能作为裁判依据。目前我国在典当方面的立法还不完善,针对典当行业专门作出的行政规章只有《典当管理办法》,这一行政部门规章中只要不违反现有法律、法规禁止性规定的,应当作为处理典当纠纷的参照。绝当制度的设置是对典当行与当户之间利益进行平衡,即绝当产生的法律后果为当户以丧失其拥有的当物处分权为代价,换取不再向典当行支付相应的利息、综合服务费。绝当后,典当公司有权按法定程序处置绝当品,从处置绝当品所得中优先收回当金本息、违约金及其他费用,但无权要求张瑞龙继续基于典当关系支付利息、综合服务费。参照《典当管理办法》第四十三条第二项的规定,绝当物估价金额不足30,000元的,典当行可以自行变卖或折价处理,损益自负。故首家典当公司要求张瑞龙归还剩余本金及支付利息、综合服务费依据不足,原审法院不予采纳。首家典当公司对张瑞龙质押的车辆拍卖、变卖或折价所得款优先受偿。由于车辆是特殊的动产,是以登记作为物权变动的对抗要件,首家典当公司在变卖或拍卖质押车辆时,张瑞龙应予以配合。综上所述,根据《中华人民共和国合同法》第六十条,《中华人民共和国担保法》第六十三条、第六十四条、第七十一条第二款的规定,参照商务部、公安部《典当管理办法》第四十条第一款、第四十三条第二项之规定,原审法院判决如下:一、首家典当公司对张瑞龙所有的粤A×××××朗风牌SMA7152F3小型轿车的折价、拍卖或者变卖所得的价款享有优先受偿权,损溢自负。二、驳回首家典当公司的其他诉讼请求。本案受理费336元由首家典当公司负担。

判后,上诉人首家典当公司不服,上诉称:原审判决法律适用不当,显失公平。

1. 从法的效力及法律适用的角度看,本案应适用《中华人民共和国物权法》有关规定认定当物出质的法律性质,我方依法享有涉案车辆质权,张瑞龙应承担质权实现后不足清偿部分金额,至少应承担综合服务费13,850元。本案中,我方与张瑞龙签订了的《借款合同》与《车辆质押合同》,上述两份合同为双方真实意思表示并双方已经实际履行。涉案车辆已交付于我方并经合法程序登记,我方取得涉案车辆的质权依法应受保护。后张瑞龙未能依照合同约定偿还到期借款,我方有权行使该质权。根据《中华人民共和国物权法》第二百一十九条、《中华人民共和国担保法》第七十一条的规定,我方可以依法拍卖、变卖质物并享有拍卖、变卖所得价款的优先受偿权,对于拍卖、变卖价款不足受偿部分,应当由张瑞龙清偿。原审判决不适用《中华人民共和国物权法》而适用《典当管理办法》不当,理由如下:(1)由商务部、公安部制定并发布的《典当管理办法》在法律位阶上属于部门规章,其效力低于法律,当法律与部门规章对同一事项的规定出现冲突时,应采用法律的有关规定进行认定。(2)根据新法优于旧法的基本原则,作为新颁布的《中华人民共和国物权法》,在质权、典权的规定上,如果与旧的《典当管理办法》相冲突时,应优先适用《中华人民共和国物权法》的相关规定。(3)公民、法人和其他组织权利的消灭、减损必须经过严格的限定,除法律外,任何部门规章都不得设定减损法人权利的条款。根据《中华人民共和国立法法》第八十条规定,没有法律依据,部门规章不得设定减损公民、法人和其他组织权利的规范。当出典方未能如期偿还借款而绝当物不足以弥补承典方损失时,如采用"损溢自负"处理则明显减损了承典方的权利。具体到本案,《典当管理办法》关于"损溢自负"的规定,无论对于出典方还是承典方都可能导致权利的减损或消灭,其效力层级与《立法法》相悖。(4)退一步说,对综合管理费部分采用"损溢自负"于《典当管理办法》也无依据。众所周知,承典方(我方)在保管出典方(张瑞龙)出典的当物的过程中会支出相当一部分的保管成本及人力管理成本,该部分成本并非归结到承典方出借款项中,而应当由出典方承担,在赎回当物时一并结清;上述内容均为典当行业客观存在的"行规",而且我方与张瑞龙签订的《借款合同》对此有明确约定,双方此前也实际履行该约定。就算《典当管理办法》有"损溢自负"的规定,根据"有约定从约定"的基本原则,也只应适用于借款本息等损失,而不应适用综合管理费等损失。

2. 从公平的角度出发,本案也不应适用《典当管理办法》作为裁判的依据。(1)适用《典当管理办法》的"损溢自负"原则作为裁判依据将使得出典方与承典方之间的权利义务严重失衡。如前所述,出典方未能如期偿还借款时,一方面绝当物价值不足以弥补承典方出借款项的成本,另一方面由于出典方继续占用出借款项使得承典方无法行使款项处分权、收益权,导致承典方的损失进一步扩大。这样一来,出典方取得该笔2万元借款逾期不还违约反而导致了承典方的损失远远大于这笔款项的金额,同时,出典方反而由于当物价值不足而获利,出典方与承典方间的权利义务严重失衡。根据法律谚语"任何人不能因违约而获利",这种"损溢自负"的结果,必然引致更多的所谓"效率违约",这显然与法律关于公平正义的基本价值相冲突,也与"让人民群众在每一个司法案件中都感受到公平正义"的唯一依法治国目标相违背。(2)《典当管理办法》也远未能适应典当行业的发展要求。典当业在当今社会经济生活中发挥越来越重要的作用,但现行规范该行业的法律规范主要是2005年商务部、公安部颁布的《典当管理办法》,立法明显滞后于行业发展和社会需求。2011年5月国务院法制办公布《典当行管理条例(征求意见稿)》(以下简称《征求意见稿》),对绝当物品的处理进行了调整。《典当管理办法》规定绝当物区分估价3万元以上和不足3万元的作不同的处理,后者典当行可以自行变卖或折价处理,损溢自负。《征求意见稿》不再区分当物估价多少,统一规定为:"典当行可以与当户协议以当物折价或者拍卖、变卖当物所得的价款,就当金及其利息、综合费用受偿,超出部分返还当户,不足部分由当户清偿。当物为动产的,经当户书面同意,典当行可以自行变卖。当户自接到典当行书面通知之日起满30日未答复的,视为同意,但在当物被处置前,当户可以向典当行支付当金及其利息、综合费用后,赎回当物。"从这个《征求意见稿》中可以看出,绝当物品处理的发展趋势应当是维护质权的完满,绝当物品不足受偿部分应当由当户补偿。这既维护了质权体系的统一性,又平衡了当行与当户间的利益,有利于典当行业的健康发展。综上,原审法院适用法律错误,请求二审法院撤销原审判决并依法改判:张瑞龙归还本金17,000元、利息2550元及综合服务费15,300元,我方对张瑞龙所有的粤A×××××朗风牌SMA7152F3小型汽车的折价、拍卖或者变卖所得的价款享有优先受偿权,一审、二审全部诉讼费用由张瑞龙承担。

被上诉人张瑞龙答辩称:1. 关于损益的问题,广州出台规定二手车户主不能过户,因此首家典当公司在绝当后难以变卖质押车辆,并不是我方不配合;2. 首家典当公司应明确其是否变卖涉案车辆;3. 不同意归还本金及服务费,我方全力配合首家典当公司变卖涉案车辆,涉案车辆应由首家典当公司拍卖;4. 本案一审时已经多次调解,我方认为收回涉案车辆亦可,我方愿以12,000元赎回车辆。

经本院查明,原审法院查明的事实属实,本院予以确认。

二审另查明,首家典当公司请求原审法院判令:张瑞龙归还本金17,000元、利息2550元及综合服务费15,300元,首家典当公司对张瑞龙提供质押担保的车辆享有优先受偿权。双方在《借款合同》中约定:发生绝当情形时,自乙方最后一次向甲方交付的综合管理费的有效日期起至甲方全部收回当金、综合服务费、利息之日止,该期间的当金、综合管理费、利息及本合同约定的相关费用按0.5%/日收取违约金,在拍卖、变卖、协议作价抵债的价款中优先受偿;另外还约定了赎当、续当、绝当等内容。张瑞龙在二审期间表示同意原审判决的处理。

本院认为,第二审人民法院应当对上诉请求的有关事实和适用法律进行审查。结合当事人双方二审诉辩情况,本案二审争议的焦点主要为:首家典当公司对涉案小型轿车折价、拍卖或者变卖的处理,损溢是否自负的问题。

《典当管理办法》第三条规定:"本办法所称典当,是指当户将其动产、财产权利作为当物质押或者将其房地产作为当物抵押给典当行,交付一定比例费用,取得当金,并在约定期限内支付当金利息、偿还当金、赎回当物的行为。"对于合同的性质,应当根据合同的具体内容来确定,双方在《借款合同》和《车辆质押合同》中不仅约定了借款的利息,还约定了月综合服务费以及当物的赎当、续当和绝当的相关内容,符合《典当管理办法》中有关典当的规定,因此双方之间构成典当合同关系,双方应当恪守《典当管理办法》相关规定来行使和履行各自的权利和义务。《借款合同》中虽然约定了首家典当公司在拍卖、变卖、协议作价抵债的价款中享有优先受偿的权利,但是未就绝当物品作价后不足清偿或者溢价部分如何处理进行约定,对于合同的未尽事宜应当参照《典当管理办法》的相关规定进行处理。《典当管理办法》第四十三条规定:"典当行应当按照下列规定处理绝当物品：(一)当物估价金额在3万元以上的，可以按照《中华人民共和国担保法》的有关规定处理，也可以双方事先约定绝当后由典当行委托拍卖行公开拍卖。拍卖收入在扣除拍卖费用及当金本息后，剩余部分应当退还当户，不足部分向当户追索。(二)绝当物估价金额不足3万元的，典当行可以自行变卖或者折价处理，损溢自负……"本案的绝当物朗风牌小型轿车的估价为20,000元，故在发生绝当事由时，首家典当公司应当根据上述条款第二项的规定处理本案的绝当物品，对于处理的方式，其可以选择变卖或者折价处理等方式，但对于处理的结果应当损溢自负。绝当物品折价后价款超过债权数额部分，首家典当公司不必退还张瑞龙，不足部分亦不得再行向张瑞龙追索。原审判决处理正确，本院予以维持。

综上，上诉人的上诉理由不成立，均应予驳回，原审查明事实清楚，适用法律正确，应予维持。依照《中华人民共和国民事诉讼法》第一百七十条第一款第一项之规定，判决如下：

驳回上诉，维持原判。

二审案件受理费672元，由广州首家典当有限公司负担。

本判决为终审判决。

审　判　长　黄彩丽
代理审判员　刘　欢
代理审判员　石　佳
二〇一五年八月十七日
书　记　员　沈　颋

【案例二十二】宁波浩盈典当有限公司诉胡英豪典当纠纷案（2009年6月22日）

【法律点】 1.绝当后，当物的所有权归典当行所有，典当行负有将当物委托拍卖，及时清结当金及相关费用的权利和义务，不得再主张绝当后的综合服务费，但典当行可以向当户主张逾期后当金占用期间的利息损失。

2.律师代理费并非为实现债权的必然费用，合同中也未明确约定的，典当行不得主张。

【关键词】 绝当　当物的所有权　委托拍卖　清结当金　综合服务费　逾期利息　律师代理费

宁波市中级人民法院
民事判决书

（2009）浙甬商终字第338号

上诉人（原审原告）：宁波浩盈典当有限公司。住所地：宁波市东钱湖旅游度假区安石路。

法定代表人：贺海平，该公司董事长。

委托代理人：叶元华，浙江富林律师事务所律师。

委托代理人：戚生苗，浙江富林律师事务所律师。

被上诉人（原审被告）：胡英豪。

上诉人宁波浩盈典当有限公司（以下简称浩盈公司）为与被上诉人胡英豪典当纠纷一案，不服宁波市北仑区人民法院（2008）甬仑民二初字第1156号民事判决，向本院提起上诉。本院于2009年3月24日受理后，依法组成合议庭进行了审理。本案现已审理终结。

原审法院审理认定：2008年2月5日，浩盈公司与胡英豪签订一份房地产抵押典当合同,约定由胡英豪向浩盈公司典当借款120万元,以其坐落于宁波市北仑区新矸街道文化路80号房地产作抵押,月综合费率2.7%,当期自2008年2月5日至同年5月5日,后经双方同意在当票中变更为2008年2月5日至同年2月20日。浩盈公司签名的委托书中,指定借款汇入宁波市北仑区梅山志海土建工程队账户。合同签订后,胡英豪以当金支付综合费用17,280元后,浩盈公司依约向胡英豪支付当金1,182,720元。此后胡英豪未履行赎当义务。

浩盈公司于2008年8月7日向原审法院提起诉讼,请求判令:1.胡英豪返还当金120万元;2.胡英豪支付逾期利息37,152元及逾期月综合费194,400元(从2008年2月21日暂算到2008年8月10日共计172天,以后算至判决确定日期);3.胡英豪偿付浩盈公司为实现债权所支付的律师费计21,357.76元;4.胡英豪承担诉讼费17,683.97元。

胡英豪在原审中未作答辩。

原审法院审理认为:浩盈公司与胡英豪签订的抵押典当合同系各方当事人真实意思表示,不违反法律规定,具有法律效力,胡英豪应当按照合同约定履行义务。现当期已届满,浩盈公司起诉要求胡英豪返还当金并支付利息的诉讼请求,予以支持。胡英豪已按约支付综合费用,未按期返还当金应赔偿浩盈公司利息损失。浩盈公司要求胡英豪支付逾期费用194,400元,于法无据,不予支持。关于律师代理费,为实现债权的非必然费用,合同中也未明确约定,故不予支持。原审法院依照《中华人民共和国民事诉讼法》第一百三十条、《中华人民共和国合同法》第一百零七条、第二百零六条、第二百零七条的规定,于2008年12月16日作出判决:一、胡英豪应于判决生效之日起七日内返还浩盈公司当金120万元及该款自2008年2月21日起至判决应履行之日止按中国人民银行同期贷款基准利率计算的利息;二、驳回浩盈公司的其他诉讼请求。如果未按判决指定的期间履行给付金钱义务,应当依照《中华人民共和国民事诉讼法》第二百二十九条之规定,加倍支付迟延履行期间的债务利息。权利人可以在判决确定的履行期间的最后一日起二年内向该院申请执行。案件受理费17,876元,公告费305元,由浩盈公司负担2700元,胡英豪负担15,481元。

浩盈公司不服原审法院上述民事判决,向本院提起上诉称:首先,胡英豪已支付的综合费用是典当合同约定的典当期内的综合费用,并未支付逾期后的综合费用。根据《典当管理办法》第四十条第二款规定:当户于典当期限或者续当期限届满至绝当前赎当的,除须偿还当金本息、综合费用外,还应当根据中国人民银行规定的银行等金融机构逾期贷款罚息水平、典当行制定的费用标准和逾期天数,补交当金利息和有关费用。因此浩盈公司认为典当管理办法并未排除典当行对逾期后的综合费用的收取，只是合理期限的问题。本案中当物为房地产，当金为120万元，根据《典当管理办法》第四十三条及典当合同规定，典当行必须委托拍卖行公开拍卖来实现债权。但由于胡英豪的不配合，甚至根本无法与其取得联系，使一般的拍卖根本无法实施，因此浩盈公司只能向法院起诉，通过法院的强制执行，通过司法拍卖来实现债权。而从起诉到拍卖再到上诉人的债权得到受偿，有其严格的司法程序，必须经历一段较长时间，从而事实上决定了浩盈公司根本无法在绝当立即得到受偿，这给浩盈公司造成了很大的损失。根据《典当管理办法》第四十条第二款的立法精神，胡英豪应当支付逾期综合费用，并还应当根据中国人民银行规定的银行等金融机构逾期贷款罚息水平支付逾期利息。其次，按一审法院的判决，胡英豪违约后的责任将大大低于典当合同约定的合同义务，这等于鼓励当户违约，这与法律倡导的诚信守约相背，也与《典当管理办法》第四十条第二款的立法精神不符。请求依法改判，支持浩盈公司关于逾期利息、逾期月综合费的诉讼请求。

胡英豪未作答辩。

二审期间，双方当事人未提供新的证据。

二审经审理查明，2008年2月5日，浩盈公司与胡英豪签订《房地产抵押典当合同》一份，约定：当金120万元，月综合费率0.6，月利率2.7%，典当期限为2008年2月5日至2008年5月5日。同日，浩盈公司出具当票一张，载明：当金120万元，月费率2.7%，典当期限为2008年2月5日至2008年2月20日。其他事实与原审认定的一致。

本院认为：《典当行管理办法》第三十条的规定，当票是典当行与当户之间的借贷契约，是确定双方权利义务的主要依据。可见，《房地产抵押典当合同》与当票内容不一，以当票为准。由于当票约定月综合服务费为典当金额的2.7%，并不违反《典当行管理办法》第三十八条的规定，房地产抵押典当的月综合费率不得超过当金的27‰，双方对当期及月综合费率进行了变更，其内容依法确认有效。胡英豪在典当期限届满后，对当物未进行赎当和续当，现典当抵押给浩盈公司的房屋为绝当。由于典当合同对绝当后逾期利息、逾期月综合费未作约定，导致浩盈公司对原审判决不服而上诉。《典当行管理办法》第四十三条规定，当物估价金额在3万元以上的，可以按照《中华人民共和国担保法》的有关规定处理，也可以双方事先约定绝当后由典当行委托拍卖行公开拍卖。拍卖收入在扣除拍卖费用及当金本息后，剩余部分应当退还当户，不足部分向当户追索。因此，浩盈公司在胡英豪的当物绝当后，负有将当物委托拍卖，及时清结当金及相关费用的权利和义务。虽然《典当行管理办法》对典当行委托拍卖的期限没有规定,但绝当后,当物的所有权归浩盈公司所有,浩盈公司再主张绝当后的综合服务费,于法无据,不予支持。由于双方对逾期后的利息未作约定,原审法院按照中国人民银行同期贷款基准利率予以保护,并不足以弥补浩盈公司的损失,可按照同期中国人民银行基准贷款利率的四倍予以赔偿。综上,原审判决认定事实清楚,程序合法,实体处理有不当之处,应予纠正。上诉人之诉部分有理,予以支持。依照《中华人民共和国民事诉讼法》第一百五十三条第一款第三项、第一百五十八条之规定,判决如下:

一、维持宁波市北仑区人民法院(2008)甬仑民二初字第1156号民事判决第二项。

二、变更宁波市北仑区人民法院(2008)甬仑民二初字第1156号民事判决第一项为:胡英豪应于判决生效之日起七日内返还浩盈公司当金120万元及该款自2008年2月21日起至判决确定的履行日止按中国人民银行同期同类贷款基准利率的四倍赔偿利息损失。

如果未按本判决指定的期间履行给付金钱义务,应当依照《中华人民共和国民事诉讼法》第二百二十九条之规定,加倍支付迟延履行期间的债务利息。

二审案件受理费5050元,由上诉人宁波浩盈典当有限公司负担。

本判决为终审判决。

审 判 长 谢海波
审 判 员 洪学军
审 判 员 潘丹涛
二〇〇九年六月二十二日
代书记员 夏晶晶

【案例二十三】佛山市晋华隆典当有限责任公司诉陈丽雅、谢庆明典当纠纷案（2016年7月13日）

【法律点】 1.典当期限或者续当期限届满后，当户应当在5日内赎当或者续当。逾期不赎当也不续当的，应视为绝当，其行为已构成违约，应承担相应的违约责任。

2.绝当后，双方的典当关系终止，典当行不得请求当户支付绝当后的综合费；典当行可以依法处理绝当物品，收回当金及利息等。当物价值超过了3万元，绝当物所有权并非直接归典当行所有，而是根据担保法或双方的约定，经公开拍卖或变卖后，对变现收入实行多退少补。由于典当行对当物的变现需要一定的周期，也需要当户协助办理过户手续，该期间产生的利息损失，应当由当户承担，从变现当物的价款中受偿。

【关键词】绝当　违约责任　综合费　利息损失　所有权　多退少补

广东省佛山市禅城区人民法院
民事判决书

（2016）粤0604民初4099号

原告：佛山市晋华隆典当有限责任公司。住所广东省佛山市禅城区。

法定代表人：戚辉洪，董事长。

委托代理人：李孟杰，广东新健达律师事务所律师。

委托代理人：伍芷茜，广东新健达律师事务所律师。

被告：陈丽雅。

被告：谢庆明。

原告佛山市晋华隆典当有限责任公司诉被告陈丽雅、谢庆明典当纠纷一案，本院于2016年5月4日受理后，适用简易程序，由审判员马咏红独任审理，同年6月8日公开开庭，原告委托代理人李孟杰、被告谢庆明依法出庭参加诉讼，被告陈丽雅经本院合法传唤无正当理由拒不到庭。本案现已审理终结。

原告诉称:原告系经合法注册登记的典当行。2013 年 11 月 22 日,两被告以名下房产为当物,向原告借款人民币合计 150 万元。经合意,原、被告间签署了《当票》。双方约定:被告一以其名下位于佛山市三水区云东海街道千叶花园紫荆苑一座 602 房的房产出典,当金为人民币 75 万元,被告二以其名下位于佛山市三水区云东海街道千叶花园紫荆苑一座 608 房的房产出典,当金为人民币 75 万元,合计当金为人民币 150 万元。典当期限自 2013 年 11 月 22 日至 2014 年 2 月 19 日,月综合费率 2.6%。同日,原、被告间签订《房地产典当借款(抵押)合同》,并办理了当物的抵押登记手续。自此,原告已依法取得当物的抵押权。两被告向原告提交了《划款委托书》,要求原告直接将当金转账至谢庆明、张友华及戚辉洪名下账户。2013 年 12 月 3 日,在预扣三个月综合费后,原告依约向两被告指定账户交付了当金。典当期限到期后,两被告始终拒绝还款。为保障原告的合法权益,特向贵院提起诉讼。望贵院查明事实后,请求判令:1. 两被告向原告清偿当金 1,500,000 元;2. 两被告向原告支付以当金为基数,按每月 2.6% 的比率计算的综合费,自 2013 年 11 月 22 日至实际清偿日止(减去已预扣的综合费,暂计至 2016 年 4 月 27 日止为 200,000 元);3. 判令原告对拍卖、变卖抵押物佛山市三水区云东海街道千叶花园紫荆苑一座 602 房的价款享有优先受偿权;4. 判令原告对拍卖、变卖抵押物佛山市三水区云东海街道千叶花园紫荆苑一座 608 房的价款享有优先受偿权;5. 两被告承担本案全部诉讼费用。

被告谢庆明辩称:1. 本人认可其于 2013 年 11 月 22 日用位于佛山市三水区云东海街道千叶花园紫荆苑一座 602、608 房作为当物取得当金 1,500,000 元,在取得当金同时原告扣除了 117,000 元,本人实收 1,383,000 元;2. 本人不认为还需清偿当金 1,500,000 元及综合费 200,000 元。理由是:(1)综合费计费标准不合法;(2)双方为典当关系,按照典当行有关规定,典当期满如不赎当,即视为绝当或死当,典当行有权立即处理当物。但典当行一直未给予处理,同时在 2014 年 2 月至 2014 年 9 月期间分别按每月三分利息收取了费用,本人即按原告要求每月 4500 元利息存入了原告戚辉洪的农业银行佛山奇槎支行,账号为 62 × × ×12。3. 本人经查从 2014 年 2 月至 2014 年 9 月分别通过现金在农行三水支行营业部柜员机、三水康乐支行柜员机及转账形式向戚辉洪(农业银行佛山支行,账号为 62 × × ×12)的账户存入服务费约 30 万元(由于部分存款小票遗失无法找回,建议原告提供戚辉洪的 2014 年 2 月至 2014 年 9 月的银行账户流水)。4. 本人另补充本案中原告方为何迟迟不处理本房产,目的就是想多收取本人的费用。按典当行的有关规定,以上做法不合法也不合规。5. 原告支付当金的时候扣除了 117,000 元的综合费,从 2014 年 3 月至 2014 年 9 月分别支付了大概 30

万元的综合费,按照每月3分息即45,000元支付的。

被告陈丽雅未作答辩,在诉讼中未举证。

针对被告谢庆明的答辩,原告回应:2014年3月~2014年9月已经支付综合费的事实予以确认,但对具体支付的金额需要进一步核实;原告预扣综合费符合法律规定。

原告举证、被告谢庆明质证:

1.原告营业执照、组织机构代码证、两被告身份证复印件,证明原、被告的诉讼主体资格。

2.当票两份、房地产典当借款(抵押)合同两份,证明2013年11月22日,原告与被告谢庆明、陈丽雅签订当票。约定两被告以其自有房产为当物向原告借款合计150万元,典当期限为2013年11月22日至2014年2月19日,月综合费率2.6%。同日,原告与两被告分别签订了《房地产典当借款(抵押)合同》,对双方的权利义务作补充约定。

3.他项权证两份,证明两被告提供的当物已依法办理抵押登记,原告享有抵押权。

4.划款委托书三份,证明两被告共同出具《划款委托书》,分别委托原告将双方间的借款划入谢庆明、戚辉洪、张友华账户;还证明了两被告为共同借款关系,应当共同为本案借款承担责任。

5.付款凭证,证明本案款项已由原告法定代表人戚辉洪支付给两被告指定账户。

被告对上述证据均无异议。

被告谢庆明举证、原告质证:

1.中国农业银行银行卡交易明细清单、转账凭证,证明被告谢庆明支付综合费的情况。

原告对证据的真实性、合法性无异议,但对关联性有异议,认为无法反映出该款项是支付到原告的账户,对被告谢庆明曾经偿还综合费的事实无异议,但对具体数额需要核实且需要被告谢庆明进一步举证。

2.委托书、公证书,证明被告谢庆明按原告要求在三水公证处签署了委托书,由原告全权处理被告谢庆明的房产,相关钥匙也已经交给原告,以后的责任不应由被告谢庆明承担。

原告对证据的真实性无异议,但对证明内容有异议,该房产现已经被三水法院另案查封,即使有委托书,原告也不能处理该房产,且被告的理由不是法定的抗辩理由。

本院认证:被告陈丽雅在收到原告的诉状及证据后,经本院合法传唤无正当理由拒不到庭,视为放弃举证、质证及抗辩的权利。被告对原告的证据均无异议,本院确认证据的效力;原告对被告谢庆明提交的证据真实性均无异议,本院确认证据的效力。

依据采信的证据及当事人的陈述,本院确认以下事实:

2013 年 11 月 22 日,原告作为甲方与作为乙方的被告陈丽雅、谢庆明分别签订房地产典当借款(抵押)合同,编号分别为(佛晋典 201311F001)及(佛晋典 201311F002)。合同约定:乙方愿意以其合法拥有的房地产以不转移占有的方式抵押给甲方,作为借款担保,并支付合同约定的利息和相关费用。合同第二条分别为:当物,乙方自有房产一处。房产地址(坐落):佛山市三水区云东海街道千叶花园紫荆花园一座 602,房屋所有权证号:粤房地权证佛字第 × ×号,建筑面积:195.83 平方米,套内面积:175.68 平方米,土地用途:住宅用地,当前评估价值约 75 万元。当物,乙方自有房产一处。房产地址(坐落):佛山市三水区云东海街道千叶花园紫荆花园一座 608,房屋所有权证号:粤房地权证佛字第 × ×号,建筑面积:195.83 平方米,套内面积:175.68 平方米,土地用途:住宅用地,当前评估价值约 75 万元。合同第三条当物担保范围:借款本息、典当综合费用、逾期还款违约金、损害赔偿金、因处分当物而发生的费用,以及因乙方违约而引起的甲方为处理相关事宜而发生的诉讼费、调查费、咨询费、交通费、通讯费、保险费等其他一切费用。合同第四条当金(借款金额)及典当(借款)期限:(1)总典当金额 75 万元;(2)计算费用:月利率 0%,月综合费率 2.6%,评估及管理费/%,一个月共 2.6%,三个月共计 7.8%,于当金发放时一次性扣除;(3)典当期限:自 2013 年 11 月 22 日至 2014 年 2 月 19 日,典当期内及典当期限届满后 5 日内,经甲乙双方协商一致的可以续当,届时双方另行签订续当凭证,本合同约定的事项在续当期间继续有效。合同第五条当物的登记,本合同签订之日起 3 个工作日内,甲、乙双方共同委托甲方按照本市房地产登记管理期限至市(区)的房地产登记部门申请办理房地产抵押登记,申领《房地产其他权利证明》。合同第十三条逾期还款违约金。乙方逾期赎当的,乙方除了归还甲方当金还须按当金的 0.2%/天向甲方支付罚息,计算日期从典当期届满之日至还清当金本息止。合同第十九条其他备注:甲乙双方约定若乙方能在两个月内(2014 年 1 月 21 日前)结清其典当借款本金及相关利息的,甲方同意退回乙方一个月的息费,若超过两个月的按三个月收取息费。

上述合同签订后,原告于当日分别开出了当票,号码为 NO4412362513 的当票记载:典当行佛山市晋华隆典当有限责任公司,当户陈丽雅,典当金额 75 万元,综合费用 58,500 元,实付金额 691,500 元,典当期限:由 2013 年 11 月 22 日起至 2014 年 2 月 19 日止。当物:自有房产。备注:位于佛山市三水区云东海街道千叶花园紫荆花园一座 602。号码为 NO4412362515 的当票记载:典当行佛山市晋华隆典当有限责任公司,当户谢庆明,典当金额75万元,综合费用58,500元,实付金额691,500元,典当期限:由2013年11月22日起至2014年2月19日止。当物:自有房产。备注:位于佛山市三水区云东海街道千叶花园紫荆花园一座608。被告谢庆明、陈丽雅向原告出具三份划款委托书,内容分别为:1. 本委托人于2013年11月22日与贵司签订房地产典当借款(抵押)合同,向贵司申请贷款150万元,期限3个月。本委托人作为借款人,现委托贵司将上述借款额中283,000元划入以下账户:开户行中国银行、户名谢庆明、账号60×××02。本委托人保证按借款合同约定向你方归还上述全部借款本金及相应利息。2. 本委托人于2013年11月22日与贵司签订房地产典当借款(抵押)合同,向贵司申请贷款150万元,期限3个月。本委托人作为借款人,现委托贵司将上述借款额中117,000元划入以下账户:开户行农业银行佛山奇槎支行、户名戚辉洪、账号62×××12。本委托人保证按借款合同约定向你方归还上述全部借款本金及相应利息。3. 本委托人于2013年11月22日与贵司签订房地产典当借款(抵押)合同,向贵司申请贷款150万元,期限3个月。本委托人作为借款人,现委托贵司将上述借款额中110万元划入以下账户:开户行平安银行佛山华远支行、户名张友华、账号62×××10。本委托人保证按借款合同约定向你方归还上述全部借款本金及相应利息。

2013年12月2日,原、被告对上述当物办理了抵押权登记。

2013年12月3日,原告通过其法定代表人戚辉洪的个人账户将150万元汇入两被告指定的账户。

当期届满,两被告未办理相关续当、赎当手续。原告遂起诉。

庭审中,本院询问原告当金中已经先扣除了三个月的综合费,为何从2013年11月22日起算综合费?原告陈述:当票上约定的时间。诉请中计算到2016年4月27日的综合费20万元已经低于实际产生的费用,已经扣减已收取的综合费117,000元。原告对被告谢庆明陈述支付2014年3月至9月的综合费的事实予以确认。

另查明,案涉当物至今未处理。

本院认为,原告是依法设立的专门从事典当活动的企业法人,原告向被告提供借款并不违反国家法律及相关行政法规的强制性规定。原告与被告签订的房地产典当合同系双方当事人的真实意思表示,内容不违反法律及行政法规的强制性规定,应认定有效。根据合同约定,原告收取综合费的方式为预先收取,故原告在放款时,先行扣除综合费的行为并无不妥,双方之间的借款金额应以借款合同的金额为准。原告履行了贷款义务,被告在典当期限届满后,理应向原告赎当或续当,因被告在2014年2月19日后未续当,也未能按照合同约定履行归还借款及利息的义务,根据《典当管理办法》第四十条“典当期限或者续当期限届满后,当户应当在5日内赎当或者续当。逾期不赎当也不续当的,为绝当”的规定,应视为绝当,被告的行为已构成违约,应承担相应的违约责任。故原告要求被告偿还借款本金的诉讼请求,于法有据,本院予以支持。被告自愿以房产为当物并办理了抵押登记,该抵押生效。绝当后,原告主张对房产在折价或者以拍卖、变卖时的价款享有优先受偿权,符合法律规定及合同约定,法院予以支持。

关于原告主张的综合费问题。综合费,是典当行为保管当物所支出的场地费、管理费、雇佣费等合理费用,是典当合同区别于普通借款合同的特有约定,也是典当行的主要利润来源。根据《典当管理办法》第三十八条“典当综合费用包括各种服务及管理费用”的规定,法律法规认可并准许典当行收取一定数额的综合费。在典当期限内,当户应承担支付该费用的义务。但原告所主张的综合费属于当期届满之后的费用。如上所述,因被告逾期不赎当也不续当的,视为绝当。由于绝当后,双方的典当关系终止,且案涉典当合同中对绝当后的综合费用并没有明确约定,因此,原告请求被告支付绝当后的综合费缺乏事实及法律依据,本院不予支持。

需要说明的是,绝当后,原告可以依法处理绝当物品,收回当金及利息等。根据《典当管理办法》第四十三条的规定“典当行应当按照下列规定处理绝当物品:(一)当物估价金额在3万元以上的,可以按照《中华人民共和国担保法》的有关规定处理,也可以双方事先约定绝当后由典当行委托拍卖行公开拍卖。拍卖收入在扣除拍卖费用及当金本息后,剩余部分应当退还当户,不足部分向当户追索。(二)绝当物估价金额不足3万元的,典当行可以自行变卖或者折价处理,损溢自负。(三)对国家限制流通的绝当物,应当根据有关法律、法规,报有关管理部门批准后处理或者交售指定单位。……”当物价值超过了3万元,绝当物所有权并非直接归典当行所有,而是根据担保法或双方的约定,经公开拍卖或变卖后,对变现收入实行多退少补。因此典当行对当物的变现就需要一定的周期,甚至还需要当户协助办理过户手续,并非典当行自身可以完成或控制。且该损失也是因当户的违约产生,因此对该期间产生的利息损失,应当由当户承担,从变现当物的价款中受偿。结合本案,当物是房产,当金为150万元。故绝当之后,被告应当继续支付利息。案涉典当合同亦明确约定逾期还款违约金的计算标准,由于原告在诉讼中就此并未主张权利,依据“不告不理”原则,本案不作处理。

综上,依照《中华人民共和国合同法》第一百零七条、第二百零六条、第二百零七条,《中华人民共和国担保法》第三十三条、第四十一条、第四十二条第二项,《中华人民共和国民事诉讼法》第一百四十四条之规定,判决如下:

一、被告陈丽雅、谢庆明在判决发生法律效力之日起十日内向原告佛山市晋华隆典当有限责任公司偿还借款 150 万元；

二、原告佛山市晋华隆典当有限责任公司对被告陈丽雅提供抵押的位于佛山市三水区云东海街道千叶花园紫荆花园一座 602 的房产(房屋所有权证号：粤房地权证佛字第××号)享有优先受偿；

三、原告佛山市晋华隆典当有限责任公司对被告谢庆明提供抵押的位于佛山市三水区云东海街道千叶花园紫荆花园一座 608 的房产(房屋所有权证号：粤房地权证佛字第××号)享有优先受偿；

四、驳回原告佛山市晋华隆典当有限责任公司的其他诉讼请求。

本案受理费 20,100 元，因适用简易程序减半收取 10,050 元，由原告佛山市晋华隆典当有限责任公司负担 1206 元，被告陈丽雅、谢庆明负担 8844 元。

如不服本判决，可在判决书送达之日起十五日内向本院递交上诉状，并按对方当事人的人数提出副本，上诉于广东省佛山市中级人民法院。

审　判　员　马咏红

二〇一六年七月十三日

书　记　员　苏雪梅

【案例二十四】张湧诉高建雄、山西融通实业集团有限公司返还原物纠纷案
(2014年5月9日)

【法律点】典当行在房屋典当业务中,在约定的当期期满并构成绝当后,应及时通过适当方式行使权利。当物所有权在绝当后并未直接归属于典当行,典当行擅自处分房屋的,房屋所有权人可要求侵占人返还房屋。

【关键词】典权　典当　绝当　所有权　处分权　占有　公开拍卖

上海市第二中级人民法院
民事判决书

(2014)沪二中民二(民)终字第315号

上诉人(原审原告):张湧。

委托代理人:许洁锦。

上诉人(原审被告):山西融通实业集团有限公司。

法定代表人:王化伦。

委托代理人:畅晋鹏,山西瀚泽律师事务所律师。

被上诉人(原审被告):高建雄。

原审第三人:太原市泰昌典当有限责任公司。

法定代表人:韩红星。

上诉人张湧、山西融通实业集团有限公司(以下简称融通公司)因返还原物纠纷一案,不服上海市虹口区人民法院(2012)虹民三(民)重字第5号民事判决,向本院提起上诉。本院依法组成合议庭对本案进行了审理。本案现已审理终结。

原审法院经审理查明,张湧系讼争的上海市曲阳路×××弄×××号×××室房屋(以下简称系争房屋)的权利登记人,于1995年取得房屋产权。1999年7月15日,张湧向太原市国荣典当行(以下简称国荣典当行)典当系争房屋,并将房产证交给国

荣典当行保管。国荣典当行出具一张编号×××××××的当票,载明:当物上海市曲阳路×××弄×××号,典当金额人民币(以下币种均为人民币)260,000元,综合费用7,800元,实付金额252,200元,典当期限由1999年7月15日起至1999年7月30日止,当户签章为"张湧",典当行签章处书写"交客户票据未盖章,特殊情况可行"。当票背面记载"一、当票是典当行收妥当物后开给当户的收据,也是贷款契约……八、当期期满10日后,当户既不赎当又不续当的,即为绝当。典当行按照有关规定处理绝当物品……"同年8月19日,张湧向国荣典当行交回上述当票并续当,国荣典当行出具一张编号×××××××的当票,载明:当物上海市曲阳路×××弄×××号,典当金额260,000元,综合费用11,700元,实付金额248,300元,续当期限自1999年7月30日起到1999年8月30日止,当户签章为"张湧",典当行签章为国荣典当行。此后自1999年9月到2000年1月,张湧又续当5期,每期支付综合费用11,700元。2000年后,张湧与家人常住北京市,系争房屋有张湧妻子高弋绢(曾用名:高毅坚)户籍。2001年1月15日,国荣典当行与融通公司签订《房屋所有权及典权转让协议书》,载明:国荣典当行为1998年设立,融通公司为实际投资人;系争房屋出典人张湧在典期届满后不赎当,也未赎(续)当,已成无当,国荣典当行因此对该房享有所有权及处分权;该房典价及应收综合费为38.87万元;国荣典当行将系争房屋的典权及所有权转让给融通公司,抵顶欠融通公司38.87万元的债务;国荣典当行将系争房屋所有权证交付融通公司,融通公司自此享有对系争房屋的所有权及全部典权;如出典人要求回赎系争房屋,则由其支付融通公司按回赎时该房的市场实际价值计算的典价以及按典当出费率和续当费计算出的综合费。签约后,国荣典当行将系争房屋房产证及典当凭证移交给融通公司。2011年5月23日,张湧补领了系争房屋的房产证。

2011年7月28日,融通公司派员工李丽与高建雄签订《房屋租赁合同》,约定由高建雄承租系争房屋,租期自2011年8月5日到2012年8月5日,月租金2,500元,每三月支付一次。系争房屋由高建雄一家居住使用。

2011年9月,张湧向原审法院提起诉讼,称融通公司擅自占用系争房屋并出租给高建雄,拒绝归还,故请求判令:1.融通公司、高建雄排除妨害,搬离系争房屋;2.融通公司返还张湧租金7,500元及保证金2,500元。原审法院于2011年12月1日作出(2011)虹民三(民)初字第1349号民事判决,判令张湧与高建雄继续履行租赁合同等。融通公司不服,向本院提起上诉,本院于2012年6月19日作出(2012)沪二中民二(民)终字第227号民事裁定,将本案发回原审法院重审。重审中,张湧要求判令:

1. 高建雄排除妨害，搬离系争房屋，并支付2012年8月5日至实际搬出之日止的房屋使用费（以每月2,500元计）；2. 融通公司按每月1,000元计算支付2006年1月1日至2011年8月4日的房屋使用费68,000元，并返还已收取的2011年8月5日至2012年8月4日的租金30,000元。本案重审审理期间，经查国荣典当行已变更为太原市泰昌典当有限责任公司（以下简称泰昌典当公司），原审法院依法追加其为第三人参加本案诉讼。

原审法院另查明：在2012年8月5日租赁合同租期届满后，高建雄与融通公司续租一年，月租金2500元。2013年8月21日，李丽代表融通公司，高建雄由其妻刘莉代表，双方又续租一年，月租金2500元。高建雄向融通公司支付租金至2013年5月。

本案原审期间，张湧对融通公司提供的《房屋所有权及典权转让协议书》原件的真实性不认可，认为只有盖章，没有签字，但未申请鉴定。重审中，只有申请对该协议书上打印字体以及公章和签字章的形成时间进行司法鉴定，融通公司表示已找不到该协议书原件，故未能进行鉴定。

原审法院经审理后认为，本案的争议焦点是，张湧以系争房屋作典当并绝当后，是否就此丧失系争房屋的所有权和处分权，以及融通公司是否取得系争房屋的处分权。

张湧于1999年将系争房屋在国荣典当行进行典当，取得当金并数次续当，有当票和收据的约定，并不违反当时法律法规的效力性强制性规定，应为有效。张湧以当票无公章或签名不具真实性为由主张无效，缺乏依据，不予采信。续当期限届满后，既未赎当，又未续当，则系争房屋视为死当，即绝当。当票中约定典当行按照有关规定处理绝当物品；根据当时《典当行管理暂行办法》的规定，死当物品，应委托当地拍卖行公开拍卖；本案中未有证据证明系争房屋经过拍卖；当时亦未有其他法律法规规定典当物的所有权在死当后直接归属于典当行。故融通公司关于绝当后系争房屋产权即归属于国荣典当行的辩称意见，不符合当时的法律规定和当票约定的处理方式，法院对此不予采纳。融通公司以其与国荣典当行的《房屋所有权即典权转让协议书》《交接单》证明其受让了系争房屋的相关权利，但其未举证两家单位将约定的内容通知了张湧，或与张湧协商完成典当的善后，故融通公司并不因取得系争房屋的典当权利而取得房屋的所有权，张湧仍为该房的权利人。且张湧虽未在原审期间质证《房屋所有权即典权转让协议书》原件时申请对形成时间进行鉴定，但其在重审中申请鉴定后，融通公司未能提供原件配合鉴定，仍应承担举证不力的后果。现张湧作为系争房屋的权利人不认可融通公司的出租行为，则高建雄无权占有该房。张湧要求高建雄迁出系争房屋的诉讼请求,并无不当,应予支持。融通公司与张湧之间的典当纠纷、融通公司与高建雄之间的房屋租赁关系,均可另行解决。考虑到融通公司多年来凭借典当权利对系争房屋实际进行管理和付出,而张湧提供的证据不足以证明自典当发生至今,其对该房的实际管理和付出,故对张湧要求高建雄、融通公司支付、返还房屋使用费、租金的诉讼请求,不予支持。高建雄、泰昌典当公司经传票传唤,无正当理由拒不到庭,法院依法缺席审理,由此产生的不利后果由其承担。

原审法院据此作出判决:一、自判决生效之日起15日内,高建雄携其物品迁出上海市曲阳路×××弄×××号×××室房屋,该房由张湧收回;二、对张湧其余的诉讼请求不予支持。

原审判决后,上诉人张湧不服,向本院提起上诉称:融通公司并未提供有效证据证明其取得系争房屋的典当权利,其强行占有系争房屋导致张湧无法使用系争房屋而损失严重,理应承担相应责任。张湧与国荣典当行的债务关系已通过购买剧本方式结清,故与融通公司之间无任何债权债务关系。故请求撤销重审判决主文第二项,改判支持张湧原审全部诉讼请求。

融通公司针对张湧的上诉请求辩称:张湧在将系争房屋典当给国荣典当行时即丧失了对系争房屋的占有、使用的权利,故之后基于系争房屋产生的收益其无权取得。现双方典当纠纷尚未解决,系争房屋的所有权还处于待定状态。故请求驳回张湧的上诉请求。

上诉人融通公司亦不服重审判决,向本院提起上诉称:根据法律规定及原审法院的认定,本案系争房屋的典当关系合法有效,则张湧丧失了对系争房屋的占有、使用及收益的权利,融通公司有权占有、使用系争房屋,原审法院基于张湧对系争房屋的所有权判决返还房屋有误,故请求撤销重审判决主文第一项,改判驳回张湧全部诉讼请求。

张湧针对融通公司的上诉请求辩称:在典当系争房屋时并未约定将房屋交付国荣典当行使用,且融通公司混淆了典当和典权的概念,国荣典当行无权对房屋享有使用、占有、收益的权利。故请求驳回融通公司的上诉请求。

被上诉人高建雄、原审第三人泰昌典当公司均未作答辩。

本院经审理查明,原审查明事实属实,本院予以确认。

本院认为,现张湧认为融通公司无权对系争房屋进行处分,故诉请高建雄迁出系争房屋,并要求高建雄与融通公司支付相应房屋使用费等费用。融通公司则以其取得系争房屋典权为由予以抗辩。首先,根据查明的事实,张湧于1999年将系争房屋向国荣典当行进行典当,现张湧虽称其已结清相关债务,但其并未提供相应证据予以证明,故张湧就其与国荣典当行之间就系争房屋的典当关系已经消灭的主张，本院不予采信。现融通公司向法院主张其已通过转让方式取得系争房屋的典权，故有权占有、使用系争房屋。因涉及张湧与国荣典当行之间典当关系非本案审理范围，故本院对上述典当关系的性质，以及融通公司是否已通过转让方式取得系争房屋的相应典权不作评判，应另行解决。需要说明的是，我国法律并未对房屋典当作出明确规定，也无典当行在房屋绝当后可取得房屋所有权的相关规定。因此，国荣典当行或融通公司在约定的当期期满后，如认为系争房屋已为绝当，理应及时通过适当方式行使权利，即向张湧主张系争房屋的产权或相应债权等。现融通公司在其认为系争房屋已绝当后，仍以对系争房屋享有典权为由对系争房屋长期持续占有、使用及对外出租，显属不当。鉴此，原审法院基于张湧现仍为系争房屋的产权人，判令高建雄返还系争房屋，并无不妥。其次，张湧主张其并未向国荣典当行或融通公司交付系争房屋，融通公司无合法理由擅自侵占系争房屋，但如其所述属实，张湧在此情况下长期以来却并未向融通公司及时主张权利，显然有违常理。鉴此，原审法院综合双方的陈述及各自所提供的证据，认为融通公司系基于典当关系实际管理系争房屋，并无不妥。鉴于融通公司与张湧之间的典当纠纷尚未解决，故本院对张湧要求高建雄、融通公司支付、返还房屋使用费及租金的上诉请求不予支持。据此，依照《中华人民共和国民事诉讼法》第一百七十条第一款第一项之规定，判决如下：

驳回上诉，维持原判。

二审案件受理费人民币 2280 元，由上诉人张湧负担人民币 2200 元、上诉人山西融通实业集团有限公司负担人民币 80 元。本案公告费人民币 300 元，由上诉人张湧负担人民币 200 元，上诉人山西融通实业集团有限公司负担人民币 100 元。

本判决为终审判决。

审　判　长　丁康威
代理审判员　徐　江
代理审判员　姚　跃
二〇一四年五月九日
书　记　员　何　倩

【问题提示】(2)绝当后,当户对当物是否能主张回赎权?

【案例二十五】吉林市梧泰房地产开发经营有限责任公司诉吉林市汇丰典当有限公司等典当纠纷案(2014年4月8日、2014年9月28日)

【法律点】 1.典当合同生效后,典当行与当户之间形成典当关系,基于典当合同,典当行支付当金,占有当物,并在当户赎当时有收取利息和费用的权利。当户在交付当物获得当金的同时,享有对当物的回赎权。在当期内,回赎权系形成权,赎当仅以当户单方意思表示即可发生法律效果。赎当是当户的权利而非义务,典当行不能要求当户赎当、清偿债务。

2.根据合同约定,当期届满5日内,当户可以续当或者赎当。续当,则意味着当期的延长,在新的当期内,当户仍然享有回赎权。如果不续当,那么当期届满后第5日即是双方典当合同约定的最后赎当期限。在当期届满后5日内既未续当也未赎当,涉案当物即已绝当。

3.“绝当”即指典当关系断绝,典当关系一旦断绝,附随于典当合同关系的回赎权也就随之消灭。《典当管理办法》第四十条规定了“绝当”,第四十三条又规定典当行对绝当物品的处理办法。据此应当认为,绝当后,除双方就当物回赎达成协议一致外,当户对当物基于典当合同的回赎权消灭,不能再单方面要求赎当,是《典当管理办法》所指“绝当”的题中应有之意,也符合典当行业惯例和社会公众的一般理解。

【关键词】 一事不再审　合并审理　公证提存　私力救济　委托拍卖　变相担保　合同终止　赎回当物　回赎权　形成权

吉林省吉林市中级人民法院

民事判决书

(2014)吉中民一终字第150号

上诉人(原审原告):吉林市梧泰房地产开发经营有限责任公司,住所地吉林市解放东路。

法定代表人:段伟刚,该公司董事长。

委托代理人:王志海,吉林保民律师事务所律师。

被上诉人(原审被告):吉林市汇丰典当有限公司,住所地吉林市吉林大街。

法定代表人:朱庭文,该公司董事长。

委托代理人:陈晓慧。

被上诉人(原审被告):吉林市信德拍卖有限责任公司,住所地吉林市吉林大街。

法定代表人:闫淑凤,该公司董事长。

委托代理人:王海波。

上诉人吉林市梧泰房地产开发经营有限责任公司(以下简称梧泰公司)因典当纠纷一案,不服吉林市昌邑区人民法院(2013)昌民一初字第486号民事判决,向本院提出上诉。本院依法组成合议庭,公开开庭审理了本案。上诉人梧泰公司的委托代理人王志海,被上诉人吉林市汇丰典当有限公司(以下简称汇丰典当公司)的委托代理人陈晓慧,被上诉人吉林市信德拍卖有限责任公司(以下简称信德拍卖公司)的委托代理人王海波到庭参加诉讼。本案现已审理终结。

梧泰公司在原审时诉称:原告与汇丰典当公司于2005年5月12日分别签订了50万元、56万元、40万元、34万元共4份《房屋典当主合同》及《补充协议书》。《房屋典当合同》约定:原告以16套,建筑面积1426.388平方米的商品住宅作为当物抵押,取当金50万元、56万元,计106万元。以建筑面积199.618平方米的商业网点作为当物抵押,取当金40万元、34万元,计74万元。当期至2005年6月10日止。当金利率0.5%,月综合费率3.5%。同时约定当期届满五日内,原告不赎当也不续当的,为绝当。《补充协议书》除再次约定"绝当"事由外,同时约定绝当后,原告同意汇丰典当公司委托评估,并由信德拍卖公司拍卖当物,"拍卖收入在扣除拍卖费用及当金本息后,剩余部分退还甲方(原告)"。合同签订后,原告于2005年5月12日一次性付给汇丰典当公司337,768元,结清了当金180万元的典当期内的利息和月综合费。于2007年3月23日以公证方式提存办理了给付汇丰典当公司180万元典当本金。汇丰典当公司出具了收条。故由于原告的债务清偿,原告与汇丰典当公司签订的《房屋典当主合同》及《补充协议书》中的权利义务终止。由于原告典当期满后五日内未赎当亦未续当,发生绝当。但汇丰典当公司未依约评估、拍卖当物而违约,于2006年6月5日在昌邑区法院起诉,将4份典当合同分拆为64万元、50万元、66万元和求偿高达998,800元绝当后利、费的三个案件,要求原告金钱给付。昌邑区法院审理后,先对其中(2006)昌民一初字第852号,本金64万元及利息和综合费354,987元的案件判决,支持了汇丰典当公司。原告上诉,吉林市中级人民法院于2007年3月21日以(2006)吉中民一终字第1175号民事裁定书,以绝当后汇丰典当公司没有依约拍卖当物,直接诉于法院有误为由,"撤销原判",驳回了汇丰典当公司的诉讼请求。中院裁定生效后,在汇丰典当公司没有撤回尚在一审法院审理中的另50万元、66万元及利、费的案件情况下,原告在主动偿还债务无果后,于2007年3月23日办理公证提存180万元本金,并公证送达了律师告知函。但汇丰典当公司却在(2006)昌民一初第852号(64万元)案件被驳回,收到(2006)昌民一初字第851号(50万元)、(2006)昌民一初字第853号(66万元)判决原告所欠180万元当金中给付106万元当金和利、费的胜诉判决,原告清偿典当债务后,仍于2007年3月26日委托信德拍卖公司对原告设典当物进行拍卖,求偿"绝当"后的利、费于法无据。因"绝当"后,双方典当关系消灭。由于原告设典的16套住宅先由汇丰典当公司的法定代表人朱庭文以自然人身份与原告签订了《商品房买卖合同》购买,已在吉林市房地产管理部门办理了备案登记,与《房屋典当主合同》中设典的未分套,而以1426.388平方米的建筑面积典当方式不一致,公告拍卖的16套商品房已售他人入住、使用。朱庭文同时作为汇丰典当公司和信德拍卖公司的股东及法定代表人的身份,委托拍卖违法等事实。委托拍卖合同应自始无效。信德拍卖公司作为拍卖机构,明知其拍卖的当物由朱庭文个人签订购房合同购买已备案、无产权证、房屋权属有争议,却受朱庭文委托,拍卖朱庭文已与原告设立合同购买的房屋均为《拍卖法》《拍卖管理办法》所禁止拍卖的物品。信德拍卖公司在收到原告提供公证送达的文书后,继续违法拍卖,依法应无效。同时信德拍卖公司并未依公告整体拍卖等行为,违反拍卖法规规定。综上,为维护原告合法权益,诉于贵院。1.确认原告与汇丰典当公司签订的4份《房屋典当主合同》及《补充协议》因原告履行债务和法律规定,合同的权利义务终止;2.确认汇丰典当公司委托信德拍卖公司拍卖合同无效;3.确认信德拍卖公司拍卖行为因违法无效;4.由被告承担诉讼费。

汇丰典当公司在原审时辩称:1.原告曾2007年4月10日在本院,以相同事实和理由起诉过本案的两名被告,并被本院2007年昌民一初字第814号民事判决书驳回起诉。后原告不服又提出上诉,被中院2007吉中民一终字第1090号民事判决书驳回上诉。现原告又再次在本院起诉,违反了民事诉讼“一事不再审”的原则。故请求贵院驳回原告的起诉;2. 原告在本次起诉中又再次提出三个确认之诉。根据民事案件案由规定,确认《房屋典当主合同》及《补充协议》终止,属于典当纠纷。确认汇丰典当公司委托信德拍卖公司的委托合同无效,属于委托合同纠纷。确认拍卖无效,属于拍卖纠纷。因原告提出三个确认之诉属于不同案由,适用三个不同的法律关系,所以不应合并审理;3. 原告应当对其第一项诉求明确《房屋典当主合同》及《补充协议》终止的时间;4. 因原告的提存行为不符合《合同法》中关于提存条件的规定,故不能产生提存的效力;5. 汇丰典当公司依据《房屋典当主合同》及《补充协议》的约定和中院2006年第1175号裁定书的指示和指引,运用私力救济的途径,委托东泰评估公司对当物进行评估,委托信德拍卖公司进行拍卖不仅符合合同约定,而且更符合中院裁定的要求。由于涉案房屋均登记备案在朱庭文个人名下,为避免原告提出异议,所以委托信德拍卖公司是朱庭文和汇丰典当公司共同委托信德拍卖公司进行拍卖;6. 信德拍卖公司的拍卖行为并未违法,因为尽管涉案房屋是以朱庭文个人名义与梧泰公司签订的《商品房买卖合同》,但是这16份买卖合同绝不是真实的买卖关系,否则梧泰公司除应当向汇丰典当公司支付本金、利息、综合费外,还负有向朱庭文交付房屋的义务。所以,朱庭文与梧泰公司所签订的16套商品房买卖合同,仅仅是汇丰典当公司为了保障将来债权能够得以实现的一种变相的担保方式。故信德拍卖公司也不存在拍卖自己物品问题,更不存在违反拍卖法无效问题。

信德拍卖公司在原审时辩称:本次拍卖是合法的,我公司接受汇丰典当公司委托后,对原告典当的16套房产拍卖。接受委托后,核实了典当合同与补充协议,汇丰典当公司有权处置当物,有权委托拍卖,并依法进行了公告。拍卖会现场有吉林市昌邑区公证处公证员现场公证,并出具了公证书。综上,该拍卖行为真实、合法有效。请法庭依法驳回原告诉讼请求。

原判决认定:梧泰公司与汇丰典当公司于2005年5月12日分别签订了50万元、56万元、40万元、34万元,共计180万元的4份《房屋典当主合同》。依该合同,梧泰公司以坐落于吉林市船营区广州街16号,建筑面积119.618平方米的商业网点和解放中路1号,梧泰大厦的16套,建筑面积1426.388平方米的商品住宅设立抵押,并在产权管理部门以同为汇丰典当公司、信德拍卖公司的法定代表人朱庭文的名字,以自然人身份办理了抵押登记备案,典当本金180万元。典当期限一个月,至2005年6月10日止。典当期限至2005年6月16日期满后,梧泰公司并未赎当又未续当,依法依约发生绝当。汇丰典当公司于2006年6月5日以梧泰公司为被告向吉林市昌邑区人民法院提起分别为64万元及利息、66万元及利息、50万元及利息的给付典当本金的诉讼。吉林市昌邑区人民法院分别以(2006)昌民一初字第851、852、853号案件受理。吉林市昌邑区人民法院(2006)昌民一初字第852号案件审结后,梧泰公司上诉。2007年3月20日,吉林市中级人民法院作出(2006)吉中民终字第1175号民事裁定书,以梧泰公司与汇丰典当公司签订的《房屋典当主合同》《补充协议书》合法有效,双方应按照约定评估、拍卖,在私力救济完全可以保护其合法利益的情况下,公权力不能提前介入为由,驳回了汇丰典当公司的起诉。梧泰公司于2007年3月23日到公证机关办理了180万元债务提存。公证机关于2007年3月28日作出(2007)吉昌证字第312号提存公证书。汇丰典当公司于2007年3月30日收到梧泰公司的提存款额,并出具收据。2007年3月26日,汇丰典当公司与信德拍卖公司签订委托拍卖合同,汇丰典当公司委托信德拍卖公司拍卖梧泰公司坐落于梧泰大夏的房屋及广州街16－12号房屋。信德拍卖公司于2007年3月28日在江城日报发出拍卖公告,并将房屋拍卖。2007年,吉林市昌邑区人民法院以(2007)昌民一初字第814号案件受理梧泰公司诉汇丰典当公司、信德拍卖公司典当纠纷一案,并于2007年9月12日作出民事判决书,驳回梧泰公司的诉讼请求。梧泰公司上诉。2008年1月29日,吉林市中级人民法院作出(2007)吉中民一终字第1090号民事判决书,认为梧泰公司与汇丰典当公司签订的《房屋典当主合同》《补充协议书》合法有效,梧泰公司请求解除该合同、协议及依合同设立的房屋抵押关系,因其未能提供证据证明存在法定解除情形,且双方又无法协商解除,故梧泰公司的此项请求不予支持。梧泰公司虽以提存方式给付汇丰典当公司180万元,但此行为并不能导致合同解除法律后果。故驳回上诉,维持原判。

原判决认为:梧泰公司与汇丰典当公司签订的《房屋典当主合同》和《补充协议书》系双方真实意思表示,且不违反法律规定,合法有效。现梧泰公司请求该合同、协议权利义务终止。梧泰公司虽以提存方式给付汇丰典当公司180万元,但此行为并不能导致合同权利义务终止的法律后果。同时,根据吉林市中级人民法院已发生法律效力的(2006)吉中民一终字第1175号裁定及梧泰公司与汇丰典当公司于2005年5月12日签订的《补充协议书》第四条约定,在典当期限届满发生绝当后,梧泰公司以直接给付180万元方式履行合同义务不符合合同约定的方式,即拍卖当物行使债权。故梧泰公司请求该合同、协议权利义务终止,不予支持。梧泰公司与汇丰典当公司于2005年5月12日签订的《补充协议书》第四条约定,"甲方(梧泰公司)到期即不赎当也不续当的为绝当,绝当时甲方同意乙方(汇丰典当公司)委托吉林市东泰房地产评估公司进行评估作价。并在信德拍卖公司依法公开拍卖,拍卖收入在扣除拍卖费用及当金本息后,剩余部分返还甲方,不足部分乙方应当向甲方及担保人追索"。此约定符合《典当管理办法》第四十三条的规定。汇丰典当公司按照约定于 2007 年 3 月 26 日签订委托拍卖合同,是双方当事人的真实意思表示,内容不违反法律、法规的强制性规定,是合法有效的。故梧泰公司要求确认汇丰典当公司委托信德拍卖公司拍卖合同无效,不予支持。汇丰典当公司按照 2005 年 5 月 12 日梧泰公司与汇丰典当公司签订的《房地产抵押典当合同》及《补充协议》的约定,在梧泰公司绝当之后,作为委托人将抵押的房屋委托约定的吉林市东泰房地产评估公司评估,由信德拍卖公司拍卖,并且按照拍卖法的规定程序组织进行拍卖。在没有相关证据证明竞买人之间、竞买人与拍卖人之间存在恶意串通,损害他人利益情节的情况下,应予认定拍卖行为符合约定及法律规定。故梧泰公司要求确认信德拍卖公司拍卖行为因违法无效,不予支持。

原审法院依照《中华人民共和国合同法》第九十一条、第五十二条、第四十四条、第六十条及《最高人民法院关于民事诉讼证据的若干规定》第二条第二款的规定,判决:驳回原告吉林市梧泰房地产开发经营有限责任公司的诉讼请求。案件受理费 21,000 元,由原告吉林市梧泰房地产开发经营有限责任公司承担。

原审判决后,上诉人梧泰公司不服,向本院提出上诉,请求撤销原判,改判支持其一审的诉讼请求。主要理由:1. 原审判决认定事实不客观。上诉人梧泰公司提交的证据能够证明,上诉人梧泰公司于 2005 年 5 月 12 日付清了典当期内 180 万元的典当利息及综合费合计 337,769 元,并于 2007 年 7 月 23 日以公证提存的方式清偿了 180 万元的典当本金。但原审法院没有对该事实予以认定。上诉人梧泰公司提交的相关案件的法律文书及庭审笔录等能够证明,被上诉人汇丰典当公司在案件审理时违法委托拍卖,亦能够证明被上诉人信德拍卖公司拍卖违法。2. 上诉人梧泰公司的诉请于法有据。由于上诉人梧泰公司在被上诉人汇丰典当公司委托拍卖前清偿了 180 万元当金及利费,合同之债已经清偿。根据《中华人民共和国合同法》的相关规定,权利义务终止。根据《典当管理办法》的规定,"绝当"后,典当的法律关系消灭,权利义务终止,出典人不再承担典当的利费。被上诉人汇丰典当公司及信德拍卖公司委托拍卖和拍卖行为均违反了《民事诉讼法》、《典当管理办法》、《拍卖法》的相关规定,故原判应撤销。

被上诉人汇丰典当公司答辩:原审认定事实清楚,证据确实充分,上诉人梧泰公司的上诉无理。

被上诉人信德拍卖公司的答辩意见同被上诉人汇丰典当公司一致。

本院审理本案期间，上诉人梧泰公司提供本院(2012)吉中行终字第12号行政裁定书，证明被上诉人信德拍卖公司拍卖的标的物由他人实际使用，标的物权属存在争议，不应拍卖。被上诉人汇丰典当公司及信德拍卖公司对该证据的真实性无异议，但认为该案件现中止审理，并无最终结论。

本院对上诉人梧泰公司提供的证据经审查认为，因本案为典当纠纷，上诉人梧泰公司提供的证据与本案不具有关联性，故对该证据本院不予采纳。

本院依据双方当事人在一审期间所提供的证据，审理查明：上诉人梧泰公司与被上诉人汇丰典当公司签订的《房屋典当主合同》第八条第一项约定，当物绝当时，上诉人梧泰公司要承担当金2%的违约金。《补充协议书》第四条约定，绝当时上诉人梧泰公司同意拍卖，拍卖收入在扣除拍卖费用及当金本息后，剩余部分退还上诉人梧泰公司，不足部分被上诉人汇丰典当公司应当向上诉人梧泰公司及担保方追索。合同签订当日，即2005年5月12日，上诉人梧泰公司向被上诉人汇丰典当公司支付当期内的利、费合计337,769元。2007年3月30日，被上诉人汇丰典当公司向上诉人梧泰公司出具《收据》一份。该《收据》载明："兹收到吉林市梧泰房地产开发有限公司交付人民币壹佰捌拾万元(180万元)，此款用于偿还典当所欠综合费用和利息及其他费用(明细如附表)。尚欠本金壹佰陆拾捌万壹仟玖佰壹拾元和全部清偿止的利息。"《还款明细表》载明："利息及综合费用1,574,400元、评估费13,630元、拍卖费93,880元、还本金118,090元，合计1,800,000元。"其他事实与原判决认定的事实无异。

本院认为：《中华人民共和国合同法》第六十条第一款规定，当事人应当按照约定全面履行自己的义务。第九十一条规定，有下列情形之一的，合同的权利义务终止：(一)债务已经按照约定履行……。本案上诉人梧泰公司与被上诉人汇丰典当公司签订的《房屋典当主合同》和《补充协议书》系双方真实意思表示，且不违反法律规定，合法有效，均应恪守。双方签订的《房屋典当主合同》及《补充协议书》中约定，当物绝当时，上诉人梧泰公司要承担当金2%的违约金，并承担因评估、拍卖所产生的相关费用。现上诉人梧泰公司主张，其已向被上诉人汇丰典当公司付清了典当期内的利、费，并以提存的方式清偿了典当本金，因此，依照《中华人民共和国合同法》第九十一条的规定，双方的权利义务终止。但上诉人梧泰公司并未向被上诉人汇丰典当公司结算违约金以及评估、拍卖等费用，没有按照合同的约定全面履行自己的义务，故上诉人梧泰公司关于双方所签订的合同权利义务终止的主张本院不予支持。本院注意到，上诉人梧泰公司给付被上诉人汇丰典当公司180万元后，要求确认与被上诉人汇丰典当公司间的权利义务终止，其实质目的是要赎回当物。本院认为，典当合同生效后，典当行与当户之间形成典当关系，基于典当合同，典当行支付当金，占有当物，并在当户赎当时有收取利息和费用的权利。当户在交付当物获得当金的同时，享有对当物的回赎权。在当期内，回赎权系形成权，赎当仅以当户单方意思表示即可发生法律效果。赎当是当户的权利而非义务，典当行不能要求当户赎当、清偿债务。根据合同约定，当期届满5日内，当户可以续当或者赎当。续当，则意味着当期的延长，在新的当期内，当户仍然享有回赎权。如果不续当，那么当期届满后第5日即是双方典当合同约定的最后赎当期限。根据双方提供的证据，上诉人梧泰公司在当期届满后5日内既未续当也未赎当。涉案当物已经绝当。对于绝当的事实，双方没有争议。绝当后，当户能否再单方要求赎回当物？这是本案所发生争议的焦点。从字面理解，"绝"有断绝，消灭之意，"绝当"即指典当关系断绝，典当关系一旦断绝，附随于典当合同关系的回赎权也就随之消灭。《典当管理办法》第三十六条规定了"绝当"，第四十条又规定典当行对绝当物品的处理办法，据此应当认为，绝当后当户对当物基于典当合同的回赎权消灭，不能再单方面要求赎当，是《典当管理办法》所指"绝当"的题中应有之意。这样理解"绝当"一词的含义，也符合典当行业惯例和社会公众的一般理解。绝当后，是否就不可以赎当呢？也不尽然，如果双方协议一致，也可以赎当。但本案双方始终没有达成协议，鉴于以上情形，上诉人梧泰公司亦丧失在绝当后通过协议赎回当物的可能。关于上诉人梧泰公司要求判令二被上诉人间的委托拍卖合同及拍卖行为无效的诉讼请求，属另一法律关系，不应在本案中合并审理，应另案告诉。原审法院在本案中一并审理属适用法律错误，但鉴于裁判结果正确，本院予以维持。综上，依照《中华人民共和国民事诉讼法》第一百七十条第一款第一项之规定，判决如下：

驳回上诉，维持原判。

二审案件受理费21,000元，由上诉人吉林市梧泰房地产开发经营有限责任公司负担。

本判决为终审判决。

审　判　长　刘凤昌
审　判　员　刘任成
代理审判员　张利宏
二〇一四年四月八日
书　记　员　卢佳欢

附:

吉林省高级人民法院
民事裁定书

(2014)吉民申字第970号

再审申请人(一审原告、二审上诉人):吉林市梧泰房地产开发经营有限责任公司。

法定代表人:段伟刚,董事长。

委托代理人:张瑜,该单位职工。

委托代理人:王志海,吉林保民律师事务所律师。

被申请人(一审被告、二审被上诉人):吉林市汇丰典当有限公司。

法定代表人:朱庭文,董事长。

委托代理人:陈晓慧,该单位法律顾问。

被申请人(一审被告、二审被上诉人):吉林市信德拍卖有限责任公司。

法定代表人:闫淑凤,董事长。

委托代理人:王海波,该单位拍卖师。

再审申请人吉林市梧泰房地产开发经营有限责任公司(以下简称悟泰公司)因与被申请人吉林市汇丰典当有限公司(以下简称汇丰公司)、吉林市信德拍卖有限责任公司(以下简称信德公司)典当纠纷一案,不服吉林市中级人民法院(2014)吉中民一终字第150号民事判决,向本院申请再审。本院依法组成合议庭对本案进行了审查,现已审查终结。

梧泰公司申请再审称:1. 二审以"判决结果正确"维持原判错误。2. 二审判决驳回梧泰公司要求确认权利义务终止的理由不当。3. 一、二审判决均未依《典当管理办法》及《拍卖法》审理本案,属适用法律错误,存在程序违法。4. 依《典当合同》《补充协议》发生的纠纷应一并审理。再审请求撤销一、二审判决,支持梧泰公司一审的诉讼请求,汇丰公司、信德公司承担一、二审诉讼费。

本院认为:梧泰公司与汇丰公司签订的《房屋典当主合同》和《补充协议书》系双方真实意思表示,不违反法律规定,合法有效。双方签订的《房屋典当主合同》及《补充协议书》中约定,当物绝当时,梧泰公司要承担当金2%的违约金,并承担因评估、拍卖所产生的相关费用。梧泰公司主张,其已向汇丰公司付清了典当期内的利、费,并以提存180万元的方式清偿了典当本金,要求确认与汇丰公司间的权利义务终止,其实质目的是要赎回当物。根据合同约定,当期届满5日内,当户可以续当或者赎当。梧泰公司在当期届满后5日内既未续当也未赎当，涉案当物已经绝当。绝当后当户对当物基于典当合同的回赎权消灭，不能再单方面要求赎当，且双方始终没有达成协议，梧泰公司亦丧失在绝当后通过协议赎回当物的可能，亦不能认为汇丰公司收取款项的行为为同意回赎。因梧泰公司要求确认双方权利、义务终止的理由不成立，故要求确认委托拍卖合同及拍卖行为无效的诉讼请求亦不予支持。终审判决认定事实清楚，适用法律正确，应予维持。

综上，梧泰公司的再审申请不符合《中华人民共和国民事诉讼法》第二百条规定的情形。依照《中华人民共和国民事诉讼法》第二百零四条第一款之规定，裁定如下：

驳回吉林市梧泰房地产开发经营有限责任公司的再审申请。

审　判　长　冯志义
代理审判员　王鹏才
代理审判员　陆海权
二〇一四年九月二十八日
书　记　员　于　玥

【案例二十六】武威大富豪典当有限公司诉袁风萍、李国安典当纠纷案（2015年6月30日）

【法律点】 1. 在续当期满5天后当户仍未赎当或续当，已构成绝当。绝当之后，典当行取得了当物的处分权，但无权直接变卖或抵顶，典当行可在当物依法变卖、拍卖或折价后实现自己债权。但诉讼中，典当行没有直接主张折价或变卖抵押当物，而是要求清偿借款，当户在应诉时也表示了保住抵押物，现金清偿借款的意愿，故可由当户限期清偿借款赎回当物，逾期不能清偿债务，再变卖抵押当物清偿债务。

2. 典当期满后，当户既未办理续当手续，亦没有向典当行偿还借款，其行为已构成违约。当户除偿付当金并向典当行支付绝当前的息费外，还应赔偿典当行当金的利息损失。

【关键词】 绝当　当物处置　赎回当物　综合费　利息　违约金　利息损失

甘肃省武威市中级人民法院
民事判决书

（2015）武中民终字第275号

上诉人（原审原告）：武威大富豪典当有限公司。

法定代表人：高政礼，男，系该公司总经理。

委托代理人：朱锦国，该公司经理。

被上诉人（原审被告）：袁风萍。

被上诉人（原审被告）：李国安。

委托代理人：赵立军，男，甘肃汇平律师事务所律师。

上诉人武威大富豪典当有限公司（以下简称大富豪公司）因典当纠纷一案，不服武威市凉州区人民法院（2014）凉民初字第3833号民事判决，向本院提起上诉。本院受理后，依法组成合议庭，公开开庭进行审理，上诉人大富豪公司委托代理人朱锦国，被上诉人袁风萍、李国安共同委托代理人赵立军到庭参加了诉讼。本案现已审理终结。

原审查明,原告大富豪公司系依法注册成立的开展典当业务的机构;被告袁风萍、李国安系夫妻关系,共同拥有位于武威市凉州区文庙新村5栋商业1层3号商铺。2011年4月28日,原告大富豪公司与被告袁风萍签订抵押典当合同,合同约定,被告以位于武威市凉州区东大街文庙新村5栋商业1层3号商铺(房产证号为武房权证字第××××××号)为抵押向原告申请典当借款。典当期限自2011年4月28日至2011年10月27日,共6个月。典当期内,被告每月负担典当金额27‰的综合费(在支付当金时提前扣收),同时每月承担典当金额6‰的利息。被告如不能按时归还当金,需在当期到期前5日内与原告协商办理(赎)续当手续,续当每一次期限最长不能超过原当期;被告逾期赎当,除偿还当金及利息、综合费用外,每天按当金的5‰加收违约滞纳金和超期服务费;逾期不续当或赎当,视为绝当,原告有权按合同约定对典当物进行处理;典当物成为绝当后,被告自愿放弃抵押物的所有权,抵押物由原告处置,被告配合原告处理抵押物,并无条件提供抵押物有关手续、证件资料。原告可以同被告以外的第三者协商处理绝当抵押物品,也可以通过公告、拍卖等方式处理,处理方式由原告决定,被告无权干涉。抵押物品处理所得款项用于偿还当金、利息(包括逾期利息)、逾期综合费用、违约金及超期服务费,扣除处置抵押物品产生的相关费用(如拍卖、公告、交通、差旅费等),不足部分仍由被告偿还,剩余部分归还被告。当票为合同组成部分,原告有义务按规定开具当票,典当期限与当票不一致时,以当票为准。在合同首页,特别对"绝当"进行了说明:典(续)当期满后,过期赎当每日加收典当当金0.5%的服务费,5天后仍未清偿当金回赎的质物,视为绝当。合同最后由原、被告双方签名,作为财产共有人,被告李国安也签名进行了确认。之后双方对当物办理了抵押登记。合同签订生效后,原告于2011年4月29日为被告袁风萍开具了全国统一当票,内容包括:当物名称为商铺,典当金额为70万元,月费率2.7%,月利率0.6%,典当期限由2011年4月29日至2011年5月28日,综合费用为2.31万元,实付金额为67.69万元。同日,被告袁风萍签订了收款确认书,载明武威大富豪典当有限公司:本人已收到贵公司与袁风萍于2011年4月28日签订的《房地产抵押典当借款合同》(合同编号:20110428××号)项下当金70万元。其中收到银行转账70万元。典当期限届满后,原、被告每月协商进行了续当,并逐月结算清偿综合费用及利息。2013年11月20日,被告偿还了当金10万元。2014年8月27日,典当期限届满,被告没有办理续当、赎当手续。原告认为被告已构成违约,形成诉讼。

原审法院审理认为，原、被告签订抵押典当合同，主体适格，内容是双方真实意思表示，且主要条款内容不违反法律禁止性规定，该合同为有效合同，有效合同对原、被告双方均有约束力，双方应恪守诚信，积极履行合同义务。二被告将其所有的位于武威市凉州区东大街文庙新村5栋商业1层3号的商铺作为当物抵押给原告并从原告处获得70万元典当金后，如果不能清偿借款，应按合同约定期限办理续当或赎当，但其在续当期满5天后仍未赎当或续当，已构成绝当，原告对该房屋取得了处置权。基于不动产物权实现同时受担保法关于抵押的相关规定，原告无权直接变卖或抵顶，选择了通过诉讼主张权利，符合法律规定，应予支持。原告可在当物依法变卖、拍卖或折价后实现自己债权。但诉讼中，原告没有直接主张折价或变卖抵押当物，而是要求清偿借款，被告在应诉时也表示了保住抵押物，现金清偿借款的意愿，故可由被告限期清偿借款赎回当物，逾期不能清偿债务，再变卖抵押当物清偿债务。

被告违约后果是绝当情形成就，绝当之后，原告获得了当物的处分权，因为市场因素，当物的变卖价值可能会高于未收回的当金，也可能低于未收回的当金，但这些风险是典当合同当事人必须承受之风险，而不能归责于当事人双方，这是典当合同特性决定。所以双方签订的合同关于绝当之后，被告再承担综合费、利息、违约金之约定条款不符合典当管理办法的立法精神，这些条款认定无效，原告相关的请求不予支持。原告在绝当后处分当物的时机由其自定，怠于处分如果形成损失也应当由其自负。但按照合同约定，续当期满，被告应当承担5日的超期管理服务费，故被告除偿付当金外，还应当负担1.5万元(60万元×0.5%×5日=1.5万元)的服务费用。典当合同所涉的典当行为受商务部、公安部颁发的《典当管理办法》调整，典当抵押合同与借款合同有类似之处，但又有自己独特性，双方合同约定的综合费用、利息费率均在《典当管理办法》规定的数额内，故被告袁风萍关于此案属于民间借贷，要求仅按借款合同规定负担利息的主张不予采信。被告李国安作为有完全民事行为能力的成年人，辩称其不清楚是典当合同，而认为是抵押合同，且未收到当金的主张，与自己签名的合同约定以及被告袁风萍出具的收款确认书不相符，不予采信。综上，依据《中华人民共和国合同法》第八条，《中华人民共和国担保法》第四十条、第四十一条，《典当管理办法》第二条、第三条、第二十五条、第三十条、第三十一条、第三十八条、第四十条、第四十三条，《中华人民共和国民事诉讼法》第一百四十四条之规定，判决：一、被告袁风萍偿付原告武威大富豪典当有限公司当金60万元，并承担超期服务费1.5万元，合计61.5万元。限于判决生效后10日内付清。二、如被告在上述期限内不能清偿债务，则折价变卖被告袁风萍、李国安所有的位于武威市凉州区东大街文庙新村5栋商业1层3号的商铺(房产证号为武房权证字第××××××号),变卖所得用于清偿原告武威大富豪典当有限公司61.5万元债务。变卖后不足以偿付的部分由被告袁风萍补交;超出部分,归被告袁风萍、李国安所有。如未按本判决规定的期限履行金钱给付义务,应当按照《中华人民共和国民事诉讼法》第二百五十三条之规定,加倍履行迟延履行期间的债务利息。案件受理费10,060元,减半收取5030元,由被告袁风萍负担。

宣判后,原审原告大富豪公司不服,向本院提起上诉。

上诉人大富豪公司诉称,原审未依合同约定判令被上诉人向上诉人支付典当标的月综合费用27‰和月利息6‰至清偿之日止的息费不当,请求在原判基础上加判被上诉人支付上诉人综合费用和利息至清偿之日止。

被上诉人袁风萍、李国安答辩认为原判认定事实清楚,适用法律正确,判处适当,应予维持。

二审中,双方当事人均未提交新的证据。

对一审查明认定的事实双方当事人均无异议。经二审查明的事实与一审认定的事实一致。

本案争议的焦点上诉人要求被上诉人向其支付典当标的月综合费用27‰和月利息6‰至清偿之日止的息费的诉求能否成立。

本院认为,双方当事人签订《抵押典当合同》,被上诉人以其商铺物为抵押向上诉人典当借款70万元,该典当合同的本质即借款合同,对典当法律关系的处理,首先应适用合同法关于借款合同的规定。《中华人民共和国合同法》第一百一十三条第一款明确规定:“当事人一方不履行合同义务或者履行合同义务不符合约定,给对方造成损失的,损失赔偿额应当相当于因违约所造成的损失,包括合同履行后可以获得的利益。”本案中,上诉人依约支付当金后,被上诉人在约定期限内支付综合费用和利息、偿还当金、赎回当物。2014年8月27日典当期满后,被上诉人既未办理续当手续,亦没有向典当行偿还借款,其行为已构成违约。被上诉人除偿付当金并向上诉人支付绝当前5日的息费外,还应赔偿上诉人当金的利息损失。根据双方合同约定,当金月综合费率为27‰、月利率为6‰,典当借款合同约定的月综合费率其实质也是利息,故双方当事人约定的借款月利率为33‰,根据《最高人民法院关于人民法院审理借贷案件的若干意见》第六条规定,民间借贷的利率可以适当高于银行的利率,各地人民法院可根据本地区的实际情况具体掌握,但最高不得超过银行同类贷款利率的四倍(包含利率本数),超出此限度的,超出部分的利息不予保护。2014年中国人民银行6个月以内年利率为5.6%,而6个月以上1年以内年利率为6%,合同约定的利率高出同期中国人民银行贷款利率四倍的部分不予支持。故被上诉人袁风萍应赔偿上诉人武威大富豪典当有限公司自2014年8月27日至本金还清前的利息(利率按同期中国人民银行贷款利率的四倍计)。依照《中华人民共和国合同法》第八条、第二百零五条、第二百零六条、第二百零七条,《中华人民共和国担保法》第十八条、第二十一条、第三十一条,《典当管理办法》第三十条、第四十条,《中华人民共和国民事诉讼法》第一百七十条第一款第二项,第一百七十五条之规定,判决如下:

一、维持武威市凉州区人民法院(2014)凉民初字第3833号民事判决第一项、第二项及诉讼费用的负担;

二、被上诉人袁风萍赔偿上诉人武威大富豪典当有限公司自2014年8月27日起至本金还清之日60万元本金的利息(利率按中国人民银行同期贷款利率的四倍计);

二审案件受理费1648元由被上诉人袁风萍负担。

本判决为终审判决。

审 判 长 张 超

审 判 员 魏君鸿

代理审判员 杨海昇

二〇一五年六月三十日

书 记 员 付雪莲

【案例二十七】广州新衡盛典当有限公司诉简瑞杰、邱健典当纠纷案（2014年3月10日）

【法律点】当户在典当期限届满后没有赎回当物，也没有向典当行返还当金的行为已构成严重违约，当户应向典当行及时清偿当金。当户在诉讼过程中明确表示不赎回当物，并请求依法或依约处置当物的，在当户不履行偿还当金义务时，典当行有权依照《中华人民共和国担保法》第六十三条之规定，以当物折价或者以拍卖、变卖当物所获得的价款中优先受偿。

【关键词】涉外典当合同　违约　当物赎回　当物折价　拍卖　变卖当物

广东省广州市越秀区人民法院
民事判决书

(2013)穗越法民四初字第167号

原告:广州新衡盛典当有限公司,住所:广州市越秀区。

法定代表人:邵建明,职务:董事长。

委托代理人:雷电,广东华科律师事务所律师。

委托代理人:饶婵,广东华科律师事务所实习律师。

被告:JERRYJIAN(自称中文名:简瑞杰),美国籍公民。

第三人:邱健,住所:广东省珠海市香洲区。

原告广州新衡盛典当有限公司诉被告简瑞杰、第三人邱健典当合同纠纷一案,本院受理后,依法组成合议庭,公开开庭进行了审理。原告的委托代理人雷电、饶婵以及被告简瑞杰到庭参加诉讼;第三人邱健经本院合法传唤,无正当理由拒不到庭应诉,依法作缺席开庭审理。本案现已审理终结。

原告诉称:2011年9月23日,原告与被告签订一份《典当合同》及《动产质押合同》,约定原告向被告提供典当资金人民币200万元,典当期限由2011年9月23日起至2011年10月22日止,被告提供其拥有的犀角杯、杂件及字画等一批作质押担保,并交付了该批物品。经三方协商,原告通过员工陈伟光的账户将当金转入第三人邱健名下的账户内(收款账户:中国银行××××××)。2011年10月22日,典当期限届满后,被告没有续当也没有依约清偿当金,逾期至今。因被告严重超过约定的典当期限未能还款,故起诉请求人民法院判令:1. 被告立即向原告清偿典当本金人民币200万元;2. 确认原告对被告提供的质押物犀角杯、杂件及字画等物品(以动产质押合同所附的质押物清单记载为准)以拍卖或变卖后所得的价款优先清偿;3. 本案诉讼费用由被告承担。

原告为证实其诉讼请求,向本院提供如下证据:

1. 典当合同,拟证实原、被告签订《典当合同》,原告向被告提供典当资金人民币200万元以及典当期限由2011年9月23日起至2011年10月22日止的事实。

2. 动产质押合同,拟证实被告提供其拥有的犀角杯、杂件及字画等物品作质押担保的事实。

3. 授权委托书与银行流水清单,拟证实典当资金的汇入情况。

被告辩称:对原告出示上列证据的真实性、合法性、关联性均没有异议,我同意按照双方签订的典当合同去处理争议,我提供当物给原告,当物的价格是由原告来定价的,再由原告支付当金人民币200万元给我,至于这些当物是否等值当金人民币200万元则是另外的事情,目前我不要求赎回当物,由原告按照合同自行处理当物。

被告没有为其答辩意见,向本院提供证据。

第三人邱健没有到庭陈述意见,也没有向本院提供证据。但其在诉讼过程中向本院提交了一份《情况说明》,认为原告支付给被告人民币200万元的预付款,被告用一批字画杂件作抵押,并由原告与被告协商一致将讼争款项打进其银行账户内,再由其转到被告指定的账户内,被告已经收到讼争款项人民币200万元,故本案纠纷与其没有关系。

经审理查明:2011年9月23日,原告与被告签订一份合同编号为2011年新衡盛典当字第110923号《典当合同》,约定:"被告因资金暂时紧张,急需资金用于临时周转,原告同意提供典当资金人民币200万元给被告用于流动资金,典当期限为1个月,自2011年9月23日起至2011年10月22日止,典当资金的月综合费率为零;被告为典当资金提供已委托给广东衡益拍卖有限公司进行拍卖的合法拥有的犀角杯、杂件及字画等一批(详见质押物清单)作质押,质押物名称、数量、质量、状况、估价金额按双方签订的《质押合同》执行;被告应按时归还当金,如不能按时归还当金时,须提前3

天与典当行协商续当事宜,被告必须保证当期内质押物状况良好,若质押物出现损毁,破坏或其他减值现象时,被告必须采取措施恢复质押物的价值,如不能及时恢复价值,则应提供原告认可的其他财产或担保措施;典当期限届满后5日内,被告不履行债务或不能完全履行债务的,原告可依签订的《质押合同》《出售、拍卖授权书》的约定处理质押物,并将所得款项优先抵偿所欠的典当资金、综合费、利息、违约金、损害赔偿金以及实现债权所支付的费用(包括但不限于律师费、交通费、诉讼费、拍卖佣金)等,本合同的订立、解释及争议的解决均适用中华人民共和国法律、法规,本合同履行所发生的纠纷,双方应协商解决,协商不成的,应向原告所在地的人民法院提请诉讼或申请强制执行,本合同于双方签字盖章之日起生效。"

同日,原告与被告亦签订一份合同编号为2011年新衡盛典当质押字第110923号《动产质押合同》,订明:"鉴于原告向被告提供典当融资,签订了《典当合同》,被告依照国家颁布实施的《典当管理办法》之规定,自愿以其合法拥有的财产质押给原告,作为典当借款的担保,质押财产为被告已委托广东衡益拍卖有限公司进行拍卖的合法拥有的犀角杯、杂件及字画等一批,详细质押物品以《质押物清单》为准,质押财产价值双方商定为人民币200万元,质押担保范围包括但不限于典当当金本息、综合费、违约金、损害赔偿金及原告为实现债权所支付的所有费用,被告应于本合同签订之日起一个工作日内,向原告移交质押财产和财产权利凭证由原告保管,原告应妥善保管质押财产,因保管不善致使质押物灭失或者毁损的,原告应承担相应责任;在典当期满后,典当合同项下借款人不能按约定时间偿还债务时,原告有权将质押物处理、拍卖或变卖、所得价款优先用于清偿担保债权,双方一致同意委托广东衡益拍卖有限公司对质押物进行拍卖,拍卖质押物所产生的拍卖收入扣除典当借款人所欠的当金本息、综合费、违约金、损害赔偿金及原告为实现债权所支出的所有费用,剩余部分返还给被告,不足部分原告有权向被告追索,本合同的订立、解释及争议的解决均适用中华人民共和国法律、法规,本合同履行所发生的纠纷,双方应协商解决,协商不成的,应向原告所在地的人民法院提请诉讼解决,本合同自双方签章之日起生效等。"该合同附有《质押物清单》《质押物价值协议》《过户委托书》《出售、拍卖委托书》。其中《质押物清单》载明质押物品分别为:1. 粉彩锦地开光山水纹委角四方碗(质地尺寸:瓷口径19.6cm高8.5cm足径12cm);2. 蓝釉暗花包裹瓶(质地尺寸:瓷口径14.5cm高37cm足径13.8cm);3. 五彩锦地芭蕉龙纹花觚瓶(质地尺寸:瓷口径17.5cm高43.8cm足径15cm);4. 粉彩人物大盆(质地尺寸:瓷口径43.5cm高6.5cm足径26cm);5. 粉彩百花地盘龙胆瓶一对(质地尺寸:瓷高22cm);6. 描金开窗山水纹蝴蝶形盖盒(质地尺寸:瓷 10.6cm×8cm×4.5cm);7. 粉彩百花蝴蝶纹盘(质地尺寸:瓷口径 20.5cm 高 5cm 足径 12cm);8. 迦叶尊者佛像笔筒(质地尺寸:铜镶银家藏珍宝款高 13cm);9. 雕龙凤纹盒一对(质地尺寸:酸枝直径 12.5cm 高 5cm);10. 翡翠描金人物插屏;11. 莲塘鱼鹭犀角杯一对(质地尺寸:犀牛角宽 12.3cm 高 7cm 重 248 克/个);12. 犀牛角松下七贤纹有把杯(质地尺寸:犀牛角重 596 克);13. 犀牛角步步高升荷池鸳鸯纹摆件(质地尺寸:犀牛角重 643 克);14. 犀牛角喇嘛祈祷转轮(质地尺寸:犀牛角重 150 克);15. 和田白玉松下老人山水纹如意(质地尺寸:和田玉长 33cm);16. 翰墨因缘(字画 58.5cm×27.5cm)。上述质押物均放置在广东衡益拍卖有限公司内。原告及被告在上述《质押物清单》对应的质押权人栏及质押人栏处签章确认。在《质押物价值协议》中订明:"涉案《质押物清单》所列质押物价值双方确定为人民币 200 万元。"在被告于 2011 年 9 月 23 日出具的《出售、拍卖委托书》中载明:"委托人为被告,受委托人是潘炽锋、黎永祥,委托人若无法如期清偿对债权人广州新衡盛典当有限公司所有债务,同意将所持有已委托给广东衡益拍卖有限公司进行拍卖的合法拥有的犀角杯、杂件及字画等一批交由广州新衡盛典当有限公司以拍卖方式变现偿还债务,抵押物的拍卖所得扣除佣金和相关过户税费等费用后由拍卖行全部交付债权人,用以偿还委托人的债务,因委托人无法亲自办理出售、拍卖事宜,故委托受托人代为签订拍卖合同、代为设定拍卖佣金及拍卖保留价等。"

另外,被告亦出具一份《授权委托书》,内容为:"原告委托陈伟光从其账户××××××划出典当款项人民币 200 万元,划入被告的委托人邱健在中国银行珠海分行设立的账户内(账号××××××),视为收到原告支付给被告的典当款项,由此引起的一切经济纠纷由被告负责等。"

上述合同签订后,原告于 2011 年 9 月 26 日依约将典当款人民币 200 万元划付给被告指定的第三人邱健的账户内。但被告在典当期限届满后没有向原告申请续当,也没有如期赎当,亦没有将典当款人民币 200 万元归还给原告。原告催收未果,遂诉讼至本院。

在庭审质证中,原告与被告对第三人邱健出具的《情况说明》均予以确认。被告承认已收到原告交付的当金人民币 200 万元,但因其与案外人广东衡益拍卖有限公司存在委托拍卖藏品纠纷,故没有向原告赎当,也没有向原告返还典当款人民币 200 万元。

在庭审中,原告与被告一致确认涉案《质押物清单》所列的 16 件质押物品现均存放在原告处,被告对原告清点后制作的《质押物清单》予以签字确认,并明确表示目前不要求赎回上述当物,同意原告按合同处置当物。

再查明,原告是2007年8月18日成立,具有动产质押典当业务、财产权利质押典当业务以及房地产(外省、自治区、直辖市的房地产或者未取得商品房预售许可证的在建工程除外)抵押典当业务和限额内绝当物品变卖经营业务的有限责任公司。

原告与被告的陈述亦在案佐证,并一致同意适用中华人民共和国法律作为裁判本案的准据法。

本院认为:被告JERRYJIAN(自称中文名:简瑞杰)是美国国籍人,本案为涉外典当合同纠纷。根据最高人民法院有关司法解释的规定,本案属涉外商事案件。原告与被告在讼争《典当合同》及《动产质押合同》中已明确约定缔约双方在履行上述合同过程中发生纠纷,协商不成的,应向原告所在地人民法院提起诉讼解决。原告的住所位于广州市越秀区白云路34号,该住所在本院管辖的行政区域范围内,本院作为原告住所地依法享有涉外商事案件管辖权之人民法院,有权对本案行使司法管辖权。另在涉案《典当合同》及《动产质押合同》中亦明确约定解决争议适用中华人民共和国法律和法规,且原告与被告在庭审中亦一致选择中华人民共和国法律解决本案争议,故本院依法适用中华人民共和国法律作为裁判本案的准据法。

原告系依法成立具有典当业务经营资格有限责任公司,有权在其经营范围内为被告提供典当融资服务。被告是完全民事行为能力人,亦具备缔约的主体资格,故涉案《典当合同》及《动产质押合同》均是原告与被告在自愿、平等、协商一致的基础上形成的合意,合同内容没有违反我国法律、行政法规的禁止性规定,上述合同依法成立生效,并对缔约双方产生约束力。原告已依约向被告提供了典当款人民币200万元,被告为其当款亦向原告提供和交付了雕龙凤纹盒(一对)、翡翠描金人物插屏、犀角杯等16件当物作质押担保,但被告在典当期限届满后没有赎回当物,也没有向原告返还当金的行为已构成严重违约,并损害了原告的合法债权,故被告应将当金人民币200万元清偿给原告。鉴于被告在诉讼过程中已明确表示不赎回当物,并请求原告按《典当合同》及《动产质押合同》的约定处置当物,而原告已实际占有雕龙凤纹盒(一对)、翡翠描金人物插屏、犀角杯等16件当物,故在被告不履行偿还当金义务时,原告有权依照《中华人民共和国担保法》第六十三条之规定,以讼争双方一致确认的质押物折价或者以拍卖、变卖上述质押物所获得的价款中优先受偿。

综上所述,依照《中华人民共和国合同法》第八条、第六十条、第一百零七条以及《中华人民共和国担保法》第六十三条、第六十七条之规定,判决如下:

一、被告JERRYJIAN(中文名:简瑞杰)应于本判决发生法律效力之日起十日内偿还当金人民币 2, 000, 000 元给原告广州新衡盛典当有限公司。

二、若被告 JERRYJIAN(中文名:简瑞杰)不履行上述还款义务时,原告广州新衡盛典当有限公司有权对被告 JERRYJIAN(中文名:简瑞杰)提供的粉彩锦地开光山水纹委角四方碗、蓝釉暗花包裹瓶、雕龙凤纹盒(一对)、翡翠描金人物插屏等 16 件质押物在折价或者以拍卖、变卖所得的价款中优先受偿。

如果未按本判决指定的期间履行给付金钱义务,应当依照《中华人民共和国民事诉讼法》第二百五十三条之规定,加倍支付迟延履行期间的债务利息。

本案受理费人民币 22, 800 元,公告费人民币 950 元,合共人民币 23, 750 元,由被告 JERRYJIAN(中文名:简瑞杰)承担。

如不服本判决,原告广州新衡盛典当有限公司可在判决书送达之日起十五日内,被告 JERRYJIAN(中文名:简瑞杰)可在判决书送达之日起三十日内向本院递交上诉状,并按对方当事人的人数提出副本,上诉于广东省广州市中级人民法院。

当事人上诉的,应在递交上诉状次日起七日内,按不服本判决部分的上诉请求数额为标准计向广东省广州市中级人民法院预交上诉案件受理费,逾期不交,按自动撤回上诉处理。

审　判　长　陈永华
人民陪审员　郑秋明
人民陪审员　冼静文
二〇一四年三月十日
书　记　员　彭茵茵

【问题提示】(3)典当合同中有关绝当后流质条款的约定是否有效?

【案例二十八】浙江中汉卓信典当有限责任公司诉赵祖兴、杭州三联建材有限公司等典当纠纷案
(2011年11月7日)

【法律点】 1.典当合同中有关"当物自绝当之日起典当行享有当物的所有权"的约定违反担保法、物权法关于质权人在债务履行期届满前,不得与质押人约定债务人不履行到期债务时质押财产归债权人所有的规定,应认定无效。

2.典当合同既约定有动产质押典当,又约定有财产权利质押典当的,月综合费率可以参照该两类当物的平均费率执行。

3.典当行在发放当金时预先扣除综合服务费的,以实际交付的金额为典当借款本金。

【关键词】当户　担保人　动产质押　经营权质押　保证　综合费率

浙江省富阳市人民法院
民事判决书

(2011)杭富商初字第1288号

原告:浙江中汉卓信典当有限责任公司,住所地:富阳市富春街道苋浦路。

法定代表人:章纪汉,总经理。

委托代理人:丁烽,富阳市受降法律服务所法律工作者。

被告:赵祖兴。

被告:杭州三联建材有限公司,住所地:杭州市西湖区双浦镇。

法定代表人:赵祖明,执行董事。

被告:杭州三联休闲农庄有限公司,住所地:杭州市西湖区双浦镇。

法定代表人:赵祖明,执行董事。

被告杭州三联建材有限公司、杭州三联休闲农庄有限公司的委托代理人:谢兴华,浙江中宙律师事务所律师。

被告:富阳市百信担保有限公司,住所地:富阳市富春街道西堤路。

法定代表人:何樟平,执行董事。

委托代理人:王卫平,浙江天和天律师事务所律师。

原告浙江中汉卓信典当有限责任公司(以下简称中汉卓信公司)诉被告赵祖兴、杭州三联建材有限公司(以下简称建材公司)、杭州三联休闲农庄有限公司(以下简称休闲公司)及富阳市百信担保有限公司(以下简称百信公司)典当纠纷一案,于2011年7月13日向本院起诉。本院受理后,依法组成合议庭,于2011年9月9日、11月4日公开开庭进行了审理。原告中汉卓信公司的委托代理人丁烽,被告赵祖兴,被告建材公司、休闲公司的委托代理人谢兴华,被告百信公司的委托代理人王卫平到庭参加诉讼。本案现已审理终结。

原告中汉卓信公司起诉称:2008年5月16日,赵祖兴、建材公司及休闲公司以经营需要向中汉卓信公司典当借款1,000,000元,并将休闲公司经营权和建材公司300吨直径为48×4钢管典当给中汉卓信公司。双方约定月利息为36,000元,并签订抵(质)押物清单一份。中汉卓信公司出具当票并与被告签订典当合同一份。到期后,被告以货款暂时不能回笼办理了续当手续,续当至2009年12月31日。2009年12月31日,百信公司出具担保函一份,为该笔借款提供连带责任担保。事后中汉卓信公司多次要求归还典当款无果。现起诉要求赵祖兴、建材公司、休闲公司:1. 归还当金人民币1,000,000元;2. 支付典当期间当金利息684,000元(暂计算至2011年6月30日)及自2011年7月1日起至判决确定履行日止利息(按本金1,000,000元,月息3.6%计算);3. 百信公司对上述款项承担连带清偿责任;4. 中汉卓信公司对典当物300吨直径48×4钢管及休闲公司的经营权拍卖或变卖后所得价款有优先受偿权;5. 本案诉讼费用由四被告承担。

审理中,中汉卓信公司称:第二项诉讼请求中的利息表述有误,实为综合服务费。

原告中汉卓信公司就所诉事实向本院提交如下证据材料:

1. 典当合同1份,证明中汉卓信公司与赵祖兴、休闲公司及建材公司的借款金额为1,000,000元及借款期限,约定月费率的事实。

2. 承诺书1份,证明质权设立有效及赵祖兴、休闲公司及建材公司应承担还款责任的事实。

3. 当票 1 份,证明中汉卓信公司按典当合同约定提供了借款。

4. 担保函 1 份,证明百信公司对借款承担连带保证责任。

5. 续当凭证 14 份,证明被告从 2008 年 8 月 14 日开始一直续当到 2009 年 12 月 31 日。

6. 股东会决议 1 份,证明赵祖兴、休闲公司及建材公司以经营权设定质押,用 300 吨钢管设定抵押的事实。

7. 抵押物清单 1 份,证明建材公司以钢管质押的事实。

8. 具结书 1 份,证明休闲公司、建材公司用钢管典当的事实。

被告赵祖兴答辩称:对事实没有异议。利息过高,要求按银行贷款利率计算。实际拿到 892,000 元,要按 892,000 元计算。

被告赵祖兴未向本院提交证据材料。

被告休闲公司、建材公司答辩称:中汉卓信公司诉称 2008 年 5 月 16 日,赵祖兴、休闲公司及建材公司以经营需要向中汉卓信公司借款 1,000,000 元与实际事实不符。根据中汉卓信公司的证据显示:当票中当户名称、当金都是支付给赵祖兴,这些证据证明当户是赵祖兴,休闲公司、建材公司不是当户。休闲公司、建材公司没有向中汉卓信公司典当 1,000,000 元。因为赵祖兴冒签了建材公司法定代表人赵祖明的签字,同时擅自使用休闲公司、建材公司印章,抵押、质押并没有通过股东会决议,因此并非是休闲公司、建材公司的真实意思表示。建材公司并无交付当物 300 吨钢管,以及建材公司以经营权质押不符合法律规定及规章要求。同时,中汉卓信公司与赵祖兴约定担保方式变更为百信公司的保证担保,应认定休闲公司、建材公司质押合同不成立或免除该两公司的责任。

被告休闲公司、建材公司就答辩事实向本院提交如下证据材料:

1. 工商注册登记档案 35 页,证明休闲公司、建材公司的工商登记情况。

2. 经营协议 2 页,证明 2007 年 11 月 18 日至 2011 年 11 月 17 日,休闲公司的承包经营权属孙利华。

被告百信公司答辩称:第一,中汉卓信公司是否交付 1,000,000 元或是否足额交付不清楚。是否足额交付综合费用从证据上不足以反映。第二,中汉卓信公司收取的综合费用明显过高。第三,因为中汉卓信公司和休闲公司、建材公司约定了典当事宜,经营权质押和钢管抵押,百信公司承担的应是当物拍卖或变卖后不足部分的补充责任。第四,本案中不存在抵押或质押变更的事项,应当由休闲公司、建材公司的经营权、钢管拍卖所得款项优先支付。第五,合同约定综合服务费3.6%,因不存在综合服务费,对已经支付的过高部分综合费用应作为本金扣除。同时,百信公司提供案涉担保受到了欺诈,要求予以解除或确认无效。

被告百信公司未向本院提交证据材料。

经庭审举证、质证,对当事人提交的证据材料,当事人的质证意见及本院认证如下:

(一)对原告中汉卓信公司提交的证据材料:

对证据材料1,赵祖兴认为:名字是本人所签,赵祖明的签名是本人代签,合同、公章均是对的。建材公司、休闲公司认为:对该材料不清楚,公章是真的,但赵祖明的签字不是其本人签的,情况不清楚。建材公司也不知道当时的情况。百信公司认为:对真实性没有异议,该当票没有其他条款约定,两者有冲突。

对证据材料3,赵祖兴没有异议。建材公司、休闲公司表示不清楚,不知道是否典当,没有办法确认其真实性。百信公司认为:对真实性有异议,只有收到892,000元。经对证据材料1、3综合论证,本院认为:典当合同及当票形式合法,内容真实,对真实性、合法性及关联性予以认定。至于证明目的,从合同内容来看,借款方为赵祖兴,休闲公司、建材公司只是提供经营权及钢管担保,并无借款的明确意思表示。从当票内容看,计载的当户为"赵祖兴",当户签名栏内为赵祖兴的签名,故典当合同不能证明休闲公司、建材公司以当户身份借款的事实,对该证明目的不予认定。对当票的证明目的予以认定。

对证据材料2、8,赵祖兴质证认为:对该材料没有异议,赵祖明的签字是本人代签,其他没有意见。休闲公司、建材公司认为:对材料2、8不清楚。百信公司认为:对材料2不清楚,对材料8无异议。本院认为:该两份证据材料形式合法,内容真实,与本案关联,予以认定。

对证据材料4,赵祖兴没有异议。休闲公司、建材公司表示不清楚。百信公司认为:本公司法定代表人已经变更,不清楚是否通过股东会决议,是否是当时的法定代表人签字不清楚。本院认为:该担保函形式合法,内容真实,具有证明力,予以认定。

对证据材料5,赵祖兴没有异议。休闲公司、建材公司表示不清楚。百信公司认为:对该材料不清楚,费用过高。本院认为:续当凭证形式合法,内容真实,具有证明力,予以认定。

对证据材料6,赵祖兴认为:本人签名属实,其他人的名字及捺印是本人代为实施。休闲公司、建材公司认为:对该材料不清楚,签字不是本人所签,不知道股东会决议的真实性。百信公司没有异议。审理中,中汉卓信公司称:该股东会决议中签名人员是否为本人签名不清楚。经本院询问中汉卓信公司是否申请鉴定以查明签名情况,中汉卓信公司表示不需要。鉴于此,本院确认赵祖兴对股东会决议签名情况的陈述予以确认。对该股东会决议的真实性、合法性及关联性予以认定,但对证明目的不予认定。

对证据材料7,赵祖兴、百信公司均无异议。休闲公司、建材公司认为:对形式无异议,对真实性、合法性、关联性有异议,钢管型号不对,其他型号的钢管是有几吨的。本院认为:该材料形式合法,至于载明的钢管型号,赵祖兴解释只是说法不同而已,实际钢管是有几吨的,故本院对该证据材料予以认定。

(二)对被告休闲公司、建材公司提交的证据材料:

对证据材料1,中汉卓信公司、赵祖兴及百信公司均无异议,本院予以认定。

对证据材料2,中汉卓信公司持有异议,是内部材料。赵祖兴无异议。百信公司表示不清楚。本院认为:该协议反映休闲公司已将经营权以承包方式交给他人经营的事实,与本案关联,予以认定。

根据当事人的陈述及确认的有效证据,本院认定的事实如下:

2008年5月16日,赵祖兴以当户身份向中汉卓信公司借款1,000,000元。中汉卓信公司向赵祖兴出具编号为NO330536270当票一份,该当票载明的内容为:典当行:中汉卓信公司,当户:赵祖兴。典当金额:壹佰万元,综合费用:壹拾万捌仟元整,实付金额:捌拾玖万贰仟元整。典当期限:2008年5月16日到2008年8月13日;月费率3.60%,月利率0.00%。赵祖兴以当户身份签名。同年5月16日,赵祖兴(甲方)与中汉卓信公司(乙方)签订物资典当合同一份,约定:1. 甲方将休闲公司经营权和建材公司300吨48×4钢管质(抵)押给乙方,协议价为人民币1,300,000元,典当价为人民币1,000,000元,典当期限90天(2008年5月16日至2008年8月13日)。甲方保证在取得典当款之日起至90日(2008年8月13日)17点前向乙方回赎。具体典当金额、期限以当票为准。2. 上述物资存放在西湖区周浦乡翁家埭村仓库内,保管费用由甲方承担。3. 乙方根据典当金额、典当期限向甲方收取综合服务费,月费率为3.6%,90天综合服务费共计人民币108,000元,如不满十五天作十五天计算,超过十五天按实际天数计算,上述费用在典当时一次结清。甲方如果提前赎当,该笔费用一概不予退还。4. 甲方如遇特殊情况到期不能回赎,应在期满三天前向乙方提出延期回赎或续当申请,经乙方同意并付清各项费用后,方可办理续当。续当后本合同期顺延至续当期限届满日。5. 甲方典当的物资,逾期不回赎,又不办延期或续当手续,逾期超过五天,自当期届满日起,除须支付当金本金、逾期综合服务费、利息外,甲方还应按典当金额0.05%/天支付违约金,但逾期时间不得超过十五天。过期十五天再不回赎,即作甲方自愿放弃回赎权,乙方有权做绝当处理。自绝当之日起乙方享有上述物资所有权。如物资估价在三万元以上的,乙方有权将绝当物资拍卖,甲乙双方同意由乙方委托拍卖行拍卖。绝当物资拍卖所得款项优先偿还典当本息以及处置绝当物资所需相关费用,剩余部分退还甲方,不足部分乙方有权向甲方继续追偿。6. 本合同是乙方向甲方开具330536270号当票所列内容的补充条款。与该当票具有同等法律效力,如续当后本协议继续有效,本合同典当期限顺延至续当期满日止。合同对其他权利义务作了约定。合同甲方落款处格式为:甲方:赵祖兴;身份证号码:××××××;地址:杭州市下城区柳营花园2幢1单元×××室;电话:××××××。典当抵押物所有权人处盖有建材公司、休闲公司公章,法定代表人处分别签有赵祖明、赵祖兴的姓名。乙方处盖有中汉卓信公司公章及法定代表人私章。签订典当合同时,赵祖兴提供了建材公司、休闲公司的股东会决议各一份。审理中,赵祖兴称该两股东会决议中的股东签名均为赵祖兴代签。中汉卓信公司对此表示不清楚,并称签订合同时,股东会决议已形成。

2008年5月16日,建材公司、休闲公司共同出具具结书、承诺书一份,具结书载明:本单位所有的休闲公司经营权和存放在西湖区周浦乡翁家埭村建材公司仓库的300吨48×4钢管物资,现以此向中汉卓信公司申请典当贷款。如该抵押物在典当前已经被公、检、法等机关查封或发生其他权利纠纷,概由本单位负全部法律责任。承诺书载明:中汉卓信公司:本单位申请质(抵)典当贷款,将休闲公司经营权和建材公司300吨48×4钢管质(抵)押典当给中汉卓信公司并贷款1,000,000元。如本单位到期无力回赎导致该物资绝当,本单位承诺同意全权委托中汉卓信公司办理该物资拍卖、转让事宜并无条件移交和办理过户手续。所得款项优先偿还典当本金、综合服务费、利息、逾期违约金及处置绝当物资所需相关费用,本单位愿继续承担偿还责任。具结书、承诺书中,分别有公司法定代表人赵祖明、赵祖兴的签名,并盖有公司公章。审理中,赵祖兴称具结书、承诺书建材公司法定代表人赵祖明的签名系其代签,并代盖建材公司公章。建材公司与中汉卓信公司共同出具抵押(质押)物清单一份。清单载明的物品名称为48×4钢管,处所:三联建材仓库,数量300吨,质量状况良好,评估值1,300,000元。

合同签订当日,中汉卓信公司在预先扣除3个月综合服务费108,000元后,将其余当金892,000元以银行转账方式汇入赵祖兴个人账号。当期届满后,双方续当14

次。中汉卓信公司均出具了续当凭证。期限自2008年8月14日到2009年12月31日。前13次每次期限分别为1个月,每月续当综合服务费36,000元。最后一次为2009年9月8日到2009年12月31日,续当综合服务费为138,000元。赵祖兴已支付自2008年8月14日到2009年9月7日续当综合服务费468,000元。对2009年9月8日到2009年12月31日的综合服务费,审理中,双方确认赵祖兴已另行出具欠条。

2009年12月31日,百信公司向中汉卓信公司出具担保函一份,载明:中汉卓信公司,鉴于借款人赵祖兴以休闲公司经营权和建材公司300吨钢管作为抵押物向贵公司申请抵押典当借款人民币壹百万元整及利息壹叁万捌仟元整(具体典当借款事宜详见典当合同第2008-1号),本公司特作如下担保承诺:贵公司向借款人发放典当贷款后至借款人偿还典当款之前,在此期间内如借款人与贵公司因履行上述典当合同发生债权债务纠纷,本公司为借款人向贵公司提供连带责任保证担保(担保期限为贰年)。借款人应承担的清偿典当款借款本息义务,由本公司承担连带保证责任,履行连带还本付息义务。

另认定:建材公司于2002年12月注册成立。营业期限自2003年1月8日到2013年1月7日。股东为赵祖明、张萍及俞美玉。赵祖明任公司执行董事,系法定代表人。2009年5月8日,公司股东变更为赵祖明、俞美玉。休闲公司于2007年2月设立。经营范围为:中式餐供应、棋牌室及垂钓。股东为赵祖明、赵祖兴及赵建国。赵祖兴任执行董事,系法定代表人。2009年5月,休闲公司股东变更为赵祖明、赵建国。建材公司、休闲公司章程均在第十四条第一款第二项第三目规定:股东会对公司为公司股东或者实际控制人提供担保作出决议,必须经出席会议的除上述股东或实际控制人支配的股东以外的其他股东所持表决权的过半数通过。第四目规定:股东会的其他决议必须经代表二分之一以上表决权的股东通过。2007年11月18日,休闲公司与孙利华签订饭店及休闲垂钓区经营协议,约定:将饭店及休闲垂钓区经营承包给孙利华。承包期限自2007年11月18日到2011年11月17日。承包期满后,孙利华有优先承包权。审理中,中汉卓信公司向本院表示:若休闲公司以经营权承担责任,要求对经营权处置期限为5年。

根据当事人的诉称、辩称,本案主要焦点为:建材公司、休闲公司是否为案涉典当合同当户,应否承担民事责任。

本院认为:根据现有证据,赵祖兴系案涉典当合同当户的事实明确,应予确认。至于建材公司、休闲公司是否为当户,根据现有法律规范及证据,不应认定为当户,理由在于:其一,《典当管理办法》第三十条规定:当票是典当行与当户之间的借贷契约,是典当行向当户支付当金的付款凭证。典当行和当户就当票以外事项进行约定的,应当补充订立书面合同,但约定的内容不得违反有关法律、法规和本办法的规定。从案涉当票包括续当凭证载明的当户看,均注明为赵祖兴,并未记载建材公司、休闲公司。故从当票记载不能反映建材公司、休闲公司为当户。其二,从物资典当合同载明的合同主体看,甲方明确注明为赵祖兴。从甲方落款处记载的事项来看,均反映赵祖兴个人信息的内容,如赵祖兴的身份证号码、居住地址及电话。该事实可反映赵祖兴为合同甲方主体。至于甲方落款处有建材公司、休闲公司盖章及签有法定代表人的姓名,因在赵祖兴个人信息下尚载有典当抵押物所有权人、法人代表等内容。故该内容应认定建材公司、休闲公司系作为典当抵押物所有人身份实施,不能作为当户身份加以认定。其三,虽然中汉卓信公司提供了盖有建材公司、休闲公司公章的承诺书和具结书,但从承诺书和具结书的出具时间看,与当票及补充合同为同一天。当票和物资典当合同明确载明赵祖兴为当户。而此后的续当凭证也载明当户为赵祖兴。故承诺书和具结书只能证明建材公司、休闲公司在出具承诺书和具结书时具有申请典当贷款的意思表示,但并未作为当户最终予以确认。根据以上所述,中汉卓信公司关于建材公司、休闲公司为当户的主张没有事实依据,本院不予采纳。

至于建材公司、休闲公司在本案典当关系中具有何种身份。对此本院认为,根据典当合同约定的内容包括落款可知:建材公司、休闲公司系将公司所有的钢管以及经营权作为当物以质(抵)押方式向中汉卓信公司提供担保。故建材公司、休闲公司向中汉卓信公司提供当物以作担保,具备担保人身份的事实明确。中汉卓信公司以当户身份要求建材公司、休闲公司共同归还当金的请求没有事实依据,本院不予支持。

本院认为:中汉卓信公司与赵祖兴间的典当关系,以及案涉三方签订的物资典当合同的判断应适用《中华人民共和国合同法》、《中华人民共和国担保法》及《中华人民共和国物权法》的规定。同时,典当关系发生于《典当管理办法》实施期间,故也应按《典当管理办法》相关规定执行。典当合同第五条约定:“甲方典当的物资……自绝当之日起乙方享有上述物资所有权。”该约定违反《中华人民共和国担保法》、《中华人民共和国物权法》关于质权人在债务履行期届满前,不得与质押人约定债务人不履行到期债务时质押财产归债权人所有的规定,应认定无效。其余内容均系当事人真实意思表示,不违反法律、行政法规的强制性规定,也符合《典当管理办法》的有关规定,应认定合法有效。赵祖兴辩称费率过高,以及百信公司辩称不存在综合服务费。对此本院认为:根据《典当管理办法》第三十八条规定,动产质押典当的月综合费率不得超过当金的42‰。财产权利质押典当的月综合费率不得超过当金的24‰。案涉典当中,既约定用钢管,又约定以公司经营权作为当物。因两类当物的费率不同,但该两类当物的平均费率约为3.3%,故合同约定为3.6%并无不当。赵祖兴、百信公司的辩称没有法律依据,本院不予采纳。案涉合同约定当金为1,000,000元,中汉卓信公司预先扣除综合服务费108,000元,实际交付赵祖兴当金为892,000元,故本院确定当金为892,000元,对中汉卓信公司该892,000元当金部分请求,本院予以支持。

至于中汉卓信公司主张续当期限满后综合服务费。根据典当合同第五条约定:甲方典当的物资,逾期不回赎,又不办延期或续当手续,逾期超过五天,自当期届满日起,除须支付当金本金、逾期综合服务费、利息外,还应按典当金额0.05%/天支付违约金。赵祖兴未按约在续当期届满后归还当金或赎当或续当,故中汉卓信公司主张支付自2010年1月1日至判决确定履行日止逾期综合服务费的请求符合合同约定,本院予以支持。但鉴于该部分综合服务费是绝当之后发生,本院根据逾期期限对费率参照同期人民银行贷款利率的四倍即月费率18‰执行。

根据《典当管理办法》第三条规定:本办法所称典当,是指当户将其动产、财产权利作为当物质押或者将其房地产作为当物抵押给典当行,交付一定比例费用,取得当金,并在约定期限内支付当金利息、偿还当金、赎回当物的行为。据此可知,典当关系下,当户获得当金的前提是将动产、财产权利作为当物以质押,或者以房地产作为当物时以抵押方式向典当行提供担保。案涉物资典当合同中,建材公司用作当物质押的财产为钢管。根据《中华人民共和国物权法》第二百零八条规定,以质押方式提供担保的,出质人必须将动产移交质权人占有,否则质权不能成立。案涉当物钢管保管在建材公司仓库,未移交给中汉卓信公司占有,故中汉卓信公司对钢管的质权依法不能成立,不能对钢管享有优先受偿的权利。对于休闲公司以经营权作为当物质押。对此本院认为:虽然典当合同约定以休闲公司经营权作为当物质押,但双方并未对经营权质押办理过具有公示性质的手续,如出质登记等,依法不符合权利质押成立的条件,中汉卓信公司对休闲公司经营权的质权同样不能成立,不能对休闲公司经营权享有优先受偿的权利。中汉卓信公司要求钢管及休闲公司经营权行使优先受偿的请求,本院不予支持。

关于百信公司的责任承担问题。本院认为:百信公司向中汉卓信公司出具的担保函系其真实意思表示,内容也不违反法律、行政法规的强制性规定,应认定合法有效。百信公司以受到欺诈,不同意承担责任的辩称没有事实依据,本院不予采纳。根据担保函约定的内容,百信公司仅对当金及利息承担保证责任,但案涉典当中,双方仅约定支付综合服务费,并未约定支付利息,故百信公司依约应对892,000元当金承担连带清偿责任。中汉卓信公司要求百信公司对综合服务费承担保证责任没有事实依据,本院不予支持。依照《中华人民共和国合同法》第一百零七条,《中华人民共和国担保法》第十八条的规定,判决如下:

一、被告赵祖兴归还原告浙江中汉卓信典当有限责任公司当金892,000元。

二、被告赵祖兴以892,000元为基数支付原告浙江中汉卓信典当有限责任公司自2010年1月1日起至本判决确定的履行日止逾期综合服务费(按月费率18‰执行)。

上述一、二项款项,被告赵祖兴于本判决生效后十日内付清。

三、被告富阳市百信担保有限公司对上述第一项款项承担连带清偿责任。

四、驳回原告浙江中汉卓信典当有限责任公司的其他诉讼请求。

如果未按判决指定的期限履行给付金钱义务,应当依照《中华人民共和国民事诉讼法》第二百二十九条之规定,加倍支付迟延履行期间的债务利息。

本案预收受理费19,956元,财产保全费5000元,合计24,956元,由原告中汉卓信公司承担10,310元,被告赵祖兴承担14,646元,被告百信公司对其中的12,720元连带承担。

如不服本判决,可在判决书送达之日起十五日内向本院递交上诉状,并按对方当事人的人数提出副本,上诉于浙江省杭州市中级人民法院,并向浙江省杭州市中级人民法院预交上诉案件受理费,对财产案件提起上诉的,案件受理费按照不服一审判决部分的上诉请求预交(款汇:工商银行湖滨支行,户名:浙江省杭州市中级人民法院,账号:××××××)。在上诉期满后七日内仍未交纳的,按自动撤回上诉处理。

审　判　长　蒋　明
审　判　员　徐舞英
人民陪审员　孙明霞
二〇一一年十一月七日
书　记　员　何风群

【案例二十九】桐乡市新新典当有限责任公司诉浙江莉祥箱包有限公司、张建伟等典当纠纷案（2015年5月19日）

【法律点】 1.典当合同约定如到期未归还当金本息及付清相关费用，质押的当物归典当行所有，该约定为流质条款，应当无效；但典当期限届满时，典当行将部分质押当物进行转移并处置的，该部分金额应在当金本金中予以扣除，剩余部分当物典当行享有依法处置或优先受偿的权利。

2.《典当管理办法》仅规定典当当金利息不得预扣，并未对综合费的预扣予以限制，典当行与当户之间自行约定在支付当金时先行扣除综合费用的，符合双方真实意思表示，应予以准许。

【关键词】 综合费的预扣　流质条款　担保函　优先受偿

浙江省桐乡市人民法院
民事判决书

（2014）嘉桐商初字第1027号

原告：桐乡市新新典当有限责任公司。

法定代表人：汪治跃，总经理。

委托代理人：朱夷平，浙江诚献律师事务所律师。

被告：浙江莉祥箱包有限公司。

法定代表人：张建伟。

被告：张建伟。

被告：张胜福。

被告：杭州聚盛箱包有限公司。

法定代表人:张建伟。

被告:德清顺利塑料制品有限公司。

法定代表人:汤建根,总经理。

被告:汤建根。

上述两被告共同委托代理人:甘尧、章洪春,浙江泽汉律师事务所律师。

原告桐乡市新新典当有限责任公司诉被告浙江莉祥箱包有限公司(以下简称莉祥箱包)、张建伟、张胜福、杭州聚盛箱包有限公司(以下简称聚盛箱包)典当纠纷一案,于2014年8月22日向本院起诉,本院受理后,依法由审判员沈蒙岚适用简易程序独任审判。审理中,原告申请追加德清顺利塑料制品有限公司(以下简称顺利公司)、汤建根为共同被告,经审查,本院依法予以准许。因用其他方式无法向被告莉祥箱包、张建伟、张胜福、聚盛箱包送达诉讼材料,本案于同年9月17日转入普通程序,依法组成合议庭,公告送达诉讼材料,于2015年1月12日和同年5月19日两次公开开庭进行了审理。原告委托代理人朱夷平,被告顺利公司和汤建根的委托代理人甘尧两次开庭均到庭参加诉讼;被告莉祥箱包、张建伟、张胜福、聚盛箱包经本院公告送达开庭传票,期满后无正当理由未到庭参加诉讼,本案依法缺席审理,经合议庭评议,现已审理终结。

原告起诉称:2014年6月30日,被告莉祥箱包因短期周转需要,以产品向原告当得当金2,000,000元,同时双方约定,综合服务费月费率按当金的3%,逾期回赎不满30天的每日按当金的1.5‰计算,逾期回赎超过30天的每日按当金的3‰计算。典当期限自2014年6月30日起至2014年7月14日止。为保证到期后被告莉祥箱包归还当金本息,被告聚盛箱包以其所有的12,270套箱包作为质押物向原告作质押担保,同时由被告张建伟、张胜福、聚盛箱包、顺利公司、汤建根提供连带责任保证。但当金到期后,被告莉祥箱包未办理续当也未办理赎当。虽经原告多次催讨,被告莉祥箱包仅陆续向原告支付400,000元作为回赎金。被告张建伟、张胜福、聚盛箱包、顺利公司、汤建根也未承担清偿责任。诉请判令:1.被告莉祥箱包立即清偿当金1,600,000元及其他相关费用(2014年7月14日至判决确认给付之日止,综合服务费月费率按当金的3%,逾期回赎超过30天的每日按当金的3‰计算违约金),被告张建伟、张胜福、聚盛箱包、顺利公司、汤建根承担连带清偿责任;2.确认原告对被告聚盛箱包提供的质押物享有依法处理优先受偿的权利;3.本案律师费71,000元、诉讼费、实现债权费用等由上述六被告承担。因原告已提取被告聚盛箱包的部分质押物并先行处置,审理中,原告变更诉请第一项中当金本金及利息为立即清偿当金1,308,752元,支付利息 235,967.99 元[暂计算至 2015 年 5 月 19 日(详见清单),之后以 1,308,752 元为基数,按年息 5.1% 的四倍,计算至判决确定支付之日止];明确诉请第三项的律师费 71,000 元由被告聚盛箱包承担。

被告顺利公司、汤建根共同答辩称:第一,原告提供的证据没有证明 2,000,000 元当金已经发放的事实;第二,若原告已经实际发放当金,原告应当先对当物进行拍卖、变卖,不足部分被告再承担保证责任;第三,绝当的无须再向原告支付综合费;第四,原告在当物绝当后,怠于行使权利,保证人在该范围内不承担保证责任;第五,原告要求被告承担律师费缺少事实及法律依据,原告不能证明实际已经支出 71,000 元的事实,被告出具的担保函不包括律师费。综上,若原告未发放当金应当驳回原告的请求,若已经发放应当在拍卖变卖行李箱后仍不能清偿部分,承担连带保证责任。

被告莉祥箱包、张建伟、张胜福、聚盛箱包未作答辩。

原告就其主张的事实,向本院提交如下证据:

一、当票 1 份,证明被告莉祥箱包以行李箱作为当物,向原告典当 2,000,000 元,典当期限是 2014 年 6 月 30 日至 2014 年 7 月 15 日。另约定综合服务费为 30,000 元。

二、动产(物资、设备)典当补充合同 1 份及相关附件(质押清单、有关证书、单据等)共 15 页,证明原告与被告莉祥箱包、张胜福签订合同,约定了典当期限和金额,同时还约定了收取综合服务费和利息,在典当期限内利息是不收取的,延期时收取利息。双方确定了当物由保管人张胜福保管及保管人的责任。该份补充合同是当票×××××××××的补充。附件证明当物来源及估价。

三、2014 年 6 月 30 日签订的委托保管合同 1 份,原告是委托人,保管人是张胜福,货物是莉祥箱包提供的行李箱,证明原告将上述箱包委托张胜福保管。

四、浙江莉祥箱包有限公司股东(董事)会议决议 1 份,证明被告莉祥箱包董事会同意将存放在公司内的行李箱质押典当给原告,如到期未归还当金本息及付清相关费用,该动产归原告所有,由原告任意处置。

五、授权委托书 1 份,证明如果发生绝当以后被告莉祥箱包公司委托原告拍卖、变卖处置当物。

六、授权代理委托书 1 份,委托方是莉祥箱包,受托人是胡小宁,证明莉祥箱包委托胡小宁办理相关典当事宜。

七、质押担保协议书和质押物清单各 1 份,证明聚盛箱包愿意以其所有的行李箱 12,270 套为被告莉祥箱包当票×××××××××482 提供质押担保,质押价格按订单价 50% 计算,同时还约定了质押担保的范围,包括本金、服务费、诉讼费和律师代理费。质押物由胡小宁负责保管。

八、担保函5份及顺利公司股东(董事)会议决议1份,证明2014年6月30日由保证人聚盛箱包、张建伟、张胜福、汤建根、顺利公司向原告提供保证担保,范围包括本金、服务费、诉讼费和律师代理费。

九、委托代理合同及发票各1份,证明原告为本案支付律师代理费71,000元。

十、莉祥箱包质押物估价清单1份,证明原告提走的聚盛箱包质押物共计价值261,248元,数量是根据聚盛箱包向法院提交的清单共计1256套。

十一、农业银行转账交易明细1份,结合上次庭审中出示的代理费发票,证明原告已经将代理费71,000元已经转账支付给代理人。

被告顺利公司、汤建根共同质证认为:对证据二的典当补充合同真实性无异议,均可以反证被告莉祥箱包已经将当物交给原告的事实;对证据二中购销合同、货物买卖合同的真实性有异议,因为其真实性无法确认;对证据四的真实性无异议,对合法性和关联性有异议,因为约定当物所有权到期未归还属于典当公司流质条款,应当无效;对证据五无异议,反证被告莉祥箱包绝当时,原告可以处理当物的事实;对证据八的真实性无异议,对关联性有异议,担保范围不包括律师费及实现债权的费用;对证据九的真实性无异议,对关联性和证明目的有异议,因为无法证明原告已经实际支出71,000元的事实,如果已经支付应该提供转账证明等相关证据;对证据十的数量没有异议,价格无法确定;对证据一、三、六、七、十一均无异议。

被告莉祥箱包、张建伟、张胜福、聚盛箱包、顺利公司、汤建根均未向本院提交证据材料。

本院出示对莉祥箱包涉案资产评估项目资产评估报告嘉中评报(2014)第1073号中产成品(库存商品)清查评估明细表1页,评估基准日为2014年9月10日。

原告质证后无异议。

被告顺利公司、汤建根共同质证认为:对真实性无异议,但与本案涉及的是不同种类的箱包,是否具有合理性由法院确定。

本院认证如下:

被告莉祥箱包、张建伟、张胜福、聚盛箱包未到庭应诉,视为放弃质证权利。原告提交的证据一、三、五、六、七、十一,被告顺利公司、汤建根质证后均无异议,经审查,上述六组证据能够证明待证事实,具有真实性、合法性及关联性,本院予以认定;证据二,被告顺利公司、汤建根质证后对典当补充合同、质押物清单无异议,本院予以认定;对于购销合同,原告与被告顺利公司、汤建根均确认型号为LX-018的箱包单价为336

元/套,型号为 RP003 的箱包单价为 339 元/套,故对该事实予以确认;对于货物买卖合同,被告顺利公司、汤建根的质证意见成立,本院不予认定;证据四,被告顺利公司、汤建根的质证意见成立,本院对被告莉祥箱包通过股东会决议将公司内行李箱质押给原告贷款 2,000,000 元的事实予以认定,但对流质条款不予认定;证据八,被告顺利公司、汤建根质证后对真实性无异议,本院予以认定;证据九与证据十一能相互印证,对该两份证据予以认定;证据十,被告顺利公司、汤建根质证后对提取的质押物数量认可,本院对数量部分予以确认。

本院出示的证据,具有真实性、合法性和关联性,本院予以认定。

经审理,本院对本案的事实认定如下:

2014 年 6 月 30 日,被告莉祥箱包以行李箱为当物向原告典当借款 2,000,000 元。同日,原告向被告莉祥箱包开具编号为×××××××××482 的当票一张,载明典当金额为 2,000,000 元,综合费用 30,000 元,典当期限自 2014 年 6 月 30 日起至 2014 年 7 月 14 日止。同日,原告与被告莉祥箱包、张胜福签订动产(物资、设备)典当补充合同一份,该合同系×××××××××482 号当票的补充条款,约定被告莉祥箱包到期不回赎又未办妥续当手续的,逾期 1 天不满 30 天的,每日费用按当金的 1.5‰计算,逾期回赎超过 30 天的每日按当金的 3‰计算。典当期限内,质押物由被告张胜福保管。同日,被告张建伟、张胜福、聚盛箱包、顺利公司、汤建根分别向原告出具担保函,对被告莉祥箱包以行李箱作为质押物向原告质押典当的 2,000,000 元借款提供连带责任担保,担保期限自典当期限或续当期限届满起贰年,担保范围为未归还当金本息、综合服务费、违约金及处置绝当物所需相关费用。同年 8 月 4 日,被告聚盛箱包为保证原告的债权顺利实现,向原告追加质押担保,以其合法拥有的行李箱 12,270 套质押给原告担保上述当票及典当补充合同项下的借款。质押担保的范围为典当本金、服务费、诉讼费、律师代理费等实现债权的费用。原告为实现债权支付律师代理费 71,000 元。

另查明,典当到期时,原告提取了被告聚盛箱包提供的质押物中的 1256 套行李箱,包括型号为 LX-018 的箱包 579 套、型号为 RP003 的箱包 579 套、型号为 3601048 的箱包 98 套,原告及被告顺利公司、汤建根庭审中均确认型号为 LX-018 的箱包单价为 336 元/套,型号为 RP003 和 3601048 的箱包单价为 339 元/套。截至 2014 年 8 月 9 日,被告莉祥箱包及其法定代表人张建伟已归还当金本金 430,000 元。

本院认为,被告莉祥箱包以典当方式向原告借款 2,000,000 元,事实清楚、证据充分。虽当票载明实付金额为 1,970,000 元,原告亦认可综合费用 30,000 元在支付当金时先行扣除。但《典当管理办法》仅规定典当当金利息不得预扣,并未对综合费的预扣予以限制,且当票系典当行与当户之间的借贷契约,符合双方真实意思表示,应予以准许。典当期限届满时,原告根据其与被告聚盛箱包签订的《质押担保协议书》的约定,将部分质押物进行转移并处置。现原告自认转移的部分质押物为P003型号箱包579套、3601048型号箱包98套、LX-018型号箱包579套,庭审中原告及被告顺利公司、汤建根均确认P003型号、3601048型号箱包为339元/套、LX-018型号箱包336元/套计算,其余被告无正当理由未到庭应诉,视为放弃抗辩权利,根据上述确认的单价及数量计算,本院确认原告提取的质押物金额为424,047元,该部分金额应在当金本金中予以扣除。原告自认被告已归还当金本金430,000元,故尚欠当金应为1,145,953元。另外,原告要求以尚欠当金为基数,自2014年8月9日起至判决确定给付之日止,按中国人民银行公布的同期贷款利率四倍分段计算利息(2014年8月9日至2014年11月23日,按年息6%的四倍即年息24%,计算107天,为81,744.65元;2014年11月24日至2015年5月10日,按年息5.6%的四倍即年息22.4%,计算168天,为119,790.28元;2015年5月11日至2015年5月19日,按年息5.1%的四倍即20.4%,计算9天,为5844.36元;暂计至2015年5月19日共计207,379.29元),请求合理,应予支持。原告要求被告张建伟、张胜福、聚盛箱包、顺利公司、汤建根为被告莉祥箱包的债务承担连带清偿责任,合法有据,予以支持。原告为本案支付律师费71,000元,要求该费用由被告聚盛箱包承担,符合双方合同约定,予以支持。被告聚盛箱包为被告莉祥箱包的借款提供了质押物,原告已提取的部分质押物应从质押物总量中扣除,剩余部分原告享有依法处置或优先受偿的权利。被告莉祥箱包、张建伟、张胜福、聚盛箱包经本院合法传唤,无正当理由未到庭应诉,视为放弃抗辩权利,并承担由此带来的不利后果。据此,依照《中华人民共和国合同法》第二百零五条、第二百零六条,《典当管理办法》第四十条,《中华人民共和国担保法》第十八条、第二十一条、第六十七条,《中华人民共和国民事诉讼法》第九十二条、第一百四十四条的规定,判决如下:

一、被告浙江莉祥箱包有限公司于本判决生效之日起十日内归还原告桐乡市新新典当有限责任公司当金1,145,953元,支付利息207,379.29元(暂计算至2015年5月19日,之后以1,145,953元为基数,按年利率5.1%的四倍计算至判决确定履行之日止);

二、被告张建伟、张胜福、杭州聚盛箱包有限公司、德清顺利塑料制品有限公司、汤建根对上述债务承担连带清偿责任;

三、原告就上述款项及律师费71,000元在被告杭州聚盛箱包有限公司提供的质押物(11,014套箱包)范围内享有优先受偿权。

如果未按本判决指定的期间履行给付金钱义务,应当依照《中华人民共和国民事诉讼法》第二百五十三条之规定,加倍支付迟延履行期间的债务利息。

本案受理费18,702元,财产保全费5000元,合计23,702元,由被告浙江莉祥箱包有限公司、张建伟、张胜福、杭州聚盛箱包有限公司、德清顺利塑料制品有限公司、汤建根负担21,914元,原告桐乡市新新典当有限责任公司负担1788元。公告费950元,由被告浙江莉祥箱包有限公司负担。

如不服本判决,可在判决书送达之日起十五日内,向本院递交上诉状,并按对方当事人的人数提出上诉状副本,上诉于浙江省嘉兴市中级人民法院。在当事人收到《预交上诉案件受理费通知书》后,按通知规定期限、金额预交上诉案件受理费用。判决生效后,当事人必须履行。一方拒绝履行的,对方当事人可以在判决书规定履行期间的最后一日起二年内向人民法院申请执行。

审 判 长 唐 磊

审 判 员 沈蒙岚

人民陪审员 马佩娟

二〇一五年五月十九日

书 记 员 陈秋岚

【案例三十】石河子融通典当有限责任公司诉刘军典当纠纷案
(2014年3月17日)

【法律点】对价值在30,000元以上的当物应按《中华人民共和国担保法》的有关规定处理或者典当双方事先约定绝当后由典当行委托拍卖行公开拍卖。典当双方约定"当户不能按当票约定的期限归还借款、利息及综合费,则典当行有权按双方议价处理质押担保物"的,违反相关法律规定,该约定无效,典当行不得自行变卖或者折价处理当物。但典当行已经取得当物质押权的,有权对该当物折价或者以拍卖、变卖该车辆的价款优先受偿。

【关键词】利息　综合费用　违约损失　违约金　折价或者拍卖、变卖　优先受偿

新疆维吾尔自治区石河子市人民法院
民事判决书

(2013)石民初字第3638号

原告:石河子融通典当有限责任公司。

法定代表人:麻希福,系该公司董事长。

委托代理人:赵建洪,新疆新石律师事务所律师。

被告:刘军。

原告石河子融通典当有限责任公司与被告刘军典当纠纷一案,原告于2013年10月9日向本院提起诉讼。本院受理后,依法组成合议庭开庭公开进行了审理。原告委托人赵建洪到庭参加诉讼。被告刘军经本院合法传唤,无正当理由拒不到庭,本案现已缺席审理终结。

原告诉称:2013年2月4日,原、被告双方订立车辆质押借款合同一份,约定被告以其所有的新C×××××号机动车作为质押物在原告处质押借款160,000元。借

款期限自 2013 年 2 月 4 日至 2013 年 4 月 3 日。合同签订后,原告向被告给付借款 160,000 元,被告将质押物交原告占有。但被告在借款期限届满之时至今未清偿债务。现原告起诉要求被告返还借款 160,000 元、给付原告利息与综合费用 50,400 元、确认原告享有对被告所有的新 C×××××号机动车的变价优先受偿权并由被告承担诉讼费用。

被告未到庭亦未提交书面答辩意见。

经审理查明:2013 年 2 月 4 日,原、被告签订《石河子融通典当有限责任公司车辆质押借款合同书》,合同约定:被告因急需资金,故自愿用其所有号牌为新 C×××××、登记证号为 6500023121946 的起亚牌 YQ26442A 汽车作典当物质押给原告,由原告向被告支付当金壹拾陆万元整;典当期限自 2013 年 2 月 4 日至 2013 年 4 月 3 日,如到期续当的,双方另行签订典当合同;被告自愿将上述车辆交付给原告作质物为其借款作质押担保,担保范围包括当金、利息、综合费用,质物保管费用和实现质权的费用等;本合同的质押标的物即上述汽车、相关车辆手续(车辆行驶证、登记证书、购置税证、车辆保险)交原告保管;被告不能按当票约定的期限归还借款、利息及综合费则原告有权按双方议价处理质押担保物,用以抵偿借款本息及综合费用,双方议价 50,000 元整,不足部分原告继续向被告追偿;被告赎当期不能晚于 2013 年 4 月 3 日,在当期结束五日内办理续当手续,到期不办理续当或不办理赎当手续的则本合同终止,视为绝当,原告有权自行处理;当金的使用按月计算收取利、费,原告收取的月利、费为 3.5%;被告若未按合同约定的期限偿还原告当金及利息、综合费用的,则延迟一日应向原告支付当金本金日千分之五的违约金,逾期超过五天未续当、赎当的,原告可视为绝当,由原告自行处置质押物品。同日,原告向被告交付 160,000 元,被告将车辆新 C×××××交付原告占有并在借据及典当凭证上签名。典当凭证中记载原告收取自 2013 年 2 月 4 日至 2013 年 3 月 3 日的利息及综合费用共计 5600 元。典当期限到期后,被告未归还当金也未办理续当手续,原告索要借款未果,遂起诉。

庭审中,原告自述典当利息利率为 0.5%,综合费用费率为 3%。

以上事实有原告陈述,石河子融通典当有限责任公司车辆质押借款合同书、典当凭证、借据及车辆新 C×××××车辆登记证书在卷佐证,可以认定。

本院认为:原、被告签订的《石河子融通典当有限责任公司车辆质押借款合同书》是双方真实意思表示,且不违反法律、行政法规的强制性规定,且被告将车辆新 C×××××作为担保交原告占有,原告实际占有该车辆至今,该合同合法有效。被告将当物车辆新 C×××××交付原告,原告向被告交付当金 160,000 元,被告应当在约定期限内偿还当金、支付当金利息及典当综合费用,但因原告预扣2013年2月4日至2013年3月3日的利息800元,该部分应当自借款本金即当金中扣除,故被告应当偿还原告当金159,200元。原告要求的利息及综合费用,双方约定的利息利率及综合费用费率符合法规关于利率为中国人民银行公布的银行机构6个月期法定贷款利率及动产质押典当月综合费用不超过当金的42‰的规定;双方约定当期结束五日内被告不续当或不赎当的合同终止,超过该时间被告未履行合同义务的,原告应当要求被告赔偿违约损失或按合同约定支付违约金,而非继续计算利息及综合费用,即利息及综合费用计算时间应为合同约定的当期2013年2月4日至2013年4月3日;而依典当凭证被告已支付手续费用即综合费用4800元,故被告应当给付原告利息1592元及剩余综合费用4752元。因双方对当物议价为50,000元即当物价值在30,000元以上,对该当物应按《中华人民共和国担保法》的有关规定处理或者双方事先约定绝当后由典当行委托拍卖行公开拍卖,原、被告约定"被告不能按当票约定的期限归还借款、利息及综合费则原告有权按双方议价处理质押担保物"违反法规的规定,该约定无效,原告不得自行变卖或者折价处理当物。但被告已将车辆新C×××××作为担保交原告占有,且原告实际占有该车辆至今,即原告取得对车辆新C×××××的质押权,有权对该车辆折价或者以拍卖、变卖该车辆的价款优先受偿,故原告要求确认其享有车辆新C×××××的折价或者以拍卖、变卖该车辆的价款优先受偿权的诉讼请求,本院予以支持。依照《中华人民共和国合同法》第一百零七条、《中华人民共和国民事诉讼法》第一百四十四条及《典当管理办法》第三条第一款、第三十七条、第三十八条、第四十三条的规定,缺席判决如下:

一、被告刘军偿还原告石河子融通典当有限责任公司当金159,200元;

二、被告刘军给付原告石河子融通典当有限责任公司当金利息1592元[159,200元×0.5%×2个月(2013年2月4日至2013年4月3日)];

三、被告刘军给付原告石河子融通典当有限责任公司当金综合费用4752元[159,200元×3%×2个月(2013年2月4日至2013年4月3日)-4800元]。

以上三项合计165,544元,被告于本判决生效之日起五日内给付原告。

四、原告石河子融通典当有限责任公司对被告刘军所有的车辆新C×××××享有折价或者以拍卖、变卖该车辆价款的优先受偿权。

本案受理费4456元,送达费90元,公告费500元,合计5046元(原告已预付),由被告刘军负担,与前款同期给付原告。

如不服本判决,可在判决书送达之日起十五日内,向本院递交上诉状,并按对方当事人的人数提出副本，上诉于新疆生产建设兵团第八师中级人民法院。

审 判 长 陈 曦

人民陪审员 尹玉婷

人民陪审员 刘会新

二〇一四年三月十七日

书 记 员 王雪萌

【问题提示】(4)绝当后,当物应该如何处置?典当行是否应优先处置抵(质)押的当物?

【案例三十一】重庆裕隆典当有限责任公司诉申光奎、申攀等典当纠纷案

(2014年5月5日)

【法律点】 1.绝当后,典当关系终结,清算既是典当行的权利,也是典当行的义务,典当行可取得当物所有权或依法处置当物,而当户的义务在于协助典当行处置当物。典当行不按时清算,属不正当履行义务的表现,故合同中关于绝当后的违约金约定条款无效。

2.有效的典当关系可另行设立第三人保证。既有物权担保,又有第三人担保的,按《中华人民共和国物权法》的有关规定实现债权。

【关键词】绝当　清算　违约金条款无效　拍卖、变卖或折价　优先受偿　物的担保　人的担保

重庆市渝北区人民法院
民事判决书

(2013)渝北法民初字第12808号

原告:重庆裕隆典当有限责任公司,住所地:重庆市璧山县璧城街道红宇大道。

法定代表人:江辞冬,董事长。

委托代理人:邓三忠,重庆海力律师事务所律师。

被告:申光奎,住重庆市渝北区。

被告:申攀,住重庆市渝北区。

被告:黎红,住重庆市渝北区。

原告重庆裕隆典当有限责任公司诉被告申光奎、申攀、黎红典当纠纷一案，本院于2013年7月11日立案受理后，依法由代理审判员姚利平担任审判长，与人民陪审员晏平、刘运祥组成合议庭，适用普通程序并于2014年3月11日公开开庭进行了审理，原告重庆裕隆典当有限责任公司的委托代理人邓三忠到庭参加了诉讼。被告申光奎、申攀、黎红经本院合法传唤，无正当理由，拒不到庭参加诉讼，本院依法缺席审理。本案现已审理终结。

原告重庆裕隆典当有限责任公司诉称：2009年1月20日，原告裕隆典当公司与被告申光奎签订抵押借款合同（合同号：20100120），约定由被告申光奎向原告裕隆典当公司借款人民币35万元，被告申光奎用其所有的位于重庆市渝北区××湖街道××大道××号××幢××号作为此次借款的担保，并在房管部门办理抵押合同。抵押期间为：自办理抵押登记手续之日起至本合同项下借款本息及其他一切相关费用全部清偿之日止的期间。2010年10月26日，原告裕隆典当公司与被告申光奎又在2009年1月20日签订的抵押借款合同的基础上，签订了典当贷款续当合同，并向原告裕隆典当公司新借款人民币10万元，两次累计借款人民币45万元。2012年8月2日，被告申攀、黎红向原告裕隆典当公司出具担保书，自愿由其个人及夫妻名下的全部财产，对被告申光奎2009年1月20日抵押借款合同及2010年10月26日典当贷款续当合同项下，两笔共计45万元借款提供担保，当被告申光奎为按约履行还款义务时，被告申攀、黎红对两笔共计45万元借款本息、实现债权的费用及其他费用，承担无限连带责任。截至2013年6月13日，被告拖欠借款本金、借款利息、综合管理费等，现原告起诉：1. 请求判令被告申光奎立即偿还拖欠的借款本金人民币45万元；2. 请求判令被告申光奎承担自2013年6月1日起至全部借款本息清偿完毕之日止的利息、综合管理费和罚息（利息以借款本金人民币45万元为基数，按照年利率的4倍计算）；3. 请求判令本案诉讼费用、保全费用被告申光奎承担；4. 判令被告申攀、黎红对上述第1、2、3项债务承担连带偿还责任；5. 请求判令原告对被告申光奎提供的抵押物即位于重庆市渝北区××街道××大道××号××幢××号房屋享有抵押权，有权以该抵押物折价、拍卖或者变卖的价款在上述第1、2、3项的款项范围内享有优先受偿权。

被告申光奎、申攀、黎红均未到庭参加诉讼，也未提交书面答辩状。

经审理查明：2009年1月20日，以申光奎为借款人（抵押人），重庆裕隆典当有限责任公司为贷款人（抵押权人），双方签订抵押借款合同，该合同主要约定：1. 借款人自愿以位于渝北区××街道××大道××号××幢××号房屋作为抵押向贷款人申请借款，并承诺抵押物产权清晰且有所有权或处置权；2. 借款人抵押担保的金额为35万元，期限自2010年1月20日至2010年4月19日，利息和综合管理费按月计付，贷款的实际发放时间、支付相应息费时间、到期日及金额均以双方出具的收据为准；3. 抵押物担保范围包括但不限于借款本金、利息、综合费用、逾期利息、罚息等，抵押期间为：自办理抵押登记手续之日起至本合同项下借款本息及其他一切相关费用全部清偿之日止；4. 抵押期限届满后五日内，出质人尚未还清本息赎当或尚未办理续当手续的，每日加收应还款总额0.6%的逾期利息等。同日，申光奎向重庆裕隆典当有限责任公司出具委托书：现委托重庆裕隆典当有限责任公司将本人的借款35万元划入申攀的农业银行账户（622848047041429××××）。同日，申攀向重庆裕隆典当有限责任公司出具收条：今收到重庆裕隆典当有限责任公司现金35万元。2010年1月21日，申光奎与重庆裕隆典当有限责任公司签订重庆市房地产抵押合同，该合同主要约定：申光奎以其名下的位于渝北区××街道××大道××号××幢××号房屋作为向重庆裕隆典当有限责任公司借款的抵押物，抵押物现值为55万元。双方于签订抵押合同的当日就上述抵押物在房屋权属部门办理了抵押登记手续。2010年8月12日，以申光奎为甲方（出典人），重庆裕隆典当有限责任公司为乙方（承典人），双方签订典当贷款续当合同，该合同主要约定：甲方于2010年1月20日用位于渝北区××街道××大道××号××幢××号房屋作为抵押物向乙方申请典当贷款，甲方现因周转之需不能按期赎当，向乙方申请延期还款并追加贷款10万元，双方一致确认原借款合同、抵押合同及相关协议继续有效并签订本续当合同，本合同借款10万元借款期限为2010年8月12日至2010年9月1日，甲方自愿以原抵押房产作为抵押物向乙方担保其债务的履行，以确保乙方债权的实现，如乙方未按约定归还本金、利息以及综合管理费，视为违约，乙方有权向甲方收取违约金，违约金按日计算，每日按应还款的0.6%进行累计，至还清止。同日，申光奎向重庆裕隆典当有限责任公司出具收条：今收到重庆裕隆典当有限责任公司现金10万元。

2012年8月2日，申攀、黎红向重庆裕隆典当有限责任公司出具担保书，该担保书主要载明：申攀、黎红自愿为申光奎于2010年1月20日的借款35万元以及2010年8月11日的续借款10万元作出如下保证，如借款人申光奎未按借款合同、续当合同及补充协议如期完成还款及付费义务，担保人申攀、黎红对其全部债务承担无限连带担保责任，并自愿用其个人及夫妻名下的全部财产清偿债务，直至上述债务全部清偿完毕为止。

以上事实，有抵押借款合同、委托书、收条、抵押合同、房产证复印件、典当贷款续贷合同、划款委托书及收条、担保书、打款凭证以及原告的陈述等在案为据，足以认定。

本院认为:原告重庆裕隆典当有限责任公司与被告申光奎签订的抵押借款合同、重庆市房地产抵押合同均是双方当事人的真实意思表示,除约定的违约金条款无效外,其他内容不违反法律、行政法规的强制性规定,合法有效。根据本案查明的事实,原告向被告申光奎支付的两笔当金均已到期,且均届满5日,被告申光奎未续当,亦未赎当,故为绝当。绝当后,典当关系终结,清算既是原告的权利,也是原告的义务,原告可取得典物所有权或依法处置典物,而被告申光奎的义务在于协助原告处置典物。现原告不按时清算,属不正当履行义务的表现,故合同中关于绝当后的的违约金约定条款无效。被告申光奎现欠原告45万元未偿还的事实成立,故对原告要求被告申光奎偿还当金45万元的请求,本院予以支持;对原告的四倍利息主张,本院不予支持;对原告主张的综合管理费和罚息,因原告未明确其具体金额且未举示证据证实,因此,本院也不予支持。被告申光奎以其名下的房屋为抵押借款合同、典当贷款续当合同项下的当金作抵押担保,并办理了抵押登记,原告作为抵押权人,有权就被告申光奎所有的位于渝北区××街道××大道××号××幢××号房屋拍卖、变卖或折价后的价款在债权范围内优先受偿。被告申攀、黎红自愿为申光奎的借款45万元提供连带责任保证,因本案既有债务人提供的物保,又有人的担保,故根据《中华人民共和国物权法》第一百七十六条关于”被担保的债权既有物的担保又有人的担保的,债务人不履行到期债务或者发生当事人约定的实现担保物权的情形,债权人应当按照约定实现债权;没有约定或者约定不明确,债务人自己提供物的担保的,债权人应当先就该物的担保实现债权;第三人提供物的担保的,债权人可以就物的担保实现债权,也可以要求保证人承担保证责任。提供担保的第三人承担担保责任后,有权向债务人追偿”的规定,被告申攀、黎红应对本案抵押权实现后仍不足清偿的债务部分向原告承担连带清偿责任。被告申光奎、申攀、黎红无正当理由,均未到庭参加诉讼,应承担不举证、质证的法律后果。

据此,本院依照《中华人民共和国合同法》第八条、第六十条,《中华人民共和国物权法》第一百七十六条、第一百七十九条,《中华人民共和国担保法》第十八条,《中华人民共和国民事诉讼法》第一百四十四条之规定,判决如下:

一、被告申光奎于本判决生效之日起十日内返还原告重庆裕隆典当有限责任公司借款45万元;

二、若被告申光奎未按本判决履行上述债务,则原告重庆裕隆典当有限责任公司有权就被告申光奎名下的位于渝北区××街道××大道××号××幢××号房屋拍卖、变卖或折价后的价款优先受偿;

三、本判决第二项优先受偿权实现后，对不足清偿本判决第一项被告申光奎应承担的债务部分，被告申攀、黎红向原告重庆裕隆典当有限责任公司承担连带清偿责任；

四、驳回原告重庆裕隆典当有限责任公司的其他诉讼请求。

如果未按本判决指定的期间履行给付金钱义务，应当依照《中华人民共和国民事诉讼法》第二百五十三条之规定，加倍支付迟延履行期间的债务利息。

案件受理费8500元，由被告申光奎负担，被告申攀、黎红承担连带偿还责任（此款原告已预缴，由三被告直接支付原告）。

如不服本判决，可在判决书送达之日起十五日内，向本院递交上诉状，并按对方当事人的人数提出副本，上诉于重庆市第一中级人民法院。

双方当事人在法定上诉期内未提出上诉或仅有一方上诉又撤回的，本判决发生法律效力。在本判决发生法律效力后，当事人应自觉履行判决的全部义务。一方不履行的，在本判决生效后，权利人可以向本院申请强制执行。申请执行的期限为二年，该期限从法律文书规定履行期间最后一日起计算。

审　判　长　姚利平
人民陪审员　刘运祥
人民陪审员　晏　平
二〇一四年五月五日
书　记　员　刘　舒

【案例三十二】江苏汇通典当有限责任公司诉刘启友典当纠纷案（2014年8月13日）

【法律点】 1. 绝当后，当户未在合理期限内归还当金及利息、综合费的，典当行有权依法处置当物，并以折价或拍卖、变卖该当物所得价款在约定担保的范围内优先受偿。

2. 典当行主张借款期限届满后的利息及综合费的，可以参照民间借贷法定最高利率范围内予以保护。

【关键词】 绝当　回赎权　优先受偿权　利息　综合费

江苏省南京市中级人民法院
民事判决书

（2014）宁商终字第447号

上诉人（原审被告）：刘启友。

委托代理人：高俊，江苏诺法律师事务所律师。

委托代理人：韦东，江苏诺法律师事务所律师。

被上诉人（原审原告）：江苏汇通典当有限责任公司，住所地：南京市秦淮区双塘路。

法定代表人：宋利群，该公司总经理。

委托代理人：周敏，北京盈科（南京）律师事务所律师。

上诉人刘启友因与被上诉人江苏汇通典当有限责任公司（以下简称汇通典当公司）典当纠纷一案，不服南京市秦淮区人民法院（2013）秦商初字第148号民事判决，向本院提出上诉。本院于2014年3月21日立案受理后，依法组成合议庭，于2014年4月16日公开开庭进行了审理。上诉人刘启友的委托代理人韦东，被上诉人汇通典当公司的委托代理人周敏到庭参加诉讼。本案现已审理终结。

汇通典当公司一审诉称:2012 年 12 月 21 日,刘启友与汇通典当公司签订了《当票》(编号 3201311×××)、《房地产抵押典当合同》,约定:当金合计人民币 500 万元,典当抵押物为江宁区秣陵街道马浦街 49 号玉鉴园××幢刘启友的房产,并约定:月利率 0.5%,月综合服务费 2.7%,典当期限为 2012 年 12 月 21 日至 2013 年 1 月 19 日。相关当票、合同签订后,双方办理了房屋抵押登记,汇通典当公司取得了他项权利证书。后汇通典当公司将全部当金支付给了刘启友,履行了相应的义务。但自 2013 年 1 月 20 日至今,刘启友未按时偿还典当欠款,未再到汇通典当公司续当,也无赎当。故汇通典当公司诉至原审法院,请求法院依法判令:1. 刘启友偿还汇通典当公司当金 500 万元整,给付自 2013 年 1 月 20 日至今的月综合服务费和月利息(按本金 500 万元)以及律师费等相关费用;2. 要求对坐落于江宁区秣陵街道马浦街 49 号玉鉴园××幢的房产有权委托拍卖并对拍卖、变卖、折价所得的价款享有优先受偿权;3. 由刘启友承担本案的诉讼费用。

刘启友一审辩称:1. 刘启友已支付了汇通典当公司五六十万元,应从其应归还的款项中扣减;2. 当票载明的当金为 500 万元,综合费用 131,500 元汇通典当公司已预先扣减,后面不应再产生综合费用,汇通典当公司主张按月 2.7% 计算费用无事实和法律依据;3. 汇通典当公司无权直接将刘启友的房屋委托拍卖并优先受偿。请求法院依法判决。

原审法院经审理查明:2012 年 12 月 21 日,汇通典当公司(合同乙方)与刘启友(合同甲方)签订了《江苏汇通典当有限责任公司房地产借款合同》(以下简称房地产借款合同),约定本合同是编号 3201311×××《当票》的组成部分:甲方因资金周转需要向乙方典当借款,借款期限为 2012 年 12 月 21 日至 2013 年 1 月 20 日,在此期间,乙方向甲方发放的最高当金限额为人民币 500 万元,并有权监督甲方的当金用途,典当当金利率按中国人民银行公布的银行机构 6 个月期法定贷款利率及典当期限折算后执行,典当综合费用包括各种服务及管理费用,房地产抵押典当的月综合费率为当金的 27‰;甲方自愿以自有的坐落于江宁区秣陵街道马浦街 49 号玉鉴园××幢、建筑面积 333.75 平方米的房屋(宁房权证江转字第 J××号)对上述典当而发生的债务提供担保,抵押房屋价值约定为 1300 万元,抵押担保期限为 2012 年 12 月 21 日(典当日)至 2012 年 1 月 20 日(典当期)结束后满 2 年;担保范围为本合同规定期间内甲、乙双方订立的典当合同的主债权当金、息费、违约金和损害赔偿金以及实现抵押权的费用(实现抵押权的费用包括但不限于律师费、诉讼费、仲裁费、财产保全费、差旅费、执行费、拍卖或变卖费等)。

同日,汇通典当公司(合同乙方)与刘启友(合同甲方)签订了《江苏汇通典当有限责任公司房地产抵押典当合同》(以下简称房地产抵押典当合同),约定甲方自愿以其合法拥有并有处分权的房产及所属土地使用权作为当物向乙方抵押典当,经乙方同意后,双方即对本次房地产抵押办理抵押登记;甲方所提供的抵押担保房地产坐落于江宁区秣陵街道马浦街49号玉鉴园××幢、建筑面积333.75平方米的房屋(宁房权证江转字第J××号)、房屋所属土地使用面积333.75平方米[宁江国用(2011)第04386号],抵押权的效力及于当物及其从物、从权利、附着物、复合物、附加物、孳息及代位物,如无特殊说明,本合同所称"房屋"或"当物"均包括上述所有内容;经双方协商上述房屋(当物)的当金为人民币500万元整,当金支付时间以当票约定记载的为准。本合同典当期限为壹个月,起止日期以乙方支付当金之日,在双方签署的当票上约定确认。典当综合费率、利息和息费计算为:1.本合同项下当金的月综合费率确定为当金金额2.7%,综合费在乙方向甲方支付当金时即应交付。2.本合同项下当金的月利率按当金支付时中国人民银行公布的银行机构同档次法定借款利率及浮动范围执行,以当票约定为准。3.为方便息、费计算,按银行通常的划算方式,日综合费率=月综合费率/30,日利率=月利率/30。第五条质押担保的范围:甲方质押担保范围包括本合同项下的当金本息、综合费、逾期的当金、利息和有关费用、违约金、赔偿金、实现债权和质押权的费用(包括但不限于诉讼费、仲裁费、当物处置费、过户费、保全费、执行费、律师费等)。典当期限届满后5日内,甲方赎当的,除应向乙方支付当期本金、利息、综合费用外,还应补交当金逾期利息和有关费用,典当期限届满后逾期5日不回赎,又不办赎当手续的,视为甲方自愿放弃回赎权,即为绝当。甲方自绝当之日(即典当期限届满之日起第6日)起10日内将绝当房屋交给乙方处理,若届时不移交,乙方将向甲方发出定期移交的书面通知,期限届满未能移交的,乙方有权申请公证处对该绝当房屋届时的状况作证据保全,并依法对该绝当房屋进行清场并委托有关拍卖机构公开拍卖,拍卖所得款项优先偿还当金本息、综合费用、逾期的当金利息和有关费用,以及乙方为实现债权发生的费用,剩余部分款项返还甲方……

后汇通典当公司与刘启友签订《南京市江宁区房地产抵押合同》(以下简称抵押合同),抵押担保的借款本金金额为650万元,担保房产位于南京市江宁区秣陵街道马浦街49号玉鉴园××幢(所有权证编号:宁房权证江转字第J××号)。上述抵押合同已经在南京市江宁区住房和城乡建设局登记备案,汇通典当公司领取了房屋他项权证,债权数额为650万元,登记时间为2012年12月25日。

后汇通典当公司出具第3201311×××号当票,当票中载明典当金额500万元,综合费用135,000元,实付金额4,865,000元,典当期限自2012年12月21日至2013年1月19日。双方亦签订了当票附件。当票附件中载明:依据当票,当户自当票之日即向典当行交付综合手续费用,典当行也已支付当金500万元,典当期限自2012年12月21日起至2012年1月20日止。典当抵押保证范围:当户不能如期赎当,典当行为处置死当涉及典当抵押物的委托拍卖费用、房屋转让登记费用、评估费用、公证费用、差旅费用、律师费用、仲裁费用、诉讼费用、执行费用等一切合理费用。

2013年6月6日,北京市盈科(南京)律师事务所向汇通典当公司开具律师费发票,金额为1500元。

原审另查明:2012年12月21日,刘启友还向汇通典当公司典当150万元,并以南京市江宁区秣陵街道马浦街49号玉鉴园××幢提供担保。同日,汇通典当公司向刘启友汇款6,272,500元。审理中,汇通典当公司、刘启友确认两笔典当本金分别为500万元、1,448,000元,合计6,448,000元(6,272,500元+40,500元+135,000元)。

原审再查明:2013年2月27日,刘启友向汇通典当公司归还利息100,000元。审理中,对于刘启友已还利息100,000元,汇通典当公司认为两笔当金典当期内的利息分别为25,000元、7240元,计32,240元,尚余款项67,760元作为当金500万元的逾期利息及费用。

上述事实,有房地产借款合同、房地产抵押典当合同、抵押合同、第3201311×××号当票及当票附件、银行进账单、收条、律师费增值税发票以及双方当事人陈述等证据予以证实。

原审法院认为:依法成立的合同受法律保护。汇通典当公司与刘启友签订的房地产抵押典当合同、抵押合同系双方当事人真实意思表示,合法有效,双方均应按约履行各自的义务。上述合同签订后,汇通典当公司向刘启友交付了当金500万元,履行了合同约定义务,刘启友应在典当期限届满后归还本金,并支付利息及费用。典当企业主张借款期限届满后的利息及综合费的,对于两项合计数额超过按银行同期同类基准利率四倍计算的利息的部分不予保护,故刘启友应归还汇通典当公司当金500万元以及利息及费用,该款利息及费用标准按中国人民银行同期同类贷款利率四倍计算。刘启友辩称典当期限届满后利息应按月息0.5%标准计算的意见,于法无据,原审法院不予采纳。2012年7月6日起,中国人民银行公布的贷款利率中六个月以内(含六个月)年利率为5.6%,故汇通典当公司按月息2%的标准计算逾期利息及费用已超过银行同期同类贷款利率的四倍,对于超出部分,原审法院不予支持。按照年利率5.6%的四倍计算,尚余款项67,760元应先冲抵500万元当金自2013年1月21日起至

2013 年 2 月 12 日止(共计 23 天)的利息及费用。刘启友提供位于南京市江宁区秣陵街道马浦街 49 号玉鉴园××幢(所有权证编号:宁房权证江转字第 J××号)作为当物,并办理了抵押登记手续,故汇通典当公司对上述房产享有优先受偿权。汇通典当公司为此次诉讼支付律师代理费 1500 元,根据双方签订的房地产抵押合同的约定,该费用应由刘启友承担。刘启友辩称其已还款五六十万元,但其只提供了还款 10 万元的收条,对于刘启友未提供证据证明的部分,本院不予扣减。依照《中华人民共和国合同法》第八条、第一百零七条、第二百条,《中华人民共和国物权法》第一百七十九条,《中华人民共和国担保法》第四十六条,《典当管理办法》第三条、第四十三条,《中华人民共和国民事诉讼法》第六十四条、第一百四十二条之规定,判决:一、刘启友于判决生效之日起十日内归还汇通典当公司当金 500 万元,并支付利息及费用(该利息及费用自 2013 年 2 月 13 日起算至判决确定给付之日止,按中国人民银行同期同类贷款利率的四倍计算)。二、刘启友判决生效之日起十日内给付汇通典当公司律师代理费 1500 元。三、如刘启友未能履行上述第一、二项判决主文所确定的义务,汇通典当公司有权依法处置刘启友用于抵押的南京市江宁区秣陵街道马浦街 49 号玉鉴园××幢(所有权证编号:宁房权证江转字第 J××号)房产,并以折价或拍卖、变卖该抵押物所得价款的范围内优先受偿。案件受理费 46,880 元、财产保全费 5000 元,合计 51,880 元,由刘启友负担。

刘启友不服原审判决,向本院提出上诉称:1. 原审法院判决汇通典当公司有权依法处置刘启友用于抵押的南京市江宁区秣陵街道马浦街 49 号玉鉴园××幢房产,并以折价或拍卖、变卖该抵押物所得价款的范围内优先受偿,严重损害刘启友的合法权益。2. 根据刘启友与汇通典当公司的约定,利息应当按月息 0.5% 标准计算,原审法院判决利息及费用按中国人民银行同期贷款利率的四倍计算与约定不符。绝当后,不应再收取综合管理费。故请求二审法院依法改判,本案一、二审诉讼费用由汇通典当公司承担。

被上诉人汇通典当公司答辩称:1. 刘启友已将房产抵押给汇通典当公司,并办理了抵押登记,汇通典当公司已经取得他项权证,依法享有对抵押物折价、拍卖并优先受偿的权利。刘启友未能清偿债务或移交房屋进行处置,汇通典当公司只能通过法院诉讼实现自己的权利,通过法院判决或调解后,汇通典当公司才能依据法院的判决书或者调解书,通过法院强制执行的方式实现权利。故原审法院判决并无不当。2. 根据双方合同约定,刘启友应当支付每月 2.7% 的综合管理费、0.5% 的典当利息和相应罚息。但根据《典当管理办法》以江苏省高级人民法院的相关规定,绝当后的利息等费用标准不得超过银行同期贷款利率的四倍，故原审法院判决并无不当。综上，请求二审法院驳回上诉，维持原判。

本院经审理查明，原审判决查明的事实属实，本院予以确认。

另查明：案涉《房地产借款合同》第十一条第一款约定：甲方典当到期之日起 5 日内，甲方逾期既不赎当，又不续当即视为绝当。甲方于典当期限或者续当期限届满至绝当前赎当的，除须偿还当金本息、综合费用外，还应当根据中国人民银行规定的银行等金融机构逾期贷款罚息水平加上折算成日的综合费用之和（每日逾期罚息及每日的综合费用）的 1.3 倍，按逾期天数补交当金利息和有关费用。第十一条第三款约定：典当期限自 2012 年 12 月 21 日起至 2013 年 1 月 20 日止。典当期限超过 10 天的，如甲方逾期未还，甲方自愿从逾期之日起至甲方归还之日止，除归还典当本金之外，还应按月 2.7% 支付综合费用，按月支付利息，按每天万分之三支付违约金给乙方……

再查明：汇通典当公司陈述案涉抵押房屋不动产登记簿载明的债权金额与其持有的他项权证载明的金额一致。刘启友除了本案借款 500 万元外，还与汇通典当公司签订了一份本金数额 150 万元的借款合同。双方就上述两笔借款合同共同就案涉房屋办理了抵押登记，登记债权数额为 650 万元。刘启友主张本案借款应在 500 万元本金范围内以案涉抵押物承担担保责任，汇通典当公司主张抵押范围应为 500 万元本金及利息、违约金等各项费用。

二审中，汇通典当公司自愿放弃自绝当后至典当期满超过 10 日期间内（自 2013 年 1 月 26 日至 2013 年 1 月 30 日止）的综合费用及利息。

本案的争议焦点为：1. 绝当之后，汇通典当公司能否对刘启友抵押的房屋进行折价、变卖，以实现其优先受偿权及范围。2. 典当期满后，刘启友是否应当支付相应的利息、综合管理费、违约金等费用及确定这些费用的标准。

本院认为：汇通典当公司与刘启友签订的借款合同、抵押合同系双方当事人真实意思表示，合法有效，双方均应按约履行。关于第一个争议焦点，本院认为，根据《典当管理办法》第四十三条的规定，典当行应当按照下列规定处理绝当物品：当物估价金额在 3 万元以上的，可以按照《中华人民共和国担保法》的有关规定处理，也可以双方事先约定绝当后由典当行委托拍卖行公开拍卖。汇通典当公司与刘启友已就案涉房屋签订了《南京市江宁区房地产抵押合同》并办理了抵押登记，故汇通典当公司有权依据《中华人民共和国担保法》的有关规定就刘启友抵押的房屋进行折价、变卖，以实现其优先受偿权。刘启友认为汇通典当公司无权就刘启友抵押的房屋进行折价、变卖，以实现其优先受偿权的上诉意见，于法无据，本院不予采信。根据法律规定，不动产权属证书是权利人享有该不动产物权的证明。对于案涉抵押房产,汇通典当公司取得的他项权证载明债权数额650万元,其对应的两份借款合同金额分别为本案的500万元及另案的150万元,故针对案涉借款本息及相关费用,汇通典当公司应在500万元范围内就案涉抵押物享有优先受偿权。

关于第二个争议焦点,本院认为,典当企业主张借款期限届满后的利息及综合费的,对于两项合计数额超过按银行同期同类基准利率四倍计算的利息的部分不予保护。依据合同约定,绝当日2013年1月25日前及典当期满10日即2013年1月31日起,刘启友仍应支付利息及综合费用。因该综合费用及利息的计算标准已超过中国人民银行同期贷款利息的四倍,故刘启友应按中国人民银行同期贷款利率的四倍为标准支付自2012年1月21日起至2012年1月25日止、自2012年1月31日起至判决确定的给付之日止的综合费用及利息。因2013年1月26日至2013年1月30日期间双方未约定利息及综合费用,且汇通典当公司二审中自愿放弃自绝当后起至典当期满超过10日期间内(自2013年1月26日至2013年1月30日)的综合费用及利息,本院予以确认。刘启友认为不应支付综合费用及应按月利率0.5%支付利息的主张,与双方约定不符,本院不予采信。综上,原审判决认定事实清楚,适用法律正确,因二审中出现新的事实,导致原审判决结果不当,应予纠正。综上,依据《中华人民共和国物权法》第十七条,《中华人民共和国民事诉讼法》第一百七十条第一款第二项之规定,判决如下:

一、维持南京市秦淮区人民法院(2013)秦商初字第148号民事判决第二项;

二、变更南京市秦淮区人民法院(2013)秦商初字第148号民事判决第一项"刘启友于判决生效之日起十日内归还汇通典当公司当金500万元,并支付利息及费用(该利息及费用自2013年2月13日起算至判决确定给付之日止,按中国人民银行同期同类贷款利率的四倍计算)"为:刘启友于本判决生效之日起十日内归还汇通典当公司当金500万元,并支付利息及费用(该利息及费用自2013年1月21日起算至2013年1月25日、自2013年1月31日至本判决确定给付之日止,按中国人民银行同期同类贷款利率的四倍计算,上述利息、费用中应扣除刘启友已支付的67,760元);

三、变更南京市秦淮区人民法院(2013)秦商初字第148号民事判决第三项"如刘启友未能履行上述第一、二项判决主文所确定的义务,汇通典当公司有权依法处置刘启友用于抵押的南京市江宁区秣陵街道马浦街49号玉鉴园××幢(所有权证编号:宁房权证江转字第J××号)房产,并以折价或拍卖、变卖该抵押物所得价款的范围内优先受偿"。为:如刘启友未能履行上述第一、二项判决主文所确定的债务,汇通典当公司有权就刘启友名下位于南京市江宁区秣陵街道马浦街49号玉鉴园××幢之房产(所有权证编号:宁房权证江转字第J××号)折价或拍卖、变卖所得价款在500万元范围内优先受偿;

四、驳回汇通典当公司的其他诉讼请求。

如果未按本判决指定的期间履行给付金钱义务,应当依照《中华人民共和国民事诉讼法》第二百五十三条之规定,加倍支付迟延履行期间的债务利息。

本案二审案件受理费14,880元,由上诉人刘启友负担。

本判决为终审判决。

审 判 长 荣 艳
代理审判员 张 静
代理审判员 黄建东
二〇一四年八月十三日
书 记 员 蒋 伟
速 录 员 陈 丹

【案例三十三】锦州银发典当有限责任公司诉钟淑环典当纠纷案
(2015年8月25日)

【法律点】典当期限或者续当期限届满后5日内,当户既未赎当也未再次续当,应视为绝当。绝当后,典当行可以按照《中华人民共和国担保法》的有关规定处理当物,也可以双方事先约定绝当后由典当行委托拍卖行公开拍卖,故典当行可以诉请法院依法保护其抵押债权,而并非一定要按典当合同的约定,由典当行直接变卖、拍卖当物实现其债权。

【关键词】协议赎当　绝当　选择性规定　变卖、拍卖　实现债权

辽宁省锦州市中级人民法院
民事判决书

(2015)锦民终字第00640号

上诉人(原审原告):锦州银发典当有限责任公司,住所地:锦州市古塔区锦华街。

法定代表人:刘锐,该公司总经理。

委托代理人:杜海波,该公司职员。

委托代理人:王远卓,辽宁永字律师事务所律师。

上诉人(原审被告):钟淑环,住锦州市凌河区。

委托代理人:温一桐(钟淑环之子),住锦州市凌河区。

上诉人锦州银发典当有限责任公司(以下简称银发公司)与上诉人钟淑环因典当纠纷一案,不服辽宁省锦州市凌河区人民法院(2014)凌河民二初字第00253号民事判决,分别向本院提起上诉。本院依法组成合议庭,公开开庭审理了本案。上诉人银发公司的委托代理人杜海波、王远卓,上诉人钟淑环及委托代理人温一桐到庭参加诉讼。本案现已审理终结。

原审原告银发公司诉称,原、被告于2011年12月19日签订的被告所有的凌河区

龙江北里49－15号房为抵押的典当合同，当金8万元，当期三个月，合同约定月综合费率2.7%，月利息0.6%，逾期不能给付或发生绝当时，被告除履行给付综合费用和利息外，每日最高可加收典当金额0.5%的服务费。合同还约定可续当。李志远、钟淑君夫妻为被告钟淑环一旦房屋被拍卖后提供凌河区新制南里5－86号房屋做居住房担保。合同签订后，原告向被告支付了当金，被告履行给付综合费用和利息的义务一直履行到2014年4月18日，此后被告既不续当，也不赎当，已成为绝当。为保护合法权益，诉至贵院依法裁决。在起诉前原告曾经与被告钟淑环通过电话，钟淑环答应现在资金困难，容原告宽限几天。判令被告给付拖欠的典当本金8万元，综合费用15,120元，利息3360元，逾期加收的服务费2268元（暂计算到2014年11月18日，应计算到实际履行给付之日止）。以上总计100,748元；如不能履行给付义务，拍卖抵押的凌河区龙江北里49－15号房，原告在拍卖款中优先受偿。

原审被告钟淑环辩称，2011年12月，具体时间记不清楚了，李志远（我妹夫，家住锦州市凌河区新制南里56－86号）找到我说“他向银行贷了款，款得一两个月下来，他急等着用钱，想找人快点下款，想借用我家房照用一下，最多不超过三个月”，因为是亲友，心想他怎么也不能骗我，就答应了。之后几天来了几个人来我家看房子，这期间李志远从没跟我提过典当行之类的话，我一直认为是从银行办理，2011年12月，忘了是哪一天，李志远和另外一个人（我不认识）把我带到典当行，典当行的名字我没有注意（收到法院传票后才知道）。我问他怎么来这里，他说找人办的，当天能下款，由于我这方面法律知识是欠缺的，又没有任何经验就相信了。之后典当行的人拿出早已拟好的文件，没做任何提示说明并亲手翻到签字那页让我签字好像签了不止一张，这期间把钟淑君（我妹妹与李志远是夫妻）也叫来了，也不知道签的什么。我签完后典当行的人就让我先走了。手续、合同什么也没有给我。三个月后，我向李志远要房照，他说再用一段时间，每次要他都说快了，在收到法院传票前原告从没找过我，我也从没向原告付过利息和服务费，我一直以为是李志远和原告之间的借贷关系，只是借用我家房照保证一下，直到2014年4月我儿子要急用房照复印一下，我只好向他说了这件事（之前我隐瞒了他），我儿子找到原告要房照，他不给，非要我儿子交钱才能给，我儿子怕误事，只好迫不得已按他的要求交了2884元，才复印了房照。2014年10月27日，我收到了法院传票后一直找李志远质问此事，他开始还接我电话，后来电话也不接了，人也找不着了。回过头来看整个事件，原告为了利益丧失了最基本的职业道德违规操作。1.原告在事先拟好的让我签字的合同中，不做任何提示说明。2.原告在起诉中违背客观事实。我从没收到原告一分钱，也没有交过利息和服务费，至于我儿子

2014 年 4 月所交的现金 2448 元在前面我已做了说明。3. 原告说合同签了三个月，后来又续当了，我到原告那只去过一次只签过一次字，续当和谁签的。4. 凌河区龙江北里是我唯一的住房，而且是我和儿子共同拥有的(有凌河区法院判决书为证)我根本就不具备抵押房子的条件。5. 李志远、钟淑君夫妇提供的居住房担保，凌河区新制南里 5 - 86 号房他们对此房没有处分权，因为此房是公有住房，他们只有居住权，而且是他们唯一的住房，居住人是三人，李志远、钟淑君、李中华，根据以上事实，原告利用我的草率和没有经验，违反法律、行政法规的强制性规定，以合法形式掩盖其非法目的、恶意串通损害我的利益。我请求贵院判令原告与我签订的合同无效，驳回原告的诉讼请求，并求原告返还我的产权房照、返还我儿子因使用房照所交付的现金 2884 元，诉讼费由原告承担。请贵院查清事实依法判决。

原审法院查明，2011 年 12 月 19 日，原告银发公司(甲方)与被告钟淑环(乙方)签订了银典 2011 年房典字 111219219 号房产抵押典当合同，合同约定："第一条，乙方愿将自有的、位于锦州市凌河区龙江北里 49 - 15 号的壹户建筑面积 37.60 平方米的住宅用房，房权证锦房权 01 字第 00003644 号，抵押典当给甲方。乙方负责到有关部门办理房产抵押登记等相关手续，其费用由乙方承担。抵押典当金额为人民币捌万元(￥80,000 元)。抵押期限为两个月，自 2011 年 12 月 19 日起至 2012 年 2 月 18 日止。乙方如有需要，到期后可申请办理续当手续，经甲方同意本合同继续执行。第二条，甲方按典当金额向乙方合理收取典当综合费及利息，典当综合费在甲方向乙方支付典金时扣除，即月综合费率为 27‰，综合费为人民币肆仟叁佰贰拾元整(4320 元)。月利率 6‰，到期还款时付清。第三条，抵押典当期间，此房由乙方居住，另附居住房担保壹份。乙方未经甲方书面同意不得将抵押物出借、转让、出卖或改变用途，或以实物形式出资、或以任何方式处分抵押物。……第六条，甲方在抵押登记期满而债权未得到完全清偿时，乙方必须续办抵押登记手续，其费用由乙方承担。乙方如拒绝或拖延办抵押登记手续，应视为绝当。第七条，抵押典当未到期，如乙方需提前赎当时，可凭当票、合同书及有关证件办理，但综合费用按当期收取，不再退还，利息可按实际天数计算。抵押典当期满必须还款。如需续当乙方应在期满前 10 日内向甲方提出，并经甲乙双方协商是否办理续当手续。第八条，逾期赎当的，乙方须偿还甲方当金外，还应按当期内的月综合费用、月利息标准及逾期天数，补交综合费和当金利息，甲方每日最高可加收典当金额 0.5% 的服务费；第九条、抵押典当期满 5 日后，乙方既不赎当又不续当的即为绝当(死当)。如发生绝当，甲乙双方在此确认：1. 甲方有权直接变卖、拍卖抵押物，并以拍卖、变卖的所得价款优先偿还甲方当金、综合费、利息和其他费用。

2. 乙方同意评估、拍卖机构由甲方选定，自愿放弃对甲方拍卖、变卖抵押物价格的争议权和抗辩权。3. 甲乙双方同意抵押物实行无底价公开拍卖。拍卖收入在扣除甲方当金、综合费、利息、拍卖费、税费、诉讼费、违约金等费用后，将剩余部分返还乙方，不足的部分甲方有权向乙方追偿。4. 如拍卖不成，双方同意抵押物以人民币捌万元的价格抵顶借款，不找差价。第十条，违约责任：如到期乙方不能偿还或不能完全偿还借款而发生绝当时，从绝当之日起至甲方实现债权之日止的实际天数，除按抵押典当期内的月综合费率27‰、月利率6‰计算收取综合费、利息外，甲方每日最高可加收典当金额0.5%的服务费。乙方并承担因拍卖、变卖等有关的所有费用（包括诉讼费、处分费、税费、执行费、律师费、代理费等实际发生的费用）。声明与承诺：1. 乙方具有完全民事行为能力，乙方并对抵押物享有合法的所有权和处分权；2. 乙方保证抵押物没有其他所有人；3. 乙方完全了解合同的内容，双方签署本合同是自愿的，全部意思表示真实；4. 乙方确认抵押物无任何财产、产权纠纷，亦未对该抵押物及其财产、产权设定任何形式的抵押、担保、留置等；5. 抵押物在签署本合同签已签订租赁合同另附租赁协议（无出售、无转让）；6. 抵押期间如发生抵押物贬值，乙方应提供新的抵押物给甲方；7. 乙方已认真阅读了本合同并以确认所有条款。”

另查明，2011年12月19日合同签订当日，原告银发公司按月27‰的费率扣除了4320元综合费用后，向被告钟淑环的妹夫李志远支付了75,680元当金，并出具当票一张，被告钟淑环在当票的当户签章栏签字捺印。锦州兴盛房地产估价有限责任公司为被告拥有产权的位于锦州市凌河区龙江北里49－15号住宅进行了房地产抵押价值估价，确定估价对象于估价时点（2011年12月18日）可能实现的房地产抵押价值为人民币16万元。同在2011年12月19日，原、被告双方在锦州市房屋产权监理处办理了房屋产权他项权利（典当）登记，设定日期为2011年12月19日至2012年2月18日。亦在同日，被告钟淑环与其妹钟淑君、妹夫李志远为原告出具居住房担保一份，载明：“本人钟淑环将坐落于锦州市凌河区龙江北里49－15号的壹户建筑面积37.60平方米的住宅用房（房权证锦房权01字第00003×××号），抵押典当给甲方。如典当期限届满后，本人既不续当也不能将房屋赎回时，根据《典当合同》及相关法律规定，我愿意毫无任何条件的将此房屋让出，并承诺有坐落于凌河区新制南里5－86号的铁路职工住房居住，住房证姓名李志远，使用面积33.3平方米。本人钟淑环承诺不干预典当行对办理典当房屋所做出的任何处置。”

又查明，上述当期届满后，被告钟淑环的妹夫李志远累计为被告续当24个月，每次续当均由李志远支付月综合费和利息。2014年4月17日，被告儿子温一桐向原告交纳了综合服务费及利息共2560元,并支付了逾期服务费324元,将当期续至2014年4月18日。2014年4月18日后5日内,被告既未续当又未赎当。现原告要求被告给付除尚欠当金、综合费用及利息外,另按典当金额月综合费用的日0.5%给付逾期服务费。

原审法院认为,典当是指当户将其动产、财产权利作为当物质押或者将其房地产作为当物抵押给典当行,交付一定比例费用,取得当金,并在约定期限内支付当金利息、偿还当金、赎回当物的行为。原告银发公司与钟淑环签订的抵押典当合同系双方当事人的真实意思表示,且不违反法律、法规的相关规定,合法有效,应受法律保护。合同当事人均应严格按照合同约定享受权利、履行义务。关于被告辩称原告利用其的草率和没有经验,违反法律、行政法规的强制性规定,以合法形式掩盖其非法目的、恶意串通损害其利益并请求判令原告与其签订的抵押典当合同无效一节,被告钟淑环作为完全行为能力人,在原告银发公司与其签订房产抵押典当合同时,对其在抵押典当合同及当票上亲笔签字、协助原告办理抵押登记手续、提供居住房担保及房照等一系列行为的法律效力及法律后果应有明确的认知,且在原告将当金给付其妹夫李志远时也未提出异议,故对其以上辩解不予支持。被告在典当期限届满后5日内既不续当也不赎当,即为绝当。绝当时,原告有权直接变卖、拍卖抵押物实现其债权。而本案原告请求被告给付其当金不符合双方典当合同的约定,无合法根据,故依法不予支持。案经本院审判委员会研究决定,依照《中华人民共和国合同法》第六十条第一款,判决如下:驳回原告锦州银发典当有限责任公司的诉讼请求。案件受理费2315元,由原告锦州银发典当有限责任公司负担。

判决宣判后,锦州银发典当有限责任公司、钟淑环均不服,分别向本院提出上诉。

锦州银发典当有限责任公司诉称并辩称,原审判决驳回我公司的诉讼请求,违背法律规定。1. 我公司的诉求是两项,一项是判令钟淑环给付典当本金及拖欠的综合费用、利息及逾期加收的服务费;另一项诉求是如不能履行给付义务,拍卖抵押典当物。本案是发生了绝当,原则上应该拍卖抵押典当物,但不意味绝当以后不允许赎当,绝当后经典当行同意也可以以赎金的方式赎当。根据当票第四联典当须知第九条,绝当后,当户与典当行协议赎当的,逾期费用由双方协商确定,即典当行可以要求当户以赎金的形式赎回绝当物,故我公司的合法诉求被驳回毫无道理。2. 我公司与钟淑环虽然在合同中约定,发生绝当,甲方有权直接变卖、拍卖抵押物,但这只是处理绝当品的一种方式,能够实现这种方式的条件是当户与典当行互相配合,否则变卖、拍卖无法实现。正是由于钟淑环不履行合同约定的义务,又不愿意配合我公司拍卖抵押典当的房产,我公司单方无法实现对抵押物的变卖和拍卖,所以才被迫提起诉讼。原审法院把双方当事人在合同中约定的权利义务视为不需要法院裁决,就具有强制履行的效力,混同了合同双方当事人自愿履行的私权利和法院具有强制履行效力的公权利的界限。原审法院未依法保护当事人的合法权利,属于失职行为。3. 同是凌河区人民法院,对同类案件作出过截然不同的裁决,应当是自相矛盾、自我否定的裁决。对于钟淑环的上诉请求,我方认为,原审判决对于案件事实部分认定及确认合同效力认定是正确的,双方应履行抵押典当合同,请求法院驳回上诉人钟淑环的诉讼请求。综上,我公司请求绝当后由当户给付当金本金、综合费用、利息和逾期加收的服务费符合《典当管理办法》的规定,在绝当后钟淑环不愿意赎当或无条件赎当,再按上诉人第二请求依法判决拍卖抵押房产。请二审法院直接改判,支持我方的上诉请求。

上诉人钟淑环诉称并辩称,1. 我与银发公司签订典当合同不是我的真实意思表示,我一直以为是李志远和银发公司之间的借贷关系,只是拿我家房子作个担保合同。2. 在与银发公司签订合同当天,李志远先带我到民政局办理了单身证明,然后到房产处办理了抵押登记,最后到典当行办理了签字手续,这也就是说我还没签订任何合同,我的房屋已经抵押给典当行了,我签字只是一道手续而已。3. 李志远为我提供的居住房屋担保不能成立。本案所涉房产是我与儿子唯一住房,我的房子根本不具备抵押条件。4. 在一审中银发公司向法庭提交了一份我儿子交费的证据,那是我儿子被逼无奈下交的。一审法院认定我儿子是为我续当,这是没有法律依据的。5. 银发公司的违规操作间接地使我相信了李志远的说法,只是用我家房子给他作了担保。因为如果银发公司认为典当合同是与我签订的,那为什么当时的当金不给我,而是直接通过打卡的方式打进了李志远的账户上。如果当时银发公司能把钱直接交给我,并向我作充分说明,我是不会同意签这份合同的。另外,合同到期日后,银发公司不与我联系,而是联系李志远,李志远又续当至 2014 年 4 月。为什么李志远去续当银发公司也同意,李志远没有我的委托办理手续,银发公司是为了自己的利益串通他人使我的财产受到损失。《典当管理办法》第九条第一款明确规定了收当、续当查验证件制度。银发公司的违规行为与现在事情的结果是有直接因果关系的。对于银发公司的上诉请求,我们不同意。答辩意见就是我的上诉请求及理由。综上,请求二审法院判决双方签订的典当合同无效,银发公司返还我儿子所交的 2884 元,同时返还我所有的位于锦州市凌河区龙江北里 49 – 15 号房屋产权证。

本院经审理查明,原审法院认定的事实属实,本院予以确认。

本院认为,本案双方争议的焦点问题,一是双方签订的房产抵押典当合同是否合法有效;二是如果该房产抵押典当合同有效,在发生绝当时,双方的权利义务应如何履行。

一、关于双方签订的房产抵押典当合同是否合法有效的问题。经审查,本案双方当事人所签订的房产抵押典当合同并不存在《中华人民共和国合同法》第五十二条规定的情形,且双方当事人已就本案所涉的房产在锦州市房屋产权监理处办理了房屋产权他项权利(典当)登记手续,故双方所签订的房产抵押典当合同符合法律的相关规定,应属合法、有效。钟淑环虽主张该合同并非其真实意思表示,但钟淑环作为完全民事行为能力人,理应对其在合同书以及当票上签字捺印的法律后果充分了解。现钟淑环在典当合同及当票上亲笔签字,并协助银发公司办理抵押登记手续,提供居住房担保及房照等一系列行为,均表明其与银发公司签订的典当合同系钟淑环真实意思表示,银发公司也正是基于钟淑环的上述行为才支付了本案所涉的当金。关于钟淑环上诉称,银发公司未将当金交付给本人,而是支付给案外人李志远,且之后的续当均为李志远与银发公司进行的,其对此并不知情。根据《典当管理办法》第三十条的规定,当票是典当行与当户之间的借贷契约,是典当行向当户支付当金的付款凭证。本案中,钟淑环在当票上签字捺印,应视为其已经收到该笔当金。且钟淑环与案外人李志远系一同前往银发公司办理典当手续,李志远得到本案所涉的当金以及李志远进行续当的行为,钟淑环并未向银发公司提出异议,应视为钟淑环对银发公司与李志远之间行为的默认。另外,钟淑环辩称,其在与银发公司签订典当合同后没有得到当金,但其在合同期满后不向银发公司主张权利,该行为及辩解理由亦与常理不符。综上,钟淑环主张双方签订的房产抵押典当合同无效的上诉请求缺乏事实根据及法律依据,本院不予支持。

二、关于双方签订的合同在发生绝当情形时,双方的权利义务应如何履行的问题。本院认为,本案双方当事人之间的典当关系发生在《典当管理办法》实施期间,双方应按《典当管理办法》的相关规定执行。《典当管理办法》第四十条规定,典当期限或续当期限届满后,当户应当在5日内赎当或者续当,逾期不赎当也不续当的,为绝当;本案中,钟淑环在续当期限届满后5日内既未赎当也未再次续当,应视为绝当。绝当后,银发公司应当按照《典当管理办法》第四十三条第一项处理绝当物品:“可以按照《中华人民共和国担保法》的有关规定处理,也可以双方事先约定绝当后由典当行委托拍卖行公开拍卖”的规定处理当物。该条款系选择性规定,原审原告银发公司诉请法院依法保护其抵押债权并无不当。同时,银发公司与钟淑环签订的房产抵押典当合同第十条约定,“如到期乙方不能偿还或不能完全偿还借款而发生绝当时,从绝当之日起至甲方实现债权之日止的实际天数,除按抵押典当期内的月综合费率27‰、月利率6‰计算收取综合费、利息外,甲方每日最高可加收典当金额0.5%的服务费",故银发公司主张"绝当后由钟淑环返还当金本金并支付综合费用、利息和逾期服务费"的诉讼请求,依法应予支持。综上,原审判决在确认双方所签订的房产抵押典当合同合法有效的情况下,判决驳回银发公司的诉讼请求属适用法律不当,本院依法予以纠正。依照《中华人民共和国合同法》第六十条,《中华人民共和国担保法》第三十三条、第四十一条,《典当管理办法》第三条、第四十条、第四十三条第一项及《中华人民共和国民事诉讼法》第一百七十条第一款第二项的规定,判决如下:

一、撤销辽宁省锦州市凌河区人民法院(2014)凌河民二初字第00253号民事判决。

二、上诉人钟淑环在本判决生效后三十日内返还上诉人锦州银发典当有限责任公司当金本金8万元,并支付从2014年4月19日至2014年11月18日期间的综合费用15,120元、利息3360元和逾期服务费2268元,共计100,748元(以后另计)。

三、上诉人锦州银发典当有限责任公司有权以上诉人钟淑环提供抵押的房屋(产权证号:锦房权01字第00003×××号)拍卖或者变卖,所得价款优先受偿。

四、驳回上诉人锦州银发典当有限责任公司的其他上诉请求。

五、驳回上诉人钟淑环的其他上诉请求。

如未按本判决指定的期间履行给付金钱义务,应依照《中华人民共和国民事诉讼法》第二百五十三条的规定,加倍支付迟延履行期间的债务利息。

一审案件受理费2315元,二审案件受理费2315元,合计4630元,由上诉人钟淑环负担。

本判决为终审判决。

审 判 长 李 梅
代理审判员 尚国之
代理审判员 王 翔
二〇一五年八月二十五日
书 记 员 暴思洋

【案例三十四】江苏同丰源典当有限公司南京分公司诉张国良、周永仙、陈健等典当合同纠纷案（2014年11月19日）

【法律点】 1.《典当管理办法》明确规定了当金利息不得预扣，而未规定综合费用能否预扣。综合费用是典当行业特有的概念和制度，综合费用不属于孳息范畴，而属于“费用”范畴，综合费用不属于直接费用范畴，而属于服务、管理间接费用，而且预先扣除综合费是典当行的普遍做法，双方当事人在合同中约定预先扣除综合服务费并不违反法律、法规的禁止性规定。

2. 根据合同约定及《典当管理办法》的规定并参照典当行业的交易惯例，绝当后，典当行应当先在拍卖典当物价值范围内清收债权，而不能直接要求当户以其他财产清偿债权；对典当物变价不足清偿债务的部分，典当行有权向当户、担保人追偿。

3. 绝当后，双方的典当关系终止，当户无须再向典当行支付综合费用，但应承担相应的逾期利息，利率应比照民间借贷合同处理。

【关键词】 预扣综合费　质押股权　夫妻共同债务　绝当　人的保证　物的担保　保证责任

江苏省南京市中级人民法院
民事判决书

（2013）宁商再终字第23号

申请再审人（一审被告、二审上诉人）：傅国庆。

申请再审人（一审被告）：韩永梅。

两申请再审人的共同委托代理人：梁官成，江苏苏源律师事务所律师。

被申请人（一审原告、二审被上诉人）：江苏同丰源典当有限公司南京分公司，住所地:南京市秦淮区长乐路。

负责人:李慧,该公司总经理。

委托代理人:邱玥,女,该公司法务。

委托代理人:冯锦浩,江苏金三联律师事务所律师。

一审被告:张国良。

一审被告:周永仙。

一审被告:陈健。

一审被告:张士红。

一审被告:南京金鑫旺钢结构有限公司,住所地:南京市六合区雄州镇北大街。

法定代表人:张国良。

一审被告:南京六合城东建筑工程有限公司,住所地:南京市六合区雄州镇河滨花园。

法定代表人:张国余。

一审被告:张国余。

一审原告江苏同丰源典当有限公司南京分公司(以下简称同丰源典当公司)与一审被告张国良、周永仙、陈健、张士红、南京金鑫旺钢结构有限公司(以下简称金鑫旺公司)、南京六合城东建筑工程有限公司(以下简称六合城建公司)、张国余、韩永梅、傅国庆典当合同纠纷一案,南京市秦淮区人民法院于2012年6月20日作出(2012)秦商初字第77号民事判决。傅国庆不服,向本院提出上诉。本院于2013年4月22日作出(2012)宁商终字第896号民事判决,已经发生法律效力。傅国庆、韩永梅仍然不服,向本院申请再审。本院于2013年9月17日作出(2013)宁商申字第20号民事裁定,决定本院再审本案。本院依法另行组成合议庭,公开开庭进行了审理。傅国庆、韩永梅的共同委托代理人梁官成及韩永梅,同丰源典当公司的委托代理人邱玥、冯锦浩到庭参加诉讼,张国良、周永仙、陈健、张士红、张国余、金鑫旺公司、六合城建公司经本院合法传唤,无正当理由未到庭参加诉讼,本院缺席审理。现已审理终结。

2012年3月8日,同丰源典当公司起诉至南京市秦淮区人民法院称,2011年5月,原告与张国良、韩永梅、陈健签订《典当借款合同》。合同约定张国良、韩永梅、陈健分别将其在金鑫旺公司的327.2万元、245.4万元、245.4万元股权典当给原告,原告提供典当借款250万元。典当借款期限为60天,该笔借款综合费为当金金额的2.4%,当金月利率0.5%。逾期还款的综合费为3.6%,并按每日千分之三支付违约金。同时张某、金鑫旺公司、六合城建公司向原告出具保证书,愿意为该笔债务承担连带保证责任。周永仙是张国良的妻子,张士红是陈健的妻子,傅国庆是韩永梅的丈夫。合同签订后,原告按约支付了当金,双方又到工商部门办理了股权出质登记手续。但合同到期后经原告多次催要,张国良、韩永梅、陈健未能归还典当借款,保证人也不愿意承担保证责任。请求法院判令:1. 被告张国良、周永仙、韩永梅、傅国庆、陈健、张士红偿还原告典当借款本金人民币 220 万元,及综合费、利息、违约金(自 2011 年 11 月 4 日起至偿还借款之日止,以实际拖欠借款本金数额为计算依据,综合费按照合同约定月费率 3. 6% 计算,利息按照月利率 0. 5% 计算,违约金按照每日千分之三计算);2. 被告张国良、韩永梅、陈健支付原告律师费 53, 600 元;3. 张某、金鑫旺公司、六合城建公司对上述第一、二项诉讼请求中的债务承担连带保证责任;4. 请求依法判决原告可就张国良、韩永梅、陈健典当出质的金鑫旺公司股权,在上述债权数额内从折价或以拍卖、变卖该股权所得价款中享有优先受偿权;5. 被告承担本案诉讼费用。

原审被告韩永梅、傅国庆辩称:1. 本案实际典当金额只有 197. 5 万元,因为在首期当金发放期间,原告已经先行扣除利息,按照规定,先行扣除的利息不应算在本金之内;2. 相关典当费用超过最高法院的规定;3. 应以质押股权的财产利益偿付典当金额;4. 本案中相关律师费没有提供凭证、计算标准明显过高;5. 从合同签订主体来看,本案是韩永梅等典当借款纠纷,从典当合同签订主体来看是傅国庆的妻子韩永梅的个人行为,属韩永梅个人之债,应当由其个人偿还,债权具有相对性,而傅国庆没有参与上述典当合同的签订,故傅国庆不是本案适合被告;6. 案涉典当纠纷,存在傅国庆妻子韩永梅股权质押的情况,韩永梅是以其在金鑫旺公司的股权进行质押登记的。而金鑫旺公司自 2009 年成立以后一直没有开展过任何经营活动,公司也从没有进行过红利分配。韩永梅没有在金鑫旺公司获得任何经济利益,故也不存在从金鑫旺公司获得经济收益用于家庭生活的事实。对傅国庆而言不存在夫妻共同债务。

原审被告张国良、周永仙、陈健、张士红辩称:实际收到的典当款是 227. 5 万元,从 2011 年 7 月至 2011 年 9 月之间已经还了 63. 9 万元,打到了原告的会计韩阿平的账户上,付款人有陈健、倪云兰,当时借钱其是以金鑫旺公司股权作为质押来借款的,是公司行为不是个人行为,故周永仙和张士红不应承担还款责任,应当由金鑫旺公司来承担还款责任。

原审被告张某、金鑫旺公司、六合城建公司辩称:其三方保证人对担保责任没有异议,对夫妻共同债务方面,张某认为这是企业借款的公司行为,不应当让其家庭承担责任。典当本金实际是 197. 5 万元。

南京市秦淮区人民法院经审理查明,2011 年 5 月 11 日,原告与作为当户的张国良、韩永梅、陈健签订《典当借款合同》。合同约定张国良、韩永梅、陈健分别将其在金鑫旺公司的人民币327.2万元、245.4万元、245.4万元股权典当给原告,原告提供典当借款250万元。典当借款期限为自2011年5月11日起至2011年7月9日止共60天,该笔借款综合费为当金金额的2.4%,当金月利率0.5%。逾期还款的综合费为3.6%,并按每日千分之三支付违约金。同时张某、金鑫旺公司、六合城建公司向原告出具保证书,愿意为该笔债务承担连带保证责任。

合同约定,当户逾期还款,应承担典当行为实现债权所发生的全部费用(包括但不限于律师费、差旅费、诉讼费等)。合同就担保范围约定如下:作为当物的股权担保范围为典当当金及综合费、利息、违约金、损害赔偿以及乙方实现债权有关费用(包括但不限于诉讼费、财产保全费、差旅费、执行费、律师代理费、公证费、拍卖费等)。

合同签订后,原告按约于2011年5月11日,在预先扣除综合费及利息225,000元(其中含2个月综合费120,000元,利息105,000元)后,实际支付给张国良、陈健、韩永梅共计2,275,000元。同时,双方又到工商部门办理了股权出质登记手续。合同到期后,当事人之间办理了二次展期协议,第一次展期自2011年7月10日至2011年9月21日,第二次展期自2011年9月22日至2012年2月29日。期间当户于2011年9月21日还款30万元,又于2011年7月8日、8月18日、8月30日、9月7日、9月22日分5次共还款33.9万元,合计支付63.9万元,庭审中原告认可张国良、陈健、韩永梅以上63.9万元还款中的30万元归还了本金,33.9万元归还了利息。

合同展期到期后,作为当户的被告未续当、未赎当,经原告多次催要,张国良、韩永梅、陈健未能归还剩余典当借款本金及利息,保证人也不愿意承担保证责任,原告遂诉至法院。

另查明,周永仙是张国良的妻子,张士红是陈健的妻子,傅国庆是韩永梅的丈夫。张国良、韩永梅、陈健向原告典当时,均是在各自夫妻关系存续期间。

再查明,原告支付律师费53,600元。

以上事实有原告提供的《典当借款合同》、三份保证书、三份股权出质准予设立登记通知书、收款确认书、兴业银行网上银行客户回单、展期协议、委托代理合同和发票、被告提供的六份汇款单及原被告陈述等证据予以证实。

南京市秦淮区人民法院原一审认为,《典当管理办法》规定,典当是指当户将其动产、财产权利作为当物质押或者将其房地产作为当物抵押给典当行,交付一定比例费用,取得当金,并在约定期限内支付当金利息、偿还当金、赎回当物的行为。原告同丰源典当公司与被告张国良、韩永梅、陈健签订的典当合同系合同当事人的真实意思表示,并未违反法律、法规的强制性规定,合同依法成立。

关于利息、综合费在当金中预先扣除问题。原一审法院认为,《典当管理办法》明确规定了当金利息不得预扣,而未规定综合费用能否预扣,民商事法律关系中法律未明确禁止即为允许,因此从条文中可以分析得出典当中的综合费用可以约定预扣,况且综合费用是典当行业特有的概念和制度,综合费用不属于孳息范畴,而属于“费用”范畴,综合费用不属于直接费用范畴,而属于服务、管理间接费用,所以典当中的综合费用可以约定预扣。但《典当管理办法》第三十八条规定,典当综合费用包括各种服务及管理费用,财产权利质押典当的月综合费率不得超过当金的24‰,而本案双方的典当关系中约定了当期内月综合费为当金金额2.4%,符合《典当管理办法》关于月综合费相关规定。对于预先扣除的利息105,000元,法院不予支持。被告方对典当本金不应预先扣除利息的辩称,法院予以采信,结合本案,最后确定原告实际典当本金为2,395,000元(2,275,000元+120,000元)。扣除被告方已还的30万元本金,被告尚欠原告典当本金为2,095,000元。

根据《典当管理办法》第四十条规定,典当期限或续当期限届满后,当户应当在5日内赎当或者续当,逾期不赎当也不续当的,为绝当。本案被告自2012年2月29日典当期限届满至原告2012年3月7日起诉,被告已逾期2天,在此期间其并未赎当或者续当,已构成绝当。绝当日期为2012年3月5日。被告应当按典当期限内的月综合费率标准补交5日综合费用8380元(2,095,000元×2.4%/月÷30日/月×5日)。绝当后,双方的典当关系终止,被告无须再向原告支付综合费用。

关于合同中约定的典当借款逾期综合费(按照月费率的3.6%)及逾期还款的违约计算利息(按3‰的日利率)问题。原一审法院认为,典当企业主张借款期限届满后的利息及综合费的,对于两项合计数额超过按银行同期同类贷款基准利率四倍计算的利息的部分不予保护,而本案双方当事人的上述约定明显超过该标准,故对借款逾期综合费及利息超过按银行同期同类贷款基准利率四倍计算的利息部分,本院不予支持。被告韩永梅、傅国庆抗辩逾期违约金过高的请求合理,本院予以支持,结合本案绝当后至起诉日逾期时间2天,本案逾期利息应为3045元(2,095,000元×2.18%÷30日×2天)。

本案当期利息及综合费应如下:(1)2011年5月11日至2011年7月9日利息为2,395,000元×0.5%×2=23,950元;(2)第一次展期自2011年7月10日至2011年9月21日共73天,利息及综合费为(2,395,000元×2.9%÷30日)×73=169,007元;(3)第二次展期自2011年9月22日至2012年2月29日共160天,由于2011年9月

21 日还款 30 万元,本金变为 2,095,000 元,利息及综合费为(2,095,000 元 ×2.9% ÷30 日)×160 =324,026 元。以上合计 516,983 元,扣除被告方已还利息 339,000 元,三被告就当期利息及综合费尚欠原告 516,983 元 -339,000 元 =177,983 元。加上三被告应补交当期满后 5 日综合费用 8380 元,三被告至 2012 年 3 月 7 日起诉日,就当期内及 5 天绝当日利息及综合费尚欠原告合计 186,363 元。

本案保证合同是当事人的真实意思表示,符合法律规定,保证人张某、金鑫旺公司、六合城建公司应对典当借款人的债务承担连带责任。

因双方办理了股权出质登记手续,根据《担保法》及其司法解释的规定,该质权有效成立。在债务人不履行债务时,原告可就张国良、陈健、韩永梅典当出质的金鑫旺公司公司股权进行拍卖、变卖,从折价或以拍卖、变卖该股权所得价款中享有优先受偿权。质押担保的范围包括主债权及利息、违约金、损害赔偿金、质物保管费用和实现质权的费用。

由于周永仙与张国良系夫妻关系,张士红与陈健系夫妻关系,傅国庆与韩永梅系夫妻关系,此笔债务均各自在其夫妻关系存续期间发生的,夫妻关系存续期间所负的债务,一般应按共同夫妻债务处理,应由夫妻双方共同偿还。被告周永仙、张士红、傅国庆均未举证本案典当借款系张国良、陈健、韩永梅各自个人债务,故被告周永仙、张士红、傅国庆辩称典当借款系个人债务不能成立。

根据《典当借款合同》第四条第二款约定,双方对律师费的承担已有约定,为此原告支付的律师费 53,600 元应由被告承担。韩永梅、傅国庆辩称律师费计算标准明显过高,应以本案实际典当金额 197.5 万元来计算,而不应以 220 万元为本金来计算。原一审法院认为,对于律师费的计算标准,不应以法院最终判决确定的数额作为计算依据,本案律师费 53,600 元并未超过江苏省律师服务计件收费标准。故对二被告律师费过高的辩称不予采信。

据此,原一审法院判决:一、被告张国良、周永仙、韩永梅、傅国庆、陈健、张士红于判决生效后十日内偿还原告典当借款人民币本金 2,095,000 元,支付典当期内及当期满后 5 日综合费及利息合计 186,363 元,并支付逾期综合费、利息 3045 元,并支付以 2,095,000 元为本金,自 2012 年 3 月 8 日起至判决确定的付款之日止按银行同期同类贷款基准利率四倍计算逾期综合费、利息;二、被告张国良、韩永梅、陈健支付原告律师费 53,600 元;三、被告张某、金鑫旺公司、六合城建公司对上述债务承担连带保证责任。上述三被告承担保证责任后,有权向被告张国良、周永仙、韩永梅、傅国庆、陈健、张士红追偿。四、原告可就张国良、韩永梅、陈健典当出质的金鑫旺公司股权,在上述债权数额内从折价或以拍卖变卖该股权所得价款中享有优先受偿权。案件受理费24,400元,由原告负担1098元,九被告负担23,302元。保全费5000元由九被告负担。

傅国庆不服原一审法院判决,向本院提起上诉称:1.案涉债务并非夫妻共同债务。(1)本案中,傅国庆妻子韩永梅用其名下享有的金鑫旺公司的股权进行了质押,但该公司自2009年成立后一直未能开展经营活动,公司也未进行红利分配,韩永梅从未从该公司获取过任何利益。(2)傅国庆对韩永梅股权质押典当一事并不知情,且典当合同签订主体为韩永梅,该合同产生的债务也应由合同相对方承担,傅国庆不应承担该合同所约定的债务。(3)案涉债务系韩永梅的个人债务,同丰源典当公司未能证明该笔债务的产生系傅国庆与韩永梅的共同意思表示,或该笔款项用于双方家庭生活,故案涉债务并非夫妻共同债务。2.案涉综合费具有利息的性质,不应预先扣除,该款项应冲抵本金,故本案本金扣除利息及综合费应为1,975,000元。3.案涉律师费明显过高。本案典当金额应为1,975,000元故应按1,975,000元为基数计算律师费。4.绝当后,双方就典当合同的权利义务已经终止,不产生利息及综合费用,且先应就质押股权进行变卖处理。综上,请求二审法院撤销原判,改判驳回同丰源典当公司的诉讼请求,诉讼费由同丰源典当公司负担。

被上诉人同丰源典当公司辩称:1.韩永梅在婚姻关系存续期间内取得金鑫旺公司的股权,该股权为夫妻共同财产,故产生的债务也系共同债务。2.律师费用的标准按起诉时标准计算,未超过律师收费办法规定的标准。3.根据《典当管理办法》第三十八条的规定,同丰源典当公司可以收取相应的典当综合费用,此费用并非利息,提前扣除的利息原审法院已经在本金中予以扣除。4.根据《典当管理办法》第四十三条的规定,目前金鑫旺公司股权的价值不足以清偿债务,不足部分仍需债务人偿还,故并不需先处理典当物再行追偿,其有权选择实现权利的方式。

原审被告韩永梅述称:1.韩永梅仅应以其出质的股权承担还款责任。2.案涉债务系公司债务,该款项也用于公司经营,故不属于夫妻共同债务。3.典当借款系违规行为。

原审被告张国良、周永仙、陈健、张士红、张某、金鑫旺公司、六合城建公司未到庭发表意见。

原二审中,傅国庆未提交新证据,但认为在原一审中其提交的金鑫旺公司出具的说明已载明该公司成立后未经营及分红,故傅国庆不应承担还款责任。同丰源典当公司对该证明的真实性不予认可,且认为不能证明该公司实际经营情况。

本院原二审经审查,对原一审判决已查明事实予以确认。

另查明,案涉合同第三条第一款约定,根据《典当管理办法》的规定,本合同项下每笔当金的月综合费用为当金金额的2.4%,典当时甲方即应支付,本合同项下的每笔当金利率确定为0.5%。

原二审归纳争议焦点为:1.案涉债务是否属于傅国庆、韩永梅的夫妻共同债务;2.同丰源典当公司能否预先扣除综合费用;3.案涉律师费是否过高;4.绝当后质押股权应如何处理。

本院原二审认为,同丰源典当公司与张国良、韩永梅、陈健签订的典当合同系各方当事人的真实意思表示,并不违反法律、行政法规的强制性规定,合法有效,双方均应依约履行。

关于案涉债务是否属于傅国庆、韩永梅的夫妻共同债务的问题。本院原二审认为,债权人就婚姻关系存续期间夫妻一方以个人名义所负债务主张权利的,应当按夫妻共同债务处理。傅国庆与韩永梅系夫妻关系,案涉债务系其夫妻关系存续期间内发生,该笔债务应属夫妻共同债务。傅国庆以其不知情,韩永梅未从金鑫旺公司获取利润及借款未用于家庭共同生活为由,主张其不应承担还款责任的上诉理由,于法无据,法院不予采纳。

关于同丰源典当公司能否预先扣除综合费用的问题。本院原二审认为,案涉合同约定,在张国良、韩永梅、陈健以股权典当借款时,张国良、韩永梅、陈健即应支付每月2.4%的综合费用,该约定并未违反法律、行政法规的禁止性规定,故傅国庆主张综合费性质属于利息性质,同丰源典当公司不应预先扣除综合费用的上诉理由,于法无据,本院不予采信。原审法院认定本案尚未清偿的本金数额为2,095,000元并无不当,应予维持。

关于案涉律师费是否过高的问题。本院原二审认为,案涉合同已约定如逾期还款,张国良、韩永梅、陈健应负担同丰源典当公司为实现债权所发生的律师费用,以本案尚未清偿的本金2,095,000元及欠付的利息、综合费用、逾期利息为基础,案涉律师费53,600元并未超过江苏省律师服务计件收费标准,故原审法院判定张国良、韩永梅、陈健给付同丰源典当公司律师费53,600元并无不当。傅国庆的该项上诉理由,缺乏事实依据,法院不予采信。

关于绝当后案涉质押股权的处理问题。本院原二审认为,《典当管理办法》第四十三条规定,当物估价金额在3万元以上的,可以按照《中华人民共和国担保法》的有关规定处理,也可以双方事先约定绝当后由典当行委托拍卖行公开拍卖。拍卖收入在扣除拍卖费用及当金本息后，剩余部分应当退还当户，不足部分向当户追索。但本案中各方当事人并未约定，绝当后同丰源典当公司可自行采取委托拍卖行公开拍卖变卖等措施，故傅国庆主张同丰源典当公司必须优先处理质押股权后，再行追偿不足债权的上诉理由，于法无据，本院不予采信。

案涉合同约定借款人逾期还款应承担逾期利息，但合同约定的3‰日利率标准明显过高，对于超过中国人民银行同期同类贷款基准利率四倍的部分不予保护，借款人应按上述标准向同丰源典当公司支付逾期利息。故傅国庆主张不应向同丰源典当公司给付逾期利息的上诉理由，于法无据，本院不予采信。绝当后，双方典当关系终止，债务人不应再给付综合管理费用。原审法院已认定绝当后，张国良、韩永梅、陈健不应再支付综合管理费用，又在判决主文中判定债务人应向同丰源典当公司自绝当后按中国人民银行同期同类银行贷款基准利率的四倍给付逾期综合费、利息有误，本院应予纠正。

综上，傅国庆的上诉请求缺乏事实与法律依据，本院不予支持。原审判决认定事实清楚，适用法律正确，应予维持。据此，原二审判决：一、维持南京市秦淮区人民法院(2012)秦商初字第77号民事判决第二、三、四项。二、变更南京市秦淮区人民法院(2012)秦商初字第77号民事判决第一项“张国良、周永仙、韩永梅、傅国庆、陈健、张士红于本判决生效后十日内偿还同丰源典当公司典当借款人民币本金2,095,000元，支付典当期内及当期满后5日综合费及利息合计186,363元，并支付逾期综合费、利息3045元，并支付以2,095,000元为本金，自2012年3月8日起至判决确定的付款之日止按银行同期同类贷款基准利率四倍计算逾期综合费、利息”为：张国良、周永仙、韩永梅、傅国庆、陈健、张士红于本判决生效后十日内偿还同丰源典当公司典当借款人民币本金2,095,000元，支付典当期内及当期满后5日综合费及利息合计186,363元，并支付逾期利息3045元；并支付以本金2,095,000元为基数，自2012年3月8日起至判决确定的给付之日止按中国人民银行同期同类贷款基准利率四倍计付逾期利息。二审案件受理费24,400元、公告费600元，共计25,000元，由上诉人傅国庆负担。

傅国庆、韩永梅申请再审请求，撤销原一、二审判决，重新审理，判决同丰源典当公司应先处置质押股权以实现其债权。具体理由是：1. 傅国庆对债务不应承担还款责任。根据2012年5月14日原一审庭审笔录，同丰源典当公司当庭陈述的诉讼请求并没有要求傅国庆承担还款责任这一项，原一、二审判决均超出同丰源典当公司的诉请判令傅国庆承担偿还责任是错误的。此外，案涉债务并非夫妻共同债务，夫妻双方既无共同举债的意向,也未产生任何收益,更谈不上收益用于夫妻共同生活,况且韩永梅根本就没收到借款。2. 原一、二审判决对当金原始本金、当期及各展期结束时尚欠本金及管理费、利息认定错误,导致判决最终认定的总债务远远超出实际债务,严重侵害了债务人的利益。原一、二审认定当金本金为 2,395,000 元,是错误的。(1)同丰源典当公司出借款项时预先扣除的综合管理费,不应计算在当金本金中。预先扣除综合管理费和预先扣除利息的性质是一样的,均产生实际交付给借方款项不足的后果。因此,本案当金本金应为 2,275,000 元。(2)即使管理费可以预先扣除,当期及各展期当金本金的认定也有错误。当期 2011 年 5 月 11 日到 2011 年 7 月 9 日,当期 60 天。当期当金应当是 2,389,705 元,而不是原一、二审认定的 2,395,000 元。鉴于尚欠本金认定错误,必然导致其他判决认定的综合费、逾期利息等错误。3. 应当判决同丰源典当公司先处置质押股权实现典当权利,其只能在质押股权价值不足的范围内要求债务人以其他财产清偿。(1)绝当后,典当行应当先处置质押物或者抵押物实现债权,这是典当行业的经营惯例。(2)根据典当借款合同第六条、第七条的约定,绝当后同丰源典当公司应当处分质押物(质押股权)收回当金本金等债权及实现债权的费用,况且三位出质股东均同意处置质押股权。(3)最高人民法院关于对辽宁省高级人民法院《营口宏源典当有限公司与盖州市第二建筑工程有限公司典当纠纷一案请示》的答复[(2008)民二他字第 51 号中]明确表示:结合《典当管理办法》的相关规定并参照我国典当行业历史上和当前的经营惯例,典当行应当在拍卖典当物价值范围内清收债权,而不能直接请求债务人以其他财产清偿债权。(4)《典当管理办法》第四十三条第一项明确规定了绝当后,典当行应当按照以下两种方式处置绝当物品实现典当权利。一是按双方事先约定,在典当行委托拍卖行公开拍卖;二是在没有约定的情况下,依照《担保法》的规定处置绝当物品。4. 债务人不应承担延期支付的利息,原一、二审判决债务人按中国人民银行同期同类贷款基准利率四倍计付逾期利率没有法律依据。绝当后,同丰源典当公司没有按照约定及时处置质押物,反而恶意拖延时间,造成延期支付的假象,以图获取高额利息,因此,债务人不应承担延期支付的利息。《典当管理办法》第三十七条第一款规定,典当当金利率,按中国人民银行公布的银行机构 6 个月期法定贷款利率及典当期限折算后执行。典当行收取的利息、包括逾期利息均不得违反此规定。所以,即使债务人需承担延期支付利息,也只能在月利率 0.5% 的范围内收取,且只能在这一合理期限内收取。5. 涉案借款是公司行为,韩永梅对本案债务不承担还款责任。6. 即使涉案债务不是公司行为,也是三位股东的按份之债,韩永梅也不承担还款责任。根据合同,此债务是三位股东按股权比例的借款,各自在其股权比例范围内承担还款责任。同丰源典当公司并没有向韩永梅出借款项,也没有向韩永梅出具当票,韩永梅不承担还款责任。7. 原一、二审判决违反了《中华人民共和国物权法》第一百七十六条的规定。本案除了三位债务人提供股权质押(物保)外,还有张某、金鑫旺公司、六合城建公司作为保证人提供了保证担保。各方当事人对物的担保和人的担保实现权利的顺序没有约定,根据《中华人民共和国物权法》第一百七十六条规定,同丰源典当公司应当先就物的担保实现债权,保证人只对不足部分承担连带责任。

被申请人同丰源典当公司再审辩称:1. 法律对在本金中不得预先扣除作出了规定,而典当管理综合费没有在任何法律中被认定为利息,应当可以预先扣除。对于本金的计算问题,只是计算误差。2. 最高院关于辽宁省的批复,与本案不具有关联性,不适用本案。3.《典当管理办法》第四十三条并没有对绝当以后抵押物的处分顺序进行强制性的规定,抵押权人有权选择处置的顺序,而非傅国庆、韩永梅主张的要先处置质押股权。4. 对利息问题。在合同中已明确约定为日千分之三,法院判决银行同期利率的四倍,并没有违背相关规定。5. 其公司在原一审起诉中要求傅国庆承担还款责任,诉讼请求中没有改,故傅国庆应承担相应的还款责任。6. 案涉借款不是一次性借款,如果韩永梅没有收到该借款则不会在第一次、第二次的延展时签名;借款合同是韩永梅等三个自然人签订的,该合同是用于公司流动资金,该借款是金鑫旺公司实际使用,没有违反合同规定,韩永梅的借款是用其个人名义所签订的,借款发生在韩永梅和傅国庆婚姻关系存续期间,应属于夫妻共同债务。

再审中,本院依当事人的申请调取了陈健账号为62×××40的2011年至2012年全年存取款交易明细和陈健的《最高额股权质押合同》,被申请人同丰源典当公司提交了韩永梅、张国良的《最高额股权质押合同》。同丰源典当公司对傅国庆、韩永梅申请调取的陈健银行账户的存取款交易明细无异议,并认为该证据证实,同丰源典当公司已经按合同约定支付了典当本金。傅国庆、韩永梅认为,该证据证实,韩永梅并未收到该钱款而是陈健用于归还其个人债务,所以该钱款应系陈健个人债务。同丰源典当公司认为韩永梅等三人的《最高额股权质押合同》证实,韩永梅等人依法办理了案涉股权质押手续,具有法律效力;傅国庆、韩永梅等人对陈健的《最高额股权质押合同》的真实性、合法性无异议。傅国庆、韩永梅认为,张国良的《最高额股权质押合同》与本案无关联性,不予质证;对韩永梅《最高额股权质押合同》的来源合法性表示怀疑,且合同落款时间在典当借款之前对其真实性也不予认可,均不能作为定案证据采用。本院认为,上述证据来源合法,能够证明案件事实,可以采信。

本院经审查,对原一、二审判决已查明事实予以确认。

另查明,韩永梅、陈健、张国良的《最高额股权质押合同》第六条约定:“发生下列事项之一时,乙方(同丰源典当公司)有权依法定方式处分质押股权及其派生权益,所得款项及其权益优先清偿贷款本息。(1)甲方(分别指借款人韩永梅、陈健、张国良)不按本质押项下合同规定,如期偿还贷款本息、利息及费用。(2)甲方被宣告解散、破产的。”

上述事实有《典当借款合同》、三份保证书、韩永梅等人的《最高额股权质押合同》、三份股权出质准予设立登记通知书、收款确认书、陈健银行账户的存取款交易明细、兴业银行网上银行客户回单、展期协议、委托代理合同和发票、原审被告提供的六份汇款单、申请再审人及被申请人的陈述等证据予以证实。

本案的争议焦点是:1. 同丰源典当公司是否可以预先扣除综合费;2. 案涉典当借款行为系金鑫旺公司行为还是韩永梅、张国良、陈健的个人行为,若系个人行为,各借款人是否应按其质押股权的比例承担债务;3. 绝当后相关费用是否应当支持;4. 绝当后同丰源典当公司是否必须先处置质押股权;5. 傅国庆是否应承担还款义务,即若韩永梅应承担涉案债务,该债务是否为傅国庆、韩永梅夫妻共同债务,同丰源典当公司是否在原一审中将傅国庆作为被告进行起诉;6. 在既有保证人的保证,又有债务人自己的物的担保时,是否应先实现物的担保,保证人在物的担保范围外承担保证责任?

本院再审认为,同丰源典当公司与张国良、韩永梅、陈健签订的典当合同合法有效,对其中不违反法律规定的约定,双方均应按约履行。

关于争议焦点1,即同丰源典当公司是否可以预先扣除综合费的问题。本院认为,典当综合费用包括各种服务及管理费用,参照《典当管理办法》第三十七条第二款的规定,典当当金利息不得预扣,但该办法中并未规定综合费用不得预扣,而且预先扣除综合费是典当行的普遍做法,双方当事人在合同中约定预先扣除综合服务费并不违反法律、法规的禁止性规定。故傅国庆、韩永梅主张同丰源典当公司不应预先扣除综合费的主张不能成立,不予采纳。案涉《典当借款合同》中约定的借款金额为250万元整,综合费为当金的2.4%。但在实际支付时,同丰源典当公司提前收取2个月的综合费,实际支付给借款方2,275,000元,所以案涉实际当金为2,389,706元,即2,275,000元÷(1-2.4%×2)=2,389,706元(精确到个位数)。原一、二审认定案涉实际典当本金为2,395,000元有误,应予纠正。

关于争议焦点2,案涉典当借款行为系金鑫旺公司行为还是韩永梅、张国良、陈健的个人行为;若系个人行为,各借款人是否应按占有的股权比例承担债务。本院认为,案涉《典当借款合同》载明,“当户(甲方):张国良、韩永梅、陈健”,韩永梅在该合同中作为当户方予以签字;而且,在收款确认书中,韩永梅也在“收款人”栏处签字;此外,案涉借款的“展期协议书”中也载明,“当户(甲方):张国良、韩永梅、陈健”,韩永梅也在该协议书中作为当户方予以签字。《典当借款合同》仅约定案涉借款的用途是作为金鑫旺公司的流动资金周转,并没有约定金鑫旺公司是借款方。故韩永梅主张借款是金鑫旺公司的单位行为无事实依据,本院不予采纳。由于《典当借款合同》没有约定张国良、韩永梅、陈健三人对案涉债务按比例承担还款责任,韩永梅等三人对案涉借款均应承担全部债务的还款义务。所以,韩永梅提出案涉债务系三位股东的按份之债没有事实根据,本院不予以支持。2011 年 5 月 11 日同丰源典当公司将案涉借款直接汇入陈健的银行账户;同日,韩永梅、陈健、张国良均在“收款确认书”中签字确认收到该笔借款;且 2011 年 9 月 22 日韩永梅、陈健、张国良均在“展期协议书”签字确认对案涉借款的借款期限予以延展。如果借款人没有收到借款,韩永梅等人还在“展期协议书”中签字确认续当则不符合常理。上述事实足以证实,韩永梅认可同丰源典当公司已经支付了案涉借款。所以,韩永梅以其本人未收到借款,也未收到同丰源典当公司的当票为由,主张同丰源典当公司未向韩永梅实际交付借款,并据此主张不承担还款责任的理由不能成立,本院不予支持。

关于争议焦点 3,绝当后相关费用是否应当支持。《典当管理办法》第四十条规定:“典当期限或续当期限届满后,当户应当在 5 日内赎当或者续当,逾期不赎当也不续当的,为绝当。”本案中,典当期限届满时点为 2012 年 2 月 29 日,绝当日期应为同年 3 月 5 日,至同丰源典当公司起诉时(2012 年 3 月 7 日)已经超过绝当日期 2 日。绝当之后,不存在当期,张国良、韩永梅、陈健可不再向同丰源典当公司支付综合费,但应支付相应的逾期利息。《典当借款合同》第三条约定,典当借款逾期的综合费为当金金额的 3.6%;第四条第二款约定,甲方逾期还款,应按 3‰的日利率承担责任。但是,双方约定借款逾期的综合费高于 2.4%,利率高于 0.5% 的部分不予保护。因案涉典当合同比照民间借贷合同处理,按规定利率最高不得超过银行同期同类贷款利率的四倍,故双方约定逾期还款利率为 3‰的日利率,明显超出前述四倍贷款利率的标准,所以对超出部分本院不予支持。绝当之后债务人无须再承担综合费,故绝当之后的综合费用的主张不能支持,利率应按银行同期同类贷款利率四倍计算。债务人承担典当借款逾期的综合费(绝当之前)、利息的约定系双方意思自治,不违反法律的规定,应予遵守;但是,超过部分法院不予保护。绝当后 2 日同丰源典当公司即提起诉讼,没有恶意拖延的故意,所以逾期利息应当由债务人承担。韩永梅提出债务人不应承担延期支付的利息、绝当后债权人有恶意拖延时间,造成延期支付假象的主张无事实依据,本院不予采纳。本案当期利息及综合费应做如下计算:(1)2011 年 5 月 11 日至 2011 年 7 月 9 日利息为 2,389,706 元×0.5%×2=23,897.06 元(2 个月的综合费已预先扣除);(2)第一次展期自 2011 年 7 月 10 日至 2011 年 9 月 21 日共 73 天,利息及综合费为 2,389,706 元×(2.4%+0.5%)÷30×73=168,633.59 元;(3)第二次展期自 2011 年 9 月 22 日至 2012 年 2 月 29 日共 160 天,由于 2011 年 9 月 21 日还款 300,000 元,本金应为 2,089,706 元(2,389,706 元-300,000 元=2,089,706 元),利息及综合费为 2,089,706 元×(2.4%+0.5%)÷30×160=323,207.86 元。以上合计 515,738.51 元,扣除已还利息款 339,000 元,张国良、韩永梅、陈健就当期利息及综合费尚欠同丰源典当公司 176,738.51 元(515,738.51 元-339,000 元=176,738.51 元)。加上张国良、韩永梅、陈健应承担当期满后 5 日综合费及利息为 10,100.25 元[2,089,706 元×(2.4%+0.5%)÷30×5 天=10,100.25 元],所以张国良、韩永梅、陈健尚欠同丰源典当公司综合费、利息合计 186,838.76 元。本案绝当后至起诉时的逾期利息应为 3037.04 元(2,089,706 元×2.18%÷30×2=3037.04 元)。

关于争议焦点 4,绝当后同丰源典当公司是否必须先处置质押股权的问题。《典当管理办法》第四十三条规定:"典当行应当按照下列规定处理绝当物品:(一)当物估价金额在 3 万元以上的,可以按照《中华人民共和国担保法》的有关规定处理,也可以双方事先约定绝当后由典当行委托拍卖行公开拍卖。拍卖收入在扣除拍卖费用及当金本息后,剩余部分应当退还当户,不足部分向当户追索。(二)绝当物估价金额不足 3 万元的,典当行可以自行变卖或者折价处理,损溢自负。……"案涉《典当借款合同》第七条约定,乙方(同丰源典当公司)的权利和义务:1. 乙方有权在典当期限或者续当期限届满后,依法处分质押物,以收回对典当当金、综合费、利息、违约金、损害赔偿金及乙方实现债权和质押权的有关费用。2. 根据法律、法规、规章及《典当管理办法》等规定及本合同约定享有和承担的其他权利与义务。可见,双方当事人在典当借款合同中对绝当后的处理有约定。根据合同约定及《典当管理办法》的规定并参照典当行业的交易惯例和我国典当行业历史上和当前的经营惯例,绝当后,债权人同丰源典当公司应当先在拍卖典当物价值范围内清收债权,而不能直接要求当户以其他财产清偿债权;对典当物变价不足清偿债务的部分,同丰源典当公司有权向当户、担保人追偿。故原一、二审判决直接由当户偿还借款,缺少合同依据和法律依据。韩永梅该辩解理由成立,应予支持;同丰源典当公司关于不先处置质押股权收回当金,而以借款人的其他财产偿还债权的主张,本院不予支持。

关于争议焦点5，傅国庆是否应承担还款义务，即同丰源典当公司是否在原一审中将傅国庆作为被告进行起诉，该债务是否为傅国庆、韩永梅夫妻共同债务。经查，原一审开庭前，同丰源典当公司提交的《追加被告申请书》中明确将傅国庆追加为被告并要求其承担还款责任；而且原一审开庭时法院明确将傅国庆列为被告，各方当事人对傅国庆的被告身份均无异议，傅国庆的委托代理人也代理傅国庆作为被告出庭参加诉讼。所以，原一、二审判决并未超出同丰源典当公司的诉请作出判决。《最高人民法院关于适用〈中华人民共和国婚姻法〉若干问题的解释（二）》第二十四条规定，债权人就婚姻关系存续期间夫妻一方以个人名义所负债务主张权利的，应当按夫妻共同债务处理。但夫妻一方能够证明债权人与债务人明确约定为个人债务，或者能够证明属于婚姻法第十九条第三款规定情形（“夫妻对婚姻关系存续期间所得的财产约定归各自所有的，夫或妻一方对外所负的债务，第三人知道该约定的，以夫或妻一方所有的财产清偿”）的除外。案涉债务系傅国庆、韩永梅夫妻关系存续期间内发生，且傅国庆没有提交证据证实存在法律规定不应视为夫妻共同债务的事实，故该债务应属于夫妻共同债务。傅国庆不应承担案涉典当借款的还款责任的辩解理由不能成立，本院不予支持。

关于争议焦点6，在既有保证人的保证，也有债务人自己的物的担保时，是否应先实现物的担保，然后保证人在物的担保范围外承担保证责任。经查，张国良、韩永梅、陈健将其在金鑫旺公司的全部股权质押给同丰源典当公司，并到工商行政部门办理了质押登记，质押合同依法成立。张某、金鑫旺公司、六合城建公司作为保证人对典当借款人的债务承担连带责任，保证合同是当事人的真实意思表示，符合法律规定。依照《中华人民共和国物权法》第一百七十六条规定：“被担保的债权既有物的担保又有人的担保的，债务人不履行到期债务或者发生当事人约定的实现担保物权的情形，债权人应当按照约定实现债权；没有约定或者约定不明确，债务人自己提供物的担保的，债权人应当先就该物的担保实现债权……”股权质押性质是担保物权，本案中债务人张国良、韩永梅、陈健将其股权质押为案涉债权担保，在案涉保证合同中没约定由保证人张某、金鑫旺公司、六合城建公司优先实现担保责任，故依据《中华人民共和国物权法》第一百七十六条规定，同丰源典当公司应当先就案涉质押股权的担保实现债权。原一、二审判决保证人张某、金鑫旺公司、六合城建公司对案涉债务直接承担连带责任，系适用法律错误，应予纠正。

张国良、周永仙、陈健、张士红、张某、金鑫旺公司、六合城建公司经合法传唤，未到庭参加诉讼，视为对自己诉讼权利的放弃。

综上所述,原一、二审判决部分事实及适用法律确有错误,应予纠正。经本院审判委员会讨论决定,依照《中华人民共和国民事诉讼法》第一百四十四条、第一百七十条第一款第二项、第二百零七条的规定,判决如下:

一、撤销本院(2012)宁商终字第896号民事判决及南京市秦淮区人民法院(2012)秦商初字第77号民事判决。

二、张国良、周永仙、韩永梅、傅国庆、陈健、张士红偿还江苏同丰源典当有限公司南京分公司典当借款本金人民币2,089,706元,支付典当期内及当期满后5日综合费及利息合计186,838.76元,支付绝当后至起诉日的逾期利息3037.04元,并支付以2,089,706元为本金的相应利息(自2012年3月8日起至判决确定的付款之日止,按中国人民银行同期同类贷款基准利率四倍计算利息);张国良、韩永梅、陈健支付江苏同丰源典当有限公司南京分公司律师费53,600元。

三、上述款项,依法定程序在本判决生效之日起6个月内,以典当质押股权折价或变卖、拍卖的款项予以偿还;处置典当质押股权价款不足以清偿江苏同丰源典当有限公司南京分公司典当金、管理费及利息、律师费等部分,由张国良、周永仙、韩永梅、傅国庆、陈健、张士红在处置结束后十五日内继续承担给付责任;清偿后如有剩余部分,则应在处置结束后十五日内退还给张国良、韩永梅、陈健。

四、处置典当质押股权的费用,由张国良、周永仙、韩永梅、傅国庆、陈健、张士红承担;并应在该费用产生后十五日内给付。

五、张国余、南京金鑫旺钢结构有限公司、南京六合城东建筑工程有限公司对江苏同丰源典当有限公司南京分公司行使本判决主文第三项所确定的权利后仍无法得到的清偿部分承担连带保证责任。

六、驳回江苏同丰源典当有限公司南京分公司其他诉讼请求。

如果未按本判决指定的期间履行给付金钱义务,应当按照《中华人民共和国民事诉讼法》第二百五十三条之规定,加倍支付迟延履行期间的债务利息。

原一审案件受理费24,400元,由江苏同丰源典当有限公司南京分公司负担1098元,由张国良、周永仙、张国余、陈健、张士红、韩永梅、傅国庆、南京金鑫旺钢结构有限公司、南京六合城东建筑工程有限公司负担23,302元(各负担2589.11元)。原一审案件保全费5000元,由张国良、周永仙、张国余、陈健、张士红、韩永梅、傅国庆、南京金鑫旺钢结构有限公司、南京六合城东建筑工程有限公司负担(各负担555.56元)。原二审案件受理费24,400元、公告费600元,共计25,000元,由傅国庆负担15,000元,江苏同丰源典当有限公司南京分公司负担10,000元。本案公告费600元,由傅国庆、韩永梅、江苏同丰源典当有限公司南京分公司各负担200元。

本判决为终审判决。

审 判 长 任志中

审 判 员 李 伟

代理审判员 徐声宇

二〇一四年十一月十九日

书 记 员 杨 帆

【案例三十五】河南省神州典当有限公司申请实现担保物权案（2016年8月31日）

【法律点】典当行依据生效的典当合同依法取得了当物的抵押权，在典当期间届满后，当户未能按约定偿还当金，典当行实现抵押权的条件成就，典当行可以申请法院对当物以拍卖、变卖等方式进行变价，并在当物变价后所得价款中以抵押权登记时约定的担保债权数额为限享有优先受偿的权利。

【关键词】典当合同成立并生效　抵押登记　实现抵押权　拍卖、变卖　担保的债权数额　优先受偿

河南省滑县人民法院
民事裁定书

（2016）豫0526民特14号

申请人：河南省神州典当有限公司，住所地：滑县新区文明路与胡庄南路交汇处。

法定代表人：钞伟军，总经理。

委托代理人：胡晓，河南师诚律师事务所律师。

被申请人：赵新利。

被申请人：孙平。

申请人河南省神州典当有限公司于2016年8月3日向本院提出实现担保物权的申请，本院受理后，依法由审判员刘定伟适用特别程序进行审查，并于2016年8月19日向被申请人送达了权利异议告知书。本案现已审查终结。

申请人述称：2015年7月15日，被申请人赵新利、孙平以滑县道口镇××中××北侧××花园××单元××西户房屋为抵押物，向申请人申请典当借款30万元，双方签订了《房地产抵押典当合同》，申请人为被申请人开具了当票，并于2015年7月15日办理了房屋抵押登记手续，申请人领取了房屋他项权证。《房地产抵押典当合同》

约定,被申请人以其自有房屋为抵押物,为被申请人赵新利、孙平自2015年7月15日至2015年9月15日在抵押权人处办理的房产典当借款30万元提供担保。登记费、评估费、保险费、公证费、鉴定费、违约金、滞纳金、保管费、拍卖费、律师费及甚费用由被申请人承担。被申请人赵新利、孙平向申请人借款30万元,月利息及综合费用率为1.0%,期满可续当。2015年7月16日申请人向被申请人支付了借款30万元。借款期满后,被申请人赵新利、孙平向申请人申请续当5次,双方签订了5份续当合同,最后一次续当合同的签订时间为2016年3月12日,约定的还款期限为2016年7月9日止。现双方约定的还款期限已过,被申请人无力归还本金30万元及利息、综合费。现申请:1. 依法裁定拍卖被申请人所有的房产(房产权证号为10××84),拍卖、变卖后所得款项偿还申请人的借款本金300,000元及续当期内利息(以借款本金300,000元为基础自2015年7月15日起至2016年7月9日止按月利率1%计算)、逾期利息及综合费(逾期利息及综合费两项以本金300,000元为基础自2016年7月9日起至实际给付之日止,两项合计按月利率1.0%计算);2. 裁定申请人实现抵押权的费用(包括可能发生的评估费、拍卖费、过户费等)由被申请人承担;3. 申请费由被申请人承担。

被申请人赵新利、孙平未提出异议。

经审查:2015年7月15日,申请人与被申请人赵新利、孙平签订《房地产抵押典当合同》,合同约定借款人赵新利、孙平以坐落在滑县道口镇××中××北侧××花园××单元××西户房屋为抵押物,向申请人典当借款30万元,并另行签订了《典当借款合同》、承诺书和收款确认书。双方一致确认,合同项下的月利息及综合费用率1.0%,双方一致同意申请人一次性预扣典当期限内3个月综合费6000元。在前次典当或续当期限内以及前次典当或续当期限届满后5日内可续当,借款人应结清前次典当或续当当期综合费用。2015年7月15日申请人与被申请人赵新利、孙平就其所有的位于滑县道口镇××中××北侧××花园××单元××西户房屋(房产证号:10××84)在滑县房产管理局办理了房屋抵押登记手续,申请人领取了房屋他项权证(他项权证号:滑房他证道口镇字第20150×××号)。房屋他项权证记载的房屋他项权利人为河南省神州典当有限公司,债权数额为30万元。2015年7月16日双方签立当票一份,当票载明当金金额30万元整,月综合费率为1.0%,典当期限自2015年7月16日起至2015年9月13日止,综合费6000元,实付金额294,000元(申请人已扣除2个月综合服务费6000元)。2015年7月16日,申请人转账交付给被申请人赵新利、孙平294,000元,当期届满后,被申请人赵新利、孙平向申请人申请续当5次,双方签订了5份续当当票,最后一次续当当票约定的续当期限自2016年3月12日至2016年7月9日,续当期间被申请人赵新利、孙平共支付综合费用21,000元。续当期满后被申请人赵新利、孙平未能返还当金,也未能给付续当内利息。

本院认为,申请人具备经营典当的资质,被申请人以房产典当形式向申请人借款30万元,双方签订了《房地产抵押典当合同》和《典当借款合同》,申请人向被申请人开具当票并支付当金,双方之间的典当合同成立并生效。被申请人赵新利以其所有的房屋(××道口镇××中××北侧××花园××单元××西户,房产证号:10××84)作为抵押,并办理了抵押登记,申请人依法取得了该房产的抵押权,在续当期间届满后,被申请人未能按约定偿还当金,申请人实现抵押权的条件成就,申请人申请对抵押财产以拍卖、变卖等方式进行变价,符合法律规定,应予准许。但申请人与被申请人办理的他项权证中明确了抵押担保的债权数额为30万元,故申请人在抵押物变价后所得价款中应以30万元为限享有优先受偿的权利。依照《中华人民共和国物权法》第一百九十五条第二款、《中华人民共和国民事诉讼法》第一百九十七条之规定,裁定如下:

准许对被申请人赵新利所有的位于滑县道口镇×××中段北侧××花园××单元×××西户(房产证号:10××84)房屋以拍卖、变卖等方式依法变价,申请人河南省神州典当有限公司对变价后所得价款在30万元范围内优先受偿。

本裁定为终审裁定。

审　判　员　刘定伟

二〇一六年八月三十一日

书　记　员　高　静

【案例三十六】安徽汇银典当有限责任公司申请实现担保物权案
(2016年2月1日)

【法律点】典当当事人之间形成了有效的典当借款关系且办理了抵押登记,抵押权业已设立。典当期限届期后当户未还款已构成违约,实现抵押权的条件业已成就。但当户就被担保主债权的范围提出合理异议,构成对实现担保物权的实质性争议,法院应驳回典当行实现担保物权的申请,并告知其向人民法院提起诉讼。

【关键词】典当借款　抵押登记　主债权的范围　实质性争议　驳回申请　提起诉讼

安徽省当涂县人民法院
民事裁定书

(2015)当民申担字第00001号

申请人:安徽汇银典当有限责任公司,住所地:安徽省马鞍山市经济技术开发区。

法定代表人:陶红,总经理。

委托代理人:尹学丰,安徽长城律师事务所律师。

被申请人:马鞍山众志新型建材集团有限公司,住所地:安徽省马鞍山市当涂县姑孰工业集中区。

法定代表人:晋月顺。

委托代理人:熊小建,系公司职工。

申请人安徽汇银典当有限责任公司(以下简称汇银典当公司)于2015年12月11日向本院提出实现担保物权的申请。本院受理后,依法由代理审判员刘丹凤进行了审查。因送达问题,本案审理期限获准延长30天,现已审查终结。

汇银典当公司称:2014年6月20日,申请人与被申请人签订《典当借款合同》一份,双方约定被申请人向申请人借款350万元,借款期限六个月(自2014年6月20日至2014年12月19日),综合服务费月利率为1.3%,利息月利率为0.5%。被申请人自愿以其享有的位于当涂县姑孰镇工业集中区纬四路的国有土地使用权(土地证编号:当国用2014第××××号)依法抵押给申请人,并办理了抵押登记。担保范围包括:借款本金、综合服务费、借款利息、违约金、损害赔偿金和实现债权费用等。2014年6月20日,申请人依法向被申请人提供典当借款350万元,但被申请人未按约归还典当借款本金、综合服务费及利息。截至2015年11月30日,被申请人尚欠申请人借款本金350万元、综合服务费及利息724,500元、违约金362,250元、实现债权费用10万元,以上合计4,686,750元。故请求依法裁定拍卖或变卖马鞍山市当涂县姑孰镇工业集中区纬四路的国有土地使用权(土地证编号:当国用2014第××××号),并就该国有土地使用权拍卖或变卖所得价款在4,686,750元范围内优先受偿。(利息及违约金暂计算至2015年11月30日,之后的按2.7%计算至实际清偿之日止)

针对上述申请,申请人向本院提供:企业法人营业执照、组织机构代码、《典当借款合同》、《抵押合同》、(2014)第177号国有土地使用权他项权证、委托书及两份汇款凭证、NO.××××××××××30号当票、NO.××××××××××31号当票、《催收逾期借款本息通知书》、《委托代理合同》、律师增值税发票。

被申请人辩称:1.2014年6月20日借款时预先扣除利息75.6万元,实际借款本金为277.4万元,同时申请人没有提供350万元的银行汇款单;2.利息计算的基数即本金有误,同时利息高于银行同期利率;3.综合服务,没有明确的服务事项,没有提供典当行的国家收费标准;4.双方没有约定违约金;5.没有律师费发票,不予认可。

本院经审查认为,申请人与被申请人之间形成了有效的典当借款关系及抵押合同关系。双方办理了抵押登记,抵押权业已设立。借款届期,被申请人未还款,构成违约,实现抵押权的条件业已成就。但就被担保主债权的范围:本金、相应的利息、综合服务费、违约金、实现债权的费用,被申请人均有异议。据申请人陈述,涉案借款前6个月的利息及综合服务费已在350万元当金中按约预先扣除,申请人主张的350万元当金确属有误,且双方对扣除的金额意见不一;相应地,以当金为计算依据的利息、综合服务费、实现债权费用,申请人主张亦有误;同时,申请人依据案涉典当借款合同第7.22条,主张以本息及综合服务费之和为基数,按月利率2.7%计取违约金。经查,涉典当借款合同第7.22条"于典当期限或者续当期限届满至绝当前赎当的或虽经乙方同意延期赎当的。除须按合同约定偿还借款本息、综合服务费用外,还应当根据中国人民银行规定的银行等金融机构预期贷款罚息水平、本合同约定综合服务费标准和预期天数,补缴当金利息和有关费用(50%)",系针对当期或者续当期限届满至绝当前赎当的或经乙方同意延期赎当时,补缴当金利息和相关费用的情形,并非针对被申请人逾期不赎当也不续当的情形，且该条亦未明确载明计算的基数是本息及综合服务费之和。综上，被申请人对借款本金、相应的利息、综合服务费、违约金、实现担保债权费用的异议确有一定的依据，其异议系对实现担保物权的实质性争议，有待进一步实体审查，故申请人实现担保物权的申请，不符合法律规定，本院不予支持，申请人可以向人民法院提起诉讼。据此，依照《中华人民共和国民事诉讼法》第一百九十七条和《最高人民法院关于适用〈中华人民共和国民事诉讼法〉的解释》第三百七十二条第三项的规定，裁定如下：

驳回申请人安徽汇银典当有限责任公司申请实现担保物权的申请，申请人安徽汇银典当有限责任公司可以向人民法院提起诉讼。

本裁定为终审裁定。

代理审判员　刘丹凤

二〇一六年二月一日

书　记　员　孔晓同

【问题提示】(5)绝当后，当户是否应承担违约责任？

【案例三十七】廊坊九江典当有限公司诉许长华、刘海云典当纠纷案（2016年3月4日）

【法律点】典当行依约向当户提供了当金，当户未按期偿还当金本息，构成违约，应向典当行承担偿还当金并支付利息、综合费用及逾期利息的违约责任。但绝当后典当行不能要求当户继续支付综合费用，而对于绝当后的计息标准不宜过低，以年利率24%标准计算为宜。

【关键词】当期届满　绝当　违约责任　怠于处分　综合费用　计息标准

河北省大厂回族自治县人民法院
民事判决书

（2016）冀1028民初29号

原告：廊坊九江典当有限公司。

法定代表人：刘福，经理。

委托代理人：王新梅，河北张玉凤律师事务所律师。

被告：许长华。

被告：刘海云。

本院受理原告廊坊九江典当有限公司与被告许长华、刘海云典当纠纷一案后，依法由代理审判员宋彬彬独任审判，公开开庭进行了审理。原告廊坊九江典当有限公司委托代理人王新梅出庭参加诉讼。被告许长华、刘海云经本院合法传唤，无正当理由拒不到庭。本院依法缺席审理。本案现已审理终结。

原告廊坊九江典当有限公司诉称，2015年5月11日、5月26日，二被告以房屋典当的形式分别从原告处借款880,000元和465,075元，双方约定了还了还款期限及违约责任,并由二被告共同到房管部门为抵押房屋办理了房屋他项权登记,以登记在被告刘海云名下的位于大厂县上游尚品城 2 号楼 × 号 1 层(证号大厂县房权证大字第 × × 号)、2 层(证号大厂县房权证大字第 × × 号)楼房对上述借款提供担保。借款到期后,二被告陆续偿还部分利息并办理续当手续。自 2015 年 11 月二被告未再履行还当付息义务。故原告诉请法院判令二被告偿还典当本息 1421,335.46 元,并按合同约定承担逾期付款的违约责任。

被告许长华、刘海云未答辩。

经审理查明,2015 年 5 月 11 日,二被告与原告订立房地产抵押贷款合同一份,约定被告以坐落在大厂县上游尚品城 2 号楼 × 号 1 层商业楼房(证号大厂县房权证大字第 × ×)作为典当物,自原告处借款 880,000 元,典当期限自 2015 年 5 月 11 日至同年 6 月 9 日,典当利率为 0.4%。合同同时约定抵押典当期满前如欲续当,应于典当期满前五日内提出申请,经原告同意后办理续当手续,本合同对续当合同继续有效,超期续当或赎当每日加收典当金额 10‰的综合费用。订立合同当日,原告扣除被告应支付的综合费用 22,880 元后,向被告发放当金 857,120 元,并向被告出具全国统一当票一份,写明当户刘海云,当物为上游尚品城 2 号楼 × 号 1 层商业,典当金额 880,000 元,综合费用贰万贰仟捌佰捌拾元整,月费率 2.60%,月利率 0.40%,典当期限由 2015 年 5 月 11 日至 6 月 9 日止。上述典当合同当期届满后,经双方协商,被告分别于 2015 年 6 月 26 日、8 月 27 日、9 月 21 日、10 月 16 日办理续当手续,当期截至 2015 年 11 月 21 日,被告分别支付了续当综合费及至 2015 年 10 月 22 日期间的利息。

2015 年 5 月 26 日,二被告与原告订立房地产抵押贷款合同一份,约定被告以坐落在大厂县上游尚品城 2 号楼 × 号 2 层楼房(证号大厂县房权证大字第 × ×)作为典当物,自原告处借款 465,075 元,典当期限自 2015 年 5 月 26 日至同年 6 月 24 日,典当利率为 0.4%。合同同时约定抵押典当期满前如欲续当,应于典当期满前五日内提出申请,经原告同意后办理续当手续,本合同对续当合同继续有效,超期续当或赎当每日加收典当金额 10‰的综合费用。订立合同当日,原告扣除被告应支付的综合费用 12,091.95 元后,向被告发放当金 452,983.05 元,并向被告出具全国统一当票一份,写明当户刘海云,当物名称上游尚品城 2 号楼 × 号 2 层商业,典当金额 465,075 元,综合费用 12,091.95 元,月费率 2.60%,月利率 0.40%,典当期限由 2015 年 5 月 26 日至 6 月 24 日。上述典当合同当期届满后,经双方协商,被告分别于 2015 年 6 月 15 日、7 月 31 日、8 月 21 日、9 月 21 日、10 月 26 日办理续当手续,当期截至 2015 年 11 月 6 日,被告分别支付了续当综合费及至 2015 年 10 月 7 日期间的利息。

本院认为，原、被告签订的典当借款抵押合同系双方当事人真实意思表示，合同内容不违反法律、行政法规的禁止性规定，合法有效，双方当事人均应按约履行义务。原告依约向被告提供了当金，被告未按期偿还当金本息，构成违约，应向原告承担偿还当金并支付利息、综合费用及逾期利息的违约责任。根据《典当管理办法》第四十条第二款"当户于典当期限或者续当期限届满至绝当前赎当的，除须偿还当金本息、综合费用外，还应当根据中国人民银行规定的银行等金融机构逾期贷款罚具水平、典当行制定的费用标准和逾期天数，补交当金利息和有关费用"，被告在借款期限届满后五天内未续当，需支付当期届满后五日的利息和综合费用。同时，根据该办法第四十三条第一项的规定，绝当后，原告有权按照《中华人民共和国担保法》的有关规定或双方约定来处理绝当物品，拍卖收入在扣除拍卖费用及当金本息后，剩余部分应当退还当户，不足部分向当户追索。本案中，原告在期满后怠于处分当物，要求被告绝当后继续支付综合费用，明显有失公允，亦与诚实信用原则相悖。典当行不同于银行业金融机构，典当行仅依靠自有资金支付当户的当金，故在当户迟迟不能归还当金等明显违约情形下，构成绝当，基于公平原则亦应支付较高的利息。本案双方合同中约定的计息标准不利于平衡双方当事人利益，本院应当予以调整，对于绝当后利息以年利率24%标准计算为宜。

为担保债务的履行，债务人或者第三人不转移财产的占有，将该财产抵押给债权人的，债务人不履行到期债务或者发生当事人约定的实现抵押权的情形，债权人有权就该财产优先受偿。本案中，被告以其所有的登记在被告刘海云名下的位于大厂县上游尚品城2号楼×号2层（证号大房权字第××号）、4号1层（证号大房权字××号）楼房对借款提供抵押，并办理了抵押登记，现被告未履行到期债务，原告主张对该房屋享有优先受偿权，符合法律规定，原告要求以设定抵押的房产折价或以拍卖、变卖的所得价款优先受偿，理据充分，本院依法应予支持。

综上，依照《中华人民共和国物权法》第一百七十九条第一款、第一百八十七条，《中华人民共和国合同法》第八条、第一百零七条、第一百一十四条，《中华人民共和国担保法》第三十三条、第三十四条第一款第一项、第四十六条、第五十三条，《中华人民共和国民事诉讼法》第一百四十四条，参照《典当管理办法》第四十条、第四十三条第一款第一项之规定，判决如下：

一、被告许长华、刘海云自判决生效之日起十日内，偿付原告廊坊九江典当有限公司当金1,345,075元及利息、综合费用、逾期利息（利息按月利息0.4%标准支付，其中当金880,000元部分，自2015年10月8日起计算至同年11月11日止；当金

465,075 元部分,自 2015 年 10 月 23 日起计算至同年 11 月 26 日止。综合费用按月费率 2.6% 标准计算 5 天,逾期利息按年率 24% 标准支付:其中当金 880,000 元部分自 2015 年 11 月 12 日起算;当金 465,057 元部分,自 2015 年 11 月 27 日起算,均计算至本判决确定的履行期限届满之日止)。

二、被告许长华、刘海云如不能在上述履行期限内付清当金、利息、综合费用及逾期利息,原告廊坊九江典当有限公司与被告许长华、刘海云可协议以登记在被告刘海云名下的位于大厂县上游尚品城 2 号楼 × 号 2 层(证号大房权字第 × × 号)、× 号 1 层(证号大房权字 × × 号)楼房折价或者向法院申请拍卖、变卖,以所得价款优先受偿(清偿顺序:实现抵押权费用 - 主债权利息 - 主债权)。

如未按本判决指定的期间履行给付金钱义务,应当依照《中华人民共和国民事诉讼法》第二百五十三条之规定,加倍支付迟延履行期间的债务利息。

案件受理费减半收取 8750 元,财产保全费 5000 元,合计 13,750 元,由被告许长华、刘海云负担。

如不服本判决,可在判决书送达之日起十五日内,向本院递交上诉状,并按对方当事人的人数提出副本,上诉于河北省廊坊市中级人民法院。

本判决生效后,当事人在法律文书确定的期间内不履行义务的,对方当事人可向本院申请执行。提出申请执行的期间为本判决书确定的履行期间最后一日起二年内。逾期将丧失申请执行权。

代理审判员　宋彬彬
二〇一六年三月四日
书　记　员　刘洪滔

【案例三十八】安徽大安典当有限公司诉张某等典当纠纷案
(2016年1月18日)

【法律点】 1.典当行依约足额提供了当金,当户未履行在约定期限内偿还当金、赎回当物的义务,亦未在典当期满后进行续当,已经构成违约,应承担相应的违约责任,按中国人民银行同期同类贷款基准利率的四倍计算绝当后的当金利息。

2.被担保的债权既有物的担保又有人的担保的,在清偿顺序没有约定或者约定不明确时,当户自己提供物的担保的,典当行应当先就该物的担保实现债权。

【关键词】当金数额　夫妻共同债务　绝当　违约责任　综合费用　当金利息　物的担保　人的担保

安徽省合肥市中级人民法院
民事判决书

(2015)合民二终字第01080号

上诉人(原审原告):安徽大安典当有限公司。

法定代表人:陈健峰。

委托代理人:盛强,安徽天瑞律师事务所律师。

委托代理人:江旭东。

被上诉人(原审被告):张某。

被上诉人(原审被告):颜某。

被上诉人(原审被告):龚子健。

委托代理人:韩军。

上诉人安徽大安典当有限公司(以下简称大安典当公司)与被上诉人张某、被上诉人颜某、被上诉人龚子健典当纠纷一案,不服安徽省合肥市蜀山区人民法院2015年6月8日作出的(2015)蜀民二初字第00508号民事判决,向本院提起上诉。本院受理后,依法组成合议庭进行了审理。本案现已审理终结。

原审法院查明:2014 年 2 月 26 日,当户张某(以下简称甲方)与当行大安典当公司(以下简称乙方)签订了《典当借款合同》(编号为:2014 年大安典当借字第 0204 号)一份,约定:甲方提供当物向乙方申请抵押典当借款;甲方提供的当物为合肥市包河区美菱大道与太湖路路交口恒生阳光城×幢室房产,产权证书号码:房地权证合包字第×××号。当物评估总价值为人民币 1,000,000 元;乙方向甲方支付当金金额人民币 1,000,000 元;当金支付方式为银行转账;典当期限为 1 个月(30 天),自 2014 年 2 月 26 日至 2014 年 3 月 27 日。具体起始日以乙方实际付款日为准;甲方应按规定向乙方支付综合费用。月综合费率为 2.7%,甲方当金发放后三个工作日内,甲方一次性给付乙方 30 天的典当综合费共计人民币 27,000 元;本次典当借款月利率为 0.3%,甲方于每月末交纳当月利息。合同还约定,典当期限或者续当届满后 5 日内,甲方不续当也不赎当的,为绝当。乙方按照有关规定处理绝当物品。绝当后,乙方可以对绝当物采取处置措施,典当综合费和利息按本合同第四条标准计算至乙方债权全部收回之日等。甲方以房地产等资产抵押作为履行本合同的担保,具体担保内容详见另行签订的担保合同,合同编号为:2014 年大安(房、地)抵字第 0204 号。上述担保合同是本合同的从合同。违约责任约定有甲方在典当期限届满或续当期限届满后五日内,既不续当也不赎当造成绝当的,除应按本合同第七条规定偿还当金并支付利息、综合费用和逾期罚息以外,还应当自绝当之日起按当金金额的日千分之三向乙方支付违约;第十三条约定:甲方不能按时归还当金、支付利息、综合费用时,甲方自愿承担乙方为实现债权而支出的费用,包括但不限于诉讼费、执行费、评估费、拍卖费、律师代理费等;合同还对续当、赎当、绝当等作了约定。

同日,抵押人张某(甲方)与抵押权人大安典当公司(乙方)签订了《安徽大安典当有限公司担保合同》[合同编号:2014 年大安(房、地)抵字第 0204 号]一份,约定:为了确保 2014 年 2 月 26 日当户张某(甲方)与大安典当公司(乙方)签订的 2014 年大安典当借字第 0204 号典当借款合同(以下简称主合同)得到全面、适当履行,甲方愿意提供房地产抵押典当。抵押物(当物)为合肥市包河区美菱大道与太湖路路交口恒生阳光城幢×室房产,产权证书号码:房地权证合包字第×××号;甲方房地产抵押典当范围包括:主合同项下全部当金、利息、综合费用、罚息、违约金、赔偿金、乙方实现抵押权的费用包括但不限于诉讼费、执行费、评估费、拍卖费、公证费、律师代理费等,双方办理了抵押登记;合同中财产共有人栏处颜某签字确认。同时,张某还对该房不得出租等事项进行了声明。

同日，龚子健向大安典当公司出具保证函，言明：本人龚子健已明确知晓张某向贵公司借款1,000,000元一事，并详细阅读了2014年大安典当借字第0204号、2014年大安（房、地）抵字第0204号抵押担保合同，本人自愿为张某该笔1,000,000元的借款提供无限连带责任担保，保证内容包括：本人作为担保人对张某借款当金、利息、综合费用、逾期综合费用、罚息、违约金、赔偿金以及大安典当公司实现债权的诉讼费、评估费、公证费、律师等费用承担无限连带责任担保。

合同签订当日，大安典当公司与张某签署了当票；大安典当公司通过银行向张某转账人民币1,000,000元，用于履行上述合同项下的义务。张某典当后陆续交纳了各项费用248,000元。典当期满后，张某未偿还借款本金，亦未续当、赎当。

2014年11月18日，大安典当公司与安徽天瑞律师事务所签订委托代理合同一份，约定安徽天瑞律师事务所指派盛强、江旭东（实习）律师为本案的诉讼代理人，2015年4月22日，大安典当公司支付律师费用40,000元。

2015年2月10日，大安典当公司诉至原审法院，请求判令：1. 张某、颜某立即向大安典当公司偿还当金本金1,000,000元，支付利息10,200元，综合费91,800元，支付逾期罚息、违约金213,333元（暂计算至2015年2月10日，此后按照中国人民银行同期同类贷款基准利率的四倍顺延计算至判决确定的履行期限届满之日止），赔偿律师费用40,000元；2. 大安典当公司对张某、颜某设定抵押的位于合肥市包河区美菱大道与太湖路交口恒生阳光城幢×室房产（房权证合包字第号）在上述债权范围内享有优先受偿权；3. 龚子健对上述债务向大安典当公司承担保证担保责任；4. 张某、颜某、龚子健承担本案的全部诉讼费用。

原审另查明：张某与颜某系夫妻关系。抵押物是位于合肥市包河区美菱大道与太湖路交口恒生阳光城×幢室（产权证书号码：房地权证合包字第×××号），该房产登记在张某名下，系张某婚前购买，张某与颜某共同清偿了该房部分按揭款。

原审法院认为：典当，是指当户将其动产、财产权利作为当物质押或者将其房地产作为当物抵押给典当行，交付一定比例费用，取得当金，并在约定期限内支付当金利息、偿还当金、赎回当物的行为。大安典当公司与张某签订的典当合同系双方真实意思表示，且内容不违反法律、法规，应认定为合法有效，双方当事人均应依约履行各自合同义务。大安典当公司依约足额提供了当金，张某未履行在约定期限内偿还当金、赎回当物的义务，亦未在典当期满后进行续当，已经构成违约，应承担相应的违约责任。故大安典当公司诉请张某偿还当金，有事实和法律依据，予以支持。对于大安典当公司主张的支付利息10,200元、综合费91,800元，支付逾期罚息、违约金213,333元的诉请(暂计算至2015年2月10日,此后按照中国人民银行同期同类贷款基准利率的四倍顺延计算至判决确定的履行期限届满之日止)。原审法院认为,《典当管理办法》系典当行业的专门性法律规范,其从行业特点、行业风险、典当期间等因素综合考量后确定的典当费率和当金利率幅度标准,应当予以肯定。在当户逾期不赎当也不续当,视为绝当的情形下,典当行应及时行使相关权利。对于绝当后,典当行未及时行使权利的情形下,其依据合同确定的标准主张远超正常利息水平的综合费率和当金利息,法律未作明确肯定。对此期间的综合费用和当金利息,经综合考量张某违约造成的损失等因素后,应确定为不超过银行同期贷款利率的四倍为宜,因此大安典当公司的主张,系重复计算,且过高,应当予以调整,张某应承担自绝当后(2014年3月28日始)按中国人民银行同期同类贷款基准利率的四倍计算至判决确定的履行期限届满之日止的综合费用、利息;故大安典当公司诉请超过的部分,不予支持。张某已支付人民币248,000元,应当扣除张某在当期内的综合费用、利息30,000元,余款218,000元,大安典当公司与张某未约定还款的事项,故应抵作当金,即张某还应偿还当金782,000元,并承担自2014年3月28日始至判决确定的履行期限届满之日止按中国人民银行同期同类贷款基准利率的四倍计算的综合费用、利息。对于大安典当公司要求张某支付律师费40,000元的主张,有事实和法律依据,予以支持。大安典当公司诉请颜某承担共同清偿责任,因颜某并非本案争议典当借款合同的当事人,依合同的相对性原则,其不应承担相应还款责任,故大安典当公司的诉请,不予支持。本案典当借款合同项下,张某以其名下位于合肥市包河区美菱大道与太湖路交口恒生阳光城幢×室房产(产权证书号码:房地权证合包字第×××号)一套作为抵押担保,该抵押担保合法有效,且办理了抵押物权登记手续,大安典当公司有权就该抵押物在典当借款合同项下债务范围内行使优先受偿权;颜某在与张某婚姻存续期间清偿了部分按揭款,对该抵押物享有部分权利,颜某在担保合同上签字,应视为其同意以该房享有的部分权利提供担保,故颜某在对该房享有的部分权利的范围内承担。龚子健自愿为张某的债务提供连带担保,对此债务应承担连带清偿责任,但大安典当公司的债权既有保证又有物的担保,故龚子健对物的担保以外的追偿权承担保证责任;故大安典当公司主张龚子健对上述债务承担共同清偿责任,有事实和法律依据,予以支持。张某、龚子健辩称,大安典当公司主张利息、综合费用等损失过高的辩解,于法有据,予以采信;但辩称律师费用不应承担,无事实依据,不予采信。龚子健辩称,请求法院支持优先拍卖典当物,如拍卖的价款不足以偿还本息,才承担连带清偿责任的辩解,于法有据,予以采信。据此,依据《中华人民共和国合同法》第八条、第一百零七条,《中华人民共和国物权法》第一百七十条、第一百七十九条,《中华人民共和国担保法》第六条、第十二条、第十八条、第二十一条、第二十八条第一款、第三十一条、第三十三条、第四十六条之规定,判决:一、张某于本判决生效之日起十日内偿还大安典当公司借款本金782,000元,并自2014年3月28日起至判决确定的履行期限届满之日止按中国人民银行发布的同期同类贷款基准利率四倍计算的综合费用、利息;二、张某于本判决生效之日起十日内支付大安典当公司聘用律师代理费用40,000元;三、大安典当公司对张某、颜某提供抵押的张某婚前购买并在张某名下位于合肥市包河区美菱大道与太湖路交口恒生阳光城幢×室房产(产权证书号码:房地权证合包字第×××号)在上述第一、二项确定的债权范围内享有折价或者拍卖、变卖的价款优先受偿权;四、龚子健对上述第一、二项债务经大安典当公司实现本判决第三项抵押权后仍不能清偿的部分承担连带责任;五、驳回大安典当公司的其他诉讼请求。案件受理费16,998元,保全费5000元,由大安典当公司负担6198元,张某、颜某、龚子健共同负担15,800元。

上诉人大安典当公司上诉称:1.原审判决对应偿还的当金本金数额认定错误,应偿还的当金本金为919,335.65元;2.颜某与张某系夫妻关系,本案债务属于夫妻共同债务,颜某应当对涉案债务承担共同还款责任;3.龚子健在提供保证担保时,明确知晓本案债务有物的担保,其仍作出立即无条件清偿的意思表示,因此龚子健应对涉案债务承担连带保证担保责任。综上,请求二审法院:1.撤销原审判决第一、四、五项;2.依法改判张某、颜某立即向大安典当公司偿还当金本金919,335.65元,并自2014年11月1日起按照中国人民银行同期同类贷款基准利率的四倍顺延计算至判决确定的履行期限届满之日止的利息、综合费、逾期罚息、违约金等;3.依法改判龚子健对上述债务承担连带保证担保责任;4.判令被上诉人承担本案的全部诉讼费用。

被上诉人龚子健答辩称:应由张某和颜某以当物优先偿还,不足部分再由我方承担连带保证责任。一审认定事实清楚,适用法律正确,请求二审法院驳回上诉,维持原判。

二审期间,上诉人大安典当公司提供两组新证据:1.(2014)蜀民一初字第03267号民事裁定书、结婚登记审查处理表、申请结婚登记声明书,证明张某、颜某的夫妻关系;2.工商银行业务回单七份,证明2014年2月至10月期间,张某本人或委托他人分七次以现金或转账的方式归还上诉人248,000元。

被上诉人龚子健质证认为:对上述两组证据没有异议。

本院经审查认为:上诉人提供的两组证据内容与本案争议事实具有关联性,能够作为认定本案事实的依据,本院予以确认。

本院对原审查明的事实予以确认。

二审另查明:2014 年 2 月 27 日,张某通过章喆卿向大安典当公司支付 30,000 元。2014 年 3 月 31 日,张某通过章喆卿向大安典当公司支付 50,000 元。2014 年 4 月 29 日,张某向大安典当公司支付 50,000 元。2014 年 7 月 31 日,张某向大安典当公司支付 26,000 元。2014 年 9 月 2 日,张某向大安典当公司支付 31,000 元。2014 年 9 月 30 日,张某通过赵梅娟向大安典当公司支付 30,000 元。2014 年 10 月 31 日,张某通过孙娟向大安典当公司支付 31,000 元。

本院认为:本案二审的争议焦点为:1. 一审判决确认的当金数额是否准确。通过二审查明的事实可知,在大安典当公司发放当金后,张某本人或委托他人分七次向大安典当公司支付了 248,000 元。由于《典当借款合同》约定的综合费及利息计算标准过高,本院酌定上述费用的计算标准为银行同期同类贷款基准利率的四倍。结合张某七次付款的时间和金额,按照先扣除利息再冲抵本金的计算方式,经核算,张某尚欠的当金数额为 901,595.6 元。

2. 颜某是否应当对本案债务承担共同还款责任。颜某与张某系夫妻关系,而本案债务发生于夫妻关系存续期间,根据《最高人民法院关于适用〈中华人民共和国婚姻法〉若干问题的解释(二)》第二十四条的规定,在颜某没有举证证明本案债务属于张某个人债务的情况下,本院认为应以夫妻共同债务认定。因此,大安典当公司要求颜某对本案债务承担共同还款责任,具有事实和法律依据,予以支持。

3. 龚子健是否应当对本案债务承担连带保证责任。根据《中华人民共和国物权法》第一百七十六条的规定,被担保的债权既有物的担保又有人的担保的,在清偿顺序没有约定或者约定不明确时,债务人自己提供物的担保的,债权人应当先就该物的担保实现债权。本案中,虽然颜某向大安典当公司出具了保证函,承诺对本案债务承担连带责任,但是该函件中并未对物保和人保并存时的清偿顺序作出明确约定。因此,原审法院对龚子健的责任认定并无不当。

综上,本院认为大安典当公司的上诉理由部分成立,其上诉请求依法部分支持。据此,依据《中华人民共和国民事诉讼法》第一百七十条第一款第二项、第一百七十五条之规定,判决如下:

一、维持安徽省合肥市蜀山区人民法院(2015)蜀民二初字第 00508 号民事判决第三、四、五项,即安徽大安典当有限公司对张某、颜某提供抵押的张某婚前购买并在张某名下位于合肥市包河区美菱大道与太湖路交口恒生阳光城幢 × 室房产(产权证书号码:房地权证合包字第 × × × 号)在上述第一、二项确定的债权范围内享有折价或者拍卖、变卖的价款优先受偿权,龚子健对上述第一、二项债务经安徽大安典当有限公司实现本判决第三项抵押权后仍不能清偿的部分承担连带责任,驳回安徽大安典当有限公司的其他诉讼请求。

二、变更安徽省合肥市蜀山区人民法院(2015)蜀民二初字第00508号民事判决第一项为:张某、颜某于本判决生效之日起十日内支付安徽大安典当有限公司当金901,595.6元及利息(以当金901,595.6元为基数,从2014年11月1日起,按照中国人民银行同期同类贷款基准利率的四倍计算至本判决确定的履行期限届满之日)。

三、变更安徽省合肥市蜀山区人民法院(2015)蜀民二初字第00508号民事判决第二项为:张某、颜某于本判决生效之日起十日内支付安徽大安典当有限公司律师代理费用40,000元。

如未按本判决指定的期间履行给付金钱义务,应当依据《中华人民共和国民事诉讼法》第二百五十三条之规定,加倍支付迟延履行期间的债务利息。

一审案件受理费16,998元,保全费5000元,合计21,998元,由安徽大安典当有限公司负担3146元,由张某、颜某、龚子健负担18,852元;二审案件受理费3047元,由安徽大安典当有限公司负担61元,由张某、颜某负担2986元。

本判决为终审判决。

审　判　长　钱爱民
审　判　员　程亚娟
代理审判员　王　倩
二〇一六年一月十八日
书　记　员　朱斌斌

【案例三十九】湖州金股典当有限责任公司诉湖州绿之源生态农业开发有限公司典当纠纷案

(2015 年 4 月 9 日)

【法律点】典当合同可以自行约定典当期限届满后逾期 15 日不回赎,又不办理续当手续的,视为当户自愿放弃回赎权,即为绝当。绝当之后,典当行未依照相关规定或合同约定处理绝当物品,应视为怠于行使自己的民事权利,其后果应由其自行承担民事责任。因此,绝当后的综合费及违约金的诉讼请求不予支持,但当期届满后至绝当前的综合费,以及起诉之日起至判决确定的履行之日止按照中国人民银行同期同档次贷款基准利率计算的利息,属于典当行的合理损失,应予支持。

【关键词】返还当金　放弃回赎权　绝当　综合费　违约金　合理损失　基准利率

浙江省湖州市南浔区人民法院
民事判决书

(2015)湖浔菱商初字第 11 号

原告:湖州金股典当有限责任公司。

法定代表人:吴耀虹。

委托代理人:俞伟杰。

被告:湖州绿之源生态农业开发有限公司。

法定代表人:张国新。

原告湖州金股典当有限责任公司为与被告湖州绿之源生态农业开发有限公司典当纠纷一案,于 2014 年 12 月 29 日向本院起诉。本院于同日立案受理后,依法组成合议庭于 2015 年 4 月 9 日公开开庭进行了审理并当庭宣告判决。原告湖州金股典当有限责任公司的委托代理人俞伟杰到庭参加了诉讼,被告湖州绿之源生态农业开发有限公司经本院合法传唤无正当理由拒不到庭。

原告湖州金股典当有限责任公司起诉称:原、被告于2013年10月9日签订了以被告所有的位于湖州市和孚镇重兆迎宾北路1号房产作抵押的房地产抵押典当合同与房地产典当借款合同,合同注明了借款金额、综合费、利息以当票为准,当票确定当金500,000元,综合费为每月2.7%,合同中确定了甲方逾期支付综合费除综合费及利息外还应向乙方支付违约金0.05%/天,并办理了房屋他项权证。2013年10月16日,原告开具500,000元当票一份,当期一个月,被告认可后签字并盖章,原告于同日按照被告的要求分两次将当金500,000元(一次100,000元,一次400,000元)转入张国新账户。典当期限届满后被告多次续当,将当期延至2014年5月20日,上述款项当期届满后,经原告向被告催讨未果,故请求判令:1.被告湖州绿之源生态农业开发有限公司立即归还原告当金500,000元及相应的综合费,综合费按每月2.7%自2014年5月21日起计算至付清之日止,违约金按每天0.05%自2014年6月15日起计算至付清之日止;2.原告对被告抵押的位于湖州市和孚镇重兆迎宾北路1号享有顺位优先受偿权;3.本案诉讼费由被告承担。庭审中,原告明确第二项诉讼请求为:原告对被告抵押的位于湖州市和孚镇重兆迎宾北路1号的房屋享有顺位优先受偿权。另庭审中原告自认被告已支付综合费、利息至2014年5月20日。

原告湖州金股典当有限责任公司为支持其诉讼请求,向本院提交如下证据材料:

书证1:《房地产抵押典当合同》《房地产典当借款合同》各一份,以证明原、被告之间存在典当抵押借款合同关系的事实。

书证2:房屋他项权证[湖房他证湖州市字第124001×××号、湖房他证湖州市字第124001×××号]二份与土地他项权证[浔土他项(2013)第09×××号]一份,以证明被告所有的位于湖州市和孚镇重兆迎宾北路1号的房屋及土地已抵押给原告的事实。

书证3:《当票》一份,以证明原、被告之间的典当关系,典当金额为500,000元,综合费率为2.7%每月,典当期限自2013年10月16日起至2013年11月14日止等相关事实。

书证4:委托支付一份,以证明被告委托原告将借款转入张国新个人账户的事实。

书证5:电子银行交易回单二份,以证明原告分两次(一次为100,000元,一次为400,000元)共计500,000元交付给被告的事实。

书证6:《续当凭证》一份,以证明被告续当至2014年5月20日的事实。

被告湖州绿之源生态农业开发有限公司未作答辩,亦未向本院提交证据材料。

因被告湖州绿之源生态农业开发有限公司经本院合法传唤无正当理由拒不到庭,故无法针对原告提交的上述证据材料进行质证,视为其放弃质证权利。经本院审核后认为,原告提交的上述证据材料来源合法,内容真实,与本案具有关联性,符合作为证据的有效要件,本院均予以认定。

根据认定的证据,结合原告在庭审中的陈述,本院认定本案事实如下:

2013 年 10 月 9 日,原告湖州金股典当有限责任公司与被告湖州绿之源生态农业开发有限公司签订《房地产典当借款合同》一份,约定:被告湖州绿之源生态农业开发有限公司向原告借款 1,000,000 元,实际金额以当票为准,综合费用按典当借款金额 2.7%/月计算,利息按典当借款金额 0.3%/月计算,借款期限为自 2013 年 10 月 9 日至 2014 年 10 月 9 日,借款期内及借款期限届满后 5 日内,经双方协商同意可以续当,届时双方另行签署《续当凭证》,《续当凭证》上确定的借款终止日为本合同的借款终止日,本合同约定的事项在续当期间继续有效。同日,原告湖州金股典当有限责任公司与被告湖州绿之源生态农业开发有限公司又签订《房地产抵押典当合同》一份,约定:被告湖州绿之源生态农业开发有限公司以其所有的坐落于湖州市和孚镇重兆迎宾北路 1 号的房屋及房屋所属土地使用权(房屋产权证号:湖房权证湖州市字第 × × 号,湖房权证湖州市字第 × × 号;国有土地使用权证号:湖土国用(2011)第 003691 号)提供抵押担保,担保范围为:本合同项下的当金、当金利息、综合费用、逾期的当金利息以及原告为实现债权发生的费用。合同另约定:典当期限届满后逾期 15 日不回赎,又不办理续当手续的,视为被告自愿放弃回赎权,即为绝当,绝当的房屋原告有权进行清场、委托有关拍卖机构公开拍卖并享有优先受偿权等内容。2013 年 10 月 11 日与 10 月 25 日,原、被告双方办理了上述被告湖州绿之源生态农业开发有限公司所有的坐落于湖州市和孚镇重兆迎宾北路 1 号抵押房产及土地使用权的抵押权登记,他项权证号分别为:湖房他证湖州市字第 124001 × × × 号、湖房他证湖州市字第 124001 × × × 号、浔土他项(2013)第 09 × × × 号,其中,土地他项权证中显示的抵押期限为 2013 年 10 月 25 日至 2014 年 3 月 30 日。2013 年 10 月 16 日,原告向被告湖州绿之源生态农业开发有限公司出具了编号为 NO. 330100015118 的《当票》一份,典当金额为 500,000 元,当票约定的典当期限为自 2013 年 10 月 16 日起至 2013 年 11 月 14 日止。后原告按照被告的要求通过银行转账方式分两次将 500,000 元的当金转入张国新所有的银行账户,履行了合同约定的借款义务。后经被告多次续当,最后的典当期限为自 2014 年 4 月 17 日起至 2014 年 5 月 20 日止,且被告已支付综合费、利息至 2014 年

5月20日。上述典当期限届满后，被告湖州绿之源生态农业开发有限公司既未赎当又未续当，当金及相关费用经原告多次催讨未果，以致纠纷成讼。

本院认为，原、被告之间的典当合同系双方当事人的真实意思表示，且未违反法律规定，应确认有效。被告向原告借取当金后，未能依约还款，应承担立即返还当金的民事责任。原、被告对典当合同多次达成续当手续，最后的当期截止于2014年5月20日，根据原、被告双方的约定，典当期限届满后逾期15日不回赎，又不办理续当手续的，视为被告自愿放弃回赎权，即为绝当，本案符合双方约定的绝当情形，已为绝当，对于绝当之后，原告未依照我国商务部、公安部联合下发的《典当管理办法》第四十三条的规定及双方在合同中的约定处理绝当物品，应视为怠于行使自己的民事权利，其后果应由原告自行承担民事责任。因此，对于原告要求被告支付绝当后的综合费及违约金的诉讼请求，本院不予支持。对于原告主张的当期届满后至绝当期间的综合费，应属原告的合理损失，本院予以支持，经本院核算后为6750元。另对起诉之日起至判决确定的履行之日止原告的合理损失，本院认为按照中国人民银行同期同档次贷款基准利率支付为宜。据此，为了维护正常的社会主义市场经济秩序，保护当事人的合法权益，参照《典当管理办法》第三条、第四十条、第四十三条，并依照《中华人民共和国民法通则》第四条、第九十条，《中华人民共和国合同法》第八条、第六十条第一款、第一百一十三条及《中华人民共和国民事诉讼法》第一百四十四条之规定，判决如下：

一、被告湖州绿之源生态农业开发有限公司应返还原告湖州金股典当有限责任公司当金500,000元，并支付综合费6750元，共计506,750元，以及按照中国人民银行同期同档次贷款基准利率计算的自2014年12月29日起至本判决确定的履行之日止的逾期还款损失，均限于本判决生效之日起十日内支付。

二、原告湖州金股典当有限责任公司对被告湖州绿之源生态农业开发有限公司所有的坐落于湖州市和孚镇重兆迎宾北路1号抵押房屋（房屋产权证号：湖房权证湖州市字第××号，湖房权证湖州市字第××号）按照抵押顺位在上述债权范围内享有优先受偿权。

三、驳回原告湖州金股典当有限责任公司的其他诉讼请求。

如果未按本判决指定的期间履行给付金钱义务，应当依照《中华人民共和国民事诉讼法》第二百五十三条之规定，加倍支付延迟履行期间的债务利息。

本案受理费8800元，公告费300元，合计诉讼费9100元，由被告湖州绿之源生态农业开发有限公司负担。

如不服本判决，可在判决书送达之日起十五日内，向本院递交上诉状，并按对方当事人的人数提出副本，上诉于浙江省湖州市中级人民法院。

审 判 长　费张正
代理审判员　王彦刚
人民陪审员　程晓秋
二〇一五年四月九日
书 记 员　赵练丽

【案例四十】嘉兴市聚力源典当有限责任公司平湖分公司诉居利平典当纠纷案（2009年2月5日）

【法律点】 1. 第三人未经当户授权，擅自以当户名义办理续当手续，当户事后亦未对此作出追认，该行为属无权代理，既不发生续当的法律效力，也不产生新的典当关系。典当期限届满后5日内未办理续当或赎当，应为绝当。

2. 绝当后，典当行应依法先行处理绝当物品清偿当金。典当行可以自行按规定处理绝当品，也可以选择通过司法程序处理绝当品，用以清偿当金及绝当前的综合费及利息，但不得要求当户支付绝当后的违约金，也不得主张因诉讼而产生的律师代理费。

【关键词】当票　当金　赎当　续当　绝当日　违约金　律师代理费

浙江省嘉兴市中级人民法院
民事判决书

（2009）浙嘉商终字第31号

上诉人（原审被告）：居利平。

委托代理人：钱林华，浙江东港律师事务所律师。

委托代理人：黄铭。

被上诉人（原审原告）：嘉兴市聚力源典当有限责任公司平湖分公司。

法定代表人：陈俐。

委托代理人：沈忠明，浙江天卓律师事务所律师。

上诉人居利平因与被上诉人嘉兴市聚力源典当有限责任公司平湖分公司（以下简称聚力源公司）典当纠纷一案，不服平湖市人民法院（2008）平民二初字第1635号民事判决，向本院提起上诉，本院于2008年12月30日向受理后，依法组成合议庭，于2009年1月8日公开开庭进行了审理。上诉人居利平及委托代理人钱林华、黄铭，被上诉人聚力源公司委托代理人沈忠明到庭参加诉讼。本案现已审理终结。

原审法院审理认定:2006 年 9 月 19 日,双方签订最高额房屋典当合同一份,并经平湖市公证处公证。合同约定:居利平自 2006 年 9 月 19 日至 2007 年 9 月 19 日可连续向聚力源公司申请最高额为 700,000 元的当金,并以居利平所有的平湖市当湖街道卡都花苑 6 幢 15 号×××室房屋(房屋所有权证号:平字第 022×××号)作为典当物抵押给聚力源公司;当金月利息率为 0.5%,每月保管、保险、服务等综合费率为 2.7%,当户收取当金时向典当行支付综合费用,赎当时支付当金利息;当户在当票期满之前(含当票期满之日)如不办理续当手续,典当行将从当票期满第二日起,每天按当金 5‰收取综合服务费,直至归还所有当金和费用之日止;当票期满第二日起五天后当户未赎当或办理续当手续的,则为绝当,期间不停止计收综合服务费;典当行有权自行处理绝当物(如折价处理、公开拍卖、执行变卖等);如因当户违反本协议,当户承诺承担由此产生的一切损失,包括聚力源公司主张权利的一切费用、律师代理费、诉讼费以及其他相关费用等内容。同日,双方到平湖市房地产管理处办理了房地产抵押登记手续,居利平将其所有的平湖市当湖街道卡都花苑 6 幢 15 号×××室房屋(房屋所有权证号:022×××号)抵押给聚力源公司。2006 年 9 月 20 日,居利平取得当金 700,000 元后支付聚力源公司综合费 18,900 元,同时双方签订当票一份,当期从 2006 年 9 月 20 日起 2006 年 10 月 20 日止。之后,居利平未赎当也未办理续当手续。陆坚强于 2006 年 10 月 15 日至聚力源公司处办理了续当手续,续当期 2006 年 10 月 20 日起 2006 年 11 月 19 日止。另查明:聚力源公司为本次诉讼,支付律师代理费 20,000 元。

原审法院认为,本案主要问题之一为居利平是否取得过当金 700,000 元。根据《典当管理办法》第三十条规定,当票是典当行与当户之间的借贷契约,是典当行向当户支付当金的付款凭证。本案聚力源公司提供的当票、记账凭证和支票存根能相互印证取得当金 700,000 元的事实,故居利平认为只取得 450,000 元当金的理由不成立。本案主要问题之二是陆坚强向聚力源公司办理续当手续,聚力源公司与陆坚强是否构成新的典当关系。陆坚强向聚力源公司办理续当手续,未经居利平授权,且事后聚力源公司也不予追认,应视为居利平没有办理续当手续。典当期限届满后 5 日内未办理续当或赎当,应为绝当,陆坚强办理续当手续并没有改变聚力源公司与居利平之间的典当行与当户的法律关系。本案主要问题之三是关于绝当日期的确定。陆坚强办理的续当手续聚力源公司不予认可,绝当期应是当票到期后第五天,即 2006 年 10 月 25 日。本案主要问题之四是综合费、利息计算问题。根据双方签订的典当合同的约定,绝当前不停止支付综合费、利息。故聚力源公司主张绝当前的综合费及利息的诉讼请求,予以支持。本案问题之五是违约金问题。绝当后,典当行应按照规定处理绝当物品清偿当金。本案聚力源公司未处理绝当物品,而其要求居利平支付绝当后的违约金的诉讼请求,于法无据,不予支持。本案争议问题之六是聚力源公司主张的律师代理费。本案聚力源公司可以自行按规定处理绝当品,也可以通过司法程序处理绝当品。聚力源公司选择司法途径而产生的律师费,给当户增加了额外负担,应由其自行负担。根据商务部、公安部令2005年第8号《典当管理办法》第四十三条"典当行应按下列规定处理绝当物品:(一)当物估价金额在3万元以上的可以按照《中华人民共和国担保法》的有关规定处理,也可以双方事先约定绝当后由典当行委托拍卖行公开拍卖。拍卖收入在扣除拍卖费用及当金本息后剩余部分应当退还当户,不足部分向当户追索……"故聚力源公司要求拍卖典当物优先清偿当金、利息、综合服务费,剩余部分退还居利平,不足部分向居利平追索的诉讼请求及由居利平承担拍卖费用的诉讼请求,予以支持。依照《中华人民共和国担保法》第三十三条、第五十三条之规定,判决:一、判决生效后即应拍卖居利平典当物平湖市当湖街道卡都花苑6幢15号×××室房屋(房屋所有权证号:022×××号),拍卖所需费用由居利平承担;二、上述拍卖所得价款优先偿还嘉兴市聚力源典当有限责任公司平湖分公司当金700,000元,并支付其利息4060元(按月利率0.5%,从2006年9月20日起计算至2006年10月25日止)、综合费用3150元(按月利率2.7%,从2006年10月20日起计算至2006年10月25日止),拍卖后,其价款剩余部分归居利平所有,不足部分由居利平清偿;三、驳回嘉兴市聚力源典当有限责任公司平湖分公司本案其他诉讼请求。本案受理费14,287元,减半收取7143.5元,由聚力源公司负担1707.50元,居利平负担5436元。

宣判后,居利平不服,向本院提起上诉称:1.原审法院判决认定居利平取得当金700,000元依据不足。虽然按《典当管理办法》第三十条的规定当票是可以作为典当行向当户支付当金的付款凭证,但在本案中,很明显双方在支付当金时是以支票作为付款凭证的,否则,居利平也不需要再在聚力源公司的支票存根上签名,现聚力源公司提供的居利平签名的支票存根只有450,000元,其他的记账凭证并没有居利平的签名,只是聚力源公司单方制作的账册,故该记账凭证并不能证明聚力源公司另外还领取了250,000元现金。2.根据一审中聚力源公司提供的相关证据显示,聚力源公司在典当的期限尚未届满前,就与陆坚强在2006年10月15日签订了续当凭证,并且以居利平的典当关系来进行续当的,陆坚强在与聚力源公司签订续当凭证时,还提交了一份由平湖市森达制衣厂出具的现金空白支票一份,作为履行续当的担保,聚力源公司明知陆坚强没有居利平的委托,仍让其以居利平的名义签订了续当手续,是因为聚力源公司非常清楚一开始的当金就是陆坚强拿走的,居利平只是办理一下手续,并未拿到一分钱的当金。综上,聚力源公司与陆坚强签订的续当手续,实际上是同意将原居利平的还款义务,由陆坚强来承担,且作为专业机构,聚力源公司应该清楚办理续当手续应遵循的法律、法规查验证件(照)制度,和《典当管理办法》第三十九条关于办理续当手续需经双方同意可以续当的规定。请求二审撤销原判,改判驳回聚力源公司的诉讼请求。

被上诉人聚力源公司辩称:依据聚力源公司提供的上诉人签字的支票存根、当票以及记账凭证,根据《典当管理办法》第三十五条规定足以认定双方之间的典当关系以及居利平从聚力源公司取得70万元当金的事实,居利平称只收到45万元与事实不符。陆坚强在续当凭证上签字是陆坚强代办了续当手续,代付了综合费用,即使居利平否认陆坚强的代理行为,也并不影响双方之间的典当关系以及居利平取得70万元当金至今未归还的事实。请求二审驳回居利平的上诉请求。

本案二审审理过程中,聚力源公司提供记账凭证若干,以证明其在支付当金时,绝大部分是以现金方式支付,仅要求当户在当票上签字,从未要求当户另行出具收条,因此从记账习惯来看,根本没有必要让当户重新出具收条,并且,从记账凭证的完整性来看,最后一栏注明附单据2份也没有附任何收条。经质证,居利平对证据没有异议,但认为这反过来可以印证其上诉理由,因为典当行所有的支付都是以当票为依据,但本案当金的支付是有其他方式的,否则上诉人不需要在支票存根上签字。

本院认证认为,对于记账凭证的真实性,上诉人未提出异议,应予认定,至于其证明力问题,涉及本案实质争议,在判决理由中综合予以阐述。

综上,本院认定的事实与原审查明的事实一致。

本院认为,本案双方当事人对于最高额房屋典当合同以及当票的真实性均无异议,在二审中主要争议的焦点为上诉人居利平是否取得70万元当金以及陆坚强与聚力源公司是否建立了新的典当合同关系的问题。关于当金问题,首先,根据商务部、公安部令2005年第8号《典当管理办法》第三十条之规定,当票是典当行与当户之间的借贷契约,是典当行向当户支付当金的付款凭证,本案居利平在2006年9月19日与聚力源公司签订了最高额房屋典当合同后,又于2006年9月20日在金额70万元的当票上签字确认,应当认定其已取得了相应的当金。并且,从聚力源公司在二审中提供的记账凭证来看,其以现金方式支付当金的,当户在当票上签字,并未另行出具收条,因此,聚力源公司称当票系当金支付凭证的说法不仅与行业规范相符,亦与该公司的习惯作法一致。居利平在45万元支票存根上签字的行为,只能印证70万元当金中,45万元系以支票方式支付,并不能以此推断居利平未收到其余的25万元当金。至于其称当金系由陆坚强领取的说法,并无证据予以证实,且即使属实,也系居利平在收取当金后的处分行为,并不能改变居利平与聚力源公司之间的房屋典当法律关系。综上,居利平上诉认为其未收到当金的说法不能成立。关于第二个争议焦点,虽然陆坚强于2006年10月15日在聚力源公司的续当凭证当户栏内签字,但该续当凭证明确载明当户名称及联系人仍为居利平,当票号及当物、当金均未发生变化,居利平亦不能提供其他证据证明陆坚强已与聚力源公司建立了新的典当关系,故居利平称在陆坚强办理了续当手续后即与聚力源公司建立了新的典当法律关系的上诉理由亦不能成立。且陆坚强未经居利平授权,擅自办理续当手续,居利平事后亦未对此作出追认,该行为属无权代理,不发生续当的法律效力,由于居利平未办理续当手续,在发生绝当后,聚力源公司选择通过司法程序处理典当物,符合《典当管理办法》之规定,故本案典当房屋应通过司法程序进行拍卖,以清偿当金70万元、利息及相关的综合费用。综上,原审认定事实清楚,适用法律正确,依照《中华人民共和国民事诉讼法》第一百五十三条第一款第一项之规定,判决如下:

驳回上诉,维持原判。

本案二审案件受理费10,872元,由上诉人居利平负担。

本判决为终审判决。

审 判 长 马 蕾
审 判 员 郑连平
审 判 员 王宗明
二〇〇九年二月五日
书 记 员 赵 瑾

【案例四十一】北京裕兴隆典当有限责任公司诉阳志信典当合同纠纷案（2011年6月22日）

【法律点】 1.典当行与当户先后签订了两份典当合同，双方同意将前一份合同中已支付的当金计入后一份合同的当金之中的，应当认定典当行出借的当金为单笔当金。如发放的单笔当金违反了《典当管理办法》第四十四条“房地产典当单笔当金数额不得超过注册资本的10%”规定，超过部分不享有未超额部分同等的利益保护，即不能按照约定息费标准计付利息和综合费。

2.典当双方自行约定“当期届满10日后当户不赎当也不续当的即为绝当”的，该约定有效。绝当后，原来的典当关系结束，一旦绝当，当户不应当再承担清偿责任，典当公司应当按法定程序及时处理绝当品，从处理绝当品所得中优先收回当金本息，当户有要求返还绝当品处理所得扣除债务后剩余部分的权利。因此，绝当并不构成当户的违约，绝当后当户不应当再依约支付综合费、利息和罚息，只对典当行遭受的利息损失应予适当的经济补偿。

【关键词】 单笔当金　绝当　违约　综合费　利息和罚息　经济补偿　抵充顺序

北京市第一中级人民法院
民事判决书

（2011）一中民再终字第6287号

上诉人（原审原告）：北京裕兴隆典当有限责任公司，住所地：北京市西城区槐柏树街北里。

法定代表人：吕杨，经理。

委托代理人：刘峰，北京市拓夫律师事务所律师。

被上诉人（原审被告）：阳志信。

委托代理人：杨伟华，北京市中恒律师事务所律师。

上诉人北京裕兴隆典当有限责任公司(以下简称裕兴隆典当公司)因与被上诉人阳志信典当合同纠纷一案,不服北京市西城区人民法院(以下简称原审法院)于2011年2月14日作出的(2010)宣民再初字第8986号(以下简称原审判决),向本院提起上诉。本院依法组成合议庭审理了本案。本案现已审理终结。

上诉人裕兴隆典当公司在原审中诉称:裕兴隆典当公司与阳志信于2006年1月11日签订编号为裕典字2006007号《典当抵押借款合同》(以下简称007号合同),该合同约定典当本金为113.8万元人民币;当期利息为0.5%每月,综合费用为2.7%每月;逾期每日按当金万分之五另行计算罚息。阳志信以其拥有的东城区东直门外大街乙36号院5号楼××××号单元房屋为典当提供抵押担保,双方于2006年1月17日办理了抵押登记,抵押明确权利价值为113.8万元人民币,之后裕兴隆典当公司向阳志信支付第一笔当金52万元,并收取相应期间综合费用1.664万元,之后阳志信两次续当分别交纳两次续当期间综合费用各1.664万元。2006年4月18日双方签订第二份、编号为裕典字20060066号《典当抵押借款合同》(以下简称0066号合同),将下述两笔典当业务合并计算,裕兴隆典当公司支付阳志信第一份合同剩余当金61.8万元并按阳志信需求200万元资金的要求,向其支付第二笔典当借款86.2万元,2006年4月18日实际支付阳志信148万元,鉴于第一份合同所涉52万元当金当期正好届满3个月且阳志信已结清此期间的全部利息和综合费用,故自2006年4月18日起,两笔典当业务总计当金200万元,其利息和综合费用同时起算,并对综合费用予以减让(原为2.7%每月,后为2.6%每月,利息标准不变)约定当期为2006年4月18日至2006年7月18日,2006年4月18日当日收取阳志信综合费用18.6万元。约定的当期届满后,裕兴隆典当公司根据阳志信每次偿还的息费数额确定相应的续当当期,阳志信共续当7次,交纳息费51万元。自2007年3月23日起阳志信长期未支付利息和综合费用也未偿还本金,2007年7月27日阳志信书面承诺,2007年8月3日前偿还借款息费,但阳志信并未实际履行承诺。直至原审判决后的2008年2月北京国电康能科技有限公司替阳志信偿还计算至2008年3月17日的利息、综合费用和违约罚息总计73.2万元。至此,阳志信共偿付裕兴隆典当公司利息、综合费用、违约罚息147.792万元。现诉至法院:1.要求阳志信支付拖欠的借款本金人民币200万元;2.要求阳志信支付自2008年3月17日至实际还款日期间的利息、综合费用(截至2010年11月17日利息为32万元、综合费用166.4万元,共计198.4万元);3.要求阳志信支付自2007年3月23日至实际还款日的相应罚息(截至2010年11月17日共计132.65万元);4.案件受理费及公告费、财产保全费由阳志信承担。

裕兴隆典当公司向法院提交以下证明材料:1.007 号合同。欲佐证:(1)双方于2006 年 1 月 11 日签订第一份典当合同;(2)合同约定当金为 113.8 万元;(3)阳志信以东城区东直门外大街乙 36 号院 5 号楼××××号单元房屋为典当提供抵押担保;(4)相应息费及逾期罚息均有明确约定。2.抵押房产的房屋所有权证及他项权证。欲佐证:(1)京权证东私字第 B04×××号房产证记载 2006 年 1 月 17 日办理房屋抵押,权利价值 113.8 万元;(2)京房东他字第 06595 号房屋他项权证,记载与房产证相同内容,他项权人为裕兴隆典当公司。3.2006 年 1 月 17 日当票以及付款收据。欲佐证:(1)针对第一份典当合同,阳志信于 2006 年 1 月 17 日第一次取款 52 万元;(2)阳志信取款时,向裕兴隆典当公司缴纳相应综合费用 1.664 万元。4.0066 号合同。欲佐证:(1)阳志信要求增加典当金额,故 2006 年 4 月 18 日双方签署了第二份典当合同,将两笔业务合并计算;(2)该份合同内容已经涵盖第一份合同全部款项。5.2006 年 4 月 18 日当票和付款收据。欲佐证:(1)2006 年 4 月 18 日又向阳志信发生第二笔典当情况(第一笔 113.8 万元,第二笔 86.2 万元,总计 200 万元);(2)为计算方便,双方同意将两笔借款进行统一记录。证据 1 到 5 作为证据链证明 2006 年 1 月 11 日至 2006 年 4 月 18 日双方发生典当的实际情况。第一笔典当总金额为 113.8 万元。第一次支付了 52 万元,61.8 万元没有履行。在履行 61.8 万元时阳志信提出需要增加典当金额,实际上履行完第一份合同 113.8 万元之后,发生了第二笔 86.2 万元,即在 2006 年 4 月 18 日签署了总金额为 200 万元的典当合同以及相应当票及付款收据。6.2006 年 2 月 17 日到 2006 年 3 月 17 日以及 2006 年 3 月 17 日至 2006 年 4 月 17 日的两张续当凭证。欲佐证:就阳志信第一笔借款的第一部分 52 万元借款本金,阳志信按时支付相应息、费。7.2006 年 7 月 18 日至 2007 年 3 月 23 日的续当凭证。欲佐证在 2006 年 7 月至 2007 年 3 月 23 日期间,阳志信就实际两笔借款均已结清利息和综合费用。8.2007 年 7 月 27 日阳志信向裕兴隆典当公司出具的承诺书。欲佐证阳志信在已经拖欠支付息费 4 个月之久时,向裕兴隆典当公司出具承诺书,承诺于 2007 年 8 月 3 日之前支付相应息费及罚息。9.北京国电康能科技有限公司确认函。欲佐证北京国电康能科技有限公司替阳志信向裕兴隆典当公司支付阳志信拖欠的相应息费以及罚息 73.2 万元。10.2009 年 5 月 22 日双方签署的确认函。欲佐证:(1)双方在本案执行阶段通过协商,裕兴隆典当公司同意在阳志信能够依承诺时间、金额还款的情况下,对相应欠费已经给予了减免;(2)双方对欠款本金、实际欠费金额给予了再次确认;(3)事实上阳志信并未依约偿还欠费。11.双方签字确认的函件(0066 号合同附件八)。欲佐证:(1)阳志信签字确认的在发生违约情况下,阳志信应依约定利息、综合费用标准支付至实际还款日;(2)阳志信承诺承担相应其他实际发生费用。

被上诉人阳志信在原审中辩称:认可裕兴隆典当公司关于007号合同履行情况以及0066号合同当金包含007号合同中裕兴隆典当公司已支付的52万元的叙述,但认为0066号合同与007号合同无关。0066合同项下的200万元当金是独立的一笔,阳志信实际收到的当金是181.4万元而非200万元;故典当本金应为181.4万元。裕兴隆典当公司违反了《典当管理办法》第三十八条第三款、第四十四条第五项关于单笔当金及月综合费用最高额的规定,超出部分应属无效;按上述规定注册资本在1000万元以上的房地产抵押典当单笔当金金额不得超过注册资本的10%,裕兴隆典当公司典当的单笔当金不能超过120万元,超过部分只同意按银行同期存款利率计付费用。双方合同及当票中只对月综合费用进行了约定均未约定利息且约定的综合费用违反了《典当管理办法》关于房地产抵押典当的月综合费率不得超过当金的2.7%的规定,故不同意给付裕兴隆典当公司当期及续当期利息,只同意按当金的2.7%支付综合费用。2006年7月18日当期届满后,阳志信认可续当6个月,支付裕兴隆典当公司综合费用31万元,超出应付的综合费用部分抵充典当本金。根据当票的约定至2007年1月28日应为绝当,绝当后阳志信累计向裕兴隆典当公司偿还典当(借款)本金93.2万元,不同意支付裕兴隆典当公司绝当后综合费用、利息以及罚息,绝当后尚欠裕兴隆典当公司的本金同意按同期银行存款利率标准计付损失。认可裕兴隆典当公司所述的阳志信付款总数额,但因007号合同与0066号合同分属两笔不同的借贷,故007号合同所涉的综合费用4.992万元不应计算在内,不要求调整007号合同所涉的综合费用,又因本案0066号合同应以阳志信实际收到的181.4万元为典当本金,故裕兴隆典当公司预先扣除的18.6万元亦不应计算在内,扣除上述两项数额,阳志信已累计向裕兴隆典当公司还款124.2万元,截至2010年10月25日阳志信尚欠裕兴隆典当公司借款本息101.001056万元人民币,不同意裕兴隆典当公司的诉讼请求。

阳志信向法院提交以下证明材料:1.0066号合同。欲佐证原、阳志信之间的借贷关系是违法抵押借款,违反国家有关法律法规,是无效合同。2.当票。欲佐证双方之间的典当关系、约定当金与实际当金的具体数额不符合。3.还款凭证。欲佐证阳志信的还款情况以及金额,共63万元,另还有还款票据遗失,实际还款额大于该数额。4.裕兴隆典当公司出具的收款收条。欲佐证阳志信还款的具体情况,还款时间是在裕兴隆典当公司提起原审诉讼之后。

原审法院经再审审理查明:

裕兴隆典当公司的经营范围包括房地产抵押典当业务,其注册资本为1200万元。

2006年1月11日裕兴隆典当公司与阳志信签订了007号房产抵押借款合同,双方约定:阳志信向裕兴隆典当公司借款113.8万元,阳志信以其拥有的东城区东直门外大街乙36号院5号楼××××号房屋作为借款的抵押担保,双方就该抵押办理了登记,裕兴隆典当公司于2006年1月17日取得了该房产的他物权证,证号为:京房东他字第06595号,抵押权利价值为113.8万元。双方于2006年1月17日签有当票一份,确定典当金额为52万元,典当期限自2006年1月17日起至2006年2月17日,综合费用为1.664万元(折合月综合费率3.2%)。阳志信于当日写有52万元收条,因裕兴隆典当公司扣除阳志信当月综合费用1.664万元,裕兴隆典当公司实付金额为50.336万元。当期届满后双方达成续当意向,阳志信于2006年2月20日、2006年3月18日两次通过银行向裕兴隆典当公司支付2006年2月17日至2006年3月17日、2006年3月17日至2006年4月17日续当期间的综合费用各1.664万元。阳志信按月综合费用1.664万元标准共为此笔当金支付综合费用4.992万元。2006年4月18日双方签订了0066号房屋抵押借款合同,约定阳志信向裕兴隆典当公司借款人民币200万元,阳志信仍以其拥有的东城区东直门外大街乙36号院5号楼××××号房屋作为借款的抵押担保,但未重新办理抵押登记。双方还约定借款期限自2006年4月18日至2006年7月18日,并在合同第四条明确约定当期息费每月为当金(上述合同中表述为借款金额)的3.1%,即月综合费用为人民币6.2万元。签订0066号房屋抵押借款合同的当日,双方即签订当票,当票中载明典当金额为200万元、综合费用为18.6万元(即按月综合费用6.2万元的标准从当金中预扣三个月当期的综合费用额)、典当期限由2006年4月18日起至2006年7月18日,阳志信于同日写有200万元收条。双方还在当票中约定:典当期内及续当期限届满后10日内,经双方同意可以续当。当期届满10日后当户不赎当也不续当的即为绝当,典当行(裕兴隆典当公司)按照有关规定处理绝当物品。双方还一致认可合同第九条中约定借款期或续当期满5日内的“5日”应对应当票中的时限为10日即为借款期或续当期满10日内阳志信不履行(或者不能完全履行)清偿借款及相关息费的,裕兴隆典当公司有权实现抵押权处分该抵押房产,阳志信不可撤销地授权裕兴隆典当公司由其委托拍卖公司公开拍卖该抵押房产。届时由裕兴隆典当公司或阳志信与拍卖公司签署委托拍卖书,公开拍卖该抵押房产用以保证抵押权的实现。自上述情况出现起至裕兴隆典当公司抵押权实现阶段,阳志信或其责任继承方除应偿还借款本金、息费外,还应承担逾期罚息(按借款本金每日万分之五计算)以及裕兴隆典当公司实现抵押权的相关费用,相关款项均从拍卖款中直接给付裕兴隆典当公司。当期届满后,阳志信分别于2006年7月21

日、2006 年 8 月 21 日、2006 年 9 月 27 日、2006 年 10 月 28 日、2006 年 11 月 29 日通过银行向裕兴隆典当公司付款各 6.2 万元,共计 31 万元用于支付自 2006 年 7 月 19 日起续当至 2007 年 1 月 18 日的综合费用。从 2006 年 4 月 18 日至 2007 年 1 月 18 日,阳志信共支付裕兴隆典当公司 49.6 万元。此后,阳志信既未按合同约定续当亦未赎当,按双方约定 2007 年 1 月 29 日为绝当。直至 2007 年 4 月 17 日、5 月 17 日阳志信通过银行向裕兴隆典当公司付款各 10 万元。其后,阳志信于 2008 年 2 月 25 日通过北京国电康能科技有限公司偿还裕兴隆典当公司按其上述依据及标准计算至 2008 年 3 月 17 日的息费和违约金等债务总计 73.2 万元。至此,阳志信共偿付裕兴隆典当公司 147.792 万元(含 007 号合同中阳志信向裕兴隆典当公司支付的 4.992 万元)。

另外,原审法院依裕兴隆典当公司的申请于 2008 年 1 月 11 日裁定查封了阳志信位于东城区东直门外大街乙 36 号院 5 号楼××××号的房屋。现该房屋一直处于法院查封状态。

原审法院认为:裕兴隆典当公司作为具有经营资质的典当行有权进行典当经营,阳志信以典当的形式向裕兴隆典当公司借款,其与裕兴隆典当公司之间签订的 0066 号房产抵押借款合同是在双方协商一致的基础上对所签 007 号房产抵押借款合同所作的变更,所签的上述合同、当票均系双方当事人的真实意思表示,且其内容不违反法律、行政法规的强制性规定,应属有效。

虽然《典当管理办法》只是部门规章,不属于法律、行政法规,与其相悖不能导致合同无效。但典当作为特种行业,具有高额的收益性。为稳定社会秩序和尽快实现权利转换,本案裕兴隆典当公司和阳志信都有义务保证交易的公平性。为维护社会的公平正义,法院对这种收益较高的特种行业在经营行为不规范或过度追求不当利益时应予以适度调整或干预。

虽然 0066 号合同所涉 200 万元含有 007 号合同中的 52 万元,但因 0066 号合同中计算综合费用的基数是 200 万元,故原审法院认定裕兴隆典当公司出借给阳志信的单笔当金数额为 200 万元而非裕兴隆典当公司主张的两笔(113.8 万元和 86.2 万元)。因《典当管理办法》第四十四条规定注册资本在 1000 万元以上的,房地产典当单笔当金数额不得超过注册资本的 10%,据此本案单笔当金数额不得超过 120 万元,超过部分不享有未超额部分同等的利益保护,但基于阳志信实际占用该 80 万元资金且同意按同期银行存款利率标准对裕兴隆典当公司予以补偿,原审法院不持异议,该补偿金额为 1.44 万元。

双方在 0066 号合同第四条中,明确将当期息费解释为综合费用,且该综合费用与当票中约定的综合费用一致，裕兴隆典当公司亦将此金额作为综合费用从借款本金中预先扣除，故裕兴隆典当公司主张的当期息费中包含利息并据此请求原审法院判令阳志信支付当期、续当期利息的诉讼请求没有事实依据，原审法院不予支持。现阳志信以约定的综合费率超过了《典当管理办法》第三十八条规定的“房地产抵押典当的月综合费率不得超过当金的2.7%”的规定比例为由，要求以120万元为基数按月综合费率2.7%的标准重新核算自2006年4月18日至2007年1月18日期间的综合费用，该抗辩意见原审法院予以采纳，核算后的综合费用为29.16万元（120万元×2.7%×9个月=29.16万元）。阳志信还应以120万元为基数向裕兴隆典当公司支付合同约定续当期满10日内的综合费用1.08万元（120万元×2.7%÷30天×10天=1.08万元）和罚息0.6万元（120万元×0.05%×10天=0.6万元）。

裕兴隆典当公司要求阳志信偿还借款（当金），理由正当，予以支持，偿还的当金数额以抵充至2008年2月25日的当金数额为准。关于利息、罚息及综合费用，将区分阶段区分情况区别对待，因双方没有约定利息，故对裕兴隆典当公司主张的当期、续当期利息不予支持。对当期、续当期及续当期届满至绝当日期间的综合费用以120万元为基数按每月2.7%的标准计算支持，此间裕兴隆典当公司超比例放款的80万元，其利益损失，阳志信按银行同期存款利率予以补偿；续当期届满至绝当日期间以120万元为基数按双方约定计算罚息，绝当前裕兴隆典当公司多收取的费用应抵充当金，当金为抵充后的金额182.68万元，对于该款120万元之内和超额部分62.68万元应区别予以利益支持，对超额部分62.68万元仍按同期银行存款利率对裕兴隆典当公司予以补偿。绝当后裕兴隆典当公司无权再向阳志信收取综合费用、利息和罚息，但阳志信实际占用裕兴隆典当公司当金对裕兴隆典当公司遭受的利息损失应予适当的经济补偿。现阳志信只同意按银行同期存款利率补偿，该补偿标准针对阳志信占用的全部当金，显属过低，原审法院考虑双方的预期利益等综合因素酌定阳志信向裕兴隆典当公司的补偿标准，即120万元之内按双方约定的罚息标准计算；超出120万元的部分按中国人民银行同期存款利率标准计算，依此标准计算，绝当后阳志信支付给裕兴隆典当公司的费用抵充占用裕兴隆典当公司当金的经济补偿，其余额抵充当金，抵充后的当金金额为114.314万元。对阳志信关于全部当金损失均以银行同期存款利率标准计算的抗辩意见原审法院不予采纳。据此，依照《中华人民共和国民法通则》第九十条，《中华人民共和国合同法》第七十七条第一款、第一百一十三条，《最高人民法院关于适用〈中华人民共和国合同法〉若干问题的解释（二）》第二十一条，参照《典当管理办法》第三条、第三十八条、第四十四条第五项之规定，原审法院判决如下：一、自判决生效之日起十日内,阳志信给付北京裕兴隆典当有限责任公司当金 114.314 万元。二、自判决生效之日起十日内,阳志信给付北京裕兴隆典当有限责任公司当金利息损失(以 114.314 万元为基数按日万分之五的标准计算自二〇〇八年二月二十六日至实际偿还当金之日止)。三、驳回北京裕兴隆典当有限责任公司的其他诉讼请求。

上诉人裕兴隆典当公司不服原审判决,在法定期限内向本院提起上诉,请求依法撤销原审判决并改判支持其全部诉讼请求,其上诉的具体理由为:一、本案所涉的 200 万典当本金应当认定为两笔典当业务,第一笔为 113.8 万元,第二笔为 86.2 万元;二、合同及当票中对利息、综合费用约定的瑕疵不应认定为没有利息约定;三、原审法院认定绝当后,杨志信无须承担支持利息、综合费用、罚息的责任,没有法律依据,且违背双方当事人约定。

被上诉人阳志信同意原审判决,不同意上诉人裕兴隆典当公司的上诉主张及其诉讼请求。

本院经审理查明:二审庭审中,上诉人裕兴隆典当公司主张:合同中的"息费"一词系"利息和综合费用"两项费用的统称;合同第四条约定的"当期息费为当金的 3.1%每月。即月综合费用为人民币 6.2 万元",其中的"3.1%每月"包括每月 0.5 的利息和每月 2.7 的综合费用,原审法院在原审判决中将其全部认定为"月综合费率"并仅按 2.7%的规定比例予以保护支持是错误的。对此,本院认为:在阳志信对裕兴隆典当公司的该上诉主张不予认可的情况下,应当以普通公众对合同文字表述内容的通常理解为标准进行解释,合同第四条明确约定"当期息费为当金的 3.1%每月。即月综合费用为人民币 6.2 万元",由此文字表述,通常只能理解为仅包括月综合费用,另外,当票里写明的也是综合费用,且其数额与合同约定的数额相同,二者间的一一对应性也说明该约定仅包括月综合费用。故原审法院对此事实的认定具有证据支持,本院二审应当予以支持。裕兴隆典当公司上诉主张合同及当票中对利息、综合费用的该约定属于瑕疵且不应认定为没有利息约定,没有事实及法律依据,本院不予采信。

其他查明事实与原审法院在原审判决中认定的事实相同。当事人双方对这些事实也无异议,故本院予以确认。

本院认为,针对上诉人裕兴隆典当公司的上诉主张及请求,本案主要涉及如下四方面问题:

(一)本案所涉 200 万典当本金是否应当认定为两笔典当业务,即第一笔为 113.8 万元、第二笔为 86.2 万元。

诉讼中,裕兴隆典当公司主张:此为计算方便,双方同意将两笔借款进行统一记录,即在2006年4月18日签署了总金额为200万元的典当合同以及相应当票及付款收据;第一笔典当总金额为113.8万元,第一次支付了52万元,61.8万元没有履行;在履行61.8万元时阳志信提出需要增加典当金额,实际上履行完第一份合同113.8万元之后,发生了第二笔86.2万元。阳志信认可裕兴隆典当公司关于0066号合同当金200万元中包含007号合同中已支付的52万元的主张,但辩称认为0066号合同与007号合同无关,主张0066合同项下的200万元当金是独立的一笔。对此,本院认为:虽然,当事人双方先后签订007、0066号两份典当合同,007号合同中约定的借款金额为113.8万元,0066号合同中约定的借款金额为200万元,但因0066号合同中并未对其与007号合同金额的承继关系作出说明或备注,在阳志信认可裕兴隆典当公司关于007号合同履行情况以及0066号合同当金200万元中包含007号合同中已支付的52万元的主张的情况下,应当认定裕兴隆典当公司出借给阳志信的单笔当金数额为200万元而非113.8万元和86.2万元两笔。原审法院对此的认定正确,本院予以支持。

根据《典当管理办法》第四十四条的规定,注册资本在1000万元以上的,房地产典当单笔当金数额不得超过注册资本的10%,据此本案所涉单笔当金数额应不得超过120万元,超过部分不享有未超额部分同等的利益保护,但基于阳志信实际占用该80万元资金且同意按同期银行存款利率标准对裕兴隆典当公司予以补偿,故原审法院对此的认定及处理并无不当,本院予以支持。

(二)关于在典当期内,月综合费率的确认与保护。

依据《典当管理办法》第三十八条的规定,“房地产抵押典当的月综合费率不得超过当金的2.7%”,双方合同约定的“每月3.1%”的综合费率超过该规定,故阳志信要求以120万元为基数按月综合费率2.7%的标准重新核算自2006年4月18日至2007年1月18日期间的月综合费用,具有事实和法律依据,原审法院对此的认定及处理正确,本院予以支持。

(三)绝当后,阳志信是否还应当向裕兴隆典当公司支付月综合费用、利息及罚息。

虽然,双方在合同第六条中明确约定:借款期(当期)或续当期满五日内,借款人不履行(或不能完全履行)清偿借款及相关息费的为绝当,贷款人有权处分抵押的房产。但因双方还在当票的“典当须知”中第六、七项约定:典当期内及续当期限届满后10日内,经双方同意可以续当;当期届满10日后当户不赎当也不续当的即为绝当,典当行按照有关规定处理绝当物品。诉讼中,双方一致认可合同第六条、第九条中约定借款期或续当期满5日内的“5日”应对应当票中的时限为10日。因此,根据双方共同认可的“当期届满10日后当户不赎当也不续当的即为绝当”的约定,故自2007年1月29日为绝当。

诉讼中,裕兴隆典当公司依据合同第九条的约定,要求阳志信支付绝当后利息、罚息及综合费用,阳志信以绝当后不应再支付综合费用和罚息以及双方并未约定利息为由不同意承担,只同意按银行同期存款利率计付裕兴隆典当公司当金损失。对此,本院认为,绝当后裕兴隆典当公司无权再向阳志信收取综合费用,具体理由如下:1. 预扣综合费用不仅是典当行业的惯例,而且本案中,裕兴隆典当公司也是以预扣的方式一次性收取阳志信共计三个月当期的综合费用18.6万元。2. 依据《典当管理办法》第三条的规定,典当是指当户将其动产、财产权利作为当物质押或者将其房地产作为当物抵押给典当行,交付一定比例费用,取得当金,并在约定期限内支付当金利息、偿还当金、赎回当物的行为。《典当管理办法》第四十条规定:“典当期限届满或者续当期限届满后,当户应当在5日内赎当或者续当。逾期不赎当也不续当的,为绝当。”《典当管理办法》之所以设置绝当制度,也是平衡典当行与当户之间利益的需要。绝当后,原来的典当关系结束,一旦绝当,当户不应当再承担清偿责任,典当公司应当按法定程序及时处理绝当品,从处理绝当品所得中优先收回当金本息,当户有要求返还绝当品处理所得扣除债务后剩余部分的权利。因此,绝当后继续收取综合费,违背了设置绝当制度的本意。

基于上述理由,绝当并不构成阳志信违约,故绝当后裕兴隆典当公司不应当再依约向阳志信收取利息和罚息,但因阳志信实际占用裕兴隆典当公司当金,故阳志信对裕兴隆典当公司遭受的利息损失应予适当的经济补偿。

综上,裕兴隆典当公司要求阳志信支付绝当后的综合费用、利息及罚息的诉讼请求,均缺乏法律依据,原审法院对此不予支持,并无不当。

(四)阳志信应当向裕兴隆典当公司支付的当金及其经济补偿的具体数额?

由查明事实可知,绝当后阳志信三次共计支付给裕兴隆典当公司93.2万元。根据《最高人民法院关于适用〈中华人民共和国合同法〉若干问题的解释(二)》第二十一条之规定:债务人除主债务之外还应当支付利息和费用,当其给付不足以清偿全部债务时,并且当事人没有约定的,人民法院应当按照下列顺序抵充:(1)实现债权的有关费用;(2)利息;(3)主债务。据此,应根据阳志信归还该金额的不同日期分别抵充占用裕兴隆典当公司当金的经济补偿,余额抵充当金。裕兴隆典当公司关于上述金额全部抵充息费以及阳志信关于上述金额全部抵充当金的观点均缺乏法律依据,本院不予支持。

原审法院考虑双方的预期利益等综合因素酌定阳志信向裕兴隆典当公司的补偿标准,即120万元之内按双方约定的罚息(每日万分之五)标准计算;超出120万元的部分按中国人民银行同期存款利率标准计算,依此标准计算,绝当后阳志信支付给裕兴隆典当公司的费用抵充占用裕兴隆典当公司当金的经济补偿,其余额抵充当金,抵充后的当金金额为114.314万元。原审法院对此认定具有事实和法律依据,其判决结果并无不当,本院予以维持。

综上所述,上诉人阳志信裕兴隆典当公司的上诉主张及请求,缺乏事实与法律依据,本院不予支持。原审判决程序合法,认定事实清楚,适用法律正确,应予维持。依照《中华人民共和国民事诉讼法》第一百五十三条第一款第一项之规定,本院判决如下:

驳回上诉,维持原判。

一审案件受理费48,971.5元、保全费5000元,共计53,971.5元,由上诉人北京裕兴隆典当有限责任公司负担35,243.5元(已交纳)、被上诉人阳志信负担18,728元(于本判决生效之日起七日内交纳),公告费1250元由被上诉人阳志信负担(于本判决生效之日起七日内交纳)。二审案件受理费35,354元,由上诉人北京裕兴隆典当有限责任公司负担(已交纳)。

本判决为终审判决。

审　判　长　刘玉红
审　判　员　赵　静
代理审判员　申志鹏
二〇一一年六月二十二日
书　记　员　朱　江

【述评 3】绝当的认定及其法律后果

一、绝当的认定

绝当(也称死当、流当,亦作满货或断当),是指期限届满后当户既没有回赎典当标的物,也没有办理续当手续,而使该典当标的物不能再由当户赎回的一种法律行为。绝当标志着典当双方权利义务关系的解除,是引起典当法律关系终止(消灭)的法律事实之一。

(一)绝当的认定标准

绝当的认定,通常认为应当同时具备行为条件和期限条件,两者缺一不可。

1. 行为条件。典当合同作为双务合同,赎当、续当均为当户以让渡当物的处分权作为对价所享有的权利,期限届满经典当行告知,当户仍未行使权利,则表明当户放弃这一权利,已经满足绝当的行为条件,典当行即取得对当物的处分权。这里重在强调当户必须有绝当行为发生,即逾期后当户既不赎当也不续当,致使典当行无法收回当金并获得相关的利息和费用,只能以其实际占有的绝当物品变现受偿。

2. 期限条件。构成绝当的行为条件是逾期后既不赎当也不续当,那么这个“逾期”中的期限到底有多长,此即构成绝当的期限条件。绝当的期限是指允许赎当或续当的时间界限,对此,实践中存在两种通行的做法,即将该期限定为当期届满,或者当期届满后的宽限期届满。

其一,当期届满后即为绝当。如我国《广东省典当条例》(于 2003 年 2 月废止失效)第二十四条曾规定:“出当人在典当期限届满不回赎典当物又不办理续当手续的,即为断当。”此处“断当”即绝当,典当期限届满即为绝当的期限条件成就。对此,域外立法例也有类似规定,如美国许多州的典当立法均规定,典当期限届满时,要么赎当,要么续当,典当期限届满后即为绝当。[①]

① 如美国《科罗拉多州典当法》《路易斯安那州典当法》均规定:“凡典当期限届满,必须赎当,不准续当。”又如《俄勒冈州典当法》规定:“无论当金数额大小,典当期限一律为 60 天。”

其二,当期之后的宽限期届满后方为绝当,这也是我国典当法规一直坚持的做法。中国人民银行于1996年颁布的《典当行管理暂行办法》规定的宽限期为10日内;原国家经贸委于2001年颁布的《典当行管理办法》规定的宽限期为5日。商务部、公安部于2005年出台的《典当管理办法》也规定赎当、续当应当在典当期限内或期限届满后5日内提出。由此可知,只有在宽限期届满后,未提出赎当或续当,才满足绝当的期限条件。

(二)当期届满后宽限期的认定

由于典当具有短期借贷的典型特征,为避免绝当的期限条件过早成就,部分典当法律关系当事人自行约定延长当期届满后的宽限期。对于此类宽限期的约定,其效力如何,理论及实务存在不同看法。一种观点认为,5日的宽限期是立法所作出的最低要求,基于立法"举重以明轻"的法律解释学规则,从契约自治的理念出发,并不妨碍当事人在此之上作出符合实际情况的约定。[①] 如【案例三十九】湖州金股典当有限责任公司诉湖州绿之源生态农业开发有限公司典当纠纷案、【案例四十一】北京裕兴隆典当有限责任公司诉阳志信典当合同纠纷案,对当事人分别作出的15日、10日宽限期的约定,法院认为约定有效并不违法,亦即典当合同中当事人可自行约定当期届满之后宽限期。另一种观点认为,典当期限可由典当双方当事人约定确定,但当期届满后的期限利益保护则是一种立法限定,从制度演变过程来看,法定宽限期由10天缩短至5天,体现了从严限定宽限期的制度设定导向,故不宜允许由当事人自行协商确定该宽限期。

我们倾向于第二种观点,理由有二:一是典当本身即为短期资金调剂,如典当关系双方当事人欲延长典当期限,完全可以在规定期限内由当户提出延长典当期限的申请,经双方协商达成续当的合意并由典当行开具续当凭证,以续当形式展期,故制度设定已经给予了当户充分的策略选择;二是宽限期的设定,在给予当户期限利益的同时,也倒逼当户在限定时间内选择履行或放弃典当法律关系,从而让当户在合理期限内作出选择,平衡当户与典当行之间的利益保护,符合促进社会资金流转的效率导向。权利时间限制的精神恰在于督促权利及时行使,不在法定时间内行使,权利人必然蒙受相应的利益损失。至于对该法定宽限期5天是否过短存在异议,或者是否可以设定弹性宽限期的建议,可在下一步立法或规章修订时予以考虑,但不宜直接以双方约定的

① 郭娅丽:《论绝当规则及其适用——以北京市第一中级人民法院审理的三个案件为中心》,载《北京社会科学》2014年第7期。

形式延长更改。

二、绝当的法律后果

(一)绝当后,典当行是否能直接享有当物的所有权?

绝当后,典当行能否直接取得当物所有权,其背后蕴含的是绝当物所有权的归属问题。对此,世界各国和地区的典当规定有所不同,主要有以下三种制度性的安排:

其一是绝对不转移制度,规定绝当物品的所有权不归典当行,即一旦绝当行为发生,则当户用于借贷担保的物品或者财产权利的所有权仍然不转移至典当行,只能由典当行通过变现受偿当金本息及相应费用。目前实行绝当物品所有权绝对不转移制度的国家和地区比较少见。

其二是无条件转移制度,规定绝当物品的所有权无条件归典当行,这与担保物权中的流质契约相似,指一旦绝当行为发生,则当户用于借贷担保的物品或者财产权利的所有权便转移至典当行,即典当行从对当物的占有者变成对当物的所有者。我国香港和台湾地区均采用绝当物品所有权无条件转移制度。①

其三是有条件转移制度,规定绝当物品的所有权可以有条件归典当行。这是指一旦绝当行为发生,则当户用于借贷担保的物品或者财产权利的所有权是否转移至典当行,要根据典当当金数额或当物估价金额的大小来确定,通常小则自动转移,大则不转移,只是各国规定的金额标准不尽一致②。我国目前实行的就是绝当物品所有权有条件转移制度。

1.我国典当法规关于绝当物所有权规定的解读

从我国典当法规来看,在典当业管理中对绝当物所有权的归属,有一个从绝对不转移到有条件转移的过程。具体而言,从1996年人民银行发布的《典当行管理暂行办

① 我国香港地区《当押商条例》(1997年修正)第十七条第一款明确规定"除本条例及任何其他法律另有规定外,当押物品如在当押商贷出任何款项的日期起计4个农历月届满时仍未被赎回,则成为当押商的财产"。我国台湾地区"当铺管理法"第21条规定"满期后五日内仍得取赎或付清利息顺延质当届期不取赎或顺延质当者,质当物所有权转移于当铺业"。此外,美国《得克萨斯州典当法》规定"凡死当后,当物的所有权自动转移至典当行"。

② 如英国《1974年消费信贷法》中的典当条款规定,当金数额25英镑以下的绝当物品,"均得由典当商变卖"。1998年该法修正案将上限调至75英镑。新加坡规定的上限为50新元。马来西亚规定为100马元。参见李沙:《中外典当》,学苑出版社2010年版,第210页。

法》规定为绝对不转移——绝当物原则应公开拍卖及特殊物特定程序处理,[①]到 2001 年国家经贸委颁布《典当行管理办法》(已于 2005 年 4 月失效)已改为采估价金额确定法的有条件转移——区分当物估价金额不足 3 万元及以上的两种不同处理,[②]直至 2005 年《典当管理办法》第四十三条进行了更进一步的细化,该条规定"典当行应当按照下列规定处理绝当物品:(一)当物估价金额在 3 万元以上的,可以按照《中华人民共和国担保法》的有关规定处理,也可以双方事先约定绝当后由典当行委托拍卖行公开拍卖。拍卖收入在扣除拍卖费用及当金本息后,剩余部分应当退还当户,不足部分向当户追索。(二)绝当物估价金额不足 3 万元的,典当行可以自行变卖或者折价处理,损溢自负。(三)对国家限制流通的绝当物,应当根据有关法律、法规,报有关管理部门批准后处理或者交售指定单位。(四)典当行在营业场所以外设立绝当物品销售点应当报省级商务主管部门备案,并自觉接受当地商务主管部门监督检查。(五)典当行处分绝当物品中的上市公司股份应当取得当户的同意和配合,典当行不得自行变卖、折价处理或者委托拍卖行公开拍卖绝当物品中的上市公司股份"。

现行典当法规虽没有明确表述绝当物所有权的转移与否,但是从本质上理解是以当物估价金额 3 万元作为绝当物品所有权是否转移至典当行的标准,并结合限制流通物以及上市股市股权等对特殊绝当物品处理的具体方式进行了规定。这一折中做法的动因,主要考虑到传统典当的绝当性具有一定的"盘剥"色彩,"典当以物顶债,貌似机会均等,公平合理,其实典当方天然处于劣势,为对方所钳制",[③]其无条件的适用可能导致不公平现象,所以在当物估价金额方面作了相应的限定。

2. 司法实务中对绝当物所有权归属的认识分歧

(1)估价金额不足 3 万元的绝当物,其所有权是否转移?

绝大多数观点认为,对于估价金额不足 3 万元的绝当物,应当认为绝当物可直接

---

① 《典当行管理暂行办法》第三十四条:"自典当期满之日起 10 日内,当户既不赎当,又不续当的当物,视为死当。死当物品,应委托当地拍卖行公开拍卖;当地无拍卖行的应当由公证部门现场监督公开拍卖。死当的金银饰品,应当交售中国人民银行或者中国人民银行指定的单位;属于文物的,应当交售文物管理部门,不得自行处理或者拍卖。拍卖的收入在扣除质押贷款本息和典当及拍卖的费用后,剩余部分应当退给当户。"

② 《典当行管理办法》第四十条规定:"典当行应当按照下列规定处理绝当物品:(一)当物估价金额在 3 万元以上的,可以按《中华人民共和国担保法》有关规定处理,也可以双方事先约定绝当后由典当行委托拍卖行公开拍卖;当地无拍卖行的,应当在公证部门监督下公开拍卖。拍卖收入在扣除拍卖费用及当金本息后,剩余部分应当退还当户,不足部分向当户追索。(二)绝当物估价金额不足 3 万元的,典当行可以自行变卖或者折价处理,损溢自负。(三)对国家限制流通的绝当物,应当根据有关法律法规,报有关管理部门批准后处理或者交售指定单位。"

③ 孟勤国:《关于典当的几个基本问题的研究》,载《广西大学学报》(哲学社会科学版)1991 年第 1 期。

归典当行所有,其所有权转移至典当行。这也正是传统的绝当规则价值所在,即典当并不适用流质(押)契约禁止的规定,绝当法则也是典当这一营业质押与普通质押最主要的不同点。流质(押)契约禁止的豁免成为典当行业独特的经营规则和行业传统。① 如在【案例二十一】广州首家典当有限公司诉张瑞龙典当纠纷案中,法院认为案涉绝当物朗风牌小型轿车的估价为20,000元,故在发生绝当事由时,典当公司应当根据《典当管理办法》第四十三条第二项的规定处理绝当物品,对于处理的方式,其可以选择变卖或者折价处理等方式,但对于处理的结果应当损溢自负,即绝当物品折价后价款超过债权数额部分,典当公司不必退还当户,不足部分亦不得再行向当户追索。此一认定符合我国现行典当法规对于估值不足3万元的当物可允许适用流质契约的规定。但也有少数不同观点认为,《典当管理办法》属于部门规章,位阶低于法律,其与担保法及物权法的规定有所抵牾,与"流质禁止"条款更是存在直接冲突,故典当纠纷在法律适用上仍应当适用担保法中关于质押与抵押的规定。

我们认为,从典当制度的特殊价值来看,对估价金额不足3万元的绝当物适用绝当规则并无不可,否则典当制度将失去存在意义。典当业是我国正规金融行业的重要补充,其作为一种特殊的、适合本土文化传统的资金调剂机制,与其他传统借贷方式相比,具有灵活性和便利性的独特优势。换言之,典当业经营的灵活与便利是其得以存在的基础,如果削弱了这一基础,典当业就没有存在的土壤了。对于估价金额不足3万元的绝当物,绝当后当物所有权直接转移,因典当形成的债权债务消亡,出当人不必再向典当行还本付息,典当行也不必对该笔业务进行清算,只需将绝当物变价处置即可,如此既避免了典当行进行清算的复杂程序,适应了典当行期限短、金额不大的交易特点,又有利于降低交易成本、助推典当业务开展。

(2)估价金额3万元以上的绝当物,其所有权是否转移?

对于估价金额3万元以上的绝当物,主要存在两种不同观点:一种观点认为,当物的所有权绝当后已经转移。如在【案例二十二】宁波浩盈典当有限公司诉胡英豪典当纠纷案中,作为涉案当物的房地产价值远超3万元,但法院认为:"浩盈公司在胡英豪的当物绝当后,负有将当物委托拍卖,及时清结当金及相关费用的权利和义务。虽然《典当行管理办法》对典当行委托拍卖的期限没有规定,但绝当后,当物的所有权归浩盈公司所有,浩盈公司再主张绝当后的综合服务费,于法无据,不予支持。"不同的观点则认为,当物的所有权并不因绝当而直接转移,仍归当户所有。如在【案例二十四】

① 钱锡青、武彬:《民间融资中典当纠纷的裁判困境与司法路径》,载《东方法学》2013年第1期。

张湧诉高建雄、山西融通实业集团有限公司返还原物纠纷案中，法院裁判认为“我国法律并未对房屋典当作出明确规定，也无典当行在房屋绝当后可取得房屋所有权的相关规定。因此，国荣典当行或融通公司在约定的当期期满后，如认为系争房屋已为绝当，理应及时通过适当方式行使权利”。鉴此，法院认定当户仍为系争房屋的产权人。又如在【案例二十三】佛山市晋华隆典当有限责任公司诉陈丽雅、谢庆明典当纠纷案中，法院裁判认为“当物价值超过了3万元，绝当物所有权并非直接归典当行所有，而是根据担保法或双方的约定，经公开拍卖或变卖后，对变现收入实行多退少补。”

我们认为，对于估价金额3万元以上绝当物，直接转移所有权的观点显然缺乏法律依据，现行典当法规正是考虑到公平性的问题设置了有条件适用所有权转移的门槛，故对于估价金额3万元以上的当物，绝当时其所有权并未直接发生转移。

（二）绝当后，当户对当物能否单方主张回赎权？

一种观点认为，绝当意味着典当法律关系的消灭，附随于典当合同关系的回赎权也随之消灭，当户对当物不得再单方主张回赎权，典当行有权依法处置当物。如在【案例二十五】吉林市梧泰房地产开发经营有限责任公司诉吉林市汇丰典当有限公司等典当纠纷案中，当户主张其已向汇丰公司付清了典当期内的利、费，并以提存的方式清偿了典当本金，要求确认与典当行间的权利义务终止，其实质目的是要赎回当物。而法院认为：“当期届满5日内，当户可以续当或者赎当。梧泰公司在当期届满后5日内既未续当也未赎当，涉案当物已经绝当。绝当后当户对当物基于典当合同的回赎权消灭，不能再单方面要求赎当，且双方始终没有达成协议，梧泰公司亦丧失在绝当后通过协议赎回当物的可能，亦不能认为汇丰公司收取款项的行为为同意回赎。”

另一种观点认为，绝当后可以有条件地认可当户的回赎权，只要当户与典当行协商一致，即使绝当后当户依然可以赎回当物。如在【案例二十六】武威大富豪典当有限公司诉袁风萍、李国安典当纠纷案中，法院指出典当行在诉讼中没有直接主张折价或变卖抵押当物，而是要求清偿借款，当户在应诉时也表示了保住抵押物、现金清偿借款的意愿，故可由当户限期清偿借款赎回当物，逾期不能清偿债务，再变卖抵押当物清偿债务。此处，法院允许当户在绝当后一定期限内清偿借款赎回当物。

我们赞同第一种观点，绝当后消灭当户基于典当合同对当物的回赎权，当户对当物不得再单方主张回赎权，既不违反法律规定，也符合典当行业的交易惯例和社会公众的一般理解。具体来说：一是《典当管理办法》虽未对绝当后当户能否单方要求赎回当物做出明确规定，但结合《典当管理办法》第三十六条规定了“绝当”，第四十条又规定典当行对绝当物品的处理办法，据此应当认为绝当后当户对当物基于典当合同的回赎权消灭,不能再单方面要求赎当,这也符合典当行业的交易惯例。二是从“绝当”的字面理解,“绝”有断绝,消灭之意,“绝当”即指典当关系断绝,典当关系一旦断绝,附随于典当合同关系的回赎权也就随之消灭,这也符合社会公众的一般理解。

事实上,即便在【案例二十六】武威大富豪典当有限公司诉袁风萍、李国安典当纠纷案中,当户的回赎权也并不是单方面行使的,而是典当合同双方当事人对当物处置达成新的共识,当户愿以现金清偿借款的形式保住抵押物,典当行也没有直接主张折价或变卖抵押当物,而是认可当户以清偿借款方式“赎回”绝当物品。此处并非基于典当合同的当户回赎权的单方保留,而是双方当事人达成了新的债务清偿合意。正如有论者指出“即便是典当合同中有绝当后‘协议赎当’类似的约定,也只是说绝当后,中小企业仍有可能通过与典当行的协议赎回当物,但是这并非基于典当合同之效力,而是通过双方重新达成债权转让的合意,使中小企业因集债权人与债务人的身份于一身而实现债的混同而消灭”。[①] 也有论者认为:“对于当户与典当行事先约定的于绝当后再赎当的行为,并不是典型意义上的赎当,只能被认为是典当行在寻求处置当物的简便方式以避免发生更多的处置费用而使现金流发生困难。”[②]归根到底,绝当后的“赎当”并非真正意义上的赎当,只是典当行与当户就当物处置和债权债务清算所达成新的合意。

(三)绝当后,当物应该如何处置?典当行是否应优先处置抵质押的当物?

绝当处理是典当行在当户绝当行为发生后,对绝当物品进行变现受偿的过程。从各国典当规定看,主要体现为两种操作类型:一种是单一型,典当行处置绝当物品只能通过变卖或者公开拍卖方式进行。[③] 另一种是多元型,典当行处置绝当物品可以根据情况的不同,通过多种合法方式进行。[④] 相对而言,多元型处置方式更为灵活,契合不同类别绝当物品的处置需求,也符合允许典当行有条件选择绝当物品变价受偿方式的典当惯例。为有效保护典当双方的合法权益,我国现行典当法规亦采多元型模式,《典当管理办法》第四十三条就典当行的优先受偿权作了规定,对绝当物处置进行了详细设置,一般绝当

---

① 赵晓畅:《中小企业典当融资法律制度研究》,首都经济贸易大学2012年硕士学位论文。

② 马静:《典当法律问题研究》,湘潭大学2012年硕士学位论文。

③ 如我国台湾地区“当铺业管理规则”第二十条第二款规定:“逾期不取赎或不付利息者,当铺业将原物变卖。”这里强调,典当行处理死当物品应当以变卖方式进行。又如美国纽约州扬克斯市议会1991年7月修正施行的《典当商法》规定:“典当期限为1年,死当物品一律公开拍卖。”这里强调,典当行处理死当物品应当以拍卖方式进行。

④ 如新加坡《典当商法》规定,当金50新元以下的死当物品可以变卖,而50新元以上的死当物品必须拍卖。而马来西亚的典当立法实行100马元画线,低于100马元的可以变卖,高于100马元的必须拍卖。

品估价金额不足3万元的，典当行可以自行变卖或者折价处理；估价金额3万元以上的，可以按照担保法的有关规定处理，[1]也可以由典当行委托拍卖行公开拍卖。特殊绝当物品如限制流通物以及上市股市股权等处置，也作了相应的规定。

但在具体实践过程中，对于估价金额3万元以上绝当物的处置方式，以及典当行是否应优先处置抵质押的当物，存在不同意见。

1. 典当行是否具有优先处置绝当物的权利？

一种观点认为，典当行具有优先处置绝当物的权利。如在【案例二十一】广州首家典当有限公司诉张瑞龙典当纠纷案中，法院认为绝当制度的设置是对典当行与当户之间利益进行平衡，即绝当产生的法律后果为当户以丧失其拥有的当物处分权为代价，换取不再向典当行支付相应的利息、综合服务费。绝当后，典当行有权按法定程序处置绝当品。既然典当合同约定了典当行在拍卖、变卖、协议作价抵债的价款中享有优先受偿的权利，应予认定。在【案例二十三】佛山市晋华隆典当有限责任公司诉陈丽雅、谢庆明典当纠纷案中，法院认为"需要说明的是，绝当后，原告可以依法处理绝当物品，收回当金及利息等"，径直认定典当行对处置绝当物具有法定优先权。

另一种观点认为，典当行优先处置当物既是权利又是义务，甚至明确绝当后须依法对绝当物先行清算。如在【案例二十二】宁波浩盈典当有限公司诉胡英豪典当纠纷案中，法院认定绝当后，典当行负有将当物委托拍卖，及时清结当金及相关费用的权利和义务。而在【案例三十一】重庆裕隆典当有限责任公司诉申光奎、申攀等典当纠纷案中，法院更是认定绝当后典当关系终结，必须对绝当物品进行清算，强调"处置绝当物进行清算既是典当行的权利，也是典当行的义务。典当行应当依法处置当物，而当户的义务在于协助典当行处置当物"。在【案例四十一】北京裕兴隆典当有限责任公司诉阳志信典当合同纠纷案中，法院认为一旦绝当，当户不应当再承担清偿责任，典当公司应当按法定程序及时处理绝当品，从处理绝当品所得中优先收回当金本息，当户有要求返还绝当品处理所得扣除债务后剩余部分的权利。

我们认为，估价金额3万元以上的一般绝当物，虽不直接转移所有权，但在处置时典当行具有优先处置权，该优先权系典当法规赋予，无须典当合同特别约定，但典当行应当在合理期限内且通过适当方式行使该优先处置权，否则可能承担一定的不利后果。如在【案例二十四】张湧诉高建雄、山西融通实业集团有限公司返还原物纠纷案

---

① 《中华人民共和国担保法》第七十一条第二款规定："债务人履行期届满质权人未受清偿的，可以与出质人协议以质物折价，也可以依法拍卖、变卖质物。"

中,典当行未依照法定程序,擅自处分绝当物品案涉房屋,法院认定作为房屋所有权人的当户有权要求侵占人返还房屋。又如在【案例三十一】重庆裕隆典当有限责任公司诉申光奎、申攀等典当纠纷案以及【案例三十九】湖州金股典当有限责任公司诉湖州绿之源生态农业开发有限公司典当纠纷案中,法院指出绝当之后,典当行不按时清算,未依照相关规定或合同约定处理绝当物品,应视为怠于行使自己的民事权利,其后果应由其自行承担民事责任。事实上,为鼓励、督促质权人及时行使质权,物权法第220条就规定:"出质人可以请求质权人在债务履行期满后及时行使质权;质权人不行使的,出质人可以请求人民法院拍卖、变卖质押财产。"但对于何为典当行处置绝当物的"合理期限",目前法律法规并未作出明确规定,司法实践中为避免典当行怠于行使权利,故意拖延当物变现时间,增加当户负担,损害当户利益,部分法院裁量典当行应在绝当后的合理诉讼准备期后积极提起诉讼来主张权利,该合理诉讼准备期在实践中被确定为一个月、六个月或一年不等。

2. 绝当物品是否必须先行处理?

一种观点认为,典当行必须先行处理绝当物品,而不能直接要求当户以其他财产清偿债权。在【案例四十】嘉兴市聚力源典当有限责任公司平湖分公司诉居利平典当纠纷案中,法院认为绝当后,典当行应依法先行处理绝当物品清偿当金。典当行可以自行按规定处理绝当品,也可以选择通过司法程序处理绝当品,用以清偿当金及绝当前的综合费及利息,故判决生效后"即应拍卖居利平典当物平湖市当湖街道卡都花苑6幢15号601室房屋,拍卖所需费用由居利平承担"。在【案例三十四】江苏同丰源典当有限公司南京分公司诉张国良、周永仙、陈健等典当合同纠纷案中,法院进一步明确,"绝当后,债权人同丰源典当公司应当先在拍卖典当物价值范围内清收债权,而不能直接要求当户以其他财产清偿债权;对典当物变价不足清偿债务的部分,同丰源典当公司有权向当户、担保人追偿"。

另一种观点认为,典当行具有选择权,既可由典当合同双方事先约定典当行委托拍卖行公开拍卖绝当物,也可在绝当后抵押权成立时,由典当行选择诉请法院或申请实现担保物权形式依法保护其抵押债权;也就是说,典当行可以选择先要求当户偿还当金和息费,当户不能自觉履行时再就当物的拍卖、变卖或折价后的价款优先受偿。典型的如在【案例三十三】锦州银发典当有限责任公司诉钟淑环典当纠纷案中,一审法院认为"被告在典当期限届满后5日内既不续当也不赎当,即为绝当。绝当时,原告有权直接变卖、拍卖抵押物实现其债权。而本案原告请求被告给付其当金不符合双方典当合同的约定,无合法根据,故依法不予支持"。并据此驳回了原告的诉讼请求。

但二审法院对此并不认同,认为典当可以诉请法院依法保护其抵押债权,而并非一定要由典当行直接变卖、拍卖当物实现其债权。因此撤销一审判决,改判由当户返还当金,并支付息费,同时判决典当行对当物拍卖或者变价后所得价款享有优先受偿的权利。这也是目前典当纠纷案件中较为常见的裁判方法

我们认为,典当业务的最大特色在于"因物称信"。绝当后典当行依法取得当物的处分权,除非典当行与出当人协商达成新的法律关系,如愿意清偿债务"赎回"当物等。否则,不论典当行直接提请拍卖或诉请法院保护其抵押债权,本质上都应指向对绝当物品的清算处理,而不能直接判决当户以其他财产来清偿债务。

3.典当合同中有关绝当后流质条款的约定是否有效?

应当说,当物的可流质性是传统典当的特点之一,因此,有观点认为,《典当管理办法》对典当合同当物的流质性作了严格限制,只允许当物估价在3万元以下的,典权人有权自行处分,即当物的流质性限定在价值3万元以下,这一规定违反了当物的流质性不受价值限制的规定,也背离了典当合同当物广泛流质性的核心特征,使典当失去了应有之意,绝当丧失了其应有价值,击破了出典人以当物价值承担有限责任的原则。因此,人民法院不能以当物价值在3万元以上,就否定相关流质条款的效力,更不能否定典当合同的效力。① 但在现行的法律规范下,对于估价不足3万元的绝当物品,其所有权可直接发生转移,允许流质条款的适用;但对于3万元以上的一般绝当品,司法实务中多数观点认为,典当合同中有关绝当后流质条款的约定无效。如在【案例二十八】浙江中汉卓信典当有限责任公司诉赵祖兴、杭州三联建材有限公司等典当纠纷案中,法院认为流质条款约定违反担保法、物权法关于质权人在债务履行期届满前,不得与质押人约定债务人不履行到期债务时质押财产归债权人所有的规定,应认定无效。【案例三十】石河子融通典当有限责任公司诉刘军典当纠纷案亦同。

但在【案例二十九】桐乡市新新典当有限责任公司诉浙江莉祥箱包有限公司、张建伟等典当纠纷案中,法院一方面认为典当合同中有关绝当后流质条款的约定无效,另一方面对典当期限届满时,典当行将部分质押当物进行转移并处置的,在当户也认可的情况下,将该部分金额(案涉质押物金额为424,047元,远超3万元)在当金本金中予以扣除,某种程度上是对质押动产直接进行处分的适度容忍,通过事后认定价值的变通做法认可了典当行处置行为的有效性。

我们认为,即使是当物估价3万元以下的,典当行在绝当后取得当物所有权的做

① 参见杜万华主编:《担保案件审判指导》,法律出版社2014年版,第39~40页。

法,也与《物权法》第一百八十六条有关流质契约禁止的规定有明显冲突。如果仅从效力上讲,物权法无论从位阶还是时间上都是当然地优先于《典当管理办法》适用,只是由于典当业是长期实践中形成的一种固有的交易惯例,流质契约的适用也并非都对当户不利,因此,典当作为一种商行为需要在司法实务中得到应有的关注和尊重,而不应是简单的否定和抛弃。典当业中的流质契约问题的最终解决的确需要一部关于典当业的特别法,并且有学者主张将来立法应当区分公益性典当与商业性典当,对于公益性典当,可以规定无论当物出当时评估价格是多少,一律适用担保物权优先受偿的原则,对于绝当物的变现价优先受偿后,多余部分退还当户,不足部分可向当户继续追偿;对于商业性典当,则一律适用流质契约的规定,从绝当时起,典当行即取得当物的所有权,典当债权债务消灭,不足部分无权向当户追偿,多余部分亦不必退还当户。①

(四)绝当后,当户是否应承担违约责任?

绝当后,当户是否应承担违约责任,实践中存在不同看法。一种观点认为,绝当意味着当然违约,当户应当承担违约责任。在【案例二十三】佛山市晋华隆典当有限责任公司诉陈丽雅、谢庆明典当纠纷案、【案例二十六】武威大富豪典当有限公司诉袁风萍、李国安典当纠纷案、【案例三十七】廊坊九江典当有限公司诉许长华、刘海云典当纠纷案、【案例三十八】安徽大安典当有限公司诉张某等典当纠纷案等均认为绝当行为已构成违约,甚至在【案例二十七】广州新衡盛典当有限公司诉简瑞杰、邱健典当纠纷案中,法院认为绝当构成严重违约。另一种观点认为,绝当并不构成当户的违约,绝当后当户不应当再依约支付综合费、利息和罚息,只对典当行遭受的利息损失给予适当的经济补偿。【案例四十一】北京裕兴隆典当有限责任公司诉阳志信典当合同纠纷案即为其例。

在司法实务中,绝当后"当事人是否构成违约"通常成为典当行与当户争执的焦点问题。根据合同法的一般理论,违约形态包括实际违约和逾期违约两种。实际违约包括不履行和不完全履行,而逾期违约是指当事人在合同规定的履行期限到来之前,明示或默示其将不履行合同。我们认为,在典当纠纷中,绝当后在当事人违约责任的认定上,主要包括以下三方面内容:

一是绝当后不赎当不应构成违约责任。《典当管理办法》之所以设置绝当制度,正是平衡典当行与当户之间利益的需要。前已述及,按照典当的传统习惯,赎当是当户的权利而非义务,是当户在赎当期间享有的一项权利,当户并不因为其选择不赎当而构成违约。因此,绝当后出当人不赎当,不违反合同约定,亦不能构成违约责任。绝

① 王林清:《民间借贷纠纷裁判思路与规范指引(上)》,法律出版社2015年版,第324页。

当后,典当行与当户之间的典当合同关系结束,当户不应当再承担清偿责任,典当公司应当按法定程序及时处理绝当物品,并从处理绝当物品所得中优先收回当金本息,当户也有权要求返还绝当物品处理所得并扣除相关债务后剩余部分的权利。绝当后典当行请求收取违约金,违背了设置典当制度的本意。

二是对附随义务的违反仍构成违约责任。我国合同法中的附随义务主要有先合同义务、合同履行中的附随义务、后合同义务。还包括在遵循诚实信用原则,根据合同的目的、性质和交易习惯而履行的协助、通知、保密等义务。根据《中华人民共和国合同法》第六十条、第一百零七条的规定,违反附随义务同样构成违约责任。在典当行依法对当物进行处理时,出当人如果不配合典当行处理当物,拒绝予以协助,甚至制造相关障碍,那么此时出当人需要承担违约责任,对不履行合同附随义务或者履行合同附随义务不符合约定的,给典当行造成损失的,损失赔偿额应当相当于因违约所造成的损失。如在【案例二十三】佛山市晋华隆典当有限责任公司诉陈丽雅、谢庆明典当纠纷案,【案例三十一】重庆裕隆典当有限责任公司诉申光奎、申攀等典当纠纷案中,法院均认为当户应配合典当行处理当物,包括协助办理过户手续等,该期间产生的利息损失亦应由当户承担。

三是关于典当绝当后的综合费、利息、违约金如何认定的问题。司法实践中,大致存在以下五种处理:第一种观点认为,绝当后,典当行有权要求当户按照典当借款合同的约定继续支付典当综合费用,直至当户归还当金日止。因为相关调整典当行业的法规并未明确规定当期外禁止收取综合费用,且合同未约定绝当后当户不再支付综合费用,在典当行处理当物前,一直会产生当物的管理服务费用,该费用仍应由当户承担。第二种观点认为,典当是一个特殊的融资行业,其行为应当严格受制于法律规定,应当强调其行为的规范性。绝当后,典当行无权再要求当户基于典当关系继续支付典当综合费用。绝当后,典当双方的权利义务关系终止,既然权利义务终止了,当户在此之后理应不必再支付利息和综合费。第三种观点认为,绝当后典当行是否可以收取利息和综合费属于意思自治范围,有明确约定的依约定处理,没有明确约定的不予支持。第四种观点认为,仅支持合理期限内的利息和综合费用,对于合理期限之外的利息和综合费用不予支持。第五种观点认为,绝当后不应再收取综合费,但仍应支付利息及承担违约金,但两者总额应不过分高于典当行的实际损失,实践中通常以民间借贷的利息保护幅度为依据进行裁决,同时计算违约金期限时还应以必要为限。

我们认为,绝当后典当法律关系终止,典当行应根据《典当管理办法》的规定处理绝当物品。而《典当管理办法》第四十三条第一项规定:“拍卖收入在扣除拍卖费用及当金本息后,剩余部分应当退还当户,不足部分向当户追索。"从此条文理解,绝当后,在处理当物时,典当行只能收取拍卖费用及当金本息,而不能收取综合费用。故绝当后,典当行再收取综合费用,没有依据,当户在支付当金本息后无须支付综合费用。此处当金利息是当户支付的正常利息,并非违约金。虽然《典当管理办法》规定了当金利息和综合费用的收取标准,但是实践中却常常出现符合绝当条件后,当户未在绝当物处理前赎当,典当行也不及时通过诉讼主张权利。这是由于作为典当行收入主要来源的典当费率远远高于银行贷款利率,且经估价而给付的当金多低于当物的实际价值,不少典当行并不急于在绝当后及时行使担保物权,而是利用法律法规对绝当物品处理时间缺乏具体规定的疏漏而拖延绝当物处理时间,累积到很高数额的利息和综合费用时才主张权利以获得更大的收益。此时对于当户而言显然是不公平的。① 故明确典当行在绝当后不得再收取综合费用具有现实意义。

此外,出当人在绝当后不履行合同附随义务协助典当行处理当物构成违约的情况下,其承担违约责任的期间为典当期限或者续当期限届满至典当行受偿,其责任承担方式一般为赔偿损失,即采取违约金的形式。《典当管理办法》对典当期限或者续当期限届满至绝当前的违约金数额已有规定,但对绝当后至典当行受偿期间的违约金数额欠缺明确规定。根据我国《最高人民法院关于适用〈中华人民共和国合同法〉若干问题的解释(二)》第二十九条第一款规定,人民法院应以实际损失为基础计算因违约而造成的损失。因此,在典当合同逾期还款中,实际损失应以利息与综合费之和为基本标准。在判断典当行因出当人逾期还款造成的损失时,不仅要考虑其利息和综合费收入,还应关注其资金实力有限、逾期还款会存在较高的资金占用成本的特点。在判断违约金是否适当时,应将这些特殊因素考虑在内,将违约金合理地调整在基本标准的一定比例之上。据此,在绝当后出当人参照银行同期逾期贷款利率来支付违约金是较为适宜的。②

三、绝当制度的存续价值及其完善

绝当制度在典当法律制度中居于核心位置,对于绝当规则的存废与否,3 万元的当物估价标准是否合理,以及绝当物的变现处置程序,一直饱受争议。对此,我们认

① 参见刘润仙、赵晓畅:《中小微企业典当融资法律问题研究》,载《首都经济贸易大学学报》2013 年第 2 期。

② 李倩茹:《论典当合同中的绝当及违约责任》,载《河北法学》2014 年第 5 期。

为,应当结合实际理性看待,在对绝当制度之于典当制度的特殊价值予以肯定的同时,及时改进现行制度中的不足之处,让绝当制度以及典当制度保持与时俱进,因应时代变化需要予以完善。具体言之,主要体现为以下几个方面:

一是强调保留绝当规则的必要性。绝当制度作为传统典当业的特色和惯例,是促使当户履行典当合同的一种约束,也是对其不履行典当合同的一种负担,是保证典当业务正常进行的必要措施。从现实必要性来看,典当行以接受当物、借出当金作为营业方式,与一般的质权人及抵押权人偶尔为之相比,其出借钱款的频率大大高于非以此为营业者,相应地在营业中遇到借款人到期不还的可能也越多,而且典当期限一般都不长,如果严格按照一般质权实行的清算规则适用于典当营业,特别是小额典当,势必使其缺乏应有的简便灵活性,这样既不方便也不经济。在动产质权实行过程中,因质权人和出质人达成质物折价的协议往往较为困难,扯皮现象不可避免。如果要求以营业为目的的典当行在小额典当中一律采用这样的方法,显然缺乏可行性。此外,当铺营业作为我国固有的法律传统,也从未有流质契约禁止的规则,表明绝当中所有权转移的内涵在我国有着历史与经济的基础,实有保留和存在的必要。

二是适当提高绝当规则中绝当物估价额标准。绝当制度中有限适用流质规则,既是对传统典当经营习惯的尊重,也体现对当户利益的公平保护,较好地平衡了典当双方之间的权益,兼顾了公平和效率。现行《典当管理办法》规定 3 万元以内的绝当物适用流质契约规则,出当时评估价 3 万元以上的绝当物不适用流质契约,只能优先受偿。一方面,该规定过于死板,没有考虑各地经济发展不平衡及居民生活水平的差异,体现为“一刀切”的机械性。另一方面,《典当管理办法》出台于 2005 年,十余年来我国各地经济和人民生活水平均有较大提高,当物的价值在 3 万元以上的交易越来越普遍,这样绝当物数量也在不断增加,典当行要逐笔多退少补实在难以办理。并且当物价值随市场需求不断波动,一些当户可能在动产当物贬值时,放弃赎回,这样典当行难以寻找当户向其追偿损失;而当物增值时,一些当户则可能要求典当行补偿差价,典当行又无理由拒绝。这样典当行处理 3 万元以上当物时不但不能获取利益,还要承担亏损,无法体现立法公平,不利于行业健康发展。建议将估价额上限提高到 20 万元,同时允许经济欠发达的省区市在 3 万元至 20 万元之间确定适当的具体数额,并规定每隔 5 年对上限重新评估,必要时修改。①

至于反对意见认为,以当物估价金额为标准划分绝当物处理方式,容易导致估价过

① 王刚、李佳芮:《我国典当业发展现状、面临挑战与政策建议》,载《金融与经济》2015 年第 1 期。

程中典当行利用自己的经济优势尽力压低当物价值,从而绕过公开变价程序达到将当物归己自行处置的目的。又由于估价与绝当之间存在时间差,当物估价值与绝当时的价值往往有明显变化,特别是一些电子产品,其价格在短时间内落差非常大,如以估价时的价格为标准确定绝当方式可能出现不合理的结果。对此,我们认为,一方面,要对典当行业的经营进行规范,对过分压低当物估值等不规范行为予以纠正,积极营造一个充分竞争的典当交易市场;另一方面,当物估价与实际价格本就有所差别,这也是典当行必须具备的营业能力和营业风险防范的重要部分,并不能构成对当物估价额标准的否定。

三是优化绝当物品处置变现程序。其一,立法应当对绝当物品拍卖的程序进行限制。借鉴发达国家典当立法中的做法,对估价 3 万元以上的绝当物规定必须在一定期限内进行拍卖,以限制典当行长时间拖延将当物进入拍卖程序。同时还可以设定拍卖的底价,以限制因拍卖价格过低损害出当人权益现象的发生。其二,允许典当行参与竞拍,以解决绝当物品所有权转移问题。我国《拍卖法》规定,"委托人不得参与竞买,也不得委托他人代为竞买"。这样典当行作为绝当委托人显然不可以参加竞拍,因此实践中出现了绝当物经多次拍卖流拍的情况。如果绝当物品无人竞买,又不允许典当行竞买,那么该物品的所有权就无法转移,仍归原当户所有,而典当行又本息全无,这显然是不公平的。故应当允许在绝当物拍卖这一特殊的拍卖过程中,典当行也可成为竞买人,从而使绝当物的所有权合法转移到包括典当行在内的所有竞买人名下,兼顾当户与典当行双方合法权益的保护。其三,拍卖完成后溢价款的处理。拍卖完成后如产生溢价款,典当行应当在一定时期内以法定形式通知出当人领取,出当人下落不明,或在一定时期内未能领取的,由典当行上交至主管部门而不是径归典当行所有。对于典当行被查出逾期不上交据为己有,应当设定相应的行政处罚。①

四是完善绝当物品处置变现机制。健全的绝当物品处置变现机制对于典当行的安全有序运营具有重要意义。要构建大型从事典当物品交易的专门市场,完善典当物品信息流通网络,加速典当物品流转,及时进行盘存,提高典当物品的变现能力,尽量减少因缺乏流动性而产生的损失,为典当行业的发展营造良好的商业流通环境。② 尤其要善用网络新媒体技术,典当行可以在网上公布绝当品资料,通过网络吸引更多客户,迅速高效变现;也可借鉴淘宝司法网拍经验,开辟绝当品淘宝拍卖专区,在最短的时间内将绝当品变现。

① 参见姚晓菁:《典当法律属性及规则探讨》,华东政法学院 2005 年硕士学位论文。

② 李春宇:《对我国典当行业现状及未来发展的思考》,载《黑龙江金融》2005 年第 9 期。

6. 绝当后保证人的责任

【问题提示】(1)典当业务经营中设有混合担保,且当物由当户自己提供的,绝当后保证人的责任如何承担?

【案例四十二】福建八方典当有限公司诉谢国雄、福建雄鹰机械设备集团有限公司等典当纠纷案(2015年11月4日)

【法律点】在不动产抵押的典当借款中,借款人自己提供物的担保并已办理抵押登记,同时又有第三人提供保证的,若各方当事人对债权的实现方式没有约定或者约定不明确,保证人仅对债务在担保物折价或者拍卖、变卖后不能清偿部分承担连带保证责任。

【关键词】最高额借款合同　典当期限　保证　物的担保　优先受偿权　折价或者拍卖、变卖　追偿

福建省三明市中级人民法院

民事判决书

(2015)三民终字第432号

上诉人(原审被告):谢国雄,福建雄鹰机械设备集团有限公司股东。

委托代理人:张健超,福建枫桦律师事务所律师。

上诉人(原审被告):福建雄鹰机械设备集团有限公司,住所地三明市梅列区高源科技工业园区。

法定代表人:王水仙,董事长。

委托代理人:李敏锋,福建枫桦律师事务所律师。

被上诉人(原审原告):福建八方典当有限公司,住所地三明市梅列区和仁新村。

法定代表人:陈伟,董事长。

委托代理人:陈建华、张坚刚,福建闽中律师事务所律师。

原审被告:福建省三明市华闽机械制造有限公司,住所地三明市梅列区洋溪工业园区内。

法定代表人:谢琛,董事长。

原审被告:王水仙,女,福建雄鹰机械设备集团有限公司法定代表人。

原审被告:谢国银,男,个体工商户。

原审被告:谢琛,男,福建省三明市华闽机械制造有限公司法定代表人。

原审被告:谢春梅,个体工商户。

原审被告:程爱平,个体工商户。

上诉人谢国雄、福建雄鹰机械设备集团有限公司(以下简称雄鹰机械设备公司)因与被上诉人福建八方典当有限公司(以下简称八方典当公司)、原审被告福建省三明市华闽机械制造有限公司(以下简称华闽机械制造公司)、王水仙、谢国银、谢琛、谢春梅、程爱平典当纠纷一案,不服梅列区人民法院(2014)梅民初字第2723号民事判决,向本院提起上诉。本院于2015年5月8日受理后,依法组成合议庭,并于2015年7月6日公开开庭进行了审理。上诉人谢国雄及其委托代理人张健超,上诉人雄鹰机械设备公司委托代理人李敏锋,被上诉人八方典当公司委托代理人陈建华、张坚刚到庭参加诉讼,原审被告华闽机械制造公司、王水仙、谢国银、谢琛、谢春梅、程爱平经本院合法传唤均未到庭参加诉讼。本案现已审理终结。

原审法院审理查明:

一、八方典当公司与谢国雄之间存在借款合同关系,双方签订一份借字(2013)第6927号《福建八方典当有限公司最高额借款合同》。雄鹰机械设备公司、华闽机械制造公司、王水仙、谢国银、谢琛、谢春梅、程爱平以及张德霖在八方典当公司与谢国雄签订的《福建八方典当有限公司最高额借款合同》(以下简称《最高额借款合同》)中作为连带责任保证人签名确认。因本案纠纷,八方典当公司向本院提起诉讼,要求雄鹰机械设备公司、华闽机械制造公司、王水仙、谢国银、谢琛、谢春梅、程爱平以及张德霖作为保证人对谢国雄的债务承担连带清偿责任。因张德霖的应诉材料难以送达,为保证诉讼程序正常进行,八方典当公司于2014年11月24日申请撤回对张德霖的起诉。原审法院经审核,裁定准许八方典当公司撤回对张德霖的起诉。

二、2013 年 8 月 27 日，谢国雄、王水仙作为甲方与作为乙方的八方典当公司签订一份《福建八方典当有限公司最高额抵押合同》（以下简称《最高额抵押合同》）。谢国雄将其所有的坐落于三明市梅列区东安新村 75 幢一层房 × 号、三明市梅列区东安新村 75 幢 × × × 号两处房产抵押给八方典当公司，并办理他项权证（明房他证梅列字第 T13007241 号、T13007242 号，均为二次抵押）。在该《最高额抵押合同》中约定：被担保的主债权为 2013 年 8 月 27 日借款人谢国雄与乙方（八方典当公司）签订的借字（2013）第 6927 号《最高额借款合同》项下所形成的所有债权，抵押额度为 500，000 元，抵押期限自 2013 年 8 月 27 日至 2014 年 8 月 26 日，抵押担保范围含借款本金、利息、综合费、逾期利息、赔偿金、违约金以及为实现债权所产生的诉讼费、律师代理费等相关费用。

三、2013 年 8 月 30 日，八方典当公司通过银行账户向谢国雄的工商银行三明和仁支行账户（账号 62 × × ×74）转款 500，000 元。

四、2014 年 9 月 28 日，八方典当公司与福建明经律师事务所签订《委托代理合同》，八方典当公司委托福建明经律师事务所律师起诉本案被告及张德霖，要求谢国雄、雄鹰机械设备公司、华闽机械制造公司、王水仙、谢国银、谢琛、谢春梅、程爱平及张德霖承担相应的民事责任。为此，八方典当公司向福建明经律师事务所支付律师代理费 6600 元。

原审法院认为，八方典当公司与谢国雄、雄鹰机械设备公司、华闽机械制造公司、王水仙、谢国银、谢琛、谢春梅、程爱平签订的《最高额借款合同》内容真实、合法，应予以确认；谢国雄向八方典当公司出具借款金额为 500，000 元的《借款借据》以及八方典当公司提供的银行《转款凭证》等证据材料足以证明谢国雄向八方典当公司借款 500，000 元的事实。谢国雄向八方典当公司借款后，未按约定日期履行还款付息义务，至今尚欠借款本金 400，000 元及利息，致使本案纠纷产生，应承担相应的民事责任；八方典当公司请求判令谢国雄返还借款本金 400，000 元并支付利息及违约金的诉讼请求，符合法律规定，应予以支持；由于涉讼《最高额借款合同》约定，若谢国雄未能及时还款，构成违约，应承担八方典当公司为实现债权支付的费用。故八方典当公司请求判令谢国雄支付实现债权费用 6600 元（律师代理费）的诉讼请求，符合有关法律规定，予以支持；因八方典当公司与谢国雄签订的《最高额抵押合同》约定，谢国雄自愿提供坐落于三明市梅列区东安新村 75 幢一层房 × 号、三明市梅列区东安新村 75 幢 × × × 号两处房产为涉讼借款提供抵押担保，且被担保的主债权为谢国雄与八方典当公司签订的《最高额借款合同》项下所形成的所有债权，因此，八方典当公司请求判令对上述房产在拍卖、变卖后所得价款享有优先受偿权的诉讼请求,于法有据,亦予以支持;雄鹰机械设备公司、华闽机械制造公司、王水仙、谢国银、谢琛、谢春梅、程爱平自愿为本案债务人谢国雄向八方典当公司借款500,000元提供连带责任保证,故上述七人均系连带责任保证人,应承担相应的连带担保责任。因此,八方典当公司请求判令雄鹰机械设备公司、华闽机械制造公司、王水仙、谢国银、谢琛、谢春梅、程爱平对谢国雄的上述债务承担连带清偿责任的诉讼请求,理由充分,予以支持。谢春梅、程爱平经传票合法传唤,未到庭参加诉讼,依法缺席判决。依照《中华人民共和国民法通则》第九十条、第一百零八条,《中华人民共和国合同法》第八条、第二百零七条,《中华人民共和国担保法》第二十一条、第三十三条,《最高人民法院关于人民法院审理借贷案件的若干意见》第六条,《中华人民共和国民事诉讼法》第一百四十四条,《最高人民法院关于民事诉讼证据的若干规定》第二条之规定,判决:一、谢国雄应于原审判决生效后十日内返还给福建八方典当有限公司借款400,000元并支付利息及违约金(该利息以400,000元为借款本金,按银行同期贷款利率的四倍计算利息,自2014年7月17日计至生效判决确定的还款之日止);二、谢国雄应于原审判决生效后十日内支付给福建八方典当有限公司实现债权费用(律师代理费)6600元;三、福建八方典当有限公司对谢国雄提供抵押的坐落于三明市梅列区东安新村75幢一层房×号、三明市梅列区东安新村75幢×××号两处房产在拍卖、变卖后所得价款享有优先受偿权;四、福建雄鹰机械设备集团有限公司、福建省三明市华闽机械制造有限公司、王水仙、谢国银、谢琛、谢春梅、程爱平对谢国雄的上述债务承担连带清偿责任。如果未按判决指定的期间履行给付金钱义务,应当依照《中华人民共和国民事诉讼法》第二百五十三条之规定,加倍支付迟延履行期间的债务利息。案件受理费7646元,因适用简易程序审理,减半收取3823元,财产保全费2670元,合计6493元,由谢国雄、福建雄鹰机械设备集团有限公司、福建省三明市华闽机械制造有限公司、王水仙、谢国银、谢琛、谢春梅、程爱平负担。

上诉人谢国雄、雄鹰机械设备公司不服一审判决,向本院提起上诉,其主要上诉理由:本案所涉最高额借款合同及相关借款借据所体现系借贷合同关系而不是典当法律关系。1. 本案最高额借款合同的条款约定体现为信用担保借款合同,借款借据所体现借款时间为一年,而本案被上诉人系经特许经营典当业务的典当公司,根据典当相关规定,典当行不得经营发放信用贷款的业务,典当期限最长为六个月,因此,本案所涉合同系信用贷款合同。被上诉人作为特许经营典当的公司与上诉人和各原审被告签订的合同违反了法律、法规强制性规定,因此,该合同为无效合同。该合同条款至始不对合同的甲方、乙方、丙方产生约束力。2. 本案另外签订的最高额抵押合同是对上诉人谢国雄与被上诉人之间借款的物的担保,假设该抵押合同成立的话,根据相关法律规定,同一债权既有保证又有物的担保的,保证人对物的担保以外的债权承担保证责任。因此,上诉人雄鹰机械设备公司作为保证人无须对已有与借款等价的物的担保的借款承担责任。3. 根据谢国雄一审提供的相关证据和陈述可以证实,本案被上诉人提供的证据即2013年8月27日合同及借款借据系被上诉人添改,实际为上诉人谢国雄向被上诉人借款400万元所用(2013年8月30日,被上诉人公司账户转款280万元、林东升账户转款120万元至上诉人账户),本案借款属于400万元借款的一部分,而谢国雄已根据被上诉人员工林丽花的指引于2013年9月13日偿还该400万元款项至林东升转户。如再发生后续的其他借款,保证人雄鹰机械设备公司未再签订相关保证合同,因此,无须承担责任。4. 如果本案所涉款项系2013年8月30日所借,仅根据林丽花短信指引,从2013年8月30日起至2014年4月14日止上诉人谢国雄至少已还10,473,860元(其中包括2013年9月13日还400万元至林东升账户,于2013年10月31日还160万元至林东升账户,被上诉人因此于2013年11月1日解除了上诉人谢国雄价值160万元的不动产抵押)。综上所述,请求二审法院撤销一审判决,依法改判或发回重审。

被上诉人八方典当公司答辩称:上诉人的上诉理由不能成立。1. 被上诉人八方典当公司作为一家依法设立的典当公司,具有从事对外发放贷款业务的资格。本案所涉及的这笔贷款业务手续虽有不完善之处,但不构成合同无效的情形。2. 关于本案谢国雄所欠债务因有物权担保,故作为保证人的雄鹰机械设备公司无须承担保证责任的观点,由于未见上诉人提供相关法律规定的出处,故其说法不成立。3. 关于上诉人主张谢国雄已还清债务,雄鹰机械设备公司不应再对本案争议的债务承担保证责任。对此被上诉人八方典当公司认为谢国雄已归还本案40万元借款的主张缺乏事实依据,因此上诉人主张不能成立。4. 关于上诉人称借款合同及借据系被上诉人伪造,请法庭注意本案谢国雄签字、王水仙签字的作为主债务担保合同的最高额抵押合同中也明确标明的抵押额度是伍拾万元,抵押的期限也是自2013年8月27日至2014年8月26日,金额与期限与借款合同的规定完全一致。而该抵押合同在2013年8月28日办理抵押登记时提供给了抵押登记机关。因此上诉人所谓添改一说完全不符合事实。至于其提供的大量其与案外人之间的款项往来记录和凭证,与本案不具有关联性。综上,上诉人的上诉请求不能成立,请二审法院依法予以驳回。

原审被告华闽机械制造公司、王水仙、谢国银、谢琛、谢春梅、程爱平未提交答辩意见。

在二审庭审中,除上诉人谢国雄、雄鹰机械设备公司对借字(2013)第6927号《最高额借款合同》约定借款50万元及2013年8月30日被上诉人八方典当公司通过银行账户向谢国雄的工商银行转款50万元有异议外,双方当事人对原审法院认定的事实无异议。对双方当事人无异议的事实,本院予以确认。

二审期间上诉人谢国雄、雄鹰机械设备公司向本院提交以下证据材料:证据1名片一份,证明林丽花系被上诉人八方典当公司员工的事实;证据2手机短信内容、转款明细清单各一份,证明上诉人谢国雄根据林丽花短信指示已还清本案讼争款项的事实。

被上诉人八方典当公司质证认为,对证据1的真实性没有异议,林丽花原系被上诉人八方典当公司员工。对证据2的真实性没有异议,但对其证明内容有异议,被上诉人只指定田建民账户作为被上诉人的收款账户,林东升、唐琳等与被上诉人无关,因50万元借款中10万元债权转让给林东升,上诉人尚欠其40万元。

二审期间,本院根据上诉人谢国雄、雄鹰机械设备公司的申请,向被上诉人八方典当公司原职员、本案讼争款项的经办人林丽花进行调查,林丽花确认上诉人谢国雄、雄鹰机械设备公司提供的证据2手机短信均系其所发。本院认为,上诉人谢国雄、雄鹰机械设备公司提供的证据1、证据2,被上诉人八方典当公司对其真实性没有异议,且证据2手机短信内容经林丽花本人确认,可以作为二审新证据使用。但证据2只能证明2013年8月30日至2014年4月14日,上诉人谢国雄根据林丽花的短信指引打款至案外人田建民、林东升、唐琳账户的事实。对此,被上诉人八方典当公司及林丽花承认案外人田建民账户系八方典当公司指定收款账户,但否认委托案外人林东升、唐琳代为收款,上诉人提供的证据亦不足以证明其转款至案外人林东升、唐琳已得到被上诉人八方典当公司的确认,故其转款至案外人林东升、唐琳账户的行为与本案不具有关联性,不能证明本案讼争借款40万元已经全部还清的事实。

二审期间被上诉人八方典当公司向本院提交当票一份、续当凭证六份,证明上述证据与被上诉人一审提供的证据相互印证,本案系典当合同,谢国雄2013年8月30日向被上诉人借款50万元,并每月办理续当的事实。

上诉人谢国雄、雄鹰机械设备公司质证认为,对证据的真实性没有异议,每个月都是按月续借,但50万元是涵盖在400万元的借款中的。

本院认为,被上诉人八方典当公司提供的当票及续当凭证,上诉人谢国雄、雄鹰机械设备公司对其真实性没有异议,可以作为二审新证据使用,该组证据可以证明2013

年8月30日谢国雄向八方典当公司借款50万元,并办理抵押房屋手续,此后每月进行续当,续当至2014年3月12日的事实。亦佐证了上诉人谢国雄2013年9月13日还款400万元至林东升账户,并非返还本案讼争40万元借款。

二审期间本院审理查明,2013年8月30日上诉人谢国雄向被上诉人八方典当公司出具《借款借据》,注明借款50万元,月利率15‰。本院认为,本案《最高额借款合同》《最高额抵押合同》《借款借据》《当票》《续当凭证》《银行业务回单》等在案证据相互印证,可以证明2013年8月30日谢国雄向八方典当公司借款50万元、借期至2014年8月26日及2013年8月30日八方典当公司通过银行账户向谢国雄的工商银行转款50万元的事实。上诉人谢国雄、雄鹰机械设备公司认为双方签订的本案讼争《最高额借款合同》及《借款借据》系被上诉人八方典当公司添改,实际双方借款为400万元,2013年8月30日八方典当公司依据合同转款400万元至谢国雄账户依据不足,本院不予采信。

本院另查明,2013年8月27日上诉人谢国雄与被上诉人八方典当公司签订了《最高额借款合同》第十条"违约责任"第一项约定:"甲方(即上诉人谢国雄)不能按期归还借款的,应继续按各笔借款约定的利率、费率支付利息和综合费,并应自逾期之日起,另按借款本金的日万分之五加付逾期利息。自逾期之日起,甲方应支付的利息、综合费和逾期利息每逾期30日计入借款本金一次,至本息全部清偿之日止。"

本院认为,2013年8月27日上诉人谢国雄与被上诉人八方典当公司签订了《最高额借款合同》及《最高额抵押合同》,约定上诉人谢国雄向被上诉人八方典当公司借款,以上诉人谢国雄所有的坐落于三明市梅列区东安新村75幢一层房×号、三明市梅列区东安新村75幢×××号两处房屋作为当物抵押给被上诉人八方典当公司,并办理房屋抵押登记手续,期限自2013年8月27日至2014年8月26日止;合同签订后,八方典当公司向谢国雄开具当票,谢国雄取得当金。双方典当关系明确、具体且符合法律规定,依法应予以保护。上诉人谢国雄、雄鹰机械设备公司主张本案讼争《最高额借款合同》违反法律法规强制性规定,属于无效合同依据不足,本院不予支持。另本案《最高额借款合同》《最高额抵押合同》《借款借据》《当票》《续当凭证》《银行业务回单》等在案证据相互印证,可以证明2013年8月30日谢国雄向八方典当公司借款50万元的事实,经八方典当公司确认,现尚欠40万元借款。上诉人谢国雄、雄鹰机械设备公司对此提供了手机短信内容、转款明细清单,主张讼争款项40万元已于2013年9月13日还清,上诉人谢国雄不承担返款责任、上诉人雄鹰机械设备公司不承担保证责任。本院认为,除上诉人谢国雄转款至八方典当公司指定收款账户即田建民账户外,上诉人谢国雄转款至案外人林东升、唐琳账户行为与本案不具有关联性,属另一法律关系,不能证明本案讼争借款40万元已于2013年9月13日还清,被上诉人提供的《当票》及《续当凭证》亦能佐证该事实。且根据上诉人谢国雄、雄鹰机械设备公司提供的《转款明细清单》,可以确定上诉人谢国雄于2013年8月30日转款152,000元、2013年9月29日转款23,433元、2013年10月8日转款31,200元、2013年10月14日转款9560至田建民账户,共计转款216,193元,该款均为支付被上诉人八方典当公司利息。经被上诉人八方典当公司确认,上诉人谢国雄利息支付至2014年10月3日止,原审据此判令上诉人谢国雄返还被上诉人八方典当公司借款本金40万元及利息并无不当,上诉人谢国雄、雄鹰机械设备公司的主张本院不予支持,此后利息应按月利率15‰从2014年10月4日起算。另被上诉人八方典当公司依据《最高额借款合同》约定的日万分之五逾期利息主张违约金,因被上诉人八方典当公司未提供证据证明上诉人谢国雄的违约行为造成八方典当公司利息以外的损失,故对被上诉人八方典当公司该项诉讼请求本院不予支持。因本案债务人谢国雄自己提供物的担保并已办理抵押登记,根据各方当事人签订的《最高额借款合同》,依据《中华人民共和国物权法》第一百七十六条,“被担保的债权既有物的担保又有人的担保的,债务人不履行到期债务或者发生当事人约定的实现担保物权的情形,债权人应当按照约定实现债权;没有约定或者约定不明确,债务人自己提供物的担保的,债权人应当先就该物的担保实现债权;第三人提供物的担保的,债权人可以就物的担保实现债权,也可以要求保证人承担保证责任。提供担保的第三人承担担保责任后,有权向债务人追偿”的规定,被上诉人雄鹰机械设备公司、原审被告华闽机械制造公司、王水仙、谢国银、谢琛、谢春梅、程爱平应对上诉人谢国雄所负债务在担保物折价或者拍卖、变卖后不能清偿部分承担连带保证责任。原审判决未区分物保与人保关系,本院予以纠正。原审被告华闽机械制造公司、王水仙、谢国银、谢琛、谢春梅、程爱平经本院合法传唤无正当理由拒不到庭参加诉讼,视为放弃举证、质证和抗辩的权利,本院依法缺席审理和判决。据此,依照《中华人民共和国民法通则》第九十条、第一百零八条,《中华人民共和国合同法》第八条、第二百零七条,《中华人民共和国物权法》第一百七十六条,《中华人民共和国担保法》第二十一条、第三十三条,《最高人民法院关于人民法院审理借贷案件的若干意见》第六条,《中华人民共和国民事诉讼法》第一百四十四条、第一百六十八条、第一百七十条第一款第二项之规定,判决如下:

一、维持梅列区人民法院(2014)梅民初字第2723号民事判决书第二项,即“上诉人谢国雄应于原审判决生效后十日内支付给被上诉人福建八方典当有限公司实现债权费用(律师代理费)6600元”。

二、维持梅列区人民法院(2014)梅民初字第2723号民事判决书第三项,即“被上诉人福建八方典当有限公司对上诉人谢国雄提供抵押的坐落于三明市梅列区东安新村75幢一层房×号、三明市梅列区东安新村75幢×××号两处房产在拍卖、变卖后所得价款享有优先受偿权”。

三、变更梅列区人民法院(2014)梅民初字第2723号民事判决书第一项“上诉人谢国雄应于原审判决生效后十日内返还给被上诉人福建八方典当有限公司借款400,000元并支付利息及违约金(该利息以400,000元为借款本金,按银行同期贷款利率的四倍计算利息,自2014年7月17日计至生效判决确定的还款之日止)”为:“上诉人谢国雄应于原审判决生效后十日内返还给被上诉人福建八方典当有限公司借款400,000元并支付利息(该利息以400,000元为借款本金,按月利率15‰计算利息,自2014年10月4日计至生效判决确定的还款之日止)”。

四、变更梅列区人民法院(2014)梅民初字第2723号民事判决书第四项“上诉人福建雄鹰机械设备集团有限公司、原审被告福建省三明市华闽机械制造有限公司、王水仙、谢国银、谢琛、谢春梅、程爱平对上诉人谢国雄的上述债务承担连带清偿责任”。为:“上诉人福建雄鹰机械设备集团有限公司、原审被告福建省三明市华闽机械制造有限公司、王水仙、谢国银、谢琛、谢春梅、程爱平对上诉人谢国雄所负上述第一项、第三项债务在被上诉人福建八方典当有限公司实现担保物权后未清偿范围内承担连带清偿责任。”

五、驳回上诉人谢国雄的其他诉讼请求。

如果未按判决指定的期间履行给付金钱义务,应当依照《中华人民共和国民事诉讼法》第二百五十三条之规定,加倍支付迟延履行期间的债务利息。

二审案件受理费7646元,由上诉人谢国雄、福建雄鹰机械设备集团有限公司负担7000元,由被上诉人福建八方典当有限公司负担646元。一审案件受理费的负担按原审判决执行。

本判决为终审判决。

审　判　长　林　广　伦
代理审判员　沈　珺　莹
代理审判员　魏　正　雄
二〇一五年十一月四日
书　记　员　陈艳红(代)

【案例四十三】永嘉县鑫盛典当有限责任公司诉林春武、余小红、林成春、陈金平典当纠纷案

（2016年2月23日）

【法律点】 1.典当期间以及典当期限届满至绝当期间，当户应按约定的综合费率支付综合服务费。绝当以后，当户以对当物丧失赎回权为对价，无须再向典当行支付综合服务费，而典当行有权依法处置当物以清偿债务。但按照公平原则，典当行在绝当以后有权要求当户从起诉之日起，按照典当期限内借款利率的逾期罚息利率赔偿利息损失。

2.第三人的保证合同系典当合同的从合同，其保证责任应当根据典当合同确定的主债权予以确定。典当发生绝当事由后，当户仅对处置当物后的不足部分承担责任，故保证人的保证责任也应限于处置当物后的不足部分，即典当行依法应当先就当物的担保实现债权，不足部分再要求保证人承担保证责任。

【关键词】绝当　绝当期间　丧失赎回权　综合服务费　公平原则　物的担保　人的担保　实现债权的顺序

浙江省永嘉县人民法院
民事判决书

（2015）温永商初字第663号

原告：永嘉县鑫盛典当有限责任公司。

法定代表人：徐丽琴。

委托代理人：朱永华。

被告：林春武。

被告：余小红。

被告：林成春。

被告:陈金平。

原告永嘉县鑫盛典当有限责任公司(以下简称鑫盛公司)诉被告林春武、余小红、林成春、陈金平典当纠纷一案,本院于2015年12月23日立案受理,依法由审判员廖鸿展适用简易程序,于2016年1月21日公开开庭进行审理。原告鑫盛公司的委托代理人朱永华到庭参加诉讼,被告林春武、余小红、林成春、陈金平经本院合法传唤,无正当理由拒不到庭。本案现已审理终结。

原告鑫盛公司起诉称:2015年6月10日,被告林春武、余小红因资金周转需要,以坐落于永嘉县瓯北镇罗浮村罗浮横街×号的房屋作为当物,向原告典当150万元,双方签订《当票》,《当票》约定典当期限由2015年6月10日起至2015年12月6日止,月费率0.61%,月利率0.39%(月综合费率1%)。同时,双方签订一份《抵押(典当)合同》,合同约定:月综合服务费率1%,应在每月10日前送缴,迟缴按日加收上列费用5%,赎回时结清;典当期限为12个月,自2015年6月10日起至2016年6月9日止。同日,被告林成春、陈金平向原告出具一份《保证书》,自愿对被告林春武向原告的抵押借款150万元承担连带保证责任,保证期间两年。2015年6月16日,原告与被告林春武、余小红就当物在永嘉县住房和城乡规划建设局办理抵押登记手续。同日,原告按约向被告林春武、余小红支付当金150万元。典当以后,被告林春武、余小红仅支付两个月的综合服务费,此后,未支付综合服务费,典当期限届满以后,既未赎回当物也未续当。现原告鑫盛公司为维护其合法权益,故诉诸法院,请求判令:1. 被告林春武、余小红偿还当金150万元及综合服务费、迟缴综合服务费(综合服务费按月综合费率1%计算,自2015年8月11日起计算至实际履行完毕之日止;迟缴综合服务费以1.5万元为基数,按月综合费率1.05%标准计算,分别从2015年9月11日、10月11日、11月11日、12月11日起计算至实际履行完毕之日止);2. 在被告林春武、余小红不履行上述债务时,原告有权对被告林春武、余小红抵押的位于永嘉县瓯北镇罗浮横街×号房屋(房屋所有权证号02002×××)以折价或者以拍卖、变卖该财产的价款优先受偿;3. 被告林成春、陈金平对上述第一项请求承担连带偿还责任;4. 本案诉讼费用由四被告负担。

在开庭审理过程中,原告鑫盛公司自愿将第一项诉讼请求变更为:判令被告林春武、余小红偿还当金150万元及综合服务费、迟缴综合服务费(综合服务费按月综合费率1%计算,自2015年8月11日起计算至实际履行完毕之日止;迟缴综合服务费以1.5万元为基数,按月综合费率1.05%标准计算,分别从2015年9月11日、10月11日、11月11日、12月6日起计算至实际履行完毕之日止)。

原告鑫盛公司为证明其主张，在举证期限内，向本院提供下列证据材料：

1. 原告企业法人营业执照、组织机构代码证、典当经营许可证各一份，以证明原告的诉讼主体资格；

2. 四被告身份证复印件四份，被告林春武、余小红居民户口簿复印件、结婚证复印件各一份，以证明四被告的诉讼主体资格，以及被告林春武、余小红系夫妻关系的事实；

3.《当票》(NO:330100000419)、《抵押(典当)合同》【鑫盛典当行(1305)第0419号】各一份，以证明被告林春武、余小红将永嘉县瓯北镇罗浮横街×号房屋(房屋所有权证号02002×××)作为当物向原告典当150万元以及双方约定相关事项的事实；

4.《保证书》一份，以证明被告林成春、陈金平自愿为被告林春武向原告借款150万元提供连带责任保证担保的事实；

5. 中国工商银行网上银行电子回单两份、《收条》一份，以证明原告依约向被告支付当金150万元的事实；

6. 房屋他项权证、房屋所有权证、集体土地建设用地使用证各一份，以证明永嘉县瓯北镇罗浮横街×号房屋系被告林春武所有，为本案借款设立抵押并办理登记手续，抵押权人为原告的事实。

被告林春武、余小红、林成春、陈金平未作答辩，也未在举证期限内向本院提供证据。

因被告林春武、余小红、林成春、陈金平经本院合法传唤，无正当理由拒不到庭，故无法对原告鑫盛公司提供的证据当庭进行质证，其也未向本院提供书面质证意见，属其自行放弃质证权利。

对于原告鑫盛公司提供的证据，本院审核认为，这些证据形式完整，内容合法，与本案具有关联性，而且本院尚未发现这些证据存有瑕疵和疑点，故本院确认这些证据作为认定本案相关事实的依据。

本院根据当事人的陈述以及本院确认的有效证据，认定如下事实：2015年6月10日，原告鑫盛公司与被告林春武、余小红签署一份《当票》(NO:330100000419)，约定被告林春武、余小红以坐落于永嘉县瓯北镇罗浮村罗浮横街×号房屋(房屋所有权证号:02002×××)作为当物典当给原告鑫盛公司，典当金额150万元，月综合费率1%(月费率0.61%、月利率0.39%)，典当期限由2015年6月10日起至2015年12月6日止。

2015年6月10日，原告鑫盛公司与被告林春武、余小红还签订一份《抵押(典当)

合同》【鑫盛典当行(1305)第0419号】,合同约定被告林春武、余小红以坐落于永嘉县瓯北镇罗浮村罗浮横街×号房屋(房屋所有权证号:02002×××)作为抵押物向原告鑫盛公司借款150万元;典当期限12个月,自2015年6月10日起至2016年6月9日止;原告鑫盛公司根据典当金额按照典当实际天数向被告林春武、余小红收取综合服务费,月综合费率1%(不满五天,按五天计算,超过五天按实际天数计算),月综合服务费应在每月10日前送缴,迟缴按日加收5%;被告林春武、余小红要求延期续当的,应在期满前三天提出申请,原告鑫盛公司同意后方可延期,逾期不赎回也不续当的,即为放弃赎回权,做绝当处理,原告鑫盛公司有权依法以抵押物的折价款或拍卖、变卖所得款项优先受偿。

2015年6月10日,被告林成春、陈金平共同向原告鑫盛公司出具一份《保证书》,《保证书》约定被告林成春、陈金平自愿对被告林春武向原告鑫盛公司抵押借款的150万元【鑫盛典当行(1305)第0419号】承担连带保证责任,担保期限为二年。

2015年6月16日,原告鑫盛公司与被告林春武、余小红就抵押物永嘉县瓯北镇罗浮村罗浮横街×号房屋在永嘉县住房和城乡规划建设局办理抵押权登记,抵押权人为原告鑫盛公司,债权金额为150万元(温房他证永嘉县字第2833号)。

2015年6月16日,原告鑫盛公司按照被告林春武、余小红的指示,向被告林春武、余小红交付当金150万元。

原告鑫盛公司自认:典当以后,被告林春武、余小红已经按约支付综合服务费至2015年8月10日,其余综合服务费至今未付;典当期限届满以后,被告林春武、余小红既未向原告鑫盛公司申请续当,也未向原告鑫盛公司申请赎当,被告林成春、陈金平亦未承担保证责任。

本院认为:被告林春武、余小红以坐落于永嘉县瓯北镇罗浮村罗浮横街×号房屋(房屋所有权证号:02002×××)作为当物向原告鑫盛公司典当150万元,以及被告林成春、陈金平对被告林春武向原告鑫盛公司的借款提供连带责任保证担保的事实清楚,证据确实充分。至于各方应承担的责任,则应依法予以确定。

一、被告林春武、余小红的责任

1. 典当期限以内,以及典当期限届满至绝当期间的责任

《当票》约定的典当期限为6个月,即自2015年6月10日起至2015年12月6日止;而《抵押(典当)合同》约定的典当期限为12个月,自2015年6月10日起至2016年6月9日止;两者并不一致。参照《典当管理办法》中典当期限最长不得超过6个月的规定,以及双方在《当票》中的约定,典当期限应为6个月,即自2015年6月10日起

至2015年12月6日止。根据双方约定,在典当期限以内,被告林春武、余小红应按约支付综合服务费,如迟缴的,还应按约支付迟缴综合服务费。

同时,《典当管理办法》第四十条第一款规定:“典当期限或者续当期限届满后,当户应当在5日内赎当或者续当。逾期不赎当也不续当的,为绝当。”本案中,典当期限于2015年12月6日届满,但是被告林春武、余小红并未在5日内向原告鑫盛公司申请续当或者赎当,因此,绝当事由发生,绝当日期为2015年12月11日。

《典当管理办法》第四十条第二款规定:“当户于典当期限或者续当期限届满至绝当前赎当的,除须偿还当金本息、综合费用外,还应当根据中国人民银行规定的银行等金融机构逾期贷款罚息水平、典当行制定的费用标准和逾期天数,补交当金利息和有关费用。”因此,在典当期限届满至绝当期间,被告林春武、余小红仍应按约定的综合费率支付综合服务费。

2.绝当以后的责任

绝当以后,被告林春武、余小红以对当物丧失赎回权为对价,无须再向原告鑫盛公司支付综合服务费,而原告鑫盛公司有权依法处置当物以清偿债务。因此,绝当以后,原告鑫盛公司无权要求被告林春武、余小红支付综合服务费。同时,双方虽然未就绝当以后的责任进行约定,但是按照公平原则,原告鑫盛公司有权要求被告林春武、余小红从起诉之日起,按照典当期限内借款利率的逾期罚息利率赔偿利息损失。典当期限内的借款利率为月利率0.39%,根据中国人民银行相关规定,逾期罚息利率确定为月利率0.585%为宜。

《典当管理办法》第四十三条规定:“典当行应当按照下列规定处理绝当物品:(一)当物估价金额在3万元以上的,可以按照《中华人民共和国担保法》的有关规定处理,也可以双方事先约定绝当后由典当行委托拍卖行公开拍卖。拍卖收入在扣除拍卖费用及当金本息后,剩余部分应当退还当户,不足部分向当户追索。(二)绝当物估价金额不足3万元的,典当行可以自行变卖或者折价处理,损溢自负。(三)对国家限制流通的绝当物,应当根据有关法律、法规,报有关管理部门批准后处理或者交售指定单位。”本案当物估价金额在3万元以上,同时双方亦约定绝当以后,原告鑫盛公司有权依法以当物的折价款或拍卖、变卖所得款项优先受偿。因此,原告鑫盛公司有权依法处置当物,并就所得价款优先受偿,剩余部分应当退还被告林春武、余小红,不足部分再向被告林春武、余小红追索。

二、被告林成春、陈金平的责任

虽然被告林成春、陈金平向原告鑫盛公司出具《保证书》,自愿对被告林春武向原告鑫盛公司借款150万元承担连带保证责任,但是由于原告鑫盛公司与被告林成春、陈金平之间的保证合同系典当合同的从合同,被告林成春、陈金平的保证责任应当根据典当合同确定的主债权予以确定。

一方面,本案典当发生绝当事由,被告林春武、余小红仅对处置当物后的不足部分承担责任,因此,被告林成春、陈金平的保证责任也应限于处置当物后的不足部分。另一方面,《中华人民共和国物权法》第一百七十六条规定:“被担保的债权既有物的担保又有人的担保的,债务人不履行到期债务或者发生当事人约定的实现担保物权的情形,债权人应当按照约定实现债权;没有约定或者约定不明确,债务人自己提供物的担保的,债权人应当先就该物的担保实现债权;第三人提供物的担保的,债权人可以就物的担保实现债权,也可以要求保证人承担保证责任”,现本案被担保的主债权既有物的担保又有人的担保,但原告鑫盛公司与四被告并未约定债务逾期时实现债权的顺序,而为主债权提供担保的物又系被告林春武、余小红提供,因此,依法应当先就该物的担保实现债权,不足部分再要求被告林成春、陈金平承担保证责任。

据此,本院依照《中华人民共和国民法通则》第九十条,《中华人民共和国合同法》第五条、第八条、第一百零七条、第一百一十三条,《中华人民共和国物权法》第一百七十六条、第一百九十五条,《中华人民共和国担保法》第六条、第十八条、第三十三条,《中华人民共和国民事诉讼法》第一百四十四条,《最高人民法院关于适用〈中华人民共和国民事诉讼法〉的解释》第二百零三条之规定,参照《典当管理办法》第三十条、第三十六条第三款、第三十八条、第四十条、第四十三条之规定,判决如下:

一、限被告林春武、余小红于本判决生效之日起十日内偿还原告永嘉县鑫盛典当有限责任公司当金1,500,000元,并支付综合服务费(综合服务费按照月综合费率1%计算,从2015年8月11日起计算至2015年12月11日止)、迟缴综合服务费(迟缴综合服务费以15,000元为基数,按照月综合费率1.05%计算,分别从2015年9月11日、10月11日、11月11日、12月6日起计算至2015年12月11日止),赔偿利息损失(利息损失按照月利率0.585%计算,从2015年12月23日起计算至本判决确定的履行之日止)。

二、如果被告林春武、余小红未按照本判决履行义务,则原告永嘉县鑫盛典当有限责任公司有权依照法律规定,对登记在被告林春武名下的坐落于永嘉县瓯北镇罗浮村罗浮横街×号的房屋(房屋所有权证号:02002×××)以折价或者以拍卖、变卖等方式依法变价,并对变价后所得款项优先受偿。

三、被告林成春、陈金平对原告永嘉县鑫盛典当有限责任公司优先受偿后的不足部分承担连带责任。

四、驳回原告永嘉县鑫盛典当有限责任公司的其他诉讼请求。

如果被告未按本判决指定的期间履行给付金钱义务，应当依照《中华人民共和国民事诉讼法》第二百五十三条之规定，加倍支付迟延履行期间的债务利息。

本案受理费18,300元，现减半收取9150元，由被告林春武、余小红、林成春、陈金平共同负担。

如不服本判决，可于判决书送达之日起十五日内向本院递交上诉状，并按对方当事人的人数提出副本，上诉于温州市中级人民法院。

审　判　员　廖鸿展

二〇一六年二月二十三日

书　记　员　谢真杰

【案例四十四】邹平中鑫典当有限责任公司诉山东宏业新能源科技有限公司、朱剑飞等典当纠纷案 (2015年1月28日、2016年8月1日)

【法律点】 1. 绝当后处置典当物既是典当行的权利也是其义务,故典当行应及时处置当物,不得再行主张绝当后的利息及综合费。但绝当后典当行资金的占用损失可以按照中国人民银行同期贷款利率计算。

2. 典当行与保证人之间即使特别约定典当行有权选择当户或者保证人任何一方承担全部或部分担保责任,不受执行完当物不足的部分由保证人负责的限制,该约定有悖于典当合同基本规则而无效,典当行应在依法处置当物后,对所得价款不足部分再由保证人担连带清偿责任。

【关键词】 最高额股权典当借款　预扣综合费用　保证期限　诉讼时效　物的担保　人的担保　绝当

山东省滨州市中级人民法院
民事判决书

(2014)滨中商终字第397号

上诉人(原审被告):朱剑飞。

委托代理人:孙雅盟,山东源诚律师事务所律师(特别授权代理)。

委托代理人:刘高峰,山东源诚律师事务所律师(特别授权代理)。

被上诉人(原审原告):邹平中鑫典当有限责任公司。住所地:邹平县黄山三路。

法定代表人:王乃忠,董事长。

委托代理人:邱士凯,山东志城律师事务所律师(特别授权代理)。

委托代理人:信国林,山东志城律师事务所律师(特别授权代理)。

原审被告:山东宏业新能源科技有限公司(原邹平乾坤垃能科技有限公司)。住所地:邹平县月河四路北首。

法定代表人:刘乾乾,执行董事。

原审被告:刘乾乾。

原审被告:张洪生。

原审被告:刘花。

上诉人朱剑飞因典当纠纷一案,不服邹平县人民法院(2014)邹商初字第332号民事判决,向本院提起上诉。本院受理后,依法组成合议庭公开开庭进行了审理。上诉人朱剑飞的委托代理人孙雅盟、刘高峰,被上诉人邹平中鑫典当有限责任公司(以下简称中鑫典当公司)的委托代理人邱士凯、信国林,原审被告刘乾乾、山东宏业新能源科技有限公司(原邹平乾坤垃能科技有限公司,以下简称宏业公司)的法定代表人刘乾乾到庭参加诉讼;原审被告张洪生、刘花经本院传票传唤无正当理由未到庭参加诉讼。本案现已审理终结。

原审法院审理查明,2011年8月12日,原告与被告宏业公司、刘乾乾签订《最高额股权典当借款合同》,约定最高当金金额是100万元,在2011年8月12日至2012年8月11日的期限内,被告宏业公司、刘乾乾可以多次循环使用该款,当金月利率为5‰,月综合费用为20‰。2011年8月12日,王玉香(即刘乾乾之母)及被告刘乾乾与原告签订《最高额股权质押合同》,王玉香、刘乾乾用其在被告宏业公司的股权共计1000万元作为该典当借款的质押,并于2011年8月12日在邹平县工商行政管理局办理了股权出质登记。2011年8月12日、2011年10月9日,被告朱剑飞及被告张洪生、刘花分别与原告签订《最高额保证合同》,为被告宏业公司、刘乾乾与原告的典当借款提供连带责任保证担保,合同约定的保证期限自2011年8月12日至2014年8月11日。保证范围包括当金本金、利息、综合费用、违约金、律师代理费及实现债权的各项费用等。同时双方在保证合同中特别约定:甲方(原告)有权选择当户或者保证人任何一方承担全部或部分责任,不受执行完质押物不足的部分由担保人负责的限制。2011年10月9日,被告宏业公司、刘乾乾向原告借款30万元,原告为其出具当票,载明当金30万元,当期自2011年10月9日至2011年12月8日,综合费用1.2万元。即日原告扣除综合费用1.2万元后向被告宏业公司、刘乾乾开具了金额为28.8万元的转账支票支付了该借款,被告宏业公司、刘乾乾为原告出具了30万元的收款单据。借款到期后,双方未续当,但被告宏业公司、刘乾乾一直向原告支付利息和综合费用至2013年8月25日。后因被告宏业公司、刘乾乾未履行偿还当金及利息和综合费用的义务,致原告诉至法院,要求依法判令被告宏业公司、刘乾乾立即偿还典当本金30万元及息费(截至2013年11月25日利息及费用为2.18万元,2013年11月26日至生效判决确定给付日的利息以30万为基数按中国人民银行规定的同期贷款利率计算);依法确认原告对抵押物享有优先受偿权;被告朱剑飞、张洪生、刘花在30万元当金本金、息费范围内对被告宏业公司、刘乾乾的给付义务承担连带清偿责任。本案案件受理费、财产保全费及其他诉讼费用由被告共同承担。

原审法院认为,对于典当合同的主体问题。被告刘乾乾在原告与被告宏业公司签订的制式《最高额股权典当借款合同》当户一栏中签名,且承认其个人及宏业公司共同作为该笔典当借款的当户,因此本案典当借款的主体应当是原告与被告宏业公司及刘乾乾。被告刘乾乾与被告宏业公司共同作为本案典当借款的当户,并未加重担保人的责任,故被告朱剑飞关于本案借款合同的当户已由宏业公司变更为刘乾乾,其不应再承担担保责任的主张,无事实和法律依据,不予采纳。关于最高额股权典当借款合同的期限、当期、当金及诉讼时效问题。本案双方签订的是最高额股权典当借款合同,约定最高当金金额为100万元,在2011年8月12日至2012年8月11日的期限内,当户可以多次循环使用该款,因此该一年期限系当户循环使用借款的期限,并不是双方典当借款的实际当期。在该一年期限及最高借款金额100万元内,被告宏业公司、刘乾乾于2011年10月9日向原告典当借款30万元,当期自2011年10月9日至2011年12月8日,双方对借款金额及当期的约定符合双方签订的《最高额股权典当借款合同》约定及《典当管理办法》的相关规定。被告朱剑飞关于双方最高额典当借款合同中约定的一年期限不符合法律规定,应当认定无效的主张,无法律依据,不予采纳。原告与被告宏业公司、刘乾乾签订的《最高额股权典当借款合同》的内容及当票约定是双方当事人的真实意思表示,且未违反国家法律、法规的强制性规定,合法有效。在典当借款时,原告预扣综合费用1.2万元符合《典当管理办法》的相关规定。被告朱剑飞要求予以抵扣当金的主张,无法律依据,不予采纳。被告宏业公司、刘乾乾仍应按典当借款金额30万元履行还款及支付息费义务。借款后,被告宏业公司、刘乾乾支付利息和综合费用至2013年8月25日,此后被告宏业公司、刘乾乾既不支付息费,亦未办理续当,其行为已符合绝当的规定。原告于2014年6月6日诉讼要求被告宏业公司、刘乾乾偿还当金30万元,并对抵押股权行使优先受偿权,有事实与法律依据,予以支持。被告朱剑飞主张借款已超过诉讼时效,与事实不符,不予采纳。关于利息、综合管理费问题。《典当管理办法》第三十七条规定,典当当金利率,按中国人民银行公布的银行机构6个月期法定贷款利率及典当期限折算后执行。第三十八条规定,典当综合费用包括各种服务及管理费用。财产权利质押典当的月综合费率不得超过当金的24‰。涉案合同约定的当金月利率5‰、月综合费率20‰均未超出《典当管理办法》规定的计费标准。借款后被告宏业公司、刘乾乾支付利息和综合费用至2013年8月25日,原告主张的自2013年8月26日至2013年11月25日的息费的总利率不应超过中国人民银行同期贷款利率的四倍,即年利率24%,故该期间的息费应为18,000元(24%÷12个月×30万元×3个月),原告该项主张中超出的部分,不予支持。自2013年11月26日至本判决确定的给付之日的利息,原告主张以30万元为基数,按中国人民银行规定的同期贷款利率计算,合理合法,予以支持。关于保证责任问题。原告与被告朱剑飞、张洪生、刘花签订的《最高额保证合同》约定的保证期间自2011年8月12日至2014年8月11日,原告于2014年6月6日诉讼要求被告朱剑飞、张洪生、刘花承担保证责任,未超过保证期间,被告朱剑飞、张洪生、刘花应依据《最高额保证合同》约定对本案典当借款承担连带偿还责任。被告朱剑飞、张洪生、刘花关于"保证期限约定不明,原告起诉已超过保证期限"的辩称意见,与事实不符,不予采纳。双方在保证合同中特别约定了"甲方(即原告)有权选择当户或者保证人任何一方承担全部或部分责任,不受执行完质押物不足的部分由担保人负责的限制"。根据《中华人民共和国物权法》第一百七十六条规定,被担保的债权既有物的担保又有人的担保的,债务人不履行到期债务或者发生当事人约定的实现担保物权的情形,债权人应当按照约定实现债权。原告依据双方保证合同中的上述特别约定,要求被告朱剑飞、张洪生、刘花承担相应的担保责任,合法有据,应予支持。被告朱剑飞、张洪生、刘花关于应先以质押股权偿还借款,不足部分才由担保人承担责任的辩称意见,无法律依据,不予采纳。据此,原审法院依照《中华人民共和国民法通则》第九十条,《中华人民共和国合同法》第八条、第一百零七条,《中华人民共和国物权法》第一百七十六条、第二百二十三条、第二百二十六条,《中华人民共和国担保法》第十八条、第二十一条、第三十一条,参照《典当管理办法》第三条、第四十条之规定判决:一、被告山东宏业新能源科技有限公司(原邹平乾坤垃能科技有限公司)、刘乾乾于本判决生效之日起五日内支付原告邹平中鑫典当有限责任公司当金300,000元;二、被告山东宏业新能源科技有限公司(原邹平乾坤垃能科技有限公司)、刘乾乾于本判决生效之日起五日内支付原告邹平中鑫典当有限责任公司自2013年8月26日至2013年11月25日利息和综合费用18,000元;三、被告山东宏业新能源科技有限公司(原邹平乾坤垃能科技有限公司)、刘乾乾于本判决生效之日起五日内支付原告邹平中鑫典当有限责任公司自2013年11月26日至本判决确定的履行期限届满之日的利息(以300,000元为基数,按中国人民银行同期贷款利率计算)；四、在本判决主文第一至三项确定的债务范围内,原告邹平中鑫典当有限责任公司对王玉香及被告刘乾乾出质的股权享有优先受偿权；五、被告朱剑飞、张洪生、刘花对本判决主文第一至第三项确定的债务承担连带偿还责任,其履行偿还责任后,有权就其偿还份额向被告山东宏业新能源科技有限公司(原邹平乾坤垃能科技有限公司)、刘乾乾追偿。若被告未按本判决指定的期间履行给付金钱义务,应当依照《中华人民共和国民事诉讼法》第二百五十三条之规定,加倍支付迟延履行期间的债务利息。案件受理费6127元,财产保全费2129元,合计8256元,由被告山东宏业新能源科技有限公司(原邹平乾坤垃能科技有限公司)、刘乾乾、朱剑飞、张洪生、刘花负担。

上诉人朱剑飞不服原审判决上诉称,1. 一审判决认定事实和法律适用错误。上诉人朱剑飞与被上诉人中鑫典当公司签订《最高额保证合同》,约定上诉人系应原审被告宏业公司请求,为被上诉人与宏业公司签订的《最高额股权典当借款合同》提供担保,即上诉人为原审被告宏业公司典当借款提供担保。未经上诉人同意,当户变更为刘乾乾,主合同重大事项变更未通知上诉人,上诉人作为保证人不应继续承担保证责任。根据《中华人民共和国担保法》的规定,主债务人的变更未通知保证人并征得保证人书面同意,保证人不应继续承担保证责任。2. 原审被告宏业公司没有收到典当款项,不是实际用款人,并且该债务已过法定诉讼时效,不应承担还款责任,因此,上诉人朱剑飞不应承担保证责任。被上诉人提交的当票、支票、打款记录证实,典当借款实际支付给刘乾乾,同时,刘乾乾承认款项实际汇入其个人账户,实际履行合同的是被上诉人和刘乾乾,因此,原审被告宏业公司不应偿还该欠款。债务已过法定诉讼时效。自原审被告宏业公司和被上诉人签订《最高额股权典当借款合同》后,被上诉人一直未向原审被告宏业公司主张权利,当票记载还款日期为2011年12月8日,而被上诉人直到2014年6月份向上诉人主张权利,明显超过法定诉讼时效。3. 被上诉人在典当借款绝当后既未依法处理典当物,也未向保证人主张保证责任。依据当票,典当借款系2011年10月9日发放,当期为2011年10月9日至2011年12月8日。2011年12月8日典当借款到期后,被上诉人并未续当,依照法律规定典当借款到期后5日内当户不赎当或续当的,为绝当。其后未办理续当,原审被告刘乾乾向被上诉人继续支付的综合费用和利息的行为,无任何法律依据。绝当后,依法律规定及双方约定,被上诉人应依法处置典当物,但是被上诉人既未处置典当物,也未向保证人主张过保证责任,保证人不应继续承担保证责任。4. 一审判决关于典当借款金额、综合费用、利息、典当物处置及保证期限的认定均存在错误。关于典当借款本金。被上诉人向当户开具了金额为28.8万元的转账支票支付典当借款,该当金预扣了综合费用1.2万元。《典当管理办法》规定,典当当金利息不得预扣。典当行向当户支付当金时预先扣除利息或综合费用的,由于典当行未足额支付当金,实际减少了当户用资额度,当户主张以实际支付的金额确定当金数额的,应予支持。关于典当借款综合费用及利息。本案典当借款在2011年12月13日已绝当,之后当户向典当行支付的费用没有依据,也加重了保证人的保证责任,该期间费用支付不应予以认定。即使按照一审判决认定的绝当日期,被上诉人的主张也超出三个月,不应继续支持利息及综合费用,仅应按照同期银行贷款利率支付资金占用损失。关于典当物处置。处置典当物既是典当行的权利也是典当行的义务。典当借款发生绝当的,典当行应依法处置典当物。典当物是经典当行及当户认可典当的有价值的物品,不同于普通物的担保,其在典当借款纠纷中应有优先处理的属性。一审判决将典当物等同于一般物的担保,允许典当行在未处置典当物的前提下向保证人主张保证责任存在错误。关于保证期间。根据《最高额保证合同》约定保证期间为合同生效之日起开始,直至主合同项下宏业公司应履行付款之日起算两年止,即自2011年8月12日至2014年8月11日。该保证期间约定为最高额保证期间,但具体每一笔典当借款的保证期间,应为履行付款之日起算两年,即应该从2011年12月8日起算两年,即保证期间至2013年12月8日。保证期间内,被上诉人未对保证人依法催收,故上诉人不应承担保证责任。综上,请求二审法院依法驳回被上诉人对上诉人朱剑飞的诉讼请求。

被上诉人中鑫典当公司答辩称,典当合同中当户并未发生变更,刘乾乾作为原审被告的法定代表人有权实施代收款项的行为,依据相关规定,企业法定代表人有权利展开经营活动,其责任由公司承担。由于原审被告宏业公司在2011年12月8日后继续支付综合费和利息,其行为系与被上诉人办理了多次续当,续当又称展期,是指当户在典当期限届满后不赎当而继续以原物在同一典当行进行典当的行为,使权利义务延续。依据《典当管理办法》规定,典当当金利息不得预扣,而被上诉人扣除的是综合费用,综合费用不是利息,而是典当行对当户进行服务而收取的费用。依据民事法律法不禁止则许可的原则,被上诉人有权依约收取相关综合费用。上诉人主张超出三个月后应仅支持资金占用费的观点没有事实和法律依据。关于当物的处置,应严格依据《典当管理办法》以及典当借款合同的约定。关于保证期间,依据双方签订的典当借款合同,保证期间为2011年8月12日至2014年8月11日的区间内,宏业公司应履行付款开始起的两年内,由此,宏业公司自2013年8月25日不再继续支付综合费用发生绝当,此时才应为付款之日,保证期间即为2013年8月25日至2015年8月25

日,上诉人主张超过保证期间不能成立。综上,请求二审法院维持原判。

原审被告刘乾乾、宏业公司述称,没有意见。

原审被告张洪生、刘花未到庭参加诉讼,亦未提交书面答辩意见。

二审期间,被上诉人提交十二张收款收据复印件。证明自2011年11月8日至2013年8月28日,宏业公司支付利息及费用共计161,450元。

上诉人质证称,对证据的真实性有异议,该证据系复印件且系被上诉人单方制作,不能证实其主张,被上诉人应提供转账凭证等客观证据予以证实。

原审被告刘乾乾、宏业公司、张洪生、刘花未到庭参加质证。

本院认为,被上诉人提交的证据,上诉人不予认可,且该证据系复印件,故对该证据不予确认。

二审法院查明的事实与一审法院认定的事实一致。

本院认为,本案当事人对涉案《最高额股权典当借款合同》《最高额股权质押合同》《最高额保证合同》的真实性均无异议,应予确认。上述合同系各方当事人的真实意思表示,不违反法律禁止性规定,属有效合同,各方当事人均应按约定全面履行合同义务。

1. 上诉人朱剑飞应否承担保证责任。首先,根据《最高人民法院关于适用〈中华人民共和国担保法〉若干问题的解释》第三十条第一款的规定,因主合同的变更加重保证人保证责任的情形下,才免除保证人的加重的保证责任。本案典当合同债务人的加入并没有加重上诉人的保证责任,保证人应当继续承担保证责任。因此,原审判决认定原审被告宏业公司、刘乾乾共同作为本案典当借款的当户,并共同承担还款责任,未加重上诉人朱剑飞的担保责任。上诉人朱剑飞以本案借款合同主体变更为由,主张其不应担保证责任的理由不能成立,不予支持。其次,上诉人与被上诉人签订的《最高额保证合同》明确记载保证期间自2011年8月12日至2014年8月11日,被上诉人于2014年6月6日提起诉讼要求上诉人朱剑飞、原审被告张洪生、刘花承担保证责任,符合合同约定和法律规定,未超过保证期间。被上诉人在保证期间内主张权利,上诉人应当承担保证责任。另外,已查明的事实表明,原审被告宏业公司、刘乾乾支付被上诉人利息和综合费用至2013年8月25日,此后被上诉人于2014年6月6日提起诉讼,未超出诉讼时效期间。因此,上诉人朱剑飞主张涉案借款已超过诉讼时效期间,不承担保证责任的理由不能成立。

2. 典当借款涉及的当金、当期、利息及综合费及保证范围问题。首先,关于当金数额的确认。本案典当借款各方约定为30万元,由于被上诉人预扣综合费用1.2万元后向原审被告宏业公司、刘乾乾仅支付28.8万元款项,被上诉人作为典当行未足额支付当金,实际减少了当户用资金额,应当以实际支付的金额28.8万元确定本案当金数额。原审判决认定原审被告宏业公司、刘乾乾仍应按典当借款金额30万元履行还款及支付息费义务,没有事实和法律依据,应予纠正。其次,关于当期及利息及综合费的认定。虽然当票记载的典当期限为2011年10月9日至2011年12月8日,但被上诉人与原审被告宏业公司、刘乾乾签订的是《最高额股权典当借款合同》,该合同约定当金当期为2011年8月12日至2012年8月11日,及在该期间内可多次循环用款等内容。因此,综合当票和该合同的约定分析,2011年12月8日之后,该典当合同并未终止,而是在2011年8月12日至2012年8月11日的期间内进行了自动循环续当。故该典当借款到期日为2012年8月11日。当期届满后5日内,原审被告宏业公司、刘乾乾没有赎当或续当,逾期为绝当。绝当后,原审被告继续支付被上诉人所谓利息及综合费至2013年8月25日,被上诉人没有提出异议,应视为对其资金占用损失的补偿,不能视为自动续当以及续当后的利息及综合费用。绝当后处置典当物既是典当行的权利也是其义务,故典当行应及时处置当物。本案被上诉人在绝当之后的2014年6月6日提起诉讼,因此,对于被上诉人主张绝当后的利息及综合费,不予支持,但绝当后被上诉人的资金占用损失可以按照中国人民银行同期贷款利率计算。原审判决支持被上诉人主张的自2013年8月26日至2013年11月25日的息费18,000元,没有事实和法律依据,应予纠正。最后,关于保证范围。上诉人与被上诉人签订的《最高额保证合同》特别约定:被上诉人有权选择当户或者保证人任何一方承担全部或部分责任,不受执行完质押物不足的部分由保证人负责的限制,该约定有悖于典当合同基本规则,不予采纳。被上诉人应在依法对质押物即刘乾乾与王玉香在宏业公司的股权处理后,对所得价款不足部分再由保证人即上诉人朱剑飞、原审被告张洪生、刘花承担连带清偿责任。

综上,上诉人的上诉理由部分成立,应予以支持。原审判决部分不当,应予纠正。据此,依照《中华人民共和国民事诉讼法》第一百六十九条、第一百七十条第一款第二项、第一百七十五条之规定,判决如下:

一、撤销邹平县人民法院(2014)邹商初字第332号民事判决。

二、原审被告山东宏业新能源科技有限公司(原邹平乾坤垃能科技有限公司)、刘乾乾于本判决生效之日起五日内支付被上诉人邹平中鑫典当有限责任公司当金288,000元。

三、原审被告山东宏业新能源科技有限公司(原邹平乾坤垃能科技有限公司)、刘乾乾于本判决生效之日起五日内支付被上诉人邹平中鑫典当有限责任公司自2013年8月26日至本判决确定的履行期限届满之日的利息(以288,000元为基数,按中国人民银行同期贷款利率计算)。

四、如原审被告山东宏业新能源科技有限公司(原邹平乾坤垃能科技有限公司)、刘乾乾于本判决生效之日起五日内支未按时足额履行上述付款义务,被上诉人邹平中鑫典当有限责任公司对原审被告刘乾乾及王玉香在原审被告山东宏业新能源科技有限公司(原邹平乾坤垃能科技有限公司)的股权依法处理所得价款享有优先受偿权。

五、经上述顺序清偿后,对原审被告山东宏业新能源科技有限公司(原邹平乾坤垃能科技有限公司)、刘乾乾仍不能清偿的上述债务及利息的部分内,由上诉人朱剑飞、原审被告张洪生、刘花承担连带清偿责任。上诉人朱剑飞、原审被告张洪生、刘花在承担保证责任后有权向原审被告山东宏业新能源科技有限公司(原邹平乾坤垃能科技有限公司)、刘乾乾追偿。

若未按本判决指定的期间履行给付金钱义务,应当依照《中华人民共和国民事诉讼法》第二百五十三条之规定,加倍支付迟延履行期间的债务利息。

一审案件受理费6127元,财产保全费2129元,二审案件受理费6127元,合计14,383元,由上诉人朱剑飞、原审被告山东宏业新能源科技有限公司(原邹平乾坤垃能科技有限公司)、刘乾乾、张洪生、刘花负担12,945元,被上诉人邹平中鑫典当有限责任公司负担1438元。

本判决为终审判决。

审 判 长　黄跃江
审 判 员　王合勇
代理审判员　邵佳宁
二〇一五年一月二十八日
书 记 员　高 双

附：

山东省滨州市中级人民法院
民事裁定书

(2016)鲁16民申50号

再审申请人(原审被告、二审上诉人):朱剑飞。

被申请人(原审原告、二审被上诉人):邹平中鑫典当有限责任公司。住所地:邹平县黄山三路。

法定代表人:王乃忠,董事长。

原审被告山东宏业新能源科技有限公司(原邹平乾坤垃能科技有限公司)。住所地:邹平县月河四路北首。

法定代表人:刘乾乾,执行董事。

原审被告:刘乾乾。

原审被告:张洪生。

原审被告:刘花。

再审申请人朱剑飞因与被申请人邹平中鑫典当有限责任公司、原审被告山东宏业新能源科技有限公司、刘乾乾、张洪生、刘花典当纠纷一案,不服本院(2014)滨中商终字第397号民事判决,向本院申请再审。本院依法组成合议庭对本案进行了审查,现已审查终结。

朱剑飞申请再审称,1.申请人的申请符合《中华人民共和国民事诉讼法》第二百条第二项,原判决、裁定认定事实缺乏证据证明。2.申请人的申请符合《中华人民共和国民事诉讼法》第二百条第六项,原判决、裁定适用法律确有错误。特申请再审,申请撤销(2014)滨中商终字第397号民事判决第三项、第五项,驳回被申请人邹平中鑫典当有限责任公司对申请人朱剑飞的诉讼请求。

本院认为:2011年8月12日,被申请人邹平中鑫典当有限责任公司与原审被告山东宏业新能源科技有限公司、刘乾乾签订《最高额股权典当借款合同》,约定最高当金金额是100万元,在2011年8月12日至2012年8月11日的期限内,原审被告山东宏业新能源科技有限公司、刘乾乾可以多次循环使用该款。2011年8月12日,王玉香(刘乾乾之母)及原审被告刘乾乾与被申请人邹平中鑫典当有限责任公司签订《最高额股权质押合同》,王玉香、刘乾乾用其在原审被告山东宏业新能源科技有限公司的股权共计1000万元作为该典当借款的质押,并于2011年8月12

日在邹平县工商行政管理局办理了股权出质登记。2011 年 8 月 12 日、2011 年 10 月 9 日,再审申请人朱剑飞、原审被告张洪生、刘花分别与被申请人邹平中鑫典当有限责任公司签订《最高额保证合同》,为原审被告山东宏业新能源科技有限公司、刘乾乾与被申请人邹平中鑫典当有限责任公司的典当借款提供连带责任保证担保,合同约定的保证期限自 2011 年 8 月 12 日至 2014 年 8 月 11 日。保证范围包括当金本金、利息、综合费用、违约金、律师代理费及实现债权的各项费用等。2011 年 10 月 9 日,原审被告山东宏业新能源科技有限公司、刘乾乾向被申请人邹平中鑫典当有限责任公司借款 30 万元,邹平中鑫典当有限责任公司为其出具当票,载明当金 30 万元,当期自 2011 年 10 月 9 日至 2011 年 12 月 8 日,综合费用 1.2 万元。即日被申请人邹平中鑫典当有限责任公司扣除综合费用 1.2 万元后向原审被告山东宏业新能源科技有限公司、刘乾乾开具了金额为 28.8 万元的转账支票支付了该借款。原审被告山东宏业新能源科技有限公司、刘乾乾为被申请人邹平中鑫典当有限责任公司出具了 30 万元的收款单据。借款到期后,双方未续当。后因原审被告山东宏业新能源科技有限公司、刘乾乾未履行偿还当金及利息和综合费用的义务,致被申请人邹平中鑫典当有限责任公司诉至法院,要求依法判令原审被告山东宏业新能源科技有限公司、刘乾乾立即偿还典当本金 30 万元及息费;依法确认被申请人邹平中鑫典当有限责任公司对抵押物享有优先受偿权;再审申请人朱剑飞、原审被告张洪生、刘花在 30 万元当金本金、息费范围内对原审被告山东宏业新能源科技有限公司、刘乾乾的给付义务承担连带清偿责任。原审被告山东宏业新能源科技有限公司、刘乾乾未履行偿还当金及利息和综合费用的义务,原审被告朱剑、张洪生、刘花分别与被申请人邹平中鑫典当有限责任公司签订《最高额保证合同》,为原审被告山东宏业新能源科技公司、刘乾乾与被申请人邹平中鑫典当有限责任公司的典当借款提供连带责任保证担保,该案经审理,我院作出(2014)滨中商终字第 397 号民事判决,判令其被申请人邹平中鑫典当有限责任公司应在依法对质押物即刘乾乾与王玉香在山东宏业新能源科技有限公司的股权处理后,对所得价款不足部分再由保证人即再审申请人朱剑飞、原审被告张洪生、刘花承担连带清偿责任并无不当。朱剑飞的再审申请理由不能成立。

综上,我院(2014)滨中商终字第 397 号民事判决认定事实清楚,证据充分,适用法律正确。朱剑飞的再审申请不符合《中华人民共和国民事诉讼法》第二百条第二项、第六项规定的情形。依照《中华人民共和国民事诉讼法》第二百零四条第一款之规定,裁定如下：

驳回朱剑飞的再审申请。

审　判　长　张发荣
审　判　员　刘东生
审　判　员　张训东
二〇一六年八月一日
书　记　员　王　鑫

【案例四十五】安徽创元典当有限责任公司诉安徽新荣久农业科技有限公司、安徽泰科铁塔有限公司等典当纠纷案（2016年9月21日）

【法律点】典当期限届满当户如不能按规定赎当或续当即为绝当，典当行应以当物价值充抵当金及相应利息，而保证人则在质物不足清偿债务的情况下才承担责任。当物的数量应以实际交付时即质权依法设立时的数量为准，事后非因不可抗力所致的当物减少，不属于典当行的免责情形，即使保证合同中有典当行有权选择实现债权方式的约定，保证人仍只对当物不能清偿的债务承担保证责任。

【关键词】当物短少　交付方式　质物转移占有　动态质押　清偿顺序　物的担保　人的担保

安徽省高级人民法院
民事判决书

(2015)皖民二终字第00794号

上诉人(原审被告):安徽新荣久农业科技有限公司,住所地安徽省舒城县杭埠镇。

法定代表人:杨国荣,该公司董事长。

委托诉讼代理人:张鹏,安徽高速律师事务所律师。

委托诉讼代理人:洪平,安徽百达律师事务所律师。

被上诉人(原审原告):安徽创元典当有限责任公司,住所地安徽省合肥市桐城路。

法定代表人:孙建业,该公司董事长。

委托诉讼代理人:李光辉,该公司总经理。

委托诉讼代理人:郑德权,安徽徽天律师事务所律师。

原审被告:安徽泰科铁塔有限公司,住所地安徽省旌德县旌阳镇新桥工业园区。

诉讼代表人:田家刚,该公司破产管理人负责人。

委托诉讼代理人:叶文娟,该公司破产管理人工作人员。

原审被告:陆淳。

原审被告:朱一平。

原审被告:杭州天野通信设备有限公司,住所地浙江省富阳市富春街道迎宾北路。

诉讼代表人:郎白,该公司破产管理人负责人。

原审被告:浙江泰科铁塔有限公司,住所地浙江省富阳市新登镇。

诉讼代表人:任旭荣,该公司破产管理人负责人。

委托诉讼代理人:田金炉,浙江楷立律师事务所律师。

上诉人安徽新荣久农业科技有限公司(以下简称新荣久公司)因与被上诉人安徽创元典当有限责任公司(以下简称创元典当公司),原审被告安徽泰科铁塔有限公司(以下简称安徽泰科公司)、陆淳、朱一平、杭州天野通信设备有限公司(以下简称天野通信公司)、浙江泰科铁塔有限公司(以下简称浙江泰科公司)典当纠纷一案,不服安徽省合肥市中级人民法院(2014)合民二初字第00666号民事判决,向本院提起上诉。本院立案后,依法组成合议庭,公开开庭审理了本案。上诉人新荣久公司的委托诉讼代理人张鹏、洪平,被上诉人创元典当公司的委托诉讼代理人李光辉、郑德权,原审被告安徽泰科公司的委托诉讼代理人叶文娟,浙江泰科公司的委托诉讼代理人田金炉到庭参加诉讼;原审被告陆淳、朱一平、天野通信公司经本院传票传唤,无正当理由未到庭参加诉讼。本案现已审理终结。

新荣久公司上诉请求:撤销一审判决,依法改判。事实和理由:1. 案涉6315.7098吨钢材已交付创元典当公司。《典当质押借款合同》第六条约定,安徽泰科公司应在创元典当公司转出借款前将质物交付创元典当公司保管,否则,创元典当公司有权拒绝转出借款。创元典当公司在接受了安徽泰科公司交付的6315.7098吨钢材后,才向安徽泰科公司发放了当金1500万元。创元典当公司、安徽泰科公司、安徽新润源资产管理有限公司(以下简称新润源公司)签订《质押物监管协议》,协议签订后新润源公司派出监管员,并向创元典当公司出具了《质物清单》,创元典当公司与安徽泰科公司重新出具了质物清单明细。上述事实证明质物已经交付。创元典当公司一审庭审中亦多次陈述已收到质物,并依据监管协议交由第三人监管。2014年9月的原材料出库单,只能证明质物的出入及当事人变更了质物的监管措施,而不能证明质权属于谁,不能否定2014年5月《质押物交付协议书》的效力。一审判决认定《质押物监管协议》未履行错误。2.创元典当公司对质物的灭失负有不可推卸的责任。《中华人民共和国物权法》第一百一十二条规定,质权自出质人交付质押财产时设定。2014年5月15日,质物6315.7098吨钢材已交付创元典当公司,质权设立。案涉借款有质物担保,在质物不足的情况下保证人才承担责任。如果让保证人承担责任,创元典当公司有责任将质押的所有钢材交给保证人。但其后创元典当公司疏于管理,致使质物灭失或大量减少,因质物短少导致债务不能清偿的部分,保证人不应承担责任。3.一审法院诉讼程序存在重大瑕疵,严重损害新荣久公司的诉讼权利。创元典当公司第三项诉讼请求原为请求确认其对安徽泰科公司提供的6315.7908吨钢材享有优先受偿权,一审庭审后其提交《变更诉讼请求申请书》,将该项诉讼请求变更为确认其对安徽泰科公司提供的1496.52吨钢材享有优先受偿权。依照一审法院的举证通知,当事人变更诉讼请求应在举证期限届满前提出。创元典当公司在庭审结束后提出变更诉讼请求的申请,不符合前述规定。一审法院在收到《变更诉讼请求申请书》后应依法向其他当事人送达,但一审法院并未送达,致使新荣久公司在收到一审判决书后才得知创元典当公司变更了诉讼请求。创元典当公司对诉讼请求的变更回避了创元典当公司对质物灭失或短少的管理责任,同时减少了安徽泰科公司的责任,却加大了其他当事人的保证责任。一审法院不告知其他当事人创元典当公司变更诉讼请求的情况,使其他当事人失去行使举证、答辩、法庭调查、辩论等法律规定的当事人权利的途径,严重侵害了一审所有被告的权利。请求二审法院认定创元典当公司没有变更第三项诉讼请求。4.新荣久公司系为典当借款提供的保证,新荣久公司在见到《当票》《典当借款质押合同》及质物清单后,才签订《典当借款保证合同》的。现一审判决认定没有质物质押,那么典当合同效力即存在问题。依据有关规定,没有质物的典当合同是无效的,应按民间借贷处理。主合同无效,保证合同亦应无效。创元典当公司在借款前签署了《当票》《典当借款合同》《质押合同》及质押物清单《质押物交付协议》《质押物监管协议》等,监管单位派出监管人员对质物进行监管,如果没有质押物,明显系恶意串通,损害保证人利益。请求二审法院对保证合同的效力作出公正认定。

创元典当公司庭审中答辩称:1.借款合同中约定的质押钢材是6315吨,监管协议和代出质通知书上载明的钢材为4000吨。2014年9月25日创元典当公司与第三人签订保管协议,将1496.52吨质物异地存放保管。安徽泰科公司实际交付的就是1496.52吨钢材。物权法规定的质物的交付有现实交付、简易交付等方式,占有改定对质物的交付不适用。一审判决认定监管协议未履行符合物权法的规定。2. 关于保证人承担责任的方式,根据《物权法》第一百七十六条的规定及保证合同的约定,债权人有权选择要求保证人直接承担民事责任。保证合同保证的对象是借款合同项下1500万元本金及相关利息、费用,不是对质押合同进行保证。新荣久公司主张保证人承担保证责任后债权人要将质押物返还给保证人无任何法律依据。3. 创元典当公司在一审中不是变更诉讼请求,而是一审法院根据查明的事实要求创元典当公司明确享有优先受偿权的质物数额,明确数额不违反法律规定,也是法院查明案件事实的需要。4. 案涉典当借款合同及质押、保证合同的签订和履行,不存在恶意串通和损害保证人利益的情形。案涉典当法律关系依法成立。5. 一审判决关于诉讼费的负担部分遗漏安徽泰科公司应负担的数额,请二审法院予以纠正。

安徽泰科公司庭审中述称:1. 新荣久公司与创元典当公司签订的保证合同第九条约定创元典当公司有权选择保证人承担保证责任或就物的担保承担责任,新荣久公司明知该条款,本案不存在恶意串通的情形。2. 安徽泰科公司将1496.52吨钢材交付创元典当公司由第三方保管,质权设立,创元典当公司仅对1496.52吨钢材享有优先受偿权。剩余质物未交付且已经灭失。

创元典当公司一审起诉请求:1. 安徽泰科公司立即偿还典当本金1300万元,综合费用1,142,200元、利息199,792元、违约金1,303,000元,以上款项暂合计15,644,992元(典当综合费用、利息、违约金暂计算至2014年10月23日,以后典当综合费用按月4.2%、利息按月0.46%、违约金按日1‰顺延计算至全部款项结清之日止)。2. 新荣久公司、陆淳、朱一平、天野通信公司、浙江泰科公司对上述典当本金、综合费用、利息及违约金等债务承担连带清偿责任。3. 创元典当公司对安徽泰科公司提供的6315.7908吨钢材质押物享有优先受偿权。后创元典当公司变更第三项诉讼请求为:创元典当公司对安徽泰科公司提供的1496.52吨钢材享有优先受偿权。

一审法院认定事实:2014年5月15日,创元典当公司与安徽泰科公司签订《典当借款合同》《典当借款质押合同》,创元典当公司向安徽泰科公司签发《当票》,约定安徽泰科公司以其所有的6315.7908吨钢材动产质押从创元典当公司典当借款1500万元,典当借款期限2个月,每月综合费率为1.74%、月利率0.46%,同时约定如逾期还款,安徽泰科公司按月4.2%支付综合费用、按月0.46%支付逾期利息、按日1‰支付违约金。同日,新荣久公司、陆淳、朱一平、天野通信公司、浙江泰科公司与创元典当公司分别签订《典当借款保证合同》,为安徽泰科公司的典当借款1500万元及产生的综合费用、利息、逾期综合费用、逾期利息、违约金、赔偿金以及创元典当公司实现债权、抵押权的费用等提供保证,保证期间自各期借款清偿期限届满之日起二年;并约定合同所担保的债权同时存在物的担保和人的担保的,创元典当公司可以就物的担保实现债权,也可以要求保证人承担保证责任,保证人同意创元典当公司在物的担保和要求保证人承担保证责任等实现债权的方式中作出优先选择;创元典当公司已经选择某一担保方式或担保物来实现债权,也可以同时主张通过其他保证方式或担保物来实现全部或部分债权。

创元典当公司与安徽泰科公司、新润源公司签订质押物监管协议,约定将存放于安徽泰科公司仓库的4000吨钢材质押给创元典当公司,由新润源公司对质押物进行监管,但该份合同未履行。后由于安徽泰科公司未按约还款,安徽泰科公司于2014年9月25日将其仓库中1496.52吨钢材交付创元典当公司用于担保债权的实现。创元典当公司将上述钢材存放于安徽省旌德县博阳轴承自动化有限公司2400平方米新建车间内。

创元典当公司于2014年5月15日向安徽泰科公司发放当金500万元,于2014年5月19日向安徽泰科公司发放当金1000万元。安徽泰科公司分别于2014年5月16日还款113,667元,2014年5月20日还款227,333元,2014年6月24日还款33万元,2014年7月25日还款100万元,2014年8月4日还款100万元,2014年9月11日还款682,000元,2014年10月28日还款20万元,2014年10月31日还款13万元,2014年11月18日还款13万元。

2015年4月20日,安徽省旌德县人民法院裁定受理安徽泰科公司的重整申请。2015年5月15日,杭州市富阳区人民法院裁定受理浙江泰科公司的破产清算申请。

一审法院认为,创元典当公司与安徽泰科公司签订的《典当借款合同》《典当借款质押合同》以及创元典当公司向安徽泰科公司签发的《当票》均系当事人的真实意思表示,具有法律效力。创元典当公司与安徽泰科公司之间建立典当借款合同关系,创元典当公司向安徽泰科公司支付了当金。现典当期限已届满,安徽泰科公司应当偿还创元典当公司当金本金。关于综合费用、利息问题,双方当事人在合同中对综合费率和利率作出约定,对于合理的综合费率和利率应予保护,但总额应以不超过中国人民银行公布的同期同类贷款基准利率的四倍为限。故将案涉当金的综合费率和利率的标准调整为中国人民银行公布的同期贷款基准利率的四倍。按上述标准自当金实际发放之日起计至当期届满之日。对于典当期限届满后综合费用和利息的计算,典当合同到期后,可能发生典当合同约定的绝当或赎当,典当公司亦有权行使质权,继续计算综合费用及利息,不符合典当合同的法律特征。故对于创元典当公司要求安徽泰科公司支付当期届满后的综合费用及利息的诉讼请求,不予支持。关于违约责任问题,创元典当公司履行了支付当金义务,安徽泰科公司在典当期限届满后,没有按约赎当,其行为构成违约,应当承担违约责任。合同约定的违约金标准为日千分之一,此项违约金的标准过分高于安徽泰科公司迟延支付给创元典当公司造成的损失,故予以调整为违约金以尚欠当金为基数按同期中国人民银行贷款基准利率的四倍从当期届满之日起算。

由于创元典当公司与安徽泰科公司未约定综合费用、利息、违约金及本金的清偿顺序,根据《最高人民法院关于适用〈中华人民共和国合同法〉若干问题的解释(二)》第二十一条的规定,对安徽泰科公司支付的款项,按先息后本原则,予以抵扣。创元典当公司于2014年5月15日支付当金500万元,安徽泰科公司于2014年5月16日还款113,667元,扣除应付综合费用及利息3333.33元,应冲抵本金110,333.67元,尚欠本金4889,666.33元;创元典当公司于2014年5月19日支付当金1000万元,安徽泰科公司于2014年5月20日还款227,333元,扣除应付综合费用及利息19,705.77元,应冲抵本金207,627.23元,尚欠本金14,682,039.11元;2014年6月24日还款33万元,扣除应付综合费用及利息33万元,尚欠本金14,682,039.11元、综合费用及利息12,580.91元;2014年7月25日还款100万元,扣除应付综合费用、利息、违约金316,009.72元,应冲抵本金683,990.28元,尚欠本金13,998,048.83元;2014年8月4日还款100万元,扣除应付违约金93,320.33元,应冲抵本金906,679.67元,尚欠本金13,091,369.16元;2014年9月11日还款682,000元,扣除应付违约金331,648.02元,应冲抵本金350,351.98元,尚欠本金12,741,017.18元;2014年10月28日还款20万元,均冲抵应付违约金,尚欠违约金199,218.54元;2014年10月31日还款13万元,均冲抵应付违约金,尚欠违约金94,700.57元;2014年11月18日还款13万元,均冲抵应付违约金,尚欠违约金117,592.78元。计至2015年4月20日,安徽泰科公司尚欠当金本金12,741,017.18元、违约金1,322,680.66元。由于安徽泰科公司的破产重整申请已由法院裁定受理,根据《中华人民共和国企业破产法》的规定,违约金应计算至裁定之日,即2015年4月20日,此后的违约金不再计算。

创元典当公司虽与安徽泰科公司签订了《典当借款质押合同》,约定安徽泰科公司以其所有的6315.7908吨钢材提供质押,但依据法律规定,质权自出质人交付质押财产时设立。根据创元典当公司与安徽泰科公司的陈述及2014年9月原材料出库单,《质押物监管协议》并未实际履行,安徽泰科公司仅于2014年9月25日将1496.52吨钢材交付创元典当公司占有以担保债务的履行,故创元典当公司仅对此交付占有的1496.52吨钢材享有质权。

创元典当公司分别与新荣久公司、陆淳、朱一平、天野通信公司、浙江泰科公司签订《典当借款保证合同》，新荣久公司、陆淳、朱一平、天野通信公司、浙江泰科公司自愿为安徽泰科公司案涉全部债务提供连带责任保证。上述保证合同同时约定，所担保的债权同时存在物的担保和人的担保的，创元典当公司可就物的担保实现债权，也可以要求保证人承担保证责任，保证人同意创元典当公司在物的担保和要求保证人承担保证责任等实现债权的方式中作出优先选择；创元典当公司已经选择某一担保方式或担保物来实现债权，也可同时主张通过其他保证方式或担保物来实现全部或部分债权。上述约定表明新荣久公司、陆淳、朱一平、天野通信公司、浙江泰科公司放弃要求优先行使物的担保的抗辩。浙江泰科公司主张其承担借款保证连带责任的前提是有质押物6315.7908吨钢材的主张，无事实依据。新荣久公司、陆淳、朱一平、天野通信公司、浙江泰科公司关于其仅对物的担保之外的未受偿债权承担担保责任的答辩意见，不予支持。因此，新荣久公司、陆淳、朱一平、天野通信公司、浙江泰科公司应对安徽泰科公司在本案中的债务承担连带清偿责任。

综上所述，创元典当公司的诉讼请求部分有事实和法律依据，予以支持。该院依照《中华人民共和国合同法》第一百零七条、第一百一十四条，《中华人民共和国担保法》第十八条、第三十一条、第六十三条、第六十七条，《中华人民共和国物权法》第一百七十六条、第二百一十二条，《中华人民共和国企业破产法》第四十六条第二款，《最高人民法院关于适用〈中华人民共和国合同法〉若干问题的解释(二)》第二十一条，《最高人民法院关于适用〈中华人民共和国担保法〉若干问题的解释》第四十二条第一款，《最高人民法院关于适用〈中华人民共和国民事诉讼法〉的解释》第九十条之规定，判决：一、安徽泰科公司于判决生效后十日内向创元典当公司支付当金本金12,741,017.18元、违约金1322,680.66元；二、创元典当公司对安徽泰科公司所有的存放于安徽省旌德县博阳轴承自动化有限公司车间内的1496.52吨钢材享有优先受偿权；三、新荣久公司、陆淳、朱一平、天野通信公司、浙江泰科公司对判决第一项确定的安徽泰科公司的债务承担连带清偿责任；四、驳回创元典当公司的其他诉讼请求。案件受理费115,670元，保全费5000元，合计120,670元，由创元典当公司负担9488元，新荣久公司、陆淳、朱一平、天野通信公司、浙江泰科公司共同负担111,182元。

二审中当事人没有提交新证据。

除当事人争议的事实外，对一审法院查明的其他事实，本院二审予以确认。

二审另查明：2014年5月15日，创元典当公司与安徽泰科公司签订《典当借款质押合同》,约定安徽泰科公司以存放于其仓库内的6315.7908吨钢材为创元典当公司发放的1500万元典当借款提供质押担保,担保的范围包括借款本金及综合费用、利息、复利、罚息,以及创元典当公司实现债权的费用等;质押期间质物由创元典当公司保管,等等。同日,创元典当公司与安徽泰科公司、新润源公司签订《质押物监管协议(适用于动态质押)》,约定创元典当公司和安徽泰科公司均同意将质物交由新润源公司监管,由其代理创元典当公司占有质物并根据协议的约定履行监管质物的责任;质押设立之初,质物的品名、规格、数量、质量等以新润源公司依据该协议的约定签发的《质物清单》的记载为准;质物转移占有过程中,创元典当公司、安徽泰科公司向新润源公司出具《质物种类、价格、最低要求通知书(代出质通知书)》,新润源公司经与库存核对无误后接收交付货物,并向创元典当公司签发《质物清单(代动产质押专用仓单)》,质物完成转移占有;质押设立后、监管过程中,因系动态质押,质物存在进出、置换等情形,因此安徽泰科公司向新润源公司交付(指进入监管区域)的所有货物均为质物,此时质物的品名、数量、规格等并不以新润源公司此前签发的《质物清单》为准,而以新润源公司实际监管的为准;等等。协议附件1《质物种类、价格、最低要求通知书(代出质通知书)》载明质押的钢材为4000吨(详见附件清单),并要求质押物最低数量为4000吨,后附的钢材明细清单显示各类钢材合计4024.922吨;协议附件2《质物清单(代动产质押专用仓单)》加盖有新润源公司印章,载明新润源公司已收到《质物种类、价格、最低要求通知书(代出质通知书)》载明的钢材4000吨,并保证监管期间质物的最低数量始终不低于4000吨。同日,创元典当公司、安徽泰科公司签订《质押物交付协议书》,约定安徽泰科公司在协议签字或盖章时交付质押物给创元典当公司,创元典当公司接收质押物以后委托他人保管,保管费用由安徽泰科公司承担。

2015年10月28日,杭州市富阳区人民法院裁定受理天野通信公司破产清算申请。

创元典当公司就本案所涉债权,分别在安徽泰科公司、浙江泰科公司、天野通信公司破产程序中进行了申报。

一审庭审中,创元典当公司主张合同约定的质押钢材为6000多吨,实际交付的钢材为4000多吨,现存1496.52吨,并提供了相应证据。一审法院要求创元典当公司明确其第三项诉讼请求中的质物吨数及存放地点,创元典当公司代理人遂表示要求对存放于安徽省旌德县博阳轴承自动化有限公司的1496.52吨钢材享有优先受偿权;因该项明确涉及诉讼请求的变更,而其为一般授权,故最终创元典当公司是否变更诉讼请求以创元典当公司的书面材料为准。庭审中新荣久公司表示对创元典当公司变更诉讼请求无异议。庭审后,创元典当公司向一审法院提交了《变更诉讼请求申请书》,请求将第三项诉讼请求“创元典当公司对安徽泰科公司提供的6315.7908吨钢材质押物享有优先受偿权”变更为“创元典当公司对安徽泰科公司提供的1496.52吨钢材享有优先受偿权”。

本院认为,综合当事人上诉及答辩意见,本案二审争议焦点为:安徽泰科公司向创元典当公司交付的当物数量是多少;案涉保证合同的效力如何,新荣久公司应否对案涉债务承担连带清偿责任;一审审理程序是否适当。

1. 关于安徽泰科公司向创元典当公司交付的当物数量是多少。案涉《典当借款质押合同》约定,安徽泰科公司以其仓库中保存的6315.7908吨钢材作为案涉借款的当物质押给创元典当公司。当日,创元典当公司、安徽泰科公司与第三人新润源公司签订《质押物监管协议(适用于动态质押)》,约定由创元典当公司委托第三人新润源公司对安徽泰科公司交付的钢材进行监管,质押物的品种、规格、数量以新润源公司签发的《质物清单》为准。同日,创元典当公司、安徽泰科公司向新润源公司出具《质物种类、价格、最低要求通知书(代出质通知书)》,后附的质押物明细清单显示各类钢材共计4024.922吨;新润源公司据此向创元典当公司签发了《质物清单(代动产质押专用仓单)》,表明其收到了《质物种类、价格、最低要求通知书(代出质通知书)》载明的质押物。创元典当公司与安徽泰科公司亦签署了《质押物交付协议书》。据此可以看出,案涉《典当借款质押合同》签订后,安徽泰科公司将其仓库中存放的4024.922吨钢材交由创元典当公司委托的新润源公司进行监管,创元典当公司取得了钢材的控制权,该行为具有交付当物的效力,质权依法设立。故应当认定,《典当借款质押合同》《质押物监管协议(适用于动态质押)》签订后,安徽泰科公司实际向创元典当公司交付的钢材为4024.922吨。后至2014年9月25日,安徽泰科公司交付给创元典当公司并由第三人新润源公司监管的钢材仅剩余1496.52吨,创元典当公司遂将剩余钢材搬运出安徽泰科公司仓库,另行存放并委托他人看管。创元典当公司一审庭审中亦主张安徽泰科公司实际交付的钢材为4024.922吨,其二审主张安徽泰科公司实际交付的钢材为1496.52吨,与事实不符,亦与其一审主张相矛盾,不应予以支持。新荣久公司一审对创元典当公司提供的上述证据的真实性均无异议,其上诉称安徽泰科公司向创元典当公司交付的钢材为《典当借款质押合同》约定的6315.7908吨,与事实不符,亦不应支持。一审判决认定《质押物监管协议(适用于动态质押)》实际未履行,系认定事实错误。

2. 关于案涉保证合同的效力及新荣久公司应否对案涉债务承担连带清偿责

任。依据前述认定,创元典当公司与安徽泰科公司就案涉1500万元典当借款签订《典当借款合同》及《典当借款质押合同》,安徽泰科公司提供4024.922吨钢材作为当物为借款提供担保,创元典当公司向安徽泰科公司签发了《当票》。双方的合同系双方真实意思表示,不违反法律、行政法规的强制性规定,亦符合《典当管理办法》的规定,应为有效,双方之间成立典当法律关系。新荣久公司关于案涉典当合同如没有当物应为无效,其与创元典当公司的保证合同相应无效的主张不能成立,其关于创元典当公司与安徽泰科公司恶意串通损害保证人利益的主张,无事实依据,亦不能成立。

目前我国法律及行政法规对于典当法律关系并未作相应规定,故典当关系当事人间的权利义务可参照《典当管理办法》予以确定。《典当管理办法》第四十条第一款规定:"典当期限或者续当期限届满后,当户应当在5日内赎当或者续当。逾期不赎当也不续当的,为绝当。"第四十一条第二款规定:"质押当物在典当期内或者续当期内发生遗失或者损毁的,典当行应当按照估价金额进行赔偿。遇有不可抗力导致质押当物损毁的,典当行不承担赔偿责任。"第四十三条规定:"典当行应当按照下列规定处理绝当物品:(一)当物估价金额在3万元以上的,可以按照《中华人民共和国担保法》的有关规定处理,也可以双方事先约定绝当后由典当行委托拍卖行公开拍卖。拍卖收入在扣除拍卖费用及当金本息后,剩余部分应当退还当户,不足部分向当户追索……"依据前述规定,典当期限届满当户如不能按规定赎当或续当即为绝当,应以当物价值充抵当金及相应利息。本案中,安徽泰科公司向创元典当公司实际交付的当物为4024.922吨钢材,现仅剩余1496.52吨,因该当物的短少非因不可抗力所致,不属于《典当管理办法》第四十一条第二款所规定的免责情形,故新荣久公司等保证人只应对4024.922吨钢材不能清偿的债务承担保证责任。新荣久公司关于案涉借款有质物担保,保证人在质物不足清偿借款的情况下才承担责任的上诉理由,本院予以支持。

3. 关于一审审理程序是否适当。《中华人民共和国民事诉讼法》第五十一条规定:"原告可以放弃或者变更诉讼请求。被告可以承认或者反驳诉讼请求,有权提起反诉。"第五十九条第二款规定:"诉讼代理人代为承认、放弃、变更诉讼请求,进行和解,提起反诉或者上诉,必须有委托人的特别授权。"一审庭审中,基于创元典当公司提供的证据显示案涉质押的钢材仅剩1496.52吨,一审法院要求创元典当公司明确第三项诉讼请求中享有优先受偿权的钢材数量。创元典当公司代理人遂明确该项诉讼请求中其享有优先受偿权的钢材数量为1496.52吨,并称因该明确涉及对诉讼请求的变更,而代理人为一般授权,诉讼请求是否变更,最终以创元典当公司的书面材料为准。一审庭审中新荣久公司表示对创元典当公司变更诉讼请求无异议。庭审后创元典当公司向一审法院提交书面申请,请求将其第三项诉讼请求变更为确认其对安徽泰科公司提供的1496.52吨钢材享有优先受偿权。一审法院同意创元典当公司变更该项诉讼请求,符合法律规定。即便创元典当公司不变更该项诉讼请求,因质押的钢材仅剩余1496.52吨,其享有的优先受偿权亦仅及于该1496.52吨钢材,一审法院亦应据此作出判决。新荣久公司关于一审法院同意创元典当公司变更诉讼请求违反规定,不向其送达创元典当公司变更诉讼请求申请侵害其诉讼权利的主张,不能成立。

综上,新荣久公司的上诉理由部分成立。一审判决认定事实部分错误,适用法律及实体处理部分不当,本院予以纠正。鉴于安徽泰科公司已进入破产程序,涉及该公司的执行程序中止,故对安徽泰科公司的给付判决应变更为确认判决。经本院审判委员会讨论决定,依照《中华人民共和国民事诉讼法》第一百七十条第一款第二项规定,判决如下:

一、维持安徽省合肥市中级人民法院(2014)合民二初字第00666号民事判决第二项,即:安徽创元典当有限责任公司对安徽泰科铁塔有限公司所有的存放于安徽省旌德县博阳轴承自动化有限公司车间内的1496.52吨钢材享有优先受偿权。

二、撤销安徽省合肥市中级人民法院(2014)合民二初字第00666号民事判决第四项,即:驳回安徽创元典当有限责任公司的其他诉讼请求。

三、变更安徽省合肥市中级人民法院(2014)合民二初字第00666号民事判决第一项为:确认安徽泰科铁塔有限公司所欠安徽创元典当有限责任公司债务数额为当金本金12,741,017.18元、违约金1322,680.66元。

四、变更安徽省合肥市中级人民法院(2014)合民二初字第00666号民事判决第三项为:安徽新荣久农业科技有限公司、陆淳、朱一平、杭州天野通信设备有限公司、浙江泰科铁塔有限公司在4024.922吨钢材价值之外对安徽泰科铁塔有限公司的上述债务承担连带责任。

五、驳回安徽创元典当有限责任公司的其他诉讼请求。

一审案件受理费115,670元,保全费5000元,合计120,670元,由安徽创元典当有限责任公司负担9488元,安徽泰科铁塔有限公司、安徽新荣久农业科技有限公司、陆淳、朱一平、杭州天野通信设备有限公司、浙江泰科铁塔有限公司共同负担111,182元。二审案件受理费106,182元,由安徽创元典当有限责任公司负担84,946元,安徽新荣久农业科技有限公司负担21,236元。

本判决为终审判决。

审　判　长　王文友
代理审判员　吕巍巍
代理审判员　李晓茜
二〇一六年九月二十一日
书　记　员　姚　璐

【案例四十六】山东润银典当有限责任公司诉唐昆鹏、牛海燕等典当合同纠纷案（2017年3月10日）

【法律点】保证合同约定“债权人有权直接要求保证人承担连带保证责任不受当物担保物权的影响”，该约定符合法律法规规定，典当行可以就物的担保实现债权，也可直接要求保证人对债务承担连带清偿责任。

【关键词】典当关系　当物价值　质押　连带保证

山东省泰安市中级人民法院
民事判决书

（2017）鲁09民终373号

上诉人（原审被告）：唐昆鹏，住泰安市××区。

委托诉讼代理人：刘元国，山东泰山法正律师事务所律师。

上诉人（原审被告）：牛海燕，住泰安市××区。

委托诉讼代理人：刘元国，山东泰山法正律师事务所律师。

被上诉人（原审原告）：山东润银典当有限责任公司，住所地：泰安市长城路××号明珠时代大厦。

法定代表人：张庆梅，总经理。

委托诉讼代理人：于国晶，山东望岳律师事务所律师。

原审被告：泰安天柱投资咨询有限公司，住所地：泰安市虎××路。

原审被告：泰安市泰山艺术馆，住所地：泰安岱岳区下港乡×××。

法定代表人：高怀玉，总经理。

上诉人唐昆鹏、牛海燕因与被上诉人山东润银典当有限责任公司、原审被告泰安天柱投资咨询有限公司、泰安市泰山艺术馆典当合同纠纷一案，不服岱岳区人民法院（2016）鲁0911民初2123号民事判决，向本院提起上诉。本院受理后，依法组成合议庭进行了审理。本案现已审理终结。

唐昆鹏、牛海燕上诉请求:撤销原判,发回重审或者改判扣除当物价值后退回当物或者发回重审。事实和理由:上诉人与被上诉人之间属于典当关系,并非单纯的民间借贷。被上诉人行使权利过程中扣除当金本息及实现债权所需费用,剩余部分退还上诉人。出典人只有在当物价值的范围内支付典价,没有支付差价的义务。

山东润银典当有限责任公司辩称,双方存在典当法律关系,根据合同约定我单位有权选择物保和人保的顺序,要求驳回上诉,维持原判。

泰安天柱投资咨询有限公司、泰安市泰山艺术馆未陈述。

山东润银典当有限责任公司向一审法院起诉请求:1. 判令被告偿还借款本金 10 万元,利息及综合费用 73,560 元;2. 判令原告对被告的质押物享有优先受偿权;3. 诉讼费用等由被告承担。

一审法院查明事实:2013 年 12 月 4 日原告润银公司与被告唐昆鹏、牛海燕、天柱公司、泰山艺术馆签订《艺术品典当借款合同》一份,约定被告唐昆鹏以其所有的存放于泰山艺术馆仓库的艺术品提供质押担保向原告借款 10 万元,典当期限自 2013 年 12 月 6 日起至 2014 年 6 月 5 日止;双方约定月综合费率为 2. 334% ,月利率为 0. 466% ,合计为 2. 8% ;被告牛海燕与被告唐昆鹏系夫妻关系,被告牛海燕、天柱公司、泰山艺术馆对被告唐昆鹏的以上借款提供了连带责任保证担保,且约定债权人有权直接要求保证人承担连带保证责任不受物的担保影响;保证期间为原告债权到期日起的两年;原被告还对逾期违约金、违约责任等都作出了明确的约定。同日原告与被告唐昆鹏、泰山艺术馆签订的《艺术品质押暨监管合同》一份、《查询及处置通知书(确认回执)》一份,原被告对监管责任、质物的提货出库手续等事项均作出了明确的约定。原告于 2013 年 12 月 6 日通过银行转账的方式将 10 万元借款支付给了被告唐昆鹏,履行了出借义务。截止到 2016 年 5 月 31 日,被告唐昆鹏除未归还 10 万元借款本金外,原告依据 28‰的约定利率计算利息 84, 560 元,认可被告唐昆鹏自 2013 年 12 月 12 日至 2014 年 3 月 22 日支付利息 11, 000 元,扣除后拖欠利息 73, 560 元。2016 年 7 月 4 日原告为实现上述债权共支出律师代理费 10, 650 元,保险费 600 元。原告于 2016 年 6 月 1 日诉来本院。

一审法院认为,被告唐昆鹏向原告润银公司典当借款 10 万元,该借款事实清楚,证据充分,本院予以确认。被告唐昆鹏已偿还现金 11, 000 元,原告润银公司对此认可,本院予以确认。本金 10 万元及利息被告至今未还,本院认为债务应当清偿,久拖不还,于法无据。原被告在典当借款合同中约定月利率及综合费率合计 28‰,已超出法律规定月利率2%的范围,本院依法予以调整。保证人在保证合同中承诺借款人提供了物的担保的,保证人愿就所担保的全部债务履行保证责任,不受物的担保存在的影响。根据《中华人民共和国物权法》第一百七十六条之规定:“被担保的债权既有物的担保又有人的担保的,债务人不履行到期债务或者发生当事人约定的实现担保物权的情形,债权人应当按照约定实现债权”,本院认为上述约定系当事人真实意思表示,内容不违反法律规定,故被告天柱公司、泰山艺术馆、牛海燕作为保证人应当对上述债务承担连带清偿责任。为此,依照《中华人民共和国合同法》第四十四条、第六十条、第一百零七条、第二百零六条,《中华人民共和国物权法》第一百七十六条,《中华人民共和国担保法》第十八条、第二十一条、第三十一条,《最高人民法院关于适用〈中华人民共和国担保法〉若干问题的解释》第二十条,《中华人民共和国民事诉讼法》第一百四十四条的规定,判决如下:一、被告唐昆鹏于本判决生效之日起十日内偿还原告山东润银典当有限责任公司借款10万元及利息49,400元(以10万元本金按月利率2%自2013年12月6日起计算至2016年5月31日,被告偿还11,000元从以上利息中扣除,剩余利息按月利率2%计算至判决实际付清之日)。二、被告唐昆鹏于本判决生效之日起十日内支付原告山东润银典当有限责任公司代理费10,650元、保险费600元。三、被告牛海燕、泰安市泰山艺术馆、泰安天柱投资咨询有限公司对本判决第一项、第二项确定的债务承担连带清偿责任。其在承担清偿责任后,有权向债务人追偿。四、驳回原告山东润银典当有限责任公司的其他诉讼请求。如果未按本判决指定的期间履行给付金钱义务,应当依照《中华人民共和国民事诉讼法》第二百五十三条之规定,加倍支付迟延履行期间的债务利息。案件受理费1886元、保全费1520元,共计3406元,由被告承担。

本院查明,二审中,原审被告泰安市泰山艺术馆出具说明称,涉案当物被上诉人唐昆鹏强行提走。上诉人对此予以否认。其余事实与原审法院查明事实相一致。

本院认为,上诉人唐昆鹏、牛海燕与被上诉人山东润银典当有限责任公司、原审被告泰安天柱投资咨询有限公司、泰安市泰山艺术馆签订的合同约定:债权人有权直接要求保证人承担连带保证责任不受当物担保物权的影响。该约定符合法律法规规定,被上诉人山东润银典当有限责任公司可以就物的担保实现债权,也可直接要求保证人对债务承担连带清偿责任,原审法院判决保证人承担连带清偿责任并无不当,因担保物占有而产生的纠纷可以另行处理。综上,上诉人唐昆鹏、牛海燕的上诉请求不能成立,予以驳回;原审判决认定事实清楚,适用法律正确,应予维持。依照《中华人民共和国民事诉讼法》第一百七十条第一款第一项规定,判决如下:

驳回上诉,维持原判。

案件受理费 1886.00 元,由上诉人唐昆鹏、牛海燕负担。

本判决为终审判决。

审 判 长 陈 峰

审 判 员 付昕明

审 判 员 张 萍

二〇一七年三月十日

书 记 员 刘晓旭

【案例四十七】山东汇通典当有限责任公司诉山东通乾房地产发展有限公司、淄博阿波罗置业有限公司典当纠纷案

(2015年12月15日)

【法律点】典当业务中既设立担保物权又同时设立保证担保,当事人对于债权的实现明确约定典当行可以不行使担保物权而直接要求保证人承担连带清偿责任的,保证人提出仅对当物不足清偿部分承担责任的主张不能成立。同时,关于息费应计算至绝当之日的主张,因我国法律禁止流质契约,在绝当后担保物并不能直接归属债权人,该主张亦不成立。

【关键词】当票　预扣综合费　典当法律关系　物的担保　人的担保　绝当　禁止流质契约

山东省高级人民法院
民事判决书

(2015)鲁商终字第523号

上诉人(原审被告):淄博阿波罗置业有限公司。住所地:山东省淄博开发区政通路。

法定代表人:陈鸿龙,董事长。

委托代理人:张雪,淄博阿波罗置业有限公司法务人员。

委托代理人:李金华,北京市邦远律师事务所律师。

被上诉人(原审原告):山东汇通典当有限责任公司。住所地:山东省博兴县博城三路。

法定代表人:刘景铭,董事长。

委托代理人:刘文庆,山东王宁(博兴)律师事务所律师。

原审被告:山东通乾房地产发展有限公司。住所地:山东省淄博市张店区新村西路。

法定代表人:娄兆军,董事长。

上诉人淄博阿波罗置业有限公司(以下简称阿波罗公司)因与被上诉人山东汇通典当有限责任公司(以下简称汇通公司)、原审被告山东通乾房地产发展有限公司(以下简称通乾公司)典当纠纷一案,不服山东省滨州市中级人民法院(2015)滨中商初字第3号民事判决,向本院提起上诉。本院依法组成合议庭,公开开庭审理了本案。上诉人阿波罗公司的委托代理人张雪、李金华,被上诉人汇通公司的委托代理人刘文庆到庭参加诉讼。原审被告通乾公司经本院合法传唤无正当理由未到庭。本案现已审理终结。

汇通公司一审诉称:2011年6月2日,汇通公司与通乾公司签订《借款典当合同》,约定通乾公司向汇通公司借款1500万元,使用期限至2011年12月1日,月利率0.4%,月综合费率2.7%,典当期限届满至绝当前的利息加收50%。绝当后按日万分之三计算罚息,综合费率按照2.7%执行。通乾公司提供淄博市房权证淄川字第××号房产、淄国用(2006)第002×××号土地使用权抵押担保。同日,汇通公司与阿波罗公司签订《保证合同》,约定阿波罗公司对上述借款提供连带责任保证。

合同签订后,汇通公司依约履行了给付借款的义务。还款期限届满前,通乾公司多次申请续当至2014年5月22日。通乾公司结息至2011年12月1日,结算综合费至2012年2月2日。续当期限届满后,通乾公司、阿波罗公司未履行还款义务构成违约。请求判令:1.通乾公司给付汇通公司当金本金1500万元,利息、综合费1652.5万元(利息、综合费分别自2011年12月1日、2012年2月2日计算至2014年12月25日,以1500万元为基数,按照合同约定利率及综合费率计算);2.通乾公司承担自2014年12月26日至实际给付日,以1500万元为基数,按照月利率0.4%、月综合费率2.7%计算的利息;3.阿波罗公司对上述款项承担连带赔偿责任;4.依法确认汇通公司对抵押物享有优先受偿权;5.诉讼费用由通乾公司、阿波罗公司承担。

通乾公司一审答辩称:1.汇通公司要求通乾公司给付本金1500万元不符合事实,汇通公司实际借给通乾公司1419万元,现已归还本金278.4万元,尚欠1140.6万元;2.汇通公司与通乾公司签订的典当借款合同无效,汇通公司没有给通乾公司出具“当票”,不符合典当的基本定义,双方不是典当借款法律关系,实质上是以房屋作抵押向典当行借款;3.汇通公司请求的利息、综合费无依据,借款合同无效,约定的利息、综合费也无效,故应依法驳回;4. 汇通公司请求确认对抵押物享有优先受偿权应依法驳回。

阿波罗公司一审答辩称:借款合同无效,阿波罗公司担保亦无效,阿波罗公司不承担连带赔偿责任,应依法驳回汇通公司对阿波罗公司的全部诉求。

原审法院查明:2011 年 6 月 2 日,汇通公司与通乾公司签订《借款典当合同》一份,约定:1. 借款金额 1500 万元,使用期限为自 2011 年 6 月 2 日至 2011 年 12 月 1 日,月利率 0.4%,综合费率以当票为准,在支付当金时预先扣除三个月的,以后逐月预交,贷款利息采取利随本清;2. 借款人按时归还(典当)借款本息,经双方同意可以续当,借款人归还的款项不足以清偿应付数额的,贷款人可以选择用于归还本金、利息、罚息、综合费或其他费用;3. 典当期限届满至绝当前赎当的,除应偿还本金和综合费外,对逾期借款在合同约定的执行利率基础上上浮 50%,典当期限届满后,借款人应当在 5 日内赎当或续当,逾期不赎当也不续当的为绝当,绝当后的逾期典当借款按日万分之三计收罚息,月综合费率按 2.7% 执行;4. 本合同记载的当金、综合费、利息、期限与当票不一致的,以当票为准;5. 借款人以淄川服装城通乾服装广场(1)层房产作抵押,房产证号为淄博市房权证淄川字第 ×× 号,抵押房产建筑面积为 2343.91m^2,建设用地使用权证号为淄国用(2006)第 002 × × × 号,抵押建设用地使用权面积为 1670.2m^2。2011 年 6 月 7 日,淄博市房产管理局为上述抵押办理登记,出具了淄博市房他证淄川字第 T04 - 10088102 号《他项权利证》,登记抵押房屋所有权证号为 01 - 1019244。同日,汇通公司与阿波罗公司签订《保证合同》,约定阿波罗公司为上述借款提供连带责任保证,保证期间为主债务履行期满之日起两年,债权人与债务人就主合同履行期限达成展期协议的,保证人继续承担保证责任,既有物的担保又有保证担保的,债权人有权要求保证人先于物的担保承担责任。

2011 年 6 月 7 日,汇通公司向通乾公司出具《当票》一份,载明典当期限自 2011 年 6 月 7 日至 2011 年 12 月 1 日,月综合费率为 2.7%,月利率为 0.4%,其他内容与《借款(典当)合同》约定一致。次日,汇通公司向通乾公司发放当金 1419 万元,预扣综合费 81 万元。2011 年 12 月 1 日,汇通公司与通乾公司、阿波罗公司又签订《借款展期协议》一份,约定续当至 2012 年 6 月 1 日,后又经四次续当至 2014 年 5 月 22 日。2013 年 11 月 23 日最后一次续当时,通乾公司向汇通公司出具的《欠交息费凭证》一份,确认至本次续当,尚欠汇通公司息费 1037.15 万元,承诺于 2014 年 5 月 22 日归还。汇通公司计收利息至 2011 年 12 月 1 日,计收综合费至 2012 年 2 月 1 日。续当期限届满后,当金本金及剩余息费通乾公司至今没有偿还,阿波罗公司亦未履行担保义务。

庭审中,汇通公司提交综合费、利息付款一览表一份,其中载明本案借款通乾公司于2011年8月7日、9月5日、10月8日、11月7日、12月5日分别支付综合费40.5万元,最后一次综合费计算至2012年1月2日;于2011年12月5日支付利息35.4元,计算至2011年12月1日。通乾公司对该一览表中记载的交款金额和时间均予认可,但认为应当确认是偿还的借款本金。

本案在审理过程中,阿波罗公司对汇通公司提交的当票及四份续当凭证的制单时间提出鉴定申请。

原审法院认为,汇通公司与通乾公司签订的《借款(典当)合同》及《当票》《借款展期协议》《续当协议》及《续当凭证》,与阿波罗公司签订的《保证合同》均是双方真实意思表示,除合同中双方约定的综合费、违约金、利息、罚息等息费总和超出了中国人民银行同期同类贷款利率的四倍,超出部分依法不予保护外,其他内容不违反法律、行政法规的强制性规定,应属有效。当期届满后,通乾公司未依约归还当金本息构成违约,应当承担违约责任,汇通公司要求其返还当金本息,原审法院予以支持,但根据合同法关于借款利息不得预先在借款本金中扣除的规定,汇通公司在发放当金时预扣的综合费,应当在借款本金中扣除,汇通公司要求计入借款本金,违反公平原则和相关法律规定,原审法院不予支持。汇通公司主张的2012年2月2日后的息费计算标准,超出中国人民银行同期同类贷款利率四倍,超出部分,依法不予保护,其他部分应当计算至判决确定的给付之日。汇通公司收取的2011年12月1日至2012年2月1日的综合费已经超出上述标准,汇通公司再主张该期间的利息原审法院亦不予保护。抵押登记后,抵押权设立,汇通公司有权对抵押财产主张抵押权,其要求对抵押财产依法处置后所得价款优先受偿的诉讼请求成立,原审法院予以支持。阿波罗公司在保证合同和续当凭证中盖章,是其为本案典当借款作出的保证意思表示,根据合同约定,汇通公司有权要求其先于物的担保承担保证责任,故汇通公司主张其承担连带保证责任,原审法院亦予以支持。阿波罗公司对汇通公司提交的当票及四份续当凭证的制单时间提出鉴定申请,旨在证明这些文件是后补的,进而说明因借款时汇通公司没有开具当票,不符合典当的特质,故本案不属于典当纠纷,这与通乾公司关于本案性质及效力的抗辩意见是一致的。原审法院认为,典当借款双方在《借款典当合同》《当票》《续当凭证》等文件中明确约定了借款金额、综合费、利息、抵押及续当、绝当等内容,应属双方作出的典当的意思表示,该部分内容亦符合《典当管理办法》规定的典当业务的范围,因此,本案应属典当纠纷,通乾公司、阿波罗公司主张本案应属企业借贷而不属于典当纠纷,原审法院不予支持。阿波罗公司作为保证人在保证合同和续当协议中盖章,既是作出了保证的意思表示,也是其对汇通公司与通乾公司之间典当关系的认可,《当票》及《续当协议》即便是后补的,也不能否定本案的典当法律关系,因此,原审法院对其鉴定申请不予准许。据此,依照《中华人民共和国合同法》第六十条第一款、第二百零六条、第二百零七条,《中华人民共和国物权法》第一百七十六条、第一百七十九条第一款,参照中华人民共和国商务部、公安部《典当管理办法》第二十五条、第四十三条第一项之规定,原审法院判决:一、被告山东通乾房地产发展有限公司于本判决生效后十日内向原告山东汇通典当有限责任公司返还借款本金1419万元及相应息费(以1419万元为基数,自2012年2月2日至本判决确定的给付之日,按中国人民银行同期同类人民币贷款基准利率四倍标准计算);二、原告山东汇通典当有限责任公司对抵押物淄川服装城通乾服装广场(1)层房产(房产证号为淄博市房权证淄川字第××号)依法处置所得款项优先受偿;三、被告淄博阿波罗置业有限公司对上述第一项债务承担连带清偿责任;四、驳回原告山东汇通典当有限责任公司的其他诉讼请求。如果未按本判决指定的期间履行给付金钱义务,应当依照《中华人民共和国民事诉讼法》第二百五十三条之规定,加倍支付迟延履行期间的债务利息。案件受理费199,425元,由原告山东汇通典当有限责任公司负担19,425元,由被告山东通乾房地产发展有限公司负担180,000元。

上诉人阿波罗公司不服原审判决,向本院提起上诉称:1. 原审法院判决认为汇通公司与阿波罗公司签订的《保证合同》有效错误。《典当管理办法》第三条规定:本办法所称典当,是指当户将其动产、财产权利作为当物质押或者将其房地产作为当物抵押给典当行,交付一定比例费用,取得当金,并在约定期限内支付当金利息、偿还当金、赎回当物的行为。《典当管理办法》第四十条规定:“典当期限或者续当期限届满后,当户应当在5日内赎当或者续当。逾期不赎当也不续当的,为绝当。”根据上述规定,通乾公司在当期届满既没有赎当,也没有续当,应判令绝当,应将通乾公司作为当物抵押的房地产处置即可,不存在阿波罗公司作为保证人承担连带清偿责任。2. 原审法院判决认为汇通公司与通乾公司签订的《借款(典当)合同》及《当票》、《续当协议》、《续当凭证》有效错误。(1)原审判决按照借贷法律关系的规定判决,实质上否定了典当法律关系,认为典当无效。(2)本案基础法律关系即典当借款法律关系,不符合典当的基本定义,成立的典当借款法律关系无效。本案实质上是以房屋作抵押向汇通公司借款的合同,故应为抵押借款合同。3. 原审法院判决通乾公司向汇通公司返还相应息费错误。借款人是企业,所以作为借款合同无效。故对汇通公司已经取得或者约定取得的利息应予收缴。4. 原审法院判决阿波罗公司承担连带保证责任错误。主合同无效,保证合同亦无效。5. 原审判决通乾公司向汇通公司返还本金1419万元的事实错误。通乾公司已返还汇通公司278.4万元本金,原审法院已查清,但判决结果中没有扣除。6. 原审法院适用法律错误。本案应当依据无效合同的相关法律处理。综上,请求二审法院撤销原审判决,依法予以改判。庭审中,阿波罗公司明确上诉请求为:依法撤销原审判决第一、三项,改判关于利息计算至2014年5月22日绝当后不应再计收息费;改判阿波罗公司对通乾公司的抵押物不足以清偿部分的债务承担连带清偿责任。

被上诉人汇通公司答辩称:1.《借款典当合同》《保证合同》是合法有效的,一审判决的认定是正确的。(1)《借款典当合同》《当票》《续当凭证》《续当协议》共同组成完整的《借款典当合同》。从本案来看,当物、当票、续当凭证、典当合同、续当协议等文件齐全,作为典当合同的有效性毋庸置疑。本案的借款典当合同没有导致合同无效的相关情形,也不违反法律、行政法规的强制性规定,《借款典当合同》是合法有效的。(2)《保证合同》是合法有效的。法律和司法实践允许典当业务中既可以设立担保物权也可以同时设立保证担保。按照《中华人民共和国物权法》第一百七十六条的规定,本案各方当事人对于债权的实现有明确约定,应当按照约定执行,体现了当事人的意思自治。《保证合同》《续当协议》中明确约定典当行实现担保物权的情形。按照《保证合同》第六条、《续当协议》第四条约定,如果通乾公司不能在绝当前还清典当本金、综合费用和利息等当户应当按照约定承担的债务,汇通公司可以不行使抵押权而直接要求阿波罗公司作为保证人承担连带清偿责任。2. 争议款项本金及利息综合费用的确定。(1)一审判决本金1419万元是扣除了预扣的综合费后的余额,但汇通公司认为本金应当按照合同约定的1500万元确定,发放当金时预扣的综合费不应从本金中扣除。但由于没有上诉,故认可判决书确认的数额。(2)通乾公司偿还的278.4万元是2011年8月6日至2012年2月1日综合费243万元、2011年6月7日至2011年12月1日利息35.4万元。阿波罗公司称上述款项是偿还的本金没有事实依据。3. 通乾公司并没有对一审判决提出上诉,应当视为对一审判决的认可。4. 基于同样的法律关系和事实,阿波罗公司并没有对滨州市中级人民法院(2015)滨中商初字第4号、第5号判决书提出上诉,上述两份判决书已经生效,证实阿波罗公司对于类似典当借款承担连带责任是认可的。综上,阿波罗公司的上诉请求既没有事实依据又没有法律依据,应当予以驳回。

原审被告通乾公司未到庭也未提交书面意见。

本院查明的事实与原审法院查明的事实一致。

本院认为,本案双方当事人的争议焦点是:一、汇通公司与通乾公司之间法律关系的性质;二、汇通公司与阿波罗公司签订的《保证合同》的效力以及阿波罗公司应承担的责任。

关于焦点一,即汇通公司与通乾公司之间的法律关系问题。本院认为,汇通公司与通乾公司签订的《借款(典当)合同》《当票》《续当凭证》等文件中明确约定了借款金额、综合费、利息、抵押及续当、绝当等内容,应属双方对典当的意思表示,该部分内容符合《典当管理办法》规定的典当业务范围。另外,通乾公司依约提供抵押物并办理了相应的抵押手续。因此,汇通公司与通乾公司之间属于典当法律关系。阿波罗公司关于本案应属企业间借贷的主张,本院不予支持。

关于焦点二,即汇通公司与阿波罗公司签订的《保证合同》的效力以及阿波罗公司应承担的责任问题。汇通公司与阿波罗公司签订的《保证合同》均是双方真实意思表示,且不违反法律、行政法规的强制性规定,应认定合法有效。阿波罗公司主张保证合同无效的理由不成立,本院不予支持。关于阿波罗公司应承担的责任问题。《中华人民共和国物权法》第一百七十六条规定,被担保的债权既有物的担保又有人的担保的,债务人不履行到期债务或者发生当事人约定的实现担保物权的情形,债权人应当按照约定实现债权。根据《保证合同》的约定,汇通公司有权要求阿波罗公司先于物的担保承担保证责任。阿波罗公司关于应对当物不足清偿部分承担连带保证责任的主张,因无法律和事实依据,本院不予支持。另外,阿波罗公司关于通乾公司已偿还的278.4万元是本金的主张,因未提交没有相应证据证明,本院不予支持。关于息费应计算至绝当之日的主张,因我国法律禁止流质契约,在绝当后抵押物并不能直接归属债权人,故对该主张,本院亦不予支持。

综上所述,上诉人阿波罗公司的上诉理由均不能成立,本院不予支持。原审判决认定事实清楚,适用法律正确,本院予以维持。依照《中华人民共和国民事诉讼法》第一百七十条第一款一项之规定,判决如下:

驳回上诉,维持原判。

二审案件受理费199,425元,由上诉人淄博阿波罗置业有限公司负担。

本判决为终审判决。

审 判 长 康 靖

审 判 员 邝 斌

代理审判员 魏 群

二〇一五年十二月十五日

书 记 员 贾宝群

【问题提示】(2)典当业务经营中设有混合担保,而当物由第三人提供的,绝当后保证人的责任如何承担?

【案例四十八】六安汇安典当有限责任公司诉安徽霍山县胜亚新型墙材有限公司、韩军典当纠纷案 (2016年5月4日)

【法律点】典当行在从事股权质押典当业务时同时设立保证人保证的,若当事人未约定实现债权的情形,且股权质押担保系第三人提供,则典当行可以就股权质押担保实现债权,也可以要求保证人承担保证责任。

【关键词】股权质押　预收综合费　清偿顺序　保证期间　连带责任

安徽省六安市中级人民法院
民事判决书

(2016)皖15民终621号

上诉人(原审被告):安徽霍山县胜亚新型墙材有限公司。

法定代表人:华德龙,系该公司董事长。

上诉人(原审被告):韩军。

委托代理人:秦军,系韩军同学。

被上诉人(原审原告):六安汇安典当有限责任公司。

法定代表人:郑克跃,该公司董事长。

委托代理人:刘翔,住安徽省六安市金安区。

委托代理人:张之栋,住安徽省六安市金安区。

上诉人安徽霍山县胜亚新型墙材有限公司(以下简称霍山胜亚公司)、韩军与被上诉人六安汇安典当有限责任公司（以下简称汇安典当公司）典当纠纷一案，由六安市金安区人民法院于2016年2月18日作出（2015）六金民二初字第02165号民事判决。宣判后，霍山胜亚公司、韩军不服，向本院提起上诉。本院依法组成合议庭，于2016年4月20日公开开庭审理了本案。上诉人韩军及其委托代理人秦军、被上诉人汇安典当公司委托代理人刘翔、张之栋到庭参加诉讼。上诉人霍山胜亚公司经本院传票传唤无正当理由未到庭参加诉讼，本院依法裁定其按撤回上诉处理。本案现已审理终结。

原审原告汇安典当公司诉称：2012年7月19日，原告与被告霍山胜亚公司签订了《股权质押典当合同》，合同约定：典当人向原告典当借款350,000元，当期自2012年7月25日至2012年8月8日，月综合服务费率2.1%。若典当人未能及时还款，其逾期资金占用费按每月10%支付罚息[罚息=（本金+未付利息费用）10%]，上述债务由被告韩军承担连带保证责任。原告按约支付了当金。当期届满后，典当人未能按期还款，先后申请续当和延期各一次，息费支付至2012年9月22日，此后未再申请延期。截至2015年9月30日，尚欠综合费用39,968元及当金196,486元未偿还。综上，被告霍山胜亚公司按约应当履行偿还当金和支付息费的义务，被告韩军作为连带责任保证人和该公司的实际控制人，虽一直代典当人偿还了部分款项，但对余欠部分仍应承担连带清偿责任。故诉请法院依法判令：1. 被告霍山胜亚公司偿还当金196,486元，支付综合费用39,968元（综合息费算至2015年9月30日，此后至被告实际履行期间产生的利息费用请求法院一并判决），并按合同约定履行第五条的义务；2. 判令被告韩军对以上债务承担连带保证责任；3. 由被告承担本案诉讼费用。

原审被告霍山胜亚公司未作答辩。

原审被告韩军辩称：1. 原告与被告霍山胜亚公司签订的合同是无效合同，主要表现在：（1）约定的利率过高，违反了相关规定；（2）典当行无权罚息，罚息部分属于无效条款。2. 原告在诉状中所说的不是事实，实际借款不是350,000元，而是334,160元。3. 保证人及被告霍山胜亚公司已经还清了所有本金334,160元及利息56,680元。4. 被告霍山胜亚公司及担保人未申请展、延期，合同到期后权利人应该积极主张权利，处置相关抵押股权，在处置抵押股权偿还不足后，才由担保人承担责任。5. 原告诉状中说被告韩军是公司实际控制人，并没有相关法律依据。债务清偿中保证人已经代为清偿了大部分债务，最后一次清偿是在2015年2月17日，而且已经超过了6个月。原告未要求保证人承担责任，所以应免除保证人的连带清偿责任。

原审法院查明：2012年7月19日，被告霍山胜亚公司与原告汇安典当公司签订

《股权质押典当补充合同》,双方约定由被告霍山胜亚公司以其公司的全部股权作质押,向原告支取当金350,000元,月息费率为2.1%,当期为2012年7月25日至2012年8月8日,并就质物、质押人声明及保证、质物处理、有效期、借款的逾期罚息,担保人、合同争议的解决方式等进行了约定。其中有效期约定为:1.本质押合同自质押人有效签章,同时出具当票后生效。2.本质押合同将持续有效,直至赎当后自动失效。借款的逾期罚息确定约定为:借款人于放款人到期日如果不按时还款,其逾期资金占用,甲乙双方约定罚息率为每月10%,罚息计算方法如下:[罚息=(本金+未付利息费用)实际逾期天数10%月罚息利率]。担保人约定为:借款人于放款到期日如果不按时还款,或者不能归还借款,担保人韩军自愿承担连带责任。担保期限两年。该合同由原、被告盖章、签字。2012年7月25日,原告出具典当行为六安汇安典当公司,当户为霍山县胜亚公司,当物为公司全部股权,典当金额为350,000元,综合费用为3675元,月费率为2.1%,当期为2012年7月25日至2012年8月8日的当票一份(号码为:34010900607),并根据被告霍山胜亚公司当日出具的《委托支付》函,向公司法人华德龙在安徽霍山农村合作银行西门畈分理处的××××账户支付当金346,325元。因被告霍山胜亚公司当期届满后不能按时赎当,于2012年8月9日申请续当,续当期限为2012年8月9日至2012年8月23日。到期后仍不能赎当,又申请展期至2012年9月22日,但到期后仍未能赎当。经原告多次向两被告催要,2014年6月11日,被告霍山胜亚公司及担保人韩军共同向原告出具《霍山县胜亚新型墙材有限公司向六安汇安典当有限责任公司借款事实确认书》一份,该确认书确认被告霍山胜亚公司典当借款350,000元,担保人为被告韩军。2012年9月22日前的息费两被告均已结清,2012年9月22日至2014年5月31日期间两被告分五次还款计263,150元(2013年2月6日华心贵付张之栋100,000元中的48,150元,2013年4月29日韩军付张之栋10,000元,2013年9月18日华心贵付张之栋100,000元,2014年1月29日韩军付晏学文70,000元,2014年5月31日韩军付张之栋35,000元),上述款项未确定本息支付顺序。此后至2015年8月30日原告继续通过上门催要及短信催要等形式向两被告主张权利,被告韩军分别于2014年7月22日、2015年2月17日付张之栋30,000元(现金)、15,000元,计45,000元,余欠本息、费用等经原告多次催要未果,遂诉讼来院。

原审法院认为:第一,原告汇安典当公司与被告霍山胜亚公司、韩军所签订的《当票》《股权质押典当补充合同》,系双方当事人的真实意思表示,且已实际履行,其约定的息费率符合《典当管理办法》的规定,不违反国家法律、行政法规的强制性规定,该合同合法有效,对合同双方均具有拘束力,原、被告均应按约履行。第二,原、被告间系典当纠纷,与民间借贷性质不同,原告在提供当金时收取的是综合费用,符合《典当管理办法》的规定,并未预扣当金利息,故当金数额应按照350,000元计算。第三,被告霍山胜亚公司作为当户支取当金,到期后未按约定期限偿还当金本息、综合费用,对本纠纷应负全部责任,所欠当金本息、综合费用应予立即偿付;被告韩军作为《当票》《股权质押典当补充合同》的担保人,在原告向其主张权利期间,至2015年2月17日,一直通过其本人或他人还款。2015年8月30日前原告也一直通过上门催要或短信催要等方式向其主张权利,故根据《中华人民共和国担保法》第二十六条的规定,其仍应对被告霍山胜亚公司所应偿还的当金本息等承担连带清偿责任,其庭审中所作辩解证据不足,理由不充分,该院不予采信。据此,依照《中华人民共和国民法通则》第八十八条第一款、第一百零六条第一款、第一百零八条、第一百一十一条、一百一十二条,《中华人民共和国合同法》第六十条、第一百零七条,《中华人民共和国担保法》第十八条、第二十六条,《典当管理办法》第三条、第三十条、第三十七条、第三十八条、第三十九条、第四十条,《中华人民共和国民事诉讼法》第一百四十四条及有关司法解释的规定,判决:一、被告安徽霍山县胜亚新型墙材有限公司应于本判决生效之日起三日内偿还原告六安汇安典当有限责任公司当金350,000元,并自2012年9月23日起按月息费率2.1%支付利息及综合费用至当金付清之日止(被告安徽霍山县胜亚新型墙材有限公司已付308,150元按先息后本原则计算后予以比除);二、被告韩军对被告安徽霍山县胜亚新型墙材有限公司应付当金及利息、综合费用承担连带清偿责任。案件受理费4950元,减半收取2475元,由被告安徽霍山县胜亚新型墙材有限公司、韩军负担。

韩军不服原审判决,向本院提起上诉称:原审认定事实及适用法律均错误。1. 原审判决将霍山胜亚公司借款380,000元中恶意扣除了个人民事借款50,000元,两个不同性质的案件合并一起解决是违反了法律规定的。原审法院对证据四、五、六证明的事实予以认定均是错误的,理由如下:(1)个人之间的借贷与股权质押典当款是两个不同的法律关系,其在本案合并解决就违反了法律的规定,属适用法律错误。(2)根据《典当管理办法》第三十九条规定,霍山胜亚公司与韩军在股权质押典当期满后,没有书面申请续当(根据规定,典当期限不得超过六个月,属于法律规定的特殊法律时效六个月)。债权人有权在主债务履行期届满之日起六个月要求保证人承担担保责任。本案的保证人只对债权人实现不了股权质押的情况下承担担保责任,非承担连带清偿责任。(3)本案的汇安典当公司自2015年2月17日至今,一直未对霍山胜亚公司与韩军提起过诉讼和仲裁,担保人应免除担保责任。(4)就本案的事实情况来看,本案属于股权质押典当,而且本案的担保人只对初始的担保项下标的物承担一般担保责任及六个月的担保责任,而非本案的一审错误认定的两年担保期。因本案的股权质押项下标的物在不断发生变更,也没有担保人对担保责任进行追认,因此,该担保人与主债务标的之间不存在继续担保。2. 法律适用错误:(1)本案属于股权质押典当合同纠纷,而非金融借贷纠纷,因而不适用先息后本的原则。原审判决按照先息后本的原则计算属适用法律错误。(2)本案判决韩军对霍山胜亚公司应付当金及利息及综合费用承担连带清偿责任属适用法律错误。本案的担保人只对汇安典当公司不能实现股权质押全部清偿当金下余部分承担清偿责任,而且担保期限只属于一般担保的半年期限。该案的担保人对霍山胜亚公司第一次归还当金及利息后的下欠标的没有予以担保追认,因此就不再承担担保责任。即本案属于股权质押,股权质押了多少当金,本案的担保人只对总标的予以担保,一旦所担保的标的款发生了变更,且担保人没有予以追认,担保人将对下欠项下标的款免除担保责任。综上,请求二审法院依法撤销原判,驳回汇安典当公司的诉讼请求;一、二审的诉讼费用均由汇安典当公司承担。

汇安典当公司辩称:本案的借贷及担保法律关系明确,当票、续当凭证及《借款事实确认书》合法有效。霍山胜亚公司依法应当清偿债务,韩军应承担连带担保责任。原审判决认定事实清楚,适用法律正确,请求二审法院驳回上诉,维持原判。

霍山胜亚公司未出庭发表答辩意见。

韩军在二审中提供短信记录三份,证明汇安典当公司的委托代理人张之栋发信息给韩军,要求将款项汇至第三方肖仕为的账户。该款应当视为偿还本案借款,原审法院未予认定是错误的。

汇安典当公司发表质证意见为:信息系张之栋所发,因张之栋介绍肖仕为借款给韩军,故肖仕为通过张之栋催要借款。肖仕为与韩军之间的借贷关系与本案无关。

汇安典当公司在二审中提供转账汇款查询单,证明肖仕为与韩军之间存在50,000元借款。

韩军发表质证意见为:真实性不予认可。

霍山胜亚公司未出庭参加诉讼,视为其放弃举证、质证权利。

本院对韩军提供的证据认证如下:真实性予以认定,因韩军在原审中认可肖仕为与其存在借款,结合韩军于2014年6月11日出具的借款事实确认书,本院对该证据的证明目的不予认定。

本院对汇安典当公司的证据认证如下:真实性、合法性、关联性予以认可。

双方当事人所举其他证据与原审一致,相对方质证意见与原审相同,本院认证意见与原审一致。

本院对原审查明的事实予以确认。

本院认为:综合双方当事人举证、质证及诉辩意见,本案二审的争议焦点为:一、霍山胜亚公司尚欠当金的数额;二、韩军应否承担连带清偿责任。

关于焦点一。各方对2012年9月23日至2015年2月17日,霍山胜亚公司、韩军分七次还款308,150元均无异议。就韩军汇款给肖仕为的23,840元应否认定为偿还本案当金的问题,韩军在2014年6月11日出具的借款事实确认书中并未提及23,840元的还款事实,其在原审庭审中亦认可与肖仕为之间存在借贷关系,此与汇安典当公司提供的汇款查询单相符。霍山胜亚公司、韩军确认的五次还款263,150元中亦将华心贵于2013年2月6日100,000元汇款中的51,850元予以扣除,韩军虽称借款事实确认书系受张之栋胁迫出具,但并未提供证据予以证明,本院不予采信。故张之栋关于其发短信要求韩军汇款至肖仕为账户系为肖仕为索要借款的陈述具有合理性,本院予以认定。据此,韩军汇给肖仕为的23,840元应系其二人之间的经济往来,与本案无涉,不应认定为本案的还款。关于所还款项的清偿顺序问题。根据《最高人民法院关于适用〈中华人民共和国合同法〉若干问题的解释(二)》第二十一条规定:债务人除主债务之外还应当支付利息和费用,当其给付不足以清偿全部债务时,并且当事人没有约定的,人民法院应当按照下列顺序抵充:(1)实现债权的有关费用;(2)利息;(3)主债务。因当事人之间并未就本息的清偿顺序进行约定,且韩军的还款不足以清偿全部债务,原审法院参照上述规定按照先息后本的规则予以计算,符合法律规定。汇安典当公司依据月利率2.1%的标准计算利息费用,超出法律规定,本院依法调整为月利率2%。按照上述计算规则,结合本案还款事实,截至2015年9月30日,霍山胜亚公司尚欠当金178,754元,利息费用36,839元。原审判决结果有误,本院予以纠正。

关于焦点二。韩军以担保人身份在股权质押典当补充合同中签字,并承诺自愿承担连带责任,故其关于本案系一般保证的上诉理由不能成立,本院不予采信。《中华人民共和国担保法》第二十六条规定:连带责任保证的保证人与债权人未约定保证期间的,债权人有权自主债务履行期届满之日起六个月内要求保证人承担保证责任。在合同约定的保证期间和前款规定的保证期间,债权人未要求保证人承担保证责任的,保证人免除保证责任。因该合同约定的贷款期限自2012年7月25日至2012年8月8日,韩军在二审中提供的短信记录证明张之栋曾在2012年12月29日向韩军主张过利息。在2014年6月11日的借款事实确认书中,韩军又以担保人的身份对担保事实再次予以确认。结合韩军2014年7月2日还款30,000元的事实,本院依法认定汇安典当公司在法定保证期间内向韩军主张过担保权利,韩军依法应当承担担保责任。韩军关于其担保责任应予免除的上诉理由缺乏事实及法律依据,本院不予采信。《中华人民共和国物权法》第一百七十六条规定:被担保的债权既有物的担保又有人的担保的,债务人不履行到期债务或者发生当事人约定的实现担保物权的情形,债权人应当按照约定实现债权;没有约定或者约定不明确,债务人自己提供物的担保的,债权人应当先就该物的担保实现债权;第三人提供物的担保的,债权人可以就物的担保实现债权,也可以要求保证人承担保证责任。提供担保的第三人承担担保责任后,有权向债务人追偿。本案典当借款虽有股权质押,但质押人系霍山胜亚公司的股东,而非霍山胜亚公司。因当事人未约定实现债权的情形,且物的担保系第三人提供,故汇安典当可以就物的担保实现债权,也可以要求保证人承担保证责任。韩军主张对股权质押不能清偿部分承担担保责任,于法无据,本院不予支持。

综上,上诉人韩军的上诉理由不能成立,其上诉请求应予驳回。原审法院认定事实清楚,但处理结果不当,本院予以纠正。依据《中华人民共和国民事诉讼法》第一百七十条第一款第二项之规定,判决如下:

一、维持金安区人民法院(2015)六金民二初字第02165号判决第二项,即被告韩军对被告安徽霍山县胜亚新型墙材有限公司应付当金及利息、综合费用承担连带清偿责任。

二、变更金安区人民法院(2015)六金民二初字第02165号判决第一项为:安徽霍山县胜亚新型墙材有限公司于本判决书送达后十五日内偿还六安汇安典当有限责任公司当金178,754元,利息费用36,839元,并自2015年10月1日起,以178,754元为本金按照月利率2%支付利息费用至给付日止。

三、驳回六安汇安典当有限责任公司其他诉讼请求。

如果未按本判决指定的期间履行给付金钱义务,应当依照《中华人民共和国民事诉讼法》第二百五十三条的规定,加倍支付迟延履行期间的债务利息。

一审案件受理费4950元,减半收取2475元,二审案件受理费4950元,合计7425元,由安徽霍山县胜亚新型墙材有限公司、韩军负担。

本判决为终审判决。

审 判 长 关德全
代理审判员 高 华
代理审判员 蔡金贺
二〇一六年五月四日
书 记 员 袁 敏

【案例四十九】北京信邦典当有限公司诉大连阳光世纪投资集团有限公司、周广英等民间借贷纠纷案
(2016年4月29日)

【法律点】 1. 典当行和其他当事人之间的质押借款合同和保证担保合同系当事人各方的真实意思表示,不违反法律、行政法规的强制性规定,应属合法有效。当事人对保证人承担责任的顺序有明确约定的,保证人应按约定履行保证责任,而不得自行主张对质押物处理之后不足清偿部分的债务承担责任。

2. 以公益为目的民办普通高校不得为保证人,其为借款人提供的保证为无效担保。对该无效担保,典当行和保证人均有过错的,保证人承担的连带赔偿责任,不应超过借款人不能清偿部分的二分之一。

3. 保证人死亡,其继承人未放弃继承权的,应在继承遗产范围内对所保证的债务承担连带清偿责任。

【关键词】股权质押　当物优先受偿权　必要诉讼　公益事业单位　担保无效　保证责任　遗产继承范围

北京市第一中级人民法院
民事判决书

(2016)京01民终2199号

上诉人(原审被告):周广英。

委托代理人:韩耀竹,辽宁华恩律师事务所律师。

委托代理人:吴玮琼,辽宁华恩律师事务所实习律师。

上诉人(原审被告):高小涵。

委托代理人:韩耀竹,辽宁华恩律师事务所律师。

委托代理人:吴玮琼,辽宁华恩律师事务所实习律师。

上诉人(原审被告):高某。

法定代理人:李莉。

委托代理人:李瑞国,山东圣和律师事务所律师。

被上诉人(原审原告):北京信邦典当有限公司,住所地:北京市延庆县新兴小区。

法定代表人:吴晓帆,总经理。

委托代理人:刘斌,北京市金杜律师事务所律师。

委托代理人:高一寒,北京市金杜律师事务所律师。

原审被告:大连阳光世纪投资集团有限公司,住所地:辽宁省大连旅顺经济开发区。

临时负责人:周广英,股东。

委托代理人:韩耀竹,辽宁华恩律师事务所律师。

委托代理人:吴玮琼,辽宁华恩律师事务所实习律师。

原审被告:大连科技学院,住所地:大连旅顺经济开发区滨港路。

临时负责人:范颖,院长。

委托代理人:韩耀竹,辽宁华恩律师事务所律师。

委托代理人:吴玮琼,辽宁华恩律师事务所实习律师。

原审被告:大连华通凯路实业有限公司,住所地:辽宁省大连旅顺经济开发区。

法定代表人:王军,执行董事。

委托代理人:郑庐。

上诉人周广英、上诉人高小涵、上诉人高某因与被上诉人北京信邦典当有限公司(以下简称信邦典当公司)、原审被告大连阳光世纪投资集团有限公司(以下简称阳光世纪公司)、原审被告大连科技学院、原审被告大连华通凯路实业有限公司(以下简称华通凯路公司)民间借贷纠纷一案,不服北京市延庆区人民法院(2015)延民(商)初字第02414号民事判决,向本院提起上诉。本院于2016年3月9日受理后,依法组成了由法官邹明宇担任审判长,法官黄占山、刘海云、刘婷、杨清惠参加的合议庭进行了审理。本案现已审理终结。

信邦典当公司在一审中起诉称:2013年10月29日,信邦典当公司与当户阳光世纪公司及出质人张明山、于学超共同签署2002-DD-04-1310-01号股权质押典当合同,约定:张明山、于学超共同将其各自持有的华通凯路公司100%的股权及其派生权益作为当物质押给信邦典当公司,信邦典当公司收当后向阳光世纪公司支付当金3000万元,典当期限为6个月;阳光世纪公司每月支付当金利息及典当综合费用,当金利息的月利率为0.46%，典当综合费用的月费率为1.21%，在任意付息日、付费日未按约支付利息或典当综合费用的，应继续计算罚息（罚息利率为当金利率上浮50%）和典当综合费用，直至信邦典当公司债权获得完全清偿；阳光世纪公司应在约定的期限内偿还当金赎回当物，逾期偿还当金的，应根据逾期天数每日按所欠当金的5‰向信邦典当公司支付逾期违约金。随后，高智、大连科技学院、华通凯路公司分别签署保证函，为阳光世纪公司典当合同项下的全部债务提供无限连带责任保证，北京市长安公证处为高智、大连科技学院签署的保证函办理了公证。2013年11月4日，北京市长安公证处为股权质押典当合同的签署行为予以公证，并出具公证书。2013年11月5日，信邦典当公司向阳光世纪公司签发了两张当票，典当金额各1500万元，典当期限为2013年11月5日至2014年5月4日。随后，信邦典当公司按时向阳光世纪公司足额支付了当金。第一次典当期限届满后，经阳光世纪公司申请，信邦典当公司与阳光世纪公司、张明山、于学超签署补充协议，为阳光世纪公司进行了续当，续当期限为2014年5月5日至2014年11月1日，续当期间当金利息及典当综合费用的费率不变。在第一次续当期限届满后，经阳光世纪公司申请，信邦典当公司为阳光世纪公司第二次续当一个月，续当期限为2014年11月2日至2014年12月1日，续当期间当金利息及典当综合费用的费率不变。在第二次续当期限届满后，经阳光世纪公司申请，信邦典当公司为阳光世纪公司第三次续当一个月，续当期限为2014年12月2日至2014年12月31日，续当期间当金利息及典当综合费用的费率不变。但是，阳光世纪公司在第三次续当的付息日未支付该月的当金利息并欠付至今，根据典当合同约定，续当期内阳光世纪公司不能及时足额支付息费的，视为续当期限自动届满，故典当最终届满日为2014年12月31日。后阳光世纪公司未再申请续当，亦未依约偿还当金进行赎当，截至2015年3月8日，阳光世纪公司应偿还信邦典当公司当金本金3000万元，应向信邦典当公司支付当金利息13.8万元、罚息462,300元、典当综合费810,700元，阳光世纪公司应支付信邦典当公司违约金1005万元，阳光世纪公司还应承担信邦典当公司为实现债权而支付的全部合理费用。信邦典当公司认为本案所涉典当合同、保证函及补充协议均为各方真实意思表示，内容符合法律、法规的规定，阳光世纪公司的行为已经构成严重违约，应立即向信邦典当公司偿还本金，清偿欠付的利息、罚息和综合费用，还应向信邦典当公司支付违约金。保证人高智、大连科技学院、华通凯路公司应对阳光世纪公司的全部债务承担连带担保责任。因保证人高智已经去世，其继承人周广英、高小涵、高某应在继承遗产的范围内承担连带清偿责任。现依法提起诉讼，请求法院依法判决：1.判令阳光世纪公司向信邦典当公司偿还当金本金3000万元;2.判令阳光世纪公司向信邦典当公司清偿欠付的当金利息13.8万元,及自逾期之日至罚息付清之日,按合同约定的月利息利率上浮50%的标准计算的罚息,暂计算至2015年3月8日为462,300元;3.判令阳光世纪公司向信邦典当公司清偿欠付的典当综合费用,自逾期之日至该款项付清之日,按照月费率1.21%的标准计算,暂计算至2015年3月8日为810,700元;4.判令阳光世纪公司向信邦典当公司支付逾期还款违约金,以本金3000万元为基数,自逾期之日至该款项付清之日,按照每日5‰的标准计算,暂计算至2015年3月8日为1005万元;5.判令阳光世纪公司承担信邦典当公司为实现债权所实际支付的全部合理费用;6.判令大连科技学院、华通凯路公司就上述债务承担无限连带清偿责任;7.判令周广英、高小涵、高某在继承遗产的范围内对阳光世纪公司的上述债务承担连带清偿责任。

阳光世纪公司在一审中答辩称:根据《典当管理办法》,阳光世纪公司所欠信邦典当公司的当金应从当物中优先来支付。信邦典当公司放弃对张明山、于学超的诉讼请求不符合法律的规定,因为张明山、于学超是当物的持有人,放弃对当物持有人的诉讼就等于放弃典当合同中当物的优先受偿权,信邦典当公司就不存在向其他担保人主张权利的法律依据。于学超、张明山是本案的必要诉讼人,应出庭参加诉讼。信邦典当公司在支付当金时已预扣综合费用,已预扣的综合费用不应重复计算利息和综合费用。绝当后信邦典当公司没有通过拍卖当物实现债权,现在主张阳光世纪公司承担绝当后的综合费用和违约金没有事实和法律依据。

大连科技学院在一审中答辩称:信邦典当公司起诉大连科技学院承担担保责任没有法律依据,大连科技学院是民办教育学校,属于公益事业单位,根据担保法司法解释的相关规定,学校、幼儿园、医院等以公益为目的的事业单位、社会团体,不能作为保证人。本案中大连科技学院作为保证人签订合同,根据法律规定是无效的。无论是股权质押合同还是张明山、于学超出具的情况说明,均可以证明如涉案股权质押所担保的债权未清偿,信邦典当公司应先实现质权,信邦典当公司放弃对张明山、于学超的起诉直接要求债务人及担保人承担还款、担保责任,没有事实和法律依据。信邦典当公司在支付当金时已预扣综合费用,已预扣的综合费用不应重复计算利息和综合费用。绝当后信邦典当公司没有通过拍卖当物实现债权,现在主张大连科技学院承担绝当后的综合费用和违约金没有事实和法律依据。

华通凯路公司在一审中答辩称:认可信邦典当公司起诉的借款和担保事实。华通凯路公司现在没有能力偿还,愿意承担相应的法律责任。

周广英、高小涵在一审中答辩称:继承人周广英、高小涵没有继承高智的财产,因此不应对本案承担连带清偿责任。根据股权质押典当合同约定,本案绝当后典当关系终止,信邦典当公司可以通过拍卖当物实现债权,阳光世纪公司不存在违约,在绝当后也不应承担典当综合费用。根据合同约定张明山、于学超将其所有的华通凯路公司的股权作为当物质押给信邦典当公司,同时约定了当物清偿范围及顺序,只有当物处置后不足以清偿全部债务的,信邦典当公司才有权另行向债务人及保证人追偿,现信邦典当公司放弃对当物的处置,直接要求债务人及保证人偿还无事实和法律依据。信邦典当公司支付当金时预扣了综合费用,预扣的综合费用不应重复计算利息和违约金。因此,信邦典当公司主张周广英、高小涵在绝当后承担连带清偿责任没有事实与法律依据,请求法院驳回对周广英、高小涵的诉讼请求。

高某在一审中答辩称:首先高某作为高智的法定继承人认为,高智仅在法律规定的承担责任的范围内承担连带担保责任,现在高智去世,其担保资格丧失,无法承担担保责任。其次高智与李莉结婚生下高某,后经法院判决认定婚姻关系无效,高智一直与周广英共同生活并经营多家企业,高智所有担保借款都用于其与合法夫妻的生活、生产经营当中,高智所有个人财产和经营财产均未给李莉及高某,高某未继承高智的任何财产,不承担任何担保责任。结合本案,绝当后双方的典当关系终止,信邦典当公司可以通过拍卖当物实现自己的债权,但借款人无须再向信邦典当公司支付综合费用,故信邦典当公司要求高某连带支付综合费用,法院应不予以支持。因典当借款不同于普通借款,典当借款有其自身的特点,即赎当是当户的权利而非义务,当户可以选择赎当,也可以选择绝当将当物交典当行处置以清偿债务。违约责任是合同当事人不履行合同义务或履行合同义务不符合约定时,依法产生的法律责任,既然赎当是当户的权利,就不应当产生违约责任问题,因此信邦典当公司以借款人违约要求支付违约金无事实和法律依据,要求高某承担连带清偿责任更是无从谈起。本案是权利质押典当合同,张明山、于学超是出质人,信邦典当公司放弃对张明山、于学超主张权利,等于变更主合同,高智不再承担担保责任,相应的作为高智继承人的高某亦不承担担保责任。本案对物的担保范围和保证的担保范围有明确约定,信邦典当公司放弃对张明山、于学超的诉讼请求,担保人高智的责任就被免除。综上,高智已去世,担保借款都用到其经营公司,应由公司承担还款责任。高某作为高智的继承人未继承遗产,请求法院依法驳回对高某的诉讼请求。

一审法院审理查明:2013 年 10 月 29 日,阳光世纪公司(甲方)与信邦典当公司(乙方)、张明山、于学超(丙方)签订 2002 – DD – 04 – 1310 – 01 号股权质押典当合同,约定:丙方自愿以其对华通凯路公司享有 100% 的股权及其派生的权益作为当物向乙方借款,乙方收当后向甲方支付当金,甲方在约定期限内支付当金利息、典当综合费用,偿还当金赎回当物,各方同意以丙方提供的当物作为甲方向乙方偿还本合同项下全部债务的担保;当物担保范围为本合同项下的当金及利息、罚息、典当综合费用、违约金、赔偿金和乙方代垫的费用及实现债权而发生的费用;续当所产生的利息、罚息、典当综合费用、违约金、赔偿金和乙方代垫的费用及实现债权而发生的费用均属于当物的担保范围;利息、典当综合费用按月支付,当金发放日至次月对应日的前一日为该月付息、付费日,在合同约定的任一付息日、付费日届满之日起未支付当金利息或典当综合费用的,按照本合同约定的相应标准继续计算罚息和典当综合费用,直至乙方债权获得完全清偿,罚息利率为约定的当金利率上浮50%;在前次典当或续当期限届满前或当期届满之日起5日内,甲方可向乙方申请续当,经乙方同意续当的,甲方应结清前次典当或续当期限内的利息、典当综合费用、乙方垫付的费用及乙方为实现债权而发生的全部费用等;经乙方同意续当的,续当一次的期限最长不超过6个月,除双方另有约定外,续当期内的当金利息及典当综合费用的计收依原当期内的相关利率、费率执行;甲方于当期届满之日起5日内,可以偿还当金并结清当金利息、典当综合费用、乙方代垫的费用及乙方为实现债权而发生的费用等;甲方及丙方未在典当期限届满之日起5日内赎当或完成续当手续的,视为绝当;甲方如逾期偿还乙方当金,除按本合同约定的利率、费率支付利息及综合费外,还应根据逾期天数每日按所欠当金的5‰向乙方支付逾期违约金,逾期违约金与约定的罚息相互独立;甲方没有按本合同约定支付乙方当金、利息、典当综合费用或其他费用的,乙方有权单方提出解除本合同,要求甲方立即提前偿还所欠乙方之债;当金为3000万元,典当期限为6个月,自2013年10月29日起至2014年4月28日止,如签发当票典当期限以当票上记载的内容为准;本合同项下当金利息的月利率为0.46%,典当综合费用的月费率为1.21%,按30天为基数折算为日费率/日利率;乙方发放当金之日可一次性预扣典当期限内3个月的典当综合费用108.9万元。同日,信邦典当公司与张明山、于学超在工商管理部门就出质股权办理了股权出质登记手续,质权登记编号分别为210212100060Z、210212100061Z,出质人张明山、于学超,质权人信邦典当公司。

2013年10月29日,高智、大连科技学院分别向信邦典当公司出具保证函,承诺自愿为阳光世纪公司履行主合同项下全部债务,包括但不限于支付全部当金、综合管理费、利息、罚息、复利、违约金、损害赔偿金和债权人实现主债权、担保债权的费用,以及其他应付款项提供连带责任保证,保证期间自主合同约定的最后一期债务履行期间届满之日后两年,保证方式为连带责任保证;本函所设立的保证担保具有独立性且不可撤销,无论何种情况,本函均不因其所担保的主合同的任何效力瑕疵而受到影响,也不因主合同项下当物担保不成立、被确认无效、被撤销或债权人抛弃,或发生当物灭失、损毁等情形而受到影响,保证人均对主合同项下的全部债务承担连带保证责任;无论主合同项下的债权是否拥有其他担保(包括但不限于抵押、保证、质押、保函等任何其他形式的担保),无论上述其他担保何时成立、是否有效,保证人的保证责任均不减免,保证责任的承担也不以债权人向其他任何担保人提出权利主张或进行诉讼、仲裁、强制执行为前提;债权人与当户协议修改、补充主合同或另行签署当票、续当票、对账单等文件,无须征得保证人同意,保证人在本函项下所承担的义务不变。2013 年 10 月 30 日,华通凯路公司向信邦典当公司出具保证函,也承诺自愿为阳光世纪公司履行主合同项下全部债务提供连带责任保证,保证函内容与高智、大连科技学院的上述保证函一致。

2013 年 11 月 5 日,信邦典当公司向阳光世纪公司签发 2 张当票,编号 1101196333 的当票记载:典当金额 1500 万元,月费率 1.21%,月利率 0.46%,典当期限由 2013 年 11 月 5 日起至 2014 年 5 月 3 日止。编号 1101196334 的当票记载:典当金额 1500 万元,月费率 1.21%,月利率 0.46%,典当期限由 2013 年 11 月 5 日起至 2014 年 5 月 3 日止。后信邦典当公司预扣 3 个月综合费 108.9 万元,将其余借款 2891.1 万元转入阳光世纪公司指定的大连华通夕阳红房屋开发有限公司账户。期限届满后,阳光世纪公司三次申请续当,借款期限延长至 2014 年 12 月 31 日,月利率与月费率不变。阳光世纪公司依约向信邦典当公司支付了 2014 年 12 月 2 日之前的利息以及 2015 年 1 月 1 日之前的综合费,之后未再偿还该笔借款任何款项。

2015 年 3 月 10 日,信邦典当公司诉至该院,请求:1. 判令阳光世纪公司向信邦典当公司偿还当金本金 3000 万元;2. 判令阳光世纪公司向信邦典当公司清偿欠付的当金利息 13.8 万元,及自逾期之日至罚息付清之日,按合同约定的月利息利率上浮 50% 的标准计算的罚息,暂计算至 2015 年 3 月 8 日为 462,300 元;3. 判令阳光世纪公司向信邦典当公司清偿欠付的典当综合费用,自逾期之日至该款项付清之日,按照月费率 1.21% 的标准计算,暂计算至 2015 年 3 月 8 日为 810,700 元;4. 判令阳光世纪公司向信邦典当公司支付逾期还款违约金,以本金 3000 万元为基数,自逾期之日至该款项付清之日,按照每日 5‰的标准计算,暂计算至 2015 年 3 月 8 日为 1005 万元;5. 判令阳光世纪公司承担信邦典当公司为实现债权所实际支付的全部合理费用;6. 判令高智、大连科技学院、华通凯路公司就上述债务承担无限连带清偿责任。案件审理过程中,信邦典当公司发现高智于 2015 年 2 月 27 日去世,遂申请追加高智的法定继承人周广英、高小涵、高某为本案共同被告,并要求判令周广英、高小涵、高某在继承遗产的范围内对阳光世纪公司的上述债务承担连带清偿责任。庭审中,高智的继承人周广英、高小涵、高某均表示没有继承高智的财产,但不放弃继承权利。

一审审理过程中,张明山、于学超向该院出具书面情况说明,就持有华通凯路公司股权事宜说明如下:2013 年 10 月,经投融资各方协议,高智同意以其实际控制的华通凯路公司股权向出借方信邦典当公司提供质押担保,为便于质权的实现,双方决定由第三方代持华通凯路公司股权并办理质押手续,在上述背景下,张明山、于学超代持了华通凯路公司的股权,张明山、于学超受让华通凯路公司股权未支付对价,也未参与公司经营管理及各项决策;如股权质押所担保的债权全部清偿,张明山、于学超将所代持股权转让给高智或其指定主体,如股权质押所担保的债权未清偿,张明山、于学超将配合信邦典当公司实现质权,将股权拍卖、变卖或其他方式处置,以处置所得优先偿还信邦典当公司欠款,如有余款则返还高智。对该情况说明,信邦典当公司与华通凯路公司无异议,周广英、阳光世纪公司、大连科技学院质证认为,对股权质押没有异议,但对张明山、于学超没有参与经营这点有异议。

以上事实,有信邦典当公司提交的股权质押典当合同、股权出质设立登记通知书、保证函、当票、付款通知书及收款确认书、典当业务续当申请表、电子转账凭证、阳光世纪公司欠款计算表,大连科技学院提交的教育部教发函(2011)80 号文件、大连科技学院章程、张明山及于学超出具的情况说明等证据材料及当事人陈述意见在案佐证。

一审法院判决认定:根据《典当管理办法》第三条规定,典当是指当户将其动产、财产权利作为当物质押或者将其房地产作为当物抵押给典当行,交付一定比例费用,取得当金,并在约定期限内支付当金利息,偿还当金,赎回当物的行为。本案中,当事人虽然签订了股权质押典当合同,并约定了当物、当金、典当期限、利息和典当综合费用的支付方式,以及偿还当金赎回当物等事项,但质押的股权并非阳光世纪公司所有,也没有将出质股权交给信邦典当公司占有,因此不具备典当成立的要件。本案当事人以"典当"的形式签订的合同,从其内容看,实质上是以股权质押担保借款性质的合同,故本案应认定为民间借贷合同纠纷。

本案当事人之间关于借贷、股权质押以及高智、华通凯路公司保证担保的约定,系当事人各方的真实意思表示,不违反法律、行政法规的强制性规定,应属合法有效。阳光世纪公司未按约定偿还借款,已构成违约,应承担相应的违约责任,故信邦典当公司要求阳光世纪公司偿还借款本金的诉讼请求,合法正当,该院应予支持。因信邦典当公司向阳光世纪公司支付当金时预先扣除了 3 个月的综合费,故阳光世纪公司应偿还的借款本金为实际收取的 2891.1 万元,超出部分的诉讼请求,该院不予支持。

《最高人民法院关于人民法院审理借贷案件的若干意见》第六条规定："民间借贷的利率可以适当高于银行的利率，各地人民法院可根据本地区的实际情况具体掌握，但最高不得超过银行同期贷款利率的四倍（包括利率本数）。超出此限度的，超出部分的利率不予保护。"据此规定，民间借贷的利息及违约金折算后不得超过银行同期贷款利率的四倍。根据本案查明事实，阳光世纪公司已支付的利息和综合费，没有超过银行同期贷款利率的四倍，该院不持异议。关于信邦典当公司要求阳光世纪公司清偿欠付的13.8万元利息的诉讼请求，该院认为，借款期内阳光世纪公司拖欠1个月利息，该利息亦应以实际支付的2891.1万元为基数，按约定的月利率0.46%计算，即阳光世纪公司应偿还欠付的利息为132,990.6元，超出部分的诉讼请求，该院不予支持。至于信邦典当公司主张的逾期之后的利息、综合费和违约金，综合折算后明显超过银行同期贷款利率的四倍，超出部分该院不予保护。据此，阳光世纪公司向信邦典当公司支付违约金的标准，应以实际支付的2891.1万元为基数，自2015年1月1日至付清之日止，按照中国人民银行同期贷款基准利率的四倍计算。

高智、华通凯路公司分别向信邦典当公司出具保证函，承诺自愿为阳光世纪公司履行主合同项下全部债务提供连带责任保证，并承诺保证函所设立的保证担保具有独立性且不可撤销，无论主合同项下的债权是否拥有其他担保，无论上述其他担保何时成立、是否有效，保证人的保证责任均不减免。据此，信邦典当公司主张华通凯路公司对上述阳光世纪公司的债务承担连带清偿责任，合法有据，该院予以支持。因高智的继承人周广英、高小涵、高某在庭审中均表示不放弃继承权利，故亦应在继承遗产范围内对阳光世纪公司的上述债务承担连带清偿责任。大连科技学院是以公益为目的民办普通高校，依据担保法有关规定不得为保证人，因此大连科技学院为阳光世纪公司所进行的担保为无效担保。大连科技学院违法担保，信邦典当公司与大连科技学院均存在过错，故大连科技学院承担民事责任的部分，不应超过债务人不能清偿部分的二分之一。据此，信邦典当公司要求大连科技学院对阳光世纪公司的债务承担连带清偿责任的诉讼请求，该院不予支持。大连科技学院关于担保无效、不承担保证责任的抗辩意见，该院予以采信。因本案当事人对担保人承担责任的顺序进行了明确约定，故阳光世纪公司、大连科技学院、周广英、高小涵、高某关于先处理质押股权，所得价款不足清偿债务，信邦典当公司才有权向债务人及保证人追偿的抗辩意见，该院不予采纳。

综上，依照《中华人民共和国合同法》第六十条第一款、第一百一十四条、第二百零五条、第二百零六条、第二百一十一条，《中华人民共和国担保法》第五条第二款、第九条、第十八条、第三十一条，《中华人民共和国继承法》第三十三条第一款，《最高人民法院关于人民法院审理借贷案件的若干意见》第六条之规定，判决：1. 阳光世纪公司于判决生效后 7 日内偿还信邦典当公司借款本金 2891.1 万元、利息 132,990.6 元；2. 阳光世纪公司于判决生效后 7 日内向信邦典当公司支付违约金（以借款本金 2891.1 万元为基数，自 2015 年 1 月 1 日起至借款本金付清之日止，按照中国人民银行同期贷款基准利率的 4 倍计算）；3. 华通凯路公司对判决主文第 1、2 项确定的阳光世纪公司的债务承担连带清偿责任；大连科技学院对判决主文第 1、2 项确定的阳光世纪公司的债务，以阳光世纪公司不能清偿部分的二分之一为限，向信邦典当公司承担赔偿责任；周广英、高小涵、高某在继承高智遗产的范围内，对判决主文第 1、2 项确定的阳光世纪公司的债务承担连带清偿责任；4. 华通凯路公司、周广英、高小涵、高某承担连带保证责任后，有权向阳光世纪公司追偿；5. 驳回信邦典当公司的其他诉讼请求。

周广英、高小涵、高某不服一审法院上述民事判决，向本院提起上诉，其主要上诉理由是：1. 在信邦典当公司放弃对股权出质人张明山、于学超承担担保责任的情况下，一审法院认定其他保证人对本案债务承担连带清偿责任属于认定事实和适用法律错误。本案债务人与信邦典当公司、出质人张明山、于学超签订的股权质押典当合同第 2.4 条约定了处置当物（案涉出质股权）所得价款清偿债权的顺序，并明确处置当物所得价款不足以清偿所欠的全部款项，信邦典当公司才有权另行向债务人及担保人追偿。而且《中华人民共和国物权法》第一百七十六条规定："被担保的债权既有物的担保又有人的担保的，债务人不履行到期债务或者发生当事人约定的实现担保物权的情形，债权人应当按照约定实现债权。"因此，本案信邦典当公司应先对案涉出质股权予以处置，在处置出质股权所得价款不足以清偿案涉债务时，才有权要求其他保证人承担担保责任。本案一审审理过程中，信邦典当公司撤回了对股权出质人张明山、于学超的起诉，并明确表示在本案中放弃向股权出质人张明山、于学超主张担保责任的权利。《中华人民共和国担保法》第二十八条规定："同一债权既有保证又有物的担保的，保证人对物的担保以外的债权承担保证责任。债权人放弃物的担保的，保证人在债权人放弃权利的范围内免除保证责任。"因此，信邦典当公司由于放弃了案涉债权物的担保，其他保证人应在信邦典当公司放弃权利的范围内免除保证责任。2. 一审法院对于债务人在借款期内已支付的综合费，认为没有超过银行同期贷款利率的四倍，对支付的综合费认定为利息是错误的。一审法院认定，本案当事人以"典当"的形式签订的合同，实质上是以股权质押担保借款性质的合同，并认定本案当事人之间关于借贷的约定合法有效。如果按照一审法院以民间借贷合同纠纷予以审理，则借贷法律关系项下并不涉及债务人向债权人支付综合费的问题，而对于债务人按照典当合同约定向债权人支付的综合费用，法院应认定由债权人予以返还或冲抵借款本金，一审法院对此直接认定为利息予以支持是错误的。另外，一审法院对于债务人在借款期内拖欠的利息数额认定错误，根据一审法院认定的借款届满期限与债务人偿付利息的截止期限，该二者间期限均不足1个月，按照合同约定不足月部分按日利率计算，而一审法院直接按月计算利息是错误的。上诉请求：撤销一审判决，依法改判驳回信邦典当公司的诉讼请求，本案一、二审诉讼费及公告费均由信邦典当公司承担。

信邦典当公司同意一审判决，其针对周广英、高小涵、高某的上诉意见答辩称：不同意周广英、高小涵、高某的上诉请求。1. 股权质押典当合同及保证函均属合法有效。（1）典当合同本质上属于附担保的借款合同。根据《典当行管理办法》第三条、第三十条，《商务部办公厅关于新疆昌吉州百惠典当有限责任公司房屋抵押典当纠纷有关问题的意见》等规定可知，典当就是以抵押或质押的方式向企业和个人提供融资贷款。同时，现行《中华人民共和国物权法》也没有将典当作为一种独立物权来进行规定，典当仍然处于《中华人民共和国物权法》关于抵押和质押的框架下进行规制。因此，典当合同应属于一种混合合同，受《中华人民共和国合同法》关于借款合同以及《中华人民共和国物权法》关于抵押和质押规定之调整，即典当合同实际属于一种附抵押、质押担保的借款合同。（2）股权质押典当合同及保证函均属合法有效，各方均应遵照执行。本案中，信邦典当公司作为典当行与阳光世纪公司以及出质人张明山、于学超共同签署了股权质押典当合同，约定由张明山、于学超为信邦典当公司提供股权质押作为当物。通过股权质押典当合同及保证函中的明确约定，案涉各方已经就融资贷款、息费支付、股权担保以及连带保证等内容共同作出了真实意思表示；股权质押典当合同中的相关约定符合《典当管理办法》的规定，由第三人提供当物质押亦与典当业务的内在机制并不矛盾；同时股权质押典当合同及保证函中的条款并不违背法律、行政法规的效力性强制规定，因此该等合同约定均属合法有效，各方均应依约定履行相关义务。退一步讲，即便将股权质押典当合同认定为“以股权质押担保的借款合同”，亦不应影响股权质押典当合同的有效性，也不应实际变更案涉各方在股权质押典当合同及保证函项下的权利义务，阳光世纪公司作为借款人同样应当到期偿还本息，高智、华通凯路公司及大连科技学院作为保证人也仍应当依约承担连带保证责任。2. 信邦典当公司有权径行要求典当借款的保证人承担担保责任。（1）信邦典当公司并未放弃对当物的质押权。本案一审中，信邦典当公司已经明确表示只是在本案项下暂时对张明山、于学超不予起诉，并未放弃向该等出质人追偿的权利，更未放弃案涉的物权担保。（2）信邦典当公司已与各保证人明确了实现担保权利的顺序。首先，无论是根据《典当管理办法》、还是案涉股权质押典当合同第2.4条的规定，均只是赋予了信邦典当公司在债权到期后处置质押物的权利，而并没有规定必须优先以当物清偿债务。在高智、大连科技学院以及华通凯路公司分别与信邦典当公司签署的三份保证函中，其第7条均明确约定："无论主合同项下的债权是否拥有其他担保(包括但不限于抵押、保证、质押、保函等其他任何形式的担保)，无论上述其他担保何时成立、是否有效、保证人的保证责任均不减免，保证责任的承担也不以债权人向其他任何担保人提出权利主张或进行诉讼/仲裁/强制执行为前提。"保证函第十条更进一步约定："如主合同项下还存在其他担保(包括但不限于抵押、保证、质押、保函等其他任何形式的担保)，债权人可以放弃部分担保物权或者担保物权的顺位(包括但不限于该担保物是当户提供的当物)，债权人与任意抵押人/出质人(包括但不限于该抵押人/出质人为当户本人的情况)可以协议变更担保物权的顺位以及被担保的债权数额等内容，债权人即使作出上述行为，保证人仍自愿依据本合同承担全部保证担保责任。"根据上述约定，各方已经明确约定了实现担保权利的顺序，即无论是否存在其他担保方式，债权人得优先要求各保证人承担各自的担保责任。根据《中华人民共和国物权法》第一百七十六条的规定："被担保的债权既有物的担保又有人的担保的，债务人不履行到期债务或者发生当事人约定的实现担保物权的情形，债权人应当按照约定实现债权。"可见，本案中信邦典当公司有权选择对出质股权予以劣后处置，而优先要求各担保人履行连带清偿义务。(3)第三人提供物保的情况下，债权人应享有对担保实现顺序的选择权。《中华人民共和国物权法》第一百七十六条规定："没有约定或者约定不明确，债务人自己提供物的担保的，债权人应当先就该物的担保实现债权；第三人提供物的担保的，债权人可以就物的担保实现债权，也可以要求保证人承担保证责任。提供担保的第三人承担担保责任后，有权向债务人追偿。"可见，即便在没有约定或者约定不明的情况下，《中华人民共和国物权法》第一百七十六条也已经对《中华人民共和国担保法》第二十八条的规定进行了实质变更：在由第三人提供物保的情况下，债权人享有选择权，既可优先处置担保物，也可直接要求保证人承担担保责任。因此无论如何，信邦典当公司在本案项下有权径行要求各保证人承担其担保责任。3. 信邦典当公司有权向阳光世纪公司收取综合费用。股权质押典当合同中明确约定：(1)当户应每月支付典当综合费用，典当综合费用的月费率为1.21%；(2)在任意付费日未按约支付典当综合费用的，应继续计算典当综合费用，直至信邦典当公司债权获得完全清偿；(3)典当综合费用的支付不受典当期限及续当期限的影响。信邦典当公司认为，上述收取综合费的约定并不违反《典当管理办法》及相关法律法规的规定，应属合法有效。同时,信邦典当公司至今仍在履行管理、保护、维持当物的义务,事实上为当户提供了相关服务,根据行业惯例理应收取相应的综合管理费。退一步讲,即便本案被认定为民间借贷纠纷,根据《最高人民法院关于审理民间借贷案件适用法律若干问题的规定》第二十六条的规定:"借贷双方约定的利率未超过年利率24%,出借人请求借款人按照约定的利率支付利息的,人民法院应予支持。借贷双方约定的利率超过年利率36%,超过部分的利息约定无效。"以及第三十条的规定:"出借人与借款人既约定了逾期利率,又约定了违约金或者其他费用,出借人可以选择主张逾期利息、违约金或者其他费用,也可以一并主张,但总计超过年利率24%的部分,人民法院不予支持。"在信邦典当公司与阳光世纪公司存在明确约定的情况下,信邦典当公司应有权在总计不超过年利率36%的前提下,一并向阳光世纪公司收取借款期限内的利息及综合费用。同时,在总计不超过年利率24%的前提下,信邦典当公司应有权一并向阳光世纪公司主张逾期利率、违约金以及当期外综合费用。4. 阳光世纪公司在本案项下的欠付利息期间已满"一个月"。一审法院认定:"借款期限届满后,阳光世纪公司三次申请续当,借款期限延长至2014年12月31日,月利率与费率不变。阳光世纪公司依约向信邦典当公司支付了2014年12月2日之前的利息。"可见一审法院认定,阳光世纪公司在本案中利息实际支付至2014年12月1日,自2014年12月2日至2014年12月31日期间的利息至今没有支付,欠付利息区间为30天。而根据案涉《典当合同》专用条款第4.1条的明确约定:"本合同项下当金利息的月利率为0.46%,典当综合费用的月费率为1.21%,按30天为基数折算为日费率/日利率。"可见,阳光世纪公司在本案项下欠付利息期间已满"一个月",应直接按照月利率计息。综上,信邦典当公司请求二审法院驳回周广英、高小涵、高某的上诉请求,维持一审判决。

阳光世纪公司陈述称:同意周广英、高小涵、高某的上诉意见。

大连科技学院陈述称:同意周广英、高小涵、高某的上诉意见。

华通凯路公司陈述称:服从一审判决。

本院经审理查明的事实与一审法院查明的事实一致。

上述事实,尚有各方当事人在二审期间的陈述意见在案佐证。

本院认为:阳光世纪公司与信邦典当公司、张明山、于学超签订的股权质押典当合同以及高智、华通凯路公司向信邦典当公司出具的保证函,均系各方当事人真实意思表示,不违反法律、行政法规的强制性规定,合法有效,各方当事人均应依据上述合同及保证函约定享有权利并履行义务。大连科技学院基于股权质押典当合同向信邦典当公司出具保证函,承诺为阳光世纪公司债务提供连带责任保证,但因大连科技学院系以公益为目的学校,根据《中华人民共和国担保法》第九条关于"学校、幼儿园、医院等以公益为目的的事业单位、社会团体不得为保证人"的规定,大连科技学院的上述保证担保无效。对此,信邦典当公司与大连科技学院均存在过错,根据《最高人民法院关于适用〈中华人民共和国担保法〉若干问题的解释》第七条之规定:"主合同有效而担保合同无效,债权人无过错的,担保人与债务人对主合同债权人的经济损失,承担连带赔偿责任;债权人、担保人有过错的,担保人承担民事责任的部分,不应超过债务人不能清偿部分的二分之一。"一审法院判决大连科技学院在阳光世纪公司不能清偿债务部分的二分之一范围内,向信邦典当公司承担连带赔偿责任,有事实及法律依据。

本案中,信邦典当公司已按期提供借款,阳光世纪公司未依股权质押典当合同约定按时足额偿还借款,信邦典当公司有权要求其偿还借款并承担违约责任。因信邦典当公司在向阳光世纪公司支付款项时预先扣除了3个月的综合费,故借款本金应为阳光世纪公司实际收取的2891.1万元。借款期限内,阳光世纪公司拖欠信邦典当公司1个月利息,依照合同约定月利率0.46%计算,阳光世纪公司应向信邦典当公司支付借期内利息132,990.6元。另外,因信邦典当公司主张的阳光世纪公司逾期偿还借款的利息、综合费、违约金之和过高,一审法院在中国人民银行同期贷款基准利率的4倍范围内支持信邦典当公司的主张,并无不当。华通凯路公司、高智分别向信邦典当公司出具自愿为阳光世纪公司全部债务承担连带责任的保证函,应对阳光世纪公司上述欠款承担连带保证责任,因高智已经死亡,继承人周广英、高小涵、高某未放弃继承权,一审判决周广英、高小涵、高某在继承高智遗产范围内对阳光世纪公司的债务承担连带清偿责任,有事实及法律依据。

周广英、高小涵、高某上诉主张信邦典当公司放弃对股权出质人张明山、于学超追究担保责任,其他保证人应在信邦典当公司放弃权利的范围内免除保证责任。对此本院认为,信邦典当公司仅是在本案诉讼中暂不向张明山、于学超主张权利,但并未明示放弃对张明山、于学超追究担保责任,周广英、高小涵、高某上述主张并无事实依据。另,《中华人民共和国物权法》第一百七十六条规定:"被担保的债权既有物的担保又有人的担保的,债务人不履行到期债务或者发生当事人约定的实现担保物权的情形,债权人应当按照约定实现债权;没有约定或者约定不明确,债务人自己提供物的担保的,债权人应当先就该物的担保实现债权;第三人提供物的担保的,债权人可以就物的担保实现债权,也可以要求保证人承担保证责任。提供担保的第三人承担担保责任后,有权向债务人追偿。"本案中,高智在其出具的保证函第十条承诺"如主合同项下还存在其他担保(包括但不限于保证、抵押、质押、保函等其他任何形式的担保),债权人可以放弃部分担保物权或者担保物权的顺位(包括但不限于该担保物是当户提供的当物),债权人即使作出上述行为,保证人仍自愿依据本合同承担全部保证担保责任"。依据上述法律规定及保证函约定,信邦典当公司有权暂不向股权出质人主张权利,而直接要求保证人承担保证责任,本院对周广英、高小涵、高某的该项上诉意见不予采信。

周广英、高小涵、高某上诉主张本案为民间借贷纠纷,其不应向信邦典当公司支付综合费。对此本院认为,股权质押典当合同中关于支付综合费的约定系各方当事人真实意思表示,且法律、行政法规亦未禁止出借人与借款人在合同中同时约定利息、违约金、综合费等费用,一审法院在中国人民银行贷款基准利率4倍的范围内对上述费用予以支持,并无不当。

周广英、高小涵、高某上诉主张一审法院按月计算利息错误。经查,股权质押典当合同第4.1条约定,合同项下当金利息的月利率为0.46%,典当综合费用的月费率为1.21%,按30天为基数折算为日费率/日利率。阳光世纪公司支付了2014年12月2日之前的利息,2014年12月2日至2014年12月31日期间的利息至今未支付,欠付利息即为30天,一审法院认定阳光世纪公司尚拖欠1个月利息,并按照月利率0.46%计算符合股权质押典当合同约定,并无不当,本院对该上诉意见亦不予支持。

综上,一审判决处理结果并无不当,应予维持。依据《中华人民共和国民事诉讼法》第一百七十条第一款第一项之规定,判决如下:

驳回上诉,维持原判。

一审案件受理费249,105元、公告费300元,由北京信邦典当有限公司负担67,296元(已交纳),由大连阳光世纪投资集团有限公司、大连科技学院与大连华通凯路实业有限公司负担182,109元(于本判决生效后七日内交纳),周广英、高小涵、高某在继承高智遗产的范围内承担连带清偿责任。

二审案件受理费193,102元,由周广英、高小涵、高某负担(已交纳)。

本判决为终审判决。

审 判 长 邹明宇
审 判 员 黄占山
代理审判员 刘海云
代理审判员 刘 婷
代理审判员 杨清惠
二〇一六年四月二十九日
书 记 员 郭 岩

【问题提示】(3) 典当业务中因当物未交付或未依法办理抵押登记而导致抵(质)押权未能有效设立的,绝当后保证人的保证责任如何承担?

【案例五十】杭州滨盛典当有限责任公司上城分公司诉阚舟丹、阚小明等典当纠纷案

(2016年7月6日)

【法律点】 1. 典当行与当户之间签订的动产典当质押合同系双方真实意思表示,合同于双方签字盖章时成立,虽然典当行已向当户发放当金并填制当票,但并未办理当物的质押登记手续及移交当物占有,依据合同约定,该动产典当质押合同并未生效。

2. 虽然典当双方未办理当物的质押登记手续及移交当物占有,但典当关系依法仍应成立,保证人为当户就因典当关系产生的债务承担连带保证责任意思表示明确,故保证人应当对典当债务承担连带保证责任。但因当物未办理质押登记,亦未转移占有,应视为典当行放弃了对当物的质权,保证人在典当行放弃当物的担保范围内,免除保证责任。

【关键词】成立、生效　转移占有　质押未登记　免除保证责任

杭州市上城区人民法院

民事判决书

(2016)浙0102民初54号

原告:杭州滨盛典当有限责任公司上城分公司,住所地:杭州市上城区化仙桥路。

负责人:虞海峰,总经理。

委托代理人:周海凝,浙江浙海律师事务所律师。

被告:阚舟丹,住所地:杭州市萧山区。

被告:阚小明,住所地:杭州市萧山区。

被告:郑斯丹,住所地:杭州市上城区。

三被告的共同委托代理人:金良,浙江丰原律师事务所律师。

原告杭州滨盛典当有限责任公司上城分公司诉被告阚舟丹、阚小明、郑斯丹典当纠纷一案,本院于2016年1月5日立案受理后,依法组成合议庭,于2016年5月9日公开开庭进行了审理。原告杭州滨盛典当有限责任公司上城分公司的负责人虞海峰及该公司委托代理人周海凝,被告阚舟丹、阚小明、郑斯丹的共同委托代理人金良到庭参加诉讼。后因原告经本院释明,变更了相应的诉讼请求,本案于2016年6月24日第二次公开开庭进行了审理,原告杭州滨盛典当有限责任公司上城分公司的委托代理人周海凝,被告阚舟丹、阚小明、郑斯丹的共同委托代理人金良到庭参加诉讼。本案现已审理终结。

原告起诉称:2014年1月2日,原告与被告阚舟丹签署了《机动车典当质押合同》,被告阚舟丹将自己所有的奔驰牌(车辆机动车车架号:WDCGG8BB4CF729×××,发动机号:27294831927×××,车牌号码:浙A×××××)小型普通客车向原告出质典当。车辆的协议价为220,000元,典当价为220,000元,综合服务费为3.5%。当日,原告出具当票,典当期限由2014年1月2日起至2014年2月15日止。由被告阚小明、郑斯丹对此款项提供连带责任担保。2014年1月3日,原告将该笔典当当金支付给被告阚舟丹。典当期限届满后,原告再三催讨,三被告至今未能偿还全部款项。原告为维护自身的合法权益,特向法院提起诉讼,请求判令:1.被告阚舟丹归还当金220,000元;2.被告阚舟丹支付综合服务费173,250元(以当金数额为基数,自2014年2月16日暂计至2015年12月31日共22.5个月,月费率为3.5%,要求计算至当金还清之日止);3.被告阚舟丹支付原告违约金75,240元(以当金数额为基数,自2014年2月16日暂计至2015年12月31日共684天,按每天0.05%的标准计算,要求计算至当金还清之日止);4.被告阚舟丹承担原告为实现债权支付的律师费24,424元;5.被告阚小明、郑斯丹对上述第一至四项诉讼请求所列款项向原告承担连带清偿责任;6.被告承担本案全部诉讼费用;7.原告对典当物小型普通客车享有优先受偿权。原告于第一次开庭当庭撤回第七项诉讼请求。审理中,原告变更诉请,现变更后的诉请为请求判令:1.被告阚舟丹归还当金220,000元;2.被告阚舟丹支付逾期还款利息121,000元(以220,000元为基数,自2014年2月16日暂计至2016年5月31日按月利率2%的标准计算,之后的利息按此标准计算至款项还清之日止);3.被告阚舟丹承担原告为实现债权支付的律师费24,424元;4.被告阚小明、郑斯丹对上述第一至三项诉讼请求所列款项向原告承担连带清偿责任;5.被告承担本案全部诉讼费用。

被告阚舟丹答辩称:原、被告双方签署的《机动车典当质押合同》,因被告未将汽车实际交付给原告，同时也没有办理车辆质押手续，根据《典当管理办法》规定，在本案中当物没有实际交付给作为典当行的原告，因此本案项下典当质押合同没有生效，合同对双方没有约束力，原告要求被告归还当金、综合服务费、律师费等的诉请缺乏事实及法律依据。被告基于未生效的质押合同从原告处实际取得208,450元，原告变更诉请后也只能要求返还208,450元，不是220,000元。对于原告变更诉请要求被告支付利息损失，被告认为应从起诉之日起计算，并应以银行同期贷款利率计算，因对于案涉合同未生效原告存在过错，故利息也应原被告双方各自承担一半。

被告阚小明、郑斯丹答辩称：在作为主合同的质押合同未生效的情况下，从合同项下的担保人无须承担担保责任，原告要求保证人承担保证责任无事实法律依据，请求驳回原告对被告阚小明、郑斯丹的诉讼请求。

为支持其主张，原告提供了以下证据材料：

1. 杭滨上典(2014)车质字第002号《机动车典当质押合同》及《估价协议书》、当票，证明原告与被告阚舟丹典当关系成立并生效。合同约定原告有权向被告阚舟丹收取综合服务费等。

2. 转账凭证，证明原告已根据典当合同约定向被告阚舟丹支付当金。

3. 机动车行驶证，证明被告阚舟丹提供的当物权属证明。

4. 担保函两份，证明被告阚小明、郑斯丹愿意为被告阚舟丹该笔典当债务向原告提供连带责任担保。

5.《法律服务委托合同》、律师费发票各一份，证明原告为实现债权而发生律师费24,424元。

被告阚舟丹、阚小明、郑斯丹对原告提交的证据1上的签字是被告阚舟丹所签无异议，但对证明目的有异议，无法证明待证事实。本合同项下的车并未向原告交付，原告未因此实际占有，依据合同第10条规定，办理车辆质押手续，填制当票后生效，三被告认为典当合同并未生效，原告以未生效的合同要求被告阚舟丹归还当金、承担综合服务费、律师费等无事实法律依据。实际被告阚舟丹只收到208,450元，并非220,000元。估价协议书与本案无关。对证据2认为实际是收到208,450元。对证据3的证明目的有异议，未实际将车辆交付，原告就此行为发放金额是基于未生效的合同发放的款项，不是典当行为。对证据4真实性无异议，对证明对象有异议。作为主合同的质押合同未生效，因此作为从合同的担保合同也未生效。以未生效的合同要求被告阚小明、郑斯丹承担担保责任无事实和法律依据。对证据5中法律服务委托合同真实性不予认可，律师费是否实际支出还需要其余证据佐证。对律师费发票真实性无异议，关联性有异议,认为原告基于未生效的合同要求被告承担律师费没有依据。

被告阚舟丹、阚小明、郑斯丹未举证。

经庭审举证、质证,本院审查认为:原告提交的证据1真实、合法,但因其系附条件生效的合同,而条件要件未成就,故对该组证据证明效力不予认定。证据2其证明效力予以认定。证据3综合案件考量。证据4真实、合法,对该组证据效力予以认定。证据5真实、合法,关联性综合案件考量。

经审理查明,2014年1月2日,原告与被告阚舟丹签订《机动车典当质押合同》,约定:被告阚舟丹将其所有的奔驰车(车牌号为浙A×××××)向原告出质典当,典当价为220,000元,典当期限为自2014年1月2日至2014年2月15日,综合服务费月费率为3.5%,费用在典当时一次结清。被告当期届满不赎当或是续当的,按逾期处理,五日内的,按典当金额日0.05%计收违约金,超过五日的,按绝当处理。并约定该合同自双方签字(盖章),办理车辆质押登记手续,填制《当票》并将车辆转移至原告占有时生效。2014年1月2日,被告阚小明、郑斯丹分别与原告签订担保函,为被告阚舟丹就主合同发生的债务承担连带清偿责任。案涉当物未办理抵押登记手续,亦未转移占有。2014年1月3日,原告向被告阚舟丹发放当金208,450元,但被告至今未还款,故原告诉至本院。

本院认为,原告与被告阚舟丹签订的《机动车典当质押合同》系双方真实意思表示,合同于双方签字盖章时成立,虽然本案原告已向被告发放当金并填制当票,但并未办理当物的质押登记手续及移交当物占有,依据合同约定,案涉《机动车典当质押合同》并未生效。被告阚小明、郑斯丹签署的《担保函》真实、合法,系被告阚小明、郑斯丹的真实意思表示。关于原告诉请被告归还当金220,000元,经双方确认原告向被告阚舟丹实际发放款项208,450元,故本院对原告该项诉请中208,450元予以支持,剩余金额不予支持。原告诉请从2014年2月16日起以220,000元为基数按月利率2%的标准计算利息。对此,本院认为,因典当合同未生效,原告要求的利息损失应从原告发放款项之日次日起算,原告自愿从当票载明的到期日次日起算,不损害被告利益,本院予以准许,关于利息计算的基数及标准,本院予以调整,利息以当票载明到期日次日即2014年2月16日起算,以208,450元为基数按中国人民银行公布的同档次贷款基准利率的标准计算。关于原告诉请被告阚小明、郑斯丹对本案款项承担连带清偿责任,被告阚小明、郑斯丹抗辩称典当质押合同未生效,担保人无须承担担保责任。对此,本院认为,虽然典当质押合同未生效,原告与被告阚舟丹典当关系依法仍应成立,被告阚小明、郑斯丹出具《担保函》,为被告阚舟丹就因典当关系产生的债务承担连带保证责任意思表示明确,而原告向被告阚舟丹放款亦是基于双方签订的典当质押合同,故被告阚小明、郑斯丹应当对被告阚舟丹上述债务承担连带保证责任。但因本案当物未办理抵押登记,亦未转移至原告占有,应视为原告放弃了对当物的质权,依据《中华人民共和国担保法》的相关规定,被告阚小明、郑斯丹在原告放弃物的担保范围内,免除保证责任,鉴于原告与被告阚舟丹协商当物价值为 220,000 元,故本院认为被告阚小明、郑斯丹对被告阚舟丹债务超过 220,000 元的部分才承担连带保证责任。原告诉请被告支付律师费,对此,本院认为典当质押合同未生效,原告以此要求被告支付律师费,没有依据,本院不予支持。被告阚舟丹抗辩称原告有过错,相应的利息损失应由原告承担一半,并无法律依据,对此抗辩意见本院不予采纳。综上,依照《中华人民共和国合同法》第四十五条第一款,《中华人民共和国担保法》第十二条、第十八条、第二十一条、第二十八条,《中华人民共和国民事诉讼法》第六十四条第一款之规定,判决如下:

一、被告阚舟丹于本判决生效之日起十日内归还原告杭州滨盛典当有限责任公司上城分公司当金 208,450 元,并支付利息 23,625.78 元(从 2014 年 2 月 16 日暂算至 2016 年 6 月 24 日,2016 年 6 月 25 日之后的利息以 208,450 元为基数,按中国人民银行同期贷款基准利率的标准计算至清偿之日止)。

二、被告阚小明、郑斯丹对被告阚舟丹上述付款义务超过 220,000 元部分即 12,075.78 元及 2016 年 6 月 25 日之后以 208,450 元为基数,按中国人民银行同期贷款基准利率的标准计算至清偿之日止的利息承担连带保证责任。被告阚小明、郑斯丹在实际承担付款义务后,有权向被告阚舟丹追偿。

三、驳回原告杭州滨盛典当有限责任公司上城分公司其他诉讼请求。

预收案件受理费 8694 元,因原告杭州滨盛典当有限责任公司上城分公司减少诉讼请求,退还原告杭州滨盛典当有限责任公司上城分公司 1913 元,剩余案件受理费 6781 元,由原告杭州滨盛典当有限责任公司上城分公司负担 2000 元,由被告阚舟丹、阚小明、郑斯丹负担 4781 元。

如不服本判决,可在判决书送达之日起十五日内,向本院递交上诉状,并按对方当事人的人数提出副本,上诉于浙江省杭州市中级人民法院,并向浙江省杭州市中级人民法院预交案件受理费,案件受理费按照不服本院判决部分的上诉请求由本院另行书面通知。

审　判　长　李力夫
人民陪审员　徐新樵
人民陪审员　李　慧
二〇一六年七月六日
书　记　员　施　洁

【案例五十一】宁波世茂典当有限公司诉宁波市北仑明州农副产品收购有限公司、胡志兴等典当纠纷案（2015年5月12日）

【法律点】 1. 当票是确立典当行与当户之间合同权利、义务关系的基本依据。典当行虽未办理股权质押登记手续，但制作当票并向当户发放了当金，即已与当户确立了典当关系，应当认定为典当关系有效，股权质押是否设立并不影响典当关系的效力。

2. 股权是否办理质押登记既不影响典当关系的效力，也未加重保证人的保证责任，保证人自愿为典当业务承担保证责任的，不因股权未办理质押登记而不承担保证责任或在股权质押范围之外承担保证责任。

【关键词】当票　典当关系　股权质押　任意性授权　保证责任

宁波市北仑区人民法院
民事判决书

(2015)甬仑商初字第85号

原告：宁波世茂典当有限公司。住所地：宁波市北仑区新碶明州路。

法定代表人：邬学义，总经理。

委托代理人：郑克，北京大成(宁波)律师事务所律师。

委托代理人：顾慧融，北京大成(宁波)律师事务所实习律师。

被告：宁波市北仑明州农副产品收购有限公司。住所地：宁波市北仑区普陀山东路。

法定代表人：胡志兴，总经理。

被告：胡志兴。

被告：林素君。

被告:周碧辉。

被告:宁波市威尔金属有限公司。住所地:宁波市大榭榭西工业区。

法定代表人:胡富棠,总经理。

被告:胡志明。

被告:胡富棠。

被告宁波市北仑明州农副产品收购有限公司、胡志兴、林素君委托代理人:沈际伟、沈奇琛,浙江凡心律师事务所律师。

被告宁波市威尔金属有限公司、胡志明、胡富棠委托代理人:曹海江、孙金鑫,浙江和义观达律师事务所律师。

原告宁波世茂典当有限公司(以下简称世茂典当公司)与被告宁波市北仑明州农副产品收购有限公司(以下简称明州公司)、胡志兴、林素君、周碧辉、宁波市威尔金属有限公司(以下简称威尔公司)、胡志明、胡富棠典当纠纷一案,经原告同意,本院先予诉前登记,于2015年1月5日立案受理后依法由审判员张怡适用简易程序进行审理。原告世茂典当公司委托代理人郑克、顾慧融,被告明州公司、胡志兴、林素君委托代理人沈际伟,被告周碧辉,被告威尔公司、胡志明、胡富棠委托代理人曹海江到庭参加诉讼。经当事人申请,本院准许双方庭外和解,但未能达成协议。本案现已审理终结。

原告世茂典当公司起诉称:2012年12月5日,被告明州公司以股权典当方式获取原告提供的当金250万元,约定月费率1%,当期自2012年12月5日起至2013年1月3日止。被告胡志兴、林素君、周碧辉以及被告威尔公司、胡志明、胡富棠分别出具《承诺书》,为被告明州公司的还款义务提供担保。当期届满后,被告明州公司未归还当金,其余各被告也未履行担保义务,故起诉请求判令:1.被告明州公司归还当金250万元,并支付以250万元为基数按月费率1%计算的自2013年1月4日起至实际履行之日止的综合费用;2.被告胡志兴、林素君、周碧辉、威尔公司、胡志明、胡富棠对上述债务承担连带清偿责任;3.本案诉讼费由七被告负担。本案审理过程中,原告变更第一项诉讼请求为:要求被告明州公司归还当金2,475,000元,并支付以2,475,000元为基数按月费率1%计算的自2013年1月4日起至实际履行之日止的综合费用。

为证明上述事实,原告提供当票、汇款凭证各1份、《承诺书》2份。依原告申请,本院调取浙江省老板娘食品集团有限公司财务经理徐幼慧证言1份。

被告明州公司、胡志兴、林素君答辩称:1.对原告与被告明州公司之间以股权为当物进行典当取得当金的事实无异议,但根据《典当管理办法》第四十条和浙江省高级人民法院《关于审理典当纠纷案件若干问题的指导意见》第六条规定,典当期限届满后，当户逾期不赎当也不续当的，为绝当，绝当后，当户丧失回赎当物的权利，典当行有权处分绝当物品，故原告诉请要求被告归还典当款及综合费用于法无据；2. 原告明知当物为股权，但未依照《中华人民共和国物权法》规定到工商行政管理部门办理质押登记，同时一直放任这种状态存在，对其他所谓的担保人也未披露这一事实，原告对此存在过错。被告胡志兴、林素君在空白《承诺书》上签字是基于该两被告分别是被告明州公司的股东和监事，并非担保的真实意思表示。即使担保关系成立，该两被告的真实意思表示也是在被告明州公司股权质押情况下的担保，原告未就股权到工商部门办理质押登记，并故意隐瞒该事实，严重损害了担保人利益，原告的行为应当视为主动放弃物的担保，故被告胡志兴、林素君不应承担保证责任。被告明州公司、胡志兴、林素君未向本院提供证据。

被告周碧辉答辩称：其与被告明州公司、胡志兴、林素君的答辩意见一致，另其仅代表被告明州公司的法定代表人在承诺书上签字，不是真实为股权质押担保的意思表示。被告周碧辉未向本院提供证据。

被告威尔公司、胡志明、胡富棠答辩称：1. 本案系典当合同纠纷，被告明州公司以股权典当形式向原告借款，被告威尔公司、胡志明、胡富棠对被告明州公司的担保是建立在股权质押登记基础上的，但因未办理股权质押登记，明显加大了被告威尔公司、胡志明、胡富棠的担保责任。也正因为未办理股权质押登记，本案的法律关系不是典当合同纠纷，而根据有关法律规定，典当行不能进行民间借贷，故被告威尔公司、胡志明、胡富棠无需为被告明州公司的典当行为承担保证责任。2. 被告威尔公司、胡志明、胡富棠签字时《承诺书》中手写部分为空白，且签字行为并非为诉争的典当业务做担保，而是用于其他典当业务。被告威尔公司、胡志明、胡富棠未有证据向本院提供。

经开庭审理，因各被告对原告提供的证据真实性均无异议，故本院均予以认定，并据此认定如下事实：

2012 年 12 月 5 日，原告制作当票一份，当票载明典当行为原告，当户为被告明州公司，当物为 100% 的股权，典当金额为 250 万元，综合费用为 25,000 元，实付金额为 2,475,000 元，月费率为 1%，典当期限为 2012 年 12 月 5 日起至 2013 年 1 月 3 日止。当日，原告将典当金额 250 万元支付给被告明州公司，被告明州公司于当日向原告支付了综合费用 25,000 元。被告胡志兴、林素君、周碧辉以及被告威尔公司、胡志明、胡富棠分别向原告出具《承诺书》各一份，载明其自愿以个人全部资产为原告向被告明州公司提供的金额为 250 万元典当业务做担保，承担连带保证责任。上述两份《承诺书》落款日期为空白，《承诺书》中承诺人名称、提供担保的资产范围、被担保的债务人名称、担保的债务额度均为手写。当期届满后,被告明州公司未归还当金。

本案争议焦点为:1.股权作为当物未办理质押登记,是否影响典当关系的效力;2.各保证人的保证责任是否能够予以认定。

关于争议焦点1,本院认为,当票是确立典当行与当户之间合同权利、义务关系的基本依据。原告作为典当行虽未办理股权质押登记手续,但制作当票并向被告明州公司发放了当金,即已与被告明州公司确立了典当关系,应当认定为典当关系有效,至于股权质押是否设立并不影响典当关系的效力。被告威尔公司、胡志明、胡富棠关于本案法律关系不是典当合同纠纷的辩称,本院不予采信。

关于争议焦点2,本院认为,被告胡志兴、林素君、周碧辉以及被告威尔公司、胡志明、胡富棠分别在《承诺书》上签字时,“自愿以资产为贵公司向提供的金额为人民币典当业务做担保,承担连带保证责任”已打印完毕,作为完全民事行为能力人,其应当知道在载明上述内容的《承诺书》上签字盖章的法律后果,即应当承担相应的保证责任;至于在担保对象及担保的债务额度为空白的《承诺书》上签字盖章,则应当认定为是一种任意性授权行为,既然愿意在有空白的担保承诺书上签名,取得人填写任意内容均可视为授权的范围。现两份《承诺书》原件在原告处,故《承诺书》手写部分的内容亦予以认定。两份《承诺书》落款日期虽为空白,但上述各被告未能举证证明除该笔典当业务外,被告明州公司与原告之间还有其他典当业务,故应当认定其是为本案所涉典当业务承担保证责任。因《承诺书》明确载明“为典当业务做担保”,即各被告系为被告明州公司从原告处获取当金的行为承担保证责任,股权是否办理质押登记既不影响典当关系的效力,也未加重保证人的保证责任;且股权在未办理质押登记情况下,便不存在物的担保成立的事实,因此,上述各被告关于原告的过错行为视为主动放弃物的担保,各被告不应承担保证责任或在股权质押范围之外承担保证责任的辩称,本院不予采信。被告胡志兴、林素君、周碧辉抗辩非个人担保而分别作为被告明州公司的股东、监事和法定代表人履行该公司职务行为,被告胡富棠抗辩非个人担保而系被告威尔公司法定代表人履行该公司职务行为,因现有证据不足以证实,本院不予采信。

综上,本院认为,根据《典当管理办法》第三十条的规定,当票是典当行与当户之间的借贷契约,是确定双方权利义务内容的主要依据。本案原告制作的当票,被告胡志兴、林素君、周碧辉以及被告威尔公司、胡志明、胡富棠分别出具的《承诺书》均系各方当事人真实意思表示,内容未违反法律禁止性规定,均合法有效,原告及各被告均应按照当票及《承诺书》的约定切实履行各自的民事义务。被告明州公司未按期归还当金,既未赎当也未续当,故对原告要求被告明州公司归还扣除综合费用后的当金以及支付相应综合费用的诉请予以支持。被告胡志兴、林素君、周碧辉以及被告威尔公司、胡志明、胡富棠作为保证人,未承担相应的保证责任,故原告诉请其承担连带担保责任,理由正当合法,本院亦予以支持。各被告关于典当关系不成立、保证责任不应承担的辩称,本院不予采纳。依照《中华人民共和国合同法》第六十条、第一百零七条,《中华人民共和国担保法》第十八条、第二十一条、第三十一条,《中华人民共和国民事诉讼法》第六十五条的规定,判决如下:

一、被告宁波市北仑明州农副产品收购有限公司应于本判决生效之日起七日内归还原告宁波世茂典当有限公司当金2,475,000元,并支付以2,475,000元为基数按月费率1%计算的自2013年1月4日起至实际履行之日止的综合费用;

二、被告胡志兴、林素君、周碧辉、宁波市威尔金属有限公司、胡志明、胡富棠对上述款项承担连带清偿责任,在履行保证责任后,有权就履行保证责任范围内的款项向被告宁波市北仑明州农副产品收购有限公司追偿。

如果各被告未按本判决指定的期间履行给付金钱义务,应当依照《中华人民共和国民事诉讼法》第二百五十三条及相关司法解释之规定,加倍支付迟延履行期间的债务利息(加倍部分债务利息=债务人尚未清偿的生效法律文书确定的除一般债务利息之外的金钱债务×日万分之一点七五×迟延履行期间)。

本案受理费26,600元,减半收取13,300元,由被告宁波市北仑明州农副产品收购有限公司、胡志兴、林素君、周碧辉、宁波市威尔金属有限公司、胡志明、胡富棠负担。

如不服本判决,可在判决书送达之日起十五日内向本院递交上诉状,并按对方当事人的人数提出副本,上诉于浙江省宁波市中级人民法院。

上诉人在收到本院送达的上诉案件受理费缴纳通知书后七日内,凭判决书向浙江省宁波市中级人民法院立案大厅收费窗口预交上诉案件受理费,如银行汇款,收款人为宁波市财政局非税资金专户,账号为376658348×××,开户银行为宁波市中国银行营业部;如邮政汇款,收款人为宁波市中级人民法院立案室。汇款时一律注明原审案号。逾期不交,作自动放弃上诉处理。

本判决生效后,如义务人拒绝履行,权利人可在判决书确定的履行期间的最后一日起二年内向本院或者与本院同级的被执行的财产所在地人民法院申请执行。

审 判 员 张 怡

二〇一五年五月十二日

代 书 记 员 胡琼霞

【案例五十二】泰兴市延令典当有限责任公司诉梅某某、杭某某等典当纠纷案（2014年10月28日）

【法律点】 1.典当系指具备典当经营资格之主体与相对人之间的附担保物权的借贷法律关系，换言之，须有借贷债权与相应的担保物权，两者结合，始能称为典当。故典当行在未能有效设立抵押权情况下向当户交付款项，双方之间没有发生实际典当的行为，双方行为实质为借款，不符合《典当管理办法》的规定，违反了相关金融管理法规，应为无效。

2.主合同无效，担保合同无效，担保合同无效后，债务人、担保人、债权人有过错的，应当根据其过错各自承担相应的民事责任。典当行与当户签订的房产（典当）借款合同约定了以房产抵押借款，但是未办理抵押登记设立抵押权，对此，典当行与当户均有过错，而保证人则无过错，依法不应当承担民事责任。

【关键词】 借贷法律关系　金融管理法规　无效　过错　民事责任

江苏省泰兴市人民法院
民事判决书

（2014）泰商初字第0135号

原告：泰兴市延令典当有限责任公司，住所地：泰兴市长征路。

法定代表人：季圣国，董事长。

委托代理人：丁永江（特别授权）。

被告：梅某某。

被告：杭某某。

被告：江苏新华龙调速电机有限公司，住所地：泰州市高港区永安洲镇马船东路。

法定代表人：奚龙胜，总经理。

三被告共同委托代理人：汪琲勒（特别授权），江苏建大律师事务所律师。

被告:张某。

原告泰兴市延令典当有限责任公司(以下简称延令典当公司)与被告梅某某、杭某某、江苏新华龙调速电机有限公司(以下简称新华龙公司)、张某典当纠纷一案,本院于2014年2月10日立案受理后,依法适用简易程序,由审判员刘军独任审判,于2014年5月5日公开开庭进行了审理,原告特别授权诉讼代理人丁永江,被告梅某某、杭某某、新华龙公司之特别授权诉讼代理人汪琲勒到庭参加诉讼,被告张某经本院传票传唤无正当理由拒不到庭;后组成合议庭,于2014年6月23日公开开庭进行了审理,原告特别授权诉讼代理人丁永江,被告梅某某、杭某某、新华龙公司之特别授权诉讼代理人汪琲勒、被告张某到庭参加诉讼;于2014年7月31日公开开庭进行了审理,原告特别授权诉讼代理人丁永江,被告梅某某、杭某某、新华龙公司之特别授权诉讼代理人汪琲勒到庭参加诉讼,被告张某经本院传票传唤无正当理由拒不到庭。本案现已审理终结。

原告延令典当公司诉称,被告梅某某、杭某某系夫妻关系,因经营需要向原告借款200万元,于2012年12月24日签订了借款合同,约定借款200万元,月利费为3.3%,每月交付直至清偿完毕。借款期限自2012年12月24日至2013年12月23日。被告以私有房产上海市宝山区长逸路×房产抵押担保。被告新华龙公司、张某自愿承担还款保证责任,直至本金、利费、违约金还清为止。约定逾期偿还,原告有权向泰兴市人民法院申请强制执行,两被告自愿放弃抗辩权并接受强制执行。原告在被告急需资金的请求中,于当日按照被告指定账户汇入200万元。借款后,原告催促被告办理房屋抵押登记,被告以马上想办法还款等言语搪塞,一直未办理抵押登记手续,原告主张按约定利费2%催讨利费,被告仅付利费到2013年6月30日。嗣后,本金未还,利费未付,催讨无着。原告于2014年1月6日向贵院提出申请,要求查封担保人新华龙公司名下的房产。今向贵院提起诉讼,请求判令被告偿还人民币2,283,716元(其中本金200万元,利费暂计算到2014年1月29日为283,716元),并承担按月利费2%标准自2014年1月30日计算至本金偿还之日止的利费;被告新华龙公司和张某承担还款保证责任,直至本金、利费还清为止;四被告承担本案诉讼费及诉前保全费。

为支持其诉讼请求,原告提交下列证据:

1. 房产(典当)借款合同一份,证明被告梅某某、杭某某借款200万元,被告新华龙公司、张某进行担保的事实;

2. 被告梅某某与杭某某的结婚证一份,证明其系夫妻关系;

3. 中国建设银行转账凭条一份,证明原告2012年12月24日按照被告指定的账户汇款200万元的事实；

4.泰兴市人民法院(2014)泰商诉保字第0003号民事裁定书及收费收据各一份，证明原告对被告新华龙公司的财产申请诉前保全，支付了保全费5000元；

5.房产(典当)借款合同、当票、泰兴市房屋登记申请书各四份，证明2012年12月24日4套房屋抵押借款300万元，并办理了抵押登记，还款后于2013年1月8日进行了抵押注销登记；

6.泰兴市房屋登记(注销)申请书各四份，证明4套抵押的房产进行了注销登记。注销登记的手续全部是梅某某从原告处取走的，注销登记是由奚龙胜(杭某女之夫、梅某某姐夫)作为代理人签名的，308万元汇款是还清了4套房产的抵押借款，与本案无关；

7.梅某某2013年1月8日出具的借条一份，证明梅某某在还清2012年12月24日的抵押借款仍欠原告借款的金额，本次借款和2012年10月24日向嘉和投资公司的借款本金共是400万元，梅某某当时承诺当天让梅某再汇70万元，其中50万元算利息，20万元算本金，所以，借条上的金额为380万元；

8.朱向群的情况说明一份，证明2013年1月8日收到梅某代梅某某汇款50万元，是计算的400万元借款的利息。

被告梅某某辩称，与典当行签订合同是我签字的，杭某某并没有在合同上签字。借款200万元已经在2013年由我丈夫杭某某的姐姐杭某女全部还清包括利费。我与典当行的借款已经结清，不应再承担任何还款责任。

被告杭某某辩称，我没有在借款合同上签字，该借款与我无关，仅仅是梅某某用了我的银行账户收到了这笔款项，款项到账后被梅某某转走，我没有使用。在我亲属知道梅某某无法还清该款项时，我亲属凑钱还清。

被告新华龙公司辩称，本案为典当纠纷，在典当合同中仅存在典当物，并且仅仅是典当物作为抵押来实现典当公司的债权，典当法律规定中没有任何关于典当纠纷可以设立担保人的规定。在本案中，合同中已经明确约定梅某某以上海的一处房产作为典当物，并且在合同的抬头仅约定抵押权人和借款人，并没有任何担保的约定，所以合同中担保人即被告新华龙公司及张某是不适格的，其担保应该无效。债权人应当以被抵押的房产来实现债权。

为支持其抗辩主张，三被告提交下列证据：

1.杭某某姐姐杭某女出具的证明及杭某女的身份证复印件各一份，证明杭某女在2012年12月30日和2013年1月8日分别向朱向群汇款50万元和200万元，替梅某某还款；

2. 2013 年 1 月 8 日中国建设银行的转账凭条一份，证明杭某女替梅某某向朱向群汇款 200 万元，偿还梅某某本案中的借款 200 万元；

3. 中国工商银行 2012 年 12 月 27 日网上银行电子回单一份，证明梅某某亲属梅某向林绍联账户汇款 8 万元，替梅某某偿还 200 万元借款的利息。

被告张某辩称，本人为梅某某经营需要而帮助借款，先向嘉和投资公司借款 200 万元，以后帮其到延令典当公司借款 200 万元，我都作了担保。后梅某某拿了 4 本房产证在延令典当公司又借了 300 万元。2013 年 1 月 8 日梅某某归还 200 万元后，我陪同梅某某去延令典当公司办理房产注销抵押手续（在此之前如何还款，我不太清楚）。随后，梅某某出具 380 万元借条后，我也作了担保。按规定我该承担的相应责任不推却。

被告张某未举证。

经庭审调查，当事人进行了举证、质证，对原告提供的证据，被告梅某某、杭某某、新华龙公司对其真实性均无异议，但认为：合同中甲方仅有梅某某的签名，明确显示是梅某某代杭某某签字，杭某某没有签字，也没有杭某某授权梅某某的手续；本案中原告的地址与（2014）泰商初字第 0136 号案件原告泰兴市嘉和投资有限公司（以下简称嘉和投资公司）营业地址是一致的，实际上两公司的实际控制人都是朱向群，并且两案有关联，特别是在还款收款上；担保人新华龙公司法人代表已经变更，杭恒发在新华龙公司的部分股权已经转让，其担保的效力也不成立，原告申请冻结新华龙公司的资产应该属于错误的行为；200 万元确实汇入杭某某的账户，但杭某某没有使用，该款是由梅某某使用的；2012 年 12 月 24 日的借款人和抵押人都与本案被告没有任何关系，不能证明被告向原告借款 300 万元；虽然办理抵押注销登记的代理人是奚某某，仅仅能证明奚某某代办了抵押注销登记手续，因为借款人并非梅某某与杭某某，所以借款与梅某某、杭某某没有直接关系；原告提供的借条，并没有任何打款凭据以证明借款的真实性，所以其主张借款还款不应得到法庭支持；因为两案都涉及朱向群本人的利益，其情况说明仅能作为一种陈述，原告已认可收到这笔 50 万元，被告认为这 50 万元是偿还给原告的本金。被告张某对原告提供的证据 1 ~ 7，真实性无异议，对证据 8，未到庭质证。对被告梅某某、杭某某、新华龙公司提供的证据 1、证据 2、证据 3，原告认为，收到 308 万元汇款无异议，另外 2013 年 1 月 8 日还收到梅某汇款 50 万元。但是 308 万元并非是本案的还款，2012 年 12 月 24 日，梅某某急需资金，其与产权人协商拿了 4 本房产证到原告处抵押借款 300 万元，同日，原告陪同四产权人到房管处进行抵押登记，梅某某借款后，杭某女于2012年12月30日代梅某某还款50万元，2013年1月8日代梅某某还款50万元，梅某2012年12月27日代梅某某还款8万元，2013年1月8日代梅某某还款50万元，2013年1月8日钱一到账后，原告对原抵押的4套房产进行了抵押注销登记，因此，这308万元是偿还的梅某某2012年12月24日的借款本金300万元和利费8万元，与本案无关。被告张某认为，梅某某具体还款情况不清楚。经审查，本院对原被告提供的真实性无异议的证据予以确认，作为本案定案的依据。

经审理查明，被告杭某某与梅某某系夫妻关系。2012年12月24日，被告梅某某以被告杭某某的名义（抵押借款人，甲方）与原告（抵押权人，乙方）签订房产（典当）借款合同一份，约定：甲方现有房产位于上海市宝山区长逸路×号，建筑面积94.63m^2，房产证号00××60。甲方与财产共有人商量一致用该房产作抵押向乙方借款200万元。甲方签字的当票为收款凭证。借款期限自2012年12月24日至2013年12月23日，借款期限与当票不一致的以当票为准。借款月利率按借款总额的3.3%缴纳（其中月利息率为0.7%，月综合费率为2.6%），甲方使用借款日期到一个月就必须主动向乙方缴纳利费，不足一个月赎回，按实际使用借款天数计算利费（甲方汇入乙方指定账户的汇款，款到账乙方均需及时开收单）。甲方必须按期缴纳利费，如逾期5天不缴纳，乙方将加收甲方应缴利费总额的20%作为违约金。连续两个月不付利费，则甲方属根本违约，自动放弃约定借款期限，乙方随时要求甲方偿还本息及费用。担保人对本合同最高主债权额度内、就本合同约定借款期限甲方连续发生的主债务逾期未偿还的，承担偿还保证责任，直至本金、利费、违约金还清为止。乙方与担保人双方约定：经乙方同意甲方续当的期限担保人均认可；主张的债权（包括主债务、利费、违约金）由乙方结算清单为凭，担保人均予认可；担保人承担担保责任后，有权向甲方追偿。该合同由被告梅某某在甲方栏内签有“梅某某代杭某某”字样，被告梅某某同时在财产共有人栏内签名，担保人栏内由被告新华龙公司的杭恒发签名并加盖公司印章、被告张某签名，乙方由原告延令典当公司的林绍联签名并加盖公司印章。合同签订当日，原告以林绍联的名义汇款200万元至被告杭某某中国建设银行的账户。合同签订后，未办理合同约定的抵押房产的抵押登记。2013年1月8日，被告梅某某出具借条一份，载明今借到人民币叁佰捌拾万元正（3,800,000元），月息为3.6%，每月结息。被告张某作为担保人在该借条上签名。原告向被告催要借款未果，故诉来本院。

另查明，杭某女分别于2012年12月30日、2013年1月8日汇款给朱向群50万元和200万元，被告梅某某亲属梅某分别于2012年12月27日、12月30日分别汇款给林绍联8万元和50万元,于2013年1月8日汇款给朱向群50万元。

本案审理过程中,关于未办理合同约定的抵押房产的抵押登记问题:原告认为,当时要求房产证、土地证一并提交,被告梅某某讲土地证正在办理中,后又取走房产证说去办理土地证。被告梅某某则认为,因为路途比较远,并且又另外提供了相应的担保,所以没有办理抵押登记。

关于原告与嘉和投资公司的关系问题:原告认为两个公司是两个独立法人,相互关联,由朱向群负责。被告梅某某也认为两个公司的实际控制人都是朱向群,所以才将两笔借款合并成一张借条。

关于借款和还款问题:原告认为,2012年12月24日被告梅某某因急需资金,与原告协商以他人的房产抵押借款300万元。2013年1月8日,被告梅某某偿还借款300万元本息后,原告向房管部门申请办理了注销抵押手续。原告分别与张春城和张建祥、钱进、李明堂和朱云华、郝俊宝和汪庆禧签订房产(典当)借款合同和当票,当票载明借款分别为79万元、92万元、62万元、67万元,借款月利率按借款总额的3.2083%缴纳(其中,月利息率为0.5083%,月综合费率为2.6%),泰兴市房屋登记申请书表明借款人张春城和张建祥、钱进、李明堂和朱云华、郝俊宝和汪庆禧分别以各自所有的房产设定抵押,并办理了抵押登记。2013年1月8日办理了注销抵押登记,奚某某(杭某某的姐姐杭某女之夫)作为抵押人的代理人在注销抵押的申请书上签名。原告同时认为梅某2012年12月27日汇款8万元、杭某女2012年12月30日汇款50万元和梅某2012年12月30日汇款50万元、杭某女2013年1月8日汇款200万元,合计308万元,是代梅某某偿还的2012年12月24日的300万元借款及利费。而对被告梅某某2012年12月24日向原告借款200万元和2012年10月24日向嘉和投资公司借款200万元,经双方协商截至2013年6月30日应付利息按50万元计算,因此梅某2013年1月8日汇款50万元代被告梅某某偿还两笔借款的利息,而两笔借款本金及2013年6月30日后的利息,被告梅某某并未偿还。被告梅某某否认2012年12月24日以他人的名义并以他人的房产设定抵押向原告借款300万元,并认为杭某女2013年1月8日汇款200万元和梅某2012年12月27日汇款8万元,已代被告梅某某偿还了本案所涉200万元借款的本金和利息。

本院认为,典当是指当户将其动产、财产权利作为当物质押或者将其房地产作为当物抵押给典当行,交付一定比例费用,取得当金,并在约定期限内支付当金利息、偿还当金、赎回当物的行为。在我国现行法律制度下,典当系指具备典当经营资格之主体与相对人之间的附担保物权的借贷法律关系。换言之,须有借贷债权与相应的担保物权,两者结合,始能称为典当。本案中,原告延令典当公司与被告梅某某、新华龙公司、张某签订本案系争房产(典当)借款合同虽然约定了以房产抵押向原告借款,但是实际未向相关部门办理抵押登记,原告在未能有效设立抵押权情况下向被告梅某某交付款项,双方之间没有发生实际典当的行为,双方行为实质为借款,不符合《典当管理办法》的规定,违反了相关金融管理法规,应为无效。被告梅某某应当返还借款本金和孳息,孳息按银行同期同类贷款基准利率计算。原告主张按月息2%计算借款利息,依据不足,本院不予支持。

关于被告梅某某是否已经还清了本案所涉的借款200万元的本息问题。首先,原告提供的证据足以证明张春城等人于2012年12月24日向原告典当借款300万元,2013年1月8日在办理注销抵押手续时,奚某某作为抵押人的代理人在注销抵押的申请书上签名。原告认为,该笔300万元借款实际是由被告梅某某所借并使用。从本案的实际情况看,358万元款项均是由被告梅某某的亲属汇到原告或嘉和投资公司相关人员的账户;被告梅某某是知道原告与嘉和投资公司的关联性的;奚某某作为其亲属之一,参与办理注销抵押手续并作为抵押人的代理人申请书上签字,因此,原告的解释符合情理。其次,被告梅某某于2013年1月8日出具了380万元的借条,借条中约定了月息,并承诺每月结息,380万元的金额是由被告梅某某于2012年12月24日向原告借款200万元和2012年10月24日向嘉和投资公司的借款金额合并而来。诚如被告梅某某所说,其在2013年1月8日之前已经偿还了上述两笔借款,就不可能再在当日出具380万元的借条。被告梅某某出具380万元借条的行为,证明借条记载的借款在出具借条时并未偿还,被告梅某某亲属代其偿还的款项只能是其与原告之间还存在的其他借款。再次,被告张某的陈述证实了被告梅某某在2012年12月24日除向原告借款200万元外,另向原告以他人的名义并以他人的房产设定抵押借款300万元,在2013年1月8日归还200万元后办理了房产注销抵押手续,并出具了380万元借条。被告张某作为被告梅某某向原告和嘉和投资公司借款的担保人,其参与了被告梅某某2012年10月24日和12月24日借款及其2013年1月8日出具借条的相关事宜,对被告梅某某的借款及部分还款情况是清楚的,其所述也与相关证据相印证。最后,被告梅某某的358万元款项,虽然有部分是汇给原告延令典当公司林绍联的,有部分是会给嘉和投资公司朱向群的,但是由于原告与嘉和投资公司具有关联性,两者均认可358万元中部分款项是由被告梅某某偿还给原告的借款本金及利费。因此,被告梅某某辩称本案所涉借款200万元的本息已经还清,依据不足,本院不予采信。

关于被告梅某某尚欠原告借款的金额问题。原告与嘉和投资公司截至2013年1

月 8 日共收到被告梅某某由其亲属代还款项 358 万元，双方对此事实无争议，而双方也认可被告梅某某 2013 年 1 月 8 日出具金额为 380 万元的借条是原告 2012 年 12 月 24 日的借款和嘉和投资公司 2012 年 10 月 24 日的借款合并形成的。从交易习惯并综合本案的实际情况，双方应当是在结账时确认了被告梅某某所欠的借款本金金额，本案中，双方认可的借款本金金额为 200 万元。因此，应当认定被告梅某某在 2013 年 1 月 8 日出具借条是尚欠原告借款本金为 200 万元。至于被告梅某某 2013 年 1 月 8 日的还款 50 万元，原告认为，被告梅某某在出具 380 万元借条时，双方协商两笔借款利息按月息 2% 计算到 2013 年 6 月 30 日以 50 万元结算，但是未能提供证据证明，被告梅某某也予以否认，所以，该笔 50 万元应认定为是被告梅某某偿还的借款本金。由于双方对被告梅某某 50 万元的还哪一笔借款没有明确约定，而原告与嘉和投资公司具有关联性并将两笔借款合并后出具借条，而且由于两笔借款的担保方式和担保人不同，从公平原则，该 50 万元还款应按比例冲减两笔借款本金，本案中，冲减借款本金的金额为 26 万元。被告梅某某截至 2013 年 1 月 8 日尚欠原告借款的金额为 174 万元。

被告梅某某与杭某某系夫妻关系，案涉借款发生在夫妻关系存续期间，且借款实际也是汇入被告杭某某的银行账户，而被告梅某某和杭某某均未能提供有效证据证明该债务属于被告梅某某一方债务的情形。因此，该借款应认定为被告梅某某和杭某某的夫妻共同债务，被告杭某某与被告梅某某应当对该借款共同承担偿还责任。

根据《中华人民共和国担保法》第五条规定，主合同无效，担保合同无效，担保合同无效后，债务人、担保人、债权人有过错的，应当根据其过错各自承担相应的民事责任。本案中，原告与被告梅某某签订的房产(典当)借款合同约定了以房产抵押借款，但是未办理抵押登记，设立抵押权，对此，原告与被告梅某某均有过错，而被告新华龙公司和张某均无过错。因此，被告新华龙公司和张某依法不应当承担民事责任。原告要求被告新华龙公司和张某承担保证责任诉讼请求，于法无据，本院不予支持。被告张某经本院传票传唤，无正当理由拒不到庭，依法可以缺席判决。

综上，依照，《中华人民共和国合同法》第五十二条第五项、第二百零五条、第二百零六条，《中华人民共和国物权法》第一百七十九条、第一百八十七条，《中华人民共和国担保法》第五条、第三十三条，《中华人民共和国民事诉讼法》第一百四十四条之规定，判决如下：

一、被告梅某某、杭某某于本判决生效后十日内共同偿还原告泰兴市延令典当有限责任公司借款本金 174 万元及利息(自 2013 年 1 月 9 日起按中国人民银行同期同类人民币贷款基准利率计算至本判决确定给付之日止)；

二、驳回原告泰兴市延令典当有限责任公司其他诉讼请求。

如果被告未按照本判决指定的期间履行给付金钱义务，应当依照《中华人民共和国民事诉讼法》第二百五十三条之规定，加倍支付迟延履行期间的债务利息。

案件受理费25,070元，诉前保全费5000元，合计30,070元，由原告泰兴市延令典当有限责任公司负担10,070元，被告梅某某、杭某某负担20,000元(此款原告已预交，被告在偿还借款时一并加付给原告)。

如不服本判决，可在判决书送达之日起十五日内，向本院递交上诉状，并按对方当事人的人数提出副本，上诉于江苏省泰州市中级人民法院，同时，根据《诉讼费用交纳办法》的有关规定，向该院预交上诉案件受理费(江苏省泰州市中级人民法院开户行：中国农业银行泰州市海陵支行；收款单位：泰州市财政局；账号：20×××88；编码：112001)。

审 判 长 刘 军

审 判 员 薛永江

人民陪审员 王扬威

二〇一四年十月二十八日

书 记 员 叶秋云

【案例五十三】山东恒业典当有限公司诉山东永翠工艺家纺有限公司、日照市玛雅包装有限公司等民间借贷纠纷案（2016年9月26日）

【法律点】 1.《典当借款合同》中未约定具体当物，实际履行过程中亦未办理当物的抵、质押手续的，该合同约定和履行情况均不符合典当合同的构成要件，该典当合同关系不成立，应按民间借贷法律关系予以认定和处理。

2. 保证人与典当行签订的保证合同未约定保证人承担保证责任须以主合同项下先行设立抵、质押担保为前提，在当事人无特别约定且法律没有明确规定的情况下，不能仅凭合同名称为《典当借款合同》，即推定保证合同双方在签订合同时，具有在主债务人提供典当抵、质押担保后，保证人才承担保证责任的意思表示。只要保证合同不违反法律、行政法规的强制性规定，系合同当事人真实意思表示，且其担保的主合同项下所形成的借贷之债合法有效，则保证人均应按照约定履行保证义务。

【关键词】 名为典当　实为借款　抵、质押担保　保证合同　连带清偿责任

山东省日照市中级人民法院
民事判决书

（2016）鲁11民终1567号

上诉人（原审被告）：日照市玛雅包装有限公司，住所地：日照市东港区临沂路与山海二路交会处。

法定代表人：王在江，执行董事兼总经理。

委托代理人：赵孟辰，山东陆海律师事务所律师。

被上诉人（原审原告）：山东恒业典当有限公司，住所地：日照市东港区济南路。

法定代表人：徐明，董事长。

委托代理人:宋百海,山东东方太阳律师事务所律师。

原审被告:刘一强。

原审被告:战香。

原审被告:王在江,日照市玛雅包装有限公司法定代表人。

原审被告:山东永翠工艺家纺有限公司,住所地:日照市东港区河山工业园。

法定代表人:张永秋,总经理。

原审被告:张永秋,山东永翠工艺家纺有限公司法定代表人。

原审被告:日照奥赛鑫盛家纺有限公司,住所地:日照市东港区河山工业园。

法定代表人:邵泽翠,总经理。

原审被告:邵泽翠,日照奥赛鑫盛家纺有限公司法定代表人。

原审被告:日照市源亿建材有限公司,住所地:日照市东港区涛雒镇高旺庄村。

法定代表人:丁召海,总经理。

原审被告:丁召海,日照市源亿建材有限公司法定代表人。

原审被告:王丽娜。

上诉人日照市玛雅包装有限公司因与被上诉人山东恒业典当有限公司、原审被告刘一强、战香、王在江、山东永翠工艺家纺有限公司、张永秋、日照奥赛鑫盛家纺有限公司、邵泽翠、日照市源亿建材有限公司、丁召海、王丽娜民间借贷纠纷一案,不服(2015)东商初字第2021号民事判决,向本院提起上诉。本院受理后依法组成合议庭进行了审理。本案现已审理终结。

日照市玛雅包装有限公司不服一审判决上诉称,签订典当借款合同后,被上诉人山东恒业典当有限公司与原审被告山东永翠工艺家纺有限公司实际放弃了原来的典当借款合同,进行了另一宗交易,与此前的典当借款合同完全是两码事。在原审被告山东永翠工艺家纺有限公司未进行典当质押的情况下,上诉人也不会提供相应担保,即上诉人是因为有“典当”才会提供担保。保证人的责任依附于被保证人的责任,既然认定本案典当合同不成立,被保证人当然就不负合同义务,保证人也没有承担保证责任的义务。被上诉人一审中称,其与山东永翠工艺家纺有限公司口头约定是库存的布料作为当物,其也是以典当借款合同向法院提起诉讼。原审在典当合同不成立的情况下,要求保证人承担保证责任,明显对保证人不公,请求二审法院撤销一审判决,依法改判,被上诉人承担一、二审诉讼费用。

被上诉人山东恒业典当有限公司辩称,本案讼争的典当合同,虽名为“典当”实为借贷。对此上诉人与被上诉人均是认可的。本案保证合同的实质是上诉人作为保证人为山东永翠工艺家纺有限公司的债务提供担保,并非为典当提供担保。典当合同成立于否,并未改变主合同产生的债务内容,也不会加重其担保责任。因此典当是否成立不影响担保的效力。原审认定事实清楚,适用法律正确,请求驳回上诉,维持原判。

原审被告刘一强、战香、王在江、山东永翠工艺家纺有限公司、张永秋、日照奥赛鑫盛家纺有限公司、邵泽翠、日照市源亿建材有限公司、丁召海、王丽娜二审未作答辩。

山东恒业典当有限公司一审诉称,2014 年 8 月 20 日,山东永翠工艺家纺有限公司与山东恒业典当有限公司签订《典当借款合同》,从山东恒业典当有限公司借款人民币 6,000,000 元作周转资金。为保证该典当借款合同的履行,张永秋、邵泽翠、日照市源亿建材有限公司、丁召海、王丽娜、日照市玛雅包装有限公司、刘一强、战香、王在江、日照奥赛鑫盛家纺有限公司分别作为保证人与山东恒业典当有限公司签订了《保证担保合同》,对山东永翠工艺家纺有限公司与山东恒业典当有限公司签订的《典当借款合同》中所负的债务承担连带保证责任。上述合同签订后,山东恒业典当有限公司严格依约履行合同,而山东永翠工艺家纺有限公司未按约还款,请求依法判令山东永翠工艺家纺有限公司连带偿还山东恒业典当有限公司借款 6,000,000 元及利息和违约金(利息及违约金暂计至 2015 年 10 月 2 日共计 4,000,000 元);判令张永秋、邵泽翠、日照市源亿建材有限公司、丁召海,王丽娜、日照市玛雅包装有限公司、刘一强、战香、王在江、日照奥赛鑫盛家纺有限公司对上述借款承担连带清偿责任;诉讼费用及律师代理费由上述借款人、保证人承担。

日照市源亿建材有限公司、丁召海、王丽娜一审共同答辩称,其三方从未为山东永翠工艺家纺有限公司向山东恒业典当有限公司典当借款 6,000,000 元提供担保。在山东恒业典当有限公司所称的 2014 年 8 月 20 日之前的一个月左右,其三方确实为张永秋典当借款提供过担保,但是担保借款数额为 3,000,000 元,且该笔借款张永秋已经还清。对于该笔 6,000,000 元借款是否提供担保需要质证时核实。

日照市玛雅包装有限公司、刘一强、战香、王在江一审共同答辩称,对其四方曾与山东恒业典当有限公司签署过保证合同无异议。对于双方是否存在典当借款合同不清楚,需要明确利息及违约金的计算方式。对于山东恒业典当有限公司主张诉讼费、律师代理费的诉讼请求不予认可,另需要山东恒业典当有限公司提供证据证实诉争借款已经交付借款人。

山东永翠工艺家纺有限公司、张永秋、邵泽翠、日照奥赛鑫盛家纺有限公司一审未作答辩。

原审查明,2014 年 8 月 20 日,山东恒业典当有限公司(贷款人、乙方)与山东永翠工艺家纺有限公司(借款人、甲方)签订《典当借款合同》(合同编号为 2014 年恒业典借字××号),约定:山东永翠工艺家纺有限公司向山东恒业典当有限公司借款 6,000,000 元用于资金周转,借款期限自 2014 年 8 月 20 日起至 2014 年 10 月 18 日止,为期 60 天;本合同项下借款的月综合费用率为 1%;合同项下的借款月利率为 2%,借款利息按月交纳,当期不足一个月的在结清当金时一并结清;合同项下甲方的还款首先用于偿还本合同约定应当由甲方承担而由乙方垫付的各项费用以及乙方实现债权的费用(包括但不限于诉讼费、诉讼律师代理费等),对于前项费用以外的款项,按照先还息后还本、息随本清的原则偿还;甲方未按约定时间交纳当金利息和综合费用时,乙方将向甲方按逾期期间应收当金利息和费用加收 50% 的违约金。同日,山东恒业典当有限公司分别与张永秋、邵泽翠、日照市玛雅包装有限公司、王在江、战香、刘一强、日照市源亿建材有限公司、丁召海、王丽娜、日照奥赛鑫盛家纺有限公司签订保证担保合同,上述合同均约定:为确保山东恒业典当有限公司与山东永翠工艺家纺有限公司签订的 2014 年恒业典借字××号《借款合同》的履行,上述各方均愿向山东恒业典当有限公司提供保证担保;保证担保的范围为贷款金额陆佰万元整及利息、债务人应支付的违约金(包括罚息)、赔偿金以及实现债权所需的一切费用(包括但不限于诉讼费、诉讼律师代理费等);保证担保方式为连带责任保证。保证人对主合同中债务人的债务承担连带责任,如债务人没有按主合同约定履行或者没有全部履行其合同,债权人有权直接要求保证人承担连带清偿责任;保证期间为自本合同生效之日起至主合同履行期限届满之日起两年止。

上述合同签订后,山东恒业典当有限公司于 2014 年 8 月 20 日委托唐世恒向山东永翠工艺家纺有限公司指定账户(户名:山东永翠工艺家纺有限公司,账号:37×××59,开户行:日照银行北京路支行)中转入 6,000,000 元借款。山东永翠工艺家纺有限公司向山东恒业典当有限公司出具收到条,该收到条载明"今收到山东恒业典当有限公司人民币陆佰万元整(¥6,000,000)"。山东恒业典当有限公司自认山东永翠工艺家纺有限公司在借款发放后未支付综合费用,利息结至 2015 年 1 月 18 日,共计支付利息 680,800 元。

原审庭审中,山东恒业典当有限公司提供张永秋、邵泽翠出具的证明两份,二人向山东恒业典当有限公司承诺其为山东永翠工艺家纺有限公司、日照奥赛鑫盛家纺有限公司实际控制人。两公司对外债务也为两人个人债务。

山东恒业典当有限公司提供其与山东东方太阳律师事务所之间的诉讼委托代理合同、代理费发票、账户明细查询打印件证实其因本案诉讼支出律师代理费

290,000元。

山东恒业典当有限公司提供日房他证市字第DG2015021102号、日房他证市字第DG2015021103号他项权利证书,证实日照奥赛鑫盛家纺有限公司以其所有房产为诉争借款提供抵押担保。

经质证,日照市源亿建材有限公司、丁召海、王丽娜主张因山东永翠工艺家纺有限公司未到庭参加诉讼,对典当借款合同真实性无法核实,不予质证。但认为从该合同内容可以看出,该合同并不是单纯的民间借贷合同,而是典当借款合同。典当应当有当物,且办理了当物抵、质押手续。诉争典当借款合同名为典当而没有任何当物。担保人为诉争借款提供担保的前提是借款人向山东恒业典当有限公司提供了当物并履行了相应抵押、质押手续。诉争借款实为民间信用贷款,欺骗了担保人为其提供保证担保。对此,担保人在受欺骗的情况下签署的担保合同无效,担保人不应承担担保责任。对其与山东恒业典当有限公司签署的保证合同,其主张三保证人签字属实,但合同中手写部分系由山东恒业典当有限公司填写,且该合同系为另一笔金额为3,000,000元的借款提供的担保,二份合同系山东恒业典当有限公司事后篡改形成。对于其余的保证合同不予质证。邵泽翠、日照奥赛鑫盛家纺有限公司签署的保证合同时间为2015年3月11日,存在事后补签,欺诈其他保证人的嫌疑。至于邵泽翠与张永秋向山东恒业典当有限公司出具的证明系其为逃避债务所出具,侵害了其他保证人的权利,且作为证人证言,二人应出庭予以说明。律师代理费费用过高,应由山东永翠工艺家纺有限公司承担。对于他项权利证书因房屋所有权人未到庭,对其真实性不发表意见,但认为登记日期为2015年2月10日,债权数额为8,500,000元,与诉争借款无任何关联性。

日照市玛雅包装有限公司、刘一强、战香、王在江主张典当借款合同、担保合同的手写部分,均非债务人所写。诉争当金发放方式非属合同约定的方式。典当借款合同名为典当借款,实为违法发放信用贷款。请求法庭对唐世恒进行当庭询问,必要时应调取唐世恒的银行流水。因山东恒业典当有限公司与山东永翠工艺家纺有限公司之间存在其他债务,是否存在借新还旧的事实,请法庭依职权查明。山东恒业典当有限公司应提供唐世恒账户借款前后的一系列交易流水和银行流水来印证。对其签署的保证合同真实性无异议,但仅能够证明山东恒业典当有限公司与其之间签署过保证担保合同,但对山东恒业典当有限公司是否交付当金存有异议。两份证明内容相互矛盾,双方均证明自己是实际控制人,且该证据上分别写着此证明仅限于山东恒业典当有限公司借款。既然是实际控制人,应当由股东出具,且不能写明证明的特定目的。

对于他项权利证书,显然是事后担保行为,必要时请法庭依职权到有关部门调取,其余质证意见同日照市源亿建材有限公司、丁召海、王丽娜质证意见。

原审庭审中,山东恒业典当有限公司提交动产质押合同一份,证实在典当借款合同签订时,其与山东永翠工艺家纺有限公司另行签订了一份动产质押典当合同,但因山东永翠工艺家纺有限公司收到山东恒业典当有限公司交付的借款后,不再积极履行质押义务,导致双方对口头约定的当物并没有实际办理相关手续。日照市源亿建材有限公司、丁召海、王丽娜主张对该合同真实性无法确定。认为该合同应作为主合同的必须附件,附在典当合同内,且向担保人出示说明并征得担保人签字确认。但该质押担保合同,担保人在庭审前从未见过。该质押合同签署时间为2014年8月20日,即在借款人、担保人与原告签订典当借款合同及保证担保合同时,该合同就已经签订。然原告既未在主合同中体现也未向担保人出示,所以不符合典当管理办法所要求的动产质押相关程序。该合同存在事后补签嫌疑。另动产质押担保合同附随的质押清单没有任何质物,其出具时间也是空白的,说明山东恒业典当有限公司与借款人并未就典当借款合同中的当物事前进行约定并办理手续,存在欺诈保证人的情况。日照市玛雅包装有限公司、刘一强、战香、王在江主张对该证据真实性请法庭依法核实,该证据证实山东恒业典当有限公司与山东永翠工艺家纺有限公司系典当行为,而不是山东恒业典当有限公司所称的单纯借款行为。

山东恒业典当有限公司明确其诉讼请求第一项中利息及违约金计算方式为:截至2016年2月2日,利息共计2,150,000元,计算方式为按照借款合同约定的借款利率2%,月综合费率1%。逾期利息1,075,000元,计算方式为按日计收当金金额的0.3%。逾期还款违约金6,300,000元,计算方式为根据典当借款合同第八条第三项约定的逾期应收当金利息和费用加收50%的违约金。对于山东恒业典当有限公司主张的诉讼请求第一项中的利息及违约金计算方式为按照借款本金6,000,000元,自2014年8月20日起,按月息2%,月综合费率1%计算。自2014年10月19日起,按照上述利息及费用标准,加收50%。山东恒业典当有限公司在立案时仅主张借款本息及违约金10,000,000元,对于其他损失保留另行主张的权利。

原审认定上述事实,有当事人陈述、典当借款合同、收到条、委托书、网上银行交易记录打印件、保证担保合同、证明、诉讼委托代理合同、代理费发票、网银交易明细打印件、房屋他项权利证书、动产质押(典当)合同等在案佐证。

原审认为,本案争议的焦点一为诉争典当借款合同的效力,焦点二为保证合同效力及保证责任范围。对于诉争典当借款合同效力,根据《典当管理办法》的规定,典当是指当户将其动产、财产权利作为当物质押或者将其房地产作为当物抵押给典当行，交付一定比例费用，取得当金，并在约定期限内支付当金利息、偿还当金，赎回当物的行为。因此，典当合同与普通借款合同的权利性质和法律效果不尽相同。典当权是以担保物权的成立为前提，一旦当户到期不能赎当而形成绝当时，典当行通过处置当物来实现典当权利；而普通借款合同中抵质押是为主债务提供的担保，具有从属性，其实现主债权的方式是对抵质押物行使优先受偿权。典当合同可以约定综合费用的支付，综合费用的产生是基于提供各种服务和管理费用，而借款合同中约定的利率在性质上属于孳息的范畴。因此，典当合同与借款合同的性质不同，典当借款合同应当是基于典当行为所建立的合同关系。本案中，山东恒业典当有限公司虽是具备从事典当业务资质的企业法人，但其与山东永翠工艺家纺有限公司签订典当借款合同时，在未就当物办理抵、质押手续的情况下即交付当金，不符合典当合同的构成要件，该典当合同关系不成立。虽山东恒业典当有限公司主张双方在诉争典当借款合同签订时，亦签订了动产质押合同并口头约定以山东永翠工艺家纺有限公司库存部分布料作为当物。然诉争动产质押合同并未有此约定。且即便双方就此达成合意，因双方事实上并未移转质物的占有，山东恒业典当有限公司主张的动产质权亦未设立。诉争典当借款合同是名为典当，实为借款的合同，应按借款合同关系予以认定和处理。根据《最高人民法院关于审理民间借贷案件适用法律若干问题的规定》第一条第一款以及《最高人民法院关于学习贯彻适用〈最高人民法院关于审理民间借贷案件适用法律若干问题的规定〉的通知》第三条第三项之规定，山东恒业典当有限公司与山东永翠工艺家纺有限公司之间的民间借贷合同合法有效，予以认定。合同签订后，山东恒业典当有限公司已向山东永翠工艺家纺有限公司履行发放借款的义务，山东永翠工艺家纺有限公司亦应及时、足额归还山东恒业典当有限公司借款本息。虽保证人对山东恒业典当有限公司是否适当履行借款发放义务提出异议，然其未提供反证推翻，该项辩解意见，不予采纳。借款到期后，山东永翠工艺家纺有限公司未归还全部借款本息，显属违约，故山东恒业典当有限公司要求山东永翠工艺家纺有限公司归还借款本金 6,000,000 元的诉讼请求，于法有据，应予支持。山东恒业典当有限公司与山东永翠工艺家纺有限公司之间约定的借款月费率为 3%。依照《最高人民法院关于人民法院审理借贷案件的若干意见》第二十六条之规定，民间借贷的利率最高不得超过年利率 24%。诉争借款约定的费率过高，应以年利率 24% 为限，超出部分不予保护。至于山东恒业典当有限公司主张的逾期利息及违约金，按照《最高人民法院关于审理民间借贷案件适用法律若干问题的规定》第三十条之规定，逾期利息及违约金总计不得超过年利率 24%，诉争借款合同约定的逾期利息及违约金计算方式已经超过年利率24%，对于超出部分，不予支持。

关于保证合同效力及保证责任范围，张永秋、邵泽翠、日照市源亿建材有限公司、丁召海，王丽娜、日照市玛雅包装有限公司、刘一强、战香、王在江、日照奥赛鑫盛家纺有限公司与山东恒业典当有限公司签订保证合同，均系其真实意思表示，其内容不违背法律、行政法规强制性规定，上述保证合同合法有效，应予确认。虽日照市源亿建材有限公司、丁召海、王丽娜主张其系为山东永翠工艺家纺有限公司在山东恒业典当有限公司处的他笔借款而非诉争借款提供担保，其系在受欺诈情形下提供担保，且主张庭后提供证据证实其主张，然其未在指定期限内补充提供相关证据。其该项辩解意见，不予采纳。至于其主张保证合同存在事后补签及篡改的抗辩意见，因其未举证证实其主张，且即便合同内容存在事后补签的情形，因其均认可合同中其签字属实，在未补充完整的担保合同中签字，亦应视为其对合同订立过程中协商、议价权利的放任。其该项辩解意见，不予采纳。故山东恒业典当有限公司要求张永秋、邵泽翠、日照市源亿建材有限公司、丁召海，王丽娜、日照市玛雅包装有限公司、刘一强、战香、王在江、日照奥赛鑫盛家纺有限公司对上述借款承担连带清偿责任的诉讼请求，应予支持。

对于山东恒业典当有限公司主张律师代理费290,000元的诉讼请求，因诉争典当借款合同及保证合同均约定债务人应承担山东恒业典当有限公司实现债权的律师代理费，该项费用未超过山东省律师服务收费标准，且已经实际发生，故山东恒业典当有限公司要求债务人承担律师代理费290,000元的诉讼请求，予以支持。

依照《中华人民共和国合同法》第六十条、第一百零七条、第一百一十四条第一款、第一百九十六条、第二百零五条、第二百零六条、第二百零七条，《中华人民共和国担保法》第十三条、第十八条、第二十一条、第三十一条，《最高人民法院关于审理民间借贷案件适用法律若干问题的规定》第一条第一款、第二十六条、第三十条，《中华人民共和国民事诉讼法》第一百四十四条，参照《典当管理办法》第三条之规定，原审判决：一、山东永翠工艺家纺有限公司于判决生效之日起七日内归还山东恒业典当有限公司借款本金6,000,000元。二、山东永翠工艺家纺有限公司于判决生效之日起七日内支付山东恒业典当有限公司借款利息、违约金（利息、违约金以本金6,000,000元计，自2014年8月20日起至本判决确定的债务履行期限实际履行之日止，合计按照年利率24%计算，扣除已付利息680,800元）。三、山东永翠工艺家纺有限公司于判决生效之日起七日内支付山东恒业典当有限公司律师代理费290,000元。四、张永秋、邵泽翠、日照市源亿建材有限公司、丁召海，王丽娜、日照市玛雅包装有限公司、刘一强、战香、王在江、日照奥赛鑫盛家纺有限公司对上述第一、二、三项付款义务承担连带清偿责任。五、张永秋、邵泽翠、日照市源亿建材有限公司、丁召海,王丽娜、日照市玛雅包装有限公司、刘一强、战香、王在江、日照奥赛鑫盛家纺有限公司承担担保责任后,有权向山东永翠工艺家纺有限公司追偿。如果未按判决指定的期间履行给付金钱义务,应当按照《中华人民共和国民事诉讼法》第二百五十三条之规定,加倍支付迟延履行期间的债务利息。案件受理费81,800元,由日照市玛雅包装有限公司、刘一强、战香、王在江、山东永翠工艺家纺有限公司、张永秋、日照奥赛鑫盛家纺有限公司、邵泽翠、日照市源亿建材有限公司、丁召海、王丽娜负担。

二审查明的案件事实与原审查明一致。

本院认为,山东恒业典当有限公司与山东永翠工艺家纺有限公司虽签订《典当借款合同》,但合同中未约定具体当物,双方实际履行过程中亦未办理当物的抵、质押手续,且山东恒业典当有限公司仅是向山东永翠工艺家纺有限公司交付“当金”,而并未收取综合费用,故双方的合同约定和履行情况均不符合典当合同的法律特征,原审认定双方之间名为《典当借款合同》,实为民间借贷法律关系正确。山东恒业典当有限公司起诉的法律关系与法院经审理后作出的认定不同,这属于法院依法对当事人讼争法律关系进行定性的问题,并非否定涉案2014年恒业典借字××号《典当借款合同》本身的法律效力。山东恒业典当有限公司与山东永翠工艺家纺有限公司基于该份合同建立的民间借贷法律关系成立并合法有效。山东恒业典当有限公司本案所诉借款本息和违约金即为该合同项下所产生的债务。日照市玛雅包装有限公司上诉主张山东恒业典当有限公司放弃原合同,进行了另一笔交易,与事实不符,不予支持。

日照市玛雅包装有限公司等保证人与山东恒业典当有限公司签订的保证合同不违反法律、行政法规的强制性规定,系合同当事人真实意思表示,且其担保的主合同项下所形成的借贷之债合法有效,故各保证人均应按照约定履行保证义务。同时,涉案主合同中并未约定具体的抵押、质押担保方式,保证合同中亦未约定保证人承担保证责任须以主合同项下先行设立抵、质押担保为前提,在当事人无特别约定且法律没有明确规定的情况下,不能仅凭合同名称为《典当借款合同》,即推定保证合同双方在签订合同时,具有在主债务人提供典当抵、质押担保后,保证人才承担保证责任的意思表示。日照市玛雅包装有限公司上诉主张有“典当”才提供担保,典当不成立其不承担保证责任,无事实与法律依据,亦不予支持。

综上,上诉人各项上诉主张均不成立,原审对本案定性正确,判决借款人还款,保证人承担保证责任符合法律规定,应予维持。依照《中华人民共和国民事诉讼法》第

一百七十条第一款第一项的规定,判决如下:

驳回上诉,维持原判。

二审案件受理费81,800元,由上诉人日照市玛雅包装有限公司承担。

本判决为终审判决。

审 判 长 钱守吉

审 判 员 马德健

代理审判员 宋海红

二〇一六年九月二十六日

书 记 员 陈令燕

【述评4】绝当后的保证责任

混合共同担保(也称混合担保或共同担保)是指对同一债权既有保证,又有抵押、质押担保的情况,也就是人的担保与物的担保混合并存。商事实践中,债权人总是尽可能地保障商事活动的安全顺畅,因此,多重担保渐成常态。[①] 同样,典当交易作为商事行为,典当行为了最大限度控制经营风险,也会在当户提供当物之外,又另行要求当户提供第三人为典当合同项下的典当借款提供保证,形成对典当债权的混合共同担保。

一、典当是否允许第三人提供保证

对于当户提供当物向典当行借款时,是否可以与第三人签订保证合同为典当债权提供保证,目前理论上有不同的观点。

第一种观点是允许第三人保证。认为既然典当允许以物或权利作质押担保,那么当然也应当允许第三人提供保证。同时典当行为了控制交易风险增加保证措施不违反法律、行政法规的强制性规定,应为有效。因此,关于典当上第三人保证之效力,在有质(抵)押的情况下,如另增加第三人的保证则不违反法律法规强制规定,宜按有效处理。[②]

第二种观点是不允许第三人保证。典当行与融资租赁公司、信托公司、小额贷款公司等其他信用授受企业之间的主要区别在于"因物称信",必须存在"当物",典当行的放款不是基于当物的交换价值,否则就不是典当业务,也超越了法律的边界。也就是说,出典人和借款人是同一的,不允许第三人为借款提供保证或抵押、质押。[③] 因此,典当关系须以财产或权利作质押或抵押,否则不构成典当,而只是一般的保证借款

---

① Almudena de la Mata Muoz, Typical Personal Security Rights in the EU, Tübingen: Mohr Siebeck, 2010, p. 227. 转引自高圣平:《担保物权司法解释起草中的重大争议问题》,载《中国法学》2016年第1期。

② 钱锡青、武彬:《民间融资中典当纠纷的裁判困境与司法路径》,载《东方法学》2013年第1期。

③ 高圣平:《物权担保新制度新问题理解与适用》,人民法院出版社2013年版,第307页。

关系。

第三种观点是有条件允许第三人保证。典当关系中一般不应允许第三人的担保，否则容易成为变相的信用贷款。但如因当户的过错造成当物灭失或毁损，又无力提供其他替代物的，则应允许第三人提供保证；如系典当行过错造成当物灭失或毁损的，除非当户及第三人自愿同意担保，否则无须再另行提供担保。①

我们认为，传统典当中既不允许由第三人提供当物，自然更不允许第三人为典当提供保证担保。但随着经济社会的不断发展，典当的许多传统习惯也在发生着新的变化，如当前的典当实务中就大量出现由第三人为典当借款提供保证或抵押、质押的情形。因此，在典当合同成立生效的前提下，允许第三人为典当借款提供保证担保是典当交易的现实需要，并不会因此否定了典当经营的性质。现行法律法规并没有禁止为典当提供保证的规定，且典当业务经营中设有混合共同担保在实践中亦已颇为常见，一律予以禁止显然不甚合理；在存在当物情形下，第三人自愿提供保证系其真实意思表示，在不违反法律规定的情形下，其效力亦应予以认可。在当前我们整理的司法案例中，尚没有发现不允许第三人为典当提供保证的判例。至于在典当交易中的混合共同担保，如何既能尊重意思自治原则，又能体现典当经营的本质特征，即保证人在典当交易中的责任承担顺序及范围正是我们需要详细讨论的重点问题。

二、关于人保与物保并存时担保责任承担规则的解读

在讨论典当交易情形下第三人保证责任承担的问题之前，首先要明确的问题是，一般的混合共同担保情形下，当债务人不履行到期债务或者发生当事人约定的实现担保物权的情形，债权人应按什么规则行使其抵押权、质权和保证债权。

按照《中华人民共和国担保法》第二十八条的规定，"同一债权既有保证又有物的担保的，保证人对物的担保以外的债权承担保证责任；债权人放弃物的担保的，保证人在债权人放弃权利的范围内免除保证责任。"该条规定排除了当事人约定的适用；在保证人和物上保证人之间的责任承担顺序上，认为物的担保应该一律优先于人的担保实现。而《最高人民法院关于适用〈中华人民共和国担保法〉若干问题的解释》第三十八条第一款的规定则是："同一债权既有保证又有第三人提供物的担保的，债权人可以请求保证人或者物的担保人承担担保责任。当事人对保证担保的范围或者物的担

① 徐力英、何彬彬：《典当纠纷审判实务探讨》，载《人民司法·应用》2010年第3期。

保的范围没有约定或者约定不明的,承担了担保责任的担保人,可以向债务人追偿,也可以要求其他担保人清偿其应当分担的份额。”显然司法解释对担保法的规定作出了一定的修正,即将物的担保区分为第三人提供的物的担保和债务人自己提供的物的担保,两者适用不同的规则。债务人自己提供物的担保时,物的担保优先于债的担保;第三人提供物的担保的,则物的担保和人的担保之间并不存在先后的问题,完全取决于债权人的选择。

基于《中华人民共和国担保法》及其司法解释在人保与物保并存时担保责任承担规则的不一致规定,各地法院在具体案件审判中也出现了不统一的现象。为了统一法律的适用,2007 年的物权法吸取了担保法及其司法解释的经验教训,重视私法自治的理念,在当事人约定优先的原则下,采取了特定条件下保证人绝对优待主义与特定条件下平等主义相结合的模式。《中华人民共和国物权法》第一百七十六条规定:“被担保的债权既有物的担保又有人的担保的,债务人不履行到期债务或者发生当事人约定的实现担保物权的情形,债权人应当按照约定实现债权;没有约定或者约定不明确,债务人自己提供物的担保的,债权人应当先就该物的担保实现债权;第三人提供物的担保的,债权人可以就物的担保实现债权,也可以要求保证人承担保证责任。提供担保的第三人承担担保责任后,有权向债务人追偿。”区分来看,(1)“特定条件下的绝对优待主义”体现在当事人对担保范围没有约定或者约定不明时,“债务人自己提供物的担保的,债权人应当先就该物的担保实现债权”规定中。在此种情形下,物权法明确限制了债权人的选择权,弥补了担保法司法解释的不足。(2)而“特定条件下的绝对平等主义”体现在当事人对担保范围没有约定或者约定不明时,“第三人提供物的担保的,债权人可以就物的担保实现债权,也可以要求保证人承担保证责任”规定中。如果当事人在担保合同中约定了担保人承担责任的顺序或者对各自的担保范围及承担担保责任的数额已有约定,应按约定执行。因为这种情形仅涉及当事人间的利益平衡,并不关涉公共利益之维护,理当尊重当事人的意愿。从根本上来讲,共同担保规则的设计应当便利于担保权人行使权利,同时顾及担保人之间的利益平衡。我们认为,上述共同担保规则与典当业务经营中设有混合共同担保属于一般和特殊的关系,需要在尊重典当经营的本质特征的基础上来把握典当交易中第三人的保证责任承担。

三、绝当后第三人保证责任的承担

关于绝当后第三人保证责任如何承担的问题,我们可以分别在典当业务经营中设有混合共同担保的三种不同情形下展开讨论。

(一)典当业务经营中设有混合共同担保,且当物由当户自己提供的,绝当后保证人的责任如何承担?

典当业务经营中当物系由当户自己提供,同时设有第三人保证担保的,在当物的抵(质)押有效设立的情况下,典当权已依法设立,一旦发生绝当,对于保证人承担的保证责任顺序及范围,可以根据当事人有无约定来进行分析。

在当事人关于保证人的保证责任顺序及范围没有约定或约定不明的情形下,无论从典当特性的角度,还是根据物权法的规定,典当行均应依法先就绝当物的担保实现债权,保证人的保证责任应限于处置当物后的不足部分,对此应无争议。如【案例四十三】永嘉县鑫盛典当有限责任公司诉林春武、余小红、林成春、陈金平典当纠纷案中,法院认为:“原告鑫盛公司与被告林成春、陈金平之间的保证合同系典当合同的从合同,被告林成春、陈金平的保证责任应当根据典当合同确定的主债权予以确定。一方面,本案典当发生绝当事由,被告林春武、余小红仅对处置当物后的不足部分承担责任,因此,被告林成春、陈金平的保证责任也应限于处置当物后的不足部分。另一方面……本案被担保的主债权既有物的担保又有人的担保,但原告鑫盛公司与四被告并未约定债务逾期时实现债权的顺序,而为主债权提供担保的物又系被告林春武、余小红提供,因此,依法应当先就该物的担保实现债权,不足部分再要求被告林成春、陈金平承担保证责任。”

有争议的问题是,当事人对债权实现方式有明确约定,如约定典当行既可以就当物的担保实现债权,也可以要求保证人承担保证责任的,该约定条款的效力如何?对此实务中存在不同观点。一种观点认为该约定符合物权法的规定,应为有效。如【案例四十七】山东汇通典当有限责任公司诉山东通乾房地产发展有限公司、淄博阿波罗置业有限公司典当纠纷案,当物系当户自己所有的房地产,法院的裁判意见是,典当业务中既设立担保物权又同时设立保证担保,当事人对于债权的实现明确约定典当行可以不行使担保物权而直接要求保证人承担连带清偿责任的,保证人提出仅对当物不足清偿部分承担责任的主张不能成立。【案例四十六】山东润银典当有限责任公司诉唐昆鹏、牛海燕等典当纠纷案也赞同这一观点。不同的观点则认为,典当行与保证人之间即使特别约定了典当行对债权实现方式的选择权,该约定仍有悖于典当交易的基本规则和特征,保证人也仅对当物不足清偿部分承担责任。如【案例四十四】邹平中鑫典当有限责任公司诉山东宏业新能源科技有限公司等典当纠纷案,一审法院认为:“双方在保证合同中特别约定了‘甲方(即典当行)有权选择当户或者保证人任何一方承担全部或部分责任,不受执行完质押物不足的部分由担保人负责的限制'……原告依据双方保证合同中的上述特别约定,要求被告朱剑飞、张洪生、刘花承担相应的担保责任,合法有据,应予支持。"但二审法院的终审判决认为"该约定有悖于典当合同基本规则,不予采纳。典当行应在依法对质押物处理后,对所得价款不足部分再由保证人承担连带清偿责任"。在【案例四十五】安徽创元典当有限责任公司诉安徽新荣久农业科技有限公司、安徽泰科铁塔有限公司等典当纠纷案中,二审法院并不认同一审法院有关"实现债权方式的选择约定系保证人自愿放弃优先行使物的担保"的意见,并且针对当物的减少是否影响保证人的责任,二审法院明确表示:"当物的数量应以实际交付时即质权依法设立时的数量为准,事后非因不可抗力所致的当物减少,不属于典当行的免责情形,即使保证合同中有典当行有权选择实现债权方式的约定,保证人仍只对交付当物不能清偿的债务承担保证责任。"

我们同意后一种观点,在当物由当户自己提供,典当权依法成立的情形下,典当经营规则的适用应当优先于当事人对债务清偿顺序及范围的约定。换言之,对于典当业务而言,典当行在绝当后实现债权须以先行处置绝当物为前提,典当行和保证人不宜进行平行担保的约定,因此保证人所承担的责任范围仅对典当行处置绝当物后未受清偿的部分承担补充担保责任。理由如下:其一,从主从合同的法律属性来看,第三人的保证合同系典当合同的从合同,其保证责任应当根据典当合同确定的主债权予以确定。典当发生绝当事由后,当户仅对处置当物后的不足部分承担责任,故保证人的保证责任也应限于处置当物后的不足部分,即典当行依法应当先就当物的担保实现债权,不足部分再要求保证人承担保证责任。其二,典当经营规则的独特性在于绝当物品必须先行处理,除非绝当后典当行和出当人形成新的债务清偿合意。一旦认可当事人预先对债权实现方式的约定有效,那么在保证合同签订伊始,典当行与保证人之间可自行约定典当行有权选择当户或者保证人任何一方承担全部或部分担保责任,此时,典当交易"以物质钱""因物称信"的特性将随着保证合同的纳入而丧失殆尽。

(二)典当业务经营中设有混合共同担保,且当物由第三人提供的,绝当后保证人的责任如何承担?

有观点认为,此时保证人的责任承担应考虑当事人是否有约定的因素,按照物权法的相关规定来确定。具体分为两种情形:(1)若当事人事先未约定实现债权的方式,按照物权法的规定,此时典当行既可以就质押当物实现债权,也可以要求保证人承担保证责任。如【案例四十八】六安汇安典当有限责任公司诉安徽霍山县胜亚新型墙材有限公司、韩军典当纠纷案,法院认为"因当事人未约定实现债权的情形,且物的担保系第三人提供,故汇安典当可以就物的担保实现债权,也可以要求保证人承担保证责任”。(2)若当事人对债权实现的方式有明确约定的,保证人应按约定履行保证责任,而不得自行主张对当物处理之后不足清偿部分的债务承担责任。如【案例四十九】北京信邦典当有限公司诉大连阳光世纪投资集团有限公司、周广英等民间借贷纠纷案,二审法院认可了股权质押典当合同的效力,同时认可典当行与保证人之间有关“债权人放弃部分担保物权或者担保物权的顺位的,保证人仍自愿承担全部保证担保责任”的约定,并据此认为“典当公司有权暂不向股权出质人主张权利,而直接要求保证人承担保证责任”。

不同的观点认为,不管当事人之间是否就债权实现方式作出约定,也不管当物是当户自己提供还是第三人提供,按照典当业的通行规则,典当行应先处置当物,所得价款不足清偿债务的,典当行才有权向保证人追偿。上述【案例四十八】和【案例四十九】中保证人均以此为由提出抗辩意见。

关于第三人提供当物的情形下典当法律关系是否成立的问题,我们认为,第三人可以提供当物为典当借款担保,既有利于典当业务经营的发展,也不违反现行法律制度的规范,并在司法实务中得到了认可。对此,我们在“当票、当金、当物”部分的述评“当物的风险”一文中已有详细论述,此处不再赘述。因此,典当业务经营中设有混合共同担保,且当物由第三人提供的,仍成立合法典当法律关系,保证合同依然是典当合同的从合同,典当行仍应该依法先就绝当物的担保实现债权,故保证人只需对当物处置后不足清偿部分承担保证责任。

(三)因当物未交付或未依法办理抵(质)押登记而导致抵(质)押权未能有效设立的,绝当后保证人的保证责任如何承担?

典当实务中大量存在未交付当物或者未办理登记手续而发放当金的行为,其实质是抵(质)押权未依法设立。对于因当物未交付或未依法办理抵(质)押登记,抵(质)押权未能有效设立的,此时保证人的保证责任如何承担存在认识分歧。

一种观点认为,未交付当物或者未办理登记手续而发放当金的,虽然抵(质)押权未能有效设立,但典当法律关系依然成立。但在保证责任承担上存在两种不同的认识路径。(1)一种意见认为典当双方未能有效设立抵(质)押权,意味着典当行放弃当物的担保,保证人应当在典当行放弃当物的担保范围内免除保证责任。如【案例五十】杭州滨盛典当有限责任公司上城分公司诉阚舟丹、阚小明等典当纠纷案中,法院认为典当关系依法成立,保证人为当户就因典当关系产生的债务承担连带保证责任意思表示明确的,应当承担连带保证责任。但因当物未办理质押登记,亦未转移占有,应视为典当行放弃了对当物的质权,形成保证人在典当行放弃当物的担保范围内免除保证责任的效果。(2)另一种意见认为,当物未移转交付或未办理抵(质)押登记不影响典当关系效力,也未加重保证人的责任,保证人应对典当借款承担保证责任。如【案例五十一】宁波世茂典当有限公司诉宁波市北仑明州农副产品收购有限公司、胡志兴等典当纠纷案中,法院的观点是,股权是否办理质押登记既不影响典当关系的效力,也未加重保证人的保证责任,保证人自愿为典当业务承担保证责任的,不因股权未办理质押登记而不承担保证责任或在股权质押范围之外承担保证责任。

另一种观点认为,未交付当物或者未办理登记手续而发放当金的,抵(质)押权未能有效设立,由于没有发生实际典当的行为,不符合典当合同的构成要件,典当合同关系不成立,属于"名为典当实为借款"的行为。此时,对于保证人在责任承担的问题上又有两种不同的意见。(1)一种意见认为,名为典当实为借款的行为不符合《典当管理办法》的规定,违反了相关金融管理法规,应为无效。主合同无效,对应的保证合同亦无效。保证合同无效后,债务人、保证人、债权人有过错的,应当根据其过错各自承担相应的民事责任。典型的如【案例五十二】泰兴市延令典当有限责任公司诉梅吉粮、新华龙公司和张某等典当纠纷案,法院认为"本案中,原告与被告梅某某签订的房产(典当)借款合同约定了以房产抵押借款,但是未办理抵押登记,设立抵押权,对此,原告与被告梅某某均有过错,而被告新华龙公司和张某均无过错。因此,被告新华龙公司和张某依法不应当承担民事责任"。(2)另一种意见认为,名为典当实为借款的行为,应按其实质关系即民间借贷法律关系予以认定和处理,只要保证人与典当行签订的保证合同不违反法律、行政法规的强制性规定,系合同当事人真实意思表示,且其担保的主合同项下所形成的借贷之债合法有效,则保证人均应按照约定履行保证义务。如【案例五十三】山东恒业典当有限公司诉山东永翠工艺家纺有限公司、日照市玛雅包装有限公司等民间借贷纠纷案,二审法院认为:"保证人与山东恒业典当有限公司签订的保证合同不违反法律、行政法规的强制性规定,系合同当事人真实意思表示,且其担保的主合同项下所形成的借贷之债合法有效,故各保证人均应按照约定履行保证义务。同时,涉案主合同中并未约定具体的抵押、质押担保方式,保证合同中亦未约定保证人承担保证责任须以主合同项下先行设立抵、质押担保为前提,在当事人无特别约定且法律没有明确规定的情况下,不能仅凭合同名称为'典当借款合同',即推定保证合同双方在签订合同时,具有在主债务人提供典当抵、质押担保后,保证人才承担保证责任的意思表示。日照市玛雅包装有限公司上诉主张有'典当'才提供担保,典当不成立其不承担保证责任,无事实与法律依据,亦不予支持。"

我们认为,关于抵(质)押权未设立的典当借款合同的性质和效力问题,在“典当合同的成立生效和效力”部分的述评“抵(质)押权的设立与典当合同的效力”一文中已有明确意见,即只要当事人主体适格、双方就成立典当关系进行了合意、有明确具体的当物,双方意思表示真实,则不管是否实际交付了当物或以登记设立担保物权,均不影响典当合同的成立以及生效,但是否实际交付了当物或是否已办理登记手续,会直接影响典当行能否享有担保物权而依法行使优先权。因此,因当物未交付或未依法办理抵(质)押登记而导致抵(质)押权未能有效设立的,不影响典当合同的成立以及生效,但直接导致典当行无法享有担保物权进而难以行使优先受偿权。但此种情形下,并不能因此就要求保证人应对典当借款承担连带责任,保证人的担保预期依旧是对当物处置之外典当行未受清偿的部分承担补充担保责任,这也符合典当业务经营的规则和习惯。除非有证据表明保证人对抵(质)押权未设立的情形存有过错,典当行可以就其因未能就当物行使抵(质)押权而造成的损失要求保证人承担相应的赔偿责任。

五

典当经营规则——利息、综合费、违约金

1. 当期内利息、综合费的司法保护幅度

【问题提示】对典当期限内的利率及综合费率的保护幅度如何把握?

【案例一】湖南锦润典当有限责任公司诉唐某、何某典当纠纷案(2016年3月16日)

【法律点】 1. 典当期限内的利率、综合费率的约定不得违反《典当管理办法》的规定,即均不得超出《典当管理办法》第三十七条及第三十八条规定的上限。

2. 绝当后当金利息、综合费、违约金,因《典当管理办法》并未作出规定,应当根据《最高人民法院关于审理民间借贷案件适用法律若干问题的规定》第二十六规定,调整当金利息、综合费、违约金的合计月利率为2%计算。

【关键词】典当管理办法　利率　综合费　违约金　民间借贷

湖南省安仁县人民法院
民事判决书

(2015)安民初字第1233号

原告:湖南锦润典当有限责任公司。住所地:湖南省安仁县永乐江镇五一北路。

法定代表人:卢红勇,系该公司董事长。

委托代理人:李志军,安仁县法律援助中心律师。

委托代理人:侯程瀚,湖南锦润典当有限责任公司业务经理。

被告:唐某。

被告:何某。

委托代理人:李国生,郴州市天剑法律服务所工作人员。

原告湖南锦润典当有限责任公司(以下简称锦润典当公司)与被告唐某、何某典当纠纷一案,原告于2015年12月1日向法院起诉,本院于同日立案受理后,依法组成合议庭,于2015年1月12日在本院第四审判庭公开开庭进行审理,原告锦润典当公司的委托代理人李志军、侯程瀚,被告何某委托代理人李国生到庭参加诉讼,被告唐某经本院传票传唤,无正当理由未到庭参加诉讼。本案现已审理终结。

原告锦润典当公司诉称,2014年12月30日被告唐某因需资金周转向原告融资。双方约定,原告向被告唐某提供当金20万元,当期15天;被告将车牌号为湘LTT×××丰田小轿车质押给原告,并支付综合费及利息,并约定违约金。被告何某作为连带保证人在动产质押典当合同上签字。合同签订当日,原告向被告支付了当金,被告却没有按典当合同履行义务。现向法院起诉,请求法院判令:1. 被告偿还当金20万元,支付当金利息、月综合费及逾期违约金;2. 判令被告承担本案诉讼费。

原告锦润典当公司为支持诉讼请求,向本院提供了下列证据:

1. 组织机构、营业执照、典当经营许可证、被告身份证复印件、户籍证明,拟证明原告具有从事典当业务经营资格,原、被告主体适格。

2. 动产质押典当合同、安仁县农村信用合作社进账单、存款凭证、机动车行驶证,拟证明被告唐某于2014年12月30日向原告典当小车一辆,双方签订典当合同。被告何某提供担保。原告已将当金交付给被告唐某。被告将车辆及行驶证质押给原告,原、被告签订的质押典当合同合法有效。

被告何某辩称,根据典当的性质,典当不适用保证,由保证人来保证典当的损失是与典当性质违背的。超过典当期限,不处置,由此造成的损失应当由原告承担,对绝当物品应当按照有关规定及时处理,损益自负。典当的利息、滞纳金和综合费合计利率过高,明显超过法律规定。原告提供的合同为格式合同,没有向何某解释条款,何某不应当承担责任。典当时间为15天,保证期为典当合同到期后的6个月,原告诉讼超过时效。请求法院驳回对被告何某的诉请。

被告何某未向本院提交任何证据。

被告唐某未答辩,亦未向本院提交任何证据。

本院根据当事人的举证,对本案的证据审核认定如下:

原告锦润典当公司提供的第1、2组证据符合证据的真实性、合法性、关联性,本院予以确认。

根据当事人的举证和本院的认证情况,结合庭审中原告的陈述,本院查明事实如下:

被告唐某因需资金付工程款于2014年12月30日与原告锦润典当公司签订锦润借字〔2014〕动产等71号动产质押典当合同,被告何某作为保证人在合同上签字。合同约定:(以下甲方为锦润典当公司,乙方为唐某)1.2“综合费用”指甲方提供典当管理和服务应当收取的费用,但任何情况下都不包含保险费、管理费等。1.8“绝当”系指乙方未在典当或续当期限届满后5日内赎当也未与甲方达成续当一致的即为绝当。2.1乙方自愿以其具有合法所有权的丰田牌TV7253R0ya15发动机号C717789小型轿车向甲方提供质押担保,质押的具体物品以《质押清单》项物品为准。甲方同意接受乙方以上现货为本合同项下债权之担保。2.2甲、乙双方经充分协商一致,确认该质物估价为20万元。4.1该动产典当的当金为人民币20万元。第五条:典当期限为15天,自2014年12月30日起至2015年1月13日止。6.1本合同项下的月综合费为当金的4.2%,月利息为当金的0.46%,合计为当金的4.66%,以当金为基数从甲方发放当金之日起算。6.6本合同项下的利息和综合费用不受典当及续当期限的影响,典当期限及续当期限届满,利息和综合费用仍按照本合同约定的标准连续计算,直至甲方债权获得完全清偿。9.1乙方不按照本合同约定偿还当金或支付应付的任何款项或不遵守本合同的任何条款或发生任何违约事件时,甲方有权行使法律或本合同所授予的全部权利,包括但不限于:甲方自行将该动产以本合同约定评估折价处理或自行委托拍卖行拍卖或自行变卖,并以所得价款受偿。10.1乙方如未按期支付利息、综合费及其他应付费用,每逾期一日按当金总额的千分之五向甲方支付逾期违约金;逾期十日的,甲方有权解除合同,提前收回当金。14.1保证人对乙方依本合同的全部债务对甲方承担无限连带责任。14.2甲方无须先向乙方追偿或起诉或处理当物,即有权直接要求保证人承担连带保证责任。14.5保证人承担保证责任的期间为甲方债权到期日起的两年。2014年12月30日,原告锦润典当公司通过湖南省农村信用社向被告唐某交付了20万元。典当合同到期后,被告唐某未续当,亦未返还当金。原告锦润典当公司以被告唐某未按典当合同履行义务为由,于2015年12月1日向安仁县人民法院提起诉讼。

另查明,锦润典当公司持典当经营许可证营业期限为2014年5月8日至2064年5月7日,经营范围包括动产质押典当业务等。唐某所有的湘LT×××小型轿车购买时价值为311,800元,2013年7月1日唐某将该车在丰田汽车金融(中国)公司办理抵押贷款手续,抵押金额为155,900元,贷款期限为12个月,至今未还清该笔贷款。

本院认为,本案系典当纠纷。本案中,被告唐某与原告锦润典当公司签订典当合同,原告依据典当合同约定向被告支付了当金,履行了自己的合同义务。典当期限内被告未续当，在续当期满后，超过5日未赎当，构成绝当。绝当后，对于当金，被告应予偿还。故对原告诉请被告偿还当金20万元，本院予以支持。

本案的争议焦点为：综合费用、利息及逾期违约金的计算。本案中，原告锦润典当公司要求被告唐某按当金20万元，每月4.2%支付综合费，每月0.46%支付利息，每日5‰支付逾期违约金计算至偿还之日止；被告认为，利息、综合费、违约金合计利率过高，违反法律规定，超过典当期限，为绝当的物品应按照有关规定及时处理，不处置而造成的损失应当由原告承担。本院认为，参照《典当管理办法》第三十八条之规定，典当综合费用包括各种服务及管理费用。动产质押典当的月综合费率不得超过当金的42‰。原、被告之间约定的利息、综合费、违约金的利率不违反法律规定，故本院认为，典当期内，被告应当按照合同约定支付利息及综合费用；本院认为，双方约定典当期限自2014年12月30日起至2015年1月13日止，在典当期限届满后五日内，被告没有赎当也没有续当，未履行返还当金的义务，故被告构成违约，应当支付违约金；因被告在典当期限届满后五日内未赎当亦未续当，即为绝当，对绝当后当金利息、综合费、违约金的收取，《典当管理办法》并未作出规定，本院认为，原告诉请的当金利息、综合费、违约金的合计利率过高，根据《最高人民法院关于审理民间借贷案件适用法律若干问题的规定》第二十六条之规定，调整当金利息、综合费、违约金的合计利率为2%计算。故在当期内借款本金产生的利息及综合费为4660元[20万元×(0.46%+4.2%)×15天÷30天/月]，在典当到期至绝当日产生的利息、综合费及违约金为6553.33元[20万元×(0.46%+4.2%)×5天÷30天/月+20万元×5‰×5天]。绝当后的利息、综合费及违约金，被告应当按照月利率2%向原告支付。

原告锦润典当公司要求被告何某承担连带保证责任，被告何某认为，保证期为典当合同到期后的6个月，保证已超过诉讼时效，本院认为，合同中已明确约定保证期限为债权到期日起的两年，故原告此项诉讼请求，本院予以支持。本院认为，此项债权中既有被告唐某提供的物的担保又有被告何某提供的保证，但根据典当合同中约定，原告可直接要求被告何某承担连带保证责任。据此，参照《典当管理办法》第三十八条，根据《中华人民共和国合同法》第八条、第六十条、第一百零七条、第一百一十四条，《中华人民共和国担保法》第十八条、第二十一条、第二十六条、第二十八条、第三十一条、第三十三条、第三十四条，《中华人民共和国物权法》第一百七十六条，《最高人民法院关于审理民间借贷案件适用法律若干问题的规定》第二十六条，《中华人民共和国民事诉讼法》第一百四十四条、第一百五十二条之规定，判决如下：

一、被告唐某在本判决生效后十日内偿还原告锦润典当公司当金20万元及利息、综合费及违约金(利息、综合费及违约金的计算方式:当期内的利息及综合费为4660元;在典当到期至绝当日产生的利息、综合费及违约金为6553.33元;绝当后的利息、综合费及违约金按照当金20万元,自2015年1月19日按月利率2%计算至偿清之日止)。

二、在典当物湘LTT×××小型轿车变卖后不足以偿还部分由被告何某承担连带偿还责任,被告何某在偿还后可向被告唐某追偿。

三、驳回原告锦润典当公司其他诉讼请求。

如果未按本判决指定的期间履行给付金钱义务,应当按照《中华人民共和国民事诉讼法》第二百五十三条的规定,加倍支付迟延履行期间的债务利息。

案件受理费4300元,财产保全费1520元,由被告唐某、何某负担。

如不服本判决,可在判决书送达之日起十五日内,向本院递交上诉状,并按对方当事人的人数或代表人的人数提出副本,上诉于湖南省郴州市中级人民法院。

审　判　长　陈亚琳

人民陪审员　彭前钧

人民陪审员　吴文华

二〇一六年三月一十六日

书　记　员　张　伟

【案例二】上海市恒通典当有限公司诉许吉科典当纠纷案（2016年9月2日）

【法律点】 1. 典当行对外签订的合同虽名为《借款及质押担保合同》，但合同中约定了利息、综合费，且典当行签发了当票，双方办理了质押物登记手续的，应当认定双方之间构成典当法律关系。

2. 双方当事人之间虽然形成典当法律关系，但无论是典当期内的利息、综合费还是逾期违约金等均应适用有关民间借贷的法律规定进行处理，如综合费预先在当金中扣除的，则应当将实际交付的金额认定为当金；如出典人实际已还款项超出年利率36%部分应冲抵本金，未偿还部分则应按年利率24%计算。

【关键词】 预扣综合费　利息　逾期违约金　年利率36%　年利率24%

上海市第一中级人民法院
民事判决书

（2016）沪01民终6307号

上诉人（原审原告）：上海市恒通典当有限公司。

法定代表人：王某甲，董事长。

委托诉讼代理人：杨幼敏，上海市外滩律师事务所律师。

委托诉讼代理人：张君毅，上海明伦律师事务所律师。

被上诉人（原审被告）：许吉科。

上诉人上海市恒通典当有限公司（以下简称恒通典当公司）因与被上诉人许吉科典当纠纷一案，不服上海市长宁区人民法院（2015）长民二（商）初字第9465号民事判决，向本院提起上诉。本院于2016年6月3日立案后，依法组成合议庭，开庭进行了审理。上诉人恒通典当公司的委托诉讼代理人杨幼敏、张君毅到庭参加诉讼。被上诉人许吉科经传票传唤无正当理由拒不到庭参加诉讼，本院依法进行缺席审理。本案现已审理终结。

恒通典当公司的上诉请求:1.撤销(2015)长民二(商)初字第9465号民事判决第一、二、四项;2.改判被上诉人许吉科向上诉人恒通典当公司归还借款本金50万元;3.改判被上诉人许吉科向上诉人恒通典当公司支付自2015年2月11日起至判决生效日止按月利率4.64%计算的逾期付款违约金(每月23,200元)。许吉科未向本院提交书面答辩意见。

恒通典当公司向一审法院起诉请求:1.许吉科支付恒通典当公司借款本金人民币50万元(以下币种相同);2.许吉科支付恒通典当公司自2015年2月11日起至判决生效日止按月4.64%计算的逾期还款违约金即每月23,200元;3.许吉科支付恒通典当公司自2015年2月11日起至判决生效之日止按每月300元计算的GPS维护费;4.恒通典当公司可以就拍卖、变卖已质押的车牌为沪N×××××的奥迪轿车(含牌照)所得的款项优先受偿上述债权金额。

一审法院认定事实:2013年10月11日,恒通典当公司为甲方(贷款人、质权人),许吉科为乙方(借款人、出质人),双方签订《借款及质押担保合同》一份,约定:乙方向甲方借款50万元,乙方应向甲方按约支付借款利息及综合费,利率为每月0.44%、综合费为每月4.2%,自乙方收到借款之日计算,直至乙方履行了全部贷款义务时止;借款期限为30日,自乙方收到借款之日起算,借款期限届满后5日内,经乙方申请、甲方同意,双方可以延长借款期限,但最长不得超过180日,届时双方可以另行签署《延长借款期限确认书》;乙方提供乙方所有的车牌号为沪N×××××的奥迪A8L轿车给恒通典当公司作为质押担保,甲方的质权存续期间为30日,质权效力自质权设立之时起至乙方履行贷款义务时止;质押动产由甲方保管,甲方应履行善意管理人的义务,不得擅自使用质押财产;如乙方逾期未归还借款本金,或者未按月支付利息和综合费的,甲方可以行使并实现质权;乙方交付质押财产或办理出质登记并由甲方取得质权证明后,甲方应向乙方签发当票并向乙方交付借款,乙方收到借款后,应向甲方出具收款凭证或在当票上签名,当票是本合同的附属文件,仅作甲方交付借款的凭证;如乙方逾期未归还借款本金,或者未按月支付利息和综合费的,应视为乙方违约,则应按日千分之五支付逾期还款违约金,直至履行全部债务止;等等。同日,双方当事人对许吉科提供的质押物即车牌号为沪N×××××的奥迪A8L轿车办理了质押备案登记。恒通典当公司向许吉科开具当票,当票记载:典当行为上海市恒通典当有限公司普陀分公司,当户为许吉科;当物为奥迪轿车,沪N×××××(含牌照),典当金额50万元;综合费21,000元,实付金额479,000元;月费率4.2%,月利率0.44%;典当期限由2013年

10月11日起至2013年11月10日止。许吉科向恒通典当公司出具收条一份,明确收到恒通典当公司车辆质押款50万元,车牌号:沪N×××××。并注明:其中473,250元以银行转账方式支付,另有26,750元以利息、综合费用、服务费、保险代扣款等项目现金支付。2013年10月12日,恒通典当公司与许吉科签订《借款及质押担保补充合同》一份,约定:双方对《借款及质押担保合同》第九条(质押财产的保管)和质押的行使作进一步的补充;质物交甲方保管后,应乙方请求,甲方同意将质物暂时有条件地提供给乙方使用,乙方使用期间,对质物应尽善良管理人的义务,在合理正常范围内使用;甲方可以视乙方使用情况收回质物等。同日,双方当事人又签署了《使用质物确认书》一份。该确认书明确,甲方同意将质物沪N×××××奥迪轿车交乙方使用,甲方并不因乙方实际使用质物而放弃、失去对质物的最终控制和占有,甲方对质物所享有的质权已依法设立,不因乙方的实际使用而丧失质权。自2013年11月18日至2015年2月9日,许吉科分别通过网上银行向案外人王某甲支付汇款共计307,500元。恒通典当公司于原审庭审中确认收到许吉科上述汇款。

一审法院另查明,本案双方当事人对恒通典当公司实际交付许吉科的借款金额存在异议。恒通典当公司认为涉案借款金额为50万元,许吉科认为其仅收到恒通典当公司借款数额为473,250元。对此,原审法院认为,双方当事人在合同中约定了许吉科在收到恒通典当公司借款后应向该公司出具收款凭证或在当票上签名,并约定当票作为恒通典当公司交付借款的凭证。本案中,恒通典当公司提供了其签发的当票和许吉科出具的收款收据,双方对上述证据的真实性均无异议。从恒通典当公司签发的当票记载显示:典当金额50万元,综合费21,000元,实付金额479,000元。恒通典当公司实际交付当金是479,000元,即扣除了综合费21,000元。从许吉科出具的收款收据显示:今收到恒通典当公司车辆质押款50万元,其中473,250元以银行转账方式支付,另有26,750元以利息、综合费用、服务费、保险代扣款等项目现金支付。该收据注明了收到银行转账和现金两种方式支付的款项,没有出现扣款字样。根据上述证据,原审法院认定恒通典当公司交付典当金额50万元,扣除了许吉科应缴的综合费21,000元,实际交付许吉科当金479,000元,对此,许吉科在合理期间内没有提出异议。

一审法院还查明,双方当事人对系争典当期限届满后是否存在续当事实存在争议。恒通典当公司认为在典当期限届满后双方办理了续当;许吉科则认为在典当期限届满后恒通典当公司没有提出过续当,也没有要求其办理续当手续,故不存在续当事实。对此,一审法院认为,根据涉案《借款及质押担保合同》的约定,借款期限届满后的5日内,经乙方申请,甲方同意,双方可以延长借款期限,可由双方另行签署《延长借款期限确认书》。但是,没有证据证明在合同约定的借款期限届满后,许吉科向恒通典当公司提出延长申请,双方也没有签署延长借款期限确认书,即借款期限届满后,双方没有形成延长借款期限的合意。又由于合同约定当票仅作为甲方交付借款的凭证,当票记载内容与合同不一致的,应以合同的内容为准。合同中没有约定续当事宜,且恒通典当公司提供的续当凭证为该公司自行制作,未经许吉科签名确认,不能作为双方发生续当的依据。由此,一审法院认定,没有证据证明在本案系争当票期限届满后,双方当事人之间曾发生续当的事实。

一审法院认为,恒通典当公司及许吉科对于共同签订《借款及质押担保合同》和补充合同,以及对质物办理质押登记,恒通典当公司向许吉科开具当票并已给付许吉科借款的事实均没有异议。本案的主要争议焦点是:双方当事人之间法律关系的性质。恒通典当公司认为,《借款及质押担保合同》是为了双方办理质押登记手续需要,因在当票上无法约定关于质押的条款,合同在确定双方借款的基础上,主要内容是关于质押担保的范围及如何实现质权,而且恒通典当公司向许吉科签发了当票,所以双方之间的本质关系仍然是典当法律关系。许吉科则认为,从双方签订的《借款及质押担保合同》内容看,本案为借款关系,合同明确约定当票为合同的附件,仅作为恒通典当公司交付借款的凭证,双方以合同为准。而且典当应当须将当物交给当铺,本案实际上不存在交付当物的行为,质押车辆由许吉科实际控制,所以本案不是典当关系。对此,一审法院认为,本案双方当事人恒通典当公司及许吉科依照相关法律和《典当管理办法》的规定,订立了系争的《借款及质押担保合同》,即双方选择了该管理办法作为合同规范。《典当管理办法》第三十条规定,当票是典当行与当户之间的借贷契约,是典当行向当户支付当金的付款凭证;典当行和当户就当票以外事项进行约定的,应当补充订立书面合同。本案中,恒通典当公司与许吉科为质押动产,签订了《借款及质押担保合同》,并不违反该管理办法。《典当管理办法》第四十二条第二款规定,典当行经营机动车典当业务,应当到车辆管理部门办理质押登记手续。根据该规定,恒通典当公司可以经营机动车质押典当业务,本案质押当物机动车也办理了质押登记手续。而且,恒通典当公司亦向许吉科签发了当票,当金与借款金额一致,质押物与当物一致,约定综合费及利息亦相同,上述内容均不违背《典当管理办法》的规定,所以,双方当事人的涉案行为符合典当法律关系特征,双方之间的典当法律关系成立。至于质押的典当物实际已由许吉科控制,是因许吉科违反约定,在典当期限届满后未及时归还恒通典当公司质押当物,因此,由许吉科违约所产生的结果,并不能改变双方之间的法律关系。许吉科的辩称意见与《典当管理办法》的规定不符,一审法院对此未予采纳。综上,《借款及质押担保合同》和《借款及质押担保补充合同》、《使用质物确认书》及当票,均系当事人真实意思表示,且不违反我国法律法规的禁止性规定,当事人应当恪守。根据《典当管理办法》第四十条的规定,典当期限或者续当届满后,当户应当在5日内赎当或者续当;逾期不赎当也不续当的,为绝当。在系争《借款及质押担保合同》约定的借款和当票记载的当期届满后,双方既未能按约签署《延长借款期限确认书》,也未经双方同意办理续当,许吉科又未赎当,则在典当期限届满5日后绝当。绝当后,许吉科理应将按约使用的质押当物归还恒通典当公司,以便恒通典当公司按约或按规定处理绝当质押当物。但是许吉科未能归还质押当物,致使恒通典当公司无法按规定处理质押当物。许吉科既然不能归还质押当物,则应当归还恒通典当公司当金,许吉科既不归还质押当物,又不归还恒通典当公司当金,由此引起纠纷,责任在许吉科。许吉科除应归还恒通典当公司当金外,还应承担相应的违约责任。当票约定违约金为每天千分之五,许吉科认为该约定违约金过高,要求调整,一审法院予以调整为每日万分之七。在绝当后,恒通典当公司继续收取综合费等费用没有事实与法律依据,许吉科已经支付的钱款,应当先于抵扣其应承担的违约金,剩余部分折抵当金。审理中,恒通典当公司确认截至2015年2月9日已经收到许吉科支付的钱款共计307,500元,扣除从2013年11月16日起至2015年2月9日止,许吉科应偿付的违约金157,500元(50万元×0.0007×450),剩余150,000元则抵扣当金,许吉科实际应归还恒通典当公司当金350,000元。恒通典当公司要求许吉科支付每月300元计算的GPS维护费,但该公司未能举证证明其已为许吉科实际支付了该笔GPS维护费,故恒通典当公司的该项请求证据不足,一审法院未予支持。据此,一审法院判决:一、许吉科应于本判决生效之日起十日内归还恒通典当公司当金350,000元;二、许吉科应于本判决生效之日起十日内偿付恒通典当公司逾期付款违约金(其中,以350,000元为基数,自2015年2月10日起至判决生效之日止,按每日万分之七计算);三、若许吉科未履行上述第一、二项债务,恒通典当公司可以与许吉科协商,以质押的车牌为沪N×××××的奥迪轿车(含牌照)折价,或者申请以拍卖、变卖该质押物所得价款优先受偿,质押物折价或者拍卖、变卖后,其价款超过债权数额的部分归许吉科所有,不足部分由许吉科继续清偿;四、驳回恒通典当公司其他诉讼请求。本案案件受理费10,680元,由恒通典当公司负担5340元,许吉科负担5340元。

本院二审期间,上诉人恒通典当公司提交了被上诉人许吉科与上诉人公司经办人之间于2015年2月7日互发短信内容的文字打印件一份,证明上诉人公司曾向被上诉人催要利息,被上诉人表示认可。鉴于上诉人提交的上述证据材料,不属于符合法律规定的二审中的新的证据,本院对此不予采信。

一审法院认定的事实清楚。

本院认为,本案双方当事人即上诉人恒通典当公司与被上诉人许吉科之间所共同订立的《借款及质押担保合同》及《借款及质押担保补充合同》,以及双方就涉案质物办理了质押登记手续和恒通典当公司向许吉科开具当票、许吉科向恒通典当公司出具收条等事实,双方均没有异议,一审法院据此认定本案双方当事人之间的法律关系性质是典当法律关系,并无不当。在涉案《借款及质押担保合同》的实际履行过程中,虽然许吉科向恒通典当公司出具的收条中认可收到恒通典当公司车辆质押款 50 万元,但其中 473,250 元以银行转账方式支付,另有 26,750 元以利息、综合费用、服务费、保险代扣款等项目现金支付。相对应的当票中亦记载了典当金额 50 万元,综合费 21,000 元,实付金额 479,000 元。根据《最高人民法院关于审理民间借贷案件适用法律若干问题的规定》第二十七条的规定,借据、收据、欠条等债权凭证载明的借款金额,一般认定为本金;预先在本金中扣除利息的,人民法院应当将实际出借的金额认定为本金。本案中,恒通典当公司向许吉科实际出借的本金金额应认定为 473,250 元。审理中,根据恒通典当公司确认已收到许吉科陆续支付的还款共计 307,500 元的事实,参照《最高人民法院关于审理民间借贷案件适用法律若干问题的规定》第二十六条的规定,借贷双方约定的利率未超过年利率 24%,出借人请求借款人按照约定的利率支付利息的,人民法院应予支持;借贷双方约定的利率超过年利率 36%,超过部分的利息约定无效;借款人请求出借人返还已支付的超过年利率 36% 部分的利息的,人民法院应予支持。由此,恒通典当公司以 50 万元为基数,确认系争已偿还的款项系许吉科按约履行至 2015 年 2 月 9 日止,违反了上述法律约定,本院对此予以调整。一审法院所调整的违约金计算标准,缺乏法律依据,一审法院依照其调整后的违约金计算标准,计算出许吉科已支付的 307,500 元中有部分款项可以冲抵当金的本金,明显与《借款及质押担保合同》的约定不符,本院对此不予认可。许吉科已向恒通典当公司支付的还款 307,500 元,以许吉科实际借到的本金金额 473,250 元为基数,按照年利率 36% 的标准计算,上述还款可用于归还 21.66 个月的利息。根据上述计算方式,本院认定,许吉科已向恒通典当公司归还利息至 2015 年 7 月 31 日。此外,自 2015 年 8 月 1 日起,许吉科应当以 473,250 元当金本金为基数,按照年利率 24% 的计算标准,向恒通典当公司偿付逾期付款违约金。二审中,恒通典当公司放弃了原先要求许吉科支付每月 300 元 GPS 维护费的上诉请求,并不违反法律的规定,本院对此予以认可。综上所述,上诉人恒通典当公司的上诉请求存在一定的合理性,可予以支持。依照《最高人民法院关于审理民间借贷案件适用法律若干问题的规定》第二十六条、第二十七条和《中华人民共和国民事诉讼法》第一百四十四条、第一百七十条第一款第二项规定,判决如下:

一、撤销上海市长宁区人民法院(2015)长民二(商)初字第9465号民事判决。

二、被上诉人许吉科向上诉人上海市恒通典当有限公司归还借款本金人民币473,250元。

三、被上诉人许吉科向上诉人上海市恒通典当有限公司支付自2015年8月1日起至判决生效日止,以人民币473,250元为基数、按年利率24%计算的逾期付款违约金。

四、若被上诉人许吉科未履行上述债务,上诉人上海市恒通典当有限公司可以与被上诉人许吉科协商,以质押的车牌为沪N×××××的奥迪轿车(含牌照)折价,或者申请以拍卖、变卖该质押物所得价款优先受偿,质押物折价或者拍卖、变卖后,其价款超过债权数额的部分归被上诉人许吉科所有,不足部分由被上诉人许吉科继续清偿。

如果被上诉人许吉科未按本判决指定的期间履行给付金钱义务,应当依照《中华人民共和国民事诉讼法》第二百五十三条之规定,加倍支付迟延履行期间的债务利息。

一审案件受理费人民币10,680元,由上诉人上海市恒通典当有限公司负担人民币680元,被上诉人许吉科负担人民币10,000元。二审案件受理费人民币10,680元,由被上诉人许吉科负担。

本判决为终审判决。

审 判 长 张 聪
代理审判员 范德鸿
审 判 员 贾沁鸥
二〇一六年九月二日
书 记 员 刘凌钒

2.利息、综合费的预扣

【问题提示】典当行在交付当金时,能否约定预扣利息和综合费?

【案例三】广东利都典当有限公司诉付海力典当借款纠纷案

(2017年2月9日)

【法律点】 1.对于典当行预先扣收综合管理费用及利息的问题应分别处理,《典当管理办法》已明确规定利息不得在当金中预先扣减,但对综合费的提前预扣未作规定,双方在合同中约定且履行过程中实际已预扣综合费的,应视为双方合意一致予以预扣。

2.综合费用是发生在典当期间或者续当期限届满至绝当的各种服务及管理费用。典当行收取一定比例的费用,是构成典当行为的一部分,其收取期限应当为典当期间以及绝当前。绝当后,双方的典当法律关系终止,对于当户没有依约赎回当物,典当行的权利为处置当物,而不能要求当户继续支付绝当后的综合费用。

【关键词】 预先扣收　综合费用　利息　绝当　违约金　律师费

广东省广州市中级人民法院
民事判决书

(2016)粤01民终12653号

上诉人(原审原告):广东利都典当有限公司。住所地:广州市越秀区。

法定代表人:刘炳培,总经理。

委托代理人:宋珊,广东晟晨律师事务所律师。

委托代理人:刘卫忠,广东晟晨律师事务所律师。

被上诉人(原审被告):付海力,住广东省深圳市罗湖区。

上诉人广东利都典当有限公司(以下简称利都公司)因与被上诉人付海力典当借款纠纷一案,不服广州市越秀区人民法院(2015)穗越法金民初字第2094号民事判决,向本院提起上诉。本院依法组成合议庭审理了本案,现已审理终结。

原审法院经审理查明:2014年12月18日,利都公司与付海力签订了《典当借款合同》(合同编号:SZ-LD-100912-600),双方约定:付海力以三鼎酒杯一只作为当物质押给利都公司,当物三鼎酒杯估值为574,100元,典当借款40万元,典当期限为六个月,当金年利率为22%,在当金发放当日及以后每月15日支付次月当金利息,并在典当到期日偿还该笔当金,典当综合费率为每年6%,利都公司在发放当金时一次性或部分预收付海力典当期限内的综合费用共计12,000元。典当期满或没有在典当期满5日内办理续当手续,也不赎当的,即为绝当。绝当物品估价超过3万元的,由利都公司委托拍卖行公开拍卖,所得收入由付海力扣除当今本息、综合费用和实现债权的费用后,剩余部分退还给付海力,不足部分利都公司有权向付海力追偿。付海力未按期偿还当金或支付利息及其他款项,利都公司有权按逾期天数向付海力计收逾期罚息,逾期罚息利率为本合同约定的当金利率的150%。

同日,双方签订《动产质押合同》(合同编号:SZ-LD-ZY-100912-600),约定付海力以三鼎酒杯质押给利都公司为借款提供担保,担保范围包括但不限于《典当借款合同》项下的当金及利息、综合费用、违约金、损害赔偿金、质押权人垫付的有关费用和质押权人为实现债权发生的费用。利都公司收取当物后向付海力出具当票(编号为:4412587616),当票约定综合费用为月费率2.233%。

同日,利都公司与付海力还签订《承诺分期付款协议》,双方约定:付海力同意按照以下还款计划向利都公司支付当金本息及综合费用:在当金发放当日支付19,349.30元,以后的每月15日支付7333.34元,并在典当到期日支付400,000元。

2014年12月29日,利都公司在扣除了首期的综合费用19,349.30元后通过中国工商银行粤电支行账户为36××28向付海力名下招商银行深圳上步支行账户为62××01划款380,650.70元。

诉讼期间,利都公司确认:2015年1月15日,付海力通过平安银行向利都公司支付了7333.34元,2月16日支付了7333.34元,3月17日支付了7333.34元,4月16日支付了7333.34元,5月18日支付了7333.34元。此后,付海力没有办理续当、赎当手续,也未再支付款项。

为证明上述事实利都公司提供《典当借款合同》(合同编号:SZ-LD-100912-

600)、《动产质押合同》(合同编号:SZ - LD - ZY - 100912 - 600)、当票(编号为:4412587616)、承诺分期付款协议、中国工商银行业务回单、平安银行业务回单。

付海力未到庭应诉,视为放弃抗辩,对利都公司所举证据予以认可。

利都公司的原审诉讼请求为:1. 付海力向利都公司清偿本(当)金人民币 40 万元;2. 判令付海力向利都公司支付综合费及违约金[违约金为 300 元;自 2015 年 6 月 16 日起,当期届满后综合费用以本(当)金人民币 40 万元及按约定的月费率 2.334% 计至本金全部清偿之日止];3. 判令付海力支付利都公司为实现债权而支出的律师费人民币 16,209 元;4. 判令利都公司有权以折价或拍卖、变卖当物(三鼎酒杯一只)所得价款在上述诉讼请求范围内优先受偿;5. 判令由付海力承担本案的诉讼费用。

原审法院认为:利都公司不属金融监管部门批准设立从事贷款业务的金融机构,无权从事贷款业务。其通过动产质押借款的形式从事贷款发放业务,属无效民事法律行为。利都公司无权收取综合费用及按合同计付利息。付海力应当返还所取得的贷款,已支付的款项应抵扣贷款。造成合同无效的后果双方均有责任,故资金占用费损失由利都公司、付海力各负担一半。资金占用费可从利都公司主张之日(起诉之日 2015 年 6 月 29 日)起算。主合同《典当借款合同》无效,从合同《动产质押合同》亦同时无效。利都公司要求行使质押担保权,原审法院不予支持。综上所述,依照《中华人民共和国合同法》第五十二条、第五十八条之规定,判决:一、自判决发生法律效力之日起 10 日内,付海力向广东利都典当有限公司返还贷款本金 343,984 元及资金占用费(以贷款本金 343,984 元为基数,从 2015 年 6 月 29 日起至判决限定还款之日止,按中国人民银行同期同类贷款基准利率的 1/2 计算)。二、驳回广东利都典当有限公司的其余诉讼请求。如果未按判决指定的期间履行给付金钱义务,应当按照《中华人民共和国民事诉讼法》第二百五十三条之规定,加倍支付迟延履行期间的债务利息。本案受理费 7548 元、保全费 2603 元,由广东利都典当有限公司承担 5075.5 元,付海力承担 5075.5 元。

原审法院判决后,利都公司不服,向本院提起上诉称:一审判决查明事实无视上诉人系依法经核准具有从事典当业务的主体资格事实,认定《典当借款合同》《动产质押合同》无效没有任何依据,从而导致适用法律明显错误。利都公司具有从事典当业务的合法主体资格,在核准范围内与付海力签订《典当借款合同》《动产质押合同》出具当票等民事法律行为属典当法律关系。并非作为小额贷款公司的主体身份实施对外贷款行为。一审判决认定利都公司从事了未经批准的贷款业务,明显张冠李戴,混淆事实。利都公司经审批并领取了营业执照,主营业务范围即为典当借款,与此相对应,本案涉及的《典当借款合同》《动产抵押合同》以及相关的履行行为无疑是合法资质取得开展的正当业务,完全符合《典当管理办法》第三条规定。利都公司作为典当行不仅具有合法主体资格,而且合同内容合法有效,是各方当事人真实意思表示,没有违反法律法规的强制性规定。利都公司依法向付海力发放了当金,享有按时收回当金及收取综合费用的权利。需要指出的是,即便作为借款法律关系处理本案,基于企业与个人之间借款为法律所允许的规定和常识,利都公司也无须取得金融监管部门批准,采取动产质押借款的形式不但同样为法律赋予债权人的权利,受到法律保护;而且不构成无效的事由。综上所述,请求本院依法判令:1. 撤销(2015)穗越法金民初字第2094号民事判决书,改判确认《典当借款合同》《动产质押合同》合法有效;2. 付海力向利都公司清偿借款本(当)金人民币40万元及综合费用及违约金[自2015年6月16日起,当期届满后综合费用以尚欠本(当)金人民币40万元及按约定的月费率2.334%计至本金全部清偿之日止];3. 付海力支付利都公司为实现债权而支出的律师费人民币16,209元;4. 利都公司有权以折价或拍卖、变卖当物(三鼎酒杯一只)所得价款在上述诉讼请求范围优先受偿。

被上诉人付海力未到庭亦未发表陈述。

经审理,本院对原审法院查明的事实予以确认。本院另查明事实一:案涉《典当借款合同》附件一第四条约定,典当期限为当金发放之日起满六个月之日止;《动产质押合同》第三条约定质押财产担保范围约定实现债权发生的费用包括律师费等。另查明事实二:上诉人是于2009年5月1日经广州市工商行政管理局依法核准登记成立的有限责任公司,经营范围包括:货币金融服务(具体经营项目请登录广州市上市主体信息公示平台查询),经向该平台查询,该公司已获得经营典当业务的行政许可。另查明事实三:上诉人原审庭审时提供了其与本案委托代理人所执业的律师事务所签订的委托代理合同及支付相应律师费的凭证。

本院认为,本案二审的争议焦点在于案涉《典当借款合同》的效力及被上诉人承担违约责任的范围。本案上诉人系经国家主管机关批准经营典当业务的典当机构,依法可从事典当业务活动,且双方签订的《典当借款合同》《承诺分期付款协议》《动产质押合同》是双方当事人的真实意思表示,因此,前述合同合法有效,双方之间构成典当合同关系,应严格依照相关合同履行义务。原审法院对合同效力认定不当,本院予以纠正。

上述合同签订后,上诉人已履行了放款义务,被上诉人取得当款后,于约定期限届满后未能向上诉人偿还当金,亦未在期限内办理赎当或续当手续,严重违反合同的约定。现上诉人要求被上诉人归还当金及承担违约责任并无不当,但计算标准应依法有据。

关于上诉人向被上诉人发放当金金额的问题。本院认为,尽管上诉人出具的当票上记载的金额为400,000元,且被上诉人也在该当票上签字确认,但依据《中国工商银行业务回单》上诉人向被上诉人实际交付的当金为380,650.7元,差额为预扣的综合管理费用及利息。而参照相关《典当管理办法》及法律的相关规定,对于上诉人预先扣收的综合管理费用及利息,应分别处理:由于《典当管理办法》对综合费的提前预支未作规定,双方在履行合同过程中实际已预扣了涉案款项的综合费,且双方签订《承诺分期付款协议》中,约定了上诉人预扣相关综合费用,故对于涉案当金的综合费用的预扣,应视为双方合意一致予以预扣;至于利息的问题,《典当管理办法》第三十七条第二款明确规定利息不得在当金中预先扣减,故对于上诉人预先扣收利息,法院不予认可。鉴于上诉人于2014年12月29日向被上诉人交付的380,650.7元,是预先扣收了综合管理费12,000元及利息7349.3元的,而基于前述理由,法院认定上诉人向被上诉人已交付的当金为:400000-7349.3=392,650.7元。

关于绝当后的逾期赎当违约金问题。双方签订的合同中约定逾期还款的违约金为300元,现上诉人要求被上诉人支付该笔违约金理据充分,本院予以支持。

关于上诉人诉请的综合管理费用问题。法院认为,首先,合同期内的综合管理费用,上诉人已经在发放当金时候收取,不存在合同期内综合费用逾期问题。其次,依据《典当借款合同》约定,典当期限届满至绝当时间为5日,被上诉人应当按典当期限内的年综合费率标准补交5日综合费用322.7元(392,650.7元×6%/年÷365日/年×5日)。再次,根据《典当管理办法》第四十条第二款的规定:“当户于典当期限或者续当期限届满至绝当前赎当的,除须偿还当金本息、综合费用外,还应当根据中国人民银行规定的银行等金融机构逾期贷款罚息水平、典当行制定的费用标准和逾期天数,补交当金利息和有关费用。”即综合费用是发生在典当期间或者续当期限届满至绝当的各种服务及管理费用。典当行收取一定比例的费用,是构成典当行为的一部分,其收取期限应当为典当期间以及绝当前。绝当后,双方的典当法律关系终止,对于当户没有依约赎回当物,典当行的权利为处置当物。故上诉人诉请被上诉人支付绝当后的综合费用于法无据。综上,本院只支持典当期限届满至绝当日期之间的五日综合费用322.7元。

关于律师费问题。《动产质押合同》第三条质押财产担保范围约定实现债权发生的费用包括律师费等,可视为合同约定了被上诉人违约时承担上诉人律师费,同时上诉人原审时提供了委托代理合同及支付凭证证明该费用已实际发生，且律师费数额相对本案标的额处于合理区间，因此，上诉人要求被上诉人支付律师费应予支持。

本案中，依据《典当借款合同》附件一约定，典当期限为当金发放之日起后满六个月之日止，而上诉人实际发放当金日期为 2014 年 12 月 29 日，因此本案典当期限至 2015 年 6 月 29 日止，绝当日期为 2015 年 7 月 5 日。绝当后，依据《典当借款合同》及《动产质押合同》相关约定，上诉人有权以处置当物所得价款在上述债权范围内优先受偿，但因为本案当物约定价值超过 3 万元，双方在《典当借款合同》第 10.2 条及《动产质押合同》第 7 条均约定处理方式为委托拍卖行公开拍卖，故本院只支持上诉人以委托拍卖行公开拍卖方式处置当物。

综上所述，原审法院认定事实基本清楚，但适用法律有误，本院依法予以纠正。上诉人部分上诉理由成立，本院予以支持；部分上诉理由不能成立，本院不予支持。依照《中华人民共和国合同法》第六十条、第一百零七条、第一百一十四条、《中华人民共和国民事诉讼法》第一百七十条第一款第二项之规定，判决如下：

一、维持广东省广州市越秀区人民法院（2015）穗越法金民初字第 2094 号民事判决第二项；

二、变更广东省广州市越秀区人民法院（2015）穗越法金民初字第 2094 号民事判决第一项为：付海力于本判决发生法律效力之日起十日内，向广东利都典当有限责任公司偿还当金 392,650.7 元、违约金 300 元、律师费 16,209 元；

三、广东利都典当有限责任公司就当物三鼎酒杯一只拍卖所得价款享有优先受偿权。

本案一审案件受理费 7548 元、保全费 2603 元，由上诉人广东利都典当有限责任公司负担 151 元，被上诉人付海力负担 10,000 元；二审案件受理费 7548 元，由上诉人广东利都典当有限责任公司负担 48 元，被上诉人付海力负担 7500 元。

本判决为终审判决。

审　判　长　林　萍
审　判　员　庄晓峰
审　判　员　王泳涌
二〇一七年二月九日
书　记　员　陈　莹　陆艳婷

【案例四】江苏钟山典当有限责任公司诉余红霞、庞应明、南京实德房地产销售有限公司典当纠纷案（2016年9月20日）

【法律点】《典当管理办法》未规定综合费用能否预扣，鉴于综合费用不属于孳息范畴，而属于服务、管理的间接费用，当事人在典当合同中约定综合费用预先扣除并不违反法律规定，预扣部分仍应计入交付的当金金额。

【关键词】预扣综合费　孳息　间接费用　当金　绝当　律师费　逾期违约金　保证期间　诉讼时效

南京市鼓楼区人民法院
民事判决书

(2016)苏0106民初4331号

原告：江苏钟山典当有限责任公司，住所地：南京市秦淮区朝天宫西街。

法定代表人张兆杰，该公司董事长。

委托代理人刘其松，国浩律师(南京)事务所律师。

被告：南京实德房地产销售有限公司，住所地：南京市鼓楼区汉中路。

法定代表人：陈霞，该公司总经理。

委托诉讼代理人：白洁，江苏致邦律师事务所律师。

被告：余红霞。

委托诉讼代理人：白洁，江苏致邦律师事务所律师。

被告：庞应明。

委托诉讼代理人：白洁，江苏致邦律师事务所律师。

原告江苏钟山典当有限责任公司(以下简称钟山典当公司)诉被告南京实德房地

产销售有限公司(以下简称南京实德公司)、余红霞、庞应明典当纠纷一案,本院于2016年5月4日立案受理后,依法适用普通程序组成合议庭于2016年9月6日公开开庭进行了审理。原告钟山典当公司的委托诉讼代理人刘其松,被告南京实德公司、余红霞、庞应明共同诉讼委托代理人白洁到庭参加诉讼。本案现已审理终结。

原告钟山典当公司向本院提出诉讼请求:1. 判令被告南京实德公司偿还原告借款本金780万元、拖欠的综合费184.1万元并支付违约金(以780万元为基数,自2015年12月29日起按照每月2.5%的标准计算,计算至实际给付之日止);2. 判令被告南京实德公司赔偿原告为实现债权支出的律师费35万元;3. 判令被告余红霞、庞应明对被告南京实德公司上述第一、二项债务承担连带责任;4. 确认原告对被告余红霞名下坐落于南京市××大街77号码02幢5A、5B、5C、5D、5E、5F、5G、5H室房屋享有抵押权,并在折价、变卖或者拍卖价款范围内优先获得受偿。事实和理由:2013年12月1日,原告与被告南京实德公司、余红霞、庞应明签订《房地产典当借款合同》,约定南京实德公司向原告典当借款最高额度为780万元,并以余红霞名下坐落于南京市××大街77号码02幢5A、5B、5C、5D、5E、5F、5G、5H室房屋提供抵押担保,余红霞、庞应明提供连带责任保证,月综合费率为2.5%。原告向被告南京实德公司出借780万元后,南京实德公司仅在2014年12月30日、2015年2月2日分三笔向原告支付180万元的综合费,于2015年12月28日向原告支付100万元的综合费,之后未办理续当手续,亦未偿还借款本金,余红霞、庞应明没有承担保证责任。为维护原告合法权益,故诉至法院,请求判如所请。

被告南京实德公司、余红霞、庞应明共同答辩称:1. 原、被告之间确实存在借款关系,但其在扣除了相关费用19.5万元,所以出借的本金并非780万元,而是760.5万元;2. 双方约定月综合费率是2.5%,超过了国家规定的上限,超出部分不应支持;3. 在合同履行过程中,因被告方资金困难,经与原告多次磋商,分别于2014年12月30日和2015年12月28日向原告借款180万元和100万元,用于偿还本案借款期间利息,并经双方磋商,口头约定将原利率降为月息1.6%;4. 被告后续向原告借款180万元和100万元,应当纳入本案一并处理;5. 原告主张的律师费过高。综上,请求法院依法判决。

原告钟山典当公司为支持其诉讼请求,向本院提交了如下证据:1. 典当借款申请书、《房地产典当借款合同》,证明被告南京实德公司向原告借款并提供房产抵押担保及保证人保证担保;2. 股东会决议、《南京市房地产抵押合同》、房屋他项权证、承诺书、声明书,证明余红霞提供南京市××大街77号码02幢5A、5B、5C、5D、5E、5F、

5G、5H室房屋为上述典当借款提供抵押担保;3.当票、确认函、业务结算申请书,证明原告已向被告南京实德公司发放借款780万元;4.银行进账单4份,证明被告南京实德公司向原告支付综合费280万元;5.委托代理协议、支付凭证、发票,证明原告委托律师事务所提起本案诉讼支出律师费35万元,应由三被告负担。

被告南京实德公司为反驳原告钟山典当公司的诉请,向本院提交了如下证据:抵押房产产权登记簿及对应《房地产典当借款合同》《南京市房地产抵押合同》,证明被告后续向原告分别借款100万元和180万元用于归还本案借款综合费。

经庭审质证,原被告双方均对对方提交的证据的真实性无异议,本院予以确认。关于本案事实,本院查明如下:2013年12月1日,钟山典当公司与南京实德公司、余红霞、庞应明签订《房地产典当借款合同》,主要内容为:余红霞提供南京市××大街77号码02幢5A、5B、5C、5D、5E、5F、5G、5H室房屋作为抵押,担保南京实德公司向钟山典当公司申请最高额度典当借款780万元,额度有效期限自2013年12月1日至2014年3月1日,具体每笔借款期限以当票记载为准;月综合费率为2.5%,于典当时一次收取;典当期满,南京实德公司、余红霞、庞应明既不还款又不办理续当手续的,逾期满五天即为绝当,绝当后至全部债权收回前,除应按典当期间的息费标准支付息费外,还应按同等标准支付逾期违约金,直至全部债权收回为止;余红霞、庞应明为南京实德公司为履行本合同全部债务提供连带责任保证,保证期间为当期届满之日起两年,如南京实德公司发生续当行为的,余红霞、庞应明同意仍继续按约承担连带保证责任,且保证期间自各期续当期届满之日起两年;因本合同产生的纠纷,诉讼过程中产生诉讼费、保全费、律师费等均由借款人、担保人共同承担连带偿还责任。2013年12月5日,余红霞上述案涉房屋办理抵押登记,登记债权数额为780万元。当日,钟山典当公司向南京实德公司交付一张760.5万元的银行本票,双方签订当票,当票典当金额780万元,月费率2.5%,月利率为零,月综合费用19.5万元,典当期限自2013年12月5日至2014年1月4日。

2015年12月24日,钟山典当公司与南京实德公司、余红霞、庞应明签订《房地产典当借款合同》(2015年房典字第10号),约定余红霞提供南京市××大街77号码02幢5A、5B、5C、5D、5E、5F、5G、5H室房屋作为抵押,担保南京实德公司向钟山典当公司最高典当借款100万元,余红霞、庞应明自愿提供连带保证责任。2015年12月28日,钟山典当公司进账100万元。南京实德公司、余红霞、庞应明主张该笔借款是支付本案案涉综合费用,钟山典当公司予以认可。此外,南京实德公司、余红霞、庞应明另称还有2014年12月30日的154.88万元借款、2015年2月4日的15.12万元借款也是归还本案案涉综合费用,钟山典当公司亦予以认可。

后钟山典当公司为主张本案债权,与国浩律师(南京)事务所签订《委托代理协议》,约定律师费 35 万元,并于 2016 年 5 月 5 日通过中国银行汇款支付 35 万元。

本院认为,根据原、被告的诉、辩意见,本案的争议焦点在于:1. 案涉当金数额是 780 万元还是 760.5 万元;2. 余红霞、庞应明的保证期间是否已过;3. 南京实德公司另向钟山典当公司借款 280 万元用于归还本案综合费用是否应在本案中一并处理。

1. 关于本案的当金数额。钟山典当公司系领有营业执照且经批准设立的专门从事典当活动的企业法人,与南京实德公司、余红霞、庞应明之间签订的《房地产典当借款合同》、《南京市房地产抵押合同》、与南京实德公司签订的《当票》均系双方真实意思表示,内容未违反国家法律、行政法规的禁止性规定,应属有效,双方均应依约履行各自合同义务。《典当管理办法》明确规定了当金利息不得预扣,而未规定综合费用能否预扣。鉴于综合费用不属于孳息范畴,而属于服务、管理的间接费用,双方在合同中约定综合费用预先扣除并不违反法律规定,本院予以准许。《房地产典当借款合同》约定月综合费用于典当时一次收取,因此,《当票》记载典当金额 780 万元,扣除月综合费用 19.5 万元,并实际向南京实德公司发放当金 760.5 万元符合双方约定,且于法无悖,本院予以确认,对南京实德公司辩称当金应为 760.5 万元的主张不予支持。《当票》记载的当期自 2013 年 12 月 5 日至 2014 年 1 月 4 日,当期期满后,南京实德公司既未还款亦未申请续当,逾期满 5 天为绝当,即 2014 年 1 月 10 日起,南京实德公司除应按典当期间的息费标准支付息费外,还应按同等标准支付逾期违约金,直至钟山典当公司全部债权收回为止。庭审中,南京实德公司陈述典当借款后共向钟山典当公司还款 280 万元,钟山典当公司予以认可。根据 280 万元的还款时间及数额,南京实德公司上述还款并无超过法律规定利率上限可抵扣当金的情形,现钟山典当公司主张南京实德公司尚欠借款本金 780 万元,本院予以支持。双方约定逾期违约金已经超过年利率 24%,超出部分本院不予支持,南京实德公司应以 780 万元为本金,自 2014 年 1 月 10 起至实际清偿之日止按照年利率 24% 支付逾期违约金,并扣除已付综合费用 280 万元。

《房地产典当借款合同》中明确约定了因诉讼产生的律师费由南京实德公司负担,现钟山典当公司为实现上述债权委托国浩律师(南京)事务所提起诉讼,双方签订了委托合同,约定的律师费亦未超过江苏省司法厅公布的律师费收费标准,且已实际支付,故本院对原告诉请的律师费 35 万元予以支持。

余红霞用于抵押的房产已进行了抵押登记,故抵押权已经设立,现钟山典当公司主张对余红霞用于抵押的财产享有优先受偿权,于法不悖,本院予以支持。

2. 关于余红霞、庞应明的保证期间是否已过的问题。《房地产典当借款合同》约定的保证期间为当期届满或续当期满之日起两年,因南京实德公司未办理续当,余红霞、庞应明的保证期间为 2014 年 1 月 5 日至 2016 年 1 月 4 日。钟山典当公司称曾向南京实德公司、余红霞、庞应明主张过案涉综合费用,双方曾分别签订了 180 万元和 100 万元的《房地产典当借款合同》用于归还综合费用;南京实德公司、余红霞、庞应明在庭审中提交了双方于 2015 年 12 月 24 日签订的《房地产典当借款合同》(2015 年房典字第 10 号),并且称该借款即为归还本案所涉综合费用,余红霞、庞应明在合同中仍作为保证人签字。该节事实可以证明余红霞、庞应明知晓并同意再次担保借款向钟山典当公司归还 780 万元借款综合费用,亦可印证钟山典当公司曾向余红霞、庞应明主张过案涉综合费用。《最高人民法院关于适用〈中华人民共和国担保法〉若干问题的解释》第三十四条第二款规定:"连带责任保证的债权人在保证期间届满前要求保证人承担保证责任的,从债权人要求保证人承担保证责任之日起,开始计算保证合同的诉讼时效。"钟山典当公司向余红霞、庞应明主张保证责任尚在保证期间内,故从 2015 年 12 月 24 日起开始计算保证合同的 2 年诉讼时效,而并非余红霞、庞应明所称保证期间已过。现钟山典当公司起诉并未超过诉讼时效期间,余红霞、庞应明应对南京实德上述债务承担连带清偿责任,并有权就其实际清偿部分向南京实德公司追偿。

3. 关于南京实德公司另向钟山典当公司借款 280 万元用于归还本案综合费用是否应在本案中一并处理问题。南京实德公司称 280 万元借款系归还本案案涉典当借款综合费用,属于借新还旧,钟山典当公司对上述借款用途不持异议,本院亦在本案案涉借款中将 280 万元借款作为南京实德公司还款予以扣除。现钟山典当公司并未就该 280 万元借款一并起诉,南京实德公司要求将该款一并处理已超出原告的诉请范围,本院不予理涉。

据此,依照《中华人民共和国合同法》第一百零七条、第二百零五条、第二百零六条、第二百零七条,《中华人民共和国物权法》第一百九十五条,《中华人民共和国担保法》第二十一条、第三十一条,《最高人民法院关于适用〈中华人民共和国担保法〉若干问题的解释》第三十四条第二款,《最高人民法院关于审理民间借贷案件适用法律若干问题的规定》第二十九条,《中华人民共和国民事诉讼法》第一百四十二条,《最高人民法院关于适用〈中华人民共和国民事诉讼法〉的解释》第九十条之规定,判决如下:

一、被告南京实德房地产销售有限公司于本判决生效之日起五日内偿还原告江苏钟山典当有限责任公司典当借款本金 780 万元,并支付逾期还款违约金(以 780 万元

为基数,自2014年1月10日起至实际清偿之日止按照年利率24%计算,并扣除已付款280万元);

二、被告南京实德房地产销售有限公司于本判决生效之日起五日内赔偿原告江苏钟山典当有限责任公司律师费35万元;

三、原告江苏钟山典当有限责任公司有权就上述第一、二项债权对南京市××大街77号码02幢5A、5B、5C、5D、5E、5F、5G、5H室房屋折价、拍卖或者变卖价款在780万元范围内享有优先受偿权;

四、被告余红霞、庞应明对被告南京实德房地产销售有限公司上述第一、二项债务向原告江苏钟山典当有限责任公司承担连带保证责任,并有权就其实际清偿部分向被告南京实德房地产销售有限公司追偿;

五、驳回原告江苏钟山典当有限责任公司其他诉讼请求。

如被告未按本判决指定的期间履行金钱给付义务,根据《中华人民共和国民事诉讼法》第二百五十三条的规定,应加倍支付迟延履行期间的债务利息。

本案受理费86,426元,保全费5000元,共计91,426元,由原告江苏钟山典当有限责任公司负担3443元,由被告南京实德房地产销售有限公司、余红霞、庞应明负担87,983元(鉴于原告已预交,被告于本判决生效之日起五日内直接给付原告)。

如不服本判决,可在判决书送达之日起十五日内,向本院递交上诉状,并按对方当事人的人数提出副本,上诉于江苏省南京市中级人民法院,并预交上诉案件受理费。

审 判 长　鹿海彬

人民陪审员　祁　燕

人民陪审员　孙　志

二〇一六年九月二十日

见习书记员　王　颖

【案例五】安徽恒信典当有限公司诉合肥华府骏苑农加超市场管理有限公司、蒋如凤、合肥大唐置业有限公司典当纠纷案（2015年7月2日）

【法律点】 1.综合费用体现了典当公司的管理和服务成本，典当公司在发放当金的同时，将综合费用预先扣除，与综合费用的性质不符。故典当公司预扣综合费用的行为无效，当金应以典当公司实际发放的金额予以认定。

2.典当期内的综合费用、利息以及期限届满后违约责任的承担，其总额应以不超过中国人民银行公布的同期同类贷款基准利率的四倍为限。但律师代理费有明确约定且未超出合理标准的，可以另行主张。

【关键词】 应收账款质押　预扣综合费　综合费　利息　违约责任　律师代理费

安徽省合肥市中级人民法院
民事判决书

（2015）合民二终字第00422号

上诉人（原审原告）：安徽恒信典当有限公司，住所地：安徽省合肥市红星路。

法定代表人：卢堆仓，董事长。

委托代理人：安超，安徽睿正律师事务所律师。

委托代理人：黄亚美，安徽睿正律师事务所律师。

被上诉人（原审被告）：合肥华府骏苑农加超市场管理有限公司，住所地：安徽省合肥市蜀山区望江西路与石台路信旺华府骏苑。

法定代表人：蒋如凤，董事长。

被上诉人（原审被告）：蒋如凤。

被上诉人(原审被告):合肥大唐置业有限公司,住所地:安徽省合肥市望江西路。

法定代表人:蒋玉祥,董事长。

上述三被上诉人的共同委托代理人:刘海军,安徽华人律师事务所律师。

上述三被上诉人的共同委托代理人:陆欢欢,安徽华人律师事务所律师。

上诉人安徽恒信典当有限公司(以下简称恒信典当公司)与被上诉人合肥华府骏苑农加超市场管理有限公司(以下简称华府骏苑公司)、被上诉人蒋如凤、被上诉人合肥大唐置业有限公司(以下大唐置业公司)典当纠纷一案,不服安徽省合肥市庐阳区人民法院2014年12月16日作出的(2014)庐民二初字第01624号民事判决,向本院提起上诉。本院受理后,依法组成合议庭进行了审理。本案现已审理终结。

一审法院查明:2012年9月18日,华府骏苑公司(合同的甲方)与恒信典当公司(合同的乙方)签订了《应收账款典当借款合同》(合同编号:2012账借字第091×××号)和《应收账款质押合同》(合同编号:2012账质第091×××号),约定:甲方以其对大唐置业公司享有的约2000万元的债权作为典当物质押给乙方,乙方出借给甲方700万元,典当期限自2012年9月18日起至2012年12月17日止,综合费用按典当借款金额2.5%/月计算;逾期偿还本金的,除按合同约定的费率支付综合费外,还应根据逾期天数每日按所欠当金的0.5‰支付逾期违约金;同时,甲方承诺承担合同项下的包括诉讼费、财产保全费、律师费、执行费等。蒋如凤在甲方的授权代表处签名。大唐置业公司作为上述借款的保证人在《应收账款典当借款合同》保证人一栏签字盖章,同时,华府骏苑公司、恒信典当公司、大唐置业公司三方共同签订了《三方协议》,约定:大唐置业公司在华府骏苑公司债务到期未能清偿的情况下承担连带清偿责任,保证期间为债权人债权到期日起两年。

同日,蒋如凤与蒋海伦共同向恒信典当公司出具保证书,保证为华府骏苑公司的上述借款提供连带责任保证,保证期限至主债务期满之日起两年。

合同签订的同日,恒信典当公司向华府骏苑公司出具700万元的《当票》,2012年9月19日其在预扣综合费525,000元后,实际向华府骏苑公司发放6,475,000元的借款。2012年12月17日至2014年4月17日期间,华府骏苑公司先后六次与恒信典当公司办理续当手续,且大唐置业公司均在《续当协议》上加盖印章,恒信典当公司均出具了相对应的续当凭证。具体续当情况为:第一次续当期间自2012年12月17日至2013年3月16日,第二次续当期间自2013年3月17日至2013年5月15日,第三次续当期间自2013年5月16日至2013年7月14日,第四次续当期间自2013年7月15日至2013年10月12日,第五次续当期间自2013年10月13日(续当协议中笔误为2014年10月13日)至2013年12月11日,第六次续当期间自2013年12月12日至2014年4月10日。

典当期间,华府骏苑公司偿还恒信典当公司的款项为:2012年12月19日偿还525,000元、2013年3月15日偿还35万元、2013年6月21日偿还175,000元、2013年8月2日偿还175,000元、2013年12月31日偿还55万元、2014年5月8日偿还5,297,500元。

2014年9月9日,恒信典当公司以华府骏苑公司、蒋如凤、大唐置业公司、蒋海伦为被告诉至原审法院,请求判令:华府骏苑公司、蒋如凤立即共同偿还当金250万元、综合费用279,167元(按照月2.5%的利率自2014年4月17日起暂计算至2014年8月29日,此后顺延计算至款清之日止)、逾期违约金167,500元(按照日0.5‰的利率自2014年4月17日起暂计算至2014年8月29日,此后顺延计算至款清之日止),合计2,946,667元;恒信典当公司对蒋如凤与大唐置业公司之间的所有应收账款享有优先受偿权;大唐置业公司、蒋海伦对华府骏苑公司、蒋如凤的上述债务承担连带清偿责任;本案的诉讼费、财产保全费、律师费等相关实现债权的费用由华府骏苑公司、蒋如凤、大唐置业公司承担。一审审理期间,恒信典当公司向一审法院申请撤回对蒋海伦的诉讼,一审法院口头裁定予以准许。

一审法院认为:恒信典当公司与华府骏苑公司签订的《应收账款典当借款合同》《应收账款质押合同》,与大唐置业公司、华府骏苑公司共同签订的《三方协议》,以及蒋如凤向恒信典当公司出具的《保证书》系各方真实意思表示,除当期内的综合费、月利率的累计值,当期外的逾期违约利息均约定过高,以及预扣当期内综合费不符合法律规定以外,其他内容未违反法律强制性规定,为有效约定,并具有约束力。对当期内的综合费、利率的总和以及当期外的逾期付款利息,原审法院依法核减为中国人民银行同期贷款利率的四倍予以计算,对典当借款的数额应以实际发放款额6,475,000元计算,同时对当期内综合费用的起算时间以实现发放款日(2012年9月19日)起算。现经核算,截至2014年9月19日(起诉之日)华府骏苑公司下欠恒信典当公司借款本金1146,268.04元、逾期利息207,092.43元(见附表)未支付。

华府骏苑公司的上述行为,以及蒋如凤、大唐置业公司未能按约定履行保证义务,均构成违约。华府骏苑公司应当清偿借款本金,并承担逾期付款的利息。蒋如凤、大唐置业公司除对上述欠款本金承担连带清偿责任以外,还应对逾期付款的利息承担连带清偿责任。

关于恒信典当公司对华府骏苑公司拥有大唐置业公司2000万元应收账款是否享

有优先受偿权的问题,虽然恒信典当公司、华府骏苑公司、大唐置业公司签订了《三方协议》,约定了以华府骏苑公司对大唐置业公司拥有的2000万元应收账款作为权利质押,但恒信典当公司未提供证据证明该权利质押在信贷征信机构即中国人民银行征信中心办理登记手续,恒信典当公司未完成质权设立,故恒信典当公司对此2000万元的应收账款不享有优先受偿权。

关于恒信典当公司主张蒋如凤承担共同还款责任的问题,蒋如凤系华府骏苑公司的法定代表人,其代表华府骏苑公司与恒信典当公司签订典当借款合同系履行职务行为,故蒋如凤不是与华府骏苑公司的共同债务人,其在本案中应承担的是连带保证责任。

关于落款时间为2014年10月13日的《续当协议》如何认定的问题,该份续当协议载明续当时间自2014年10月13日至2013年12月11日,恒信典当公司、华府骏苑公司、大唐置业公司签章的落款时间均为2014年10月13日,但从约定续当时间的本身以及恒信典当公司提交的续当凭证记载的制单时间为2013年,同时结合安徽信旺投资集团有限公司于2014年5月8日出具的代还款说明记载的内容可以判断2014年4月10日以后华府骏苑公司已经绝当。因此,可以推断落款时间为2014年10月13日的《续当协议》中记载的2014年10月13日属于笔误,客观的时间为2013年10月13日。

综上所述,一审法院依照《中华人民共和国合同法》第一百零七条、第二百零七条,《中华人民共和国物权法》第二百零八条,《中华人民共和国担保法》第十八条、第二十一条、第七十五条第四款,《最高人民法院关于民事诉讼证据的若干规定》第二条,《中华人民共和国民事诉讼法》第一百四十四条之规定,判决:一、华府骏苑公司于判决生效之日起十日内归还恒信典当公司典当借款本金1146,268.04元,逾期利息207,092.43元,并自2014年9月10日起按中国人民银行同期贷款利率的四倍支付逾期付款利息至款清时止;二、大唐置业公司、蒋如凤对华府骏苑公司的上述债务承担连带清偿责任;三、驳回恒信典当公司的其他诉讼请求。案件受理费30,613元,由华府骏苑公司、蒋如凤、大唐置业公司负担。

恒信典当公司不服上述判决,向本院提起上诉称:1.一审法院认定蒋如凤不是共同借款人而是担保人的事实认定错误。蒋如凤是案涉借款的共同借款人,应承担案涉借款的共同还款责任。2.一审法院认定本案当金金额为实际发放数额6,475,000元及尚欠当金数额1146,268.04元事实错误,本案当金数额应为700万元及尚欠当金数额应为250万元。即便按一审法院将当期内及续当期内的综合费率和利率总和核减为同期银行贷款利率(年利率5.6%)四倍计算,尚欠当金应为1720,026.14元。3.一审法院认定当期内的综合费、月利率的累计值约定过高,并将当期内的综合费、利率总和核减为中国人民银行同期贷款利率的四倍予以计算违反了《典当管理办法》相关规定,属于适用法律错误。4.一审法院认定当期外的逾期付款利率约定过高并将其核减为中国人民银行同期贷款利率的四倍予以计算没有依据。5.本案律师费10万元应由对方承担,一审法院驳回该项诉讼请求没有依据。6.恒信典当公司对华府骏苑公司及蒋如凤对大唐置业公司享有的应收账款享有优先受偿权,一审法院驳回该项诉讼请求没有依据。综上,请求二审法院依法改判:1.撤销一审判决第一项,改判华府骏苑公司、蒋如凤共同偿还当金250万元、综合费用279,167元(按照月2.5%的标准自2014年4月17日起暂计算至2014年8月29日,并继续计算至付清之日止)、逾期违约金167,500元(按照日0.5‰的标准自2014年4月17日起暂计算至2014年8月29日,并继续计算至付清之日止),合计2,946,667元;2.撤销一审判决第二项,改判大唐置业公司对华府骏苑公司、蒋如凤的上述债务承担连带清偿责任;3.撤销一审判决第三项,改判恒信典当公司对蒋如凤与大唐置业公司之间的所有应收账款享有优先受偿权,且本案一审、二审全部诉讼费、财产保全费、律师费由华府骏苑公司、蒋如凤、大唐置业公司承担。

华府骏苑公司、蒋如凤、大唐置业公司答辩称:1.一审判决认定事实清楚,证据充分,适用法律正确,请求二审法院驳回上诉,维持原判。2.蒋如凤是华府骏苑公司的法定代表人,其签订合同行为是职务行为,借款用于公司经营,因此,蒋如凤不是本案借款人。3.根据规定,当金的利息不允许预扣,三方协议中约定的权利质押没有实际履行,双方之间就是借款合同关系。4.恒信典当公司提交的关于律师费的证据已经超过举证期限。

二审期间,各方当事人均未提交证据。

二审查明:《应收账款典当借款合同》《当票》《应收账款质押合同》《应收账款质押清单》《应收账款质押确认书》《三方协议》均载明当户为华府骏苑公司及蒋如凤。《应收账款典当借款合同》《当票》《应收账款质押合同》《应收账款质押清单》《三方协议》中当户落款处均加盖华府骏苑公章,同时由蒋如凤签字并捺手印确认。

恒信典当公司就本案典当纠纷事宜与安徽睿正律师事务所签订《法律服务委托合同》,恒信典当公司支付律师费10万元。

除本院认定的上述事实外,一审认定的其他事实,本院予以确认。

本院认为:关于典当主体问题,《应收账款典当借款合同》《当票》《应收账款质押合同》等相关材料中均载明当户为华府骏苑公司及蒋如凤,上述材料中除加盖华府骏苑的公章外,蒋如凤签字并捺手印确认。大唐置业公司出具《应收账款质押确认书》亦确认案涉当物为华府骏苑公司及蒋如凤对其享有的应收账款。因此,本院确认案涉典当的当户应为华府骏苑公司和蒋如凤。

关于当金数额问题,综合费用体现并反映了典当公司的管理和服务成本,典当公司在发放当金的同时,将综合费用预先扣除,与综合费用的性质不符。因此,本案中,恒信典当公司预扣综合费用无效,当金应以恒信典当公司实际发放的金额6,475,000元予以认定。

关于综合费用、利息问题,双方当事人在合同中对综合费率和利率作出约定,对于合理的综合费率和利率应予保护,但总额应以不超过中国人民银行公布的同期同类贷款基准利率的四倍为限。故一审判决将案涉当金的综合费率和利率的标准调整为中国人民银行公布的同期贷款基准利率的四倍并无不妥,本院予以确认。

关于违约责任问题,恒信典当公司履行了支付当金义务,华府骏苑公司在典当期限及续当期限届满后,没有按约赎当,其行为构成违约,应当承担违约责任。恒信典当公司要求华府骏苑公司按照约定的综合费用和利息的标准赔偿损失,该主张过分高于华府骏苑公司迟延支付给恒信典当公司造成的损失,一审判决予以调整。违约损失以实际欠付当金为基数按中国人民银行公布的同期贷款基准利率的四倍从逾期之日起顺延计算至款清之日止亦无不当,本院予以确认。

按照上述标准计算,截至2014年5月8日,华府骏苑公司尚欠恒信典当公司当金1,699,849元(计算方式附后)及逾期利息,逾期利息以1,699,849元为基数按照中国人民银行公布的同期贷款基准利率的四倍自2014年5月8日起计算至款清之日止。一审判决对尚欠当金及逾期利息的计算有误,本院予以纠正。

各方虽约定以应收账款作为质物,但并未办理登记手续,恒信典当公司对质物的质权未设立,恒信典当公司要求对质物享有优先受偿权的诉讼请求缺乏事实和法律依据,不予支持。

关于律师代理费问题,本院认为,恒信典当公司实际支付律师代理费10万元,该费用系恒信典当公司为实现债权而支出,双方在合同中对于律师代理费的承担作了明确约定,且恒信典当公司所委托的代理律师所在的律师事务所收取的费用未超出安徽省物价管理部门规定的标准,故对恒信典当公司实际支付的律师代理费10万元予以支持。

综上,恒信典当公司的上诉请求部分有事实和法律依据,应予支持。原审判决部

分不当,本院予以纠正。据此,依据《中华人民共和国民事诉讼法》第一百七十条第一款第二项、第一百七十五条之规定,判决如下:

一、撤销安徽省合肥市庐阳区人民法院(2014)庐民二初字第01624号民事判决;

二、合肥华府骏苑农加超市场管理有限公司、蒋如凤于本判决生效之日起十日内偿还安徽恒信典当有限公司当金1,699,849元及逾期利息(逾期利息以1,699,849元为基数按照中国人民银行公布的同期贷款基准利率的四倍自2014年5月8日起计算至款清之日止);

三、合肥华府骏苑农加超市场管理有限公司、蒋如凤于本判决生效之日起十日内支付安徽恒信典当有限公司律师代理费10万元;

四、合肥大唐置业有限公司对本判决第二项、第三项确定的合肥华府骏苑农加超市场管理有限公司、蒋如凤的债务承担连带清偿责任;

五、驳回安徽恒信典当有限公司的其他诉讼请求。

如果未按本判决指定的期间履行金钱给付义务,应当依照《中华人民共和国民事诉讼法》第二百五十三条之规定,加倍支付迟延履行期间的债务利息。

一审案件受理费30,613元,由安徽恒信典当有限公司负担11,914元,合肥华府骏苑农加超市场管理有限公司、蒋如凤、合肥大唐置业有限公司负担18,699元;二审案件受理费19,140元,由安徽恒信典当有限公司负担13,776元,合肥华府骏苑农加超市场管理有限公司、蒋如凤、合肥大唐置业有限公司负担5364元。

本判决为终审判决。

审 判 长 姚海峰
审 判 员 王 苗
审 判 员 温占敏
二〇一五年七月二日
书 记 员 邓金晨

附:综合费、利息及逾期利息的计算方式(按年利率5.6%计算):

1.2012年12月17日付款525,000元,2012年9月19日至2012年12月16日产生综合费、利息353,659元(6,475,000元×5.6%×4÷365×89天),再冲抵当金171,341元,尚欠当金6,303,659元;

2.2013年3月16日付款35万元,2012年12月17日至2013年3月15日产生综合费、利息340,432元(6,303,659元×5.6%×4÷365×88天),再冲抵当金9568元,

尚欠当金6,294,091元;

3. 2013年5月15日付款175,000元,2013年3月16日至2013年5月14日产生综合费、利息231,761元(6,294,091元×5.6%×4÷365×60天),尚欠综合费、利息56,761元,尚欠当金6,294,091元;

4. 2013年7月15日付款175,000元,2013年5月15日至2013年7月14日产生综合费、利息235,623元(6,294,091元×5.6%×4÷365×61天),尚欠综合费、利息117,384元,尚欠当金6,294,091元;

5. 2013年10月12日付款55万元,2013年7月15日至2013年10月11日产生综合费、利息343,778元(6,294,091元×5.6%×4÷365×89天),再冲抵当金88,838元,尚欠当金6,205,253元;

6. 2014年5月8日付款5,297,500元,2013年10月12日至2014年5月7日产生综合费、利息792,096元(6,205,253元×5.6%×4÷365×208天),再冲抵当金4,505,404元,尚欠当金1,699,848元。

【案例六】福建众为典当有限责任公司诉吴元炳、肖碧英典当纠纷案（2016 年 4 月 27 日）

【法律点】 1. 在不动产典当法律关系中，典当行未实际占有使用不动产，且亦未举证证明对不动产存在额外之服务和管理之支出的，双方约定的综合费本质上仍属借款(当金)之利息。故典当行预扣综合费的行为，违反了法律、法规的禁止性规定，应认定无效，所扣综合费应冲抵当金。

2. 为防止典当行从事高利放贷，维护公平合理的金融市场交易秩序，基于公平原则，法院可以参照《最高人民法院关于审理民间借贷案件适用法律若干问题的规定》第二十六条的规定，将利息(包括约定的利息、综合费用及违约金)的利率标准调整为年利率 24%。

【关键词】 预扣综合费　当金　不动产抵押　未实际占有　利率标准

福建省福州市鼓楼区人民法院
民事判决书

(2015)鼓民初字第 5419 号

原告：福建众为典当有限责任公司(原名为福建嘉德典当有限责任公司，于本案诉讼中变更公司名称)，住所地：福建省福州市鼓楼区。

法定代表人：刘乃航。

委托代理人：马晓鲁，该公司职员。

被告：吴元炳，住福建省福州市鼓楼区。

被告：肖碧英，住福建省福州市鼓楼区。

原告福建众为典当有限责任公司与被告吴元炳、被告肖碧英典当合同纠纷一案，本院于 2015 年 8 月 17 日立案受理后，依法组成合议庭，于 2016 年 2 月 14 日公开开庭进行了审理，原告委托代理人马晓鲁到庭参加诉讼，被告吴元炳、被告肖碧英经本院合法传唤,未到庭参加诉讼,本案现已缺席审理终结。

原告福建众为典当有限责任公司称,2014 年 2 月 27 日,原告与两被告签订《典当合同》,合同约定:被告自愿将位于"福州市鼓楼区洪山镇房产,建筑面积 91.56 平方米房产"作为当物向原告借款。该房产典当借款金额为人民币陆拾万元整,借款用途为资金周转。典当期限自 2014 年 2 月 27 日起至 2014 年 5 月 26 日止,月综合费率为 2.5%,月利率为 0.5%,以当金数额为基数,从原告发放当金之日起算。两被告必须按月向原告支付典当期限内的利息,支付日期为每届满 30 日的次日,综合费应当在当月利息支付日与利息同时支付。

2014 年 3 月 5 日,原告与被告吴元炳已办理抵押房产的抵押登记,并取得《房屋他项权证》。2014 年 3 月 10 日,原告依约向两被告发放借款。

典当期限到期后,两被告以资金不足为由拒绝偿还当金,自 2014 年 12 月起被告吴元炳拒绝支付利息及综合费。

原告认为,原告与两被告签订的《典当合同》系各方真实意思表示,合法有效;目前两被告逾期偿付本息、综合费的这些行为已构成根本性违约,原告有权要求被告承担违约责任;鉴于被告已为该借款提供抵押物作为担保,则原告有权要求实现抵押权,就抵押物优先受偿。请求法院:1. 判令两被告立即向原告偿还借款本金人民币 50 万元,综合费、利息(暂计至 2015 年 7 月 26 日综合费及利息人民币 12 万元,暂计至 2015 年 7 月 26 日利息、综合费与本金合计 62 万元);2. 确认原告有权以被告提供抵押担保的"福州市鼓楼区洪山镇房产折价或以拍卖、变卖该抵押物所得的价款优先受偿";3. 本案诉讼费用由两被告承担。

原告为支持其诉讼请求,提供以下证明材料:

证据 A1,《典当合同》,说明被告吴元炳、被告肖碧英自愿将其享有所有权的房产作为当物向原告借款。双方就还款事宜、违约责任、争议解决方式等进行约定。

证据 A2,《转账凭条》;

证据 A3,《借条》;

证据 A2 – A3,共同说明原告已依约向被告吴元炳、被告肖碧英发放借款。

证据 A4,《房屋他项权证》,说明原告与被告吴元炳、被告肖碧英已办理抵押房产的抵押登记,并取得《房屋他项权证》;

证据 A5,《承诺函》,说明被告吴元炳确认欠款事实,并承诺还款。

被告吴元炳、被告肖碧英未提供证明材料及答辩状。

经庭审举证、质证,本院认为,被告吴元炳、被告肖碧英经本院合法传唤,未到庭参加诉讼,视为放弃抗辩权利,本院依法缺席审理,原告提供的证据均为书证,与原件核对无异,对原告提供的证据本院依法予以确认。

经审理查明,本院认定如下事实,2014年2月27日,原告与被告吴元炳、被告肖碧英签订《典当合同》,合同约定:被告吴元炳、被告肖碧英自愿将被告吴元炳名下位于福州市鼓楼区洪山镇房产(产权证号:榕房权证R字第××号,建筑面积91.56平方米房产)作为当物向原告借款。该房产典当当金为人民币60万元整,借款用途为资金周转。典当期限自2014年2月27日起至2014年5月26日止;典当期间的月综合费率为2.5%,月利率为0.5%,以当金数额为基数,从原告发放当金之日起算;合同第三条第三款约定,典当期限超过一个月的,两被告必须按月向原告支付典当期限内的利息,支付日期为每届满30日的次日,综合费应当在当月利息支付日与利息同时支付。合同第四条第二款约定,原告一次性预扣典当期限内的综合费。

合同还约定,当物担保范围为本合同项下的当金数额及按第四条计算的利息、综合费、违约金、赔偿金和乙方代垫的费用及实现债权而发生的费用(包括不限于律师费、诉讼费、仲裁费、财产保全费、差旅费、拍卖费、执行费、评估费等);合同第四条第五款约定,合同项下的利息及综合费用不受典当期限及续当期限的影响,典当期限及续当期限届满,利息和综合费仍按照本合同约定的标准连续计算,直至原告债权获得完全清偿之时。合同第五条第二款约定,当户不续当的,典当期限届满后(含绝当后)所产生的利息、综合费均属于当物的担保范围。

2014年3月5日,原告与被告吴元炳办理抵押房产的抵押登记,权证号为:榕房他证TR字第14×××90号《房屋他项权证》。2014年3月10日,原告向二被告发放典当款581,310元。但典当期限到期后,二被告未全部偿还原告典当款。2014年4月9日至2014年12月9日,被告吴元炳、被告肖碧英向原告偿还综合费及利息每个月18,000元,并于2014年11月18日向原告偿还本金10万元。但二被告自2014年12月起未向原告支付利息及综合费,原告遂起诉至法院。

本院认为:

一、关于本案系典当纠纷还是普通的借款合同纠纷问题

关于典当制度,我国现行法律、行政法规并无专门规定,《最高人民法院关于贯彻执行〈中华人民共和国民法通则〉若干问题的意见》第一百二十条仅作简单之规定,其具体规则主要依据商务部、公安部于2005年颁布施行的《典当管理办法》。《典当管理办法》第三条明确规定"本办法所称典当,是指当户将其动产、财产权利作为当物质

押或者将其房地产作为当物抵押给典当行,交付一定比例费用,取得当金,并在约定期限内支付当金利息、偿还当金、赎回当物的行为”。

本案中,原告于 2012 年 2 月 15 日与被告签订《典当合同》,合同中对当金、当期、综合费率及利息、续当、赎当、绝当等事项均作了具体约定,原告未向被告出具当票,但讼争的《典当合同》,亦可证明双方存在典当关系。

二、关于被告所应承担的债务本金利息问题

(一)被告应承担债务本金问题

本案讼争的《典当合同》系当事人真实的意思表示,除约定的综合费、违约金利率过高、预扣综合费外,其余内容未违反法律、行政法规的禁止性规定,各方均应按有效约定履行。《典当管理办法》第三十八条第一款规定,“典当综合费用包括各种服务及管理费用”,该条第三款规定,“房地产抵押典当的月综合费率不得超过当金的 27‰”。本案双方法律关系虽为典当法律关系,但其本质为借贷关系和不动产抵押担保关系的结合,在不动产抵押情况下,典当行并未实际占有使用讼争不动产,且亦未举证证明对讼争不动产存在额外之服务和管理之支出,因此双方约定的综合费,本质上仍属借款(当金)之利息。故原告预扣综合费的行为,违反了法律、法规的禁止性规定,应认定无效,所扣综合费应冲抵当金。原告仅向被告吴元炳、被告肖碧英发放典当款 581,310 元,应认为典当款本金为 581,310 元,被告吴元炳、被告肖碧英已于 2014 年 11 月 18 日向原告偿还借款本金 10 万元,故被告吴元炳、被告肖碧英应向原告偿还其尚欠的典当款人民币 481,310 元。

被告吴元炳、被告肖碧英未按约足额还款,应承担违约责任。

(二)被告应承担的债务利息(含约定利息及综合费)问题

本案双方法律关系虽为典当法律关系,但其本质为借贷关系和不动产抵押担保关系的结合,在不动产抵押情况下,典当行并未实际占有使用讼争不动产,且亦未举证证明对讼争不动产,且其亦为举证证明对讼争不动产存在额外之服务和管理之支出,因此双方约定的综合费,本质上仍属借款(当金)之利息。该利息实际月利率高达 3%(约定的月综合费率 2.5% + 约定的月利率 0.5%)明显过高,为防止典当行以典当行的名义从事高利放贷,维护公平合理的金融市场交易秩序,基于公平原则,本院参照《最高人民法院关于审理民间借贷案件适用法律若干问题的规定》第二十六条,将讼争利息(包括约定的利息及综合费用)的利率标准依法调整为年利率 24%。

综上,被告吴元炳、被告肖碧英应向原告偿还其尚欠的典当款人民币 481,310 元及利息(利息以本金481,310元计,按年利率24%从2014年12月10日起计至款项还清之日止)。

三、关于原告是否有权对讼争抵押物行使抵押权问题

原、被告双方就典当物专门订立书面的抵押合同,并办理了不动产抵押登记,抵押权已依法设立,故原告有权以被告吴元炳、被告肖碧英提供抵押担保的房产(福州市鼓楼区洪山镇房产(产权证号:榕房权证R字第××号,建筑面积91.56平方米房产)折价、变卖、拍卖所得价款中优先受偿。

综上所述,依照《中华人民共和国民事诉讼法》第一百四十四条,《中华人民共和国合同法》第六十条、第二百零六条、第二百零七条,《中华人民共和国物权法》第一百八十七条、第一百九十五条第一款,《最高人民法院关于审理民间借贷案件适用法律若干问题的规定》第二十六条、第三十条之规定,缺席判决如下:

一、被告吴元炳、被告肖碧英于本判决书生效之日起十日内共同偿还原告福建众为典当有限责任公司偿还典当款481,310元及利息(利息以本金481,310元计,按年利率24%从2014年12月10日起计至款项还清之日止)。

二、若被告吴元炳、被告肖碧英在期限届满后不履行本判决第一项还款义务,原告福建众为典当有限责任公司有权对被告吴元炳名下坐落于福州市鼓楼区洪山镇房产(产权证号:榕房权证R字第××号)申请折价、拍卖、变卖,并从所得价款中优先受偿。

三、驳回原告福建众为典当有限责任公司的其他诉讼请求。

如被告未按本判决确定的期间履行金钱给付义务,则应按《中华人民共和国民事诉讼法》第二百五十三条的规定,加倍支付迟延履行期限的债务利息。

本案诉讼费10,000元,由二被告共同负担。如不服本判决,可在判决书送达之日起十五日内向本院递交上诉状,并按对方当事人的人数提供副本,上诉于福建省福州市中级人民法院。同时根据《诉讼费用交纳办法》的有关规定,向福州市中级人民法院预交上诉案件受理费10,000元。在上诉期满后七日内仍未缴纳的,按自动撤回上诉处理(福州市中级人民法院开户银行:兴业银行福州分行营业部;账号:11×××02;户名:福州市财政局)。

审 判 长 赵 南
审 判 员 刘雨涛
代理审判员 张莉珍
二〇一六年四月二十七日
书 记 员 李 榕

3. 当期外利息、综合费的保护幅度和期限

【问题提示】典当期限届满后的利息、综合费受法律保护的幅度和期限该如何把握?

【案例七】广西诚丰泰典当有限责任公司诉北海市逢时实业开发有限公司典当纠纷案(2016年9月14日)

【法律点】 1. 典当行预扣当金利息的行为违反了《典当管理办法》第三十七条第二款"典当当金利息不得预扣"的规定,预扣的利息应从约定当金金额中扣除,而典当行可以依约在当金中预扣综合费。

2. 绝当前当户应按照约定的月综合费率和月利率计算支付综合费和利息。绝当后,依据《典当管理办法》以及合同的约定,典当行理应处理当物以清偿债务,但典当行于绝当后没有按约定对当物进行处理而向法院提起诉讼并进行财产保全,无形中扩大了损失,典当行因此请求当户支付绝当后的综合费及为财产保全支付的保险费不予支持。绝当后,典当行的损失应当为未偿还的当金总额的利息损失,逾期利息按月利率2%计算支付至还清当金之日。

3. 当户不履行还款义务,典当行因此诉讼而支出的律师费,当事人约定由当户负担的,应予支持。

【关键词】 预扣利息 预扣综合费 绝当 综合费 保险费 利息损失 律师费

广西壮族自治区北海市海城区人民法院
民事判决书

（2016）桂0502民初786号

原告：广西诚丰泰典当有限责任公司，住所地：广西南宁市青秀区百花岭路。

法定代表人：刘祎，总经理。

委托代理人：何广华，广西永泰和律师事务所律师。

委托代理人：卫燕，广西永泰和律师事务所律师。

被告：北海市逢时实业开发有限公司，住所地：广西北海市北海大道。

法定代表人：冯绵忠，总经理。

委托代理人：谭小燕，广西桂三力律师事务所北海分所律师。

原告广西诚丰泰典当有限责任公司与被告北海市逢时实业开发有限公司典当纠纷一案，本院2016年3月25日立案受理后，依法组成由审判员连丽云担任审判长，与代理审判员谭小凤、人民陪审员赖晓晔组成的合议庭，于2016年8月5日公开开庭进行了审理，原告广西诚丰泰典当有限责任公司的委托代理人何广华、被告北海市逢时实业开发有限公司的委托代理人谭小燕到庭参加诉讼，本案现已审理终结。

原告诉称：2015年2月17日，被告北海市逢时实业开发有限公司以名下位于北海市贵州路×号××大厦××01号、××02号、××03号、××04号房产作抵押典当，向原告广西诚丰泰典当有限责任公司借款280万元。同日，原告向被告出具当票，与被告签订抵押借款合同并办理了抵押物登记。当票及抵押借款合同约定，当期自2015年2月17日起至2015年5月17日止，当期内月综合费率按2.7%计算，为75,600元，月利率按0.8%计算，为22,400元。如被告违约，被告须按借款本金的50%或20%向原告支付违约金。原告为实现债权所产生的各项费用由被告承担。原告向被告履行了付款义务，但被告用款后，除了已向原告支付2015年2月17日至2015年4月17日期间的综合费和利息外，余下当期内的综合费和利息均未支付。经原告多次追索，被告仍拒不支付综合费和利息，也不协助原告处置当物以偿还借款本息。原告为此起诉，请求判令被告：1. 归还原告借款本金280万元并支付典当综合费和利息（其中，2015年4月17日至2015年5月17日的典当综合费75,600元，利息22,400元；2015年5月18日至还清借款之日止）；2. 支付违约金56万元；3. 支付律师费97,000元；4. 支付保全担保费15,000元；5. 原告在拍卖、变卖北海市贵州路×号

××大厦××01号、××02号、××03号、××04号房产所得的价款中优先受偿。原告对其陈述在举证期限内向本院提供的证据有：

证据一，原告的营业执照、典当经营许可证、特种行业许可证，证明原告的典当经营资质和诉讼主体资格；

证据二，被告的营业执照，证明被告的诉讼主体资格；

证据三，当票、房产抵押借款合同、房地产抵押权登记证明书，证明原、被告之间具有典当借款关系及债权担保关系的事实；

证据四，转款凭证、收条，证明原告已履行付款义务，被告已获得当金的事实；

证据五，律师费发票、担保费发票、保全费发票，证明原告为实现债权而支付了律师费、保全费、担保费的事实；

证据六，广西永泰和律师事务所发给被告的律师函，证明典当期满后，被告不赎当不续当，构成了绝当的事实。

被告辩称：原、被告之间不是典当合同关系，应为民间借贷关系。借款本金不是280万元，原告在出借时提前预扣了月综合费和月息，实际出借给被告的只有2,604,000元。被告认为已支付的利息应按年利率36%计算，未支付的利息应按年利率24%计算。原、被告已就担保物办理了抵押担保登记，担保物的价值已足够清偿借款本息，原告申请保全属超标的保全，被告不同意承担原告保全所产生的保全费和担保费。

被告没有提供证据。

经过开庭质证，被告对原告提供的证据一、证据二、证据三、证据四、证据五的真实性无异议，对双方当事人真实性无异议的证据，本院予以确认，可以作为本案的证据使用。

被告对原告提供的证据六的真实性有异议，本院认为，虽然被告对证据六的真实性有异议，但未能提供相反证据，证明该证据来源不实，故本院认为亦应作为本案的证据使用。

综合全案证据，本院确认以下法律事实：2015年2月15日，被告以其名下位于北海市贵州路×号××大厦××01号、××02号、××03号、××04号房产作抵押典当，向原告广西诚丰泰典当有限责任公司借款280万元。同日，原告向被告出具了4份当票，当票载明：典当金额合计280万元，典当期限从2015年2月15日起至2015年5月15日止3个月，月综合费按2.7%计算，月利率按0.8%计算。原告作为典当行，被告作为当户，分别在4份当票上盖章确认。2015年2月17日，原告取得了被告作抵押典当的4套房产的抵押权。同日,原告按被告指定分两笔共2,604,000元转账支付至被告法定代表人冯胜在中国工商银行股份有限公司北海云南路支行营业部开设的6222082107000××××××账户,尚有的196,000元虽然原告没有现金支付或转账给被告,但原告认可当作被告已支付的2015年2月17日至同年4月17日的综合费和利息。2015年2月17日被告向原告出具了收到原告房产抵押款280万元收条,原告向被告出具了收到被告综合费和利息共计196,000元的收据。典当期满后,被告没有还款给原告,经双方协商,2015年5月17日,被告与原告签订了一份《房产抵押借款合同》,合同约定:借款本金(即当金)280万元,月综合费率2.7%,月利率0.8%,当期从2015年5月17日起至2015年7月17日止,借款期限届满后5日内,经甲、乙双方协商同意可以续当,实际借款当期、金额、费率以双方签署的当票或者其续当当票为准。当期届满5日内,乙方既不赎当也不续当(为绝当)的,甲方有权通过变卖、拍卖或向法院申请强制执行抵押房产以偿还债务。违约金因乙方不同的违约行为依合同约定按当金的50%或20%分别计算。因乙方不按合同履行还款、付息、付费义务引起的诉讼费、财产保全费、律师费等全部费用由乙方承担。原告广西诚丰泰典当有限责任公司作为甲方、被告北海市逢时实业开发有限公司作为乙方分别在合同上盖章签字。2015年4月17日后,被告没有再向原告支付过综合费和利息。合同约定的当期届满后,被告没有偿还280万元给原告,也没有赎当或办理续当手续。原告为此诉至法院,提出以上诉讼请求。原告起诉支出了律师费97,000元。为实现债权,原告以太平财产保险有限公司广西分公司担保向本院申请财产保全,为此支出保险费15,000元,保全费5000元。另查明,原告2014年4月18日申报成立并领取了典当经营许可证和特种行业许可证。

本案争议的焦点问题:1.本案是典当合同纠纷还是民间借贷纠纷;2.双方签订的房产抵押借款合同是否合法有效;3.原告的诉请是否有事实和法律依据。

关于本案争议的第一个焦点即本案是典当合同纠纷还是民间借贷纠纷的问题。被告将其名下四套房产作为当物抵押给原告,交付综合费和利息,取得了当金,具备典当的特征。根据《典当管理办法》第三条的规定,原、被告之间构成典当关系。被告认为原、被告属民间借贷关系的抗辩主张缺乏法律依据,本院不予采信。

关于本案争议的第二个焦点即双方签订的房产抵押合同是否合法有效的问题。原告与被告签订的房产抵押借款合同系当事人自愿签订的,是双方的真实意思表示,内容未违反法律法规的强制性规定,且双方已办理抵押物的抵押登记,该合同合法有效。

关于本案争议的第三个焦点即原告的诉请是否有事实和法律依据的问题。原告向被告出具的4份当票载明当金金额总计为280万元,但原告向被告实际转账支付为2,604,000元,已在约定的当金中预扣了2015年2月17日至2015年4月17日两个月的典当综合费151,200元和利息44,800元。原告预扣当金利息的行为违反了《典当管理办法》第三十七条第二款"典当当金利息不得预扣"的规定,预扣的利息44,800元应从约定当金金额中扣除,原告出借给被告的当金金额应当认定为2,755,200元。原告请求被告支付2015年4月17日至2015年5月17日的典当综合费和利息应当以当金2,755,200元为计算基数,按月综合费率2.7%和月利率0.8%分别计算,被告应支付2015年4月17日起至2015年5月17日期间的综合费74,390.4元和利息22,041.6元。2015年5月15日典当期满后,原、被告经协商于2015年5月17日签订了《房产抵押借款合同》,该典当合同是2015年2月15日典当的续当行为,续当期限从2015年5月17日起至2015年7月17日止两个月,该合同内容不但对当票约定事项进行了确认,也对当票以外事项进行了补充。续当期限内,被告没有向原告支付期间的综合费和利息。2015年7月17日续当期限届满后,被告应当在5日即2015年7月22日内赎当或续当,但被告没有在2015年7月22日前续当,也没有赎当,故本案典当关系的绝当日为2015年7月22日。2015年5月18日起至2015年7月22日绝当止被告没有向原告支付综合费和利息,被告应以当金2,755,200元为计算基数,按月综合费率2.7%和月利率0.8%计算支付综合费148,780.8元(2,755,200元×2.7%×2个月)和利息44,083.2元(2,755,200元×0.8%×2个月)给原告。2015年7月22日绝当后,依据《典当管理办法》以及双方抵押借款合同的约定,理应处理抵押物,以清偿债务,但原告于绝当后没有按约定对抵押的房产进行处理而向本院提起诉讼并进行财产保全,无形中扩大了损失,原告请求被告支付绝当后的综合费及太平财产保险有限公司广西分公司为财产保全收取的保险费15,000元,缺乏法律依据,本院不予支持。绝当后,原告的损失应当为未偿还的当金总额的利息损失,原告再请求违约金,本院不予支持。被告应从2015年7月23日起,以须偿还的当金2,755,200元为计算基数,按月利率2%计算支付逾期利息至还清当金之日给原告。被告不履行还款义务,原告起诉而支出律师费97,000元,按约应由被告支付,原告请求被告承担律师费,依法有据,本院予以支持。被告将其名下位于北海市贵州路×号××大厦××01号、××02号、××03号、××04号房产抵押典当并办理了抵押登记,根据《中华人民共和国担保法》第三十三条第一款的规定,原告对该抵押的房产折价或拍卖、变卖所得价款中享有优先受偿权。综上,根据《中华人民共和国合同法》第八条、第六十条第一款,《中华人民共和国民法通则》第一百零八条、第一百一十四条,《典当管理办法》第三十七条第二款和《中华人民共和国担保法》第三十三条第一款之规定,判决如下:

一、被告北海市逢时实业开发有限公司应当偿还当金2,755,200元及支付2015年4月17日至2015年7月22日的综合费223,171.2元和利息66,124.8元(2015年7月23日起的利息,以当金2,755,200元为计算基数,按月利率2%计算至还清当金之日止)给原告广西诚丰泰典当有限责任公司。

二、被告北海市逢时实业开发有限公司应当支付律师费97,000元给原告广西诚丰泰典当有限责任公司。

三、原告广西诚丰泰典当有限责任公司对被告名下位于北海市贵州路×号××大厦××01号、××02号、××03号、××04号房产[房屋所有权证号为:北房权证(2011)字第××××59、××××60、××××76、××××77号]折价、变卖或拍卖所得价款享有优先受偿权。

四、驳回原告广西诚丰泰典当有限责任公司其他诉讼请求。

案件受理费35,240元,由被告负担,该费用原告已向本院预交,被告在偿还上述款项时一并付还给原告;财产保全费5000元,由原告负担。

上述债务,义务人应于本案判决发生法律效力之日起十日内履行完毕。逾期则应加倍支付迟延履行期间的债务利息。权利人可在本案生效判决规定的履行期限的最后一日起二年内向本院申请执行。

如不服本判决,可在判决书送达之日起15日内,向本院或广西壮族自治区北海市中级人民法院递交上诉状,按对方当事人人数提交副本,上诉于广西壮族自治区北海市中级人民法院,并于递交上诉状之日起至上诉期限届满后7日内预交上诉案件受理费35,240元(收款单位:广西壮族自治区北海市中级人民法院,账号:455060600018120××××××,开户银行:交通银行北海分行北部湾东路支行)。逾期不交也不提出缓交、减交、免交案件受理费申请的,按自动撤回上诉处理。

审　判　长　连丽云

代理审判员　谭小凤

人民陪审员　赖晓晔

二〇一六年九月十四日

书　记　员　黄素莹

【案例八】平江县千宝典当有限公司诉凌满文、钟送辉典当纠纷案（2017年1月12日）

【法律点】典当期限届满后，当户仍应支付利息及综合费至当金实际清偿完毕之日止，且利率及综合费率不得超出《典当管理办法》第三十七条及第三十八条规定之限度。

【关键词】典当期限　利率　综合费　典当管理办法

湖南省平江县人民法院
民事判决书

（2016）湘0626民初2206号

原告：平江县千宝典当有限公司，住所地：湖南省平江县城关镇开发区连云东路。

法定代表人：王校军。

委托代理人：单军民，平江县弘正法律服务所法律工作者，特别代理。

被告：凌满文，男，住湖南省平江县瓮江镇。

被告：钟送辉，女，住湖南省平江县天岳经济开发区。

原告平江县千宝典当有限公司（以下简称千宝公司）诉被告凌满文、钟送辉典当纠纷一案，本院于2016年11月10日立案受理后，依法适用简易程序，公开开庭进行了审理。

原告向本院提出诉讼请求：请求法院判决两被告共同偿还原告本金人民币130,000元，并支付利息至还款之日止；两被告支付原告代理费10,000元，其他费用以实际发生为准；原告对抵押房屋有优先受偿权；本案诉讼费用由被告承担。事实和理由：2015年1月19日被告以资金周转为由向原告借款人民币130,000元整，被告凌满文以与钟送辉共同共有的位于平江县城关镇××区升坪组的房屋典当给原告，并办理了房屋他项权证，约定2016年1月18日偿还该笔债务。后经原告多次催要，被告未履行偿还义务,为维护原告合法权益,现向法院提起诉讼,请求法院支持原告的诉讼请求。

被告凌满文辩称:借款130,000元本金是事实,希望给予一定时限来偿还。现被告经济困难,并且只有一套房屋,请求利息能够减免。

被告钟送辉未到庭,未进行答辩。

经本院审理查明:两被告系夫妻关系。2015年1月19日,被告凌满文(乙方、出典人)与原告平江县千宝典当有限公司(甲方、典权人)签订了一份《房屋典当借款合同》,被告凌满文以其位于平江县城关镇××区升坪组的房屋一套为当物出典(抵押)给甲方借款,并将该房产的抵押手续权利凭证交由甲方予以代管,钟送辉作为财产共有人进行签字。经双方商定该房产估价为人民币226,600元。基于上述出典(抵押),甲方共向乙方提供典当(抵押)借款(支付当金)130,000元。双方一致确认,乙方向甲方支付月综合费率、月息利率,合计为2.5%,以约定的当金基数从甲方发放当金之日起算。双方同意,当物所担保的债务范围为乙方依本合同应向甲方偿付的当金的本金、综合费、利息、违约金、赔偿金、甲方代垫的费用和实现债权和抵押权及甲方追偿所发生的费用(包括但不限于律师费、诉讼费、保全费、执行费、差旅费、保险费、评估费、鉴定费、公证费、拍卖费、产权过户等税费)。2015年1月19日,原告对被告凌满文、钟送辉共有的房产依法取得了平房他证城字第20150×××号房屋他项权证。2015年1月19日原告为被告凌满文出具了当票,当票载明典当金额总计130,000元整。被告凌满文、钟送辉向原告出具了130,000元的借据。庭审过程中原告陈述被告清偿利息至2016年1月19日,被告陈述与另一笔40,000元借款一起共计还息七万余元。围绕原告的诉讼请求,原告向本院提交了双方的身份信息资料、结婚证、房屋典当借款合同、房屋他项权证、当票及收据、诉讼委托代理合同及收款凭证,对于以上证据被告凌满文到庭进行了质证,没有异议,被告钟送辉未到庭进行质证,本院认为,上述证据可作为本案定案的依据,本院对上述予以确认并在卷佐证。

本院认为,本案中的《房屋典当借款合同》是原告平江县千宝典当有限公司与被告凌满文的真实意思表示,且不违反法律、行政法规的强制性规定,故上述合同合法有效,双方均应按照约定履行各自的义务。合同签订之后,原告已按约定履行了支付借款的义务,被告凌满文应按约定的期限全部予以偿还借款。但是借款到期后,被告凌满文未能在合同约定的期限全部偿还当金本金、综合费用等,其行为已构成违约,因此被告凌满文应承担继续偿还当金本金130,000元并支付综合费及利息等的违约责任。本院认为,根据《典当管理办法》第三十八条的规定,典当综合费用包括各种服务及管理费用,房地产抵押典当的月综合费率不得超过当金的2.7%,故对原、被告约定的月综合费用及月利息率按2.5%的标准计算未超出法律规定,本院予以支持。因被告已偿还部分利息,由于被告未提供证据证实偿还利息的具体期限,故被告应当自2016年1月19日起计算利息至本息付清之日止。由于《房屋典当借款合同》中约定的抵押房屋已经房地产抵押登记机关办理了抵押登记,原告依法取得了房屋他项权证,故原告的抵押权依法成立并生效。原告对被告凌满文典当的房屋(平他证城字第20150×××号房产)享有优先受偿权。对于原告主张的代理费10,000元,被告对真实性无异议,但表示经济困难无力承担,本院认为双方签订的合同约定代理费属当物所担保的债务范围,故对于原告的该项主张本院予以支持。凌满文所欠债务发生在夫妻关系存续期间,凌满文所欠原告130,000元本金及利息属夫妻共同债务,钟送辉应当承担共同清偿责任。

据此,依照《中华人民共和国合同法》第六十条第一款、第一百零七条,《中华人民共和国物权法》第一百七十九条,《典当管理办法》第三十八条,《中华人民共和国民事诉讼法》第一百四十四条之规定,判决如下:

一、限被告凌满文、钟送辉偿还原告平江县千宝典当有限公司当金本金130,000元(月综合费用及利息自2016年1月19日起合计按月2.5%的标准计算至本息付清之日止);

二、原告平江县千宝典当有限公司对被告凌满文、钟送辉抵押的平房他证城字第20150×××号房产享有优先受偿权;

三、被告凌满文、钟送辉支付原告平江县千宝典当有限公司代理费10,000元;

四、驳回原告平江县千宝典当有限公司的其他诉讼请求。

以上给付内容,限两被告于本判决生效之日起十五日内履行到平江县人民法院履行款账户。(收款人:平江县国库集中支付局,账号:2800004×××××,开户行:湖南平江汇丰村镇银行有限责任公司)

本案受理费3100元,减半收取1550元,由被告凌满文、钟送辉负担。

如不服本判决,可在判决书送达之日起十五日内,向本院递交上诉状,并按对方当事人的人数提出副本,上诉于湖南省岳阳市中级人民法院。

审 判 员 王 杰

二〇一七年一月十二日

书 记 员 杨慧云

【案例九】合肥华元典当有限公司诉安徽英才文化投资有限公司、王世杰等典当纠纷案
(2016年8月18日)

【法律点】典当合同中"综合费用不受典当期限的限制,典当期限届满按期内标准连续计算"的约定,不违反法律、行政法规的强制性规定,典当行可依约主张收取典当期满后的综合费用。综合费用约定过高的,可以参照民间借贷利率计算标准予以调整。

【关键词】期外综合费　民间借贷　年利率24%

安徽省合肥市中级人民法院
民事判决书

(2016)皖01民终2618号

上诉人(原审被告):安徽英才文化投资有限公司,住所地安徽省寿县新桥国际产业园。

法定代表人:CHEWKOKCHOR(周国础),董事长。

委托代理人:姚喜,北京大成(上海)律师事务所律师。

委托代理人:曲峰,北京大成(上海)律师事务所律师。

上诉人(原审被告):王世杰。

委托代理人:崔玉勇,安徽律维律师事务所律师。

被上诉人(原审原告):合肥华元典当有限公司,住所地安徽省合肥经济技术开发区锦绣大道以北、莲花路东总部办公楼。

法定代表人:郭翔,总经理。

委托代理人:王戴琴,公司员工。

委托代理人：吴雅静，公司员工。

原审被告：安徽新通工贸有限公司，住所地：安徽省合肥市蜀山区西二环环湖东路。

法定代表人：康莉，董事长。

原审被告：王世玲。

原审被告：王世豪。

原审被告：娄静。

原审被告：许大鹏。

原审被告：金陵。

原审被告：安徽华楚置业有限公司，住所地：安徽省寿县新桥国际产业园。

法定代表人：王世豪，董事长。

原审被告：安徽世杰教育投资有限责任公司，住所地：安徽省合肥市庐阳区淮河路。

法定代表人：王世杰，董事长。

上诉人安徽英才文化投资有限公司（以下简称英才公司）、上诉人王世杰因与被上诉人合肥华元典当有限公司（以下简称华元典当公司）、原审被告安徽新通工贸有限公司（以下简称新通公司）、王世玲、王世豪、娄静、许大鹏、金陵、安徽华楚置业有限公司（以下简称华楚公司）、安徽世杰教育投资有限责任公司（以下简称世杰公司）典当纠纷一案，不服安徽省合肥高新技术产业开发区人民法院（2015）合高新民二初字第01407号民事判决，向本院提起上诉。本院受理后，依法组成合议庭进行了审理。本案现已审理终结。

英才公司上诉请求：（1）依法撤销原审判决，改判驳回被上诉人对上诉人的诉讼请求；（2）一、二审案件诉讼费由被上诉人承担。其主张的事实和理由：（1）原判程序违法。上诉人申请对保证合同司法鉴定，原审法院对上诉人的鉴定申请不予准许，剥夺了上诉人的诉讼权利，应当予以纠正。两次庭审人民陪审员并不一致，未事先告知，也未说明理由。（2）原判认定事实错误。根据原审被告提供的尽职调查报告和三份判决书，证实当金余额为11，142，166元。原审法院未采信该尽职调查报告理由不能成立。上诉人对保证合同加盖印章有异议，原审直接认定上诉人签订保证合同证据不足。（3）原审判决适用法律错误。本案系典当纠纷，应当适用《典当管理办法》。被上诉人并未提供商务部颁发的《典当经营许可证》，不是典当适格主体；债务人王世杰一直认为是借款关系，属于典型"名为典当、实为借贷"，双方不构成典当法律关系。对典当期外的综合费2%/月予以支持错误，综合费是典当行为当户保管当物所支出的合理成本，典当期满后，被上诉人无权要求支付期外综合费，因期外综合费与绝当制度冲突,且综合费率远远高于借款利率。

针对英才公司的上诉请求,华元典当公司辩称,原审法院开庭程序并未有违法之处,以质权为典物符合法律规定。综合费用在合同中有约定,我方对综合费用的主张并不违反法律和行政法规的强制性规定。原审法院认定事实清楚、适用法律正确。请求驳回上诉,维持原判。

王世杰上诉请求:(1)撤销原审判决第一项,改判王世杰向被上诉人偿还当金11,642,666元、综合费用以11,642,666元为基数计算;(2)一、二审诉讼费用由被上诉人承担。其主张的事实和理由:上诉人为投资教育,先后向被上诉人典当借款4笔,依据尽职调查报告,扣除已生效的本金3010万元,上诉人只欠本金11,642,666元。原审法院认定尽职调查报告证明力小,但被上诉人并没有提供相反的证据来否定,原审法院认定事实错误。

针对王世杰的上诉人请求,华元典当公司辩称,原审判决对此认定事实清楚,尚欠当金17,352,626元,尽职调查报告我方不予认可,与本案无密切联系,请求驳回上诉人的上诉请求,维持原判。

华元典当公司向原审法院起诉请求:(1)王世杰偿还当金17,352,626元、综合费617.75万元(按月2%,自2014年4月30日暂计算至2015年10月16日,之后计至本息付清之日止)及违约金522.32万元(按日0.05%,自2014年3月2日计算至2015年10月16日),合计28,753,326元;(2)华元典当公司对新通公司抵押房屋(证号:房地权合产字第××号、房地权合产字第110155×××号)折价、拍卖或变卖抵押物的价款享有优先受偿权;(3)华元典当公司对王世豪抵押房屋(证号:房地权合产字第××号)折价、拍卖或变卖抵押物的价款享有优先受偿权;(4)华元典当公司对王世杰持有的世杰公司2000万元股权折价、拍卖或变卖后的价款有优先受偿权;(5)华元典当公司对王世玲持有的世杰公司900万元股权折价、拍卖或变卖后的价款有优先受偿权;(6)王世玲、王世豪、娄静、许大鹏、金陵、华楚公司、英才公司、世杰公司对王世杰所欠上述第1项债务承担连带清偿责任。

原审法院经审理查明:2014年1月15日,王世杰(当户,甲方)与华元典当公司(典当行,乙方)签订了编号为华元典当典字2014第001号《典当合同》,合同约定当金为2000万元,用于流动资金;典当期限为45天,即自2014年1月16日至2014年3月2日止,典当期限或续当期限届满后,甲方应当在5日内赎当或者申请续当,逾期不赎当也不续当的,为绝当;当物为世杰公司2000万元股权;月综合费标准为当金的2%,合计60万元,综合费用不受典当期限的限制,典当期限届满按期内标准连续计算，直至甲方赎当或者乙方已处置当物所得获得清偿；典当的担保方式为股权质押担保、保证担保，典当期限届满，若甲方未能全部归还当金本息及费用，乙方可就物的担保实现债权，也可以要求保证人承担保证责任；超过典当期限赎当的，为延期赎当，属于甲方违约，乙方除收取逾期期间正常的综合费用和利息外，有权按照当金余额的日0.05%收取违约金。

2014年1月15日，王世杰、王世玲（质押人，甲方）分别与华元典当公司（质押权人，乙方）签订了编号为华元典当质字2014第001、002号《股权质押合同》，约定甲方自愿以其持有的世杰公司2000万元、900万元的股权为编号为华元典当质字2014第001号《典当合同》全部债务提供质押担保，质押担保的范围为华元典当典字2014第001号典当合同项下的全部当金、综合费用、利息、违约金、损害赔偿金，乙方实现典当合同项下权利及担保质押权的费用和所有其他应付款项。2014年1月17日，双方在工商部门办理了股权出质登记。

2014年1月15日，新通公司、王世豪（甲方，抵押人）分别与华元典当公司（乙方，典当行/抵押权人）签订华元典当抵字2014第001、002、003号《房地产抵押合同》，约定新通公司以其名下坐落于合肥市××山区××路3065.4平方米房屋（证号：房地权合产字第××号）、合肥市蜀山区西二环环湖东路572号仓储楼负一层及第一层2888.68平方米的房屋（证号：房地权合产字第××号），王世豪以其名下坐落于合肥高新区梦园小区绿茵居7幢202室房屋（建筑面积154.39平方米，证号：房地权合产字第××号）为乙方提供抵押担保，担保范围为合同编号为华元典当典字2014第001号《典当合同》项下的当金、综合费用、利息、违约金及乙方实现权利的费用。2014年1月22日、28日，双方为上述房屋办理的抵押登记，房屋他项权证显示新通公司抵押的“房地权合产字第081443号”房屋担保债权数额为1400万元，“房地权合产字第110155103号”房屋担保债权数额为500万元，王世豪抵押的房屋担保债权数额为100万元。

2014年1月15日、16日，王世玲、王世豪、金陵，华楚公司，英才公司，世杰公司（保证人，甲方）与华元典当公司（典当行，乙方）签订了编号为华元典当保字2014第001、002、003、005号《保证合同》，约定甲方对合同编号为华元典当典字2014第001号《典当合同》项下的全部当金、综合费用、利息、违约金、损害赔偿金，乙方实现典当合同项下权利及担保质押权的费用和所有其他应付款项提供连带责任保证担保，保证期间为自主合同确定的典当期满之次日起两年。其中世杰公司所签合同中还约定“甲方所担保的主合同项下债权如存在债务人（当户）或其他人提供的物保，乙方可先要求甲方承担保证责任,也可以先以物的担保实现债权。”

华元典当公司于上述合同签订后出具当票(No. 34010135620)并将 2000 万元当金汇入至王世杰指定的世杰公司、王世玲银行账户。当期届满后,王世杰自 2014 年 4 月 30 日起欠付综合费用,新通公司于 2014 年 5 月偿还当金 2,647,374 元,华元典当公司放弃对“房地权合产字第 110155103 号”房屋的抵押权。王世杰至今未偿还剩余当金 17,352,626 元。

2015 年 10 月,华元典当公司委托安徽国信会计师事务所有限公司(以下简称国信会计所)对世杰公司等的财务状况进行尽职调查。2016 年 1 月 25 日,国信会计所向华元典当公司、世杰公司出具《尽职调查报告》,称“世杰公司是被调查主体,负责收集整理提供调查所需一切资料”,“本次调查未对债权债务及银行存款实施函证程序”,其中“世杰教育融资借款情况”显示:债权人“华元典当上海华奇”的借款本金截至 2015 年 10 月 31 日为 41,742,666 元。

华元典当公司与王世杰、王世玲等另有三起典当纠纷,经原审法院审理终结,所作民事判决已经发生法律效力。

另查明:娄静是王世豪的妻子,许大鹏是王世玲的丈夫。世杰公司注册资金为 1.2 亿元,股东王世杰、王世玲分别认缴(实缴)注册资金 9600 万元、2400 万元。

再查明,英才公司原为世杰公司的全资子公司。2014 年 1 月 16 日,英才公司形成股东会决议,股东世杰公司同意为王世杰在华元典当公司申请的当金 2000 万元提供连带责任保证。2014 年 11 月 27 日,英才公司股东变更为合肥育仁教育管理有限责任公司。

原审法院认为:华元典当公司与王世杰签订的《典当合同》,与王世杰、王世玲签订的《股权质押合同》,与王世玲、王世豪、金陵、华楚公司、英才公司、世杰公司签订的《保证合同》均合法有效。英才公司辩称其与华元典当公司所签《保证合同》无效,认为该合同不符合行业惯例,存在双方当事人恶意串通、损害担保人利益的情形,且英才公司为实际控制人提供担保违反法律规定,均无事实、法律依据,不予采纳。英才公司又认为《保证合同》上加盖的公司印章不真实并提出鉴定申请,由于英才公司在签订《保证合同》时,股东世杰公司同意为王世杰申请的当金 2000 万元提供连带责任保证,王世杰、世杰公司在本案诉讼中也均未否认英才公司提供担保的事实,故英才公司的主张不成立,对其鉴定申请不予准许。王世杰未按约偿还当金、支付综合费用,应承担继续履行的责任。华元典当公司主张的当金 17,352,626 元、综合费用依法成立,本院予以支持。王世杰辩称本案剩余当金本金为 11,642,166 元,并未提交其偿还剩余当金、综合费用的证据,而国信会计所的《尽职调查报告》,仅是根据世杰公司提供资料调查形成的结论,证明力较小,故对王世杰的主张不予采纳。至于违约金,因与综合费用合并计算明显过高于利息损失,王世杰、英才公司也提出抗辩,故酌情不予支持。英才公司辩称绝当后不存在综合费用,但合同约定"综合费用不受典当期限的限制,典当期限届满按期内标准连续计算,直至甲方赎当或者乙方已处置当物所得获得清偿",该约定不违反法律、行政法规的强制性规定,故英才公司的相应辩称理由不成立,不予支持。

王世杰、王世玲提供的质物即世杰公司 2000 万元、900 万元的股权(分别占 16.67%、7.5%)已办理出质登记,华元典当公司主张该质权依法成立,予以支持。王世玲、王世豪、金陵、华楚公司、英才公司作为连带责任保证人,依法应就华元典当公司对债务人王世杰享有的质权不能清偿债务的部分承担连带清偿责任。世杰公司作为连带责任保证人,应按约对王世杰所负债务承担连带清偿责任。新通公司与王世豪向华元典当公司提供三处房屋抵押担保,已办理抵押登记,则华元典当公司的抵押权依法设立。华元典当公司放弃其对"房地权合产字第 110155103 号"房屋的抵押权,则其仅就剩余抵押物拍卖、变卖所得价款有优先受偿权。因房屋抵押登记记载的担保债权数额与抵押合同约定并不一致,故优先受偿范围依法应以登记记载的内容为准。"房地权合产字第 110155103 号"房屋登记担保的债权数额为 500 万元,华元典当公司放弃了该部分抵押权,则各保证人在当金 500 万元及相应综合费用范围内免除保证责任。娄静、许大鹏并非保证人,且无证据证明王世豪、王世玲因担保所负债务系为夫妻共同生活所负债务,故华元典当公司要求娄静、许大鹏承担连带责任于法无据,不予支持。综上,依照《中华人民共和国合同法》第一百零七条、第一百一十四条,《中华人民共和国担保法》第九条、第十八条、第二十八条第二款,《中华人民共和国物权法》第一百七十六条、第二百一十九条第二款、第二百二十六条第一款、第二百二十九条,《中华人民共和国民事诉讼法》第一百四十四条,《最高人民法院关于适用〈中华人民共和国担保法〉若干问题的解释》第七条、第六十一条的规定,判决:一、被告王世杰于本判决生效后 10 日内向原告合肥华元典当有限公司偿还当金 17,352,626 元、综合费用(以 17,352,626 元为基数,自 2014 年 4 月 30 日起按每月 2% 标准计至本判决确定的履行期间届满之日止);二、原告合肥华元典当有限公司对被告王世杰持有安徽世杰教育投资有限责任公司 16.67% 的股权拍卖、变卖的价款在本判决第一项确定的债权范围内享有优先受偿权;三、原告合肥华元典当有限公司对被告王世玲持有安徽世杰教育投资有限责任公司 7.5% 的股权拍卖、变卖的价款在本判决第一项确定的债权范围内享有优先受偿权;四、原告合肥华元典当有限公司对被告安徽新通工贸有限公司名下的坐落于合肥市××山区××路3065.4平方米房屋(证号:房地权合产字第××号)拍卖、变卖的价款在本判决第一项确定的债权中的当金1400万元、综合费用(以1400万元为基数,自2014年4月30日起按每月2%标准计至本判决确定的履行期间届满之日止)范围内享有优先受偿权;五、原告合肥华元典当有限公司对被告王世豪名下的坐落于合肥高新区梦园小区绿茵居7幢202室房屋(建筑面积154.39平方米,证号:房地权合产字第××号)拍卖、变卖的价款在本判决第一项确定的债权中的当金100万元、综合费用(以100万元为基数,自2014年4月30日起按每月2%标准计至本判决确定的履行期间届满之日止)范围内享有优先受偿权;六、被告王世玲、王世豪、金陵、安徽华楚置业有限公司、安徽英才文化投资有限公司对本判决第二项确定的质权不能清偿本判决第一项确定的债务中的当金12,352,626元、综合费用(以12,352,626元为基数,自2014年4月30日起按每月2%标准计至本判决确定的履行期间届满之日止)的部分承担连带清偿责任;七、被告安徽世杰教育投资有限责任公司对本判决第一项确定的债务中的当金12,352,626元、综合费用(以12,352,626元为基数,自2014年4月30日起按每月2%标准计至本判决确定的履行期间届满之日止)的部分承担连带清偿责任;八、驳回原告合肥华元典当有限公司其他诉讼请求。如果未按本判决指定的期限履行给付金钱义务,应当依照《中华人民共和国民事诉讼法》第二百五十三条之规定,加倍支付迟延履行期间的债务利息。案件受理费185,567元,财产保全费5000元,合计190,567元,由原告合肥华元典当有限公司负担15,567元,被告王世杰、王世玲、王世豪、金陵、安徽新通工贸有限公司、安徽华楚置业有限公司、安徽英才文化投资有限公司、安徽世杰教育投资有限责任公司共同负担17.5万元。

本院二审期间,原审被告新通公司、王世玲、王世豪、娄静、许大鹏、金陵、华楚公司、世杰公司未陈述意见。上诉人、被上诉人未提交新的证据。本院对原审法院经审理查明事实予以确认。

本院另查明:原审法院分别于2015年12月10日、2016年2月24日两次开庭对本案进行审理,告知的合议庭组成人员均为审判员刘亚鹏、人民陪审员李章伦、张菊,英才公司未提出异议。

本院认为:原审法院两次庭审过程中均告知合议庭组成人员情况,且未变更人民陪审员,英才公司在原审法院庭审过程中也未提出异议,故英才公司提出原审法院两次庭审人民陪审员不一致程序违法的主张，没有事实依据，不能成立，本院不予支持。英才公司虽在原审法院庭审过程中提出对保证合同印章真实性提出鉴定申请，但该保证合同中有合同签订时英才公司法定代表人王世杰的签名，王世杰对此并未予以否认，并有相关股东会决议予以印证，足以形成证明力；至于英才公司主张王世杰并未到庭发表意见，因王世杰也系本案被告，其在人民法院依法送达后，未到庭参加诉讼，系其放弃诉讼权利，不能因此成为阻却证据证明力的理由，故原审法院对其鉴定申请不予准许，并无不当，英才公司以此主张程序违法理由不能成立，本院不予支持。

英才公司、王世杰均上诉主张王世杰只欠典当本金 11,642,666 元，但其并未提供新的证据予以证实，所主张依据仍为原审法院所提交的《尽职调查报告》，因调查报告首部即明确“获取的相关财务数据、分析结果，不发表审计意见”，尾部明确“未对债权债务及银行存款实施函证程序”，属于对公司内部情况的调查报告，在所显示的债权债务未得到债权人确认的情况下，相应的证明力较小，不能仅凭此认定债权数额。华元典当公司庭审中对该债权数额不予认可，并提供相关发放 2000 万元当金的凭证，英才公司、王世杰应对还款情况予以举证，其仅凭《尽职调查报告》，未能提供其他证据予以证实还款情况，应承担相应举证不能的不利后果。英才公司、王世杰的该上诉主张不能成立，本院不予支持。

关于英才公司提出典当期满应按照绝当处理，不应支持华元典当公司典当期满外综合费用的主张。对典当合同的性质，现并无相关法律予以专门规定，仅《典当管理办法》对其予以规范。但从典当合同约定的双方主要权利义务来看，一方主要为出借资金，另一方主要为归还本金及综合费用、利息，主要系双方资金融通行为，双方的行为仍为合同关系，依据双方合同的法律性质，原审法院依据《中华人民共和国合同法》予以规范并无不当。同时《最高人民法院关于审理民间借贷案件适用法律若干问题的规定》第一条对民间借贷行为进行明确，典当行为符合民间借贷行为特征，对典当期满后的综合费用，因其约定过高，原审法院参照民间借贷的利率标准予以支持，也并无不当，英才公司的该上诉主张不能成立，本院不予支持。

综上所述，英才公司、王世杰的上诉请求不能成立，应予驳回；原审判决认定事实清楚，适用法律正确，应予维持。依据《中华人民共和国民事诉讼法》第一百七十条第一款第一项、第一百七十五条的规定，判决如下：

驳回上诉，维持原判。

二审案件受理费 180,297 元，由上诉人安徽英才文化投资有限公司负担 128,527 元；由上诉人王世杰负担 51, 770 元。

本判决为终审判决。

审　判　长　姚海峰
审　判　员　张　健
审　判　员　欧　健
二〇一六年八月十八日
书　记　员　王　元

【案例十】台州市汇丰典当有限责任公司诉浙江天台济公实业有限公司典当纠纷案（2016年7月18日）

【法律点】 1. 合同的效力只有违反了法律、行政法规的强制性规定才认定无效，因此，典当合同违反《典当管理办法》相关规定以及典当经营范围并不当然导致合同无效。

2. 典当行发放当金时不得预扣综合费，综合费预先扣除的，应按实际发放金额认定当金金额。当期内的利率、综合费率以及逾期费用应结合民间借贷纠纷的利率保护标准确定，已支付部分的利息、综合费用以及逾期费用合计超过按月利率3%计算的，超过部分折抵当金本金。

3. 绝当后典当行应积极处分当物，防止当户损失的不当扩大，并应在合理期限内采取处置当物的措施，如提起诉讼来主张权利。合理期限应结合典当当物的性质和具体案情来确定，合理期限内按月利率2%计付违约损失；超过了合理期限的，按年利率6%计付占用资金的利息损失。

【关键词】 典当经营范围　绝当　合理期限　部门规章　预扣综合费　民间借贷　律师费用　诉讼时效

浙江省台州市中级人民法院
民事判决书

（2016）浙10民终983号

上诉人（原审被告）：浙江天台济公实业有限公司。住所地：天台县城关桥南路。

法定代表人：许贝贝，该公司董事长。

委托代理人：许能余。

被上诉人(原审原告):台州市汇丰典当有限责任公司。住所地:天台县天台山东路。

法定代表人:陈才,该公司总经理。

委托代理人:徐国水,浙江徐星律师事务所律师。

上诉人浙江天台济公实业有限公司(以下简称济公实业公司)为与被上诉人台州市汇丰典当有限责任公司(以下简称汇丰典当公司)典当纠纷一案,不服浙江省天台县人民法院(2015)台天商初字第2263号民事判决,向本院提起上诉。本院于2016年5月17日受理后,依法组成合议庭,于2016年5月27日公开开庭进行了审理。上诉人济公实业公司的委托代理人许能余,被上诉人汇丰典当公司的法定代表人陈才及该公司的委托代理人徐国水到庭参加诉讼。本案现已审理终结。

原审法院审理认定:2010年5月20日,原、被告双方签订《房地产抵押借款合同》一份,合同中约定当金人民币300万元,借款期限自2010年5月20日至2012年5月19日(借款的实际放款日以借据为准),借款利息按月利息0.87%,月综合费率2.7%,被告应于每月19日前缴付利息和综合费用,逾期还款除缴纳利息和综合费外按借款余额每日1‰计收违约金。被告以其坐落天台县福溪街道桥南路×××号的房产及相应的土地使用权作抵押,约定抵押担保的范围为:借款本金(当金)、利息、综合费用、违约金、损害赔偿金、诉讼费、律师费、财产保全费等处分抵押房地产的费用以及可能产生的代垫费用和其他费用。原、被告于2010年5月21日在天台县公证处办理房地产抵押借款合同的公证,并于同日办理了抵押登记手续。同日,原告开具三张当票,当票号为330527373.330527374、330527375,金额分别为90万元、80万元、80万元,扣除一个月的综合费用后实际交付当金分别为87.57元、77.84万元、77.84万元,共计243.25万元。被告于2010年6月20日、7月20日各支付利息及综合费用8.925万元,8月19日支付8.9975万元,9月20日支付9.61万元,11月1日支付利息、综合费用、逾期费用合计13.72万元,11月18日支付8.9975万元,12月10日支付8.925万元,并分别于2010年6月20日、2010年7月20日、2010年8月20日、2010年9月20日、2010年11月1日、2010年11月18日、2010年12月17日办理了续当手续至2011年1月16日。2011年7月1日的续当凭证载明被告交付利息、综合费用、逾期费用合计110.8220万元,续当期限由2011年1月16日起至2011年7月1日。因被告没有归还当金、利息、综合费用等,原告于2013年5月2日向天台县公证处申领执行文书,天台县公证处作出(2013)天证执字第007号执行文书。原告于2013年7月15日向法院申请强制执行。法院于2013年10月25日作出(2013)台天执裁字第1

号裁定书,裁定对天台县公证处(2013)天证执字第007号执行文书不予执行。另查明,被告于2011年7月1日办理续当手续时交纳的利息及逾期费用等合计110.822万元,系由杭州帘帆布厂天台分厂以其股权向原告质押典当所得,许能余系该厂的法定代表人,该事实由法院(2013)台天商初字第1657号民事判决书和台州市中级人民法院(2014)浙台商终字第844号民事判决书予以确认。还查明,被告公司原名浙江天台新济公实业有限公司,经过几次企业名称变更后变更为浙江天台济公实业有限公司。褚珠香于2010年4月15日起担任被告公司的法定代表人,2010年4月27日被告公司的法定代表人变更为许尚益,2014年8月5日由许尚益变更为许贝贝担任公司的法定代表人至今。

原告汇丰典当公司于2015年10月10日向原审法院提起诉讼称:原、被告双方于2010年5月20日签订房地产抵押借款合同一份,合同中约定当金300万元,借款期限自2010年5月20日至2012年5月19日(借款的实际放款日以借据为准),借款利息按月利息0.87%,月综合费率2.7%,被告应于每月19日前缴付利息和综合费用,如借款人未能履行此约定,逾期五日原告有权单方提前终止合同,并向被告追索借款本金、利息、综合费用及违约金,提前实现抵押权。被告以其坐落天台县福溪街道桥南路×××号的房产及相应的土地使用权作抵押,双方约定评估总价为350万元,向天台县房管处办理了抵押登记手续。原告于2010年5月21日将当金250万元交付给被告,开具三张当票,金额分别为90万元、80万元、80万元,后被告又办理了续当手续。被告已支付利息、综合费至2011年7月1日,后被告没有归还当金、利息、综合费。请求判令:(1)被告归还当金人民币250万元,支付所欠的利息(利息从2011年7月2日按月息0.87%计算至实际付款之日)、综合费(综合费从2011年7月2日按月综合费率2.7%计算至实际付款之日)、违约金(违约金从2011年7月2日按每日0.1%计算至实际付款之日);(2)被告支付原告律师费8万元;(3)原告对被告抵押的房地产拍卖、变卖后所得价款享有优先受偿权;(4)本案的诉讼费由被告承担。

被告济公实业公司在原审中答辩称:(1)对房地产抵押合同合法性有异议,因为双方对借款金额、借款期限2年的约定,不符合《典当管理办法》当金和最长6个月的典当期等强制性规定,抵押借款合同无效,从而导致公证无效。(2)月利率0.87%远远超过人民银行同期贷款利率,逾期罚息更是畸高。根据《典当管理办法》第四十条及《中国人民银行关于人民币贷款利率有关问题的通知》[银发(2003)第251号]的规定,续当期超5天后未续当也未赎当为绝当,即使“续当”最多只有5天内罚息可按人民银行罚息规定办理,月当金利息加收30%~50%的规定。(3)当票上续当期没有明确,三份续当(330687277、330687278、330687279)凭证没人签字,是原告单方续当,被告2010年6月26日前未续当、赎当,依法已经绝当。(4)根据《典当管理办法》第四十四条第五款的规定,房地产抵押典当单笔当金数额不能超过注册资本的10%,原告的注册资本为1018万元,因此原、被告之间最高只有101.8万元为合法的典当关系,超出部分属于违法典当。(5)2010年12月15日至2011年1月16日后被告并无续当也意味着绝当了,没有资金来往,请求法院调查原告资金账户2011年7月1日110多万元的资金。(6)本案超过二年诉讼时效。原告在2010年5月21日向被告出具的当票时效是2010年5月21日起至2010年6月20日止,在2010年6月20日至2010年7月20日期间原告只开具无当户签字的空白《续当凭证》,是原告单方表示续当。根据《典当管理办法》,本案自2010年6月26日前,原告未续当、赎当,依法已经绝当。原告首次对被告主张权利是天台县人民法院执行通知书(2013)台天民执字第1405号,载明立案时间是2013年7月15日,故本案诉讼时效期间已过。(7)被告在2013年9月3日(2013)台执异字第17号,执行异议开庭听证后,天台县人民法院在2013年10月25日对本案作出不予执行的(2013)台天执裁字第1号。

原审法院审理认为:1. 关于本案所涉《房地产抵押借款合同》的效力问题。该合同名为房地产抵押借款合同,实际为房地产抵押典当合同,被告辩解该合同违反《典当管理办法》的规定,要求确认合同无效,但根据《合同法》第五十二条的规定,合同的效力只有违反了法律、行政法规的强制性规定才认定无效,而《典当管理办法》系部门规章,违反了该管理办法并不必然导致合同的无效,故对被告的辩解不予采纳。原告与被告自愿签订房地产抵押典当合同及当票,意思表示真实,应认定有效,双方均应按约履行。2. 典当本金的实际支付金额、利息以及综合费用问题。原告在发放当金时预先扣留了综合费用共计67,500元,不符合法律规定,故本案的典当当金应按实际支付金额2,432,500元予以确认。原、被告在当票中约定收取的利息、综合费用以及逾期费用过高,结合民间借贷纠纷的利率保护标准,确定已支付部分的利息、综合费用以及逾期费用合计调整为按月利率3%计算,超过部分折抵当金本金。从2010年6月20日至2011年7月1日,被告在办理续当手续时共支付利息、综合费用以及逾期费用共计1,789,220元,按月利率3%计算,被告应付利息、综合费用以及逾期费用合计936,960元,多支付的852,260元折抵本金,故被告尚欠原告当金1,580,240元。对原告自2011年7月2日起的利息、综合费用及逾期利息调整为按月利率2%计算。3. 关于本案是否已过诉讼时效问题。被告于2011年7月1日办理了续当手续,本案的诉讼时效起算时间为2011年7月2日,而原告于2013年5月2日向天台县公证处申领公证债权文书,并于2013年7月15日向法院申请强制执行,该行为系原告向被告主张债权,本案并未超过诉讼时效,故对被告的辩解不予采纳。4. 律师代理费问题,因原、被告在房地产抵押典当合同中约定抵押担保的范围包括原告为实现债权支付的律师费,且该律师代理费符合浙江省律师收费标准,故对原告要求被告承担原告为实现债权支付的律师代理费的诉讼请求予以支持,但应由原、被告双方按比例分担。被告以其所有的坐落在天台县福溪街道桥南路×××号的房地产进行抵押,并办理了抵押登记手续,抵押权依法设立,原告对该抵押房屋及土地折价或者拍卖、变卖后所得价款享有优先受偿权。综上,该院依照《中华人民共和国物权法》第一百七十六条、第一百八十七条、第二百零三条,《典当管理办法》第三十八条,《最高人民法院关于审理民间借贷案件适用法律若干问题的规定》第三十条之规定,于2016年3月31日作出如下判决:一、被告浙江天台济公实业有限公司在本判决生效之日起十日内归还原告台州市汇丰典当有限公司当金1,580,240元及逾期利息(逾期利息按月利率2%自2011年7月2日起算息至履行完毕之日止),并支付原告为实现债权支付的律师代理费80,000元。二、原告台州市汇丰典当有限公司对被告所有的坐落在天台县福溪街道桥南路×××号的房地产折价或者拍卖、变卖后所得价款在上述第一项款项范围内享有优先受偿权。三、驳回原告的其他诉讼请求。如果未按本判决指定的期间履行给付金钱义务,应当依照《中华人民共和国民事诉讼法》第二百五十三条之规定,加倍支付迟延履行期间的债务利息。一审案件受理费人民币55,760元,由原告台州市汇丰典当有限公司负担22,780元,由被告浙江天台济公实业有限公司负担32,980元。

上诉人济公实业公司不服原审法院上述民事判决,向本院提起上诉称:1.《房地产抵押借款合同》违反《典当管理办法》、典当经营许可证经营范围,应当认定为无效。一审法院认为《典当管理办法》系部门规章,违反该法规并不必然导致合同无效。上诉人认为,《典当管理办法》是现行关于"典当"行为的唯一的法律规范,是从事典当业务,规范典当秩序唯一的法律规定。违反《典当管理办法》、典当经营许可证经营范围的典当行为必然无效。2. 上诉人一审提出被上诉人通过民事诉讼向上诉人主张本案债权,明显超出诉讼时效。一审判决认定本案合计250万元当票续当至2011年7月1日,故诉讼时效起算点为2011年7月2日。被上诉人是在2013年7月15日,向天台法院申请强制执行上诉人首次主张债权,明显超出诉讼时效。虽然被上诉人于2013年5月2日向天台县公证处申领公证债权文书,申领系被上诉人单方行为,申领时及之后被上诉人和天台县公证处从未告知上诉人偿还债务,该申领行为及强制执行公证文书皆已构成违法,故被天台县人民法院裁定不予执行。一审认定本案不构成诉讼时效超限,对上诉人诉求不予采纳不当。被上诉人为谋取违法高额利息蓄意拖延主张债权,实际已经怠于行使债权超出二年,本案债权已经超过诉讼时效。3. 案外人杭州帘帆布厂天台分厂股权质押典当事实,虽经天台法院、台州中院两审终审认定被上诉人交付当金110.822万元为上诉人续当,实际上诉人该续当行为依法不能成立,因为"续当"时早已超出法定的"续当期限",构成绝当,绝当后不存在续当。案外人杭州帘帆布厂天台分厂已经经台州市人民检察院立案并提请浙江省人民检察院抗诉。本案典当实际于2010年6月26日已经构成绝当。应按照典当关系"绝当"规定处理双方之间债权债务,案外人杭州帘帆布厂天台分厂股权典当当金用作上诉人的续当,没有真实资金往来给付被上诉人,上诉人同时未授权案外人杭州帘帆布厂天台分厂支付续当费用110.822万元,该续当系虚假。上诉请求:撤销原审判决,改判驳回被上诉人的诉讼请求;本案一、二审诉讼费用、律师代理费由被上诉人承担。

被上诉人汇丰典当公司答辩称:一审法院认定事实清楚,证据充分,上诉人的上诉理由依法不能成立。1.《房地产抵押借款合同》没有违反法律、行政法规规定,不能视为无效。2. 本案诉讼时效起算点在2013年5月被上诉人申领债权文书时,被上诉人在两年之内已经主张权利,诉讼时效没有超过。上诉人认为法院没有执行是因为诉讼时效超过的说法不能成立,不能执行是因为利息问题,不是因为超过诉讼时效不执行。3. 被上诉人认为法院已生效裁判文书认定的事实是正确的,上诉人没有理由来否定法院已生效判决的法律文书。综上,上诉人的上诉理由不能成立,请求驳回上诉人的上诉请求。

二审期间,双方当事人均未提供新的证据。

本院经审理查明的事实与原审法院认定的事实一致。

本院认为:上诉人主张涉案《房地产抵押借款合同》因违反《典当管理办法》相关规定以及《典当经营许可证》准许的经营范围,应为无效,但根据《合同法》的相关规定,对合同效力的判定依据是法律和行政法规的强制性规定,《典当管理办法》系部门规章,违反该规定并不必然导致合同无效,违反《典当经营许可证》准许经营范围的行为也并不当然导致合同无效。本案双方当事人签订的《房地产抵押借款合同》及当票经本院审查并无《中华人民共和国合同法》第五十二条规定的无效情形,该合同系双方真实意思表示,应当认定有效。上诉人对2011年7月1日签字续当并无异议,续当费用的缴纳也由生效民事判决所认定,故上诉人认为该日续当系虚假的主张本院不予采信。被上诉人于2013年5月2日向天台县公证处申领公证债权文书,并于2013年7月15日向天台县人民法院申请强制执行,上述行为均表明其在行使向上诉人主张债权的权利,故被上诉人在本案中的权利主张并未超过诉讼时效。本案当物于2011

年7月1日绝当,根据《典当管理办法》第四十三条的规定,基于公平角度而言,本案当物绝当后,被上诉人应当积极行使处分权处分当物,防止上诉人损失的不当扩大,因此,被上诉人在绝当后应在合理诉讼准备期后积极提起诉讼来主张权利,上诉人于2013年5月2日先通过公证后申请法院执行的方式主张权利,该时间点距本案当物绝当已近两年,显然超过了合理期限。基于本案当物的性质和案情,本院酌定被上诉人应在绝当后6个月的合理期限内采取处置当物的措施,该六个月期限内的违约损失本院予以支持,标准按原审法院确定的2%月利率计算,该期限以后,被上诉人主张的违约损失本院不予支持。由于上诉人继续占用被上诉人资金,绝当六个月以后上诉人应当支付占用该部分资金的利息损失,利息计算标准按年利率6%予以确定。被上诉人请求上诉人支付的律师代理费用符合浙江省律师收费标准,应当予以支持。综上,原审判决认定事实清楚,判决除逾期利息的确定有误外,其他处理并无不当。依照《中华人民共和国民事诉讼法》第一百七十条第一款第二项,《中华人民共和国物权法》第一百七十六条、第一百八十七条、第二百零三条,《中华人民共和国合同法》第一百一十九条,《典当管理办法》第三十八条的规定,判决如下:

一、维持浙江省天台县人民法院(2015)台天商初字第2263号民事判决主文第二、三项。

二、变更浙江省天台县人民法院(2015)台天商初字第2263号民事判决第一项为:上诉人浙江天台济公实业有限公司在本判决生效之日起十日内支付被上诉人台州市汇丰典当有限责任公司当金1,580,240元、违约损失(以1,580,240元为基准按月利率2%自2011年7月2日起算息至2012年1月1日止)、资金占用期间的利息损失(以1,580,240元为基准按月利率6%自2012年1月2日起算息至履行完毕之日止),并支付原告为实现债权支付的律师代理费80,000元。

一审案件受理费人民币55,760元,由上诉人浙江天台济公实业有限公司负担24,372元,由被上诉人台州市汇丰典当有限责任公司负担31,388元;二审案件受理费24,372元,由上诉人浙江天台济公实业有限公司负担。

本判决为终审判决。

审　判　长　何敏军
代理审判员　戴莹莹
代理审判员　洪海波
二〇一六年七月十八日
代 书 记 员　王　旖

【案例十一】天津市嘉华典当有限责任公司诉古爱玲典当纠纷案
(2016年9月23日)

【法律点】绝当后,典当行应积极处理绝当物品,防止损失继续扩大,依据公平原则,自绝当后一年内的利息损失按照年利率24%计算,之后的利息损失按照中国人民银行同期同类贷款利率计算。

【关键词】综合费　利率　续当　绝当　公平原则　年利率24%

天津市第二中级人民法院
民事判决书

(2016)津02民终3825号

上诉人(原审被告):古爱玲,无职业。

委托诉讼代理人:刘通,天津越然律师事务所律师。

委托诉讼代理人:郑维沂,天津越然律师事务所律师。

被上诉人(原审原告):天津市嘉华典当有限责任公司,住所地天津市河东区七纬路。

法定代表人:冯文生,总经理。

委托诉讼代理人:盛家振,该公司员工。

委托诉讼代理人:毛军,天津允诚律师事务所律师。

上诉人古爱玲因与被上诉人天津市嘉华典当有限责任公司典当纠纷一案,不服天津市河东区人民法院(2015)东民初字第5564号民事判决,向本院提起上诉。本院于2016年7月20日立案后,依法组成合议庭,进行了审理。本案现已审理终结。

古爱玲上诉请求:撤销原审判决,改判上诉人向被上诉人给付本金及利息共计53,674.27元,一、二审诉讼费用由被上诉人承担。事实和理由:上诉人2008年5月16日与被上诉人签订抵押借款合同,被上诉人2008年5月21日向上诉人支付借款

150,000元。被上诉人是依法成立的典当类公司,我国现行金融制度执行的是分业许可制度,被上诉人无权经营借贷的业务,因此上诉人与被上诉人签订的房地产抵押借款合同属无效合同。被上诉人认可上诉人累计向被上诉人还款85,500元,因为合同无效,上诉人偿还的款项应被认定为清偿无效合同的借款本金。一审法院在认定事实与计算本金利息中存在错误。

天津市嘉华典当有限责任公司辩称,不同意上诉人的上诉请求,请求驳回上诉,维持原判。

天津市嘉华典当有限责任公司向一审法院起诉请求:1. 判令被告立即返还借款本金150,000元,利息306,000元(150000×月3%×68期=306,000元,算至起诉之日2015年10月),共计456,000元;2. 请求判令就被告抵押的××区××号房产拍卖款项原告享有优先受偿权利;3. 判令由被告承担本案全部诉讼费用。

一审法院认定事实:2008年5月16日,原、被告双方签订《房地产抵押借款合同》,约定被告以其所有的坐落本市××区××号房屋作为抵押物向原告借款163,500元用于经营,借款期限3个月,自2008年5月16日至2008年8月15日止,月综合费率2.7%,月利率0.3%,利息自实际放款日计算。合同第五章"贷款抵押担保"第十条约定为"本合同第五条所属住房及其相应土地使用权抵押担保的范围为:借款本金、利息(含可能产生的罚息)、违约金、赔偿金、贷款人实现债权、抵押权的所产生的全部诉讼费用、保全费用、执行费用、律师费用及拍卖等全部费用。"合同第二十五条关于罚息的约定为"借款人应当按照合同的规定偿还本息和综合费,逾期偿还,贷款人将按照国家规定对逾期借款每日计收万分之2.1的罚息"。(详见合同)2008年5月21日,原告给被告打款150,000元。后被告陆续偿还85,500元,原告单方为其办理了续当手续,被告最后一次还款日为2014年4月17日。自2014年4月18日起至今,被告未向原告支付本金、综合费率及利息。庭审中,原告主张利息计算至2016年3月30日,并提供利率计算明细,被告表示对计算公式、利率认可,但认为不成立并提供利息计算明细一份,原告亦不予认可。

一审法院认为,原、被告签订的《房地产抵押借款合同》系双方真实意思表示,不违反法律、法规的规定,一审法院予以确认。合同签订后,双方均应按照约定全面履行各自义务。现双方约定的借款期限及续当期限早已届满,被告仍未履行还款义务,故原告要求被告偿还借款本金的诉讼请求,符合法律规定及双方约定,一审法院予以支持。但根据《中华人民共和国合同法》及《最高人民法院关于适用〈中华人民共和国合同法〉若干问题的解释(二)》的相关规定,借款的利息不得预先在本金中扣除,利息预先在本金中扣除的,应当按照实际借款数额返还借款并计算利息,且无具体约定的应按照先偿还利息后本金的顺序,故被告应当偿还原告借款本金150,000元及未支付的利息。关于原告要求被告给付2008年5月16日至2016年3月30日期间的利息的诉讼请求,双方在合同中关于月综合费率及月利率的约定即为对利息的约定,但经过计算,该约定超过银行同类贷款利率的四倍,因此,对于超出部分的利息不予保护。期间被告还款85,500元利息,但是原告给被告打款时间为2008年5月21日,故被告应给付原告2008年5月21日至2016年3月30日的利息共计193,821.5元。原告称已经还款126,000元因未提供合法有效的证据,一审法院不予支持。关于被告抗辩合同无效、该款项系偿还的本金,且原告诉讼已经超过诉讼时效的主张不符合法律规定,一审法院不予支持。关于原告要求被告给付逾期罚息的诉讼请求,不符合法律规定,一审法院不予支持。原告要求就被告抵押的坐落天津市××区××号房地产拍卖款项享有优先受偿权的诉讼请求,符合法律规定及双方约定,一审法院予以支持。综上所述,依照《中华人民共和国合同法》第二百条、第二百零五条、第二百零六条、第二百零七条,《最高人民法院关于人民法院审理借贷案件的若干意见》第六条,《最高人民法院关于适用〈中华人民共和国合同法〉若干问题的解释(二)》第二十一条之规定,判决:一、本判决生效之日起十五日内,被告古爱玲一次性偿还原告天津市嘉华典当有限责任公司借款本金150,000元;二、本判决生效之日起十五日内,被告古爱玲给付原告天津市嘉华典当有限责任公司在2008年5月16日至2016年3月30日期间的利息人民币193,821.5元;三、原告天津市嘉华典当有限责任公司就被告古爱玲抵押的坐落天津市××区××号房地产拍卖款项享有优先受偿权;四、驳回原告天津市嘉华典当有限责任公司其他诉讼请求。如果未按本判决指定的期间履行给付金钱义务,应当依照《中华人民共和国民事诉讼法》第二百五十三条之规定,加倍支付迟延履行期间的债务利息。案件受理费8410元,由原告天津市嘉华典当有限责任公司负担2410元,由被告古爱玲负担6000元。

本院二审期间,被上诉人没有提交新证据。上诉人围绕上诉请求依法提交了录音材料作为证据,拟证明上诉人在原审认定已偿还85,500元的基础上,还另外偿还被上诉人现金27,000元。本院组织当事人进行了证据交换和质证。对当事人二审争议的事实,本院认定如下:上诉人提交的录音材料不能实现其证明目的,本院对该证据不予采纳。经审理查明,2008年5月21日,被上诉人为上诉人出具了第12049594号当票,当物为××区1#2-202和1#2-203号房产,当票载明,典当金额327,000元,综合费用27,000元,实付金额300,000元,期限为自2008年5月21日到2008年8月20日止。当票出具后,上诉人先后偿还被上诉人171,000元,时间及金额分别为:2008年6月23日偿还9000元,2008年7月21日偿还9000元,2008年11月15日偿还18,000元,2009年3月19日偿还18,000元,2009年7月1日偿还9000元,2009年8月21日偿还27,000元,2010年5月24日偿还27,000元,2010年11月27日偿还27,000元,2012年5月27日偿还18,000元,2014年4月16日偿还9000元。双方当事人均认可本案中已还款数额为85,500元,上诉人主张在此基础上另还款27,000元。本院对一审查明的其他事实予以确认。

本院认为,2008年5月16日,双方当事人签订的《房地产抵押借款合同》系当事人真实的意思表示,符合法律规定,应当依法确认有效。依据在案证据证实,双方约定的当事人的权利义务均符合典当借款的形式要件和实质要件,故双方当事人应按照合同约定,履行各自义务。现被上诉人已履行贷款义务,上诉人应按约定返还借款本金、综合费及利息。按照当票的约定,典当期限为2008年5月21日到2008年8月20日,在此之后,被上诉人提交的续当凭证均无上诉人签字确认,上诉人亦不予认可,故本院认定双方当事人均未续当,该当票应在到期后5日为绝当,该5日内综合费用及利息应按照合同约定给付。上述综合费用及利息共计14,250元,经双方当事人确认,上诉人已经给付完毕。绝当后,被上诉人应当积极按照规定处理绝当物品,防止损失继续扩大。故依据公平原则,自绝当后一年内的利息损失按照年利率24%计算,之后的利息损失按照中国人民银行同期同类贷款利率计算。原审判决认定自2008年5月21日起至2016年3月30日止的利息均按中国人民银行同期贷款利率的四倍计算不妥,本院予以调整。除上诉人应支付的绝当前综合费用及利息14,250元外,上诉人后陆续偿还71,250元。关于上诉人提出的另还款27,000元的主张,并无充分证据加以证实,本院不予采信。经核算,上诉人部分还款可以冲抵本金,本院将上诉人所欠本金及利息的数额予以相应调整。二审期间,上诉人并未对原审判决第三、四项提出异议,本院依法予以维持。

综上所述,依照《中华人民共和国民事诉讼法》第一百七十条第一款第二项之规定,判决如下:

一、维持天津市河东区人民法院(2015)东民初字第5564号民事判决主文第三、四项;

二、撤销天津市河东区人民法院(2015)东民初字第5564号民事判决主文第一、二项;

三、上诉人古爱玲于本判决生效之日起十五日内偿还被上诉人天津市嘉华典当有

限责任公司137,513.82元;

四、上诉人古爱玲于本判决生效之日起十五日内支付被上诉人天津市嘉华典当有限责任公司利息损失41,802.19元;

五、驳回上诉人古爱玲的其他上诉请求。

如果未按本判决指定的期间履行给付金钱义务,应当依照《中华人民共和国民事诉讼法》第二百五十三条之规定,加倍支付迟延履行期间的债务利息。

一审案件受理费8410元,由上诉人古爱玲负担2410元,由被上诉人天津市嘉华典当有限责任公司负担6000元;二审案件受理费5042元,由上诉人古爱玲负担2630元,由被上诉人天津市嘉华典当行负担2412元。

本判决为终审判决。

审　判　长　张艳军
审　判　员　李　静
代理审判员　解　童
二〇一六年九月二十三日
书　记　员　郭智臣
速　录　员　刘玉姣

【案例十二】丽水市××责任公司诉梅某某、武某某典当纠纷案（2010年7月22日）

【法律点】 1. 绝当后典当行可以依法及时行使绝当权，处理绝当物品，以避免损失扩大。但当户和典当行对绝当后的当物未及时处理均有过错的，对绝当后的综合服务费应各自承担相应的责任。

2. 如果典当纠纷事实清楚，法律关系明确，典当行委托律师参加诉讼并非实现债权所必须，其要求当户负担律师代理费的诉讼请求不予支持。

【关键词】 绝当权　损失扩大　综合服务费　过错责任　律师费

浙江省丽水市中级人民法院
民事判决书

(2010)浙丽商终字第159号

上诉人(原审原告)：丽水市××责任公司。

法定代表人：魏某某。

委托代理人：方某某。

委托代理人：李某某。

被上诉人(原审被告)：梅某某。

被上诉人(原审被告)：武某某。

上诉人丽水市××责任公司为与被上诉人梅某某、武某某典当纠纷一案，不服莲都区人民法院(2010)丽莲商初字第194号民事判决，于2010年5月13日向本院提起上诉。本院受理后，依法组成由审判员朱永红担任审判长，审判员张建华、代理审判员程建勇参加评议的合议庭。本院于2010年6月11日对本案进行了审理。上诉人丽水市××责任公司的委托代理人方某某、李某某，被上诉人武某某到庭参加审理。被上诉人梅某某经本院合法传唤无正当理由拒不到庭。本案现已审理终结。

原审法院审理查明:被告梅某某与武某某系夫妻关系,2008年1月21日,两被告将坐落于莲都区××工业区××-××室(房屋××号:丽房权证莲都区字第××号、土地使用权证号丽水国用2006第3406号)抵押给原告,双方签订了《房地产抵押典当合同》,约定:当金为600,000元人民币,典当期限为5天(2008年1月21日至2008年1月25日),约定月综合费率为27‰,月利率为6.84‰。典当期限届满后15日内(《典当管理办法》规定的期限为5日)两被告赎当的,除应支付当期当金、利息、综合费用外,还应按每日2‰补交当金逾期利息和有关费用。典当期限届满后逾期15日不回赎,又不办理续当手续,视为两被告自愿放弃回赎权,即为绝当。实现债权费用由两被告负担。合同签订后,双方办理了房产抵押登记手续,将600,000元人民币交付给被告。同年9月21日,两被告归还人民币300,000元,并结算截至该日的综合服务费及利息等相关费用。同年10月29日,两被告又办理了300,000元当金的续当手续,续当期限从2008年10月21日至2008年11月19日止,支付了至11月19日的综合费用8100元及利息。

原审法院审理认为,原告与两被告签订抵押典当合同后,被告未在典当期限内归还全部当金,又重新办理了期限从2008年10月21日至11月19日止的续当手续,并支付了该期限内的综合服务费8100元。根据《典当管理办法》第四十条规定,典当期限或续当期限届满后,当户应当在5日内赎当或者续当,逾期不赎当也不续当的,为绝当;当户于典当期限或者续当期限届满至绝当前赎当的,除须偿还当金本息,综合费用外,还应当根据中国人民银行规定的银行金融机构逾期贷款罚息水平、典当行指定的费用标准和逾期天数,补交当金利息和有关费用。两被告在续当期限届满后5日内既没有赎当,也没有续当,按规定应视为绝当,应偿还当金本息、综合费用和利息。但在当物成为绝当后,原告完全可以依法及时行使绝当权,处理绝当物品,以避免损失扩大。本案中,原告未及时采取适当措施致使损失扩大,故当期届满5日后的综合服务费,属于扩大的损失,被告无须支付。且《典当管理办法》已经明确综合服务费,是指对于抵押和质押物品的管理维护费用。但原告不能举证证明为被告抵押典当的房产花费了维护费用。且两被告已支付了续当期限内的综合服务费,从公平合理角度和行业操作习惯考虑,被告还应支付至绝当前的相关费用1350元(300,000元×27‰×5/30天)。故对原告要求被告偿还当金300,000元的请求,本院予以支持。对要求支付综合服务费的请求,合理部分,予以支持;不合理部分,本院不予以支持。至于原告主张的按月9.22‰计算逾期还款利息的请求,不违反相关法律规定,本院予以支持。对原告要求被告支付实现债权费用的诉讼请求,因律师代理费非本案实现债权费用所必需,本院不予以支持。依照《中华人民共和国合同法》第一百零七条、第一百一十九条,《典当管理条例》第四十条,《中华人民共和国民事诉讼法》第一百三十条的规定,判决:一、被告梅某某、武某某于本判决生效后十五日内归还原告丽水市××责任公司当金人民币共计300,000元并支付利息(利息自2008年11月20日起按月利率9.22‰计算至本判决确定的履行期限届满之日止);二、被告梅某某、武某某于本判决生效后十五日内支付原告丽水市××责任公司综合服务费1350元;三、驳回原告丽水市××责任公司的其他诉讼请求。

宣判后,丽水市××责任公司不服莲都区人民法院上述民事判决,向本院提起上诉。

丽水市××责任公司上诉称:一审判决违反了当事人双方在《房地产抵押典当合同》中的约定,损害了上诉人的合法权益。首先,上诉人之所以没有启动绝当程序,是因为被上诉人多次请求上诉人不要将该房屋做绝当处理,上诉人才没有忍心行使绝当权。上诉人要求两被上诉人承担典当当金归还之日前的综合服务费,符合合同约定,一审法院要求上诉人举证证明为被上诉人抵押典当的房产花费了维护管理费用之内容超出了《典当管理办法》的规定和上诉人的义务范围,于法无据。其次,一审法院驳回上诉人要求判令被上诉人承担上诉人为实现债务所支付的律师代理费13,600元是错误的。双方当事人签订的《房地产抵押典当合同》第十一条规定:"本合同发生争议,如协商不成应向某某所在地人民法院提起诉讼,由此而发生的诉讼费,乙方聘请律师代理费等费用全部由甲方承担。"该约定并不违反国家法律、法规之强制性的规定,因此一审法院驳回上诉人要求被上诉人承担律师服务费的诉讼请求于法无据。

被上诉人武某某答辩称:由于被上诉人年事已高,家境困难,请求维持一审判决,把利息减少些。

被上诉人梅某某未作答辩。

二审期间,被上诉人武某某、梅某某未向本院提交新的证据材料,上诉人丽水市××责任公司提供的新的证据材料为:电信公司打印的电话号码为226××7和226××5的通话记录清单一份,拟证明:上诉人在起诉之前,曾向本案的被上诉人催款。

被上诉人武某某对该份证据材料没有异议。

被上诉人梅某某未作质证。

本院对该份证据材料的证明力予以确认。

本院经审理认定的事实与原审法院认定的事实一致。此外,本院还认定,续当期限届满后,上诉人多次向被上诉人催讨,被上诉人未能归还当金,但请求上诉人暂时不要处置当物。此后,双方既未办理续当手续,上诉人也未处理当物。认定上述事实的证据有上诉人二审提交的新证据及被上诉人武某某的自认。

根据双方当事人的诉辩主张,本院归纳本案的争议焦点为:武某某、梅某某是否应向丽水市××责任公司支付2008年11月20日后的30万元当金的综合服务费;上诉人丽水市××责任公司因本案所涉纠纷所支付的律师费13,600元应由谁来承担。

对于武某某、梅某某是否应向丽水市××责任公司支付2008年11月20日后的30万元当金的综合服务费的问题。本院认为,对于续当期限届满后5日内(2008年11月20日至11月24日)的综合服务费,一审法院判令由被上诉人武某某、梅某某负担并无不当,本院予以确认。对于2008年11月24日后所产生的综合服务费,按照《典当管理办法》第四十条的规定,在续当期限届满后的5日内,当户既没有赎当,也没有办理续当手续,应视为绝当。但在本案中,从被上诉人武某某、梅某某一方来看,武某某、梅某某既没在续当期限届满后的5日内办理续当手续,也没有在宽限的5日届满后对该典当是否为绝当作出明确表示,其一直请求丽水市××责任公司延长还款期限的行为影响了上诉人及时行使绝当权,因此,对于丽水市××责任公司没能及时行使绝当权而产生的综合服务费,武某某、梅某某一方存在过错,应承担部分责任。从丽水市××责任公司一方来看,在武某某、梅某某没有及时办理续当手续的情况下,其一直要求两被上诉人归还典当当金、利息及综合服务费,而不及时主张行使绝当权,故丽水市××责任公司对2008年11月24日后所产生的综合服务费存在过错,应对该笔综合服务费承担部分责任。

对于上诉人丽水市××责任公司因本案所涉纠纷所支付的律师费13,600元应由谁来承担的问题。本院认为,本案所涉的典当纠纷事实清楚,法律关系明确,两被上诉人武某某、梅某某对于丽水市××责任公司起诉所依据的事实并未提出异议,因此,丽水市××责任公司完全可以委托公司员工出庭参加诉讼,其聘请律师的行为并非为本案所必须,故一审法院对于该诉请予以驳回并无不妥。

综上,本院认为,原审判决认定事实清楚,审判程序合法,但由于二审新证据的出现,原判对双方当事人对于2008年11月24日后的综合服务费的责任分担的认定不妥,应予变更。对于当金30万元所产生的2008年11月24日后的综合服务费,双方当事人均存在过错,应各承担一半责任。据此,依照《中华人民共和国民事诉讼法》第一百五十三条第一款第二项,《中华人民共和国合同法》第六十条、第一百二十条之规定,判决如下:

一、维持莲都区人民法院(2010)丽莲商初字第194号民事判决第一、第二、第三项判决;

二、武某某、梅某某于本判决生效后十五日内向丽水市××责任公司支付自2008年11月24日至本判决确定的履行期限届满之日止的综合服务费(按当金15万元,月综合费率27‰计付)。

如果未按本判决指定的期间履行给付金钱义务,应当依照《中华人民共和国民事诉讼法》第二百二十九条之规定,加倍支付延迟履行期间的债务利息。

二审案件受理费500元,由上诉人丽水市××责任公司负担300元,被上诉人武某某、梅某某负担200元。

本判决为终审判决。

审 判 长 朱永红

审 判 员 张建华

代理审判员 程建勇

二〇一〇年七月二十二日

代 书 记 员 贺勤琴

4.违约金、律师费的保护范围

【问题提示】绝当后的违约金以及律师费等受法律保护范围如何把握?

【案例十三】上海中财典当行有限公司诉上海玫瑰园商贸城有限公司、江苏沿海国际农产品交易中心有限公司等典当纠纷案(2016年6月13日)

【法律点】 1.鉴于典当行提供的通常是短期融资,其获取资金的来源面相对狭窄,资金募集成本相对较高,故当户逾期还款的违约金理应适当高于切实履约的正常费用。但典当行主张约定的违约金计算标准过高的,可酌情调整违约金按中国人民银行公布的同期同档企业贷款基准利率的六倍计算至实际清偿之日止。

2.当事人之间就律师费用的承担有明确约定,且支付的律师费用符合律师服务收费标准的,可予支持。

【关键词】典当法律关系　违约金　贷款利率六倍　律师费

上海市第二中级人民法院
民事判决书

(2016)沪02民终3450号

上诉人(原审被告):上海玫瑰园商贸城有限公司,住所地:上海市奉贤区。

法定代表人:夏克春,该公司董事长。

上诉人(原审被告):江苏沿海国际农产品交易中心有限公司,住所地:江苏省盐城市。

法定代表人:夏克春,该公司总经理。

上诉人(原审被告):翁玉青,户籍地址上海市浦东新区。

上诉人(原审被告):夏克春,户籍地址上海市浦东新区。

上述四被告共同委托代理人:汤卫忠,上海汤卫忠律师事务所律师。

上述四被告共同委托代理人:汤卫龙,上海汤卫忠律师事务所律师。

被上诉人(原审原告):上海中财典当行有限公司,住所地:上海市闸北区。

法定代表人:董雄,该公司董事长。

委托代理人:黄顺宝,上海市天目律师事务所律师。

委托代理人:傅佳俊,上海市天目律师事务所律师。

上诉人上海玫瑰园商贸城有限公司(以下简称玫瑰园公司)、上诉人江苏沿海国际农产品交易中心有限公司(以下简称沿海公司)、上诉人翁玉青、上诉人夏克春因与被上诉人上海中财典当行有限公司(以下简称中财典当行)典当纠纷一案,不服上海市闸北区人民法院(2015)闸民二(商)初字第1135号民事判决,向本院提出上诉。本院依法组成合议庭,公开开庭审理了本案。上诉人玫瑰园公司、上诉人沿海公司、上诉人翁玉青、上诉人夏克春的共同委托代理人汤卫龙、被上诉人中财典当行的委托代理人黄顺宝到庭参加诉讼。本案现已审理终结。

原审法院经审理查明:2014年9月10日,中财典当行(作为甲方、出借人、抵押权人)与玫瑰园公司(作为乙方、借款人、抵押人)、沿海公司(作为乙方、借款人)、翁玉青(作为丙方、借款人)、夏克春(作为丁方、保证人)签订了一份《房地产抵押借款合同》,主要约定:“……乙方愿以其合法拥有的房地产以不转移占有的方式抵押给甲方,对编号为×××××××××××的当票项下的借款(当金)及其利息和相关综合费用的担保。为进一步明确当票以外的事项,经各方协商一致,订立本合同……抵押房地产(1)产权人姓名和名称:上海玫瑰园商贸城有限公司;坐落:奉贤区南奉公路×××弄×××号×××层;奉贤区南奉公路×××弄×××号×××室;类型:商业;建筑面积:143.32平方米;产权证编号:沪房地奉字2007第010685号;抵押房地产(2)产权人姓名和名称:上海玫瑰园商贸城有限公司;坐落:奉贤区南奉公路×××弄×××号×××层;奉贤区南奉公路×××弄×××号×××室;类型:商业;建筑面积:143.32平方米;产权证编号:沪房地奉字2007第010685号;抵押房地产(3)产权人姓名和名称:上海玫瑰园商贸城有限公司;坐落:奉贤区南奉公路×××弄×××号×××层;奉贤区南奉公路×××弄×××号×××室;类型:商业;建筑面积:143.32平方米;产权证编号:沪房地奉字2007第010685号;抵押房地产(4)产权人姓名和名称:上海玫瑰园商贸城有限公司;坐落:奉贤区南奉公路×××弄×××号×××层;奉贤区南奉公路×××弄×××号×××室;类型:商业;建筑面积:143.55平方米;产权证编号:沪房地奉字2007第010685号;抵押房地产(5)产权人姓名和名称:上海玫瑰园商贸城有限公司;坐落:奉贤区南奉公路×××弄×××号×××层;奉贤区南奉公路×××弄×××号×××室;类型:商业;建筑面积:143.55平方米;产权证编号:沪房地奉字2007第010685号;抵押房地产(6)产权人姓名和名称:上海玫瑰园商贸城有限公司;坐落:奉贤区南奉公路×××弄×××号×××层;奉贤区南奉公路×××弄×××号×××室;类型:商业;建筑面积:143.32平方米;产权证编号:沪房地奉字2007第010685号;抵押房地产(7)产权人姓名和名称:上海玫瑰园商贸城有限公司;坐落:奉贤区南奉公路×××弄×××号×××层;奉贤区南奉公路×××弄×××号×××室;类型:商业;建筑面积:143.32平方米;产权证编号:沪房地奉字2007第010685号;抵押房地产(8)产权人姓名和名称:上海玫瑰园商贸城有限公司;坐落:奉贤区南奉公路×××弄×××号×××层;奉贤区南奉公路×××弄×××号×××室;类型:商业;建筑面积:141.87平方米;产权证编号:沪房地奉字2007第010685号;抵押房地产(9)产权人姓名和名称:上海玫瑰园商贸城有限公司;坐落:奉贤区南奉公路×××弄×××号×××层;奉贤区南奉公路×××弄×××号×××室;类型:商业;建筑面积:143.32平方米;产权证编号:沪房地奉字2007第010685号;抵押房地产(10)产权人姓名和名称:上海玫瑰园商贸城有限公司;坐落:奉贤区南奉公路×××弄×××号×××层;奉贤区南奉公路×××弄×××号×××室;类型:商业;建筑面积:140.21平方米;产权证编号:沪房地奉字2007第010685号。10套总面积共:1,429.1平方米……抵押担保的主债权范围:借款(本金)、利息、综合费、违约金、损害赔偿金、诉讼费、财产保全费、律师服务费(借款本金、利息、综合费、违约金、损害赔偿金、诉讼费等费用的3%)等处分抵押房地产的费用以及可能产生的甲方代垫费用和其他费用等。房地产抵押担保时间自本合同生效之日起至乙丙丁履行完本合同项下全部债务为止……共同借款人的任何一方都有全部偿还借款本金、利息、综合费、违约金、损害赔偿金、诉讼费、财产保全费、律师服务费(借款本金、利息、综合费、违约金、损害赔偿金、诉讼费等费用的3%)等处分抵押房地产的费用以及可能产生的甲方代垫费用和其他费用等的责任……借款本金数额(当金):人民币捌佰万元整(以下币种均为人民币)。月综合费率2.7%,月利率0.46%月,借款期限:自2014年9月10日至2014年10月9日(借款具体期限及金额以双方签署的当票上约定的典当期限为准,若发生借款被宣布提前到期或被要求提前收回情况的,甲方通知借款人的还款日为借款到期日）。借款期内及借款期限届满后 5 日内，经甲、借款人双方协商同意可以续当，届时双方另行签署《续当凭证》，《续当凭证》是对当票的补充，是当票不可分割的一部分，当票与《续当凭证》发生冲突的，以《续当凭证》为准。在续当情况下，《续当凭证》上确定的借款（当金）到期日为本合同的借款（当金）到期日……应乙方要求甲方通过银行网银转账支付（支付方名称：中财典当行……收款方名称：夏克春；账号：××××××××××××××××××××……），借款用途：上海玫瑰园商贸城有限公司资金周转，如果发现乙方、丙方不按借款合同规定的使用款项，甲方有权提前实现债权并收回借款……该房产目前现状：出租；租期为一年，租金由上海玫瑰园商贸城有限公司收取。如乙方逾期 15 天未能全额还款的，乙方之前的租赁合同将由上海玫瑰园商贸城有限公司出面终止，如上海玫瑰园商贸城有限公司不履行终止责任的，抵押权人可直接终止租赁合同，所产生的一切法律纠纷由上海玫瑰园商贸城承担，与中财典当行无涉。抵押期间，乙方如需出租抵押房地产的，应征得甲方书面同意，否则租赁无效。同时，乙方应当将抵押的事实书面告知承租人。此外，乙方在与承租人签订的租赁合同中应当约定，出租人应在甲方发出通知之日起 10 日内迁离该房屋。乙方应当将租赁合同交甲方备案，提交给甲方备案的内容需与房地产交易中心登记备案的内容相一致，乙方不得改变合同内容，包括但不限于延长租赁期限和以转租、再租等形式给他人使用，否则由此产生的一切后果由乙方和承租人或使用人共同承担，抵押人承诺如因未偿还借款或上述原因构成违约的，抵押人可不撤销的委托甲方（抵押权人）可单方面对抵押房屋进行清空……如编号为×××××××××××的当票发生绝当，乙方、丙方愿以其抵押的房地产及乙方、丙方全部权益作为偿还本合同项下全部债务的担保。并承诺，约定的还款到期日后 5 个工作日内，乙方、丙方尚未还款时，乙方自愿且无条件的搬迁出抵押的房地产（包括自找住房或迁至其他居所），且将抵押的房地产内的户口迁出或将抵押的房地产腾空以保证甲方抵押权的实现。乙方、丙方对本合同条款已充分理解并保证履行，且对本合同条款所规定的所有权利和义务作出的承诺保证是各方真实意思表示，并保证不会以此为由行使抗辩权及诉讼权……保证人对该笔借款承担无限连带保证责任。甲方无须先向借款人追偿或起诉或处置抵押物，即有权直接要求保证人承担连带和无限保证责任，即保证人的保证责任与抵押物的担保系平行的、并列的，且保证人承担平行的连带保证责任。甲方可以直接选择要求保证人偿还借款及有限实现保证债权，而无须先行要求借款人偿还，且不受担保物权是否存在的影响……各方约定：'违约费用'应高于'守约费用'是各方认可的基本履约原则。各方违反本合同规定及当票、续当凭证、补充协议（如有）

规定的,按借款总金额每日 0.15% 计算向甲方支付违约金至借款本金全部清偿为止。如乙方违约造成的律师费、诉讼费等全部费用,双方约定均由违约方全部承担。当票、续当凭证及补充协议(如有)以及附件是本合同不可分割的一部分,与本合同具有同样的法律效力。本合同约定的其他事项在补充协议中未修改的继续有效……借款期限届满或续当期届满后 5 日内,乙方、丙方不履行债务或不完全履行债务的,甲方有权对乙方行使抵押权,处分抵押房地产……肆方约定,若借款人到期未能还款,出借人可向上海市闸北区人民法院提起诉讼……"2014 年 9 月 11 日,中财典当行与本案所涉抵押房产的权利人即玫瑰园公司办妥了登记证明号为"奉××××××××××××"的《上海市房地产抵押权(现房)登记证明》,债权数额为 8,000,000 元。2014 年 9 月 11 日,中财典当行开具一张编号为××××××××××的当票,记载:"当户上海玫瑰园商贸城有限公司……当物名称商铺……典当金额陆佰万元整……综合费用壹拾陆万贰仟元整……实付金额伍佰捌拾叁万捌仟元整……典当期限由 2014 年 9 月 11 日起至 2015 年 10 月 10 日止……",玫瑰园公司、沿海公司对此均予盖章确认,翁玉青亦对该《当票》予以签字确认。当天,中财典当行以《房地产抵押借款合同》指定的方式向夏克春银行账户汇入当金,玫瑰园公司、沿海公司、翁玉青、夏克春为此向中财典当行出具了收到 6,000,000 元当金的《收条》。之后,双方就上述 6,000,000 元当金先后办理了多次《续当凭证》,续当期至 2015 年 7 月 10 日。续当期满后,玫瑰园公司、沿海公司、翁玉青、夏克春未按约归还当金亦未办理续当手续,中财典当行多次催讨未果,致涉讼。另查明,在本案所涉当金放款期间,《房地产抵押借款合同》记载的夏克春账户向案外人上海海台农副产品批发市场经营管理有限公司进行了转款操作,上海海台农副产品批发市场经营管理有限公司账户则于同期也向沿海公司进行了相应的转款操作。还查明,夏克春系沿海公司的独资股东、法定代表人。玫瑰园公司的股东为夏克春与翁玉青,法定代表人为夏克春。案外人上海海台农副产品批发市场经营管理有限公司的股东为夏克春及案外人夏某某,法定代表人为夏克春。

一审中,中财典当行诉称:续当期满后,玫瑰园公司、沿海公司、翁玉青、夏克春未按约归还当金亦未办理续当手续,故请求:1. 判令玫瑰园公司、沿海公司、翁玉青归还当金 6,000,000 元;2. 判令玫瑰园公司、沿海公司、翁玉青偿付违约金(以 6,000,000 元为基数,自 2015 年 7 月 11 日起至实际清偿之日止,按每日 0.15% 标准计付);3. 判令玫瑰园公司、沿海公司、翁玉青偿付为本案诉讼支付的律师费 180,000 元(按合同约定的以当金、利息、综合费、违约金、诉讼费等费用的 3% 计算);4. 判令其有权对玫瑰园公司的抵押房产行使抵押权并优先受偿;5. 判令夏克春对玫瑰园公司上述第 1 至 3 项债务承担连带保证责任。

玫瑰园公司、沿海公司、翁玉青、夏克春共同辩称:本案明为典当实为借贷,涉案合同均明确为《房地产抵押借款合同》,相应款项也明确了借款金额、期限及用途;抵押房产未交由中财典当行转移占有,亦未约定典当期满逾期不赎当视为绝当,结合中财典当行要求行使的也是抵押权,故本案并不符合典当的法律特征;合同约定的违约金计算标准过高,过分高于造成的损失,要求予以调整;《当票》《续当凭证》载明的当户仅为玫瑰园公司,且抵押房产仅属玫瑰园公司所有,其他三名当事人并无所有权,故沿海公司、翁玉青不应承担债务清偿责任;合同约定的律师费标准过高,希望予以适当调整;关于行使抵押权及夏克春担保责任的诉请,请求依法处理。

审理中,各方当事人均表示同意由败诉方直接向胜诉方支付本案诉讼费及财产保全费。

根据各方诉辩意见,原审法院归纳本案的争议焦点为:1. 本案纠纷的法律关系性质;2. 沿海公司、翁玉青应否承担还款责任;3. 违约金及律师费标准是否过高。

原审法院经审理认为:1. 典当系指当户将其动产、财产权利作为当物质押或者将其房地产作为当物抵押给典当行,交付一定比例费用,取得当金,并在约定期限内支付当金利息、偿还当金、赎回当物的行为。简言之,典当系当户向典当行质押或抵押借贷的行为。本案系争《房地产抵押借款合同》的约定内容与当金的实际使用人情况,以及沿海公司、玫瑰园公司的股东结构均反映了玫瑰园公司、沿海公司通过向中财典当行提供房产作为抵押、获得借款并缴纳约定比例综合费的意思表示;协议签订后,中财典当行出具了《当票》,将当金划入相应账户,玫瑰园公司、沿海公司亦签收《当票》并缴纳了部分综合费用;上述行为,符合典当法律关系的基本要件,确认典当关系成立有效,玫瑰园公司、沿海公司、翁玉青、夏克春关于本案不属典当纠纷的抗辩,不予采信。2. 双方之间的《房地产抵押借款合同》《当票》系当事人自愿合意签订,且不违反法律的禁止性规定,合法有效,各方均应恪守约定切实履行。虽然沿海公司、翁玉青辩称其并非抵押房产的所有权人,不应承担还款责任,但结合当金的实际使用人情况、以及沿海公司与玫瑰园公司的股东结构来看,夏克春签署《房地产抵押借款合同》、《当票》和《收条》的代表行为非常明确地表明了沿海公司共同参与还款的意思表示。与此同时,翁玉青作为《房地产抵押借款合同》的"借款人",签署《当票》和《收条》的行为,亦可视为其具有共同参与还款的意思表示。玫瑰园公司、沿海公司、翁玉青、夏克春关于此节的抗辩意见,不予采信。玫瑰园公司、沿海公司、翁玉青在借得中财典当行款项后未按约归还,已违反合同约定,理应承担相应的违约责任;在玫瑰园公司、沿海公司、翁玉青未履行还款义务的情况下,中财典当行亦有权根据合同约定对抵押房产行使抵押权。夏克春作为连带保证人,在合同明确排除了借款人提供之抵押房产与保证人适用顺序的情况下,理当依法对玫瑰园公司、沿海公司、翁玉青应履行之债务承担连带清偿责任。3. 关于违约金,考虑到违约责任设立目的系制约当事人的违约行为、警醒当事人恪守约定、维护市场交易秩序,理应适当高于切实履约的正常费用,但按照中财典当行主张的违约金计算标准计付的违约金已超出相关规定,确实偏高,对此予以调整,酌定违约金计算标准为中国人民银行公布的同期同档企业贷款基准利率的六倍。至于律师费金额,中财典当行就本案所支付的律师费符合沪价费〔2009〕004 号《上海市物价局、上海市司法局关于发布的通知》规定,且合同对律师费亦有明确约定,故关于律师费的诉请金额并无不当,可予支持。综上,依照《中华人民共和国合同法》第一百一十四条《中华人民共和国物权法》第一百七十六条《中华人民共和国担保法》第十八条、第三十一条、第三十三条、第五十三条,《典当管理办法》第三条第一款之规定,原审法院作出判决:一、玫瑰园公司、沿海公司、翁玉青于判决生效之日起十日内向中财典当行共同归还当金 6,000,000 元;二、玫瑰园公司、沿海公司、翁玉青于判决生效之日起十日内向中财典当行共同偿付违约金(以 6,000,000 元为基数,按中国人民银行公布的同期同档企业贷款基准利率的六倍为标准,自 2015 年 7 月 11 日起计付至实际清偿之日止);三、玫瑰园公司、沿海公司、翁玉青于判决生效之日起十日内向中财典当行共同偿付为本案诉讼支付的律师费 180,000 元;四、玫瑰园公司、沿海公司、翁玉青届期不履行上述第一至三项还款义务并承担本案诉讼费及财产保全费的,中财典当行可与玫瑰园公司协议,以坐落于上海市奉贤区南奉公路×××弄×××号×××室及 305 室、××××号 1 层、××××号 1 层、×××号 209 室及 309 室、×××号 209 室、×××号 1 层、×××号 1 层、×××号 213 室及 313 室、×××号 1 层、×××号 1 层、×××号 302 室、×××号 1 层、×××号 304 室及 315 室、×××号 1 层、×××号 1 层、×××号 1 层的房产折价,或者以拍卖、变卖该房产所得价款优先受偿(本次抵押登记债权数额为 8,000,000 元),该房产折价或者拍卖、变卖后,其价款超过债权数额部分归玫瑰园公司所有,不足部分由玫瑰园公司、沿海公司、翁玉青共同清偿;五、夏克春对上述第一至三项玫瑰园公司、沿海公司、翁玉青应履行债务及本案诉讼费与财产保全费承担连带清偿的保证责任,并在承担保证责任后,有权向玫瑰园公司、沿海公司、翁玉青追偿。本案案件受理费为 55,060 元、财产保全费 5000 元(中财典当行均已预缴),由玫瑰园公司、沿海公司、翁玉青共同负担,并于判决生效之日起十日内给付中财典当行。

原审判决后，玫瑰园公司、沿海公司、翁玉青、夏克春均不服，共同向本院提起上诉称：抵押房地产仅属玫瑰园公司所有，其他上诉人不享有所有权，沿海公司、翁玉青不应承担还款责任，玫瑰园公司未将抵押房屋的占有权转移至中财典当行，双方合同未约定典期届满逾期不赎视为绝卖，涉案抵押借款合同中明确约定了借款金额、期限，当票上记载的当户为玫瑰园公司，上述事实足以认定双方是“名为典当、实为借贷”的法律关系，应按照民间借贷的法律规定调整违约金的计算标准。故请求撤销原审判决，改判归还借款600万元及按年息24%计算利息。

被上诉人中财典当行答辩称：系争抵押借款合同涉及的借款均以当金表述，签订抵押借款合同、办理抵押登记、签发当票符合典当民事法律关系基本要件，当票凭证经四名上诉人签字确认，且当金已经交付上诉人，原审法院对违约金的计算标准具有法律和合同依据。

经审理查明，原审法院查明的事实属实，本院予以确认。二审中，各上诉人均表示已全额收到当金，对被上诉人中财典当行主张的欠付当金数额没有异议。

本院认为，依照《典当管理办法》的规定，典当行可以经营房地产抵押典当业务。在经营该项典当业务时，应当办理抵押登记。本案各方关系应当定性为典当法律关系，理由在于：第一，被上诉人中财典当行营业执照中经营范围包含房地产抵押典当业务，其具有从事房地产典当业务的相应资质。第二，上诉人与被上诉人中财典当行签订了房地产抵押借款合同，办理了抵押登记手续，中财典当行签发了当票并足额支付了当金。当票中当物的记载与房地产抵押借款合同列明的抵押房产信息、抵押权登记证明中记载的房产能够对应。上述交易行为符合典当监管规定。上诉人认为房屋典当须以转移占有房屋为条件，与现行典当监管规定不符，缺乏法律法规的依据。第三，为充分保障当户的合法权益，绝当后当物的处理根据当物估价金额的不同应作区别对待。当物估价金额超过3万元的，不能采用由典当行自行变卖、折价处理的损溢自负方式。房地产抵押典当的绝当处理即属此类，典当行应当对房地产当物行使担保物权，以拍卖受偿的方式实现典当行的债权。本案被上诉人中财典当行主张以行使房地产抵押权的方式受偿，并无不当。上诉人认为双方未约定绝当且被上诉人行使抵押权的主张与典当法律特征不符，缺乏法律法规依据。第四，系争抵押借款合同与当票均是认定典当法律关系各方权利义务的合同依据。玫瑰园公司、沿海公司、翁玉青作为借款人在抵押借款合同上签字，夏克春以保证人身份签字，且在当票的当户签章栏签字确认，应当按照约定分别承担还款责任和保证责任。上诉人认为沿海公司、翁玉青不承担还款责任的上诉理由缺乏合同依据,本院不予支持。此外,各方当事人在系争房地产抵押借款合同中对逾期还款等违约情况下的违约金计算方式作出了约定,但是被上诉人中财典当行主张的违约金计算标准与其他融资交易方式相比存在过高的情形,应予以适当调整。鉴于典当行提供的通常是短期融资,其获取资金的来源面相对狭窄,资金募集成本相对较高,故原审法院调整为按中国人民银行同期同档企业贷款基准利率的六倍作为违约金的计算标准,并无不当。上诉人主张应按年息24%的标准计算违约金,缺乏合同和法律依据,本院不予支持。综上所述,上诉人的上诉理由缺乏法律和合同依据,本院不予支持。原审判决认定事实清楚,适用法律正确,应予维持。据此,依照《中华人民共和国民事诉讼法》第一百七十条第一款第一项、第一百七十五条的规定,判决如下:

驳回上诉,维持原判。

本案二审案件受理费人民币13,800元,由上诉人上海玫瑰园商贸城有限公司、上诉人江苏沿海国际农产品交易中心有限公司、上诉人翁玉青、上诉人夏克春共同负担。

本判决为终审判决。

审　判　长　王承晔
审　判　员　周　菁
代理审判员　王益平
二〇一六年六月十三日
书　记　员　金文博

【案例十四】揭阳市义天典当行有限公司诉郑岚婷、郑琬锜等典当纠纷案（2016年9月7日）

【法律点】 1. 根据《典当管理办法》第三十七条的规定，典当当金利息不得预扣，故综合服务费也不得预扣。已经预扣的，按照实际交付的金额认定当金。

2. 典当期满后当户未按时还款构成违约的，应按中国人民银行同期同类贷款利率四倍计付综合服务费、违约金。典当行再主张律师费没有法律依据，不予支持。

【关键词】 限制民事行为能力人　典当效力　预扣综合费　综合服务费　违约金　律师费

广东省揭阳市中级人民法院
民事判决书

（2016）粤52民终349号

上诉人（原审被告）：郑岚婷，女，住揭阳市××区。

上诉人（原审被告）：郑琬锜，女，住揭阳市××区。

上诉人（原审被告）：郑某甲。

上诉人（原审被告）：郑某乙。

上述四上诉人共同委托代理人：张荣海，广东粤剑律师事务所律师。

被上诉人（原审原告）：揭阳市义天典当行有限公司，住所地揭阳市××区。

法定代表人：李文阳，该公司总经理。

委托代理人：葛志坚，广东谨信律师事务所律师。

委托代理人：黄琼璇。

上诉人郑岚婷、郑琬锜、郑某甲、郑某乙因与被上诉人揭阳市义天典当行有限公司（以下简称义天典当公司）典当纠纷一案，不服揭阳市榕城区人民法院（2015）揭榕法民二重字第2号民事判决，向本院提起上诉。本院于2016年6月7日立案后，依法组成合议庭进行了审理,四上诉人的委托代理人张荣海、被上诉人的委托代理人葛志坚、黄琼璇到庭参加诉讼、本案现已审理终结。

郑岚婷、郑琬锜、郑某甲、郑某乙上诉请求:1.撤销揭阳市榕城区人民法院(2015)揭榕法民二重字第2号民事判决,依法将本案发回重审或进行改判;2.本案诉讼费用由义天典当公司承担。事实和理由:

1. 一审法院采取公告方式送达诉讼文书,程序严重违法,剥夺了上诉人在原审期间依法享有的诉讼权利,导致上诉人无法在原审期间行使诉讼权利。本案中不存在受送达人下落不明的情况,也没有证据证实一审法院已经按法律规定穷尽其他送达方式无法送达。因此,本案明显不符合法律规定的适用公告送达的条件,一审法院采用公告送达的方式剥夺了上诉人在原审期间依法享有的诉讼权利,造成上诉人在本案判决公告后才得知本案一审法院缺席审判。

2. 一审法院认定本案中的《最高额抵押合同》《抵押典当协议》及《声明书》《证明书》依法成立,对双方具有法律约束力明显错误,证据不足。(1)本案中的《最高额抵押合同》《抵押典当协议》及《声明书》《证明书》等材料中"郑琬锜"的签名并非郑琬锜本人所签,郑琬锜对共有房产被用于抵押典当借款一事全然不知。义天典当公司诉称郑琬锜有参与签订前述合同等是其凭空捏造,故意欺骗法庭。(2)一审法院认定郑某甲、郑某乙参与签订《最高额抵押合同》《抵押典当协议》及出具《声明书》《证明书》的行为,具备与其年龄、智力、受教育程度、社会阅历相适应的条件,明显错误,严重侵害了郑某甲、郑某乙的合法权益。郑某甲、郑某乙参与签订《最高额抵押合同》《抵押典当协议》及出具《声明书》《证明书》时,尚未18周岁,系未成年人,属于限制民事行为能力人。根据《民法通则》的规定,郑某甲、郑某乙作为限制民事行为能力人,只能进行与其年龄、智力相适应的民事活动,而郑某甲、郑某乙在本案中参与签订前述的合同、协议及出具《声明书》《证明书》的行为是对价值巨大的房产设定抵押,是对价值巨大的财产一种处分行为,该行为与其因日常学习和生活需要而实施的与其年龄、智力相适应的行为存在本质性的区别,该行为远远超越了其年龄、智力所能理解的范围。一审法院将限制民事行为能力人对其价值巨大的财产设定抵押的行为认定为与其年龄、智力、受教育程度、社会阅历相适应,显然是对限制民事行为能力人的理解能力和认知能力的无限扩大,混淆了限制民事行为能力人与完全民事行为能力人的理解能力和认知能力的区分标准,将二者混为一谈,置郑某甲、郑某乙作为未成年人的利益而不顾。(3)一审法院将郑某甲、郑某乙的母亲陈幼旋参与办理签订《最高额抵押合同》《抵押典当协议》及出具《声明书》《证明书》并签名同意的行为,认定为合法有效行为,违反法律的规定。陈幼旋虽参与签订前述《最高额抵押合同》《抵押典当协议》及出具《声明书》《证明书》并签名同意,但根据规定,陈幼旋除为郑某甲、郑某乙的利益外,其无权处理郑某甲、郑某乙的财产。陈幼旋所同意的处分财产的行为并不是为了郑某甲、郑某乙的利益,该行为属于无效行为。(4)一审法院将生效条件尚未成就的《抵押典当协议》,认定为已经生效,明显错误。根据《抵押典当协议》第十五条:“本协议经双方签订即行成立,经抵押登记后生效”的约定,《抵押典当协议》的生效条件是抵押物经抵押登记,而本案中,《抵押典当协议》中约定的抵押物至今尚未办理抵押登记手续。也即是说,《抵押典当协议》至今尚欠缺生效的条件,尚未生效。一审法院无视《抵押典当协议》约定的生效条件,在该协议生效条件尚未成就的情况下,认定该协议成立并生效,明显错误。

3. 一审法院认定郑岚婷、郑琬锜、郑某甲、郑某乙及其母亲陈幼旋与义天典当公司于2013年3月13日同到揭阳市房管局申办抵押登记,并认定是因登记部门的原因,致使当事人无法办理抵押物登记,该认定事实错误,证据不足。根据揭阳市房管局出具的《情况说明》证实,2013年3月13日,仅有郑岚婷与义天典当公司到该局申办抵押登记,其他三上诉人及其母亲陈幼旋并没有一同到该局申办抵押登记。根据义天典当公司于2014年8月25日向一审法院提交请求一审法院向揭阳市房管局调查取证的《申请书》记载,其在《申请书》中陈述“2013年3月15日揭阳市房管局通知我行,因该笔房产产权人有未成年人,抵押登记手续暂时未能办理”,可见揭阳市房管局早已告知其无法办理抵押登记手续的原因是房产的产权人有未成年人。也即是说,义天典当公司在2013年3月15日已经知道抵押登记手续无法办理。义天典当公司前述陈述的事实与揭阳市房管局出具的《情况说明》的情况一致,揭阳市房管局出具的《情况说明》所称的“未能完全符合规定”是指房产的产权人有未成年人,抵押登记手续未能办理。本案根本不存在因登记部门的原因,致使当事人无法办理抵押物登记的事实。因此,一审法院认定是因登记部门的原因,致使当事人无法办理抵押物登记,违背客观事实,证据不足。

4. 一审法院认定本案的抵押有效,义天典当公司对抵押财产有优先受偿权,不仅认定事实错误,而且适用法律错误。本案中的《最高额抵押合同》《抵押典当协议》均系无效合同,根本不存在抵押的事实。退一步说,假设本案的《最高额抵押合同》《抵押典当协议》有效,根据《中华人民共和国物权法》第一百八十七条“以本法第一百八十条第一款第一项至第三项规定的财产或者第五项规定的正在建造的建筑物抵押的,应当办理抵押登记。抵押权自登记时设立”的规定,因本案的抵押未办理抵押登记,抵押权也尚未设立,根本不存在义天典当公司对抵押财产有优先受偿权的事实。一审法院根据《最高人民法院关于适用〈中华人民共和国担保法〉若干问题的解释》第五十九条的规定,属适用法律错误。本案并不存在因登记部门的原因致使当事人无法办理抵押物登记的事实,因此,最高法院的前述司法解释,不适用本案。即使按一审法院所称,本案存在因登记部门的原因,致使当事人无法办理抵押物登记的事实,那么,一审法院适用最高法院的前述司法解释处理本案也同样是适用法律错误。依据《物权法》第一百八十七条的规定,不动产的抵押权自登记时设立,该条款的规定与《担保法》及司法解释的规定不一致,属于对《担保法》及司法解释的修正,应当严格按照《物权法》规定的条件来进行衡量。因此,一审法院适用《担保法》司法解释认定本案的抵押有效,义天典当公司对上诉人提供抵押的财产有优先受偿权,违反《物权法》的规定。

5. 一审法院认定义天典当公司实际支付给郑岚婷984,000元与事实不符。根据郑岚婷与义天典当公司的约定,义天典当公司应当向郑岚婷发放当金1,000,000元,但义天典当公司并没有依约足额支付当金1,000,000元,而是在预扣综合费用16,000元及非法收取融资费用22,000元后,仅向郑岚婷实际支付了962,000元,该事实有上诉人在本案原一审时向一审法院提供的《收款收据》及《账户历史明细查询单》可予以证实。

6. 一审法院认定并判决郑岚婷应向义天典当公司支付综合服务费用、违约金,且按中国人民银行同期同类贷款利率四倍计,缺乏事实和法律依据。

7. 一审法院认定并判决郑岚婷应向义天典当公司支付律师费30,000元程序违法,且缺乏事实和法律依据。本案中,义天典当公司虽在向原审起诉时请求实现债权的律师费由上诉人承担,但其诉讼请求中却没有请求具体的金额,而且一审法院也没有查明具体支付了多少律师费。一审法院判决郑岚婷应支付律师费30,000元程序违法。同时,因双方签订的《最高额抵押合同》属无效合同,义天典当公司依据无效合同请求支付律师费违法悖理。

8. 一审法院对案件受理费的判处违反法律的规定,从一审法院可以看出,义天典当公司原审时是部分败诉,部分胜诉,而按照法律的规定,败诉部分的案件受理费应当由败诉方承担。

义天典当公司答辩称:

1. 重审判决认定事实清楚,适用法律准确,诉讼程序合法,上诉人上诉于法无据,请二审法院驳回上诉,维持原判。(1)义天典当公司顾念上诉人死去父亲郑广强的情面,同时也出于对孤儿寡妇的同情,才借钱帮助她们渡过难关,她们不仅不领情,反而恩将仇报,换来其颠倒黑白的一派胡言。你们四个刚刚走上社会的女孩,如果不能辨别是非真假,误入歧途,以谎言掩盖真相,不但无法获取他人钱财,而且你们将失去人品、人格,还有做人的道德、良心。(2)本案重审时郑岚婷、郑琬锜、郑某甲、郑某乙缺席,自己放弃举证质证,丧失抗辩权,依法应自行承担不利的诉讼后果。(3)关于郑琬锜所称的没有签名问题,在原一审中,法院有当庭告知郑琬锜的代理人在规定时间进行文检鉴定,但郑琬锜心虚不敢进行鉴定,其说法无证据支持不成立。事实上,整个典当过程及到房管局登记所有文书上的签名,典当行的工作人员都全程跟踪监督,亲看郑岚婷、郑琬锜、郑某甲、郑某乙及其母亲陈幼璇在相关文书亲自签名。(4)关于证据真实性及行为人有相应民事行为能力、典当是真实意思表示问题,有生效法律文书能够证实,足以认定。

本案典当金额实际是120万元,因典当行单笔典当金额不得超过100万元,故在办理典当手续时,将120万元分成两笔,其中100万元以典当行名义借给上诉人,另20万元以典当行的法定代表人李文阳的名义借给上诉人,两笔借款同时办理,以相同的抵押物作抵押,办理时,上诉人同时出具相同的《声明书》和《证明书》,在《声明书》上记载:“兹有郑岚婷在义天典当行办理抵押典当业务,借款1,000,000元,并向李文阳借款200,000元,都以我们四人共有的揭阳市榕城区天福路××巷一座底层第7号、8号铺屋作抵押,我们四人一致同意,如郑岚婷到期无法偿还,我们同意将抵押物抵偿义天典当行和李文阳。我们无任何异议。特此声明。声明人:郑岚婷、郑琬锜、郑某甲、郑某乙。二〇一三年三月十三日。同意,陈幼璇。”在《证明书》上记载:“兹有我本人(郑岚婷)将位于揭阳市榕城区天福路××巷一座底层第7号、8号的自有铺屋,抵押给揭阳市义天典当行有限公司,作为借款的抵押物,该铺屋由我本人作为经营使用,并未出租,特此声明,证明人:郑岚婷,财产共有人郑琬锜、郑某甲、郑某乙:二〇一三年三月十三日,同意,陈幼璇。”义天典当公司起诉时,两笔借款以两个案件起诉,两个案件的法律文书都是由陈幼璇代签收领取,且都委托相同的代理人参与诉讼。在20万元欠款案件开庭时,上诉人对《最高额抵押合同》《抵押典当协议》《典当补充协议》《声明书》和《证明书》均无提出任何异议,对行为真实性和签名真实性也无异议,只是要求缓点归还,最后双方达成调解协议。该生效调解书能充分证明本案所有证据有效,上诉人签名真实,典当行为是真实意思表示,有办理抵押登记等事实。

2. 重审程序合法。本案上诉人千方百计拖时间,拖延案件审理,法院在无法找到上诉人时公告审理,程序合法。本案在原审时,郑某乙的代理人黄锐及其母亲陈幼璇庭后多次找义天典当公司协商,信誓旦旦表示分期还款,多次约定还款时间,一拖再拖,直至案件审限届满法院不得不作出判决。此后,仍玩弄诉讼技巧,故意不领法律文书,待法院公告,然后在公告期满最后一天上诉,使案件拖入二审,发回重审后,重审法院穷尽所有手段寻找上诉人,上诉人就是不接法院传票,法院不得已只能公告,这完全符合民事诉讼程序。

3. 重审判决适用法律准确。2013 年办理抵押典当手续时,上诉人均具有与其年龄、智力、受教育程度、社会阅历相适应的条件,整个典当办理过程均征得其中未成年女儿法定代理人陈幼璇的参与并签名同意,且抵押借款是为未成年人的利益、生活学习所需,办手续签合同是她们的真实意愿,行为不违反法律、法规的强制性规定,应认定合同有效、抵押有效。故重审的判决适用法律准确。

义天典当公司向一审法院起诉请求:1. 确认双方于 2013 年 3 月 13 日签订的《最高额抵押合同》合法有效,义天典当公司对抵押物享有优先受偿权。2. 判令郑岚婷、郑琬锜、郑某甲、郑某乙立即归还典当金额 1,000,000 元及该款的综合服务费和利息,从 2013 年 10 月 10 日暂计至 2014 年 1 月 14 日共 50,880 元,从 2014 年 1 月 15 日至还款之日,按日支付 5000 元逾期还款违约金。3. 本案一切诉讼费用及义天典当公司实现债权的律师费由郑岚婷、郑琬锜、郑某甲、郑某乙承担。

一审法院认定:义天典当公司系经工商行政管理部门批准设立,经营典当业务的企业法人。2013 年 3 月 13 日,义天典当公司与郑岚婷签订《最高额抵押合同》,约定郑岚婷向义天典当公司提供抵押担保,其所担保的主债权自 2013 年 3 月 13 日至 2015 年 3 月 12 日,在 1,000,000 元的最高限额内,义天典当公司依据与郑岚婷签订的典当协议而享有债权,抵押担保范围包括:主债权(典当金额)、利息、罚息、复利、违约金、损害赔偿金以及实现抵押权的费用(包括但不限于诉讼费、律师费、评估费、拍卖费等);郑琬锜、郑某甲、郑某乙作为抵押担保财产共有人在抵押合同上签名确认,陈幼璇作为其中未成年女儿的法定监护人在该合同上签名确认同意。同年同月同日,义天典当公司又与郑岚婷签订《抵押典当协议》和《典当补充协议》。《抵押典当协议》约定,郑岚婷以其与郑琬锜、郑某甲、郑某乙共有位于揭阳市榕城区天福路××巷一座底层第 7 号、8 号铺屋作为抵押物向义天典当公司典当,抵押物经双方协商评估,确定价值为 1,000,000 元,典当金额为 1,000,000 元;抵押期限自 2013 年 3 月 13 日至 2015 年 3 月 12 日,在抵押期限内被告可循环使用上述典当信用,无须逐笔办理抵押典当手续,每笔业务的起始日、到期日、利率、综合费用及金额以当票或相关债权凭证为准。上述《抵押典当协议》由郑岚婷、郑琬锜、郑某甲、郑某乙及其中未成年人的法定监护人陈幼璇签名确认同意。《典当补充协议》约定,郑岚婷过期 5 天内办理续当或赎当,义天典当公司可收取日0.5%的服务费。同日,郑岚婷、郑琬锜、郑某甲、郑某乙及其中未成年人的法定监护人陈幼璇分别在《声明书》及《证明书》上签名确认。《声明书》记载:“兹有郑岚婷在义天典当行办理抵押典当业务,借款1,000,000元,并向李文阳借款200,000元(已另案起诉,并达成调解协议),都以我们四人共有的揭阳市榕城区天福路××巷一座底层第7号、8号铺屋作抵押,我们四人一致同意,如郑岚婷借款期到无法偿还,我们同意将该抵押物抵偿义天典当行及李文阳,我们无任何异义(议)。特此声明。声明人:郑某甲、郑某乙、郑岚婷、郑琬锜,二〇一三年三月十三日。同意,陈幼璇。”《证明书》记载:“兹有我本人(郑岚婷)将位于揭阳市榕城区天福路××巷一座底层第7号、8号的自有铺屋,抵押给揭阳市义天典当行有限公司,作为借款抵押物,该铺屋由我本人作为经营使用,并未出租。特此声明,证明人:郑岚婷,财产共有人郑琬锜、郑某甲、郑某乙。2013年3月13日。同意,陈幼璇。”义天典当公司于2013年3月13日向郑岚婷发放当金,郑岚婷在《当票》上签名确认,《当票》记载:典当金额1,000,000元,其中综合费用16,000元,实付金额984,000元,典期自2013年3月13日至同年4月11日,月费率1.6%。郑岚婷于当日将抵押铺屋《房地产权证》交义天典当公司。当期届满,双方多次办理续当手续,最后一次办理续当期限2013年9月10日起至2013年10月10日止。续当期限后,郑岚婷既没有办理续当手续,也没有向义天典当公司支付当金及综合服务费。

另查明:一审期间,一审法院依义天典当公司之申请于2014年8月28日向揭阳市房产管理局查询,该局登记发证中心出具《情况说明》,内容记载:“根据你方的查询要求,我中心现查明:抵押权人义天典当行与抵押人郑岚婷(共有人:郑琬锜、郑某甲、郑某乙)于2013年3月13日到我办证大厅申请办理抵押登记(粤房地权证揭阳市字第××号),我中心人员按程序办理收件并送上级领导审批,后因本笔登记未能完全符合规定而退件,因此告知双方领回申请资料,但双方一直未领回。2014年8月28日。”双方申办抵押登记的有关合同,抵押物所有权证书至今仍存放在揭阳市房产管理局。

一审法院依义天典当公司之申请于2014年3月10日作出(2014)揭榕法民二初字第38-1号民事裁定:查封郑岚婷所有的位于揭阳市榕城区天福路××巷一座底层第7号、8号铺屋(粤房地权证揭阳市字第××号)。

一审法院认为:义天典当公司系经依法批准设立的企业法人,义天典当公司与郑岚婷签订《最高额抵押合同》《抵押典当协议》和《典当补充协议》,郑岚婷、郑琬锜、郑某甲、郑某乙及其中未成年人的法定监护人陈幼璇均对上述协议签名确认同意,双方主体适格。

1. 本案典当效力。首先,义天典当公司与郑岚婷于2013年3月13日签订的《最高额抵押合同》《抵押典当协议》《典当补充协议》及郑岚婷、郑琬锜、郑某甲、郑某乙共同向义天典当公司出具的《声明书》《证明书》时,郑岚婷、郑琬锜已满18周岁,已具备完全民事行为能力,郑某乙未满18周岁,但已满16周岁,属于限制民事行为能力人,二人签名确认上述相关协议及参与出具《声明书》《证明书》,郑岚婷、郑琬锜、郑某甲、郑某乙为姐妹关系,均在校受到一定文化教育,四人共同实施上述民事行为,具备与其年龄、智力、受教育程度、社会阅历相适应的条件,且整个办理过程均征得其中未成年女儿法定代理人陈幼璇的参与并签名同意,符合《中华人民共和国民法通则》第十二条第一项:"十周岁以上的未成年人是限制民事行为能力人,可以进行与他的年龄、智力相适应的民事活动;其他民事活动由他的法定代理人代理,或者征得他的法定代理人的同意。"因此,签订协议时双方都具有相应的民事行为能力,意思表示真实,并不违反法律、法规的强制性规定,应认定依法成立,对双方具有法律约束力,双方均应按协议履行。其次,义天典当公司与郑岚婷、抵押典当财产共有人郑琬锜、郑某甲、郑某乙及法定代理人陈幼璇根据双方订立的《最高额抵押合同》《抵押典当协议》《声明书》的约定,于2013年3月13日同到揭阳市房管局申办抵押登记,从该局向本院出具的情况说明显示,双方当事人自愿到该局申办抵押登记,该局已办理收件并报领导审批,对因何"未能完全符合规定"该局没有说明具体理由,也未告知双方补交"未能完全符合规定"的有关材料,由此可视为当事人办理抵押物登记时,因登记部门的原因,致使当事人无法办理抵押物登记,应当认定抵押有效。义天典当公司对抵押的财产有优先受偿权,但不得对抗第三人。

2. 本案典当数额。义天典当公司与郑岚婷及财产共有人即其余郑琬锜、郑某甲、郑某乙于2013年3月13日签订一系列协议及出具《证明书》《声明书》后,于当日出具《当票》,《当票》明确记载向郑岚婷发放当金1,000,000元,其中综合费用16,000元,实付984,000元,并由郑岚婷在该当票上签名确认。《当票》是典当行向当户发放当金的凭证,从《当票》记载可以看出,义天典当公司在发放当金时,预扣综合服务费16,000元,与郑某乙举证的义天典当公司收取该款的收据相应证。根据《典当管理办法》第三十七条规定,典当当金利息不得预扣,该款应抵扣当金,因此,本案典当当金应按本金984,000元计付。

3. 本案综合服务费和违约金。本案义天典当公司与郑岚婷在《当票》中约定月费率1.6%,可认定为双方约定的月综合服务费,郑岚婷在2013年10月10日期届后没有还款,构成违约,应承担违约责任。义天典当公司请求按《典当补充协议》约定义天典当公司应向郑岚婷收取日0.5%的服务费,在人民银行同期贷款利率四倍计算的数额,予以支持,超过部分不予支持。义天典当公司关于律师代理费的诉讼请求,依义天典当公司与郑岚婷、郑琬锜、郑某甲、郑某乙在《最高额抵押合同》中的约定,抵押担保范围包括义天典当公司为实现本案债权的费用,义天典当公司为追索本案债权,向广东谨信律师事务所支付律师费30,000元,并不违反律师服务收费标准的有关规定,予以支持。

本案当户应认定为郑岚婷,郑琬锜、郑某甲、郑某乙应为抵押人,当金应由郑岚婷承担清偿责任,郑琬锜、郑某甲、郑某乙以其与郑岚婷共有的在提供抵押典当的财产价值范围内承担清偿责任。对义天典当公司的诉讼请求中合法合理部分,予以支持。郑岚婷、郑琬锜、郑某甲、郑某乙经公告传唤,没有到庭参加诉讼,缺席判决。

一审法院遂依照《中华人民共和国民法通则》第十二条第一款、第十六条第一款,《中华人民共和国合同法》第一百零七条,《中华人民共和国担保法》第三条、第三十三条、第四十四条、第四十六条、第五十三条,《最高人民法院关于适用〈中华人民共和国担保法〉若干问题的解释》第五十九条及《中华人民共和国民事诉讼法》第一百四十四条的规定,判决:一、郑岚婷应于本判决发生法律效力之日起十日内归还揭阳市义天典当行有限公司当金本金984,000元及综合服务费、违约金(2013年10月11日起计至还款之日止,按中国人民银行同期同类贷款利率四倍计)。二、郑岚婷应于本判决发生法律效力之日起十日内付还揭阳市义天典当行有限公司律师费30,000元。三、揭阳市义天典当行有限公司对郑岚婷、郑琬锜、郑某甲、郑某乙共有的提供抵押典当的位于揭阳市榕城区天福路××巷一座底层第7号、8号铺屋在抵价或者以拍卖、变卖所得价款对上述判决一、二项确定的债务享有优先受偿权,但不得对抗第三人。如果未按本判决指定的期间履行给付金钱义务,应当依照《中华人民共和国民事诉讼法》第二百五十三条之规定,加倍支付迟延履行期间的债务利息。案件受理费23,600元,保全费5000元,共28,600元,由郑岚婷、郑琬锜、郑某甲、郑某乙连带负担。

二审中,双方当事人没有提交新证据。

对当事人争议的事实,本院认定如下:一审法院认定义天典当公司对抵押物有优先受偿权及郑岚婷、郑琬锜、郑某甲、郑某乙应向义天典当公司支付律师费错误,本院予以纠正,一审法院查明的其他事实清楚、正确,本院予以确认。

本院认为,本案系典当纠纷,根据双方当事人在二审中的诉辩意见,本案争议的问题是:1. 一审法院送达程序是否合法;2. 一审法院判决义天典当公司对郑岚婷、郑琬锜、郑某甲、郑某乙提供的抵押物享有优先受偿权是否正确;3. 一审法院确认郑岚婷应向义天典当公司当金 984,000 元及按中国人民银行同期同类贷款利率四倍计的综合服务费、违约金及律师费 30,000 元是否正确。

1. 关于一审法院送达程序是否合法的问题。一审法院通过法院专递向郑岚婷、郑琬锜、郑某甲、郑某乙邮寄送达有关的诉讼文书,从邮寄的地址来看,与郑岚婷、郑琬锜、郑某甲、郑某乙上诉状中的地址一致,但经多次上门投递无法直接送达,因此,法院通过公告方式向郑岚婷、郑琬锜、郑某甲、郑某乙送达诉讼文书并无不当,郑岚婷、郑琬锜、郑某甲、郑某乙上诉主张一审法院送达程序违法的理由不成立,本院不予支持。

2. 关于一审法院判决义天典当公司对郑岚婷、郑琬锜、郑某甲、郑某乙提供的抵押物享有优先受偿权是否正确的问题。第一,义天典当公司与郑岚婷于 2013 年 3 月 13 日签订的《最高额抵押合同》《抵押典当协议》《典当补充协议》主体适格、双方意思表示真实、内容也没有违反法律法规的强制性规定,后抵押物的共有人郑琬锜、郑某甲、郑某乙以及郑某甲、郑某乙的法定监护人陈幼璇均在上述合同签名确认,故上述合同主体适格,依法应予确认。第二,上述合同签署后,郑岚婷、郑琬锜、郑某甲、郑某乙共同出具了《声明书》《证明书》,均表示同意以揭阳市榕城区天福路××巷一座底层第 7 号、8 号铺屋作抵押。郑某甲、郑某乙的法定监护人陈幼璇也在上述《声明书》《证明书》中签名确认。从本案查明的事实来看,郑某甲、郑某乙在签订上述有关合同、声明时,已年满 16 周岁,属于限制民事行为能力人,根据《民法通则》的规定,可以进行与年龄、智力相适应的民事活动,同时其两人与郑岚婷、郑琬锜为姐妹关系,应当清楚签署有关合同的目的和后果,且两人的法定代理人陈幼璇参与并签名同意,故一审法院认定郑某甲、郑某乙签名同意提供抵押的行为符合《中华人民共和国民法通则》第十二条第一项"十周岁以上的未成年人是限制民事行为能力人,可以进行与他的年龄、智力相适应的民事活动;其他民事活动由他的法定代理人代理,或者征得他的法定代理人的同意"的规定,签订协议时双方都具有相应的民事行为能力,意思表示真实,并不违反法律、法规的强制性规定,对双方具有法律约束力正确。第三,义天典当公司已依约于 2013 年 3 月 13 日向郑岚婷发放相应的当金,即已履行了出借义务,而郑岚婷等人在约定的期限内及续当到期后,均未能付还当金及服务费,郑岚婷等人违约的事实清楚,应承担相应的清偿责任。郑岚婷、郑琬锜、郑某甲、郑某乙上诉主张《最高额抵押合同》《抵押典当协议》《声明书》《证明书》自始无效的理由不成立,本院不予支持。最后,《中华人民共和国物权法》第一百八十七条规定:"以本法第一百八十条第一款第一项至第三项规定的财产或者第五项规定的正在建造的建筑物抵押的,应当办理抵押登记。抵押权自登记时设立。”而本案抵押物没有进行登记系因为该笔登记未能完全符合规定而退件，在登记部门告知双方领回申请资料的情况下，义天典当公司与郑岚婷、郑琬锜、郑某甲、郑某乙等一直未领回，也没有完善登记手续，从一审法院查明的上述事实看，本案有关抵押物未进行登记系双方自身的原因造成的，一审法院认定系因登记部门的原因致使当事人无法办理抵押物登记，认定义天典当公司对抵押财产有优先受偿权不符合上述规定，本院予以纠正。同时根据《中华人民共和国物权法》第十五条“当事人之间订立有关设立、变更、转让和消灭不动产物权的合同，除法律另有规定或者合同另有约定外，自合同成立时生效；未办理物权登记的，不影响合同效力”的规定，未办理抵押物登记不影响合同效力，诉讼双方签订的《最高额抵押合同》《抵押典当协议》《声明书》《证明书》应属有效，抵押人郑琬锜、郑某甲、郑某乙应依照上述合同的约定承担抵押担保责任，即在上述合同约定的担保范围内对担保债务与债务人承担连带责任。

3. 关于一审法院确认郑岚婷应向义天典当公司归还当金 984,000 元和按中国人民银行同期同类贷款利率四倍计的综合服务费、违约金及律师费 30,000 元是否正确的问题。(1)典当数额。本案诉讼双方签订《最高额抵押合同》《抵押典当协议》《声明书》《证明书》后，义天典当公司依约出具了《当票》，该《当票》明确记载扣除综合服务费 16,000 元后，实付 984,000 元，并经郑岚婷签名确认，因此，一审法院认定本案典当金额为 984,000 元正确，郑岚婷、郑琬锜、郑某甲、郑某乙上诉主张当金为 962,000 元，未能提供充分有效证据予以证实，且义天典当公司对此也予以否认，故郑岚婷、郑琬锜、郑某甲、郑某乙关于典当数额的上诉主张没有事实依据，本院不予支持。(2)综合服务费、违约金。义天典当公司在双方签订有关合同后，依约履行了相应的出典义务，郑岚婷、郑琬锜、郑某甲、郑某乙在典当期满及续典期满，没有履行还本付息，已构成违约，应承担相应的违约责任，一审法院依据《当票》及《典当补充协议》中的约定，判决还款义务人应按中国人民银行同期同类贷款利率四倍计付综合服务费、违约金正确。(3)律师费。本案已按中国人民银行同期同类贷款利率四倍计付综合服务费、违约金，义天典当公司在四倍利息之外再主张律师费 30,000 元没有法律依据，一审法院对此的判决不当，郑岚婷、郑琬锜、郑某甲、郑某乙关于律师费的上诉主张理由成立，本院予以支持。

综上，一审法院认定义天典当公司对抵押物有优先受偿权及支持义天典当公司关于律师费的主张错误，本院予以纠正外，一审法院其余判决并无不当，本院予以维持。依照《中华人民共和国民事诉讼法》第一百七十条第一款第一、二项之规定，判决如下：

一、维持揭阳市榕城区人民法院(2015)揭榕法民二重字第2号民事判决第一项。

二、撤销揭阳市榕城区人民法院(2015)揭榕法民二重字第2号民事判决第二项。

三、变更揭阳市榕城区人民法院(2015)揭榕法民二重字第2号民事判决第三项为:郑岚婷、郑琬锜、郑某甲、郑某乙在其共有的、位于揭阳市榕城区天福路××巷一座底层第7号、8号铺屋的价值范围内对本判决第一项确认的债务范围内向揭阳市义天典当行有限公司承担连带清偿责任。

如果未按判决指定的期间履行给付金钱义务的,应当依照《中华人民共和国民事诉讼法》第二百五十三条之规定,加倍支付迟延履行期间的债务利息。

本案一审案件受理费23,600元,保全费5000元,共28,600元,由郑岚婷、郑琬锜、郑某甲、郑某乙连带负担24,000元,由揭阳市义天典当行有限公司负担4600元;二审受理费19,000元,由郑岚婷、郑琬锜、郑某甲、郑某乙连带负担。

本判决为终审判决。

审　判　长　郭嘉银
审　判　员　刘伟凯
审　判　员　陈爱萍
二〇一六年九月七日
代　书记员　杨勉锐

【案例十五】六盘水市红果开发区源进典当有限公司诉丁献祥、胡艳典当纠纷案

(2014年12月20日)

【法律点】 1.典当当金利率按中国人民银行公布的银行机构6个月期法定贷款利率及典当期限折算后执行。超过了该标准的,超过部分不予保护。当期届满后,典当行有权要求当户支付按中国人民银行规定的逾期贷款罚息水平计算的逾期利息,采用逾期期间相对应的中国人民银行公布的同期贷款基准利率加收50%计算利息,即应按利率的不同,分期间分别计算。

2.综合服务费的标准应符合《典当管理办法》的相关规定,合同约定的费率超过了该标准的,应按规定的最高月综合费率计算绝当前的综合服务费。绝当后,双方的典当关系终止,典当行应按照法定程序及时处理绝当物,以避免损失扩大,不应继续计算综合费用。

3.当户在当期届满后既不赎当,又不续当,也未完全偿还当金、支付利息和综合服务费,其行为已构成违约,典当双方可在合同中对违约金的标准进行约定,只要该约定是双方当事人真实的意思表示,未违反法律法规的相关规定,应属有效,对双方均有约束力。

4.诉讼代理费系因当户的违约行为给典当行造成经济损失,且该笔费用在合同中已约定属于抵押担保的范围的,应当由当户承担,但该费用应按照律师服务收费标准支付。

【关键词】 当金　逾期利息　综合服务费　违约金　诉讼代理费

贵州省六盘水市中级人民法院
民事判决书

(2014)黔六中民终字第1070号

上诉人(原审原告):六盘水市红果开发区源进典当有限公司,住所地:贵州省盘县红果镇×××路。

法定代表人:李金现,公司经理。

特别授权委托代理人:吴邦义,系贵州崇实律师事务所六盘水分所律师。

上诉人(原审被告):丁献祥。

被上诉人(原审被告):胡艳。

上诉人六盘水市红果开发区源进典当有限公司(以下简称源进典当公司)因与上诉人丁献祥及被上诉人胡艳典当纠纷一案,不服贵州省盘县人民法院作出的(2014)黔盘民初字第397号民事判决,向本院提起上诉。本院受理后,依法组成合议庭审理了本案,现已审理终结。

一审法院经审理查明,原告源进典当公司系依法设立的有从事房地产抵押典当业务资格的有限责任公司。被告丁献祥与被告胡艳系夫妻关系,结婚登记日期为2008年6月10日。2009年9月14日,被告丁献祥与原告签订《借款合同》及《房地产抵押担保合同》,被告胡艳作为抵押房屋的共有人,在《房地产抵押担保合同》中签字确认。《借款合同》约定,被告丁献祥向原告贷款800,000元,贷款期限为2009年9月14日至2010年3月13日,按典当经营规则计付利息,月利率为0.8%,月综合费率为3%,逾期归还贷款,在逾期期间按日利率2‰计收利息。《房地产抵押担保合同》约定,被告丁献祥以其与被告胡艳共有的房屋以不转移占有的方式抵押给原告,作为借款的担保,该合同约定的借款金额、借款期限、月利率、月综合费率与《借款合同》约定的一致。《房地产抵押担保合同》还约定,如被告丁献祥违约,还应按借款金额的20%承担违约赔偿。该合同签订后,双方到房产管理部门办理了抵押登记,原告领取了房屋他项权证。同日,被告丁献祥在原告出具的当票上签字确认,该当票载明的当物与《房地产抵押担保合同》载明的抵押物一致,当票载明的当金金额、月费率、月利率、典当期限与《借款合同》《房地产抵押担保合同》约定的一致。同时,还载明综合费用为144,000元,实付金额为769,000元。2009年9月14日,原告按照被告丁献祥的指示,通过盘县农村信用合作联社从其职工李金现的账户转了700,000元给黄体祥。双方约定的还款期限届满后,被告丁献祥于2011年7月15日向原告偿还了800,000元,其中有300,000元通过中国工商银行汇入原告的法定代表人朱明进的账户,有500,000元通过盘县农村信用合作联社汇入原告职工李金现的账户。

另查明,原告为实现本案债权,在原一审时委托盘县红果镇法律服务所代为参加诉讼,支付了代理费60,000元。

一审法院认为,本案的争议焦点是:1.本案是否属于典当纠纷。2.原告实际向被告丁献祥提供了多少当金。3.被告丁献祥、胡艳应偿还原告多少当金、支付多少利息及综合服务费以及是否应支付原告违约金、诉讼代理费。

关于本案是否属于典当纠纷的问题。《典当管理办法》第三条规定:"本办法所称典当,是指当户将其动产、财产权利作为当物质押或者将其房地产作为当物抵押给典当行,交付一定比例费用,取得当金,并在约定期限内支付当金利息、偿还当金、赎回当物的行为。"原告与被告丁献祥签订的《借款合同》《房地产抵押担保合同》《当票》均反映被告丁献祥以其与被告胡艳共有的房屋作为抵押向原告借款,双方对借款期限、月利率、月综合费率等进行明确约定,并对抵押的房产办理了抵押登记手续,且原告具有从事房地产抵押典当业务资格,双方的约定符合典当的基本特征,故本案应属于典当纠纷,被告丁献祥辩解本案属于民间借贷纠纷的理由不能成立,不予支持。

关于原告实际向被告丁献祥提供了多少当金的问题。《典当管理办法》第三十条规定:"当票是典当行与当户之间的借贷契约,是典当行向当户支付当金的付款凭证。"本案中,原告与被告丁献祥在《借款合同》《房地产抵押担保合同》《当票》中约定的当金虽为800,000元,但当票载明的实付金额为769,000元。对此,原告陈述《典当管理办法》第三十七条第二款只规定了当金利息不得预扣,并未规定综合服务费不能预扣,原告扣除的31,000元属于综合服务费而不是利息。但本案的当票并未载明扣除的31,000元属于预扣的综合服务费还是利息,原告也未提供其他证据证实其预扣的31,000元属于综合服务费,其扣除该部分费用实际上减少了当户的用资金额,被告丁献祥实际取得的当金应以当票中载明的实付金额为准即原告实际向被告丁献祥提供的当金为769,000元。

关于被告丁献祥、胡艳应偿还原告多少当金、支付多少利息及综合服务费以及是否应支付原告违约金、诉讼代理费的问题。原告与被告丁献祥在《借款合同》《房地产抵押担保合同》《当票》中均对当期内的利息和综合费用进行了约定,当期届满后(2010年3月13日),被告丁献祥既不赎当,又不续当,也未完全偿还当金、支付利息和综合服务费,其行为已构成违约,原告有权要求被告丁献祥偿还当金、支付利息和综合服务费。

对于利息部分，双方约定当期内利息按月利率 0.8% 计算，但《典当管理办法》第三十七条第一款规定："典当当金利率，按中国人民银行公布的银行机构 6 个月期法定贷款利率及典当期限折算后执行。"被告丁献祥向原告借款时中国人民银行公布的 6 个月期法定贷款年利率为 4.86% 即月利率为 0.405%，双方约定的月利率 0.8% 超过了该标准，应按月利率 0.405% 计算当期内的利息，被告丁献祥应支付当期内的利息为 18,687 元(769,000 元 ×0.405% ×6 个月 ≈18,687 元)。原被告在《借款合同》第二条约定："逾期归还贷款，在逾期期间按日利率 2‰(月利率 6%)计收利息。"当期届满后，由于被告丁献祥未偿还当金，原告有权要求被告丁献祥支付当期届满后的利息，因双方约定的逾期利率过高，不应按月利率 6% 计算逾期期间的利息。对此，可以参照《典当管理办法》第四十条的规定，按中国人民银行规定的逾期贷款罚息水平计算利息，即按中国人民银行公布的同期贷款基准利率加收 50% 计算利息，被告丁献祥向原告借款时中国人民银行公布的 6 个月期法定贷款年利率为 4.86% 即月利率为 0.405%，该月利率加收 50% 后为 0.6075%，被告丁献祥应按月利率 0.6075% 向原告支付当期届满后的利息直到全部当金清偿之日止。

对于综合服务费部分，原告与被告丁献祥之间的典当属于房地产抵押典当，双方约定综合服务费用按月综合费率 3% 计算，但《典当管理办法》第三十八条第三款规定："房地产抵押典当的月综合费率不得超过当金的 27‰。"双方约定的费率 3% 超过了该标准，应按月综合费率 2.7% 计算当期内的综合服务费，被告丁献祥应付当期内的综合服务费为 124,578 元(769,000 元 ×2.7% ×6 个月 =124,578 元)。根据《典当管理办法》第四十条的规定，被告丁献祥应于当期届满后 5 日内赎当或者续当，逾期不赎当也不续当的，为绝当，在绝当之前原告还可以收取综合费用，即在当期届满后至绝当前被告丁献祥还应支付综合费用 3461 元(769,000 元 ×2.7% ÷30 ×5 天 ≈3461 元)。绝当后，双方的典当关系终止，原告应按照法定程序及时处理绝当物，以避免损失扩大，本案中，因原告怠于行使权利致使损失扩大，对于扩大部分的损失应由原告自行承担，且双方也未对绝当后的综合费用进行约定，绝当后被告丁献祥不应再向原告支付综合服务费。故原告主张由被告丁献祥支付绝当后综合费用的理由不能成立，不予支持。

典当期限届满后，被告丁献祥于 2011 年 7 月 15 日向原告偿还了 800,000 元，该笔款应先扣除在此之前的利息和综合费用，剩余部分再用于偿还当金。当期届满后，从 2010 年 3 月 14 日至 2011 年 7 月 15 日共 488 天，被告丁献祥应支付利息 75,993 元

(769,000 元×0.6075% ÷30×488 天≈75,993 元)。综上,截至 2011 年 7 月 15 日,被告丁献祥应向原告支付利息和综合费用共计 222,719 元(18,687 元+75,993 元+124,578 元+3461 元=222,719 元),被告丁献祥偿还的 800,000 元扣除该部分后,剩余的 577,281 元用于偿还当金,偿还后被告丁献祥还欠原告当金 191,719 元。2011 年 7 月 15 日后,被告丁献祥至今未向原告偿还尚欠当金,也未支付利息,2011 年 7 月 16 日至 2013 年 12 月 31 日(共 899 天),被告丁献祥应以其尚未偿还的当金 191,719 元为基数,按月利率 0.6075% 计算利息,即被告丁献祥在该段期间应支付利息 34,902 元(191,719 元×0.6075% ÷30×899 天≈34,902 元),2014 年 1 月 1 日后,被告丁献祥应按月利率 0.6075% 支付利息,直到尚欠当金 191,719 元全部清偿之日止。原告主张的当金 550,040 元及 2013 年 12 月 31 日之前的利息和综合费用 572,946 元均超过了上述金额,一审法院仅支持当金 191,719 元及 2013 年 12 月 31 日之前的利息 34,902 元,对超出部分不予支持。

对于原告主张的违约金 160,000 元,因被告丁献祥在当期届满后既不赎当,又不续当,也未完全偿还当金、支付利息和综合服务费,其行为已构成违约,双方在《房地产抵押担保合同》第十六条中对违约金的标准进行了约定,即被告丁献祥违约时应按借款金额的 20% 承担违约金,该约定是双方当事人真实的意思表示,未违反法律法规的相关规定,应属有效,对双方均有约束力,故被告丁献祥应向原告支付违约金 153,800 元(769,000 元×20% =153,800 元)。原告主张的 160,000 元超过了上述金额,一审法院仅支持 153,800 元,对超出部分不予支持。

因被告丁献祥未按期归还当金,致使原告为实现债权在诉讼中曾委托盘县红果镇法律服务所参加诉讼支付了代理费 60,000 元,该笔费用应属于被告丁献祥的违约行为给原告造成的经济损失,且该笔费用双方在《房地产抵押担保合同》约定属于抵押担保的范围,根据《中华人民共和国合同法》第一百零七条的规定,被告丁献祥应将该笔费用赔偿给原告,故原告主张由被告丁献祥赔偿其为实现债权所支付的诉讼代理费 60,000 元的理由成立,予以支持。

综上所述,截至 2013 年 12 月 31 日,被告丁献祥应偿还原告当金 191,719 元、支付利息 34,902 元及违约金 153,800 元、赔偿代理费 60,000 元。从 2014 年 1 月 1 日起,被告丁献祥应按月利率 0.6075% 向原告支付利息,直到当金 191,719 元全部清偿之日止。因被告丁献祥与被告胡艳系夫妻关系,上述债务发生于夫妻关系存续期间,应为夫妻共同债务,被告丁献祥、胡艳应共同偿还,故原告要求二被告共同偿还上述债务的理由成立,予以支持。原告向被告丁献祥提供当金时,被告丁献祥用其与被告胡艳共有的房屋进行抵押,并办理了抵押登记,根据《中华人民共和国物权法》第一百七十九条的规定,当被告丁献祥不履行债务时,原告有权以抵押房产折价或者以拍卖、变卖该财产的价款优先受偿。本案中,原告要求先由二被告履行还款义务,当二被告不能履行时,再拍卖二被告所抵押的房屋,用拍卖所得偿还当金。原告的该主张并不违反法律规定,对此,被告丁献祥并未提出异议。故原告主张先由二被告先履行还款义务,当二被告不能履行时,再拍卖二被告所抵押的房屋,用拍卖所得偿还当金的理由成立,予以支持。根据《中华人民共和国物权法》第一百九十八条的规定,二被告抵押的房屋拍卖后,其价款超过上述债务数额的部分应归二被告所有,不足部分应由二被告继续清偿。

依照《中华人民共和国合同法》第一百零七条、第二百零五条、第二百零六条、第二百零七条、第二百一十一条,《中华人民共和国担保法》第三十三条第一款,《中华人民共和国物权法》第一百七十九条、第一百九十八条,《中华人民共和国婚姻法》第四十一条,《最高人民法院关于适用〈中华人民共和国合同法〉若干问题的解释(二)》第二十一条,《中华人民共和国民事诉讼法》第六十四条第一款、第一百四十四条之规定,判决:一、由被告丁献祥、胡艳于本判决生效之日起十五内偿还原告源进典当公司尚欠当金 191,719 元,支付违约金 153,800 元及 2013 年 12 月 31 日前尚欠的利息 34,902 元。被告丁献祥、胡艳自 2014 年 1 月 1 日起至上述当金全部清偿之日止按月利率 0.6075% 向原告源进典当公司支付利息。二、由被告丁献祥、胡艳于本判决生效之日起十五日内共同赔偿原告源进典当公司因实现本案债权而支付的代理费 60,000 元。三、如被告丁献祥、胡艳未能清偿上述债务,原告源进典当公司有权向一审法院申请拍卖被告丁献祥、胡艳所有的房屋,用拍卖所得清偿上述债务,清偿后如有剩余,剩余部分归被告丁献祥、胡艳所有,如拍卖所得不足以清偿上述债务,不足部分由被告丁献祥、胡艳在拍卖所得清偿完毕之日起十五日内支付完毕。四、驳回原告源进典当公司的其他诉讼请求。如义务人未按照本判决指定的期间履行金钱给付义务,应当依照《中华人民共和国民事诉讼法》第二百五十三条之规定,按照中国人民银行同期贷款基准利率加倍支付迟延履行期间的债务利息。案件受理费 16,887 元,由原告源进典当公司负担 11,349 元,由被告丁献祥、胡艳负担 5538 元。

一审宣判后,源进典当公司、丁献祥均不服,向本院提起上诉。

源进典当公司的上诉请求为:1. 撤销一审判决书第一项判决中相关判决内容,依法改判为:由被上诉人丁献祥、胡艳于本判决生效之日起十五日内向上诉人偿还欠付的当金 527,525 元及截至 2013 年 12 月 31 日欠付的综合费用与利息 549,494 元,并向上诉人支付违约金153,800元。被上诉人丁献祥、胡艳自2014年1月1日起至上述当金全部清偿之日止,应按综合费率2.7%、月利率为中国人民银行同期贷款利率1.5倍的标准,向上诉人支付综合费用和利息,费、息随本清(前述请求改判的内容涉及增判金额为850,398元)。2. 撤销一审判决书第四项判决内容。3. 本案一、二审案件受理费由二被上诉人与上诉人按比例承担。

主要上诉理由:1. 一审判决不予支持绝当后的综合费用没有法律依据,理由也不能成立,且明显违反了当事人之间关于逾期还款违约责任的约定,是完全错误的。(1)一审认定"绝当后被告丁献祥不应再向原告支付综合服务费",没有法律依据。现行的《典当管理办法》涉及与"绝当"有关的规定只有第四十条和第四十三条,其中第四十条第一款规定了绝当的时间界限,第四十三条规定了如何分类处理绝当物品。但是,该两条乃至其他各条均未明确规定"绝当后不再支付综合费用"。《典当管理办法》第三十八条所规定的"典当综合费用"各类费率也并无限定仅指典当期限内的费率。因此认定绝当后不再支付综合费用缺乏法律根据。(2)一审判决认定绝当后丁献祥不应再付综合费用的两条理由均不能成立,且明显违反了当事人之间的约定。一审不支持绝当后综合费的两条理由:一是认为六盘水市红果开发区源进典当有限公司未及时处理绝当物,就是怠于行使权利,应对扩大的损失自行承担责任;二是认为双方也未对绝当后的综合费用进行约定。上诉人认为,该两条理由均不能成立。第一,《典当管理办法》仅规定了绝当后处理绝当物品的几种方式,并未规定多长时间内必须处理绝当物品。既然没有规定必须处理绝当物品的时间界限,自然就不存在多长时间为及时,多长时间为不及时,权利人只要在诉讼时效期间内提起诉讼主张权利,便是及时行使了自己的权利,不存在"怠于行使权利"的问题。而一审法院又是以源进典当公司未及时处理绝当物等于"怠于行使权利"为前提来认定导致"损失扩大"之后果的,既然前提不成立,则所谓扩大损失的后果当然也就不能认定。第二,一审认定当事人双方未对绝当后综合费用进行约定,显然是认定事实错误。本案典当合同是由《当票》、《借款合同》和《房地产抵押担保合同》三份书面合同共同组成,并且互为补充、不可分割。该三份合同均为合法有效的合同。其中《房地产抵押担保合同》第十六条第一款是双方专门就逾期还款违约责任所作的"特别约定",该条款不仅对逾期还款5日内即赎当、绝当宽限期内费率作了约定,而且对逾期还款超过5日即绝当后直至债务完全清偿之日止期间(包括变卖、拍卖或诉讼期、执行期)的综合费用及其费率也作了十分明确的约定。第三,丁献祥应予支付绝当后综合费用,是其依约、依法应当承担违约责任的方式。本案中,当事人双方对绝当后综合费用的支付及其费率的约定,是以当户逾期还款违约应承担违约责任的方式之形式出现的。在当户确已构成违约,且典当行主张绝当后综合费用仅以法定费率为限,而法律又未明令禁止收取绝当后综合费用的情形下,一审判决不予支持绝当后综合费用,不仅于法无据,而且明显违背了当事人的真实意思表示。(3)绝当后不再支付综合费用,这一司法判断有违法理。如果当户守约,在当期内还本、付费、付息,自不会发生绝当。即便当户在当期内未能全部还款并付费付息,在当期届满后5日宽限期内还可续当或赎当。只有在当期届满后5日宽限期内当户既不赎当也不续当的,才会导致绝当。可见,形成绝当的唯一原因是当户违约,而违约就应依法承担违约责任。《中华人民共和国合同法》第一百一十三条规定:一方违约给对方造成损失的,损失赔偿额应当相当于因违约所造成的损失,包括合同履行后可以获得的利益,但不得超过违反合同一方订立合同时预见到或者应当预见到的因违反合同可能造成的损失。据此,就典当合同而言,若当户在当期届满后5日内赎当的,因《典当管理办法》第四十条第二款明确规定除须偿还当金本息、综合费用外,还应当按逾期天数补交利息和有关费用,则典当行不会产生损失。若当户在当期届满后5日内续当的,因续当期内也需支付综合费用和利息,典当行同样不会产生损失。而当当户逾期还款超过5日且既不赎当也不续当造成绝当时,典当行的损失很明显即表现为逾期期间的综合费用和利息损失。该损失在本案中因有当事人双方的"特别约定"条款而为违约方所明知。在此情况下,如不支持绝当后综合费用,与合同法关于违约责任的立法旨意明显相违背,就算有此规定,基于行政规章的效力低于法律的效力,也应当按照合同法的有关规定来处理。(4)人民法院判决不予支持绝当后综合费用,势必产生恶劣的社会效果。按照绝当后不付综合费用的司法判断,任何一个当户都能轻易地实现其不法利益,等于是在支持违约,甚至是鼓励违约。(5)绝当后不再支付综合费用的判决,与六盘水中院历年来就同类案件作出的生效判决明显相冲突。由此可见,一审判决凭据两条均不成立的理由,认定本案绝当后当户不应再付费用,不仅缺乏法律依据和事实依据,违背合同法基本法理,违背合同当事人双方真实意思表示,而且又与本地区此前同类案件生效判决的观点相抵触,维持其判决极有可能产生恶劣的社会效果,故依法应予纠正。2. 一审判决统一以典当借款之时6个月期贷款利率作为逾期还款期间罚息计算的基数,明显是错误的。一审判决对三个不同期间[即(1)当期届满后至丁献祥部分还款前期间计488天;(2)丁献祥部分还款后至2013年12月31日期间计899天;(3)2014年1月1日起至当金清偿之日止期间]的罚息计算,不论时间先后、不论用款时间长短,均统一采用典当借款当时即2009年9月人民银行公布的6个月期法定贷款利率为基数,加收50%作为罚息计算标准,明显是错误的。罚息是在银行同期贷款利率基础上加收30%～50%。而所谓“同期”，是指与逾期还款期间相对应的期间。故逾期还款期间不同，计算罚息时所采用的银行同期贷款利率当然亦不同。一审判决将上述三个不同区间的月罚息利率统一确定为0.6075%（借款时6个月期贷款月利率0.405%×1.5倍=月罚息利率0.6075%），该错误计算方法应予纠正（详见第三部分）。3. 上诉人关于本案债权债务数额计算的具体意见。一审判决基于其不支持绝当后综合费用的错误判断和计算罚息时的错误方法，导致其在计算被上诉人所欠付的当金和欠付的利息数额上存在错误，并导致其少判了欠付的综合费用以及其他错误，对此也应依法予以纠正。上诉人主张按下列办法重新计算相关数额：(1)当金金额及费、息计算。①当期内费、息（2009年9月14日～2010年3月13日）。当金以当票中记载的实付金额76.9万元为准（下同），月综合费率以法定月费率2.7%计算（下同），该期间6个月期贷款月利率为0.405%。则当期内费、息为：当金76.9万元×（月费率2.7%+月利率0.405%）×6个月=143,265元（保留整数，下同）。②2010年3月14日至2011年7月14日（丁献祥还款80万元之前一日）共16个月期间费、息。该期间1～3年期贷款年利率为5.4%，折合月利率为0.45%。因丁献祥逾期未还款违约，应按同期贷款利率加收50%计算罚息，即罚息月利率为1.45%×1.5倍=0.675%。则该期间费、息为：当金76.9万元×（月费率2.7%+月罚息利率0.675%）×16个月=415,260元。截至丁献祥还款80万元之前一日，丁献祥累计欠付费、息为：143,265元+415,260元=558,525元。③2011年7月15日丁献祥还款80万元后当金金额计算。按照《最高人民法院关于适用〈中华人民共和国合同法〉若干问题的解释（二）》第二十一条规定，债务人给付不足以清偿主债务及利息、费用，且当事人没有约定的，抵充顺序为先费用、利息，后主债务。据此，丁献祥所述80万元，扣除以上欠付的费、息后余额为：80万元－前期累计欠付费息558,525元=241,475元。以该余额偿还当金本金后，当金金额为：当金总额76.9万元－已还本金241,475元=527,525元。④2011年7月16日至2013年12月31日计29个半月期间费、息。该期间1～3年期贷款年利率为6.65%，折合月利率为0.554%，罚息月利率为0.554%×1.5倍=0.831%。则该期间费、息为：欠付当金金额527,525元×（月费率2.7%+月罚息利率0.831%）×29.5个月=549,494元。(2)违约金：与一审判决计算数额相同，即为153,800元。(3)实现债权费用：与一审判决计算数额相同，即为60,000元。(4)结论：①被上诉人尚欠上诉人典当借款本金金额为527,525元；②截至2013年12月31日被上诉人尚欠上诉人费、息为549,494元；③违约金：153,800元；④实现债权费用：60,000元。以上债务数额合计为

1,290,819元。综上所述,被上诉人逾期拒不还款,且不按规定赎当或续当,造成绝当,构成根本性违约,其应依法、依约承担违约责任。而其应支付宽限期内以及绝当后综合费用和罚息直至当金清偿之日止,正是双方在典当合同中所约定的当户逾期还款违约情形下承担违约责任的具体方式。一审判决不予支持绝当后的综合费用,既没有事实依据、法律依据,也违背当事人的约定,违背法理。请求二审法院撤销一审判决第一项判决中相关内容和第四项判决内容,依法予以改判,支持上诉人的上诉请求。

丁献祥的上诉请求为:依法撤销一审判决,改判为驳回被上诉人的所有诉讼请求;一、二审案件受理费由被上诉人承担。主要上诉理由:1. 一审法院认定上诉人收到769,000元当金事实不清。被上诉人与上诉人商定的当金总额为80万元,但在案件审理过程中被上诉人只向法院提交证据证实了70万元当金交付的事实,尽管被上诉人在庭审中辩称"当金总计80万元,分别通过银行汇款交付了70万元,预先扣除了31,000元,剩余69,000元是现金交付给上诉人的",但是被上诉人并没有提交任何证据证实交付了69,000元给上诉人。而庭审中,上诉人也并未认可被上诉人交付了69,000元现金的事实。一审法院在没有任何证据的情况下,认定被上诉人向上诉人实际交付了769,000元的当金属于认定事实不清,没有任何证据支持。2. 一审法院的判决于法无据。首先,上诉人与被上诉人均认可本案为"典当纠纷",《当票》属于典当行与当户之间的借贷契约(合同),但本案却针对当金出现了《当票》与《借款合同》两份"合同",且两份"合同"中对于当期满后"逾期归还贷款"的违约责任存在"约定"与"法定"的冲突,《典当管理办法》第四十条第二款规定:当户于典当期限或者续当期限届满至绝当前赎当的,才"根据中国人民银行规定的银行等金融机构逾期贷款罚息水平……补交当金利息",但是"借款合同"中却做出一个没有任何法律依据且与《典当管理办法》相冲突的约定(逾期归还贷款,在逾期期间按日利率2‰),据此,上诉人认为《借款合同》中第二条关于"逾期还款利息的约定"因与《典当管理办法》规定相冲突,依法应当认定为无效约定。其次,本案典当关系的"当期"至2010年3月13日,《典当管理办法》第四十条规定,典当期限或者续当期限届满后,当户应当在5日内赎当或者续当。逾期不赎当也不续当的,为绝当,即2010年3月18日后,该典当就为绝当,而此后就不得再计算当金利息和相关的费用。结合本案计算:上诉人从被上诉人处实际取得的当金为700,000元,在2009年9月14日至2010年3月13日期间,上诉人与被上诉人约定的当金月利率为0.8%,即典当期间的利息总计为33,600元,综合费用根据《典当管理办法》规定为2.7%,即综合费用为11,340元。截至当期届满(2010年3月13日),当金、利息和综合费三项总计为744,949元,而2010年3月

18 日后,该典当为绝当,即被上诉人已经合法取得典当物的处分权利,被上诉人就不得再计算任何形式的利息和综合费用。最后,在典当合同中,就"赎当"阶段而言,"赎当"应当属于典当人享有的权利,而非义务,因为典当物的存在,典当人不赎当并不会对典当行造成任何损失,典当人有权处分其"赎当"的权利,因此,典当行不得要求典当人必须赎当或者通过其他形式"变相"要求典当人赎当(如约定逾期赎当的违约金等)。综上,上诉人认为,一审判决上诉人支付违约金 153,800 元及 2013 年 12 月 31 日前尚欠的利息 34,902 元违反了《典当管理办法》的规定,没有任何法律依据。3. 上诉人与被上诉人之间的典当关系已经结束,典当合同已经全部履行完毕。2011 年 7 月 15 日,上诉人经被上诉人同意和认可,向被上诉人交付了 800,000 元当金、利息和费用,而此时,上诉人依法只欠被上诉人当金、利息、综合费用总计为 744,940 元,即上诉人交付的 800,000 元已经全部还清了当金、利息和综合费用,尚剩余 55,160 元。被上诉人收取当金的行为,应当认定为被上诉人同意上诉人在绝当后赎当(典当行同意收取上诉人的当金、利息和综合费,同意将已经取得典当物的处分权归还给上诉人),该行为属于被上诉人依法处分其权利的行为,法院依法应当予以认可。据此,本案中上诉人已经完成了"典当合同"中约定的所有权利义务,被上诉人也收回了依据约定和法定的所有当金、利息及费用,被上诉人与上诉人之间的典当合同已经全面履行完毕,上诉人与被上诉人之间已经不存在合同纠纷问题。4. 一审法院判决上诉人承担 60,000 元代理费,有失公允。首先,本案中被上诉人起诉时的诉讼标的为 1,232,608.50 元,根据《贵州省律师服务收费暂行规定》合法计算民事案件的代理费用最高为 42,152.16 元,一审法院支持 60,000 元的代理费不符合《贵州省律师服务收费暂行规定》,明显加重了上诉人的诉讼负担。其次,本案中上诉人与被上诉人的典当合同已经履行完毕,合同关系已经终止,被上诉人在此情况下还向法院起诉,属于滥用诉讼权利,法院将其代理费用判决由上诉人承担明显对上诉人不公平。故请求依法改判为驳回被上诉人的所有诉讼请求。

在答辩期内,源进典当公司、丁献祥、胡艳均未提交书面答辩状。

源进典当公司二审中向本院提交该公司营业执照、法定代表人身份证明书及身份证,用于证明源进典当公司的法定代表人由朱明进变更为李金现。丁献祥发表质证意见认为:没有意见。胡艳未到庭参加诉讼,视为对其质证权利的放弃。本院认为,源进典当公司提交的营业执照、法定代表人身份证明书、身份证具备证据三性,本院予以采信。

丁献祥、胡艳均未向本院提交新证据。

本院二审查明的事实与一审认定的事实一致。

本案二审争议焦点为:1. 源进典当公司实际向丁献祥提供了多少当金?2. 绝当后是否应计算综合费用?3. 一审判决计算的利息是否正确及丁献祥、胡艳应当向源进典当公司支付多少当金及利息?4. 丁献祥、胡艳是否应当支付违约金和诉讼代理费?

本院认为,关于源进典当公司实际向丁献祥提供了多少当金的问题,《当票》载明的实付金额为769,000元,且丁献祥在《当票》上"当户签章"处签名予以确认,在此情况下,丁献祥主张未得到769,000元当金,应由其提交证据予以证实,否则应承担举证不能的法律后果,对其主张本院依法不予采信,一审判决认定源进典当公司实际向丁献祥提供769,000元当金并无不当。

关于绝当后是否应计算综合费用的问题,绝当后,双方的典当关系终止,源进典当公司应按照法定程序及时处理绝当物,以避免损失扩大,故对源进典当公司主张绝当后应继续计算综合费用的理由,本院不予采信。

关于一审判决计算的利息是否正确及丁献祥、胡艳应当向源进典当公司支付多少当金及利息的问题。关于利息的计算标准,一审判决参照《典当管理办法》第四十条的规定,按中国人民银行规定的逾期贷款罚息水平计算利息,即按中国人民银行公布的同期贷款基准利率加收50%计算利息,此种利息计算标准并无不当。但是,一审判决统一按月利率0.405%加收50%即0.6075%计算逾期利息不当,应采用逾期期间相对应的中国人民银行公布的同期贷款基准利率加收50%计算利息,也即按利率的不同,分期间分别计算,源进典当公司的该项上诉理由成立,本院予以采信。2010年3月13日,典当期限届满,从2010年3月14日起应当计算逾期利息。2010年3月14日至2011年7月14日期间,中国人民银行公布的同期贷款基准月利率为0.45%,以该利率为标准加收50%计算逾期利息,该期间的逾期利息为8.3052万元(769,000元×16个月×0.45%×1.5倍)。2011年7月15日,丁献祥向源进典当公司偿还了80万元,对于该笔款项,应先扣除在此之前的利息、综合费用,剩余款项再用于偿还当金;在2009年9月14日至2010年3月13期间产生利息1.86867万元,在2010年3月14日至2011年7月14日期间产生逾期利息8.3052万元,在2009年9月14日至2010年3月13日期间的综合费用为12.4578万元,在2010年3月14日至2010年3月18日期间的综合费用为0.34605万元,扣除以上利息及综合费用后,剩余款项57.02228万元用于偿还当金,尚未偿还的当金为19.87772万元(76.9万元-57.02228万元)。2011年7月16日至2013年12月31日,中国人民银行公布的同期贷款基准月利率为0.554%,以该利率为标准加收50%计算逾期利息,该期间的逾期利息为4.8729万元

(19.87772 万元×29.5 个月×0.554%×1.5 倍),此利息为2013 年12 月31 日前丁献祥、胡艳尚欠的利息。2014 年1 月1 日之后的逾期利息,以未偿还的当金作为基数,按中国人民银行公布的同期贷款基准利率加收50%计算,利随本清。

关于丁献祥、胡艳是否应当支付违约金和诉讼代理费的问题。关于违约金的问题,丁献祥在当期届满后既不赎当,又不续当,也未完全偿还当金、支付利息和综合服务费,其行为已构成违约,双方在《房地产抵押担保合同》中对违约金的标准进行了约定,即丁献祥违约时应按借款金额的20%承担违约金,该约定是双方当事人真实的意思表示,未违反法律法规的相关规定,应属有效,对双方均有约束力,故被告丁献祥、胡艳应向源进典当公司支付违约金153,800 元。关于代理费的问题,代理费属于丁献祥的违约行为给源进典当公司造成的经济损失,且该笔费用双方在《房地产抵押担保合同》约定属于抵押担保的范围,应当由丁献祥、胡艳承担。源进典当公司主张代理费60,000 元,丁献祥主张根据《贵州省律师服务收费暂行规定》支付42,152.16 元,根据《贵州省律师服务收费暂行规定》,源进典当公司起诉的诉讼标的为1232,608.50 元,代理费应为42,152.2 元,故依法仅支持42,152.2 元,对于源进典当公司超出该部分的代理费,自行负担,本院不予支持。

另外,一审判决第三项表述欠妥当,本院亦予以纠正。

综上,源进典当公司的上诉请求部分成立,对其上诉请求成立部分本院部分支持。丁献祥的上诉请求成立部分,对其上诉请求本院部分支持。一审判决认定事实清楚,但利息及代理费计算等不当,本院依法予以纠正。依照《中华人民共和国民事诉讼法》第一百七十条第一款第(二)项之规定,判决如下:

一、撤销贵州省盘县人民法院(2014)黔盘民初字第397 号民事判决。

二、由丁献祥、胡艳于本判决生效之日起十五日内偿还源进典当公司尚欠当金198,777.2 元,支付违约金153,800 元及2013 年12 月31 日前尚欠的利息48,729 元。丁献祥、胡艳自2014 年1 月1 日起至上述当金全部清偿之日止按中国人民银行公布的同期贷款基准利率加收50%向源进典当公司支付利息,利随本清。

三、由丁献祥、胡艳于本判决生效之日起十五日内共同赔偿源进典当公司因实现本案债权而支付的代理费42,152.2 元。

四、如丁献祥、胡艳未能清偿上述债务,源进典当公司有权依法以丁献祥、胡艳所有的房屋折价,或者以拍卖、变卖该房屋的价款优先受偿。

五、驳回源进典当公司的其他诉讼请求。

一审案件案件受理费16,887 元,源进典当公司交纳的二审案件受理费15,877 元,丁献祥交纳的二审案件受理费7906元,合计40,670元,由源进典当公司负担21,964元,由丁献祥、胡艳负担18,706元。

本判决为终审判决。

审　判　长　罗　敏
代理审判员　杨　梅
代理审判员　谭茶芬
二〇一四年十二月二十日
书　记　员　刘章仙

【案例十六】上海国泰君安典当有限公司诉孙甲、让某某典当纠纷案（2010年6月30日）

【法律点】 1. 典当行在交付当金的同时向当户收取一定比例的综合费用，既符合典当的特征以及行业惯例，也未违反合同约定，且与典当相关的行政法规的规定不悖。相关的行政法规中并未对预扣综合费作禁止性规定，故典当行在交付当金时预扣综合费既未违反双方约定，也未违反法律、法规的强制性规定，并无不当。但典当期届满五日后的综合费、利息，缺乏事实与法律依据，不予保护。

2. 典当行是以实物占有转移的形式为企业和个人提供质押或抵押贷款的特殊金融企业，起着拾遗补阙的作用，与银行借贷有着本质区别。当事人在合同中约定违约金额、计算方法，体现了合同自由的原则，违约金略高于正常履行合同的费用，未违反国家法律强制性规定，应确认有效。约定的违约金如果过分高于造成的损失的，当事人可以请求予以适当减少。

3. 虽然当事人之间有关律师费用有明确约定，法院仍可根据具体情况酌情予以适当调低。

【关键词】 典当管理办法　利率　综合费　违约金　民间借贷　律师费

上海市第二中级人民法院
民事判决书

（2010）沪二中民六（商）终字第62号

上诉人（原审被告）：孙甲。

委托代理人：孙乙。

委托代理人：陈普荣，上海市时代律师事务所律师。

被上诉人（原审原告）：上海国泰君安典当有限公司（原名上海华泰典当有限公司）。

法定代表人:袁某,该公司董事长。

委托代理人:陈移东,上海名知律师事务所律师。

原审被告:让某某。

上诉人孙甲因与被上诉人上海国泰君安典当有限公司(以下简称典当公司)、原审被告让某某典当纠纷一案,不服上海市静安区人民法院(2009)静民二(商)初字第1178号民事判决,向本院提出上诉。本院依法组成合议庭,公开开庭审理本案。上诉人孙甲的委托代理人陈普荣、被上诉人典当公司的委托代理人陈移东到庭参加诉讼。本案现已审理终结。

原审法院经审理查明:

一、孙甲、让某某系夫妻关系。

二、2008年7月18日,典当公司、孙甲签订房产抵押借款合同约定,孙甲向典当公司借款人民币(以下币种均为人民币)150万元,月综合费率2.5%,月利率0%,期限为2008年7月18日至2008年10月17日止,抵押为孙甲所有的上海市虹口区广中路680弄某号101、102室212.31m^2的房屋,担保范围为借款本息、综合费用、违约金、损害赔偿金、诉讼费、财产保全费、律师服务费等。本借款合同原则上不续当,到期一次性归还本金;孙甲违约5日后,典当公司有权处分抵押物。如孙甲违反规定,必须按借款金额的20%承担违约责任;并按每日未还款总额的0.5%计费。同月29日,孙甲将所拥有的上海市虹口区广中路680弄某号101、102室房屋办理了房地产抵押手续,他项权利人为典当公司。同月31日,典当公司扣除综合费112,500元后支付孙甲借款1,387,500元。

三、2008年8月19日,典当公司、孙甲签订房产抵押借款合同约定,孙甲向典当公司借款70万元,月综合费率2.7%,月利率0.3%,期限为2008年8月19日至2008年10月30日止,抵押房屋、担保范围同上。本借款合同原则上不续当,到期一次性归还本金;孙甲违约5日后,典当公司有权处分抵押物。如孙甲违反规定,必须按借款金额的20%承担违约责任;并按每日未还款总额的0.5%计费。同月22日,典当公司扣除综合费43,470元、利息4,830元后支付孙甲借款651,700元。

四、2008年10月31日,典当公司、孙甲签订抵押借款合同变更书约定,孙甲共向典当公司借款220万元未归还,双方同意孙甲续借至2008年12月30日止,月综合费率2.7%,月利率0.3%,续签后双方各自的权利义务不变,典当公司在续借期限内于每月的前5日内一次性收取当月所产生的综合费、利息,孙甲无条件同意典当公司得以抵押借款合同相关绝当之约定事项处理抵押物。上述两份合同和合同变更书,孙甲、让某某以抵押物共有人签名。按借款220万元计算,孙甲已结清至2008年12月20日止的综合费、利息,未归还当金。嗣后,典当公司向孙甲、让某某发函,要求与孙甲、让某某协商归还借款事实或处分抵押房屋等事宜,但孙甲、让某某未予配合解决。

五、典当公司为诉讼聘请律师的律师费15.5万元,为一、二审和执行三个阶段。

六、审理中,孙甲、让某某协商确认,按扣除利息计算,孙甲实收借款2,195,170元,截至2008年12月31日止,孙甲尚欠借款本金2,195,170元和综合费、利息82,176.93元。

原审法院认为,1. 典当公司、孙甲之间签订的房产抵押借款合同,以及典当公司出具的当票等,系当事人的真实意思表示,双方理应恪守。孙甲未归还借款,也未配合典当公司处分抵押物,应承担违约责任。参照相关行政法规规定,若典当期届满五日内,孙甲未办理赎当或续当手续,则典当公司在典当期届满五日后可将当物做绝当处理,故典当公司要求孙甲承担典当期届满五日后的综合费、利息,缺乏事实与法律依据,不予采信。2. 参照相关行政法规规定,利息不得提前预支;但相关行政法规对综合费的提前预支未作规定,双方在履行合同过程中,实际已经预扣了综合费,应视为双方合意一致,故应确认孙甲实收借款2,195,170元。3. 孙甲、让某某系夫妻关系,借款应为夫妻共同财产,让某某应对借款共同承担相关的法律责任。4. 合同约定,违约须按借款金额的20%承担违约责任;逾期还款之日直至债务完全清偿止,按每日未还款总额的0.5%计费;孙甲、让某某认为违约金过高,要求调低并按同期贷款的利息补偿典当公司的损失。对此,我国现在的典当行是以实物占有转移的形式为企业和个人提供质押或抵押贷款的特殊金融企业,起着拾遗补缺的作用,与银行借贷有着本质区别。银行借贷利息是借贷人支付的正常利息,并非违约金。根据《中华人民共和国合同法》的规定,当事人可以约定一方违约时应当根据违约情况向对方支付一定数额的违约金,也可以约定因违约产生的损失赔偿额的计算方法。双方当事人在合同中约定违约金额、计算方法,体现了合同自由的原则,未违反国家法律强制性规定,应确认有效。违约责任的重要目的在于对违约当事人实行制裁,不仅有助于当事人正确履行合同,而且对于减少违约行为的发生,维护交易的秩序有着重要的作用。如果约定的违约金过分高于造成的损失的,当事人可以请求予以适当减少。结合本案,双方当事人在合同中约定违约金额、计算,确过于高出造成的损失,应当予以适当调低。但孙甲、让某某要求按同期银行贷款利息对典当公司的实际损失进行补偿,显然过分低于造成的损失,违约金应当略高于正常履行合同的费用为宜。5. 尽管律师费用系按收费标准收取,但典当公司聘请的律师为一、二审和执行三个阶段,故典当公司的律师费损失酌情以77,500元计算。据此,为维护社会正常经济秩序,保护当事人的权益,依照《中华人民共和国合同法》第一百一十四条和《最高人民法院关于适用〈中华人民共和国合同法〉若干问题的解释(二)》第二十四条及《中华人民共和国担保法》第三十三条、第五十三条的规定,判决:一、孙甲、让某某应在判决生效之日起十日内归还典当公司借款2,195,170元和综合费、利息82,176.93元。二、孙甲、让某某应在判决生效之日起十日内从2009年1月1日至付款之日止按欠款金额2,195,170元以每日0.15%计算支付典当公司违约金。三、如孙甲、让某某逾期不履行上述付款义务,典当公司可与孙甲、让某某协商折价,或申请以拍卖、变卖抵押物上海市虹口区广中路680弄某号101、102室房屋所得价款优先受偿。抵押物折价或者拍卖、变卖后,其价款超过债权数额的部分归孙甲、让某某所有,不足部分由孙甲、让某某继续清偿。四、孙甲、让某某应在判决生效之日起十日内支付典当公司律师费77,500元。五、典当公司其余之诉,不予支持。本案一审案件受理费43,572.80元,减半收取21,786.40元,由典当公司承担786.40元,孙甲、让某某承担21,000元。

原审判决后,上诉人孙甲不服,向本院提起上诉称:1. 典当公司并未对当物提供评估、购买保险、保管等各种服务及管理,故不应收取综合费,另合同中也无约定、法律也未规定可在当金中预扣综合费。2. 原审判定的违约金计算利率过高,应当按照典当公司实际经济损失即同期银行贷款利率计算违约金。3. 原审判决上诉人支付典当公司的律师费亦过高。综上,请求二审法院撤销原审判决第一、二、四项,依法改判为:上诉人支付典当公司尚欠当金1,829,200元;对典当公司诉请的综合费不予支持;上诉人自2009年1月1日起至实际付款日,以当金1,829,200元为基数,按照中国人民银行同期贷款利率的1.3倍确定利率支付典当公司逾期还款违约金;上诉人酌情支付典当公司律师费25,000元。

被上诉人典当公司答辩称:1. 根据《典当管理办法》的规定,被上诉人可以收取综合费。根据典当行业的惯例,被上诉人为孙甲的典当业务进行了服务,故有权收取相应的综合费。2. 根据双方约定,违约金系每日5‰,原审判决已降低至1.5‰,只能勉强赔付被上诉人的实际损失,孙甲要求再降低该利率缺乏依据。3. 被上诉人的代理人系按照律师服务指导价收费,原审已作了调整,孙甲要求降低至25,000元没有事实与法律依据。4.《典当管理办法》中只规定了当金利息不能预扣,被上诉人按照典当行业的惯例,在实际交付当金时,预扣了综合费,并无不当。故原审认定的当金金额正确。综上,请求二审法院驳回上诉,维持原判。

原审被告让某某经传票传唤,无正当理由未到庭,也未递交书面答辩意见。

本院经审理查明,原审查明的事实属实,予以确认。

另查明:典当公司于2008年7月31日向孙甲开具了典当金额为150万元、综合费用金额为112,500元、实付金额为1,387,500元的当票一张;又于2008年8月22日向孙甲开具了典当金额为70万元、综合费用金额为48,300元、实付金额为651,700元的当票一张,其中该笔当金中预扣利息4830元,故该笔当金的综合费用应为43,470元。孙甲在两张当票的当户栏内均签字确认。双方当事人对上述事实均无异议。

对于上述两笔当金截止至2008年12月30日的综合费及利息金额双方持不同意见。上诉人孙甲认为:首先,其不同意支付综合费;其次,若按双方约定,截至2008年12月30日,其应向典当公司支付利息共计16,731.93元、综合费共计254,649.87元,总计271,381.8元。被上诉人典当公司认为:根据双方约定,截至2008年12月30日,孙甲应支付被上诉人利息共计17,967.69元、综合费共计274,209.24元,总计292,176.93元。双方当事人对孙甲自2008年7月31日至今已归还典当公司21万元均无异议。

本院认为:上诉人孙甲与被上诉人典当公司的主要争议焦点在于典当公司是否应向孙甲收取综合费用以及该费用能否在交付当金时予以预扣。所谓典当,即当户将其动产、财产权利作为当物质押或将其房地产作为当物抵押给典当行,交付一定比例费用,取得当金,并在约定期限内支付当金利息、偿还当金、赎回当物的行为。借款人、抵押人孙甲、抵押物共有人让某某与贷款人典当公司签订的两份《房产抵押借款合同》、一份《抵押借款合同变更书》以及典当公司出具、孙甲签字确认的两张《当票》均系各方当事人真实意思表示,未违反法律、法规的强制性规定,合法有效,各方当事人均应恪守履行。孙甲将房产作为当物抵押给典当公司,典当公司在交付当金的同时向孙甲收取一定比例的综合费用,既符合典当的特征以及行业惯例,也未违反合同约定,且与典当相关的行政法规的规定不悖。故典当公司向孙甲收取综合费用,并无不当。

关于综合费是否可预扣的问题,相关的行政法规中并未对预扣综合费作禁止性规定。孙甲与典当公司在两合同中均约定,当票所反映的数额为该合同抵押房产担保的借款数额。且就当票本身的性质而言,系典当行与当户之间的借贷契约,也是典当行向当户支付当金的付款凭证。本案所涉的两张当票上分别明确记载了当金金额为150万元以及70万元,与两份合同以及一份合同变更书上的借款金额一致。除了70万元的当票中典当公司预扣了4830元利息,违背了相关的行政法规规定,应扣除该部分预扣的利息外,当票上的当金金额应当认定为双方的借款本金金额。且孙甲在签字确认三份合同书以及两张当票时,对典当公司收取综合费用以及综合费用收取的费率均明知。孙甲自取得实付款项与当金金额不一致时起至本案诉讼前,并未对收取综合费用,提出异议。故典当公司在交付当金时预扣综合费既未违反双方约定,也未违反法律、法规的强制性规定,并无不当。原审认定孙甲欠付的借款本金金额无误。原审结合本案事实以及相关规定,对孙甲、让某某应承担的违约金费率以及典当公司应支付的律师费用予以适当调低,与法不悖。孙甲上诉要求对违约金费率以及典当公司律师费用再予调低,依据不足,不予采纳。综上所述,原审认定事实清楚,判决并无不当,予以维持。据此,依照《中华人民共和国民事诉讼法》第一百五十三条第一款第一项、第一百五十八条的规定,判决如下:

驳回上诉,维持原判。

本案二审案件受理费人民币 7,577.05 元,由上诉人孙甲负担。

本判决为终审判决。

审　判　长　王承晔

审　判　员　叶　铭

代理审判员　嵇　瑾

二〇一〇年六月三十日

书　记　员　张　煜

【案例十七】浙江聚宝行典当有限责任公司诉王国永、冯美君典当纠纷案（2017年1月12日）

【法律点】 1. 因典当法律关系的综合费率、利率以及违约金计算标准并无明确的法律规定，人民法院可以根据双方当事人约定的具体实际对法律进行类推适用。绝当后典当行对当物无须进行管理，故不应再收取综合费，且其也未举证证明存在利息之外的额外损失，故人民法院可以参照民间借贷的利率保护标准即月利率2%为限对违约金进行调整，即便当事人未对违约金约定过高提出抗辩，人民法院仍可依职权主动审查。

2. 即使律师代理费的收费符合相关律师事务所的收费标准，法院亦可根据案件的难易程度和涉案标的额予以调整。

【关键词】 综合费用　违约金　律师代理费　民间借贷利率

浙江省台州市中级人民法院
民事判决书

（2016）浙10民终2612号

上诉人（原审原告）：浙江聚宝行典当有限责任公司。

法定代表人：周勇军，该公司执行董事。

委托诉讼代理人：刘继光，浙江民盛律师事务所律师。

被上诉人（原审被告）：王国永，住台州市椒江区。

被上诉人（原审被告）：冯美君，住台州市椒江区。

上诉人浙江聚宝行典当有限责任公司（以下简称聚宝行公司）因与被上诉人王国永、冯美君典当纠纷一案，不服浙江省温岭市人民法院（2016）浙1081民初9106号民事判决，向本院提起上诉。本院于2016年12月26日立案后，依法组成合议庭，因本案事实清楚而进行了不开庭审理。本案现已审理终结。

上诉人聚宝行公司上诉请求:撤销原审判决,依法改判支持上诉人的一审诉讼请求。事实和理由:1. 原审判决认定事实错误。(1)关于合同主体问题。上诉人是经国家商务部及公安部门审批成立的非银行金融机构,而非一般自然人或非金融法人及其他组织。通过一审判决全文可以发现,一审法院简单地把上诉人认定为一般非金融法人显属认定事实错误。在国家相关金融政策收紧后,企业因资金无法周转而滞步不前,由此催生了很多民间主体,包括但不限于自然人、法人及其他组织之间相互拆借。根据银监会、证监会、保监会、国家统计局发布的《金融业企业划型标准规定》的相关规定,上诉人是非银行业金融机构,所有手续均合法化、正规化,也按照相关法律要求,缴纳增值税及个人所得税。如果按民间借贷直接审理,无疑是把正规化的典当行逼向无法监管的高利贷行业。而高利贷或者纯粹的民间借贷,容易滋生贪污腐败,也不利于国家的金融政策的完善。原审法院直接把上诉人认定为民间主体,显然不妥。一审法院引导的价值观,是对监管有序的金融业的严重挑衅。(2)关于违约金标准问题。一审判决既已认定双方合同中约定综合费及当金逾期每日按千分之一支付违约金,却在上诉人主动降低违约金标准后,在被上诉人未提出抗辩的情况下,擅自调整违约金,显属越权行为,司法干预了当事人平等、自愿协商的事实和结果,是违反契约精神的。(3)关于律师费问题。上诉人的代理人完全按照《浙江省律师事务所收费标准》收费,律师费标准里没有包含利息部分,因此上诉人的代理人收费合理,上诉人也已支付律师费23,600元,原审对此进行调整没有法律依据,也是违反双方的约定。2. 一审判决两被上诉人赔偿利息损失,标准仅按月利率2%,这显然不妥。上诉人主张了月综合费及违约金,而原审直接判决赔偿利息损失,且也没驳回上诉人的其他诉讼请求,属于遗漏诉讼请求。本案系典当纠纷,而非民间借贷纠纷,一审法院直接适用《最高人民法院关于审理民间借贷案件适用法律若干问题的规定》来审理本案,显属适用法律错误。3. 一审判决仅确定当金36万元在抵押物中有优先受偿权显然与合同不符,应予纠正。

被上诉人王国永、冯美君未作答辩。

原告聚宝行公司向一审法院起诉要求判令:1. 两被告立即支付当金360,000元,并支付综合费、违约金(月综合费按月利率2%自2016年7月31日起计算至实际履行之日,违约金按月利率3%自2016年7月31日起计算至实际履行之日)及律师费23,600元;2. 判令原告对被告所有的位于台州市半坦小区×××幢3号至4号的房产[房产证号:台开国用(2015)第018××号,土地号:331002005008GB000××]的折价、拍卖或者变卖所得的价款享有优先受偿权。

一审法院认定事实：2016 年 2 月 2 日，被告王国永、冯美君与原告签订房地产典当借款合同一份，约定：两被告以坐落于台州市半坦小区×××幢 3 号至 4 号的房产［房产证号：台房权证台字第××号、16××32 号，土地证号：台开国用(2015)第 018××号］作为当物向原告借款，房屋典当借款金额(以下简称当金)为 360,000 元，当物担保范围为本合同项下当金及息、费、违约金、赔偿金及实现债权和抵押权而发生的费用(包括但不限于律师费、诉讼费等)；典当期限自 2016 年 2 月 2 日起至 2016 年 7 月 30 日止；月综合费率为 2%，月利率为 0%，合计 2%，以当金为基数自原告发放当金之日起算，原告不预扣典当期限综合费；如逾期支付综合费或当金，均按日千分之一的标准向原告支付逾期违约金。2016 年 2 月 4 日，原、被告对上述房产办理了抵押登记手续(他项权证号：台房他证台字第××号)。2016 年 2 月 5 日，两被告出具收条一份，确认收到当金 360,000 元。典当期限届满后，被告未按约定向原告办理赎当或续当手续，也未支付当金及综合费用。一审法院认为，原告聚宝行公司与被告王国永、冯美君之间签订的房地产典当借款合同，系双方当事人真实意思表示，且原告已发放当金，原、被告之间的典当关系应认定有效。双方当事人应当按照合同约定享有权利、承担义务。被告逾期未支付当金，显属违约，应承担违约责任。原、被告约定的综合费率、逾期违约金标准之和过高，该违约责任应以不超过月利率 2% 为宜。原告要求被告支付律师代理费 23,600 元是按照本金 360,000 元的最高收费标准收取，该收费过高，该院予以酌情调整为 19,000 元。两被告自愿以坐落于台州市半坦小区×××幢 3 号至 4 号的房产［房产证号：台房权证台字第××号、16××32 号，土地证号：台开国用(2015)第 018××号］为其借款抵押，并办理了抵押登记手续，原告对该抵押物依法享有优先受偿权。判决：一、被告王国永、冯美君于判决生效之日起十日内共同支付给原告聚宝行公司当金 360,000 元，并赔偿利息损失(自 2016 年 7 月 31 日起按月利率 2% 的标准计算至实际履行之日止)及律师代理费 19,000 元。二、原告聚宝行公司对被告王国永、冯美君所有的坐落于台州市半坦小区×××幢 3 号至 4 号的房产［房产证号：台房权证台字第××号、16××32 号，土地证号：台开国用(2015)第 018××号］的折价、拍卖或者变卖所得的价款在最高限额 360,000 元范围内享有优先受偿权。如果未按判决指定的期间履行给付金钱义务，应当依照《中华人民共和国民事诉讼法》第二百五十三条之规定，加倍支付迟延履行期间的债务利息。一审案件受理费 7119 元，减半收取 3559.50 元，由被告王国永、冯美君共同负担。

二审中，当事人没有提交新证据。

本院经审理认定的事实与原审法院认定的事实一致。

本院认为:上诉人聚宝行公司在二审的主要上诉理由是一审法院适用民间借贷相关法律规定对上诉人聚宝行公司与被上诉人王国永、冯美君约定的违约金进行调整不当。对此,本院认为,由于对典当合同关系的综合费率、利率以及违约金约定过高的认定与调整没有明确的法律规定,司法实践中往往根据双方当事人约定的具体实际对法律进行类推适用。从本案合同履行的实际来看,上诉人对当物无须进行管理,其在诉讼中也没有证据证明被上诉人违约后其利息之外的额外损失,故一审法院参照民间借贷的利率保护标准对本案的违约金进行调整并无不当,本院予以支持。考虑到本案当金金额以及案件的难易程度,一审法院认为律师代理费收费过高,酌情调整为19,000元,并无不当。至于上诉人在抵押物中优先受偿权范围问题,虽然双方在房地产典当借款合同中约定了"当物担保范围为当金及第六条计算的息、费、违约金、赔偿金和实现债权的费用",但由于双方在办理抵押登记时,仅将抵押债权范围确定为36万元,故一审判决上诉人仅在36万元对抵押权享有优先受偿权并无不当。

综上,上诉人的上诉请求不能成立,应予驳回;原审判决认定事实清楚,适用法律正确,程序合法,应予维持。依照《中华人民共和国民事诉讼法》第一百七十条第一款第一项规定,判决如下:

驳回上诉,维持原判。

二审案件受理费预收7119元,应收300元,由上诉人聚宝行公司负担,多收的6819元应退还给上诉人聚宝行公司。

本判决为终审判决。

审　判　长　陈　杰
审　判　员　梅娇健
代理审判员　李　霞
二〇一七年一月十二日
代 书 记 员　何金飞

【述评】典当之利息、综合费及违约金

我国典当行业历史长远,古而有之,在20世纪50年代一度绝迹,直至20世纪90年代初又开始逐渐繁荣起来,其短期、小额、快速等独特属性使其在民间资本供需市场上迅速占据了一定份额。相较于以利息收入为主的小额贷款公司等其他专门面向中小微企业的民间融资主体,典当行还依靠收取综合费作为其主要经营利润来源,实践中,较多典当行计取的利息及综合费率虽远高于平均利率水平,但比之暴利的地下钱庄,人们往往对典当借贷保持着一定的容忍度。究其原因,主要在于典当业与商业银行在贷款前需对借款人作大量的资信调查不同,它只需当户提供当物即可快速放款,其"以物质钱"的特性让大量借款人在遭遇周转危机时能够快速而便捷地获取资金以渡过难关,而借款金额小、放贷速度快、客户差异程度较大,无法作批量放贷等原因决定了典当行每笔借款的单位成本相应提高,且一旦构成绝当,典当行就要承受较大的经营风险,种种因素叠加导致典当行普遍实行高利率经营的局面。但如果不对典当利息、综合费、违约金的最高限度进行规制,势必会导致该行业陷入无序经营的状态,个别典当行还可能会发展异化成高利借贷攫取巨额利润的工具。

司法实践中,由于我国典当行业秩序缺乏高阶位次的法律、行政法规进行统一调整,理论与实务界莫衷一是,观点纷呈,而息费的保护幅度也是当前典当纠纷类案件在实体处理上最为混乱的问题之一。为此,我们将分别就典当期限内的利息和综合费的计算标准及届满后的保护幅度展开分析,又虑及绝当后违约金、律师费之保护与否亦为司法处理难点,故将此一并纳入讨论。

一、关于典当利息、综合费的法律属性

(一)利息

典当行业的利息与民间借贷中的利息相类似,系典当行基于交付当金所产生的孳息收益,性质上属于法定孳息,是当户因完全支配和实际使用典当行的资金而应承担

的成本，相当于当户将使用该当金所创造的经济效益一部分利润转移给典当行，因此，若当金未交付使用则不会产生支付利息的问题。

作为本金的孳息，利息应当从当金本金出借之日起按实际的当期计算，预扣利息的行为属于变相提高贷款利率的行为。在典当实务中，有些典当行为追求高利率收益，以约定预扣利息或者提前支付利息的方式变相减少当金的交付，导致当户实际使用的资金减少，从形式上看，当户有自愿接受利息预扣条款的意思表示，给人造成平等交易的错觉，但这种平等只是一种表面假象，事实上损害了当户的期限利益，若不加以规制，无疑会使当户承受不相匹配的资金成本，这对当户来讲并不公平。对此，《典当管理办法》第三十七条第二款明确规定“典当当金利息不得预扣”，《中华人民共和国合同法》第二百条亦规定借贷关系中不得预扣利息。这些规定属于法律的禁止性规定，当事人不得以协议的方式排除其适用。如果合同中有预扣利息的条款，则直接确认其无效，当然，该条款的无效并不影响其他合同条款的效力。因此，从规范典当关系和平衡典当双方权益的角度出发，利息预扣行为应予禁止，利息预先在当金本金中扣除的，应当按照实际借款数额认定当金。通过整理近几年公开的法院裁判文书来看，几乎所有法院均对预先扣除利息行为予以了限制，而将实际交付金额认定为当金本金。

（二）综合费

1996年4月3日，中国人民银行颁布了《典当行管理暂行办法》（银发〔1996〕119号），这是我国最早一部规范典当行业秩序的部门规章，该办法第三十三条规定“典当的费用包括服务费、保管费和保险费等，其月综合费率最高不得超过当价的45‰”，该条款虽未将典当行所收取的费用确定为“综合费”，但列举了服务费、保管费、保险费等可能在典当过程中发生的费用，并规定这些费用总的月综合费率不得超过一定比例。之后，国家经济贸易委员会又于2001年8月8日颁布了《典当行管理办法》，该办法第三十四条规定“典当综合费用包括各种服务及管理费用。质押典当时，月综合费率不得超过当金的45‰。房地产抵押典当时，月综合费率不得超过当金的30‰。当期不足5日的，按5日收取有关费用”，这一条款正式将典当行在利息之外收取的费用明确界定为“综合费用”。首次创设了“综合费用”的概念和制度，并规定其性质系典当行提供各种服务及管理所产生的费用，费率标准亦与此前的“一刀切”规定有所区别，而是区分质押典当与抵押典当两种情况适用不同费率限值。2005年2月9日，公安部、商务部联合颁布了《典当管理办法》，该办法第三十八条规定“典当综合费用包括各种服务及管理费用”，沿用了前述《典当行管理办法》关于综合费用的概念。

1.综合费能否预先扣除?

由于对综合费的内涵及其组成的认识不一,在判断综合费能否预扣这一问题上实践中有不同意见。

第一种观点认为,综合费属于服务、管理的间接费用,是典当行就典当业务开展过程中所付出的服务、管理劳务的对价,且不包括对当物进行保险、保管等支出的直接费用。因为直接费用一般是按照实际发生的额度实报实销,但综合费率则是一种固定比率,有异于直接费用的计算及结算方式。故综合费本质上应为劳务费用,可以预先收取,且法律法规又未予以禁止预扣综合费,因此不适用直接费用需按实际支出方可要求支付的规则,亦不适用利息不得预先扣除规则,预扣部分仍应计入当金本金。比如法院在【案例四】江苏钟山典当有限责任公司诉余红霞、庞应明、南京实德房地产销售有限公司典当纠纷一案中就认为“综合费用不属于孳息范畴,而属于服务、管理的间接费用,双方在合同中约定综合费用预先扣除并不违反法律规定,本院予以准许”。此外,实践中,有典当合同约定当户承担综合费的同时,又约定不动产保险费由当户另行支付等条款,基于该观点,典当行可另行按实向当户收取保险费等直接费用,而不受综合费的司法保护幅度限制。

第二种观点认为,典当行只有对当物实际进行了管理和服务之后才能向当户收取综合费,因此事先不能预扣,且预扣的做法实际上是典当行利用当户急需现金周转的优势而形成的,违反了公平原则。[①] 不少地方高级法院据此出台指导意见规定综合费不得预扣。[②] 实践中更是不乏其例,如在【案例五】安徽恒信典当有限公司诉合肥华府骏苑农加超市场管理有限公司、蒋如凤、合肥大唐置业有限公司典当纠纷案中,法院就认为“综合费用体现并反映了典当公司的管理和服务成本,典当公司在发放当金的同时,将综合费用预先扣除,与综合费用的性质不符。因此,本案中,恒信典当公司预扣综合费用无效,当金应以恒信典当公司实际发放的金额……予以认定”。又如【案例六】福建众为典当有限责任公司诉吴元炳、肖碧英典当纠纷案中,法院认为“本案双方

① 参见高菲:《典当业交易习惯与典当法律制度的冲突与融合——港澳台地区的经验与启示》,载周林彬主编:《物权变动与商事自治规范之法律问题研究》,中国政法大学出版社2015年版,第225页。

② 如《浙江省高级人民法院关于审理典当纠纷案件若干问题的指导意见》(浙高法〔2010〕195号)第4条规定“典当综合费用包括典当行在实际履行典当合同中产生的各种服务及管理费用。当户主张当金发放时已预先扣除典当综合费用,并要求当金按照实际发放的金额认定的,人民法院应予支持。”《重庆市高级人民法院关于审理涉及小额贷款公司、担保公司、典当行商事案件若干问题的解答》(渝高法〔2013〕245号)也认为:“典当行向当户支付当金时预先扣除利息或综合费的,由于典当行未足额支付当金,实际减少了当户用资金额,当户主张以实际支付的金额确定当金数额的,人民法院应予支持。”

法律关系虽为典当法律关系,但其本质为借贷关系和不动产抵押担保关系的结合,在不动产抵押情况下,典当行并未实际占有使用讼争不动产,且亦未举证证明对讼争不动产存在额外之服务和管理之支出,因此双方约定的综合费,本质上仍属借款(当金)之利息。故原告预扣综合费的行为,违反了法律、法规的禁止性规定,应认定无效,所扣综合费应冲抵当金。"从裁判理由来看,虽提及"约定的综合费"属"借款(当金)之利息",但究其本质系认为综合费需适用典当行实际发生服务及管理支出后才能主张这一规则,否则约定或预先收取的综合费即等同于利息。

第三种观点认为,综合费是除利息外的各种费用的总和,包括服务费、管理费、保管费及保险费等费用,以某一固定利率的方式收取综合费并不意味着就不符合直接费用的计算方式,故即便典当合同中约定保险费另行收取,其费率也应纳入综合费,在相应的司法保护幅度内予以一并计算调整,至于综合费能否预扣与前述第一种观点一致。

我们倾向同意第三种观点。综合费是典当行业特有的制度,系典当行为当户提供服务以及对典当借款事务进行管理时收取的合理报酬,是一种单独"费用"范畴,其有别于利息,与本金的占有、使用以及收益等权益无直接关系,它并不属于当金的法定孳息。关于综合费不得预扣的观点并不符合典当交易的习惯和综合费用的制度安排,具体理由如下:

首先,预扣综合费之行为并未被法律明确禁止。《中华人民共和国合同法》第二百条以及《典当管理办法》第三十七条第二款仅规定利息不得预扣,并未禁止综合费的预扣,按照意思自治原则,应允许当事人自行约定该项费用的支付方式;甚至有观点认为,《典当管理办法》第三条规定,典当是"当户……交付一定比例费用,取得本金,并在约定期限内支付当金利息、偿还当金、赎回当物的行为",这里已明确当户在取得当金时应交付综合费,第三十九条又规定"续当时,当户应当结清前期利息和当期费用",仅要求结清"前期利息"而无"前期费用",说明前期综合费已预扣;要求结清"当期费用",即为预扣续当期内的综合费。①

其次,预扣综合费之行为已成为典当行业的交易习惯。所谓"交易习惯"是指在交易行为当地或者某一领域、某一行业通常采用并为交易对方订立合同时所知道或者应当知道的做法,只要不违反法律和行政法规的强制性规定,我国法律对交易习惯是持肯定态度的。典当交易实践中,预扣综合费已经成为一种典当行业的商业(行业)

① 参见钱锡青、武彬:《民间融资中典当纠纷的裁判困境与司法路径》,载《东方法学》2013年第1期。

惯例,其并不违反民事法律的基本原则和制度,具有合法性基础,司法裁判时应当予以尊重。

最后,预扣综合费之行为不违反典当交易的制度设计。一般而言,当户是将其动产、财产权利作为当物质押或者将其房地产作为当物抵押给典当行,但在合同履行过程中,对于不动产抵押形式的典当,只要办理了抵押登记手续,典当行往往即时发放当金,鲜少实际占有和管理不动产,一般由抵押人自己继续使用,若典当行去管理不动产,不仅增加了典当行的经营成本,也减损了不动产的使用价值,不能物尽其用,无法发挥抵押制度的优势,对于权利质押如股权质押,典当行一般不会也不可能去进行管理或服务,因此以典当行实际发生了管理及服务支出方能主张综合费为由否定预扣综合费这一约定的法律效力并不合理,也无相关法律依据,否则以该些方式进行典当的当户就都可以据此不支付综合费。此外,从典当行业相关规章的历史演变来看,综合费应包括服务、保管、评估及保险等费用,早前的《典当行管理暂行办法》对此规定较为明确,后两部规章中对综合费用组成的规定应为《典当行管理暂行办法》规定的简化,且对综合费率上限的立法规制其实应已经考虑到典当行在经营过程中产生的各项费用的综合成本。

2. 抵(质)押权未设立或典当合同无效时,能否收取综合费?

这里还需要探讨的一个问题是,实践中,还存在典当合同中约定提供当物质押或抵押,但实际未交付当物或未办理抵(质)押登记手续的情形,此时典当行能否收取综合费?

对此,有意见认为,典当行须举证证明对当物实际进行了保管并支出了合理成本,法院才应支持其综合费用的诉请;当物未进行交付或未办理抵押登记的,典当行则无须对当物进行保管和维护,不存在服务和管理的费用,故收取综合费用不符合法理,并进而认为此时若收取综合费构成不当得利。如本书“典当合同的成立生效和效力”部分选编的【案例八】洛阳鑫百年典当有限公司诉河南博威铝业有限公司、河南伊龙高新材料股份有限公司等借款合同纠纷案中,法院认为,典当双方签订的质押合同因质押物未交付而未成立,并不影响其借款合同的法律效力,亦不影响保证合同的效力,但典当行要求支付月综合费的请求因当物未交付而不予支持。不同的意见则认为依据典当合同的约定,典当行可收取综合费用。如同样在“典当合同的成立生效和效力”部分选编的【案例十九】上海华鑫典当有限公司诉上海金傲建筑装饰有限公司、徐某典当纠纷案中,法院认为,典当行与当户自愿订立的以设立典当关系为内容的股权质押借款协议,虽未办理质押登记,典当合同仍成立生效,并据此支持了典当行要求支付综合费的请求。

我们认为,抵(质)押权未设立时典当行能否收取综合费,实际上应结合两方面的问题来讨论,一个是未办理担保物权公示程序的典当合同是否成立生效,另一个是综合费的收取是否应以对当物的实际管理和服务为条件。我们的倾向性意见是,典当行未移转占有动产质押当物或未办理房地产抵押登记手续,与当户确立典当关系并发放当金的,仅发生抵(质)押权不设立,并不因此影响典当行与当户之间典当合同的效力。同时,当户支付综合费既有典当行支付当金所产生的资金占用成本的因素,更有典当行自身经营的成本和固有的市场风险的因素,故综合费的支付并非以实际产生为前提,因此,典当合同约定的抵(质)押权未能有效设立时,只要典当合同有效成立,当户仍应依约支付相应的综合费。

由此延伸的另一个问题是,若典当合同被认定无效,当户是否还需支付综合费?我们认为,在典当合同被认定无效的情形下,典当行再收取综合费缺乏事实和合同依据,因合同中有关利息及综合费的约定不对当事人发生效力,典当行对当金占用期间的利息损失也只能依据典当双方的过错来主张赔偿。

二、关于当期内的利息及综合费问题

(一)当期内利息及综合费的保护幅度

基于近些年司法机关公布的法律文书所载裁判观点以及理论界学者观点之分析,对典当期内利率及综合费率的保护幅度主要有以下四种不同意见:

1.按典当合同约定处理。该种意见认为,典当合同属于商事合同,作为商事主体在订约时对合同条款应当具有更高的注意义务,对产生的商业风险应具有更高的承受能力,因此双方就典当业务达成合意订立合同后,均应严格按合同履行各自义务,司法不应越俎代庖,破坏市场中自发形成的商业习惯来重建符合司法思维的交易秩序。另外,典当行业面临较高的经营成本及市场风险,应当允许其获取较高的收益,增强其抵御风险的能力,使其更好地为市场服务。[①] 故发生纠纷后,应当严格按照双方事先在典当合同中约定的利率或综合费率进行处理。

2.参照《典当管理办法》规定处理。在典当合同被认定为有效的前提下,合同约定的当期内息费应予以保护,但应当受到《典当管理办法》的约束,即对于没有违反

① 参见王林清:《民间借贷纠纷裁判思路与规范指引》(上册),法律出版社2015年版,第304页。

《典当管理办法》以及典当合同约定的息费应该予以保护。《典当管理办法》是目前唯一一部专门规范典当行为的规范性文件，其中第三十七条“典当当金利率，按中国人民银行公布的银行机构6个月期法定贷款利率及典当期限折算后执行。典当当金利息不得预扣”、第三十八条“典当综合费用包括各种服务及管理费用。动产质押典当的月综合费率不得超过当金的42‰。房地产抵押典当的月综合费率不得超过当金的27‰。财产权利质押典当的月综合费率不得超过当金的24‰。当期不足5日的，按5日收取有关费用”之规定明确了典当利率及综合费率的计算限度，在上位法缺失的情形下，可据以参照来确定利息、综合费保护范围。理由是，典当行的经营有别于普通的民间借贷，《典当管理办法》关于息、费利率限度的规定应是基于立法当时典当行业的经营成本、利润等因素综合核算后作出，比较符合典当行业的实际状况。如《江苏省高级人民法院关于非金融机构借贷合同纠纷案件若干问题的意见》（苏高法审委〔2009〕45号）第12条就规定典当期限内的利息及综合费应按合同约定计算，但超过《典当管理办法》规定范围的除外。本节选编的【案例一】湖南锦润典当有限责任公司诉唐某、何某典当纠纷案中，法院就认为：“参照《典当管理办法》第三十八条之规定，典当综合费用包括各种服务及管理费用。动产质押典当的月综合费率不得超过当金的42‰。原、被告之间约定的利息、综合费、违约金的利率不违反法律规定，故本院认为，典当期内，被告应当按照合同约定支付利息及综合费用。”

3. 利率与综合费率合并计算后适用民间借贷案件利率的保护幅度处理。实践中，通过对比2014～2016年度的裁判文书可见，在《最高人民法院关于审理民间借贷案件适用法律若干问题的规定》实施之后，有较多法院系按照上述司法解释之规定来规制期内利率及综合费。这种意见认为，凡是除了金融机构或准金融机构的借贷外的其他一切非官方的借贷都属于民间借贷，包括如担保公司、典当行、投资公司、小贷公司、财务咨询公司、企业法人、个体经营者、寄卖行、民间互助会等组织的所有借贷。典当行业提供的融资服务性质与民间借贷殊途同归，在法律未对典当的性质作出明确规定的情形下，典当行提供当金所应收取的息、费利率总额可借鉴民间借贷案件利率保护幅度的标准进行处理。其实早在2013年9月，全国法院商事审判工作座谈会上就有提及“借款人向小额贷款公司、典当公司借款，在合同约定的利息之外，同时约定了其他合理费用的，应予保护，但总额一般也应以不超过中国人民银行公布的同期同类贷款基准利率的四倍为限。”而“中国人民银行公布的同期同类贷款基准利率的四倍”即为当时民间借贷利率的保护幅度。如法院在【案例二】上海市恒通典当有限公司诉许吉科典当纠纷案中就直接适用《最高人民法院关于审理民间借贷案件适用法律若干问题的规定》第二十七条之规定对典当利率及综合费率作出调整,其裁判的逻辑基础即出于典当合同的实质是民间借贷关系这一认识。

4.由人民法院自由裁量酌定。这种观点认为,典当业务不同于民间借贷,但又具有民间借贷的特征,因此,可以通过赋予法官自由裁量权来确定典当息费保护幅度。如《浙江省高级人民法院关于审理典当纠纷案件若干问题的指导意见》(浙高法〔2010〕195号)第五条规定"典当行与当户对典当综合费率有约定的,依法从其约定。当户有合理依据主张当期内典当行收取的利息、综合费用过高的,人民法院结合审理民间借贷纠纷案件中的利率保护标准、典当行经营成本等因素,合理确定应予保护的利息、综合费用数额。"

在上述四种意见中,第一种意见严格按合同约定条款,根据意思自治原则对当期内息费利率不作任何限制,显然无法遏制潜在的变相高利贷化风险,不利于典当行业健康有序发展。第三种意见简单直接地借鉴民间借贷利率保护标准,缺乏相应的法律支撑,也不符合典当经营的实际情况。[①] 第四种由人民法院自由裁量的处理意见,表面上看起来虽可以弥补第三种处理方式的缺陷,但显而易见会产生"同案不同判"的局面,可能导致的社会效果并不好。我们倾向于第二种参照《典当管理办法》的处理意见。

我们认为,参照《典当管理办法》的处理方式虽在法的效力层次上有着天然的瑕疵,不能直接作为裁判依据,但收取利息和综合费为典当行业所特有的交易习惯,已形成了一定的商事交易惯例,况且典当行自身融资成本及贷款服务成本较高,比如还需要对当物进行鉴定、评估、保管等,产生的管理成本和营业风险亦远高于民间借贷的出借人,从某种意义上说,典当行就是合法的高利贷者,其中高额的综合费也正是典当业的主要利润所在。如法院断然按照民间借贷利率保护水平来确定典当息费保护幅度

① 2015年9月1日实施的《最高人民法院关于审理民间借贷案件适用法律若干问题的规定》第一条界定了民间借贷的主体范围,即"本规定所称的民间借贷,是指自然人、法人、其他组织之间及其相互之间进行资金融通的行为。经金融监管部门批准设立的从事贷款业务的金融机构及其分支机构,因发放贷款等相关金融业务引发的纠纷,不适用本规定"。从典当行的特征来看,显然不属于"经金融监管部门批准设立的从事贷款业务的金融机构及其分支机构",但又与一般偶发性的借贷主体不同,其和小额贷款公司类似,以放贷为常业,但不吸收存款,属于特殊的类组织化放贷主体,杜万华主编、最高人民法院民事审判第一庭编著的《最高人民法院民间借贷司法解释理解与适用》一书中就指出应将小额贷款公司这类组织化放贷主体的贷款行为通过民间借贷司法解释予以规范,理由主要是根据《关于小额贷款公司试点的指导意见》中"小额贷款公司按照市场化原则进行经营,贷款利率上限放开,但不得超过司法部门规定的上限,下限为人民银行公布的贷款基准利率的0.9倍,具体浮动幅度按照市场原则自主确定"的规定,但典当行是否也应一并纳入民间借贷主体范围并未明确说明。正如之前所述,典当行虽与小额贷款公司的放贷对象有相似之处,但其收入来源、经营模式、成本等并不同,若简单地适用民间借贷的利率规制并不符合典当行业经营现状。

有违交易公平,虽然表面上看保护了当户的利益,但从长远看,严厉的司法态度会严重遏制整个行业的发展,而这并不是司法权运用的理想化结果。①《典当管理办法》中对典当息、费的最高额限定是基于经营成本核算后确定,略高于民间借贷利率的保护幅度,该利率水平比较能为典当行和当户所接受,实践中,大多数典当行均依照该办法操作典当流程,有关部门亦是按此规定对典当行业进行监管。并且相较于域外的典当行业计息幅度而言,我国《典当管理办法》所规定的费率范围并未超出其平均水平。② 因此,排除《典当管理办法》法律位阶低等因素外,在当前没有出台统一的典当法律制度之前,可以参照《典当管理办法》第三十七条、第三十八条之规定对当期内利息、综合费的保护幅度作出确定。国家商务部于 2007 年以商办建函〔2007〕55 号回函的形式肯定了这种意见,认为"典当行是经国家批准设立,以抵押和质押方式向企业和个人提供融资服务的特殊企业。经营房地产抵押典当业务、收取综合费用和利息,是典当行业的惯例,也符合 2001 年原国家经贸委发布的《典当行管理办法》和 2005 年商务部、公安部联合发布的《典当管理办法》的规定。在有合法签订的合同作为依据,且综合费用收取标准未超过《典当行管理办法》与《典当管理办法》规定上限的情况下,综合费用应被认为是典当行的合法收入"。

需要讨论的问题是,如果典当双方在一个典当交易中,既有不动产抵押典当,又有动产或财产权利质押典当的,此时综合费用应按照何种费率计算?如本书"赎当、续当、绝当"部分选编的【案例二十八】浙江中汉卓信典当有限责任公司诉赵祖兴、杭州三联建材有限公司等典当纠纷案中,既约定有动产质押典当,又约定有财产权利质押典当,法院的裁判意见是:"根据《典当管理办法》第三十八条规定,动产质押典当的月综合费率不得超过当金的 42‰。财产权利质押典当的月综合费率不得超过当金的 24‰。案涉典当中,既约定用钢管,又约定以公司经营权作为当物。因两类当物的费率不同,但该两类当物的平均费率约为 3.3%,故合同约定为 3.6% 并无不当。"我们认为,在一次典当交易中,当户同时提供动产、财产权利或不动产作为当物的,不应参照涉及当物种类的平均费率执行,而应在涉及当物的典当借款月综合费率中就高确定保护幅度,如在本案中,就以动产质押典当的月综合费率 42‰来确定

---

① 参见上海市高级人民法院课题组:《典当纠纷案件审理中的法律适用问题研究》,载《法律适用》2013 年第 6 期。

② 从域外的典当行业计息幅度来看,美国各个州月费率不一样,浮动在 5% ~25%,其中俄亥俄州月费为 4%,加收 4 美金占仓费;纽约州月费为 4%,加收 10 美金服务费;英国月费率为 4% ~6%;我国香港月利率为 3.5%,我国澳门月利率为 5%,我国台湾地区最高月费率不超过 4% 及收取不超过收当金额 5% 的保管费。

最高保护费率。

(二)对超过限度的利息及综合费的处理

对典当双方约定的利率及综合费率超过保护幅度的,人民法院能否主动予以调整?这个问题与民间借贷纠纷案件中人民法院是否应主动调整过高利息类似,我们认为,为遏制典当业的高利贷化倾向,维持典当行业的合理正常运转,当典当合同约定的息、费利率水平超出《典当管理办法》规定之标准的,其超出部分应认定为无效,因此,人民法院在审理过程中应向当事人释明,即便债务人未到庭应诉或者放弃抗辩主张的,也应依职权主动予以调整。

至于当户已支付的超过保护幅度部分利息及综合费应如何处理,从各地人民法院公布的裁判文书来看,司法实践中对超过最高限额的当期内息、费通常有以下三种处理方式:其一是将超出部分直接抵扣当金;其二是根据《最高人民法院关于适用〈中华人民共和国合同法〉若干问题的解释(二)》第二十一条规定,以实现债权的有关费用—利息—主债务的先后顺序,先抵扣后期应付的利息及综合费,多余部分再抵扣本金;其三是认定前期已付息、费属于自愿给付行为,法院不予干涉。我们认为,既然已确定期内息费的最高保护限度,且超出部分的约定无效,那么当户当然有权要求折抵本金,如折抵本金后仍有多余的,其有权要求返还,第二种方式先抵扣后期应付利息和综合费,系对《最高人民法院关于适用〈中华人民共和国合同法〉若干问题的解释(二)》第二十一条规定的曲解,该规定所涉的利息应当是指截止还款时实际已发生的前期利息。

三、关于当期届满后的逾期利息、综合费问题

典当期限届满后,如当户未能与典当行达成续当合意,且又未赎当的,就构成绝当,绝当则意味着典当行可以按有关规定处理绝当物品。但《典当管理办法》仅简要地规定了针对不同绝当物品的处理方式,并未明确处置期限,因此往往有很多典当行并未及时行使权利,导致其主张时当户承担的息费金额已很高,那么当期届满后的息费当户是否需要全部承担?如何承担?从法院公开的裁判文书来看,由于缺乏统一的立法规制,实务中司法机关对当期外综合费、逾期利息是否保护以及保护的程度作出的裁判也存在很大差异,因此有必要对此进行分析。鉴于《典当管理办法》第四十条第一款规定了“典当期限或者续当期限届满后,当户应当在5日内赎当或者续当。逾期不赎当也不续当的,为绝当”。也就是说,典当(或续当)期限届

满后至绝当期间存在5日的宽限期,故应区分宽限期、绝当后两个期间讨论相关息费的保护范围。

(一)宽限期内的息费计算

我们认为,根据《典当管理办法》第四十条第二款规定"当户于典当期限或者续当期限届满至绝当前赎当的,除须偿还当金本息、综合费用外,还应当根据中国人民银行规定的银行等金融机构逾期贷款罚息水平、典当行制定的费用标准和逾期天数,补交当金利息和有关费用"。可见宽限期内,如果当户赎当的,则这段时间仍应按照典当期内计算标准支付利息和综合费用,还应按约参照上述规定支付相应的逾期利息和费用。但如果未赎当的,则构成绝当,那么5日宽限期内的相应息费应如何计算?一种意见是5日内按前述规定计算,绝当后的息费另行计算;另一种意见认为包括5日宽限期在内,均按照绝当后息费标准进行计算;第三种意见则主张5日宽限期按合同约定的息费标准偿还,绝当后的息费另行计算。我们倾向同意第三种意见,理由是该条款规定的是当户延期赎当所承担的一定后果,一旦构成绝当,自无该条款适用的余地;绝当后的息费是否保护、如何保护我们下文讨论,而宽限期的5日是典当双方均可预期的当期延续,自然应该按照合同约定的息费标准计算。

(二)绝当后的息费计算

绝当后,对典当行是否可以收取和如何收取利息和综合费,实务中主要有以下四种观点:

1. 可以收取利息和综合费。具体又有两种意见:一种认为法律法规并未明确禁止绝当后继续收取利息和综合费,如当户未及时还款,则构成违约,应遵守当事人意思自治原则按约定处理,如果没有约定或者约定不明,应当按照《典当管理办法》规定的费息标准,判决当户承担偿还当金、逾期利息和综合费用。如【案例八】平江县千宝典当有限公司诉凌满文、钟送辉典当纠纷案中,法院认为"借款到期后,被告凌满文未能在合同约定的期限全部偿还当金本金、综合费用等,其行为已构成违约,因此被告凌满文应承担继续偿还当金本金130,000元并支付综合费及利息等的违约责任"。另一种意见认为绝当后虽然可继续收取利息和综合费,但总和不应超出一定限度,实务中大都对两者之和的上限参照民间借贷利率标准予以调整。如【案例九】合肥华元典当有限公司诉安徽英才文化投资有限公司、王世杰等典当纠纷案中,法院就认为"典当行为符合民间借贷行为特征,对典当期满后的综合费用,因其约定过高,原审法院参照民间借贷的利率标准予以支持”。①

2.可以收取利息,但不应收取综合费。认为典当从性质上接近是一种质(抵)押借款,获取利息系商业借款之本质,在绝当后收取利息并未损害当户利益。② 但绝当后的综合费不能收取,理由是:首先,《典当管理办法》第四十三条规定“当物估价金额在3万元以上的……拍卖收入在扣除拍卖费用及当金本息后,剩余部分应当退还当户,不足部分向当户追索”。说明典当行对于拍卖的收入不能扣除综合费用;其次,绝当后典当行可依法处置当物以偿债,并不存在再为当户提供服务或管理,即便有也是自益行为,而典当行不进行处置也系其自身不履行义务之情形,故绝当后的综合费用应由典当行自行承担。即便系因当户的原因造成当物难以处置的,则当户应赔偿典当行由此遭受的损失,也不能按合同约定的综合费计算标准来赔偿。如果允许典当行在绝当后继续按典当合同约定收取综合费,事实上延长了典当期限,也将助长典当行有意消极处置当物以收取高额息费的不诚信经营行为。最后,也是关键的原因,就是绝当后再收取综合费与绝当制度存在冲突,绝当在法律后果上意味着典当行与当户之间的典当合同终止,此时,典当行可行使对当物的处分权或担保物权,而对当物也不再负有保管责任,当户自无须向典当行支付综合费,这也避免了典当行为获取利润,故意拖延行使权利,进而造成典当行与当户之间利益失衡。③ 比如,在本书“赎当、续当、绝当”部分选编的【案例八】湖州湖商典当有限责任公司诉施凤英典当纠纷一案中,一、二审法院均认为“绝当以后,湖州湖商典当有限责任公司再收取综合管理费缺乏法律依据”。

3.应区分不同情形予以计算。

首先是按当物价值作出区分,理由是,根据《典当管理办法》第43条第2项的规定,对于当物估价金额不足3万元的,典当行“可自行变卖或者折价处理,损溢自负”,故此时典当行已取得当物的所有权,典当行再请求支付所谓的利息和综合费已无理由。比如,《重庆市高级人民法院关于审理涉及小额贷款公司、担保公司、典当行商事案件若干问题的解答》[渝高法(2013)245号]中就持该观点。也有观点认为,为平衡

① 该案中,典当合同实际约定了绝当后的利息、综合费及违约金计算条款,但因典当行起诉时未主张绝当后的利息,仅主张了综合费和违约金,法院认为约定的综合费率已超出月利率2%,应调整为按月利率2%计算,至于违约金,其和综合费合并计算也远高于利息损失,故不予支持。

② 但对于利息应如何收取又有不同的意见,主要围绕利息标准是按合同约定的利率,还是参照民间借贷的利率、抑或由法官自由裁量决定实务中仍有意见分歧。

③ 参见张林才:《关于典当纠纷案件审理情况的调研》,载中国法院网:http://tjwqfy.chinacourt.org/article/detail/2014/05/id/1286133.shtml,最后访问时间:2017年4月1日。

保护双方利益,对于价值在3万元以下的当物,当户在当期届满后、赎回当物之前,典当行仍负有继续保管当物的责任,典当行为此必然付出一定的管理成本,此时从公平角度出发,应根据典当行提供的证据,适当判决支持合理的保管费用。[1]

对于当物估价金额在3万元以上的,按绝当后的不同区间进行分段计算。理由是,绝当后应给予典当行合理处置当物的期限,在合理期限内典当行处置或提起诉讼的,仍可收取利息和综合费,实务中一般认为两者之和不能超出民间借贷的利率上限即年利率24%;如果典当行在合理期限届满后怠于行使权利的,则超出合理期限后的利息和综合费不予支持,但可以由当户支付资金占用期间的损失,实务中一般系参照民间借贷年利率6%或者中国人民银行同期同类贷款基准利率计算利息损失。比如,前述重庆市高级人民法院就认为对于当物估价金额在3万元以上的,如果典当行在绝当后六个月内提起诉讼,主张绝当后的利息及综合费的,人民法院应予支持利息及综合费之和未超出中国人民银行公布的同期贷款利率4倍部分,如果超出六个月提起诉讼,主张绝当后的利息及综合费的,人民法院不予支持,但可以按照中国人民银行同期贷款利率,从绝当期满后次日起至款项付清之日止支持资金占用损失。这就对估价超过3万元以上的当物以绝当后6个月典当行是否起诉作为利息、综合费支持与否的分界点。

实践中也不乏此类的案例,如在【案例十】台州市汇丰典当有限责任公司诉浙江天台济公实业有限公司典当纠纷案中,法院就认为"根据《典当管理办法》第四十三条的规定,基于公平角度而言,本案当物绝当后,被上诉人应当积极行使处分权处分当物,防止上诉人损失的不当扩大,因此,被上诉人在绝当后应在合理诉讼准备期后积极提起诉讼来主张权利,上诉人……先通过公证后申请法院执行的方式主张权利,该时间点距本案当物绝当已近两年,显然超过了合理期限。基于本案当物的性质和案情,本院酌定被上诉人应在绝当后6个月的合理期限内采取处置当物的措施,该六个月期限内的违约损失本院予以支持,标准按原审法院确定的2%月利率计算,该期限以后,被上诉人主张的违约损失本院不予支持。由于上诉人继续占用被上诉人资金,绝当六个月以后上诉人应当支付占用该部分资金的利息损失,利息计算标准按年利率6%予以确定"。在【案例十一】天津市嘉华典当有限责任公司诉古爱玲典当纠纷案中,法院则认为"绝当后,被上诉人应当积极按照规定处理绝当物品,防止损失继续扩大。故

① 参见张林才:《关于典当纠纷案件审理情况的调研》,载中国法院网:http://tjwqfy.chinacourt.org/article/detail/2014/05/id/1286133.shtml,最后访问时间:2017年4月1日。

依据公平原则，自绝当后一年内的利息损失按照年利率24%计算，之后的利息损失按照中国人民银行同期同类贷款利率计算”。

4. 利息和综合费均不应收取。该观点认为，绝当是典当经营的特有规则，也是典当法律关系区别于普通质（抵）押借款关系的重要标志。绝当意味着典当关系的终止，依据典当关系产生的利息和综合费自然也不复存在，即使合同双方事先有关于利率及综合费率不受典当期限限制可继续收取息费的约定，该约定亦归于无效。故典当行在绝当后有权按有关规定处置绝当物，但不能再要求当户支付利息及综合费。如本书“赎当、续当、绝当”部分选编的【案例二十一】广州首家典当有限公司诉张瑞龙典当纠纷案中，法院认为“绝当制度的设置是对典当行与当户之间利益进行平衡，即绝当产生的法律后果为当户以丧失其拥有的当物处分权为代价，换取不再向典当行支付相应的利息、综合服务费。绝当后，典当行有权按法定程序处置绝当品，从处置绝当品所得中优先收回当金本息、违约金及其他费用，但无权要求张瑞龙继续基于典当关系支付利息、综合服务费”。同在该部分的【案例四十一】北京裕兴隆典当有限责任公司诉阳志信典当合同纠纷案中，法院也认为“绝当后，原来的典当关系结束，一旦绝当，当户不应当再承担清偿责任，典当公司应当按法定程序及时处理绝当品，从处理绝当品所得中优先收回当金本息，当户有要求返还绝当品处理所得扣除债务后剩余部分的权利。因此，绝当后继续收取综合费，违背了设置绝当制度的本意……绝当并不构成阳志信违约，故绝当后裕兴隆典当公司不应当再依约向阳志信收取利息和罚息”。

综上，典当行请求当户给付绝当后的利息、综合费的，对于绝当物估价金额不足3万元的，典当行“可自行变卖或者折价处理，损溢自负”，故不存在典当行再向当户收取利息和综合费的问题。实践中，有争议的就是对于当物估价3万元以上的，绝当后的利息、综合费该如何处理？我们认为，典当合同并不能等同于民间借贷合同，而典当行的经营成本一般也高于一般出借人，如均参照民间借贷利率来规制相应的息费并不合理，也没有法律依据。另外，若完全按当事人意思自治原则，绝当后可继续收取利息和综合费，则既不利于督促典当行积极行使权利，也不利于保护当户的合法利益，会导致典当双方权利义务失衡，最终不利于典当行业的健康有序发展。而绝当作为典当经营最有特色的制度，其设置初衷系对典当行与当户之间的利益进行平衡，其法律后果为一旦绝当则当户与典当行之间的典当合同终止，典当行有权以法定或约定的形式处置当物，当户则以丧失其拥有的当物处分权为代价，换取不再向典当行支付相应的利息和综合费。因此，第四种“绝当后不得继续收取利息和综合费”的观点是符合典当制度的本意的。只是现行典当制度没有突破“流质禁止”的规定,绝当物的处理确实需要一定的周期,实务中创设的当物处置合理期限的经验值得借鉴,该合理期限可结合当物种类、价值、处置难易程度等情形后酌情确定,期间的典当行资金占有损失可由当户按照银行同期贷款利率予以赔偿。

四、绝当后的违约金、律师费问题

(一)违约金

实践中,典当行为了促使当户按时赎回当物,及时回笼资金,在典当合同中除约定综合费、利息外,还常常约定了绝当后要收取各种名义的逾期违约金,司法实务中对此的态度也各不相同。

一种意见认为违约金条款应予支持。理由是绝当之后当户逾期未偿还当金,属违约行为,而违约金条款属于当事人意思自治范畴,应允许典当双方事先约定违约金,否则对典当行明显不公平。但在违约金标准问题上,一般都认为逾期息费和违约金应以典当行实际损失为基础,约定的总额过高的应予调整,比如《浙江省高级人民法院关于审理典当纠纷案件若干问题的指导意见》第七条规定“典当行与当户约定绝当后当户应支付违约金、逾期利息、典当综合费用的,典当行可以选择主张,也可以同时主张。但对于折算后的实际利率过高的,当户可以请求依法调整”。但在总额的把握上又有意见的分歧,多数意见认为总额不应超过民间借贷的利率保护上限,即年利率不超过24%,如本书“赎当、续当、绝当”部分选编的【案例十一】江苏十竹斋典当有限公司诉张长福等典当纠纷案中,法院认为,合同中关于逾期还款后的违约金和逾期利息的约定过高,应调整为按中国人民银行公布的同期同类贷款利率的四倍计算,但律师代理费系承典人为实现债权支出的费用,并非违约金,不应包含在内。也有少数意见认为,鉴于典当业的高利特点,在总额的把握上可适度放宽,如可掌握在年利率36%以内。如本节选编的【案例十三】上海中财典当行有限公司诉上海玫瑰园商贸城有限公司、江苏沿海国际农产品交易中心有限公司等典当纠纷案中,法院认为,典当行提供的通常是短期融资,其获取资金的来源面相对狭窄,资金募集成本相对较高,故出典人逾期还款后的违约金理应适当高于切实履约的正常费用,可酌情调整违约金按中国人民银行公布的同期同档企业贷款基准利率的六倍计算至实际清偿之日止,律师费另行计算。

相反的意见则认为违约金条款不应支持。因为赎当是当户的权利,故绝当后不应存在违约金,具体的理由与不支持绝当后的利息和综合费的理由相似。如本书“赎当、续当、绝当”部分选编的【案例三十九】湖州金股典当有限责任公司诉湖州绿之源生态农业开发有限公司典当纠纷案中,法院认为:“对于绝当之后,原告未依照我国商务部、公安部联合下发的《典当管理办法》第四十三条的规定及双方在合同中的约定处理绝当物品,应视为怠于行使自己的民事权利,其后果应由原告自行承担民事责任。因此,对于原告要求被告支付绝当后的综合费及违约金的诉讼请求,本院不予支持。”同样选编在该部分的【案例四十】嘉兴市聚力源典当有限责任公司平湖分公司诉居利平典当纠纷案中,法院亦持相似的裁判意见,即绝当后,典当行可以自行按规定处理绝当品,也可以选择通过司法程序处理绝当品,用以清偿当金及绝当前的综合费及利息,但不得要求当户支付绝当后的违约金;并进而认为典当行“选择司法途径而产生的律师费,给当户增加了额外负担,应由其自行负担”。

我们认为,违约责任的设立目的是对违约当事人的一种责任追究,以期当事人正确履行合同义务,减少违约行为的发生。在典当纠纷中,典当行因其资金有限、规模有限和实力有限,希望通过设定较高的违约金条款来约束当户及时赎回当物,以达到快速回收资金和降低经营风险的目的,因此实务中有的法院以意思自治为由认可违约金条款的效力似在情理之中。但是,典当行作为货币金融服务企业,典当作为特殊形式的融资方式,典当交易有其自身的特有规则,其中的赎当和绝当就是典当法律关系终止的两种主要方式,当户可以选择赎当,也可以放弃赎当而选择绝当来终止典当关系。既然如此,典当期限届满后,选择赎当还是绝当就成了当户的权利,如果选择绝当,并不能由此认定当户有违约行为,因此绝当后并无逾期违约金成立的基础。

需要注意的是,此处讨论的是当户不按时赎当导致绝当不构成违约、不承担违约责任的问题,而并非指典当合同履行过程中均不存在违约情形,典当双方对合同义务的不履行即可能构成违约,如典当行不按时发放当金、没有妥善保管当物、当户赎当时不及时返还当物,当户不按时支付利息和综合费、绝当后不协助处置当物等情形均属于当事人的违约行为,可以约定违约责任的承担。例如,本书“赎当、续当、绝当”部分选编的【案例十四】泰兴市延令典当有限责任公司诉黄卫华、王亚如典当纠纷案中,法院认为:“双方签订的房产(典当)借款合同约定,必须按期缴纳利费,如逾期5天不缴纳,则加收应缴利费总额的20%作为违约金。该约定系当事人真实意思表示,且不违反法律、行政法规的强制性规定,应确认有效。黄卫华、王亚如对所欠的利费应依约承担违约责任,支付违约金25,900元(12.95万元×20%)。”

(二)律师费等实现债权的费用

按广义的理解,诉讼费用、仲裁费用、申请保全费用、律师代理费用、鉴定评估费用、拍卖评估费用以及催收公告费用、交通差旅费用等均属于实现债权的费用,其中律师代理费是债权人和代理律师自行形成的民事法律关系中产生的费用,是否属于实现债权的合理费用,是否应由债务人承担的问题一直存有争议,典当纠纷中关于律师费用的负担问题也是一个颇有分歧的争点,具体表现以下三个方面:

1. 对是否属于实现债权的必要费用的理解有分歧。司法实践中一般不会在典当合同未明确约定的情形下直接认可由当户承担典当行的律师代理费,但对于律师费是否属于当然的实现债权的费用,或者合同关于实现债权费用仅作出概括性约定,而未明确将律师费列为实现债权的费用时,律师费是否应由当户承担实务中有争议。如在【案例十三】上海中财典当行有限公司诉上海玫瑰园商贸城有限公司、江苏沿海国际农产品交易中心有限公司等典当纠纷案中,法院的裁判意见就是,只有当事人之间就律师费用的承担有明确约定,且支付的律师费用符合律师服务收费标准的,才可予以支持。但在【案例十二】丽水市××责任公司诉梅某某、武某某典当纠纷案中,法院的裁判意见则是,如果典当纠纷事实清楚,法律关系明确,典当行委托律师参加诉讼并非实现债权所必须,其要求当户负担律师代理费的诉讼请求不予支持。

2. 对费用是否合理必要的理解有争议。律师费用是否已经确定支付,以及何为"合理必要"律师费也常常在实务中有不同的看法。如在【案例十五】六盘水市红果开发区源进典当有限公司诉丁献祥、胡艳典当纠纷案中,法院认为律师代理费应根据省级律师服务收费的规定支付,超出该部分的代理费由典当行自行负担。而在【案例十六】上海国泰君安典当有限公司诉孙甲、让某某典当纠纷案中,法院认为,"尽管律师费用系按收费标准收取,但典当公司聘请的律师为一、二审和执行三个阶段,"故典当公司的律师费损失应从15.5万元酌情降为以77,500元计算。同样,在【案例十七】浙江聚宝行典当有限责任公司诉王国永、冯美君典当纠纷案中,法院也认为,即使律师代理费的收费符合相关律师事务所的收费标准,法院亦可根据案件的难易程度和涉案标的额予以调整。因此"原告要求被告支付律师代理费23,600元是按照本金360,000元的最高收费标准收取,该收费过高,该院予以酌情调整为19,000元"。

3. 对费用是否已在典当息费之中的理解有分歧。典当借款中特有的利息和综合费设计是否已经包含了律师费用也会导致不同的意见。如在【案例十四】揭阳市义天典当行有限公司诉郑岚婷、郑琬锜典当纠纷案中,法院就认为,综合费、违约金及律师费三项合计不能超过中国人民银行同期同类贷款利率的四倍,承典人在四倍利息之外再主张律师费没有法律依据,法院不应支持。在本书“赎当、续当、绝当”部分选编的【案例十九】绵阳聚财典当有限责任公司诉四川栋天旅游开发有限公司、绵阳市御龙实业有限公司典当合同纠纷案中,法院也持类似观点:“关于原告要求被告支付其为实现债权而产生的全部费用及律师费的请求,因已将所欠债务的利率调整为规定的民间借贷利率的上限,原告按此利率收取利息可以弥补其损失,故对原告的该项诉讼请求不予支持。”

我们认为,律师代理费用并非典当行实现权利的法定费用,而是属于当事人之间约定负担的费用,因此律师费的承担属于当事人意思自治的范畴,以典当双方有明确的约定为前提,同时律师费用应该是确定支付、实际支付的合理费用,对于尚未确定支付的费用(如风险代理的费用)、尚未实际支付的费用以及明显过高的费用均不属于必要合理的律师费用,实务中对律师费用应作严格的解释理解,不能不加甄别地任由典当行将所有律师费用都作为实现权利的必要费用,任意加重当户的责任显然有失公平。

后 记

当我于2016年2月10日(正月初三)作为中国代表团的团长坐在联合国纽约总部的会议室,参与联合国贸易法委员会(UNCITRAL)第六工作组即担保利益工作小组,逐条讨论和修改《动产担保示范法》时,我已经意识到,我之前作为中华全国律师协会金融证券保险委员会副主任期间,由我本人出资并承担全部费用所完成的我自谓"草根金融法律和实务研究"项目下的数本书的出版是极有意义的。民间的或"草根"的金融或融资因其牵涉一个全球性的巨大难题,即如何解决中小微企业的融资难问题并找出或发展出一套行之有效的法律上的好办法。

当我于2017年2月14日在第六工作组以及之后一周的纽约会议上仍受邀作为中国代表团的一员参与会议并对《动产担保示范法》终稿投出赞成票时,我意识到该示范法通过的时刻乃是一个重要的世界性和历史性的时刻。在那个时刻,我进一步意识到我可以将我之前所主持的"草根金融法律和实务的研究项目"(这些书籍在法律出版社的第一个系列即"银行法律和实务研究系列"中已有数本书出版,见后面书籍清单)另行发展成一套研究系列丛书即"动产担保法律和实务研究系列"。这套丛书可能对中国将来在这一领域的法律研究和实践而言是有些意义的。我之前在"银行法律实务系列"中已经出版了包括:《民间借贷纠纷案件裁判文书精选》(我和林晨等人合编)、《民间借贷实用案例解析》(我和林晨等人合编)、《中国法院委托理财纠纷案件裁判文书精选》(我和其他人合编)三本。而这本有关典当的书竟然就是这个新系列正式开始的第一本。这仍有些出乎我的意料。

实际上,本套"动产担保法律实务研究系列"丛书将包括如下内容:

已经在其他系列中出版的相关书籍有:

1.《福费庭实务操作与风险管理》,查忠民、金赛波著,法律出版社已经出版。放在“银行法律实务系列”中。(可考虑再出一本最新福费庭法院案例,目前案例很多,已经收集了部分法院案例)

2.《信用证纠纷中海运提单案例精选》,金赛波、方双复等编著,法律出版社已经出版。放在“银行法律实务系列”中。该书主要涉及信用证交易和国际贸易及国际运输中的提单及其担保权益特别是质押权的转换诸问题。

3.《民间借贷纠纷案件裁判文书精选》,金赛波、林晨主编。法律出版已经出版。放在“银行法律实务系列”中。

4.《民间借贷实用案例解析》,林晨、金赛波著。法律出版社已经出版。放在“银行法律实务系列”中。

5.《中国法院委托理财纠纷案件裁判文书精选》,金赛波、冯守尊等编著,法律出版社已经出版。放在“银行法律实务系列”中。

拟在“动产担保法律和实务研究系列”中继续出版的相关书籍有:

1.《典当纠纷实用案例裁判与述评》,林晨、金赛波主编,法律出版社将于2018年6月出版。

2.《中国法院审理的网络借贷纠纷案件法律和实务》(暂定书名)。林晨、李成斌和金赛波等编著,目前在审稿阶段,拟于2018年6月出版。

3.《进出口押汇融资法律和实务》(暂定书名),金赛波编著,就差一篇文章了。主要研究国际货物贸易、信用证融资、国际货物运输中各类担保权益的确定和转移及担保权益的完善。拟2018年完成并出版。

4.《中国法上有关保证金的法律和案例》(暂定书名),金赛波、王坤林等编著,法律出版社,拟2018年出版。书稿已经基本编辑就绪。

5.《中国法院审理保理纠纷案件法律和实务》(暂定书名)。金赛波等编著,已经收集了部分法院案例。拟2018年编辑完成。

6.《中国法院审理的存单纠纷案件法律和实务》(暂定书名)。

7.《联合国动产担保示范法:登记体系,对抗第三方效力,优先权规则》(暂定书名)。

8.《中国法院审理仓单质押纠纷案件法律和实务》(暂定书名)。

9.《中国法院审理票据质押纠纷案件法律和实务》(暂定书名)。

10.《中国法上商标权和知识产权质押纠纷案件法律和实务》(暂定书名)。

11.《中国法院审理的股票和股权质押法律和实务》。

12.《融资租赁、让与担保的法律和实务》(暂定书名)。

13.《中国法上的动产担保法律制度和法院案例精选》(暂定书名)。

这些已经和将要出版的书实际涉及所谓的中小微企业(SME)和个人的融资,尤其对个人和中小微企业的借贷与融资、民间的借贷和融资都很有意义。公平的融资法律制度安排对于整个国家的经济发展和经济安全都是极其重要的。可能很多人不了解或没有意识到的是,针对个人和中小微企业的金融和融资的法律和实务正是当下所谓普惠金融的重要一环,这个社会所谓个人之间、阶层之间甚至地域之间的贫富差异,很大程度上正是由于金融或融资上不平等不合理的法律和支付的制度安排所造成的。我在2000年去美国亚利桑那大学法学院访学时,我的导师、UCP500的三个主要起草人之一、美国动产担保法律研究大家鲍尔斯·柯曹杰克(Boris Kozolchyk)教授反复跟我交代的是,动产担保的根本目的就是为了使所有的人特别是中小微企业"获得便宜信贷"。

而本书的内容,竟然是对我国颇具历史的典当制度的最新法律实务即对典当方面案例的汇编和总结。典当制度是我国极具特色的商业和融资制度之一。经过本书对近几年我国法院判决的有关典当的案例的仔细检视和剖析,以及对众多案例的综合陈述和评判,我们可以看到,在中国现代担保法律制度之下,中国的典当法律制度和商业及融资操作实务都是极为独特的,不但与现代担保法上抵押和质押法律制度相关联,而且因其传承和发展及操作实务的积累形成了一套独特的制度和操作实务,以至于本书的编著者甚至提出典当法律制度是一种颇为独特的债权和物权制度紧紧结合在一起的专门商事制度。这是本书出人意料的收获之一。

本书的主要编辑者林晨和浙江省温岭市人民法院的法官组成的编委会成员以及法学院学员编辑们共同所做的细心工作是令人赞叹的。他们在辛苦忙碌的工作之余,利用业余时间能将本书编辑到这样的高度和深度,对我来说,这是另外一个出人意料的收获。这主要归功于林晨先生的卓越领导和整个编辑工作团队的辛苦工作和专业精神。按照惯例,我在本书的后记中以我之前未发表的一首旧体诗来为该书的出版作贺并为本后记作结:

东海天风吹浙江，四明骤雨没甬城；
满陇香浅恨桂落，梅岭坞深喜茶新；
杭州八月湖水绿，赤城中秋山痕青；
驱车直上天台去，可有仙人慰我心？

金赛波

2018 年 2 月 12 日美国洛杉矶初稿

2018 年 3 月 8 日中国上海修改

2018 年 3 月 16 日意大利米兰修改

2018 年 4 月 5 日清明后一日上海修改

2018 年 5 月 2 日宁波改定

图书在版编目(CIP)数据

典当纠纷实用案例裁判与述评 / 林晨，金赛波主编. -- 北京：法律出版社，2018
(动产担保法律和实务研究系列)
ISBN 978-7-5197-1794-0

Ⅰ. ①典… Ⅱ. ①林… ②金… Ⅲ. ①典当业-民事纠纷-案例-中国 Ⅳ. ①D925.105

中国版本图书馆CIP数据核字(2017)第317703号

典当纠纷实用案例裁判与述评
DIANDANG JIUFEN SHIYONG ANLI CAIPAN YU SHUPING

林 晨
金赛波 主编

策划编辑 刘秀丽
责任编辑 刘秀丽
装帧设计 汪奇峰

出版 法律出版社
总发行 中国法律图书有限公司
经销 新华书店
印刷 三河市龙大印装有限公司
责任校对 晁明慧
责任印制 张建伟

编辑统筹 独立项目策划部
开本 787毫米×1092毫米 1/16
印张 83.75
字数 1450千
版本 2018年6月第1版
印次 2018年6月第1次印刷

法律出版社/北京市丰台区莲花池西里7号(100073)
网址/www.lawpress.com.cn
投稿邮箱/info@lawpress.com.cn
举报维权邮箱/jbwq@lawpress.com.cn
销售热线/010-63939792
咨询电话/010-63939796

中国法律图书有限公司/北京市丰台区莲花池西里7号(100073)
全国各地中法图分、子公司销售电话：
统一销售客服/400-660-6393
第一法律书店/010-63939781/9782
西安分公司/029-85330678
重庆分公司/023-67453036
上海分公司/021-62071639/1636
深圳分公司/0755-83072995

书号：ISBN 978-7-5197-1794-0
定价：358.00元(上、下册)
(如有缺页或倒装，中国法律图书有限公司负责退换)